袁行霈 主编
趙爲民 程郁綴 副主编

# 歷代名篇賞析集成

魏晋南北朝隋唐五代卷〔下〕

高等教育出版社

# 篇目表

## 杜甫

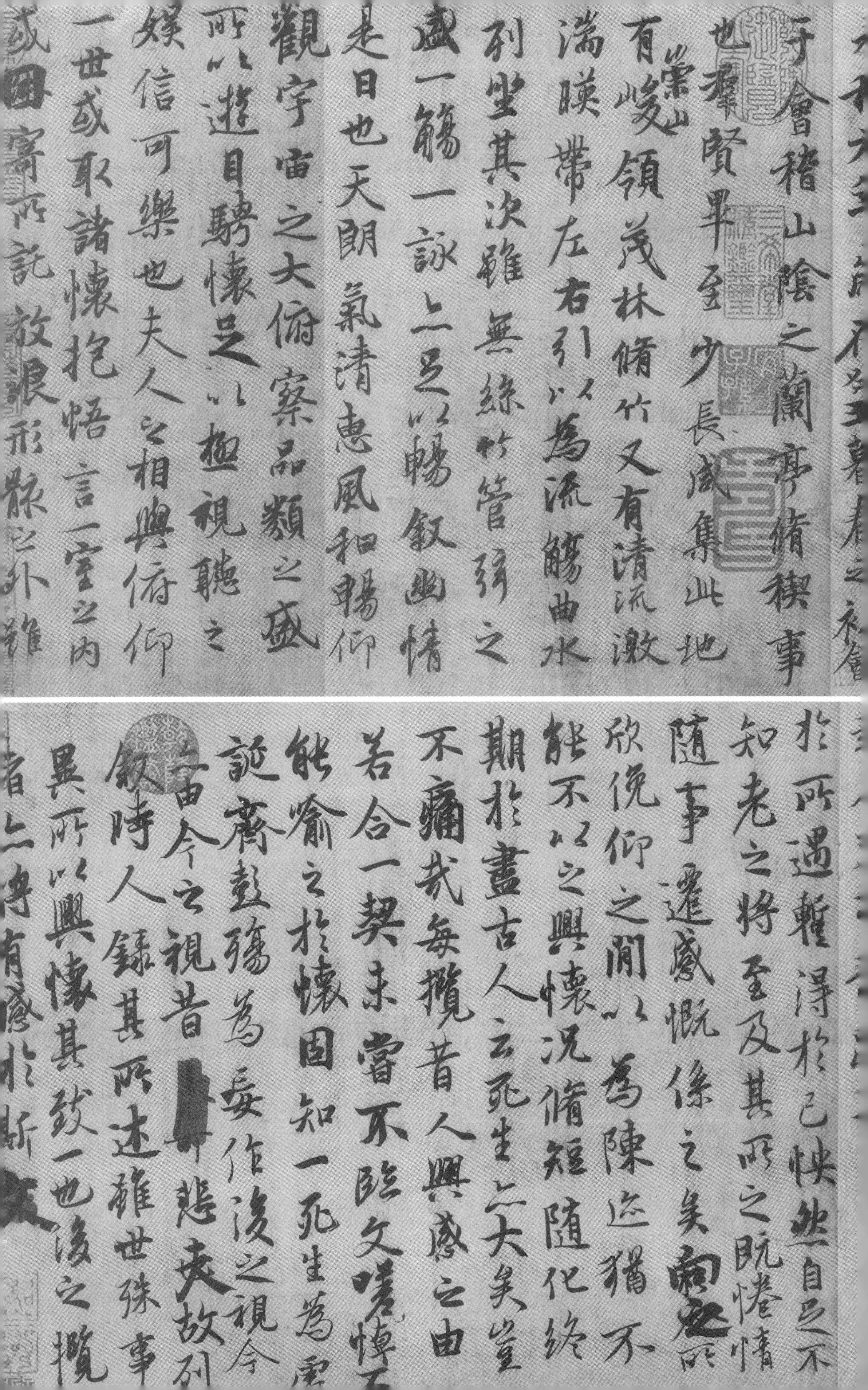
于會稽山陰之蘭亭脩禊事
也羣賢畢至少長咸集此地
有崇山峻領茂林脩竹又有清流激
湍暎帶左右引以為流觴曲水
列坐其次雖無絲竹管弦之
盛一觴一詠亦足以暢叙幽情
是日也天朗氣清惠風和暢仰
觀宇宙之大俯察品類之盛
所以遊目騁懷足以極視聽之
娛信可樂也夫人之相與俯仰
一世或取諸懷抱悟言一室之內
或因寄所託放浪形骸之外雖
於所遇暫得於己快然自足不
知老之將至及其所之既惓情
隨事遷感慨係之矣向之所
欣俛仰之間以為陳迹猶不
能不以之興懷況脩短隨化終
期於盡古人云死生亦大矣豈
不痛哉每攬昔人興感之由
若合一契未嘗不臨文嗟悼不
能喻之於懷固知一死生為虛
誕齊彭殤為妄作後之視今
亦由今之視昔悲夫故列
叙時人錄其所述雖世殊事
異所以興懷其致一也後之攬
者亦將有感於斯文

# 望嶽

杜甫

岱宗夫如何？齊魯青未了。造化鍾神秀，陰陽割昏曉。蕩胸生層雲，決眦入歸鳥。
會當凌絕頂，一覽衆山小。

杜甫《望嶽》詩，共有三首，分詠東嶽（泰山）、南嶽（衡山）、西嶽（華山）。這一首是望東嶽泰山。開元二十四年（七三六），二十四歲的詩人開始過一種「裘馬清狂」的漫游生活。此詩卽寫於北游齊、趙（今河南、河北、山東等地）時，是現存杜詩中年代最早的一首，字裏行間洋溢着青年杜甫那種蓬蓬勃勃的朝氣。

全詩沒有一個「望」字，但句句寫向嶽而望。距離是自遠而近，時間是從朝至暮，并由望嶽懸想將來的登嶽。

首句「岱宗夫如何？」寫乍一望見泰山時，高興得不知怎樣形容才好的那種揣摹心態和驚嘆仰慕之情，非常傳神。岱是泰山的別名，因居五嶽之首，故尊爲岱宗。「夫如何」，就是到底怎麼樣呢？「夫」字在古文中通常是用於句首的虛字，這裏把它融入詩句中，是個新創，很別致。這個「夫」字，雖無實在意義，却少它不得，所謂「傳神寫照，正在阿堵中」。（前人有訓「夫」爲指代詞「彼」的，便成死句。）

「齊魯青未了」，是經過一番揣摹後得出的答案，眞是驚人之句。它既不是抽象地說泰山高，也不是像謝靈運《泰山吟》那樣用「崔崒刺雲天」這類一般化的語言來形容，而是別出心裁地寫出自己的體驗——在古代齊魯兩大國的國境外還能望見遠遠横亘在那裏的泰山，以距離之遠來烘託出泰山之高。泰山之南爲魯，泰山之北爲齊，所以這一句描寫地理特點，寫其他山時決不能挪用。明代莫如忠《登東郡望嶽樓》詩說：「齊魯到今青未了，題詩誰繼杜陵人？」他特別提出這句詩，并認爲無人能繼，是有道理的。

「造化鍾神秀，陽陰割昏曉」兩句，寫近望中所見泰山的神奇秀麗和巍峨高大的形象，是上句「青未了」的註脚。「鍾」字，將大自然寫得有情。山前向日的一面爲「陽」，山後背日的一面爲「陰」，由於山高，天色的一昏一曉判割於山的陰、陽兩面，所以說「割昏曉」。「割」本是個普通字，但用在這裏，確是「奇險」。由此可見，詩人杜甫那種「語不驚人死不休」的創作作風，在他的青年時期就已養成。

「蕩胸生層雲，决眦入歸鳥」兩句，是寫細望。見山中雲氣層出不窮，故心胸亦爲之蕩漾；因長時間目不轉睛地望着，故感到眼眶有似决裂。「歸鳥」是投林還巢的鳥，可知時已薄暮，詩人還在望。不言而喻，其中蘊藏着詩人對祖國河山的熱愛。

「會當凌絕頂，一覽衆山小」這最後兩句，寫由望嶽而產生的登嶽的意願。「會當」是唐人口語，意卽「一定要」。如王勃《春思賦》：「會當一舉絕風塵，翠蓋朱軒臨上春。」有時單用一個「會」字，如孫光憲《北夢瑣言》：「他日會殺此豎子！」卽杜詩中亦往往有單用者，如「此生那老蜀，不死會歸秦！」（《奉送嚴公入朝》）如果把「會當」解作「應當」便欠準確，神氣索然。

從這兩句富有啓發性和象徵意義的詩中，可以看到詩人杜甫不怕困難、敢於攀登絕頂、俯視一切的雄心和氣概。這正是杜甫能够成爲一個偉大詩人的關鍵所在，也是一切有所作爲的人們所不可缺少的。這就是爲什麼這兩句詩千百年來一直爲人們所傳誦，而至今仍能引起我們强烈共鳴的原因。清代浦起龍認爲杜詩「當以是爲首」，并說「杜子心胸氣魄，於斯可觀。取爲壓卷，屹然作鎮」（《讀杜心解》）。也正是從這兩句詩的象徵意義着眼的。杜甫在這兩句詩中所表現的力爭上游的精神，和他在政治上「竊比稷與契」，在創作上「氣劘屈賈疊，目短曹劉牆」，正是一致的。此詩被後人譽爲「絕唱」，并刻石爲碑，立在山麓。無疑，它將與泰山同垂不朽。

（蕭滌非）

# 房兵曹胡馬

杜　甫

胡馬大宛名，鋒稜瘦骨成。竹批雙耳峻，風入四蹄輕。所向無空闊，眞堪託死生。驍騰有如此，萬里可橫行。

杜甫愛馬。翻閱杜詩，可見其不少專門詠馬的佳作，諸如《房兵曹胡馬》、《驄馬行》、《高都護驄馬行》、《瘦馬行》、《病馬》等篇什。他還多次爲馬畫題詩，如《天育驃圖歌》、《畫馬贊》等。

在杜甫的馬詩中，《房兵曹胡馬》（一題《房兵曹胡馬詩》）是有代表性的。這首詩大約寫於唐玄宗李隆基開元二十八、九年間（七四〇—七四一），當時杜甫在洛陽，還不滿三十歲。這首詩形象地刻畫了駿馬的雄姿神骨，寄託着詩人青年時代的理想抱負。

房兵曹，名字和事蹟已不可考。兵曹是官名，兵曹參軍事的省稱，輔佐府的長官掌管軍防、驛傳等工作。以官職代稱謂，是唐人詩文中的習慣用法。胡馬，泛指當時西北邊疆地區所產的馬。「胡馬」一詞，在杜詩中多次使用，有時作「胡人之馬」解，即「胡兵坐騎」之意，有時作「胡地之馬」解。詩題中的「胡馬」，用的是後者的含義。

本篇的首句直扣題面，先點出房兵曹胡馬的產地，以示其非同凡馬。大宛，漢代西域國名，在今烏茲別克共和國費爾干納盆地。唐天寶三載（七四四），玄宗改其國名爲寧遠，那裏素產名馬（稱汗血馬），漢代稱之爲「天馬」，西晉時，大宛仍常遣使獻汗血馬。這句是說房兵曹的這匹胡馬是來自大宛的名馬。次句總寫胡馬的體態。這種馬不在多肉，而以神氣清勁爲佳，所以說「鋒稜瘦骨成」。鋒稜，骨骼凸起，尖鋭有稜；一說形容此馬神旺氣鋭。這句是寫胡馬的精悍遒勁，瘦而有神。三、四兩句承前，上句狀寫胡馬雙耳的特徵。批，削的意思。「竹批雙耳峻」，是說胡馬的雙耳直稜稜的，十分精神，好像斜削的竹筒一樣。賈思勰《齊民要術》記載：「馬耳欲小而鋭，狀如斬竹筒。」下句寫這種馬的性能。極力形容它善於奔馳，足不踐地，彷彿有風貫入，使其如此。這兩句的詩意，杜甫在另一首詠馬詩中也曾用過：「頭上鋭耳批秋竹，脚下高蹄削寒玉。」（《李鄠縣丈人胡馬行》）正好參讀。

以上四句是取馬之「形」。除第一句點明胡馬的出處，其餘三句都是正面描寫。刻畫得神彩飛動，十分洗煉、傳神。詩人眞不愧是寫生高手，他僅僅用了二十個字，便大筆勾勒出一匹雄姿逸態、顧影驕嘶的活生生的駿馬來，使人一看便知斷非凡馬。

本篇的後四句由具體描寫，轉爲抒發議論，用以寄興。五、六兩句是全詩的警策之筆。「空闊」，指地面的廣遠。「所向無空闊」，意思是駿馬所向，無所謂空闊，亦即不管路途如何遙遠，不論奔向何方，對這匹駿馬來說，都是不在話下的。這也正是杜甫所說的「一日天地」（《畫馬贊》）的意思。這一句，詩人以誇張的手法有力地顯示了胡馬的氣格，從而自然地逼出下句來，并且不致使下句顯得語意過重而無着落。「眞堪託死生」，是說有了這匹足以信賴的駿馬，就能臨危可恃，化險爲夷。這也正是詩人後來所云：「時危安得眞致此，與人同生亦同死。」（《題壁上韋偃畫馬歌》）兩句詩可謂功力悉敵，銖兩悉稱，它把馬隱然視作與主人生死相依、患難與共的戰友和同志。這便寫出了駿馬的內在氣質，寫出了駿馬的高尚「品格」。結尾兩句，歸結到贈詩的對象——房兵曹。「驍騰」，勇猛、矯健而敏捷。「橫行」，廣行、遍行的意思，與今天漢語中作「不循正道而行」、引申指「行爲不法」的講法，含義不同。這兩句是說，如此勇捷的駿馬，可以遍行天下。表面似乎是贊馬，實際是期待和祝願房兵曹，慶幸他有這樣的好馬，可以立功萬里之外，鵬程無限。

以上四句是取馬之「神」。杜甫詠馬，沒有停留在僅寫駿馬的外在特徵——清勁、善奔之類，而是根據自己對駿馬的獨特感受，去努力探尋它的內在氣質——共艱危、託生死，借以寄託自己的抱負的情懷，從而把詠馬詩升華到一個全新的思想高度和藝術高度，這正是詩人的獨創之處。

前人給予此詩以很高的評價。張綖《杜詩通》云：「此四十字中，其種其相，其才其德，無所不備，而形容痛快，凡筆望一字不可得。」趙汸說得更加透徹：「公此詩，前言胡馬骨相之異，後言其驍騰無比，而詞語矯健豪縱，飛行萬里之勢，如在目中，所謂索之於驪黃牝牡之外者，區區模寫體貼以爲詠物者，何足語此。」這種評價無疑是中肯的。

《房兵曹胡馬》是一首詠物詩。我國詠物詩的歷史源遠流長，最早當追溯到產生《詩經》的春秋時代，到了齊、梁，便開始多起來。前人對詠物詩的創作多有評述。宋代張炎說：「詩難於詠物。」（《詞源》）清代吳衡照說：「詠物雖小題，然極難作。」（《蓮子居詞話》）錢泳說：「詠物詩最難工，太切題則黏皮帶骨，不切題則捕風捉影，須在不卽不離之間。」（《履園譚詩》）施補華則強調說：「詠物詩必須有寄託。」（《峴傭說詩》）薛雪也說：「詠物以託物寄興爲上。」（《一瓢詩話》）這些藝術見解都具有一定的道理，因爲是總結了前人的創作實踐。

爲什麼詠物詩不容易寫好呢？因爲這類詩不是以抒情爲主，作者的抒情受到物的制約，作者的思想感情必須透過物情求得表現。詠物詩對所詠之物要刻畫得像，要能入於物內，所謂「形似」，但又不能太像，「太實則近腐」，容易流爲「攝影」作品。應當在「形似」的基礎上講求「神似」，要把被歌詠的事物的精神實質揭示出來，做到出於物外。同時還應當有寓意，有寄託。達到上述要求，纔稱得上好的詠物詩，纔是有價值有意義的文學作品，古代優秀的詠物詩總是寄託着詩人的進步理想和政治抱負，體現出代表着進步力量的時代精神。

杜甫極力歌詠駿馬的功績：「萬馬救中原」，「汗馬收宮闕」。他有時以駿馬喻良才，大聲疾呼朝廷要重視良才，應「力圖求駿馬」并每每爲良才被埋沒而發出不平的慨嘆：「如今豈無騕褭與驊騮，時無王良伯樂死卽休。」有時又以老馬自況，表白對統治者的忠心，渴望爲祖國盡力。儘管他「終身歷艱險」，仕途崎嶇坎坷，但直到晚年，政治態度仍然是那樣積極。他曾經多次吟唱出昂揚的詩句：「驊騮顧主鳴」，「青絲絡頭爲君老」，「老驥思千里」，「老馬終望雲」，「哀鳴思戰鬥，迥立向蒼蒼」，「古來存老馬，不必取長途」（老馬難以日行千里，但老馬識途，還能派上用場）。從這些託物寄興的詩句中，我們除了能見出老杜因受時代的和階級的局限所表現出封建忠君思想，剩下的便是詩人那種飽滿的政治熱情和一片感人的赤誠。

《房兵曹胡馬》不僅是詠馬詩的上品，也是詠物詩的上品。在杜甫現存的十一首詠馬詩中，不同時期的杜甫影像都得到了眞實的反映。

（李如鸞）

# 兵車行

杜　甫

車轔轔，馬蕭蕭，行人弓箭各在腰。耶娘妻子走相送，塵埃不見咸陽橋。牽衣頓足攔道哭，哭聲直上干雲霄。道傍過者問行人，行人但云點行頻。或從十五北防河，便至四十西營田。去時里正與裹頭，歸來頭白還戍邊。邊庭流血成海水，我皇開邊意未已。君不聞漢家山東二百州，千村萬落生荆杞。縱有健婦把鋤犂，禾生隴畝無東西。況復秦兵耐苦戰，被驅不異犬與鷄。長者雖有問，役夫敢伸恨？且如今年冬，未休關西卒。縣官急索租，租稅從何出？信知生男惡，反是生女好。生女猶得嫁比鄰，生男埋沒隨百草。君不見青海頭，古來白骨無人收。新鬼煩冤舊鬼哭，天陰雨濕聲啾啾！

「失之東隅，收之桑榆。」京華困頓十年，老杜在功業上一事無成，自嗟淪落，但由於他長時期活動於上層社會，與王侯顯宦相周旋，熟知種種驕奢淫逸的現狀和黑暗政治的內幕，又淪落下層，既貧且病，飽經憂患，對社會弊端和民生疾苦體察尤深，因此，在這一時期內開始成功地創作出一些揭露最高統治集團的腐朽、反對窮兵黷武的開邊政策、爲被壓迫被剝削的人民而呼吁的卓越詩篇，爲他其後現實主義光輝樂章源源不絕的湧現奏響了序曲。這無疑是老杜始料之所不及的。這方面寫得最早的名作當推《兵車行》。

開元末期以來，邊境戰爭中有的是爲了保衛境內安全、維護國家統一，不可一概抹殺，但由於玄宗開始昏庸，相繼委政於李林甫、楊國忠這樣一些野心家之手，窮兵黷武，獎勵邊功，確乎發動過多次不義戰爭，給國家各族人民造成了極大災難，其中最突出的是伐石堡和征南詔（詳《資治通鑒》）。這兩樁邊事，尤其是後者，朝野震動很大，人民受害很深。詩人李白對之都作了尖銳的諷刺與抨擊，如說：「君不能學哥舒，橫行青海夜帶刀，西屠石堡取紫袍。」（《答王十二寒夜獨酌有懷》）《舊唐書·哥舒翰傳》載哥舒翰拔石堡城後，「上錄其功，拜特進鴻臚員外卿，與一子五品官，賜物千匹、莊宅各一所，加攝御史大夫」。將「西屠石堡取紫袍」跟史實和反對發動這一戰役的將領王忠嗣「以數萬人之命易一官」的話聯繫起來看，諷意不是很明顯麼？對於因後一樁邊事所引起的幾次不義戰爭，李白還特意創作了專章詩歌加以揭露說：「羽檄如流星，虎符合專城。喧呼救邊急，羣鳥皆夜鳴。白日曜紫微，三公運權衡。天地皆得一，澹然四海清。借問此何爲，答言楚徵兵。渡瀘及五月，將赴雲南征。怯卒非戰士，炎方難遠行。長號別嚴親，日月慘光晶。泣盡繼以血，心摧兩無聲。困獸當猛虎，窮魚餌奔鯨。千去不一回，投軀豈全生！如何舞干戚，一使有苗平？」（《古風》其三十四）了解了這一邊事的始末和內情，再來看這首詩就覺得好懂多了，眞切多了。詩中有兩點見解很有意思、很可注意：一，指出靠抓壯丁押解到前方去參加不義戰爭必然是白送死：「怯卒非戰士」，「困獸當猛虎，窮魚餌奔鯨」。己方爲「怯卒」、「困獸」、「窮魚」，彼方爲「戰士」、「猛虎」、「奔鯨」，這主要不取決於士卒素質的優劣而取決於戰爭性質的正義與否和士氣的高低。《新唐書・楊國忠傳》：「凡募法，願奮者則籍之。（爲征南詔）國忠歲遣宋昱、鄭昂、韋儇以御史迫促，郡縣吏窮無以應，乃詭設餉召貧弱者，密縛置室中，衣絮衣，械而送屯，亡者以吏代之，人人思亂。」當然，用欺騙手段抓些貧弱者來充數，這就更無戰鬥力，更不堪一擊了。二，《太平御覽》卷八一引《帝王世紀》載有苗氏部族不受舜的政命，禹請求去征服它。舜說：「我德不厚而行武，非道也。吾前教由未也。」他於是修政教三年，執干（盾）戚（斧）而舞，有苗氏終於歸服了。這詩末二句卽用此典故，却决不是發思古之幽情，徒作書生空泛迂腐之論。其實南詔始終不願叛唐，這場不義戰爭的連續發生，完全是昏君、奸臣缺德而行武所導致的嚴重惡果。不過，卽使到詩人寫作這詩的當時，事態已發展到不可收拾的地步，衹要唐王朝執政者眞正認識錯誤，採取有力的補救措施，還是有希望和平解决的。詩人心裏對問題的看法既然如此深刻，如此尖銳，那末前面說什麼「白日曜紫微，三公運權衡。天地皆得一，澹然四海清」，豈不是明明地在借頌揚之辭，對禍國殃民的君臣，作又痛又痒、啼笑皆非的揶揄和諷刺嗎？

對時代的背景作了粗略的回顧，現在且來探討杜甫的《兵車行》。此詩以往各家多認爲是因玄宗用兵吐蕃而作。最早宋代黃鶴見詩中所敍述的送別悲楚之狀，與史書記載天寶十載鮮于仲通喪師于瀘南，楊國忠遣御史分道捕人連枷送軍所，行者愁怨，父母妻子相送，哭聲震野，情況相符，認爲是因出兵南征而作。錢謙益更進一步發揮說：「『君不聞』以下，言征戍之苦，海內驛騷，不獨南征一役爲然，故曰『役夫敢申恨』也。『且如』以下，言土著之民，亦不堪賦役，不獨征人也。『君不見』以下，舉青海之故，以明征南之必不返也。不言南詔，而言山東，言關西，言隴西，其詞哀怨而不迫如此。曰『君不聞』、『君不見』，有詩人呼祈父之意焉。是時國忠方貴盛，未敢斥言之，雜舉河隴之事，錯互其詞，若不爲南詔而發者，此作者之深意也。」錢箋剖析入微，言之成理，當代說詩者多主是說。寫南征而不點明南征，却雜舉河隴之事，除了錢箋所作解釋外，光就創作的角度而論，這不僅是容許的，更是藝術概括過程中加強人物、事件典型意義所必需的。詩人根據生活實感，構思一個「或從十五北防河，便至四十西營田」、如今又被驅南征、備受「吾皇開邊」之苦的老戰士，設爲答問之辭，讓他現身說法，在自述平生經歷的談論之中，自然而然地將多年來海內各地人民，從前方到後方，後役夫到農夫，從兵役、徭役到賦稅，所受窮兵黷武之害，集中而又眞實地反映了出來，游刃有餘地解決了有限篇幅和較多內容之間的矛盾，獲得了思想和藝術表現上的極大成就，能說這不是一次別出心裁的、成功的嘗試麼？設置極少人物，截取短暫生活片段，通過對話寫事以表達思想感情，這是漢樂府民歌中常見的表現手法。陳琳《飲馬長城窟行》即學此表現手法，而其中「生男愼莫舉，生女哺用脯」二句又直接借用於秦代民歌：「生男愼勿舉，生女哺用脯。不見長城下，屍骸相支柱。」（見楊泉《物理論》）。諸註家均以爲《兵車行》「信知生男惡，反是生女好」二句與陳琳「生男」二句有關聯，這是對的。其實不僅止於此，若論表現手法，也是從陳琳《飲馬長城窟行》，從漢樂府民歌繼承發展而來的。元稹在《樂府古題序》中說：「近代惟詩人杜甫《悲陳陶》、《哀江頭》、《兵車》、《麗人》等，凡所歌行，率皆卽事名篇，無復依傍。予小時與友人白樂天、李公垂輩謂是爲當，遂不復擬賦古題。」可見《悲陳陶》等篇最先開「卽事名篇」之風及其對中唐新樂府運動的影響。但須補充說明的是：一，元稹將杜甫「卽事名篇」之作從《悲陳陶》等篇算起，是因爲他概念中的「事」，指的是那些帶有重大社會和政治意義的「時事」。這一類卽「時事」名篇的歌行中創作得最早的不是《悲陳陶》，而是《兵車行》。《兵車行》的出現，標誌着詩人由於多年來的閱歷和體驗，社會思想、文藝思想已日臻成熟，開始着手在爲自己，爲後人，開拓那條起自國風的現實主義詩歌創作道路，這是很值得珍惜、很值得紀念的。二，如果將「事」理解爲一般的生活瑣事，那麼，現存杜詩中那些卽「瑣事」名篇的歌行出現得還要早。若按通常的編年先後排列，在《兵車行》以前卽有《今夕行》、《飲中八仙歌》、《高都護驄馬行》、《樂游園歌》等篇。這些都是歌行，也不能說不是「卽事名篇」，但顯然不屬於元稹所指的那一類。白居易《與元九書》說：「杜詩多，可傳者千餘篇……然撮其《新安》、《石壕》、《潼關吏》、《塞蘆子》、《留花門》之章，『朱門酒肉臭，路有凍死骨』之句，亦不過三四十。」如果根據這一狹隘的、大可商榷的評詩標準衡量，《今夕行》諸篇，必會被斥爲有乖六義而落選。不過從形式上考慮，詩人在天寶十載（七五一）寫作《兵車行》的前五年（天寶五載）寫作《今夕行》時就嘗試「卽事名篇」了。可見藝術形式上任何一個小的突破和改變，也是有一個發展過程的。三，文學史家每當論及文人繼承、發展樂府民歌傳統的過程時都說，由漢樂府的「緣事而發」，一變而爲曹操諸人的借古題而寫時事，再變爲杜甫的「因事立題」，這因事立題，經元結、顧況等一脈相承，到白居易更成爲一種有意識的寫作準則，卽所謂「歌詩合爲事而作」，并從而出現了新樂府運動。這概括無疑是正確的。寫樂府歌詩「因事立題」在文人中固然最早始於杜甫，不過，這倒并不是他的「發明創造」，他無非是恢復了民歌本來的作法而已。那些「饑者歌其食，勞者歌其事」的國風如《伐檀》、《碩鼠》、《東山》，那些「感於哀樂，緣事而發」的漢樂府民歌如《戰城南》、《有所思》、《東門行》、《婦病行》、《孤兒行》等等，又有什麼古題可借，還不都是「因事立題」，也就是元稹所說的「卽事名篇」麼？古時反動政客幹反動勾當時，也懂得製造輿論，顛倒黑白，混淆視聽，進行反動宣傳。天寶十一載（七五二）年底，李宓首次出征雲南前夕，朝廷命羣臣賦詩送行。如儲光羲的《同諸公送李雲南伐蠻》說：「昆明濱滇池，蠢爾敢逆常。天星耀鈇鑕，弔彼西南方。冢宰統元戎，太守齒軍行。囊括千萬里，矢謨在廟堂。耀耀金虎符，一息到炎荒。搜兵自交趾，茇舍出瀘陽……斬伐若草木，繫縲同犬羊。餘醜隱弭河，啁啾亂行藏……劍關掉鞅歸，武弁朝建章。龍樓加命服，獬豸擁秋霜。邦人頌靈旗，側聽何洋洋。京觀在《七德》，休哉我神皇！」無非是將唐方非正義的出兵說成是正義的，鼓吹大肆殺戮，預祝凱旋加官進爵，頌揚「統元戎」的「冢宰」楊國忠廟略的高妙，歸不世之功於「休哉我神皇」。〔二〕

〔二〕《資治通鑒》載天寶十載（七五一）十月楊國忠使鮮于仲通表請己遙領劍南，十一月以楊國忠領到劍南節度使。十一載十一月以楊國忠爲右相。十三載六月侍御史、劍南留後李宓將兵七萬擊南詔，被誘深入，李宓被擒（《舊唐書·楊國忠傳》載死於陣），全軍覆沒。但據高適《李雲南征蠻詩序》：「天寶十一載，有詔伐西南夷右相楊公兼節制之寄，仍奏前雲南守李宓涉海自交趾擊之。道路險艱，往復數萬里，蓋百王所未通也。十二載四月，至於長安。」知李宓於十三載六月征南詔失利全軍覆沒身亡以前，還曾於十一載楊國忠爲右相後出征一次；這次涉海自交趾擊南詔獲勝，於十二載四月凱旋。此可補史冊記載的疏漏。儲光羲《同諸公送李雲南伐蠻》說：「冢宰統元戎，太守齒軍行。囊括千萬里，矢謨在廟堂。耀耀金虎符，一息到炎荒。搜兵自交趾，茇舍出瀘陽。」可見李宓這次南征，卽十一載年底從長安出發、涉海自交趾擊南詔獲勝的那一次，而這次戰役的決策者主要是楊國忠。案《後漢第二年（天寶十二載）四月李宓奏凱還京②，朝廷同樣命羣臣賦詩歡迎、慶功。如高適的《李雲南征蠻詩》說：「聖人赫斯怒，詔伐西南戎。肅穆廟堂上，深沉節制雄。遂令感激士，得建非常功。……瀘水夜可渡，交州今始通。歸來長安道，召見甘泉宮。」頌揚的內容與前詩接近，所不同的衹是一預祝、一告成而已（見前註）。不管是「眞心」還是「違心」，儲光羲、高適二位，作爲屬官，處在必得「應詔」或「應教」賦詩的場合中，寫作了這樣一兩首政治傾向性很糟的「頌聖」、「歌德」之作，情有可原，不須深責；但也無妨借來作爲對照，以便更清楚地顯示出李、杜對社會現實認識的深刻，和他們熱愛人民、敢於揭露抨擊昏君奸臣禍國殃民反動決策的勇氣。

（陳貽焮）

# 麗人行

杜甫

三月三日天氣新，長安水邊多麗人。態濃意遠淑且真，肌理細膩骨肉勻。繡羅衣裳照暮春，蹙金孔雀銀麒麟。頭上何所有？翠爲㔩葉垂鬢脣；背後何所見？珠壓腰衱穩稱身。就中雲幕椒房親，賜名大國虢與秦。紫駝之峯出翠釜，水精之盤行素鱗。犀箸厭飫

書・輿服志》：「法冠，執法者服之，或謂之獬豸冠。獬豸，神羊，能別曲直，楚王常獲之，故以爲冠。」王先謙集解引惠棟曰：「《淮南子》云：『楚文王好服獬冠，楚國效之。』高誘云：『獬廌之冠，如今御史冠也。』」據此可知儲作「龍樓加命服，獬豸擁秋霜」系指李宓因戰功加侍御史銜。《資治通鑑》載十三載六月時李宓確獲此銜。泛泛而言，預祝其加官進爵則可；若斷定其必得某官則不可。這詩很可能亦如高詩，系同諸官慶李宓班師而作。只是題中標明「送李雲南征蠻」，別無確證，不敢臆改。

## 麗人行

久未下，鸞刀縷切空紛綸。黃門飛鞚不動塵，御廚絡繹送八珍。簫鼓哀吟感鬼神，賓從雜遝實要津。後來鞍馬何逡巡！當軒下馬入錦茵。楊花雪落覆白蘋，青鳥飛去銜紅巾。炙手可熱勢絕倫，慎莫近前丞相嗔。

杜甫三十五歲以後的「長安十年」（七四六——七五五）後期，有兩首緣事而發、即事名篇的新題樂府力作，一首是《兵車行》，另一首是《麗人行》，可稱爲姊妹篇。前者描寫了強徵入伍的士卒同家人生離死別時哭聲震野的悲慘景象，後者再現了濃妝豔抹、珠光寶氣的貴婦人遊春賞景時驕奢淫逸的享樂生活。前者對人民的苦難寄予深切的同情，後者對統治者的腐敗給以有力的揭露。這互相關聯的兩個方面，正是杜甫愛國主義詩歌的主旋律。

唐玄宗在位後期，沉溺聲色，專寵楊貴妃。貴妃的三個姊姊，皆封國夫人；天寶十一載（七五二），貴妃從兄楊國忠任右丞相。杜甫對此不無看法，因此約次年春，寫下了這首《麗人行》。

全詩可分爲三大段。前十句爲第一大段，泛寫遊春麗人。先從時間、地點寫起：「三月三日天氣新，長安水邊多麗人。」古人以三月三日爲上巳節。這天，人們要到水邊去祓除不祥，後來變成到水邊飲宴、郊外遊春了。唐朝開元時，京師仕女多到長安東南的曲江邊遊覽，那裏有芙蓉苑等多處名勝。頭兩句描寫的正是天氣晴朗、風和日麗的這一天，貴婦們紛紛到風景如畫的曲江邊踏青賞春的情景。她們的儀容風韻很是引人注目：「態濃意遠淑且眞，肌理細膩骨肉勻。」姿色是那麼濃豔，神韻高遠而嫻雅自然，皮膚細膩而體態勻稱。她們的穿着十分華貴：「繡羅衣裳照暮春，蹙金孔雀銀麒麟。」各式各樣的絲羅衣裳用金線和銀線嵌繡上孔雀和麒麟圖案，爲暮春的景色加添了奪目的光彩。她們佩戴的也很講究：「頭上何所有？翠爲㔩葉垂鬢脣。背後何所見？珠壓腰衱穩稱身。」髮髻上戴的是「㔩彩」，這種花飾，上邊用翡翠作葉子，一直垂到了鬢角邊；身後邊的衣裾和裙帶上，綴着一顆顆珍珠，款款地貼着腰身。可以想見，在和風、朗日、碧草、澄江的春景映襯下，那些麗人們該是何等美豔，何等風彩！明末王嗣奭說：「『態濃意遠』、『骨肉勻』，畫出一個國色。狀姿色曰『骨肉勻』，狀服飾曰『穩稱身』，可謂善於形容。」（《杜臆》）清人仇兆鰲贊道：「濃如紅桃裛露，遠如翠竹籠煙，淑如瑞日祥雲，眞如澄川朗月，一句中寫出絕世豐神。」（《杜詩詳註》）

緊接着的十句爲第二大段，專寫楊氏姊妹的盛筵。「就中雲幕椒房親，賜名大國虢與秦。」就在這些雲幕之下的麗人裏，楊貴妃的三個姊姊正在其中，她們靠着天子的寵幸，被封爲虢國夫人、秦國夫人、韓國夫人。這些皇親貴戚也到曲江邊上宴飲作樂來了，擺在她們面前的自然都是些不尋常的嘉肴：「紫駝之峯出翠釜，水精之盤行素鱗。」那名貴的駝峯肉，那鮮美的素鱗魚，都是用金翠的鍋子烹炙而成，都是用水晶的盤子托送出來。可是，山珍海味貴婦們早已吃膩了：「犀箸厭飫久未下，鸞刀縷切空紛綸。」她們舉着精製的犀角筷子躊躇着，遲遲看不中哪樣可口，這樣廚師們操着繫有鸞鈴的廚刀，細切精作全都成了一陣空忙。然而，恰當此時：「黄門飛鞚不動塵，御廚絡繹送八珍。」黄門太監騎着快馬，塵土不揚地飛奔而來，又接連不斷送來御膳房中種種珍食玉饌。眞是寵幸若此，無以復加。「簫鼓哀吟感鬼神，賓從雜遝實要津。」楊氏姊妹宴飲之際，自有簫鼓絲絃彈奏着哀婉動人的樂曲助興，就連侍奉在她們左右的衆多的賓客僚屬，也都在朝廷上佔據着重要的職位。在這一大段裏，作者以濃墨重筆勾畫了一幅皇親盛筵圖。這裏，楊氏姊妹奢侈無比的飲食，聲威奪人的排場，烜赫已極的氣焰，寫得淋漓盡致。末句「賓從雜遝實要津」，承上啓下，既爲皇親貴婦作了烘托，也爲下面將要描寫的人物進行了鋪墊，令人感到「雞犬」尚能「升天」，何況「得道」之人！

第三大段，即最後六句，筆鋒所嚮，衹寫一人之驕淫。「後來鞍馬何逡巡，當軒下馬入錦茵。」最後騎馬來的人是誰呢？你看他大模大樣、旁若無人的樣子，竟然到門口纔下馬，也無須通報，徑直從錦繡地毯上昂然而入了。此人身份如此特殊，與楊氏姊妹如此親密，即使詩人暫時不說，讀者也能猜個大概，除了當朝丞相、貴妃從兄楊國忠之外，還能有何人？「楊花雪落覆白蘋，青鳥飛去銜紅巾。」暮春的楊花像雪一樣飄落水中，西王母的使者青鳥已經把那傳遞消息的紅手帕銜走。唐時曲江兩岸多種楊柳，楊柳飛飄似雪，因此前句似屬實景描寫，但其中也可能暗有所指。清代蘅塘退士註「楊花入水爲萍」說：「萍，其大者曰蘋，蘋根生水底，不若小浮萍無根漂浮。楊國忠實張易之之子，冒楊姓，與虢國通。是以無根之楊花，落而覆有根之白蘋也。」這是說，詩人以楊花隱指楊國忠，所謂「楊花覆蘋」，是影射楊國忠與虢國夫人之間的淫亂行爲。又，北魏胡太后私通楊白花，後來楊畏禍南逃降梁，胡太后思念他，作《楊白花歌》，其中有「春去秋來雙燕子，願銜楊花入窠裏」之句，因此認爲杜甫可能暗用此典影射楊氏兄妹。如果聯繫後句「青鳥銜巾」一併體味，就會覺得以上評註不無道理。因爲古代婦女常用巾帕作爲定情之物，此處或許隱喻有人專爲楊氏兄妹暗通消息。

詩人着力暗中揭示了這位堂堂宰相的隱私之後，以勸戒旁人的口氣寫道：「炙手可熱勢絶倫，愼莫近前丞相嗔。」丞相氣燄灼人，權勢之大，無與倫比，不可近前。否則，惹其嗔怒，那還得了？在寫了江畔衆麗、楊氏姊妹、顯赫丞相之後，筆鋒收束至此，實係畫龍點睛。

全詩共二十六句。讀第一大段，很容易讓人想起樂府民歌中的名篇佳句。如：「頭上倭墮髻，耳中明月珠。緗綺爲下裙，紫綺爲上襦。」（《陌上桑》）「足下躡絲履，頭上玳瑁光。腰若流紈素，耳著明月璫。指如削葱根，口如含朱丹。纖纖作細步，精妙世無雙。」（《古詩爲焦仲卿妻作》）杜甫以同樣的鋪染彩繪筆法，先總寫貴婦佳人們姿容服飾之豔，以見出賞春遊冶之盛，完全是正面詠嘆方式。繼而筆鋒一轉，在第二大段裏，突出描繪了楊氏姊妹豐宴盛筵，隱含譴責之意。「賜名大國」令人想到皇上的濫施封號：「犀箸久未下」和「鸞刀空紛綸」，又可見出貴戚們的奢侈無度；「賓從實要津」，更使人對滿朝文武、高官顯宦產生「何等人也」之疑。最後一段，重筆渲染楊氏兄妹權勢煊赫、氣燄囂張之時，彷彿詩人那蓄積已久的憤懣將噴射而出。然而，詩人仍堅持客觀冷峻的寫實態度，最後兩句「炙手可熱勢絶倫，愼莫近前丞相嗔」，點出楊國忠驕橫恣肆，以及跟賞春人羣之對立。雖未作抽象議論，而詩人憎惡之情，溢於言外。

逐段細讀，掩卷反思，全詩層層鋪墊，層層凝筆，層層着力，漸次顯出皇親國戚們的「美人相、富貴相、妖淫相、羅刹相」（《杜詩鏡銓》引語）。詩的主旨在場面和情節描寫中自然流露，幾乎不露聲色，然其傾向性又十分鮮明。浦起龍說：「無一刺譏語，描摹處，語語刺譏；無一慨嘆聲，點逗處，聲聲慨嘆。」（《讀杜心解》）此等功力，非詩聖大手筆，他人實難企及。

（董扶其）

# 後出塞（其二）

杜 甫

朝進東門營，暮上河陽橋。落日照大旗，馬鳴風蕭蕭。平沙列萬幕，部伍各見招。中天懸明月，令嚴夜寂寥。悲笳數聲動，壯士慘不驕。借問大將誰，恐是霍嫖姚。

《後出塞》描寫的主人公本是一位信奉「男兒生世間，及壯當封侯」的雄心勃勃的熱血青年。這一首寫他從軍後度過的第一個夜晚的見聞和感受。

詩的開頭兩句，徑直寫明了隊伍早晨集合出發的地點，和傍晚隊伍所到之處。東門應是洛陽城的東門，徵募士兵是在東都進行的。新兵的軍營就設在洛陽東門附近。因爲軍情緊急，新兵入伍當天隊伍就出發「赴薊門」了。河陽橋是橫跨黃河的浮橋，爲洛陽通往薊北的必經之處，在今河南孟縣。「朝進」、「暮上」兩句，極爲簡潔，它捨棄了行軍途程中的一切耳聞目睹，直接將新兵出發地與隊伍將止處緊緊聯結在一起，突出表現了組詩的主人公一心一意奔赴戰場以求及早建功立業的急切心情。一「朝」一「暮」不但是軍情決定的，而且也是征人的心情決定的。這個開頭緊承組詩第一首，使我們看到「含笑看吳鈎」的征人匆促的步伐，體會到滿懷渴望、興奮、激動的心情。我們沿着這個心理線索來欣賞和分析這首詩，眼前就會出現一幅幅動人的圖畫。

暮色中跨過河陽浮橋，隊伍就要停止前進。詩的三、四句在征人眼前展現出一派雄壯廣闊的景象：燦爛

## 後出塞（其二）

的夕陽照耀着將軍的大旗，分外耀眼；颯颯的強風伴送着戰馬的嘶鳴，尤其驚人。這是何等激動人心的場面：日將落則愈圓，旗映日則愈紅，大旗隨風而動，馬鳴借風而傳。在這一有聲有色壯闊雄偉的畫面裏，渴望建功立業的征人豪情壯志充溢胸中，我們會和他一樣從心底發出由衷的贊嘆。這是杜詩的名句。這兩句詩化用《詩經·小雅·車攻》「蕭蕭馬鳴，悠悠旆旌」兩句，其中透露出戰鬥的氣氛，給人肅殺悲壯之感。詩人將「蕭蕭馬鳴」前後顛倒，中間加一「風」字，使雄渾悲壯的氣氛更加濃厚。誠如《杜臆》所說：「但得一『風』字，更覺爽豁耳。」

五、六句征人的注意力又轉到隊伍上。隊伍要宿營了，衹見廣闊平坦的原野上，按着一定的方位和距離排列着成千上萬個剛剛搭起的帳篷，整整齊齊，軍官們各自集合自己的戰士，新入伍的征人有組織地宿營了。軍隊的帳幕是整齊的，隊伍的生活是井然有序的，這是一幅生動的宿營圖。從中可以見出征人對軍旅生活的好感。

以上六句，就「暮」中所見之景而寫，「薄暮景事」是透過征人眼中、心中寫出。他眼中閃着興奮的光，胸中跳動着一顆火熱的心。就思想情緒來講，與《後出塞》其一一脈相承。

下面六句，就「夜」裏情景而寫，「夜中情景」自然仍是征人所感之情，所見之意。然而此時之情有別於前，已由表及裏，由淺入深。這種思想情緒的轉變是自然的、合乎情理的，它與《後出塞》其三、四、五寫的征人逐步加深對「重高動」的「主將」的認識，最後終於脫身叛軍，銜接無痕。

後六句分三個層次，七、八句爲第一層次，九、十句爲第二層次，十一、十二句爲第三層次，三個層次，先是眼見之月，再是耳聞之聲，後是心想之人，逐漸由實入虛，化實爲虛。後六句描寫的中心正是這第一夜徹夜不眠的征人。

踏上征途的新士兵是興奮的、激動不已的。但是軍令森嚴，入夜宿營萬幕寂靜，使不寐的人既不得喧譁，又無人交談，感到寂寞、孤獨。擡頭衹見空中高懸着一輪明月，月光如水，無語流瀉，也是孤寂、冷漠。天上軍中都被孤寂籠罩。是月孤引起人孤之感，還是令嚴使孤獨的征人感到月孤？這裏的主客觀是統一的。眞

## 後出塞（其二）

可謂觸景生情，又可說景隨情變，達到了情景交融的地步。

萬籟俱寂，突然傳來幾聲悲壯的笳聲，既打破了夜的寂靜，也使征人動情，由孤寂轉生淒慘之感。《通典》「聲感人附」條說：「絲竹哀怨之聲不可奏，使人淒慘，損銳氣，挫壯心，則難勝敵。」胡笳是笛的一種，八音中竹之屬。崔融《關山月》也說：「夜夜聞悲笳，征人起南望。」望月思鄉，聞笳生悲，是人之常情。剛剛從軍一夜的征人，也深有同感。由驕而慘，由熱而冷，一天之間，一夜之內感情的變化就如此劇烈，可見這是一個不太成熟的年輕人。

然而這個征人又畢竟不同於他一般的伙伴。他沒有沉埋在思鄉思親的感情漩渦中，而是在沉寂和冷靜中思考着一個嚴肅的大問題：請問率領我們這支隊伍的大將是誰？恐怕是像西漢時大敗匈奴、開通西域、屢建戰功的驃騎校尉霍去病那樣的名將吧！這自問自答，足以顯示征人超人之處。「從軍有苦樂，但問所從誰」（王粲《從軍行五首》其一）。隊伍未來的勝敗，戰士們的苦樂以至生死，都在很大程度上取決於主將。這位征人要在「戰伐」中立功業，自然很關心自己的主將是誰。但不眠之夜無處可問，衹好自己心裏暗暗猜測。「恐」字既是猜測之詞，又是希望之詞——但願主將能像霍去病那樣。果眞如此，自己「戰伐有功業」、「及壯當封侯」的理想也有可能實現了。雄心猶在，疑心未釋，因爲沒有人能給予他明確、肯定的答覆，所以「恐」字還是擔心之詞——生怕主將不如霍去病。「恐」字多義，活畫出征人月夜不寐，左思右想，輾轉反側的形象與神情。徹夜的思考爲以下各首詩揭露和諷刺將叛的主將打下了基礎。

這首詩在組詩中起承上啓下的作用，是組詩的關鍵部分。詩的藝術特色在於把主觀之情感外化爲客觀之景物，情景交融，以實映虛，虛實結合，是本詩的最大特點。爲了表現雄心壯志，就寫雄渾壯闊之景。落日、大旗、戰馬、長風，這些粗獷、傳神的景物組成一個完整雄渾的畫面，盡收眼底。爲了表現寂寥孤獨，就將明月高懸，讓森嚴的軍令構成一個逼人的氣氛。爲了表現淒慘，則引來數聲悲笳，讓天地中彌漫着感人的哀音。見景生情，景隨情變，水乳交融，渾然一體。正如王國維說過的：「一切景語皆情語也。」

另外，這首詩的層次分明。從字面上看，是以時間爲序，由「朝」至「暮」，再「落日」、「明月」以至深「夜」。同時也應看到，征人思想感情的變化，由驕而急，轉慘而疑，恰好與時間推移同步進行。因此也可以說，征人由驕變慘是全詩的思想脈絡，是詩要表現的精髓，而時間推移僅僅是外在的標誌。（朱明倫）

# 自京赴奉先縣詠懷五百字

杜甫

杜陵有布衣，老大意轉拙。許身一何愚，竊比稷與契。居然成濩落，白首甘契闊。蓋棺事則已，此志常覬豁。窮年憂黎元，嘆息腸内熱。取笑同學翁，浩歌彌激烈。非無江海志，瀟灑送日月。生逢堯舜君，不忍便永訣。當今廊廟具，構廈豈云缺。葵藿傾太陽，物性固難奪。顧惟螻蟻輩，但自求其穴。胡爲慕大鯨，輒擬偃溟渤。以兹悟生理，獨恥事干謁。兀兀遂至今，忍爲塵埃沒。終愧巢與由，未能易其節。沉飲聊自適，放歌破愁絶。歲暮百草零，疾風高岡裂。天衢陰崢嶸，客子中夜發。霜嚴衣帶斷，指直不得結。凌晨過驪山，御榻在嵽嵲。蚩尤塞寒空，蹴踏崖谷滑。瑤池氣鬱律，羽林相摩戛。君臣留歡娱，樂動殷膠葛。賜浴皆長纓，與宴非短褐。彤庭所分帛，本自寒女出。鞭撻其夫家，聚斂貢城闕。聖人筐篚恩，實欲邦國活。臣如忽至理，君豈棄此物？多士盈朝廷，仁者宜戰慄。况聞内金盤，盡在衛霍室。中堂舞神仙，煙霧蒙玉質。煖客貂鼠裘，悲管逐清瑟。勸客駝蹄羹，霜橙壓香橘。朱門酒肉臭，路有凍死骨。榮枯咫尺異，惆悵

自京赴奉先縣詠懷五百字

難再述。北轅就涇渭，官渡又改轍。羣水從西下，極目高崒兀。疑是崆峒來，恐觸天柱折。河梁幸未坼，枝撐聲窸窣。行旅相攀援，川廣不可越。老妻寄異縣，十口隔風雪。誰能久不顧，庶往共饑渴。入門聞號咷，幼子餓已卒。吾寧捨一哀，里巷亦嗚咽。所愧爲人父，無食致夭折。豈知秋禾登，貧窶有倉卒。生常免租稅，名不隸征伐。撫跡猶酸辛，平人固騷屑。默思失業徒，因念遠戍卒。憂端齊終南，澒洞不可掇。

這是杜甫中年的作品，時年四十四，在他的五言詩裏，是一首代表作，比《北征》尤爲精密。詩的大旨從題目上已表示出來，共有三點：（一）記旅行的見聞，（二）家庭的狀況，（三）詠自己的懷抱。若把懷抱作爲廣義的解釋，說全首都在詠懷也未嘗不可。他動身的時節，在初冬十月十一月之間，其年爲唐明皇的天寶十四載（七五五）。這個年和月都很值得注意：因爲安祿山恰好在那時候造反。地點也值得注意：因爲他從長安到奉先，經過驪山，而唐明皇楊貴妃恰好在驪山過冬，後來如《長恨歌》「漁陽鼙鼓動地來，驚破霓裳羽衣曲」，雖千古傳名，其實不免追想虛擬。這才是眞知實感。史稱天寶十四載乙未十一月九日安祿山反，十二月陷東京，明年六月入長安，老杜行路作詩的時候，安祿山正在那裏擧兵，明皇貴妃却在這裏大玩特玩，所以千載以後讀了這首詩，诚有「山雨欲來風滿樓」之感。詩人是最敏感、先覺的，他從社會政治動盪的脈搏裏，對於治亂興亡能有明確的診斷。杜甫在這詩裏，已充分表示了這個，證明了這個。

原詩五百字，段落相當分明，共分爲三：（一）詠懷。（二）所見驪山光景，夾敍夾議。（三）行路到家，記家中窮困淒慘的實況。以自己的生活，觀測世變，作爲總結。現在分三段引本文，再隨文解釋，除對於舊註略有校正外，不能引錄，讀者仍須看註。解說不免羅嗦重複，有些話原本不必要的，爲着廣大階層的讀者設想，不能不多說了幾句，若多說而仍不得要領，這是我表現得不恰當的緣故。詩的文字，實非常清明，多讀幾遍自然可以了解的。

一

第一段千回百折，層層如剝蕉心，出語的自然圓轉，雖用白話來寫很難得超過他。把文言用得像白話一般，把詩做得像散文一般，這種技巧，不但對古詩爲「空前」，即在杜集中亦係「僅有」之作。我頗覺得白話文言都衹是工具，而工具的利鈍又衹是比較的。能否幹得了活，最主要的還靠着匠人的心手。

閑話休提。杜甫舊宅在長安城南，所以他每自稱少陵野老（《哀江頭》），杜陵布衣。「老大意轉拙」，猶俗語說「越活越回去了」。怎麽笨拙法呢？「竊比稷與契」，您想什麽人不好比，偏要去希聖希賢，可不是自己找麻煩？稷教百姓種田，契教以人倫道德；從勞動工作裏得到生活，然後懂得做人的道理。這個道德在那時候當然是封建的。所志既如此迂闊，豈有不失敗之理。「居然」猶白話的「果然」，濩落即廓落，大而無當，空廓而無用之意，「居然成濩落」，即果然失敗了。契闊即辛苦。自己明知定要失敗，却甘心辛勤到老。這六句是一層意思，下邊更逼進了一步。「白首」雖已老了，却還沒死，一口氣在，還須努力，故有「蓋棺」兩句。衹要還未蓋棺，仍然抱着可以志願通達的希望，他口氣是非常堅強的。

孟子說：「禹思天下有溺者，猶己溺之也。稷思天下有饑者，猶己饑之也，是以若是其急也。」老杜彷佛這般的心情，所以說「窮年憂黎元」，即承上文自比稷契來的。（自比稷契即自比禹稷，見另文《杜陵自比稷契說》。）盡我的一生，同萬民的哀樂，衷腸熱烈如此，自不免爲同學老先生們所笑（翁字表示尊敬，在此語含諷刺）。他却毫不在乎，衹是格外的慷慨悲歌。詩到這裏可以總爲一小段，下文便轉了意思。

杜甫爲人當然很好。完完全全的像禹稷嗎？却也不見得。隱逸幾乎成爲中國舊文人一般的永久的嗜好。老杜非常眞誠，且有自知之明，於是接着說，我難道眞這樣的傻，不想瀟灑山林，度過時光嗎？無奈生逢堯舜之君，不忍走開罷了。他是否眞把唐明皇當作堯舜之君看呢？在此不得詳論。我們很不必歪曲事實，杜甫當然忠君，不過從下文證明，明皇之去堯舜不但事實上遠甚，即以杜甫的詩來看，恐亦復甚遠。（堯舜究竟怎樣好法，是另一問題，所指乃是儒家傳統的看法裏的堯舜。）所以這句話至少不宜十分認眞的。

從這裏又轉出意思來。既生在堯舜一般的盛世，當然人才濟濟，難道少你一人不得嗎？構造廊廟都是盤盤大才，原不少我這樣一個人，但我却偏要挨上來。爲什麼這樣呢？這說不上什麼緣故，衹是一種脾氣性情罷了，好比向日葵老跟着太陽轉。藿是豆葉，雖亦喜歡太陽，却并不跟向日葵一樣，由葵連到藿，古人自有此詞例。忠君愛國發乎天性，這果然很好，不過却也有一層意思必須找補的。讀者會不會覺得他過於熱中功名，奔走利祿？故有下邊八句。螻蟻大鯨皆比喻：螻蟻輩「指瑣瑣事干謁者」，《杜詩鏡銓》說是。爲個人利益着想的人，像螞蟻似的能够經營自己的巢穴；我却偏要向滄海的巨鯨看齊，自然把生計都給耽擱了。「獨恥事干謁」，倒裝句法。既想用世又羞干謁，這是矛盾的。因怕去仰面求人，所以耽誤了生計，直到現在還辛辛苦苦，埋沒風塵中。「忍」，甘心忍耐之意。

下面又反接找補。上文說「身逢堯舜君，不忍便永訣」，但卽使堯舜之世，何嘗沒有隱逸避世的，例如許由巢父。巢由是高尚的君子，我學他不來，深可慚愧；雖然慚愧却不能改變我的操行。這兩句一句一折。說到這裏，既不能高攀稷契，亦不屑俯就利祿，又不忍跳出圈子去逃避現實，做個巢由一樣的人，眞如俗語所謂「高不成，低不就」，一點辦法都沒有。衹好飲酒賦詩。沉醉或能忘憂，放歌聊可破悶。詩酒流連，好像都很風雅，其實是不得已啊。後來杜甫在蜀，有《可惜》一詩云，「寬懷應是酒，遣興莫過詩」，與此相同，衹是情調更恬淡一些。

以上第一段隨文解釋粗畢，思想方面値得特別提出的有兩點：（一）這段的主句卽「窮年憂黎元」，老杜的不可及，跟一般詩人不同，正在這裏。他雖忠君愛國，但君之所以須忠、國之所以須愛，正爲着人民的緣故。若不爲萬民的憂樂着想，便一切都落空了。我們從杜甫別的詩裏亦可以看到這樣的心理，在本篇尤爲顯著突出。怎樣去爲人民，在那時候固不能有明確的認識，但他的熱烈衷腸却非常眞實，又表現得這般好，使後之讀者都爲他的作品所感動，我們不過億兆人中之一二罷了。（二）積極精神的表現。「終愧巢與由」，話說得雖很謙卑，實際上不啻已否定了中國傳統的高人，爲文士所欽佩羡慕的巢父許由。這是本詩另一個特點，亦可以說是老杜爲人的特徵，他似乎跟歷來的大詩人都不很相同，拿陶淵明來比就很分明。自然，這也跟着上邊所說觀點來的：正爲熱愛人民弄得進退兩難，不能進爲稷契，不肯退爲巢由。對稷契是有志未逮，由於才力境遇的限制，巢由的行徑很可羨慕，且又比較的容易學，却又不想去學他；所以年將半百，一事無成，可謂至愚且拙矣。他在這裏把生平堅強不屈的精神表現得非常恰當，非常老實，即成爲最高的技巧。我們是不能離開這種精神，孤立地來講技巧的。

二

第二段，記敍描寫議論幷用，最爲分明，無須逐句作解，衹就有關係各點，大略說明之。

首六句敍上路情形，在初冬十月十一月之交，半夜動身，清早過驪山，驪山距長安城衹有六十里。明皇貴妃正在華清宮。他們每年於十月到溫湯避寒，約歲盡回京，《唐書》上歷歷記載着，所以說他們在驪山吃荔枝，七夕乞巧，都是後來文士瞎編的。老杜另一詩「東山氣鴻濛，宮殿居上頭，君來必十月，樹羽臨九州」（《湯東靈湫作》）云云，可以參看。

「蚩尤」兩句舊註多誤。如錢箋仇註幷引《皇覽》以爲山東壽張縣蚩尤墳上有一股赤氣，叫作蚩尤旗，跟本詩所敍相當遼遠，不可信。錢說「借以喻兵象」。仇氏更怪，似乎把蚩尤旗眞當作旌旗看，所以說「塞寒空，旌旗蔽天也」。楊氏鏡銓引《甘泉賦》「蚩尤之倫，帶干將，秉玉戚」，下又說「二句言衛士之苦」，是把蚩尤作爲衛兵講，亦誤。我以爲蚩尤作霧，即用作霧之代語，下云「塞寒空」分明是霧；若是旌旗衹可云蔽天或蔽空，不得云塞空。這個塞字却另有一個來源，漢書《成紀》所謂「黃霧四塞」，不過他幷未明用，不能算做註。是否用王氏五侯同日封這個故事，來影射楊氏呢？不得而知。寫實而暗含比興，雖盡有這可能，但現在無須深求，作爲純粹的寫實看就很好了。

我從前在仇註杜詩上有一眉評：「霧重故地滑。溫泉蒸氣鬱勃，羽林軍校往來如織。寫驪宮冬曉，氣象萬千，化工手也。」這話雖很簡單，已够說明了，這才是眞正的華清宮，覺白氏《長恨歌》雖佳，猶係文人想象，風華點染之筆。「君臣」兩句（殷，盛意；膠葛，廣大貌）亦即彼歌所云「驪宮高處入青雲，仙樂風飄處處聞」。說「君臣留歡娛」，輕輕點過，却把唐明皇一起拉到渾水裏去。然則上文所謂堯舜之君，眞不過說說好聽，遮遮世人眼罷了。

「彤庭」四句，沉痛極了。一絲一縷都出於女工之手，用橫暴鞭撻的方式把大量的綾羅綢緞徵集到京裏來，却供皇帝的鑒賞，百官們的無謂浪費。說「聖人筐篚恩，實欲邦國活」，用愛民活國的成語，對明皇有些開脫回護。古代以幣帛送禮，都裝在竹器中，孟子所謂「實玄黄於篚」。皇帝把這些費了大力聚斂來的五彩斑爛的錦繡分賞羣臣，原叫他們好好地爲國家爲人民服務，誰想他們辜負國恩，却不理會這個，豈不等於白扔了嗎！衮衮諸公，莫不如此。百姓已痛苦不堪，而朝廷之上却擠滿了這班貪婪庸鄙、毫無心肝的家伙，國事的危險眞像千鈞一髮，仁人之心應該戰慄的。不但於心不安，而且警惕恐懼，所以說「戰慄」。這一節指斥一般官吏，舊註說「責臣以諷君」，當然不錯，不過就表面看，對百官雖正顏厲色，對皇帝還稍爲客氣些，在封建專制時代，殆是不得已。但請看下文。

「況聞」以下更進了一步。「聞」者虛擬之詞，宮禁事秘，不敢說一定。豈但文武百官如此，卽「中樞」「大內」的情形又何嘗好一些，或者更加厉害吧。聽說大內的奇珍異寶都已進了貴戚豪門，指楊國忠之徒。「中堂」兩句，寫美人如玉，被煙霧般的輕紗籠着，指虢國夫人，還是楊玉環呢？這種攻擊法，一步逼緊一步，離唐明皇衹隔一層薄紙了，實在是很危險的，我們不能不佩服詩人的大膽，甚而至於替他擔憂。

似乎不宜再尖銳地說下去，故轉入平鋪。「煖客」以下四句兩聯，十字作對，謂之隔句對，或扇面對，調子相當的紆緩。因意味太嚴重了，不能不借藻色聲音的曼妙渲染一番，稍稍沖淡這個，在文情爲調和恰當，在事實上正不得已耳。且極力鋪敍豪侈，反激下文，亦未嘗沒有意義。橙橘皆北地珍品，猶「一騎紅塵妃子笑，無人知是荔枝來」。霜橙香橘尙且隨便吃，酒肉凡品，自任其臭腐，不須愛惜的了。

文勢稍寬平了一點兒，緊接着又大聲疾呼，「朱門酒肉臭，路有凍死骨。」老杜眞是一句不肯放鬆，一筆不肯落平的。這是傳誦很廣的名句，不必多說了。似乎一往高歌，暗地却結上啓下，令人不覺，《鏡銓》夾評「拍到路上無痕」講得很對。到這裏實在不能再說，非但文情已很酣暢，而且倘若再說下去，或者要殺頭哩。如後來的文網森嚴，他已早够殺頭的資格了。驪山宮裝點得像仙界一般，而宮門之外卽有路倒屍。咫尺之間，榮枯差別如此，那還有什麼可說的?是的，不能再說，亦無須再說了。在這兒打住，是很恰當的。

## 三

第三段以三小節合成：（一）路上情形，（二）到家，（三）總結。第一部分可以獨立。（二）（三）密切聯絡不能分折的。以「詠懷」名篇，全詩從自己憂念家國說起（卽以自己的境遇聯繫時局作爲總結）。嚴格說來，好詩都是整體，本質上拒絕分折。分段不過爲圖解說的方便，自然不能看獃了。

第一小節首句有「羣冰」、「羣水」的異文。仇註「羣水或作羣冰，非。此時正冬，冰凌未解也。」我覺得此說不妥，曾有眉評：「此詩或作於十月下旬，正不必泥定仲冬。作羣冰，詩意自愜。雖冬寒，高水激湍，故冰猶未合耳。觀下文『高崒兀』『聲窸窣』，作冰爲勝。」看《老殘游記》第十二章，卽値嚴冬，黃河也還在流冰。

這一小段句句寫實，衹「疑是崆峒來，恐觸天柱折」兩句，用共工氏怒觸不周山的典故，像有點小題大做。王嗣奭《杜臆》以爲「隱語，憂國家將覆」，這雖不一定對，但暗示時勢的嚴重亦很有這樣的可能。

千辛萬苦的走到了家。他老先生一進門，就聽見杜太太在那裏號咷大哭，這實在非常戲劇化的。詩上說「幼子餓已卒」，「無食致夭折」，我們當然相信這是事實，不過亦可用較廣義的解釋，因貧困致疾而死，亦可以說餓死。「吾寧捨一哀」，用《禮記・檀弓》記孔子的話「遇於一哀而出涕，予惡夫涕之無從也」，捨字有割捨放棄的意思，說我能够勉強達觀自遣。但鄰里且爲之嗚咽，況做父親的人讓兒子生生的餓死，豈不慚愧。時節過了秋收，糧食原不該缺乏，窮人可還不免有倉皇挨餓的。像自己這樣，總算很苦的了。是否頂苦呢?倒也未必。因他大小總是個官兒，照例可免租稅和兵役的，尚且狼狽得如此，一般平民擾亂不安的情況（唐諱「民」字，平人卽平民），自必遠遠超過這個。弱者塡溝壑，強者想造反，都是一定的。想起世上有多少失業之徒，久役不歸的兵士，那些武行脚色已都扎扮好了，衹等上場鑼響，便要眞殺眞砍，大亂之來已迫眉睫，自然憂從中來不可斷絕，與終南山齊高，與大海接其混茫了（澒洞是空氣或海水流動之貌）。表面上看來，似乎窮人發癡，癡人說夢，那知過不了幾日，漁陽鼙鼓已揭天來了，方知第一詩人眞是先知先覺啊！

這一段文字彷彿閑敍家常，不很用力，却自然而然地不知不覺中已總結了全詩，極其神妙。結尾最難，必須結束得住，方才是一篇完整的詩。他思想的方式無非「推己及人」，并沒有什麽神秘。結合小我的生活，推想到大衆；從萬民的哀樂，定一國之興衰，自然句句都眞，都會應驗的。以文而論，固是一代之史詩，即論事，亦千秋之殷鑒矣。

（俞平伯）

# 月夜

杜甫

今夜鄜州月，閨中祗獨看。遥憐小兒女，未解憶長安。香霧雲鬟濕，清輝玉臂寒。
何时倚虚幌，雙照淚痕乾。

作詩起筆要超脫。何謂超脫？如題曰《月夜》，老杜時在長安，應說「今夜長安月」才是。不說長安月，却說他太太所在地鄜州的月，便化實爲虛，卽所謂超脫。

那夜，月光當然好極了，却起句已在想象中，表面看似乎跑野馬，骨子裏偏是正文。何則？雖以「月夜」爲題，但所以要作這首詩的緣故却不在這月上，懷人纔是眞正的題目呢。第一句把題目擒住，以後便有破竹之勢。

三四流水句法，首至四清空一氣，却自然分出層次來。猶如作畫，一筆而濃淡俱到。說到小兒女不懂得想他爸爸的可憐，那麼懂得憶長安的又是誰呢？君憶我，惟我知君之憶我，用筆直透紙背，乾淨利落，不待言矣。

以下直接結尾。看月、懷人、墮淚，既兩地之所同，然而你不見我，我亦不見你，雖不相見兩相知，雖相知而終於暫不相見，逼出「何時倚虛幌，雙照淚痕乾」來，這兩句在這詩裏似乎不見得怎樣出色討俏，而其實最難寫的便是它，所謂大匠苦心，一篇之警策、沉鬱處正在此。

不由得想到「牛渚西江夜」這首詩來：三四五六句全不對，在律詩爲變格。純粹的清空，此所以爲李太白；清空而更沉鬱，此所以爲杜少陵歟？

說了半天，落下五六兩句沒講。這兩句問題很多，我常對學生說。雖然風華旖旎，在文理章法上看祇算插筆。從前人以爲杜太太這麼漂亮，怕未必然，杜先生這麼讚美她，恐更未必然。這似乎又不大得體。我說「似乎」，因爲沒有什麼證據，祇是個人的看法，善讀詩者或能意會乎？

這兩句爲什麼要如此寫？不要忘記那晚的月色一定眞好。這和古詩「明月何皎皎」情形差不多，憂愁雖爲主，但無皎皎之明月則無引起之緣也。月光正好到極點，但因作者伉儷情重，所以開首便由景跳到情上去。惟景既是實，總不可以不寫的。却有一層，在這詩五六句的位置上，寫景之句已無法安插，插下去必致橫斷，故變爲明月美人雙管齊下的寫法。《琵琶記·賞秋》折有這麼一句，正用此詩：

香霧雲鬟，清輝玉臂，廣寒仙子也堪併。

後例雖不足以明前，但我想，高則誠的看法是對的。他說廣寒仙子堪併，要比指杜夫人說高明得多。

霧有香嗎？我在另文中談過這點。古人把「香」字用得極廣泛，極無理而有情。如仇兆鰲註曰：「霧本無香，香從鬟中膏沐生耳。」一似勉強作唯理的說法，而實更纏夾。生髮水、生髮油的香，熏霧使亦香，這種說法的不合理實較於不香的霧上硬安上「香」字爲尤甚。仇氏雖引證廣博，而見識每低，在讀者之善自抉擇耳。

依我看，非有香霧迷離幻覺的意味，不能充分地表現出在那晚的月光究竟好到什麼程度。宋周邦彥有《解語花》詞詠元宵的月：

桂華流瓦，纖雲散，耿耿素娥欲下。

正是同一的寫法。但「桂華」以典故作代語，王靜安先生卽不以爲然。王說雖亦未諦，但周之「桂華」未免纖巧，總不如老杜耳。

臨了衹剩得一點。這首詩固然神妙，實在從《文選》一句老話脫化，卽「隔千里兮共明月」是也。所以他教他兒子道：「精熟《文選》理。」

附：吴小如跋

一九四七年春，俞平伯先生在當時《大公報》的「星期文藝」副刊上發表一篇《釋杜詩〈月夜〉》。其中最新的講法就是把詩中「香霧雲鬟濕，清輝玉臂寒」兩句沒有按舊說講成杜甫對妻子的描繪，而認爲這是廣寒仙子卽月裏嫦娥。我是非常欣賞這個講法的，幾十年來多次講杜甫此詩，一直援引平伯師之說，當然聽之者也有不盡同意的。我堅持平伯師之說的理由有三：一、杜甫整部詩集中再也找不出這樣比較辭彩豔麗的詩句，而這詩句又恰好是形容自己妻子的，這似不大可能。比如《麗人行》，造句鏤金錯玉，却是諷刺；《佳人》一首，寫出女子高風亮節，雅潔之至。何以對自己妻子反而用了如此豔冶的描繪呢？難怪傅庚生先生在他的《杜甫詩論》中要爲杜甫改寫這兩句詩了。二、平伯師在《釋〈月夜〉》文中引《琵琶記》，認爲「高則誠的看法是對的」，衹緣「後例」不足以「明前」，所以衹做爲個人的看法來請讀者「意會」。其實杜詩此兩句爲後來詩詞作家開了無數法門，衹是這些詩人沒有明白表示罷了。如許渾、陸暢、李商隱以及蘇軾的詩詞中，都曾把「嬋娟」作爲「月」的代稱，亦卽把月看成廣寒宮裏的嫦娥。衹是沒有杜甫寫得這麼形象罷了。三、正如平伯師所說，《月夜》眞正的主題是懷人，卽懷念遠在鄜州的妻室兒女，而主要的是自己的妻。懷念妻子却極寫月色，美得如霧中仙子，正是義兼比興。如果把「香霧」二句直解爲杜甫對妻的描述，則意境反而淺薄輕浮了。這些，都是平伯師原文中所未及，姑且算做我爲老師文章作的註疏吧。

遺憾的是，平伯師在手訂《論詩詞曲雜著》時，却沒有把這篇文章收進去。沒有收入此書之文本不衹此一篇，而此篇却是平伯師有意淘汰了的。我曾問過平伯師，他說：「收了進去怕杜太太不高興。」這意味着先生對此文已改變了當初的看法。而我却仍舊主張先生早年的意見，遂作此文，并代先生找到原文，附於此輯之末。這也算是在師承之下略存同異吧。八四年八月作。

（俞平伯）

# 悲陳陶

杜甫

孟冬十郡良家子，血作陳陶澤中水。野曠天清無戰聲，四萬義軍同日死。羣胡歸來血洗箭，仍唱胡歌飲都市。都人回面向北啼，日夜更望官軍至。

肅宗至德元載（七五六）十月，宰相房琯率軍進攻盤踞長安的安史叛軍。房琯使用了牛車二千乘，馬步夾之的「車戰」方法，與敵軍戰於陳陶斜，敵軍便縱火來對付，結果人畜大亂，官軍死傷四萬餘人。杜甫作詩悲之。陳陶斜即陳濤斜，在今陝西咸陽東，斜是因其路斜出而得名。

官軍出動了四萬餘人，可見是一場大戰役；「四萬義軍同日死」，可見全軍覆沒，敗得凄慘。

這一年杜甫是四十五歲。由於戰亂，幼子已經餓死，自己過着流離生活，後來聽到肅宗在靈武（今寧夏靈武西北）卽位，原想隻身投奔靈武，不料中途被叛軍捕獲，解送長安，成爲俘虜。陳陶斜的慘敗震動了西北大地，房琯是他的至交。詩人困處在淪陷後的京城，萬方多難，一家分散，詩人的心情是沉重的，於是用詩來傾洩，也衹能憑借詩了。

「孟冬」，陰曆十月，房琯用的是牛車，作戰自在平原。「野曠天清」，正是西北風勁厲時候。從時間和地理上，就爲這一戰役創造了特定的氣氛。「十郡」，泛指陝西一帶，也卽義軍的家鄉，又和「四萬」相呼應。「良家子」，含有殷實人家子弟的意思，實是說臨時拉來、未經訓練的壯丁。三字中有痛惜意。當時旣要出動四萬餘人，勢必強行拚湊。杜詩中的「良家子」，都有惋惜其遭遇的委屈不幸之意，如《佳人》中的「絕代佳人」，《後出塞》之五中的「窮老無兒孫」的戰士。

次句寫傷亡的慘重。「血」，是良家子的血，如今却與陳陶的水澤長流天地。沉痛中含悲壯。三四兩句，寫大戰結束，千軍萬馬，同歸於盡，滿天的烽塵消逝了，原野更顯得寥廓曠蕩，又當高爽的十月，天色也更顯得清邃了。李華《弔古戰場文》劈頭說的「浩浩乎平沙無垠，敻不見人」，正是這種情景。「義軍」，指他們爲國捐軀，「同日死」則又弔其壯烈。他們生雖異時，死却同日。當時敵軍縱火燒車，牛不能迅奔，車則爲木製，風烈火猛，敵軍乘勢夾擊，義軍倉卒應戰，四萬人死在同一天中，也是可能的。五六兩句，寫敵軍的驕橫猖獗。「血洗箭」，是說經過短兵相接，弓箭上都沾滿了鮮血，就像洗過一樣，幷非以血洗箭。「飲都市」，寫敵軍得意忘形的陶醉之狀可掬。前面寫官軍之悲，此處寫敵軍之歡，一悲一歡之間，表現了詩人截然不同的兩種情緒。

七八兩句是期望，也卽以人心思唐作結。這時肅宗在靈武，靈武在長安北，所以說「向北啼」，但杜甫《哀江頭》末兩句「黃昏胡騎塵滿城，欲往城南望城北」，前人也有以爲和此詩中的「南北啼」之「北」同一寓意，却是附會，不能以此例彼。

全詩共八句，句法非常緊湊，感情倏忽三變：先是對義軍的痛悼，中是對羣胡的憎惡，末是和人民一同寄託着期望。儘管詩人孑然一身，身陷失土，儘管敵軍異常兇狠，但他幷不絕望；所以不絕望，就因爲詩人是緊緊地和人民結合在一起。安祿山的造反，原是不得人心，楊氏兄妹已在馬嵬驛喪命，新君卽位於靈武，中興在望，詩人在落筆時是充滿信心的，所以末兩句幷非浮泛的祝願，而確有其形勢上根據，取得了主客觀的統一。

（金性堯）

# 春望

杜甫

國破山河在，城春草木深。感时花濺淚，恨别鳥驚心。烽火連三月，家書抵萬金。白頭搔更短，渾欲不勝簪。

「詩聖」杜甫（七一二—七七〇）詩篇盡人皆知的主要特色是「沉鬱頓挫」，後人對此可謂衆口一詞。嚴羽曰：「子美不能爲太白之飄逸，太白不能爲子美之沉鬱。」（《滄浪詩話》）方東樹曰：「……沉鬱頓挫，蒼涼悲壯，隨意下筆而皆具元氣，讀之而無不感動心脾者，杜公也。」（《唐宋詩舉要》引）陳廷焯亦云：「杜陵之詩，包括萬有，空諸倚傍，縱横博大，千變萬化之中，卻極沉鬱頓挫，忠厚和平：此子美所以横絶古今，無與爲敵也。」（《白雨齋詞話》）類似評語不一而足。其實，「沉鬱頓挫」説的揭櫫者正是杜甫，而其詩作則是這個美學主張的藝術實踐。杜甫於《進雕賦表》向天子進詞曰：

春望

……自七歲所綴詩筆，向四十載矣，約千有餘篇。……則臣之述作，雖不能鼓吹六經，先鳴諸子，至於沉鬱頓挫。隨時敏捷，揚雄、枚臯之流，庶可跂及也。

不難看出，杜甫頗以其詩之「沉鬱頓挫」自負，這是一種可貴的自知之明。在中國風格美學史上，是杜甫首先把「沉鬱頓挫」作爲一種風格整體而標舉的。所謂「沉鬱頓挫」，統而言之是兼指詩歌內容與形式的風格特徵；具體言之，「沉鬱」偏指詩歌情思特點：「沉」，深沉，沉厚，「鬱」，鬱陶，即「憤念蓄積盈胸臆也」（王逸註《楚辭・九辨》），指濃鬱蓄積的憂憤。陳廷焯釋「沉鬱」曰：「沉則不浮，鬱則不薄」（《白雨齋詞話》），雖嫌含糊，但可見「沉鬱」与浮薄對立。這種深厚鬱憤之情實質上是屈原「發憤以抒情」（《惜誦》）楚辭精神的發揚光大。杜甫嘗聲稱「竊攀屈宋宜方駕，恐與齊梁作後塵」（《戲爲六絕句》），即表明了他對楚辭精神的崇仰。杜甫所謂「沉鬱」的詩情大致包括「窮年憂黎元，歎息腸內熱」（《赴奉先詠懷》）對百姓之同情，「濟時敢愛死，寂寞壯心驚」（《歲暮》）對國事的關心與「必若救瘡痍，先應去蝥賊」（《送韋諷上閬州錄事參軍》）對禍國殃民者的痛恨等，這也表明杜甫之「沉鬱」說是植根於當時的社會生活之土壤的，是唯物的美學觀。「沉鬱」不同於豪放，迥異於淺露，感情的抒發注重所謂「比興」。「委婉」，故蘊藉深厚。陳廷焯發揮道：「感慨時事，發爲詩歌，便已力據上游，特不宜說破，只可用比興體，即比興中亦須含蓄不露，斯爲沉鬱，斯爲忠厚，……慷慨發越，終病淺露。」（《白雨齋詞話》）此論對「沉鬱」之「含蓄不露」雖未免強調過分，但頗可以啓發我們認識「沉鬱」說與「淺露」對立之旨。「頓挫」偏於指詩的內容結構與語言聲律等表現形式的特徵。它是爲表現「沉鬱」服務的，二者相輔相成，渾然一體。陳子昂《修行篇序》嘗贊許「骨氣端翔，音情頓挫，光英朗練，有金石聲」之作。杜甫之「頓挫」正與陳子昂「音情頓挫」相承。但杜甫深刻處在於把「頓挫」與「沉鬱」相連而作爲詩的風格重要構成因素而標舉的，具有更高層次的美學價值。「頓挫」即抑揚，這裏不僅指語言聲調的停頓、轉折，有輕重、疾徐、抗坠之韻律美，而且還指感情表現的「婉頓委挫」，曲折跌宕，使感情益顯回腸九轉、含蓄深厚而「沉鬱」之至。要言之，杜甫的「沉鬱頓挫」說是要求詩歌以抑揚鏗鏘的韻律、跌宕頓挫的結構，含蓄委婉地表現深沉濃厚、鬱憤的詩情。

## 春望

這樣的詩作才富有他所倡導的「掣鯨魚碧海中」（《戲爲六絕句》）的內在力量。杜甫曾評「庾信文章老更成，淩雲健筆意縱橫」（同上），這正是「沉鬱頓挫」說的另一說法：「沉鬱」則「老成」，「縱橫」亦「頓挫」也。此評適足以作爲杜詩的自評。這裏且以其名篇五律《春望》爲例，試作簡析。

這首詩寫於唐肅宗李亨至德二載（七五七）春詩人身陷長安安祿山營時。天寶十四載（七五五）十一月安祿山於范陽叛亂，十二月陷洛陽。杜甫于十一月從長安赴奉先探望家屬；天寶十五載（七五六）五月又帶家屬到白水；六月潼關失守，白水亦因之動亂，即又攜家流亡，最後遷鄜州居羌村。這年六月，唐玄宗李隆基逃奔蜀中，七月長安失陷，肅宗即位於甘肅靈武，改元至德（次年二月又遷鳳翔）。杜甫聞知肅宗即位，欲出蘆子關到靈武投奔肅宗，但途中卻爲安祿山部隊俘獲，送往已淪陷的長安；在那裏困居半年多，到至德二載四月才逃到肅宗行在鳳翔，被封左拾遺。這是一段非常時期：叛軍似洪水猛獸，時局風雨飄搖，百姓慘遭戰禍，詩人顛沛流離。凡此種種皆爲杜甫目睹身曆，憂憤之情如火山裏的岩漿在胸中鬱積得很深很久，最後終於爆發於詩的火山口，於身陷長安時寫下了《月夜》、《哀王孫》、《哀江頭》、《春望》等名作，由此可知，動亂的時代與不幸的遭遇乃是詩人「沉鬱」詩情的生活基礎，如葛常之《韻語陽秋》所謂「老杜當干戈騷屑之際，間關秦隴，負薪拾梠，餔糒不給，困躓極矣」。《春望》正是杜甫困躓於長安的第二年春三月爲感時傷別而作。後人評此詩曰「語語沉著，無一毫做作，而自然深至」，「字字沉著，意境直似《離騷》」（《唐宋詩舉要》引）。「沉著」、「深至」在本質上與「沉鬱」並無二致。《春望》堪稱一首發揚屈原《離騷》愛國憂民精神，「沉鬱頓挫」的佳什。

首聯二句寫得意境蒼涼開闊，感情深沉含蓄，積澱著詩人濃厚的鬱憤。詩採用鳥瞰的角度，如同攝影師拍下兩個全景鏡頭（一「國」一「城」），非如此恢宏的空間難以容納詩人感時傷亂的襟抱。「國破」二字係縱目中國，揭露安祿山叛軍陷洛陽、破潼關，占長安的罪行，寫出大唐金甌破碎不全的局面；一個「破」字下得極沉鬱深刻，我們從中看到詩人因「國破」而碎裂乃至滴血的愛國之心。「山河在」的意象有其畫外音，使詩意顯得蘊藉深厚，司馬光《續溫公詩話》指出：「山河在，明無餘物矣。」詩旨仍是抨擊叛軍的罪行：叛亂如同一場狂飈卷過，昔日之盛唐氣象蕩然無存。詩人面對徒有「山河」籠罩於愁雲慘霧之中的破國，怎能不充滿憂憤！從感情的結構上看，「國破」是抑，「山河在」表面是揚，形成一轉折，而「山河在」的實質仍是抑，又顯得揚中有抑，這一句本身就頓挫有致。「國破山河在」是寫國家的大空間，「城春草木深」則寫長安城的較小的空間。表面看「城春」與「國破」亦揚抑對比。春天降臨可給人心理上以愉悦輕鬆的快感，感情似乎欲爲之一振。但「草木深」實質是揚後之抑，司馬光云：「草木深，明無人矣。」（同上）原來此句並非讚美長安春意盎然、草木蔥蘢，實際上是暗示長安淪陷後，天子逃奔，百姓四散，幾無生靈而一任草木瘋長，活畫出一座近乎空城的舊都慘象，詩人對此「城春」，怎能不悲憤呢？故又在與《春望》寫於同時的《哀江頭》喝道：「少陵野老吞聲哭，春日潛行曲江曲。江頭宮殿鎖千門，細柳新蒲爲誰綠？……明眸皓齒今何在？血污遊魂歸不得。清渭東流劍閣深，去住彼此無消息。」「草木深」與「山河在」皆屬「微婉頓挫之詞」。詩人並不直抒其情，又以結構上的轉折對比出之，故益顯「沉鬱頓挫」。這兩句一開篇就塑造出詩人「窮年憂黎元，歎息腸内熱」的自我形象。

頷聯「感時花濺淚，恨別鳥驚心」，是寫在首聯蒼涼闊大時局背景中的抒情主人公的情狀。此聯與前聯在空間上是由大而小的轉換，意象亦由粗而細，這就產生了一個大的跌宕頓挫。另外，頷聯本身亦極盡「沉鬱頓挫」之能事：「感時」承接首聯所寫的動亂時局與詩人對客觀外界的關心感傷，此爲抑。「花」字一出現則爲短暫的揚，陽春三月正是姹紫嫣紅的時節，所謂「紅杏枝頭春意鬧」也；「花」顯然是令人喜愛陶醉的意象。但「花」而「濺淚」，又是揚後之抑，詩情刹那間卽又陷於悲痛之中，所謂「少陵野老吞聲哭」也。詩人見「花」而「濺淚」，這異乎尋常的情態藴含着詩人對時局艱危之極其沉鬱的感情，但爲何「濺淚」詩人又不明言，則使其「感時」的内涵益加藴藉深厚。「恨別」則又轉向寫與家人遠離的個人遭際，與「感時」句寫時局形成社會與自身的反差與轉折，此情是抑。「鳥」字出現又是短暫的一揚，唐人詩「春眠不覺曉，處處聞啼鳥」，「千里鶯啼緑映紅」，皆可見鳥乃娱人之物，足以令人心曠神怡。但「驚心」則屬揚後之抑，聞「鳥」鳴而「驚心」，可見其遠離親人、身陷賊營之提心吊膽的心境，並反襯出時局的動亂。司馬光説：「花鳥，平時可娛之物，見之而泣，聞之而悲，則時可知矣。」沈德潛曰：「濺淚驚心，轉因花鳥，樂處皆可悲也。」（《唐詩別裁集》）皆值得參考。這兩句又可理解爲移情寫法，卽「花」因「感時」而「濺淚」，「鳥」因「恨別」而「驚心」，花鳥猶如此，人將何以堪？這樣解釋同樣可體會詩人沉鬱之情，頓挫之筆。

首聯與頷聯皆着眼於空間形象，頸聯中「烽火連三月」句又向時間形象轉折，可見戰亂不僅空間廣，而且時間長。「連三月」指戰火燃燒整整一年未熄，「烽火」的空間形象與「三月」時間形象相「連」，更使詩意深長。此句貌似平平道來，但一「連」字頗見沈鬱，分明顯示出詩人對戰亂漫長的憎恨與焦慮，烽火不熄則交通阻隔，家書難得。詩人身處如此動亂的歲月，又遠離家人，怎能不夢牽魂繞鄜州？於《春望》之前的《月夜》詩人曾發出「何時倚虛幌，雙照淚痕乾」的感歎，於《春望》之後的《述懷》亦云：「去年潼關破，妻子隔絕久。……寄書向三川，不知家在否？……幾人全性命，盡室豈相偶？」詩人旣關心國事，亦不忘家人，這才是眞詩人。杜甫寫出「家書抵萬金」的誇飾之詞，正是深刻地反映了一個丈夫與父親對「妻子隔絕久」與「幾人全性命」的牽挂與擔憂。詩之「委婉頓挫」處是不明言牽記親人，而借「家書」寄託之。詩人後來又有《得家書》詩，記述了家中尚安然無恙的情況，可見寫《春望》時尚未得「家書」，故以「抵萬金」視之，更顯家書難得，以襯托內心苦悶、憂慮、擔心等複雜沉鬱的感情。此聯「烽火」句又是呼應「感時」，「家書」句則呼應「恨別」，故頸聯與頷聯似斷而實續，跌宕頓挫又潛氣內轉。

「烽火連三月」與「國破山河在」一樣，屬於描寫時局大背景，而尾聯「白頭搔更短，渾欲不勝簪」亦如頷聯，是轉向寫背景中的詩人自身形象，這樣尾聯與頸聯之間亦形成一轉折跌宕。「白頭」指白髮、華髮。詩人寫於逃出長安後的《北征》描寫道：「……夜深經戰場，寒月照白骨。潼關百萬師，往者散何卒。遂令半秦民，殘害爲異物。況我墮胡塵，及歸盡華髮。」由此可知「白髮」、「華髮」的出現乃是詩人「墮胡塵」卽陷賊營時感時傷別所致，是其內心鬱憤、痛苦之象徵或外現。試想：詩人「濟時敢愛死」但不可得，詩人欲「去蝥賊」亦不能，鬱憤已極，怎不生一頭白髮？儘管當時詩人才四十五歲。「頭」不僅「白」，而且「短」卽稀疏，詩意又深入一層。一「搔」字亦動作傳神，生動地反映出詩人於陷落長安時的煩悶不安。「渾欲不勝簪」是對「更短」的具體描寫，此句當從鮑照《行路難》「白頭零落不勝簪」句化出。「簪」乃古人束髮連冠之物，髮疏自然難有簪子的立身之地了。這與李白「白髮三千丈，緣愁似箇長」（《秋浦歌》）之誇張髮長，可謂迥異其趣又異曲同工。如上理解尾聯尙限於字面義。詩人的感情深處恐有其寓意，故盧文子曰：「當時兩京從逆，簪紱賊庭者何限？白頭不勝，公意正微。」（《唐宋詩舉要》引）指唐朝臣僚投降逆賊，頭戴敵冠者甚多，而杜甫自稱：「不勝簪」，未嘗沒有誓不「從逆」的感情在內，如此則此聯詩情極爲「沉鬱」。

《春望》是一首五律。五言律體，極盛於唐，初盛唐諸家各有所偏，惟杜甫諸作氣象嵬峨，規模宏遠，錯綜變幻，不可端倪，千古以還，一人而已。（參見胡應麟《詩藪》）《春望》卽是例證之一。杜甫自稱「新詩改罷自長吟」（《解悶》），「語不驚人死不休」（《江上值水如海勢聊短述》），他於詩律上確實「苦用心」。《春望》平仄協調，對仗工整，讀來抑揚鏗鏘，極富聲律之美。律詩首聯一般無須對仗，但此詩首聯亦對仗，顯頓挫有致，這兩句分別爲仄仄平平仄與平平仄仄平，極其和諧，更覺其「音情頓挫」。其餘詩句亦平仄相間，頓挫上口，有力地表現了「沉鬱」之情。

（王英志）

# 羌村三首

杜　甫

其一

崢嶸赤雲西，日脚下平地。柴門鳥雀噪，歸客千里至。妻孥怪我在，驚定還拭淚。世亂遭飄蕩，生還偶然遂。隣人滿牆頭，感嘆亦歔欷。夜闌更秉燭，相對如夢寐。

其二

晚歲迫偷生，還家少歡趣。嬌兒不離膝，畏我復却去。憶昔好追涼，故繞池邊樹。蕭蕭北風勁，撫事煎百慮。賴知禾黍收，已覺糟牀注。如今足斟酌，且用慰遲暮。

其三

羣鷄正亂叫，客至鷄鬥爭；驅鷄上樹木，始聞叩柴荆。父老四五人，問我久遠行。手中各有攜，傾榼濁復清。苦辭酒味薄，黍地無人耕。兵革久未息，兒童盡東征。請爲父老歌，艱難愧深情。歌罷仰天嘆，四座淚縱橫。

# 羌村三首

《羌村三首》是杜甫在安祿山、史思明作亂的第三年（七五七）閏八月從鳳翔回到鄜州城北的羌村時作的。安祿山屬中亞的月氏族，史思明屬突厥族，他們的部下也多數是外族。杜甫陷在長安時，朝廷派房琯帶兵去討伐叛亂，在陳陶斜吃了一個大敗仗。杜甫寫了《悲陳陶》詩，中有「羣胡歸來血洗箭，仍唱夷歌飲都市。都人回面向北啼，日夜更望官兵至」四句，可以看出杜甫在這次事變裏所表現的民族立場。

馮至的《杜甫傳》裏說：「安史之亂給唐代劃分成兩個截然不同的時代，政治和經濟都起了劇烈的變化：政治上，李氏的朝廷對內喪失了中央集權的統治力量，對外再也抵制不住強悍的外族的入侵；經濟上，由於連年的戰亂，人民的生產力大大降低，而政府對人民的剝削反倒有加無已，致使社會的貧困一天比一天加深。杜甫回憶開元盛時的唐代社會是『小邑猶藏萬家室』，而寫安史亂後的情景是『四鄰何所有，一二老寡妻』，正是這兩個截然不同的時代的鮮明對比。」

杜甫在安史之亂的第二年（七五六）六月潼關失守時，從白水攜妻子逃到鄜州，住在鄜州城北的羌村。這年七月太子李亨卽位靈武。八月裏杜甫隻身北上延州，想投奔靈武，路上被安史部下捉住，送到長安，直到第二年（七五七）四月纔逃出長安，奔往鳳翔（那是李亨的臨時政府所在地），任左拾遺官。杜甫在朝廷上言論激烈，到八月卽被放回，在閏八月初從鳳翔回鄜州。他寫自己當時的情景是：「青袍朝士最困者，白頭拾遺徒步歸。」（《徒步歸行》）《羌村三首》是他在這樣的環境裏回家時寫的。

## 一

「崢嶸赤雲西，日脚下平地。柴門鳥雀噪，歸客千里至。」「崢嶸」原來形容地的高峻，這裏形容「赤雲」，赤雲卽晚霞。「日脚」指太陽從雲裏射出來的光線。要了解這四句詩，得體會杜甫離家一年多來的心境是：「烽火連三月，家書抵萬金。」（《春望》）「寄書問三川，不知家在否？」（《述懷》）他這次歸來，道路上的艱難恐怖是：「猛虎立我前，蒼崖吼時裂。」「夜深經戰場，寒月照白骨。」（《北征》）由於他對家庭懷念的深切和他這次歸來道路上的艱難恐怖，當他在歸途上看到晚霞漸漸高了，赤了，赤得像火山一樣，看到日脚漸漸低了，低到平地之下了，他心情的迫切是怎樣？正在這時候，他走近他的家了，連柴門也望得清清楚楚了：他心裏的興奮又怎樣？必須這樣體會，我們纔能明白這不是一般詩人描寫景物的句子，而是充滿着這位偉大詩人的豐富而深厚的感情的；更必須這樣體會，纔能了解這樣豐富而深厚的感情，衹有用這樣高度提煉的文學言語纔能充分表現出來。杜甫在蜀中有一首《喜雨》詩，他寫天旱時的苦悶是：「春寒天地昏，日色赤如血。」他寫雨來時的興奮是：「崢嶸羣山雲，交會未斷絕。」跟這裏是同樣的手法，也必須是「赤如血」，是「崢嶸」，纔能表現他當時的感情。「鳥雀噪」，寫日暮到家時的情景，也寫出他這個家庭的荒涼，好像平時簡直是沒有人到門似的。杜甫《北征》詩：「經年至茅屋，妻子衣百結。」可以想見當時的淒涼情況。

「妻孥怪我在，驚定還拭淚。」「妻孥」，本指妻和子女，這裏主要是指他的妻。她姓楊，跟杜甫感情很好。杜甫陷在長安時，有首《月夜》詩：「今夜鄜州月，閨中衹獨看，遙憐小兒女，未解憶長安……」可以想見杜甫對她的懷念。「妻孥怪我在」，是說連他的妻子都想不到他還活着。跟着知道他眞的回來了，這才「驚定」；而「驚定」之後，不能不回憶起她這一年多來盼望丈夫的辛苦和她獨自支撑門戶的艱難，於是辛酸苦辣都湧上心頭，眼淚便不能不掉下來了。杜甫《北征》詩：「平生所嬌兒，顏色白勝雪，見爺背面啼，垢膩脚不襪。牀前兩小女，補綻才過膝。」可以想見他妻子這一年多來在生活上所受到的折磨。

「世亂遭飄蕩，生還偶然遂。」這句話意思是說：遭逢亂世，不得已在外面飄蕩，現在活着歸來，已經很僥倖啦。這句話充滿了無限感慨。

「鄰人滿牆頭，感嘆亦歔欷。」「歔欷」，悲泣氣咽聲。這是寫生還的難得，寫夫婦倆互相傾訴別後情懷的使人感動。因此鄰人都圍滿在牆頭上，看得感嘆起來。

「夜闌更秉燭，相對如夢寐。」夜深該睡了，還要「秉燭」，一面寫他們別後心情傾訴不盡；一面寫意外相逢，眞是做夢都想不到的。

## 羌村三首

全篇從傍晚到深夜，都是寫初到家時的情景。主要是寫他夫婦久別重逢的情感；而這種久別重逢的情感是多少經過戰爭年代的夫婦們所共同體會得到的。

二

「晚歲迫偷生，還家少歡趣。」「晚歲」是說晚年。這年杜甫四十六歲，本還不該說是晚年。但是由於國家的和他個人的一連串災難，使他未老先衰。他淪陷在長安時卽已有「白頭搔更短」（《春望》）的詩句，後來逃奔鳳翔，又有「所親驚老瘦，辛苦賊中來」（《喜達行在所》）的句子，早已有晚年的感覺。在國事艱難、人民顛沛流離之際，勉強生活着，不由得有「偷生」之感，自己雖得回家，也覺得沒有什麼樂趣。這兩句可以說跟前首的「世事遭飄蕩，生還偶然遂」相呼應。

「嬌兒不離膝，畏我復却去。」「嬌兒」是指杜甫的兒子宗武，小名叫驥子。杜甫這時已有兩個男孩子，兩個女孩子。驥子是最小的一個。杜甫淪陷在長安時，有首懷念他的詩：「驥子好男兒，前年學語時，問知人客姓，誦得老夫詩。世亂憐渠小，家貧仰母慈……」（《遣興》）在戰爭的年代裏，貧苦人家的孩子是不容易養大的，因此杜甫也特別懷念他。這時回來，他的景況是怎樣的呢？這在前面引的「平生所嬌兒」六句詩裏可以很清楚地看到。「嬌兒不離膝，畏我復却去。」寫出這孩子在戰爭的年代，在杜甫離家一年多的日子裏，挨凍，挨餓，幼小的心靈裏早已烙上了痛苦和恐怖的印子，因此緊挨在身邊，深怕父親再走掉。

「憶昔好追涼，故繞池邊樹。蕭蕭北風勁，撫事煎百慮。」「追涼」卽納涼。「撫」是感念的意思。這四句是說過去喜歡乘風涼，因此到池邊樹下去徘徊，這時北風吹得樹枝蕭蕭作響，想起許多事情，心裏感到無限的憂慮。杜甫在這時感到的最大的憂慮是什麼呢？有人說「傷御寒無具」（仇註）。由於北風勁而想到沒有寒衣，這在情理上本是可通的，但從《北征》詩裏看，杜甫這時多少帶點東西回來。所以他說：「那無囊中帛，救汝寒凜慄；粉黛亦解苞，衾裯稍羅列。」（《北征》）因此「傷御寒無具」的說法顯然是與當時事實不合的。清代一位詩人查慎行解釋這首詩的末句說：「聊以自慰，正見憂時之思。」見得他對時事的感觸越來越深切。說北風吹秋樹，正像《離骚》「惟草木之零落兮，恐美人之遲暮」，從樹葉的零落，感到人的衰老，感到時代的由盛而衰，這種寫法是中國古典文學傳統上的一種特徵。

「賴知禾黍收，已覺糟牀注。如今足斟酌，且用慰遲暮。」「黍」是北方的小米，好作酒的。「糟牀」是酒榨，榨酒用的。杜甫在閏八月還家，禾黍纔收，他就說「已覺糟牀注」、「足斟酌」；正像《莊子》說的「見卵而求時夜」，看見鷄蛋想鷄吃。「遲暮」即晚歲。禾黍纔收，酒還不知在哪裏，他就說現在我酒够飲了，晚年聊且足以自慰了，是誇張的寫法。

## 三

「羣鷄正亂叫，客至鷄鬥爭；驅鷄上樹木，始聞叩柴荆。」「柴荆」即柴門。這四句寫客到時一種熱鬧的情景，襯托他自己看見客來時連忙出來迎接的歡喜心情。

「父老四五人，問我久遠行。手中各有攜，傾榼濁復清。」「父老」即來客，「問」是慰問之意。「有攜」即攜榼。榼是盛酒的東西。「傾榼濁復清」，是說從榼裏傾出來的酒有濁的也有清的，這裏已隱隱透露出戰爭年代生活的艱難。

「苦辭酒味薄，黍地無人耕。兵革久未息，兒童盡東征。」「辭」即說話，「苦辭」，意即傷心地說。「兵革」指戰爭。「兒童」不是說小孩子，而是像現在說的「孩子們」。父老因酒味薄而說到黍地沒有人耕種，戰爭沒有結束，孩子們東征沒有回來。杜甫在短短的四句詩裏，高度集中地反映了勞動人民的情感和要求：要求戰爭的結束，要求生產的恢復，要求他們孩子的平安歸來。

「請爲父老歌，艱難愧深情。歌罷仰天嘆，四座淚縱横。」「艱難愧深情」是杜甫答父老們的話；是說在這樣艱難的戰爭年代，你們還送酒來慰問，這樣的深情，使我感到慚愧。這裏我想提出一個問題，父老們跟杜甫談到戰爭，談到孩子們沒有回來，爲什麽杜甫不表示自己的意見呢？要答覆這問題，首先要了解在杜甫回到羌村前一年多時間內，有過兩次規模比較大的戰爭。一次是哥舒翰兵敗潼關，杜甫在《北征》詩裏寫這次戰爭是：「潼關百萬師，往者散何卒，遂令半秦民，殘害爲異物。」另一次是房琯兵敗陳陶斜，杜甫在《悲陳陶》裏寫這次戰事是：「孟冬十郡良家子，血作陳陶澤中水。」羌村屬鄜州，鄜州屬秦地。這兩次戰爭也是秦人死的最多。這時杜甫久別歸來，父老們和他談起孩子們的東征，當然更盼望他們平安歸來，更可能向杜甫問起戰爭的消息。可是杜甫這時想起什麼呢？他將很自然地想起在長安所看到的入侵者的血箭，這箭上可能就有他們的孩子們的血。他更將很自然地想起，父老們天天盼望着能够活着回來的孩子們，可能已經成了他這次歸來時夜深所看到的白骨。可是杜甫這時能不能率直地把他所想到告訴父老們呢？顯然，我們從杜甫熱愛勞動人民的思想情感來體會，他是不忍說的。因此，他衹有長嘆，衹有仰天長嘆。杜甫的這些痛苦也正是廣大勞動人民的痛苦。他們的思想情感之間，這時是一點距離也沒有的。因此我們可以想像得到，當父老們談起了孩子們的出征，而杜甫衹有仰天長嘆時，這位偉大詩人的思想情感就像電流一樣通過了所有座中的父老，使他們跟着掉下淚來。

在《羌村三首》裏，這一首尤其高度集中地反映了勞動人民的思想情感；同時在風格上是更加樸素明朗，近乎漢魏以來在民間傳唱的五言樂府詩。

（王季思）

## 北征

杜甫

皇帝二載秋，閏八月初吉。杜子將北征，蒼茫問家室。維时遭艱虞，朝野少暇日。

顧慚恩私被，詔許歸蓬蓽。拜辭詣闕下，怵惕久未出。雖乏諫諍姿，恐君有遺失。君誠中興主，經緯固密勿。東胡反未已，臣甫憤所切，揮涕戀行在，道途猶恍惚。乾坤含瘡痍，憂虞何時畢！

靡靡逾阡陌，人煙眇蕭瑟。所遇多被傷，呻吟更流血。回首鳳翔縣，旌旗晚明滅。前登寒山重，屢得飲馬窟。邠郊入地底，涇水中蕩潏。猛虎立我前，蒼崖吼時裂。菊垂今秋花，石戴古車轍。青雲動高興，幽事亦可悅。山果多瑣細，羅生雜橡栗。或紅如丹砂，或黑如點漆。雨露之所濡，甘苦齊結實。緬思桃源內，益嘆身世拙。坡陀望鄜時，巖谷互出沒。我行已水濱，我僕猶木末。鴟梟鳴黃桑，野鼠拱亂穴。夜深經戰場，寒月照白骨。潼關百萬師，往者散何卒？遂令半秦民，殘害爲異物。

況我墮胡塵，及歸盡華髮。經年至茅屋，妻子衣百結。慟哭松聲迴，悲泉共幽咽。平生所嬌兒，顏色白勝雪。見爺背面啼，垢膩脚不襪。牀前兩小女，補綻才過膝。海圖拆波濤，舊繡移曲折。天吳及紫鳳，顛倒在裋褐。老夫情懷惡，嘔泄臥數日。那無囊中帛，救汝寒凜慄。粉黛亦解苞，衾裯稍羅列。瘦妻面復光，癡女頭自櫛。學母無不爲，曉妝隨手抹。移時施朱鉛，狼藉畫眉闊。生還對童稚，似欲忘饑渴。問事競挽鬚，誰能即嗔喝？翻思在賊愁，甘受雜亂聒。新歸且慰意，生理焉得說！

至尊尚蒙塵，幾日休練卒？仰觀天色改，坐覺妖氛豁。陰風西北來，慘澹隨回紇。其王願助順，其俗善馳突。送兵五千人，驅馬一萬匹。此輩少爲貴，四方服勇決。所用皆鷹騰，破敵過箭疾。聖心頗虛佇，時議氣欲奪。伊洛指掌收，西京不足拔。官軍請深入，蓄銳伺俱發。此舉開青、徐，旋瞻略恒、碣。昊天積霜露，正氣有肅殺。禍轉亡胡

北征

歲，勢成擒胡月。胡命其能久？皇綱未宜絕。

憶昨狼狽初，事與古先別。姦臣竟葅醢，同惡隨蕩析。不聞夏、殷衰，中自誅褒、妲。周、漢獲再興，宣、光果明哲。桓桓陳將軍，仗鉞奮忠烈。微爾人盡非，於今國猶活。凄涼大同殿，寂寞白獸闥。都人望翠華，佳氣嚮金闕。園陵固有神，掃灑數不缺。煌煌太宗業，樹立甚宏達。

《北征》是杜甫的五古名篇，和《自京赴奉先縣詠懷五百字》（以下簡稱《詠懷》）可稱姊妹篇。兩詩的思想性和藝術性都達到了高度的統一，在敍事、抒情、寫景、議論方面，均交織進行，但各有側重。《詠懷》寫於未亂前夕，預見性多，希望防禍於未然，而實際上禍亂是無法避免的了。《北征》則寫於亂中，寄望於未來戰爭的勝利，并果然奏效於不久。兩詩都從個人身世遭遇寫到國家大事，歷史性強，着眼點高，手法多變化，而又萬變不離其宗。

《北征》從命題到手法，都是學「賦」的。我們知道紀行的賦，班昭有《東征賦》，潘岳有《西征賦》，班彪有《北征賦》。《北征》和《北征賦》實同名而異體。而寫作手法上，初記歲時，後敍行程，則又是效法《東征賦》、《西征賦》。起句卽以皇帝年號開始，其聲正大，實是以正史紀傳體變化爲詩的紀傳格，可見其嚴肅性。

《北征》以賦之手法寫詩，鋪敍層次井然，段落分明。首段點明歲時，辭闕心理活動；二段寫旅途所經，沿路所見，發抒感慨；三段寫抵家團聚，妻兒驚喜交集，小兒女憨態可掬；四段寫居家不忘國事，對軍國大計仍有所謀劃。大的段落清楚，而每段的描寫又頓挫生姿，時起時伏，曲折多變。杜甫此次離鳳翔北行鄜州，是因觸怒肅宗被疏放的，他滿懷熱忱，願居朝廷爲君國分憂，却偏偏落個「詔許歸蓬華」的事與願違的結果。動亂之秋，得以「蒼茫問家室」，應當說是個難得的機會，但詩人擔心的仍是「恐君有遺失」、「東胡反未已」，他內顧思家，辭闕戀主，公忠私情，一時迸發，所以纔有這曲折迴環之筆。詩人追本窮源，認爲自己進退維谷的矛盾處境是由於安史叛亂所造成的，便在詩中進一步傾瀉「臣甫憤所切」之情，不僅點出了矛盾的症結，還展現出了其高遠的思想境界。杜甫那「揮涕戀行在，道途猶恍惚」的迷惘徬徨，決不僅僅在於忠君和念家，而且還因爲「乾坤含瘡痍」。這正是他「憂虞何時畢」的主要原因。詩人的這段自我剖白，是這段詩的精華所在，也是這篇詩的光輝所在。詩人的這種情懷，與屈原的「長太息以流涕兮，哀民生之多艱」（《離騷》）遙相呼應，其氣魄之恢宏，境界之高遠，憂思之深廣，正與《離騷》異曲而同工。

《北征》在鋪敘中的第二個特色，集中表現在第二大段中對景物的出色描寫。當時正值戰亂，詩人急於歸家，是沒什麼閑情去觀賞山水的。但一個大詩人即使是不着意寫景，寫景的妙絕也時在筆端呈現。「靡靡逾阡陌，人煙眇蕭瑟。所遇多被傷，呻吟更流血」，確實淒涼荒寂，而道中之險，更是「猛虎立我前，蒼崖吼時裂」。但是觸目所見也有「菊垂今秋花，石戴古車轍」，使詩人不禁感到：「青雲動高興，幽事亦可悅。」於是索性忙裏偷閑地對道旁的山果作了一番夾敍夾議的細緻描寫：「山果多瑣細，羅生雜橡栗。或紅如丹砂，或黑如點漆。雨露之所濡，甘苦齊結實。」這樣的用筆實屬奇特。偌大戰禍衹以「人煙眇蕭瑟」五字帶過，小小的山果却細膩描摹。這是詩人覺得戰亂中死固可憫，而生尤可樂。寫苦難，固是當時現實；寫樂生，更是大衆願望。「雨露之所濡，甘苦齊結實」兩句，又道出了造化育萬物，萬物皆樂生的深刻哲理。在詩人筆下，自然的欣榮和人世的蕭瑟，形成了何等鮮明的對比。在這一段中，詩人對景物的描寫，更是活靈活現而又音響動人。如「我行已水濱，我僕猶木末」兩句，活現出杜甫望到鄜州時的欣喜心情。他覺得家舍已近，不由行步如奔，把僕人拋在了身後，到水邊回頭再望僕人時，因地勢的高低，僕人像是掛在了樹梢之上。詩人正是捕捉了這一感覺上的奇妙而又眞實的印象，以之入詩，造成警句，新穎獨特而又精彩生動。再如「鴟梟鳴黃桑，野鼠拱亂穴」，前句五字全爲平聲，後句五字都是仄聲，讀起來字字要頓，借音響給人以深刻的印象，使詩句顯得很不平常。

以賦的手法寫詩，在《北征》的第三大段中，則表現在寫人寫事的逼眞如繪和動態可掬。這段寫詩人到家後的情況，若和《羌村》三首之一對照讀，便可體會得更深一些。這裏寫杜甫初到家時，觸目所見是「妻子衣百結」，接着是「慟哭松聲回」。而《羌村》則是「妻孥怪我在，驚定還拭淚」。寫「衣百結」是窮態，

「慟哭」是喜極而悲，痛定思痛，感情是迸發的。《羌村》兩句則是陡頓而曲折，感情是漸發的。和前兩句有異曲同工之妙。至於寫小兒女，「垢膩脚不襪」、「補綻才過膝」兩句，描盡困窘之窮狀，幸喜杜甫返來，「那無囊中帛，救汝寒凜慄」，於是，「粉黛亦解苞，衾裯稍羅列。瘦妻面復光，癡女頭自櫛。學母無不爲，曉妝隨手抹。移時施朱鉛，狼藉畫眉闊。」妻兒乍得溫飽，都打扮了起來，充滿了生的歡愉。天眞活潑的小兒女，逐漸和父親親熱起來，問這問那，說個不停，「問事競挽鬚」，高興得竟動手挽起父親的鬍鬚來了。比起《羌村》中所寫「嬌兒不離膝，畏我復却去」來，感情的融洽更進了一層。在這段詩裏，寫妻兒情態的手法是很高超的。如「瘦妻面復光」的「復」字，便溶《詩經・伯兮》「自伯之東，首如飛蓬，豈無膏沐，誰適爲容」之意，詩人化用《詩經》的詩意，却毫不露痕跡。接下來，又以癡女「學母無不爲，曉妝隨手抹」的狼藉與之對照，妻子整容之美便可想而知。這些，都寫得十分含蓄蘊藉，耐人尋味。杜甫寫兒女，顯係從孔融的《雜詩》、左思的《嬌女》學習得來的。在中國古代詩歌裏，寫孩子的詩是比較少的，杜甫之後的詩作，又有盧仝的《添丁》、李商隱的《嬌兒》等，對這類題材的開拓，杜甫可算是繼先啓後者。杜甫寫兒女情態，常常結合着對時事的描繪，構成反映社會生活的一個有機組成部分，成爲具有強烈現實意義的一個生活小插曲，并非是兒女閑情和天倫之樂的單純抒發。杜甫的這種別開生面的藝術處理，是應當予以足够重視的。

《北征》的最後一段，集中寫詩人對當時政治、軍事的看法和主張。詩人調查時事，議論橫生，成爲以議論入詩的光輝典範。在《詩經・大雅》諸詩中，以議論入詩已屢有出現，杜甫繼承這一手法，時有運用，尤以《北征》爲一範例。首先在這段詩裏，我們可以看到他對借兵回紇平叛的主張，是和歷史上回紇助戰，促成唐軍收復兩京的史實若合符節的。這是一。其次，杜甫主張北取范陽，直搗賊巢，又是和當時名將郭子儀、李光弼，名相李泌的戰略計劃相同。所謂「其王願助順，其俗善馳突」皆是指回紇兵之可借用。而「此舉開青、徐，旋瞻略恆、碣」則概括了北搗賊巢的妙算。此外，詩人追究禍源，盛贊誅楊的陳玄禮的功績，這也體現了詩人的高見卓識。這些政治性的議論，在這段詩裏得以充分的發揮，并與整個詩意境融爲一體。所以，盡管議論較多，仍不乏寫事、寫人、抒情、寫景的佳句，如「陰風西北來，慘澹隨回紇」的寫事，「桓桓陳將軍，仗鉞奮忠烈」的寫人，「仰觀天色改，坐覺妖氛豁」的寫景兼抒情，「淒涼大同殿，寂寞白獸闥」的想像中的情景描寫等等，都巧妙地與政治性的議論糅合在一起，使詩篇豐滿而順暢，密茂而空靈。

總上所述，《北征》的思想性和藝術性是達到了高度的統一。杜甫的憂國憂民思想，軍政大計謀劃，在詩裏都得到充分的發揮。而其在戰亂中的旅途所經歷過的景色以及回家時的家庭情況，也均眞實鮮明并具有特色地反映出來。同時，我們還應當看到他對國事與家事的描寫，是主次分明，重點突出的。詩中談家事必帶國事，談國事則無一字道及家事。國而忘家，念家不忘憂國，這正是杜甫之所以偉大的地方。詩人寫旅途所見，儘管是「多被傷」，「更流血」，「寒月照白骨」的淒然慘狀，但他決不悲觀失望，仍寫出「青雲動高興，幽事亦可悅」的美景，使人覺出山河之可愛，景物之可欣，從而進一步對造成戰禍的叛亂者產生無比的憎恨。

在藝術上，《北征》成功地運用了賦的鋪陳手法，做到鋪得開，扣得緊，收得攏。全詩結構嚴謹，段與段之間，層次井然。有時是一字冒下，轉入另一段，如「況我墮胡塵」的「況」字，「至尊尚蒙塵」的「尚」字，均起這種作用，煉字可謂精工。至於一段之中，有迴蕩，有對照，有陡頓，而又變化莫測。如第一段寫辭闕，充分表現了詩人複雜矛盾的心情，眞是欲留不得，欲去難捨，進退維谷，憂心如焚，讀來使人迴腸蕩氣。寫了辭闕本可以接寫時事，但詩人并未直承，而是將其放在抵家後的一段中去寫，這就造成了跌宕起伏的效果，避免了開篇的呆板枯燥。北征的目的是省親，寫了親人會面的情景，本應結束，但詩人筆鋒一轉，陡接至尊蒙塵一事，然後一筆直下，更無回顧，眞是其來無端，其去無跡，大有神龍活虎變化莫測之妙。至於寫北征旅途所見，則用移步換形法，隨着詩人感情的變化，筆下的景色呈現出慘淡與明麗相映襯的色調。先由人煙蕭索、猛虎蒼崖的淒慘險絕景象，一變而爲山果紅黑、幽事可悅的佳境勝景，再變爲鴟梟鳴樹、野鼠拱穴的一片惡景。險夷美惡，對照鮮明，筆底波瀾，變幻神奇。寫抵家一段，對兒女衣着及老妻施朱畫眉的描寫，順敘中插補敍，補敍中又用倒接法，筆法參差錯落，搖曳多姿。家事寫畢，感慨踵至，轉寫時事，與第一段的辭闕遙遙承接，草蛇灰線，有跡可尋。對時事的抒寫，又突出地運用了夾敍夾議的手法，將敍事、議論、抒情、寫景巧妙地結合起來，最後以開國君王暗勉當今君主作結，既是回應首句，又是奇望無窮，既顧及到章法的嚴謹，又在終篇之際留有餘韻。

（金啓華）

# 贈衛八處士

杜甫

人生不相見，動如參與商。今夕復何夕，共此燈燭光。少壯能幾时？鬢髮各已蒼！訪舊半爲鬼，驚呼熱中腸。焉知二十載，重上君子堂。昔别君未婚，兒女忽成行。怡然敬父執，問我來何方。問答乃未已，驅兒羅酒漿。夜雨翦春韭，新炊間黄粱。主稱會面難，一舉累十觴。十觴亦不醉，感子故意長。明日隔山嶽，世事兩茫茫。

杜甫的《贈衛八處士》是與他的「三吏」、「三别」等詩寫作時間相去不遠，而在内容和風格上獨具特色的一首名作。衛八，是杜甫的舊友；處士，指未做官的讀書人。

這首詩是公元七五九年春天，杜甫去東京洛陽探望之後，返回華州途中所作。在這前不久，唐朝廷軍隊與安慶緒、史思明的叛亂軍隊在相州大戰，遭到慘重損失，洛陽、潼關一線再度陷入兵荒馬亂之中。衛八處士的住處，大概接近華州治所，離開動亂的中心地帶已經比較遠。杜甫在經過一路奔波，目睹了像「三吏」、「三别」中所寫的種種亂離景象之後，又來到這位朋友家裏，度過了一個相對平静的夜晚。

「人生不相見，動如參與商。」天上參商二星一東一西，此升彼落，永遠不能相見；人生會面之難，經常就像參商二星一樣。這開頭，就把強烈的人生感慨帶入詩篇，明明是相見，却從不見寫起。

「今夕復何夕，共此燈燭光。」《詩經》裏有「今夕何夕，見此良人」的話。這裏用了「今夕何夕」，便把「見此良人」的意思隱括進去了。而在「今夕何夕」中間加一個「復」字，感嘆的情味就更重。詩人激動地說：「今夜究竟是怎樣一個值得紀念的夜晚，能和您共對燭光、聚首長談啊！」燭光所能照臨的範圍是很有限的，所以「共此燈燭光」給人心理上的感覺也就更接近、更親切。從艱難和久別中突然進入此種境界，眞有如夢如迷之感。

「少壯能幾時？鬢髮各已蒼！」久別重逢，共對燭光，自然首先會注意到對方容貌的變化。別離時都是年輕少壯，但今夜燭光却照出彼此已經鬢髮斑白了。這兩句本來可以用直陳的方式進行敍述，但詩人用了「少壯能幾時」這樣設問的語氣，就增加了文字的波瀾，表現了深沉的喟嘆和驚悸不安的心情。這正是舊友乍見時，由外表變化很自然地引起的人生感慨。

「訪舊半爲鬼，驚呼熱中腸。」「訪」，是詢問、打聽。舊友相見，除慨嘆自身變化外，緊接着又不免要問到有關親朋故舊的下落，但不問則已，一問却有半數已不在人間了，這使彼此都不禁失聲驚呼，心裏火辣辣地難受。按說，杜甫這一年纔四十八歲，在一般情況下何至親故已經死亡一半呢？這是有安史之亂作爲背景的。如果說詩篇開頭的「人生不相見」已經隱隱透露了時代氣氛，那末這種親故半數死亡，則明顯地反映着一場大的干戈亂離。「驚呼熱中腸」，已經由「少壯能幾時」的一般人生感慨，轉爲對時代亂離的又一次驚心而痛切的回顧了。

「焉知二十載，重上君子堂。」哪裏想到二十年之後，還能再次走上您的客堂。這裏「焉知」二字含意值得琢磨，好像是慶幸未曾想到能够如此，又像是慨嘆人世艱難，怎能想像二十年才得見此一面。其實，這是憂喜交幷，兩方面的意思兼而有之。如果我們對上一句「驚呼」所包含的感情有充分的體會，就可以進而感到「焉知」二句把更爲複雜的心理，表現得多麼周到深切。有上面訪舊而引起的「驚呼」，纔會有這種慨嘆。其中既包含能够活到今日的幸存的欣慰，又帶着痛傷。

二十年後，「重上君子堂」，感到有什麼突出的變化呢？「昔別君未婚，兒女忽成行。」這裏仍然不免有倏忽之間彼此已過中年的感慨，但是隨着二十年歲月的過去，眼前却出現了一羣天眞活潑的孩子。新的一代在成長，也許從他們的面貌和舉止中，還能憶起老朋友舊日的某些影子，這又不免是一種安慰。細細比較「兒女忽成行」的「忽」字，和「鬢髮各已蒼」的「已」字，能够看到感情色彩的變化，「已」字比較沉重，而「忽」字則稍顯輕鬆，似乎帶有意外的喜悅。

「怡然敬父執，問我來何方。」如果說上兩句感情已轉向輕鬆，那麼這兩句就有進一步的發展了。孩子們把詩人作爲父親的摯友來尊敬，也可能是出於禮貌，但怡然而敬，就不止出於禮貌了，因而讓人感到親切和由衷的喜悅。這裏，寫孩子們天眞的態度和問話，正是反映了朋友對自己的情誼。

「問答乃未已，驅兒羅酒漿。」孩子們同詩人還沒有說完話，就被他們的父親叫去張羅擺酒待客的事兒了。從「問答乃未已」，可以看出孩子們和遠道而來的客人談話興致之高；而不等話說完，就差遣孩子們去擺設酒菜，則又表現主人急於要設宴爲朋友接風洗塵。這兩句語氣緊凑，表現出熱烈而匆忙的氣氛。

「夜雨翦春韮，新炊間黄粱。」說是備辦酒席，其實根本沒有什麼珍饈異味——不過是從菜園中剛翦來的韮菜和新煮的摻有黄米的二米飯而已。有人說，簡單的飯菜表現了處士家風，這自然是不錯的，但戰亂給中原經濟帶來的嚴重破壞，恐怕也是重要原因。不過，這種衹是隨其所有而待客，倒是最能體現老朋友間不拘形跡的淳樸友誼。間有黄粱的米飯香軟可口，初春的韮菜，更是鮮嫩而芬芳。春夜沉沉，細雨籠罩的茅屋裏，當這種飯菜的香氣似乎隨着燈燭的光影滿室彌漫的時候，這屋子該顯得多麼溫暖和令人陶醉啊！「夜雨翦春韮，新炊間黄粱」，用了大體上對偶的句式，這種偶句的出現，反映了詩人情緒的上揚。

「主稱會面難，一舉累十觴。十觴亦不醉，感子故意長。」久別重逢的老朋友在春雨之夜端起酒杯話舊，一般似乎應該是細斟慢酌，但主人強調會面困難，幾乎不讓客人停歇，一連就勸了十大杯酒，這正是主人內心不平静的表現。主人尚且如此，而曾飽經亂離，如今又處在動蕩不安之旅途中的杜甫，心情的激動就更不用說了。所以一舉十觴也不覺醉。詩人似乎要通過慷慨地接受勸酒來表示對於故人深情厚意的無限感激。這四句，兩句寫主人，兩句寫自己，中間「一舉累十觴」和「十觴亦不醉」，前後句中的「十觴」兩個字構成緊湊的頂針格，見出熱忱融洽的氣氛。而「感子故意長」則概括地點出了今夕的感受，總括了從「今夕復何夕」至此二十二句詩。這樣，由對「今夕」眷戀不捨，就自然想到明日的離別。

「明日隔山嶽，世事兩茫茫。」山嶽，指西嶽華山。詩人想到明天還要登程趕路，剛剛見面，又將離別，一別之後，世事茫茫，彼此境況如何，就不得而知了。極言明日一別，後事難料，正見出今昔相會之樂。世事茫茫之感，平時固然也有，但戰亂年代更甚，末句的感慨，正帶着戰亂在人們心靈上的投影。

這首詩用十分省淨的筆墨描繪了一宿的夜境和詩人的內心感受，歷來爲人們所愛讀。當時正值安史之亂，作者在「三吏」、「三別」中描寫的是那樣一種呻吟和流血的場面，而《贈衛八處士》則又寫出故人茅屋燈光所照耀的這樣一個溫暖的夜晚，這種生活與感受，究竟和干戈亂離構成何種關係呢？會不會因爲干戈亂離的存在，這種描寫就會使生活的面貌受到歪曲呢？這似乎是一個不容易回避的問題。不過，我們覺得，在理解這首詩的時候，不但不需要回避，而且尤其不應該脫離安史之亂這樣一個時代背景。杜甫這次從洛陽回華州途中，寫過「三吏」、「三別」，對時代亂離的感受，比以前更爲深刻而強烈。詩人是在一個動亂的年代、動亂的旅途中，到老朋友家裏去投宿的；是在一別二十年之久，經歷了滄桑巨變，飽嘗了種種辛酸苦難的情況下與老朋友見面的；又是在剛剛相見，明天仍須離別的情況下度過此夜的。這一切都使得與老朋友的短暫會見，顯得特別不尋常。尤其是這位多年不見的老朋友，包括他的兒女在內，待人是那樣的樸實、眞誠，情感是那樣深厚，招待是那樣殷勤。於是，這眼前燈光所照，就成了亂離環境中溫暖美好的一角，這一夜就成了動蕩不安時代中充滿和平寧靜氣氛的一瞬。這是動亂旅途中理想的間歇，是淚水中的微笑，辛苦中的微甜。生活是豐富多樣的，當它在受到破壞和創傷的時候，幷不排斥還有某種美好的成分和因素存在着。這首詩的動人之處，正在於展示了那干戈相見、殺伐爭奪的時世中，變得特別珍貴的生活美和人情美。這種生活美和人情美，使得爭戰亂離相形之下格外顯得反常。讀這首詩，我們彷彿不知不覺跟着詩人來到衛八處士的家，體驗到這難忘的一夜生活，好像看到了燈燭光，接觸到了「羅酒漿」的兒女，感受到了當時的氣氛。可以想像，這一切對於杜甫這樣一位憂腸百結的詩人，會使他的靈魂得到雖然是暫時的、却是多麼充分的慰藉。「今夕復何夕，共此燈燭光」，那種被戰亂推得很遙遠的、恍如隔世的和平生活，似乎一下子又來到詩人眼前。這在杜甫可能更感珍貴，但對於讀者，又何嘗不強烈地激起對正常、美好生活的嚮往呢？因此杜甫對和衛八處士相聚這一夕的描寫，特別是其中所流露的對於生活美和人情美的珍視，不是沒有意義的。這種珍視，木身就是對破壞人們正常生活的非正義戰爭的否定，它顯示出結束戰亂是多麼符合人們的願望。

杜甫的作品，以沉鬱頓挫見稱，他的古體詩常常給人以開合變化、千迴百折之感，思想感情也顯得深沉凝重。可以說詩人是用大氣力去寫詩，讀者也常常要用大氣力去讀他的詩。不過，這首詩却似乎寫得毫不費力，乍看去似乎不覺沉鬱頓挫，而接近漢魏古詩和陶淵明的風格，詩人衹是隨其所觸所感，順手寫去，就造成很濃厚的氣氛，把那一夕生活和心底卷起的層層波瀾一一展現在讀者面前，使人有如身臨其境。所以清代的浦起龍說它「古趣盎然，少陵別調」。詩順着時間線索，歷敘與處士及其兒女的見面、問答和設宴、飲酒等情景，從離別說到聚首，從初見時回顧過去，寫到將別時的瞻念未來，寫得層次井然，確實類似古詩那樣質樸而平易近人。在敍事中，通過必要的翦裁，避開了可能出現的鋪敍。比如寫到兒女「怡然敬父執，問我來何方」，本來還應該再有幾句，纔能結束這種問答，但接着却是「問答乃未已，驅兒羅酒漿」，以致有的研究者認爲這在行文上有捧土擋住黄河奔流的氣象。詩寫到「主稱會面難，一舉累十觴」，本來連飲十觴時的主客敍話，似乎也應該有幾句交代，但隨卽用「十觴亦不醉，感子故意長」兩句緊緊收住，通過這些翦裁，使詩的語言顯得既有節制，又意味深厚，渾成古樸。不過，《贈衛八處士》雖然給人有這種接近漢魏古詩的感覺，但它的感情內涵畢竟比漢魏古詩豐富而複雜，有杜詩所獨具特色的感情波瀾，這種感情波瀾，如層漪迭浪，展開於作品內部。清代學者張上若說《贈衛八處士》「情景逼眞，兼極頓挫之妙」，正是透過它的渾樸，從更深處仍然看到了杜詩的沉鬱頓挫。比如，寫愉快的會見，却由「人生不相見」的慨嘆發端，因而轉入「今夕復何夕，共此燈燭光」時，便格外見出內心的激動。但詩人的情緒又幷沒有直線發展下去，下面接以「少壯能幾時？鬢髮各已蒼！訪舊半爲鬼，驚呼熱中腸」，感情又趨向沉鬱。詩的中間部分，寫主人一家的親切熱情，沖淡了世事茫茫的淒涼，帶給詩人以幸福的微醺，但等到進入高潮，勸酒的內容却是「主稱會面難」，又帶來亂離的感慨，像溶溶的春水中仍然挾帶着冰雪。全詩不僅結尾的「明日隔山嶽，世事兩茫茫」有「篇終接混茫」的氣氛，就連開頭「人生不相見，動如參與商」也是一片蒼茫，好像在生活鏈條上，唯有與衛八處士相聚這一夕，帶着溫暖和熒熒的閃光。這就把詩人對這一夕的溫暖感覺，置於蒼涼的感情基調上。詩人這樣寫，固然由於生活的面目本來如此，表現了杜甫的現實主義精神，但同時也强化了詩人所要表達的生活感受。如果不是二十年的闊別，也就不會深感今夕難得。如果沒有「訪舊半爲鬼，驚呼熱中腸」和「明日隔山嶽，世事兩茫茫」的人事巨變，那麼兒女「羅酒漿」的場面，乃至「夜雨翦春韭，新炊間黃粱」的款待，也就不知要失去多少情味。正由於杜甫是在亂離中來看這比較特殊的一夕，則未免悲喜交集，掀起更深的感情波瀾，因而反映在文字上也就有頓挫之致。衹不過這種頓挫寓於自然渾樸之中，需要細心體會纔能發現罷了。

杜甫的許多詩常把干戈亂離或由此而生的悲感，與生活中溫暖的帶有亮色的成分交織在一起加以表現，通過沉鬱頓挫的文字，讓生活美和人情美在那樣一個萬方多難的社會背景下發出光彩，從而引導人們在黑暗和冰冷的王國中嚮往光亮和溫暖。在這方面，《贈衛八處士》是寫得成功的一篇。

（余恕誠）

# 石壕吏

杜甫

暮投石壕村，有吏夜捉人。老翁逾牆走，老婦出門看。吏呼一何怒！婦啼一何苦！

聽婦前致詞：「三男鄴城戍。一男附書至，二男新戰死。存者且偷生，死者長已矣！室中更無人，惟有乳下孫。有孫母未去，出入無完裙。老嫗力雖衰，請從吏夜歸。急應河陽役，猶得備晨炊。」夜久語聲絕，如聞泣幽咽。天明登前途，獨與老翁別。

一

杜甫詩向來有「詩史」的稱號，這是因爲他的許多詩不祇是藝術創作，同時還是一種歷史的實錄。這裏要談的《石壕吏》便是個好例子。《石壕吏》寫的是眞人眞事，作者投宿的石壕村，也實有其地。

爲了透徹地理解這首詩的思想內容和藝術手法以及詩中人物的思想情感，有必要先談一談它的時代背景。

唐肅宗乾元元年（七五八）六月，杜甫由左拾遺貶爲華州司功參軍。這年冬末，他由華州到洛陽，大概是爲了探望亂後的家園。這時，安祿山早已被他的兒子安慶緒殺死了（七五七年正月），而安慶緒也早已由洛陽北走渡河（七五七年十月）退保鄴城（今河南省安陽縣），正被郭子儀、李光弼、王思禮等九節度的數十萬大兵包圍。亂子雖沒完全平定，但大局已有好轉，前途頗可樂觀，確有些中興氣象。所以，杜甫在這時寫的《洗兵馬》那首詩的開頭便引吭高歌：「中興諸將收山東，捷書夜報清晝同。河廣傳聞一葦過，胡危命在破竹中。祇殘鄴城不日得，獨任朔方無限功。」在詩的末尾也有點迫不及待地提出了他的一貫的願望：「安得壯士挽天河，淨洗甲兵長不用！」

但是，由於肅宗的昏庸，處置失當，就在杜甫到洛陽的次年——七五九年三月，局勢突然惡化。原來肅宗以爲郭子儀、李光弼都是所謂「吾之家國由卿再造」的元勳，「難相統屬，故不置元帥，但以宦官開府儀同三司魚朝恩爲觀軍容宣慰處置使」（《通鑒》卷二二〇）。這樣，圍攻鄴城的九節度的兵便陷於「諸軍既無統帥，進退無所稟」的無政府狀態，以至「城久不下，上下解體」（《通鑒》卷二二一）。而這時，一度投降又復叛變的史思明又自魏州率兵來救鄴城，結果，九節度的兵大敗。《通鑒》（卷二二一）寫道：「三月，壬申（三日），官軍步騎六十萬陳於安陽河北，思明自將精兵五萬敵之……未及布陣，大風忽起，吹沙拔木，天地晝晦，咫尺不相辨；兩軍大驚，官軍潰而南，賊潰而北，棄甲仗輜重委積於路。子儀以朔方軍斷河陽橋保東京（洛陽）。戰馬萬匹，惟存三千；甲仗十萬，遺棄殆盡。東京市民驚駭，散奔山谷；留守崔圓、河南尹蘇震等官吏南奔襄鄧；諸節度各潰歸本鎮。」六十萬大軍的潰散，非同小可，不僅洛陽岌岌可危，就是長安也爲之震動。統治者爲了扭轉這種危機，維持他的統治，就需要一方面立即增強洛陽前線的抵抗力量來阻止史思明的西進，另一方面立即充實後方，也就是潼關的防禦兵力和設備，以防萬一。這樣，補充兵力便成了當時統治者刻不容緩的事。

然而，遠水不救近火，於是這殘酷的兵役便不可免地首先落到洛陽以西潼關以東卽新安、石壕一帶地方的老百姓頭上了。這一地帶畢竟是狹小的，又經過三四年的戰亂，壯丁本很少；但封建統治階級是不管這些的，他們衹知道要人，於是便不擇手段，實行慘無人道的拉伕政策。其實拉的還不衹是堂堂七尺的丈夫，而是「絕短小」的「中男」見（《新安吏》），和「骨髓乾」的老漢（見《垂老別》）。像我們在這裏要談到的《石壕吏》則是連年邁力衰的老婦也不免被拉走了。這自然是很慘的，却也有它一定的特殊的原因。

大概就在三月三日鄴城大敗的消息傳到洛陽，洛陽「市民驚駭，散奔山谷」的當兒，杜甫匆匆的由洛陽取道潼關趕回華州。這就使他有機會在一路之上親眼看到兵役的黑暗情形和人民的痛苦生活，從而使他有可能寫出包括《石壕吏》在內的一般稱爲「三吏」、「三別」這樣富有人民性的六首詩。

由此可見，當時存在着兩種矛盾：一是由統治階級的亂徵兵役等引起的階級矛盾，一是由外族侵略再度猖獗而形成的民族矛盾。人民，是愛國的，是無論如何也不甘心作亡國奴的。這樣，民族矛盾便必然成爲當時的主要矛盾，使當時進行的戰爭成爲一種正義的民族自衛戰爭。因此，當時人民，一方面固然怨恨統治階級，另一方面還是忍受了階級壓迫的痛苦，沒有揭竿而起革統治階級的命，也沒有散而之四方，而是懷着悲憤的心情走上前線。《石壕吏》中的老婦一下子獻出了她的三個兒子，當差吏還是逼着她家出人的時候，儘管她始而哀求，繼而搪塞，但終於挺身而出，這一行動的轉變，關鍵也就在這裏。

二

杜甫寫「三吏」、「三別」時的思想感情是相當複雜而矛盾的。如果把這幾首詩和《兵車行》對照，就更容易看出。但這六首詩也有一個總的基本思想，這就是愛國主義，說得具體點，就是號召人民忍受一切痛苦來進行自衛戰爭。這一基本思想，在《石壕吏》中，由於事件的過分悲慘，表現得比較曲折，比較深沉，不像其餘的幾篇那樣突出、鮮明。但還是可以看出來的。大家知道，杜甫是熱愛人民、同情人民痛苦的詩人，但民族矛盾的緊張局勢，又使他必須站在整個國家民族的立場上來考慮問題，不能不把人民的痛苦從屬於整個國家民族的生存。矛盾也就是這樣產生的。

正由於熱愛祖國，從整個民族命運出發，杜甫一方面痛恨那不合理的兵役，赤裸裸地毫不客氣地加以揭露；一方面對這種不合理的兵役却也有所保留，并沒公開的直接的抨擊（《新安吏》雖曾正面的提出「中男絕短小，何以守王城」的責難，但到頭還是動員他們前去）。他認爲喪失民心的不合理的兵役固然要揭露要糾正，但正當國家民族處於「一髮千鈞」的危急時分，斷然反對現行兵役，在人民頭上澆冷水，那也於抗戰不利。杜甫這時的心情確是很矛盾、很痛苦的，所以《石壕吏》所表現的思想并不是一般的反對兵役而是反對不合理的兵役，不是要取消兵役而是要改善兵役。

同樣，正由於熱愛祖國，杜甫一方面對人民所受兵役的痛苦表示無限同情，一方面又不得不含着眼淚勸勉人民忍受這些痛苦來承擔兵役，效命疆場。《石壕吏》中，杜甫雖然沒出面勸勉老婦，但從他在老婦的許多話中摘出「急應河陽役，猶得備晨炊」這樣兩句來看，顯然他是同意老婦的這個自我勸勉的。不難理解：當杜甫聽到老婦這兩句使他不能不特別震驚的話時，他對老婦的尊敬之情是超過了同情之心的。

也許有學者要說，老婦這兩句話不是出自本心，而是爲差吏逼得無可奈何才說出來的，她說這話的用意也不過是爲了保全她的老漢、媳婦和孫兒。我以爲這種看法是片面的、表面的。因爲在這兩句話中還表現了老婦爲國家着想爲前線着想的一面。不錯，她是在被逼的情况下最後纔說出的（不這樣，反而是不近情理，不眞實的），但問題是在於她說出的却恰恰是這樣的兩句話。以一個婦人，而且是一個老婦人，一個已經獻出了她的三個兒子的老婦人，竟然說出這樣的話，這誠然是可哀可痛。但是，難道就不使我們對這位老婦感到可敬嗎？難道我們就不能從這裏看出她那種堅忍的深刻的愛國精神嗎？應該指出：正是當時廣大人民的這種愛國精神，纔終於平定了安史之亂。至於有學者考查出石壕村至河陽的距離相當遠，因而說這兩句詩不合情理，那也不得要領。其實并不一定要到河陽前線纔算是「急應河陽役」，更不一定要在第二天一早就趕到河陽煮飯纔算是「備晨炊」。（這問題大概由於一般課本註解把「猶得」解作「還來得及」引起的。已有人指出：「猶得」就是「還能够」。）

作品裏所包含的，一方面是作家的思想，另一方面是客觀的思想。《石壕吏》所包含的思想也應該從作品的客觀思想方面來說明。比如，儘管在主觀上杜甫所要諷刺的、要暴露的衹是差吏這一個人和兵役這一件事，而不是整個封建統治階級和它的一切措施，但在客觀上，通過這一典型人物和事件，也就深刻地揭露了整個封建統治階級和封建制度的吃人的本質。不是嗎？把一個婦人拉去服兵役，這已經是不人道了，何況又是老婦，而且是一個被奪去了三個兒子的老婦呢？從這裏我們就可以很自然的得出這樣一個結論：封建統治階級爲了本階級的利益，是不管人民的死活的！因此，《石壕吏》不僅有巨大的現實意義，而且有深遠的教育意義。它喚起了廣大讀者對反動統治階級的仇恨和對人民的同情。千百年來，《石壕吏》一直是震撼人心，膾炙人口，主要原因就在這裏。

## 三

《石壕吏》是具有高度的現實主義表現手法的作品，達到了如高爾基所說的「現實之客觀的描寫」的地步。具體地說，有以下幾個特點：

第一是將主觀的評價寓於客觀的敘述之中。這首詩中，作者是在場的，却始終是沒開腔，衹是如實的據事直書，讓事實本身去說話，通過事實體現自己的思想情感。例如「有吏夜捉人」，這是客觀敘述，但同時也就包含了作者的主觀批判。用不着說差吏怎樣兇暴，兵役怎樣黑暗，而這些都自在其中。假如說「點兵」或

「徵兵」，那就要削弱批判的力量。捉人就是捉人，老實不客氣的說法，正顯示了杜甫的態度。又如「吏呼一何怒，婦啼一何苦」也是一樣。用不着說差吏怎樣可恨，老婦怎樣可憐，而可恨和可憐也都自在其中。

第二是用自傳體。《石壕吏》是一首敍事詩。但就它記載的是作者自己的一段經歷、一個生活斷片這點來看，也可以說是作者自傳中的一頁，一篇日記。杜甫在這裏所以要用自傳體，是爲了便於把自己放在這一事件的見證人的地位來證明所講的是他親見親聞的事實，從而加強作品的說服力和感染力。如果衹是單純的從結構的角度來理解「暮投石壕村」、「天明登前途」等句，說是以投宿起，以告別終，有首有尾，交代清楚，那還是皮相的看法。

第三是利用人物對話。這在《石壕吏》中佔着主要的地位，是全詩最精彩最動人的部分。我們都有這樣一種經驗：聽轉述的話總覺得隔了一層，不够味，不够親切。人物自白之所以勝過作者代敍，道理也許正在此。當然，這也得看對話本身是否寫得成功，是否能表現人物的思想情感和性格。《石壕吏》中老婦的那段對話可以說是非常之精當、成功的。老婦在當夜說過不少的話，杜甫概括成爲十三句。這十三句，可分三層來看。「三男鄴城戍」五句是第一層。老婦最初以爲差吏總不能沒有一點良心，所以一開口便訴說已送出三個兒子，不應再捉人，語帶哀求，情感也是沉痛的。「室中更無人」四句是第二層。差吏既不講情理，哀求已告無效，怎樣辦呢？騙他一下，讓他知道要捉也無人可捉吧。爲了騙取差吏的相信，把話反說得特別肯定，同時把家中人口彷彿一個不漏似的擺出來，好瞞了那個有被捉資格的老漢。從這裏我們可以體會到老婦這時的心情已由悲痛轉爲憤恨。（「有孫母未去」一句，意思衹在說明家中還有個媳婦，因爲丟不下孩子，還沒走。有人把「去」解作改嫁，有人認爲指去服兵役。後說固無據，前解也似乎不近情理。一則「二男新戰死」，再則這一地連「中男」都拉光了。這個「去」字沒有必要去咬定。）「老嫗力雖衰」四句是第三層，也是老婦最後的話。差吏還是不走，也許他在想：沒有男人有女人。怎麼辦？這時老婦轉而恨胡人來了，都是他們不好，以至弄到這步田地，自己的三個兒子已有兩個喪在他們手裏，消滅他們，倒也應該。但再一想，老漢去不得，一家不能沒個男人；媳婦也去不得，去了孫子得餓死。要去還是自己去罷。於是心一横，挺身而出。由於悲痛之極，心情轉趨平靜，所以這幾句話說得很坦然，很理智。雖說出於無可奈何，但其中含有愛國精神，也是不容抹殺的。浦起龍說：「偏云力衰備炊，偏不告哀祈免，其膽智俱不可及。」（《讀杜心解》卷一之二）這話也是有見地的。爲了顯示老婦思想情感的發展，和與這相適應的語調的變化，杜甫有意識地押了不同的韻脚。由於語言的個性化，這段對話就顯得特別生動，讀起來如見其人，如聞其聲。

第四是力求概括含蓄，不說廢話。我曾在一篇論杜詩的藝術性的文章中舉出唐彥謙的《宿田家》詩和《石壕吏》作對照，別的且不說，衹從詩的一開頭便可看出這一特點。唐詩開頭是：「落日下遙峯，荒村倦行履。停車息茅店，安寢正鼾睡。」用了四句寫投宿，下面纔說到「忽聞扣門急，云是下鄉隸」。而杜甫衹用「暮投石壕村」一句，緊接着就點出主題：「有吏夜捉人。」非常概括，非常緊湊。唐詩用四句寫投宿，沒有必要，因爲和主題無關，越長越顯得鬆懈，不易集中讀者注意力。

所謂含蓄，也就是所謂「含不盡之意，見於言外」。這種含蓄，在《石壕吏》中有時表現在一個字上。例如「暮投石壕村」，「投」字便非常含蓄。不僅說明了投宿這件事，而且描繪了投宿者在一種急遽的情況下來投宿的形象。這樣，也就暗示出這是一個兵荒馬亂的年頭，行路人有更多的「落日恐行人」的感覺。又如「如聞泣幽咽」，「如」字也非常含蓄。一方面說明了老婦已被捉去，因而年青的媳婦衹有獨自啜泣——也許因爲家中住有客人（杜甫）而不便號啕大哭吧；另一方面也顯露出詩人自己以無限關切的心情側耳細聽的形象。這句詩也同樣是在如實的客觀的敍述中包含了作者主觀的同情的。

最富有含蓄意味的是詩的最後兩句：「天明登前途，獨與老翁別。」在人家裏住了一夜，眼看着人家的老伴被捉去，臨別的當兒，就這樣心安理得的徑自走了，連一句安慰話也沒有嗎？可是，你叫詩人怎樣說呢？這誠然是傷心慘目的事，但又正當國家危急存亡之秋，你又能說些什麼呢？這一家人的命運是看得見的，你安慰安慰又有什麼用？所以，從這兩句看來似乎很冷漠的詩句中我們可以體會出詩人的一種難言之痛和吞聲之淚。讀完這最後兩句詩的時候，我們的情緒更高漲，我們的想像更馳騁開了，并沒隨着詩的完結而完結。

有人認爲從詩中看不出老婦人最後是被吏人捉去的，這自然是誤解。「獨與老翁別」一個「獨」字便點明了老婦已被捉去。投宿時老漢夫婦雙雙迎接，臨去時却剩下老頭一個（這時老翁已悄悄回家），那老婦被捉還用說嗎？如果老婦未被捉去，那婆媳二人自應高興，幽咽的哭聲又從何而來呢？又有人認爲「天明登前途」是指老婦前往應役，也不對。這句正和開首「暮投石壕村」作照應，投宿的是杜甫，登途的也是杜甫。但這一誤解，從清初徐而菴的《說唐詩》就已經有了。

《石壕吏》的表現手法，主要的便是這樣。杜甫在這首詩中爲什麼要用這些手法？這和詩的內容題材以及當時的政治環境都有關。一方面客觀的事物本身就具有巨大的說服力，使他有可能這樣來寫；另一方面，如果對兵役公開表示反對，那在當時是不行的。

以上就是我對這首詩的一些看法，不一定對，請大家指正！

（蕭滌非）

# 垂老別

杜　甫

四郊未寧静，垂老不得安。子孫陣亡盡，焉用身獨完？投杖出門去，同行爲辛酸。幸有牙齒存，所悲骨髓乾。男兒既介冑，長揖別上官。老妻臥路啼，歲暮衣裳單。孰知是死別，且復傷其寒。此去必不歸，還聞勸加餐。土門壁甚堅，杏園度亦難。勢異鄴城下，縱死時猶寬。人生有離合，豈擇盛衰端？憶昔少壯日，遲回竟長嘆。萬國盡征戍，烽火被崗巒。積屍草木腥，流血川原丹。何鄉爲樂土，安敢尚盤桓？棄絕蓬室居，塌然

垂老別

摧肺肝。

《垂老別》是杜甫著名的組詩《三吏》和《三別》六首中的一首。它的寫作背景和過程，和其它五首一樣，都是在唐肅宗乾元二年三月唐王朝九節度的六十萬大兵潰於鄴城這一特定的危急時期，和自洛陽以西至潼關這一特定的後方地帶，杜甫根據他的所聞所見所經歷寫成的。這六首詩，都是人民的悲劇、人民的血淚史，這是顯而易見的。重要的是，我們要透過這斑斑的血淚，進一步看到人民那種忍痛負重、不怕犧牲的愛國精神。因爲當時進行的平定「安史之亂」的戰爭具有制止異族侵略、維護國家的統一的正義性質。

我曾應邀爲中央人民廣播電臺寫過談杜甫的《石壕吏》和《新婚別》兩篇廣播稿，我把那「請從吏夜歸，急應河陽役」的老嫗，和那鼓勵丈夫「勿爲新婚念，努力事戎行」的新娘，稱爲「深明大義、熱愛祖國的兒女英雄」。現在，當臨談《垂老別》這首詩時，我深深地感到對詩中的這位老漢，可以說同樣的話。請看，「子孫陣亡盡」這種斷子絕孫的悲哀沒有把他壓垮，同行伙伴的辛酸淚，乃至老妻的臥路啼都沒有使他軟化，「此去必不歸」的死亡威脅也沒有使他動搖，他毅然決然，投杖應徵，長揖上道，他想到的是國家的災難，他恨的是「骨髓乾」，不能爲國多殺賊。像這樣一位老漢，我們能說他不是鐵骨錚錚的愛國老英雄而是什麼馴服的「綿羊」嗎？這是一個有關作品的人物形象和主題思想的根本問題，我們必須首先明確。

《三別》在寫法上和《三吏》不同的一個最明顯的標誌，就是全篇都是託爲主人翁的獨白。比如《垂老別》便都是那個老人的自我傾訴。這種寫法，比之《三吏》的憑藉耳聞目擊和親身經歷要更難些，需要有更高的藝術修養，更爲豐富的生活體驗和想像力。

全詩約可分爲四段，每段各八句：

第一段：「四郊未寧靜，垂老不得安。子孫陣亡盡，焉用身獨完？投杖出門去，同行爲辛酸。幸有牙齒存，所悲骨髓乾。」這一段是《垂老別》的緣起和序幕。是下文老夫老妻生離死別這一齣悲劇的前奏。從「投杖出門去」這一慷慨激昂的決絕態度來看，老人的應徵從軍，并非完全由於被迫，也并非純然出於「子孫陣亡盡」的個人悲憤，其中包含着老人的一片愛國心。否則，在痛不欲生的情況下，不可能發生這樣一個突如其來的積極向上的轉變。老人的一片愛國心，在「幸有牙齒存，所悲骨髓乾」這兩句話裏，表現得更爲清楚。要殺賊，就要能活着，所以說「幸有」，但自己畢竟是老了，很難殺賊，所以引以爲「悲」。正是這種忘我的爲國獻身的精神使得一同應徵的伙伴們都感動得掉下了辛酸的眼淚。但老人并沒有改變他的決心，他走上征途了。

第二段：「男兒既介胄，長揖別上官。老妻臥路啼，歲暮衣裳單。孰知是死別，且復傷其寒。此去必不歸，還聞勸加餐。」這一段是《垂老別》的正文，寫老人告別上官後又和老妻話別的情景，首二句是個過渡的句子，不少註本劃歸上一段，我覺得作爲這一段的引子更合適些。因爲老人已束裝上路，就要遠行，所以纔出現了「老妻臥路啼」等場面。介胄是甲盔，也就是軍裝。這裏，老人不如實地說「老人既介胄」，而偏作豪語，把自己說成「男兒」，和上文的「投杖」，同樣表現了老人那種不服老的倔強性格。「孰知」卽「熟知」，明明白白的知道。這「孰知」四句，寫老倆口的互相憐憫，互相關注，非常深刻細膩，令人不忍卒讀。關於這四句，吳齊賢《杜詩論文》解釋說：「此行已成死別，復何顧哉？然一息尚存，不能恝然，故不暇悲已之死，而又傷彼之寒也；乃老妻亦知我不返，而猶以加餐相慰，又不暇念己之寒，而悲我之死也。」這解釋很周到，能闡明詩句中包含的老夫妻倆當時心理活動的眞象。關於這四句詩的表現手法，沈德潛《杜詩偶評》曾指出：「孰知四語，互相慰藉，而又滅去問答之跡。」這評論也很有見地。我看，這關鍵就在於那個「聞」字，因爲旣是「聞」，自然就是對方說的話了。不必再用問答的形式。這「還聞勸加餐」一句，我以爲是寫的面別以後的情形。老人已經走得相當遠了，還不斷地聽到老妻在後面一面啼哭，一面喊叫，要他多「加餐」，多多保重身體。這是多麼悲慘而又悲壯的一個鏡頭啊！

第三段：「土門壁甚堅，杏園度亦難。勢異鄴城下，縱死時猶寬。人生有離合，豈擇盛衰端？憶昔少壯日，遲回竟長嘆。」這一段也是《垂老別》的正文，寫老人臨別時對老妻的多方寬慰。不言而喻，老妻對老人最關心的就是他的死活。因此，老人針對這一點作了頗爲有力的寬解，表明此去縱然是死，也還很有一段時間。根據是我方的有利形勢：「土門壁甚堅，杏園度亦難。」杏園和土門，都是當時唐王朝控制河北的軍事重地。杏園，在今河南省汲縣，唐時亦稱杏園鎮，因爲是黄河的津渡處，所以又稱杏園渡。就是在杜甫寫這首詩的前一年，郭子儀還曾引兵自杏園濟河，東至獲嘉，破安太清（見《通鑒·唐紀》卷三十六），可見其重要。這時仍在唐軍手中。關於土門，歷來就有兩種說法，一直持續到今天仍未能取得一致。因此，我想趁這次談論的機會多說幾句。這兩說：一是以爲土門卽井陘（在今河北省獲鹿縣），根據是《元和郡縣志》卷十七載：「河北道恆州獲鹿縣井陘口，今名土門口，在縣西南十里，卽太行八陘之第五陘也。四面高，中央下，似井，故名之。」主這一說的有錢謙益、朱鶴齡、仇兆鰲諸家，朱氏還說「時（郭）子儀、（李）光弼，相繼守河陽，土門杏園，皆在河北，故須嚴備」。另一說，則以爲土門不是指井陘，「未詳所在。大約去河陽不遠，當是河以南地」。主此說的有浦起龍和楊倫諸家，浦起龍還駁朱氏說：「是時官軍既潰而南，退保東京……則鄴城以北，官軍安得越境而守之？朱註以土門爲井陘關，井陘在鄴北六七百里，漸近范陽賊巢矣。詩乃反云『勢異鄴城下，縱死時猶寬』耶？何不考之甚也！」郭老也認爲是在河陽附近，所以把這句詩譯爲「河陽的土門，壁壘嚴整」。據我看，當以前一說爲是：第一，《元和郡縣志》是中唐時人李吉甫寫的，他說「今名土門口」，足見老人不說「井陘」而說「土門」，正是用的當時流行的爲人們所熟知的說法；《新唐書·安祿山傳》載至德元年「李光弼出土門，救常山」，而《通鑒》則云李光弼「出井陘，至常山」，亦足證「土門」之與「井陘」本爲一地。第二「土門」一名，多次出現在史書上，全都指的井陘，至《元和郡縣志》卷二所載土門山，則遠在潼關以西，可見所謂其地「大約去河陽不遠」，純屬想當然的臆說，是毫無根據的。第三，《三吏》、《三別》中提及的地方，都是赫赫有名的要地或重鎮，如《潼關吏》的「潼關」、「東都」，《新安吏》的「舊京」，《石壕吏》和《新婚別》的「河陽」，以及本篇的「杏園」。像這樣一個連方位都弄不清的「土門」，哪裏值得一提。這也就是說衹有把這個「土門」解釋爲「井陘」這一著名的要塞，纔相稱，纔够得上說一聲「壁甚堅」，也纔能够多少起到寬慰老妻的作用。第四，浦氏反駁朱氏，說當時官軍潰敗南逃，鄴城以北的土門，「官軍安得越境而守之」。這也是一種模糊印象的說法。當時九節度的兵雖潰於鄴城，但各軍情況并不一樣，李光弼和王思禮就是「整勒部伍，全軍以歸」的。李光弼原是河東（今山西省境）節度使，史書說他「全軍以歸」，也就是說他再回到河東，駐扎太原（唐時也稱「北京」）。土門這一要塞，始終就由他牢牢掌握，根本不存在什麼「官軍安得越境而守」的問題。正是由於土門仍在官軍手中，史思明才不敢乘鄴城大勝之後，渡河而南，佔領洛陽，而是回師北歸范陽，就是怕李光弼由土門出兵，截其歸路，或直搗其巢穴的。看來浦氏對「土門」這句詩似有誤解。他以爲老人是去戍土門的，所以有「越境而守」的話。不知這是老人對當時總的軍事形勢一種頗爲樂觀或故作樂觀的泛說，意在寬慰老妻。他還怕老妻不相信，所以下句還加上了一個「杏園」。這和《石壕吏》的「急應河陽役」，《新婚別》的「守邊赴河陽」，明點所戍地點的寫法是不相同的。

「勢異鄴城下，縱死時猶寬」，是說現在形勢，和圍攻鄴城時已大不相同。那時我們是進攻，現在是退守，反客爲主，以逸待勞，何況還有土門和杏園這樣的牢固的據點，短時間內，敵人根本進不來，我卽使戰死，也還早得很哩。你衹管放心好了！老人的分析、估計是相當準確的。洛陽再次爲史思明佔領，事在這年（七五九）十月，距鄴城之敗，已逾半年。如果不是由於唐肅宗的昏庸，將鎮守洛陽和河陽的郭子儀召回長安，而調遣鎮守太原。土門的李光弼去替代郭子儀的職務，那史思明遠是不敢南下奪取洛陽的。這時洛陽雖再度淪陷，但河陽却仍在李光弼掌握中，直到上元二年（七六一）二月纔失守，距鄴城之敗，已將近兩年了。老人說「縱死時猶寬」，是大致不錯的。

「人生有離合，豈擇盛衰端？」這兩句是老人從另一角度來寬慰老妻的話。意思是說，人生在世總不免有個聚散離合，哪管咱們的年壯（盛）年老（衰）呢？這不能由咱們自己作主。碰到這種世道，老倆口也得分離，你不要哭了，哭也沒有用。這裏的「離合」和「盛衰」，都是「複詞偏義」，實際上衹是說「離別」和「衰老」，「盛衰」二字，有的本子作「衰老」，這和「擇」字不切合，因爲必須具有「盛」和「衰」這兩端（或者說兩頭、兩方面），纔能說「擇」，如果衹是「衰老」，那就用不着抉擇了。這「盛衰」二字，也有一作「衰盛」的，意思雖一樣，但一般習慣都是說「盛衰」而不說「衰盛」，所以我這裏採用了蔡夢弼《草堂詩箋》的本子。

「憶昔少壯日，遲回竟長嘆」，這兩句是把話又說回來。儘管我這樣寬慰你，但想起當年少壯時咱們一家團圓的光景，如今竟弄到這步田地，還得撇下你，我也是牽腸掛肚，放心不下。但遲回徘徊，終須一別，我也衹有長嘆就道了。這個「少壯日」，不單是指年齡，還兼指時代。老人的「少壯日」，摘用杜甫的詩句來說，那是正當「開元全盛日」的。

第四段：「萬國盡征戍，烽火被岡巒。積屍草木腥，流血川原丹。何鄉爲樂土，安敢尙盤桓？棄絕蓬室居，塌然摧肺肝。」這是《垂老別》的最後一段，寫老人告別老妻後的思想活動，但作爲老人進一步向大處再行寬解、開導老妻的話來看，也說得通。這時，老人的思想已提到關心國家命運的高度，從一己一家的悲慘遭遇，想到整個國家民族的深重災難。「積屍草木腥，流血川原丹」，雖不無誇張，却也是實情。當時胡兵所到之處，是「殺戮到鷄狗」的。「丹」就是「紅」，不用紅而用丹，衹是爲了押韻。老人對唐王朝推行的殘酷兵役自然也怨恨，但他尤其痛恨的是挑起這場罪惡戰爭的恩將仇報的胡人安祿山、史思明。他們的掠奪奸淫和野蠻屠殺，把祖國一片大好河山蹂躪得沒一片淨土。由於血的事實的教育和思想認識的提高，老人爲國獻身的精神，也就更自覺、更積極，「何鄉爲樂土，安敢尙盤桓？」便是這一精神的集中表現。他再也不遲回長嘆，盤桓流連了。

末尾兩句，「棄絕蓬室居，塌然摧肝肺」，這與上文的投杖出門、長揖而別，不敢盤桓等表現，看似有矛盾，其實不然。當一個老人最後離開他那「生於斯，長於斯，聚家族於斯」的老茅屋時，他自然會感到五內有如崩潰一樣的痛楚。這是人之常情。愛親人、愛鄉土，和愛祖國，原是一致的。

以上，便是個人對《垂老別》所作的一些分析和解釋。

應該感謝詩人杜甫，他不僅反映了安史之亂時期人民遭受的災難，而且也忠實地深刻地表達了廣大人民在平定安史之亂的鬥爭中所作出的巨大貢獻和愛國精神。

關於《垂老別》的藝術特點，和杜甫其他敘事詩特別是同一類型的如《新婚別》、《無家別》，差不多。一是人物語言的個性化。男女老少，各有各的口吻；二是人物心理的刻畫，非常細緻逼眞；三是運用細節描寫，凡是足以顯示人物思想感情和性格的小動作都不放過。如「投杖」、「長揖」、公然自稱「男兒」等。

《新婚別》的「對君洗紅妝」，也是一個例子。四是結構嚴謹，層次分明，這幾乎可以說是全部杜詩的共同特點，所以梁啓超曾說過杜甫最反對作詩「亂雜無章」的話，是不錯的。

最後，對《垂老別》這一名篇，我想提出一個小問題。誰都知道，《三吏》、《三別》是寫於鄴城潰敗之後不久，《垂老別》也明明提到鄴城，而鄴城之敗是在這年三月三日，所以《新安吏》說，青山猶哭聲」，《無家別》更明說，「方春獨荷鋤」，但本詩中却有「歲暮衣裳單」之句，三月怎能說是「歲暮」呢？「苦用心」的詩人杜甫，不會不注意到這一問題。我想，這可能是爲了顧全詩的完整性和增強詩的感染力，因而沒有按照歷史的眞實，把「春暮」說成了「歲暮」。從藝術效果來看，這樣的變通？是可以的，也是必要的。「詩史」畢竟是「詩史」而不是歷史。再則三月初旬，在北方也還是頗有寒意的，所謂「料峭春寒」，而老妻又是單衣臥路，其寒確亦可傷，所以含混地用了個「歲暮」。有學者把這「歲暮」譯成「數九寒天」，那就未免太落實了，恐不合作者本意。個人的看法未必對，也許可供討論。據我所見，這還是一個從未有人觸及的新問題。

（蕭滌非）

# 佳人

杜甫

絕代有佳人，幽居在空谷。自云良家子，零落依草木。關中昔喪亂，兄弟遭殺戮。官高何足論，不得收骨肉。世情惡衰歇，萬世隨轉燭。夫婿輕薄兒，新人美如玉。合昏尚知時，鴛鴦不獨宿。但見新人笑，那聞舊人哭。在山泉水清，出山泉水濁。侍婢賣珠回，牽蘿補茅屋。摘花不插髮，采柏動盈掬。天寒翠袖薄，日暮倚修竹。

關於本詩的作意，歷來存在爭議。明人王嗣奭說：「大抵佳人事必有所感，而公遂借以寫自己情事。」（《杜臆》卷之三）採錄王說甚多的《杜詩詳註》却云：「天寶亂後，當是實有是人，故形容曲盡其情。舊謂託棄婦以比逐臣，傷新進猖狂，老成凋謝而作，恐懸空撰意，不能淋灕愷至如此。」對王說的前句話獨有發揮，而對王說的後句話則持疑議。與此相反，《杜詩言志》却極贊成王說的後句話，且多有闡發：「此先生自喻之詩。自古賢士之待聘於朝，猶女子之待字於夫。其有遭讒間而被放者，猶之被嫉妒而被棄……老杜自省中出爲華州，明非至尊之意，則其受奸人之排擠者，已非一日。一生傾陽之意；至此無復再進之理。故於華州猶懼其難安，是以棄官而去，其於仕進之途絕矣，復何望乎！乃托絕代之佳人以爲喻。」二書幾出於同時，持論竟如此徑庭。稍後於二書問世的《讀杜心解》則云：「此感實有之事，以寫寄慨之情。」大體襲用王說，而說法更爲活脫，似可取。黃鶴定此詩爲乾元二年（七五九）在秦州作。至德二載（七五七）四月，詩人冒險從淪陷的長安逃至鳳翔行在，授左拾遺。怎奈新貴與舊臣相爭甚劇，次年因疏救房琯事連降兩級貶華州司功參軍。這對詩人的忠君思想及政治抱負無疑是重大打擊。乾元二年秋，詩人因饑饉棄官流落秦州。詩中寫戰亂中一位棄婦的命運，寄託自己政治失意的感慨。詩題取司馬相如《長門賦》「夫何一佳人兮，步逍遙以自虞（娛）」，該賦代抒陳皇后被漢武帝遺棄後獨居長門宮時的抑鬱之情，與本詩旨意暗合。

仇兆鰲分本詩爲三段，每段各八句。

詩的首段，敍佳人的零落無依及其社會背景。說有位舉世無雙的美人，隱居在空寂的山谷裏。她說自己出身清白人家，而今却像草木飄零荒野。前幾年安史叛軍洗劫關中，攻陷長安，自己兄弟竟慘死於動亂。他們雖曾處高官要位，到頭來連屍骨都無法收存。開篇二句由李延年歌「北方有佳人，絕世而獨立」（《漢書·孝武李夫人傳》）脫出，概述了佳人的現狀。浦起龍說：「『幽居在空谷』一句領一篇，筆高品高。」（《讀杜心解》卷一之二）這句不僅寫出佳人孤寂、淒涼的身世，而且寫出她獨立於世的品格特徵。「自云」以下，轉入佳人自述，直至中段結束。說「依草木」，照應「幽居」句。說身爲良家子女，引出兄弟官居高位。出身顯貴而流落山谷，帶出「喪亂」這個特殊的歷史背景。兄弟的命運比自己更慘，自己的遭遇正是社會動亂之必然。

對這位不幸的佳人來說，殘酷的現實還不就此爲止。戰亂顛倒了封建秩序，也顛倒了封建人倫。與兄弟慘死相連的，是她的被棄。詩的中段，佳人自敍見棄其夫的緣由。她說，世態炎涼啊，人們總是嫌惡家敗勢落；就像風中的燭光飄搖不定，萬事莫不隨着權勢的轉移驟起風波。輕薄的丈夫從此拋棄了我，和那新娶的美人兒同享歡樂。合歡花還知道朝開夜合，鴛鴦雙雙也從不分窩。而今他衹看見新人的笑顏，哪能顧上聲淚俱下的我？佳人的獨白解開了讀者對其現實處境的疑團。按封建道德對婦女的要求，佳人無可指疵。但她竟因娘家人亡勢去這個戰亂中的偶然事件而被丈夫拋棄——實際是被社會所拋棄，這就具有深刻的典型意義了。封建人倫的虛僞面紗，已被戰亂中突出起來的以「利」爲中心的社會觀念徹底撕破。「世情惡衰歇，萬事隨轉燭」是佳人悲劇實質性的導因。在強大的社會觀念面前，這位弱女子衹有哭訴自己命運的權利了。她以合歡知時、鴛鴦重情的反襯，嘲諷夫婿的無義；以「新人笑」、「舊人哭」的對比，抒寫心中的不平。她看透了冷酷的世情，無限傷悲。

詩的末段，詩人以含蓄的筆調描述佳人在深谷的清苦生活，并讚美她的高潔品格。佳人與侍婢相依爲命，共度艱難。牽藤蘿修補漏屋，採柏子聊以充饑，困頓、零落之狀不言而喻。但佳人却自甘清貧，以生活的強者自慰。那滿屋的青蘿，遍山的翠柏，不正是她自強不息的倩影？這些帶有古樸美的環境，和她「摘花不插髮」的情致是多麼和諧地統一在一起！她的心永遠離開了那個世俗污染的塵寰。詩的末兩句以景襯人。在寒天暮色之中，身着竹葉般單薄的翠綠衣衫的佳人，憑修竹而佇立。那蕭瑟的景致，淒清的氛圍，襯托出一位被社會遺棄，又傲然屹立於社會之外的女性形象。她內心是痛苦的，精神又是充實的；她在奮爭中曾感到孤寂，却眞切感到了自身的存在。那參天的翠竹就是她——堅貞不屈的佳人！她和綠的世界融爲一體了。詩人正是借助於清泉、翠柏、青蘿、綠竹這些色彩淡雅而又富有崇高意義的景物，引起讀者的聯想，展現佳人高尚的情操和凌霜傲雪的性格，并寄託自己的同情與尊敬。

詩人爲我們塑造了一個命運可悲、但精神可敬的具有崇高美的女性形象。她不同於文學史上一般的棄婦。首先，她的被棄不是簡單地由於輕薄丈夫的喜新厭舊，而是戰亂中人與人關係隨着權勢轉移而惡性變化的現實所致。封建婚姻由門當戶對、郎才女貌的結合轉化爲「利」的交易，透出商業資本的特徵，這是詩人的可貴發現。詩人顯然是以封建道德的標準來抨擊這個他還不徹底理解的深刻變化。其次，這位不幸的主人公不是苦苦哀求負心夫婿回心轉意，或以眼淚來博得社會的憐憫；也不是簡單地「拉雜摧燒之」（漢樂府《有所思》），或以命抗命。她挑戰的對象既然是世俗觀念，便採用了封建文人所樂用的武器——隱居來與命運抗爭。她是以高潔的精神來批判齷齪的觀念的。人物的悲劇色彩與理想色彩正是在這種需要下結合起來了。這些，都使這個人物成了古典文學中的一個獨特的典型。詩人以第一人稱敍述佳人的悲慘命運，以第三人稱描繪佳人的高潔品格，鋪陳中兼用象徵、比喻，成功地塑造了這個典型。詩人在戰亂中的政治遭遇，與佳人的命運有某些相似之處；生活上的流離、竭蹶，也能從佳人那裏找到共鳴。因此詩人可能自覺不自覺地借佳人抒自己的感慨。但是，杜甫畢竟是杜甫，他即使棄官漂泊也沒忘懷國計民生。所以，那種佳人自喻之說未免附會，也有損於這個典型的形象。

（謝　孟）

# 夢李白二首

杜甫

死別已吞聲，生別常惻惻。江南瘴癘地，逐客無消息。故人入我夢，明我長相憶。恐非平生魂，路遠不可測。魂來楓林青，魂返關塞黑。君今在羅網，何以有羽翼？落月滿屋梁，猶疑照顏色。水深波浪闊，無使蛟龍得！

浮雲終日行，游子久不至。三夜頻夢君，情親見君意。告歸常局促，苦道來不易。江湖多風波，舟檝恐失墜。出門搔白首，若負平生志。冠蓋滿京華，斯人獨憔悴。孰云網恢恢，將老身反累。千秋萬歲名，寂寞身後事！

安祿山叛變，唐玄宗李隆基向四川逃跑，他的太子李亨在西北卽皇帝位。他的另一個被封為永王的兒子李璘在南方擁有一部分軍隊，從湖北引兵東下，想多佔領一些地方。這時李白隱居廬山。李璘慕他的名，邀請他參加幕府。後來李璘和長江下游的守軍衝突，兵敗身死。李白曾因這件事入獄，後來又被判罪流放夜郎。從詩中「君今在羅網，何以有羽翼」兩句看來，杜甫這兩首《夢李白》可能作於李白入獄之後。當時的統治者想用這件事來迫害李白，杜甫一直是抗議的。他在另外的詩裏還說過這樣的話：「文章憎命達，魑魅喜人過。」「世人皆欲殺，吾意獨憐才。」（《天末懷李白》和《不見》）都是指的這種迫害。他對羅織李白罪狀的人很痛恨，稱之爲「魑魅」。他所說的想殺李白的「世人」，也就是這種封建統治階級中的人形的鬼怪。但李白究竟犯了什麼罪呢？不過因爲他是一個對封建秩序幷不怎樣馴服的天才的詩人而已。

杜甫的這兩首《夢李白》寫得十分沉痛，寫出了他和李白之間的友誼的深厚，也表現了他對於封建社會的不平的憤懣。第一首開頭說死別固然很悲痛，生別常常在心裏擔憂，也是悲苦的。因爲許久沒有得到李白的消息，時常想念，就夢見了他。夢見了他也幷不能減少擔憂，因爲道路很遠，不知他究竟是活着還是已遭到意外。「魂來楓林青，魂返關塞黑」，過去的註釋家說「楚岸多楓」，上句「謂白魂自南楚而來」，下句「關塞指同州，甫時卜居同谷，謂白魂自同谷而返」。我想這或許不過是接上句「路遠不可測」說來路之遠，歸路之難，幷用這種閃爍的句子渲染夢中人來人去、迷離惝恍之狀而已。這時做夢的人已經醒來了，他忍不住發出疑問：你不是在監獄裏面嗎？怎麼能够飛到這裏來呢？西斜的月光照在屋樑上，借着月光好像還看得見李白的面容。這是寫夢初醒時的朦朧狀態。結尾說：「水深波浪闊，無使蛟龍得！」這是對李白的最後兩句囑咐。好像李白眞的在眼前，將走未走，叫他回到南方去的時候，路途上要小心。這裏的蛟龍恐怕不祇是指水中的族類，同時把那些害過人的「魑魅」也暗暗包括在內了。作者就是這樣好像不加文飾地直寫胸臆，眞切地說出了他對於李白的處境的憂慮，有些話就像面對面地和友人交談。眞正有充沛的感情，本來是用不着過多的修飾的。

《古詩十九首》裏有這樣兩句詩：「浮雲蔽白日，游子不顧返。」杜甫在《夢李白》第二首的開頭襲用了浮雲和遊子的形象而意思不同：天上的浮雲成天移動，人間的遊子却久不見歸來。然後就又寫到了夢李白。這一首詩更多地描寫了夢境。它寫到了夢中的友人的親切。它寫到了夢中的友人的局促，沒有能够暢談就告別了，祇是說道路來往不易。「江湖多風波，舟檝恐失墜」，粗粗看來好像和第一首的「水深波浪闊，無使蛟龍得」語意重複。但第一首的結尾兩句是作者的叮嚀，這一首的這兩句却是接上句具體地說明了道路來往不易。然後是它寫到了夢中的友人分別時的神態：「出門搔白首，若負平生志。」作者的憤慨和控訴就從這裏開始了：爲什麼很多庸碌的人身居高位，李白這樣的天才却這樣坎坷不幸？誰說「天網恢恢，疏而不失」，李白這樣年老了還要遭受這種寃屈？他的詩將要流傳千年萬載是一定的，但他生前這樣不幸，身後的名聲又有什麼

夢李白二首

用？當然，這不過是作者在傾吐他的悲憤而已。李白和杜甫的身後的不朽的名聲并不是寂寞的事情。他們的名字像巨大的星斗一樣閃耀在歷史的藍色的天空中，而且至今仍然可以引起我們的民族自豪感。和他們同時的那些「冠蓋滿京華」的人，却像古代的長安道上的塵土一樣無聲無臭地消失了。這兩首詩是夢後一氣寫成的還是兩次分別寫的，我們無法確定。因爲是「三夜頻夢」，所以兩首寫的夢境并不一樣。前一首寫的夢境比較閃爍，後一首寫的夢境却歷歷如在眼前。兩首詩的感情是一貫的，祇是內容的重點有所不同。這樣它們就各有獨立存在的價值。前一首詩的層次好像不够分明。因此有人主張把「君今在羅網，何以有羽翼」兩句移到第六句「明我長相憶」下面，說這樣語氣方順。這就是說，杜甫一在夢中見到李白，就這樣驚訝地相問了。我覺得不必改動。這是感情激動時寫的抒情詩，本來不一定很講究層次。語句有些反覆，反而可見眞情。我們用作者的另一首很動人的贈朋友的詩《贈衛八處士》來比較，問題就更清楚了：

人生不相見，動如參與商。今夕復何夕，共此燈燭光。少壯能幾時，鬢髮各已蒼！訪舊半爲鬼，驚呼熱中腸。焉知二十載，重上君子堂。昔別君未婚，兒女忽成行。怡然敬父執，問我來何方。問答乃未已，驅兒羅酒漿。夜雨翦春韭，新炊間黃粱。主稱會面難，一舉累十觴。十觴亦不醉，感子故意長。明日隔山嶽，世事兩茫茫。

《夢李白》寫夢境使我們讀時恍若夢中。《贈衛八處士》寫一宿的夜境又使我們好像看見了燈燭光，接觸到了羅酒漿的兒女，聞到了新翦下的韭菜和新煮熟的黃粱飯的香氣。寫得多麼自然，多麼成熟，多麼不費力地就造成了濃厚的氣氛！在這方面說，它和《夢李白》異曲同工。但這首詩更層次井然，一絲不亂。我想這是因爲內容不同，這首詩的感情不像《夢李白》那樣激動，而又帶有相當大的敘事詩的成分的緣故。敘事詩和抒情詩不同，它是要求層次分明的。抒情詩也不一定都要寫得反覆顛倒。我祇是說對某些抒寫強烈的感情的詩歌，我們不應該要求它們寫得和科學論文一樣邏輯謹嚴而已。

過去有人講《贈衛八處士》的翦裁講得不錯。他說：「怡然敬父執，問我來何方。」如果是他人寫到這裏，下面一定還要寫幾句。這首詩却接着就說「問答乃未已，驅兒羅酒漿」，這眞象一下子用土來堵住了黄河的奔流一樣。最後一句或許有些誇張。但對於寫詩寫文章常害囉嗦病、不知道怎樣翦裁、怎樣寫得精煉的人，這類地方的確是很可以借鑒的。

《贈衛八處士》在詩的藝術上同樣是傑作，但它的思想內容不如《夢李白》深厚。它衹是白描似地描繪了一宿的夜景，寫出了分別二十年纔重又相見的朋友的感情和這個朋友的一家人的親切可愛，此外還發出了流光易逝和後會難期一類的人生感慨。然而它同樣流傳千古，膾炙人口。這不僅因爲它在藝術上很成功、很完美，還因爲人對於多種多樣的生活都是有興趣的。這首詩雖然寫的是比較平常的生活，但作者從其中感到了親切的動人的東西，并且優美地圓滿地表現了出來，它就同樣能够深深地打進人的心裏了。有些讀者或許會說，「人生不相見，動如參與商」，「明日隔山嶽，世事兩茫茫」，這樣的開頭和結尾不是使這首詩籠罩上了不健康的情緒嗎？我們今天自然不會有這樣的感情。但生在一千二百多年以前的杜甫，他的時代和遭遇和我們根本不同，那時候的交通條件也和現在很不一樣，朋友遠別之後的確很不容易再相見。他有這樣的感嘆是不應當受到責備的。杜甫之成爲偉大的詩人，并非僅僅因爲他寫了《夢李白》和《贈衛八處士》這樣的作品，還因爲他寫了《自京赴奉先詠懷》、《北征》、《三吏》、《三別》、《茅屋爲秋風所破歌》以及其他數以百計的各種各樣的好詩。一個偉大的作家所表現的生活及其成就總是多方面的。去掉了繁茂的枝葉就無法看到參天的大樹的全貌。

（何其芳）

# 蜀相

杜甫

丞相祠堂何處尋？錦官城外柏森森。映階碧草自春色，隔葉黄鸝空好音。三顧頻煩天下計，兩朝開濟老臣心。出師未捷身先死，長使英雄淚滿襟。

這首詩，不僅是一首憑弔古跡、頌揚諸葛亮的詠史詩，而且是一首富有教育意義、感人至深的抒情詩。千百年來，有不少頌揚諸葛亮的詩篇，但最膾炙人口、激動人心的要算這一篇。

詩的題目叫「蜀相」，「蜀相」就是諸葛亮。公元二二一年，魏、蜀、吳三國鼎立之時，劉備在四川成都立國稱帝，歷史上稱爲蜀漢，任命諸葛亮爲丞相，所以杜甫稱諸葛亮爲「蜀相」。但詩以「蜀相」爲題，却不是單純的歷史紀錄，而是寄託了作者對諸葛亮的崇高敬意。

《蜀相》這首詩是唐肅宗上元元年的春天，就是公元七六〇年杜甫初到成都時訪諸葛亮廟時所作。這時的情況，從杜甫個人的處境來看，政治上很不得志，「致君堯舜上，再使風俗淳」的理想已經完全落空，生活上的艱難困苦，更不必說。從當時社會現實來看，「安史之亂」持續了五年還沒有平定下來，史思明再次攻陷了東都洛陽，自立爲大燕皇帝，唐王朝仍在風雨飄搖之中；人民大批死亡，生產遭到巨大破壞，正如杜甫描寫的那樣：「六合人煙稀」、「園廬但蒿藜」。尤其嚴重的是唐肅宗的昏庸，信任宦官，猜忌功臣。在這種情況下，杜甫的心情自然是很苦悶的。所以當他來到諸葛亮廟時，緬懷諸葛亮的爲人，特别是他那「鞠躬盡瘁，死而後已」的精神，以及他和劉備君臣二人之間那種魚水相得的關係，不禁百感交集，心潮翻滾，以至淚流滿襟，因而寫下了這首詩。這也許就是詩人自己說的「情在強詩篇」吧。

很明顯，這首詩的主題就是歌頌諸葛亮。杜甫入蜀以後，思想上有一個很突出的變化，那就是他不再「自比稷與契」，而嚮往於諸葛亮。他寫了一系列贊揚諸葛亮的詩，并公然說：「凄其望呂葛，不復夢周孔。」（《晚登瀼上堂》）意思就是說，他殷切期望的是呂尙、諸葛亮這類英雄人物，再也不夢想周公和孔子了。這首《蜀相》詩，便正是他「凄其望呂葛」的具體表現。全詩共八句，可分爲兩段：上四句寫丞相祠堂，下四句寫丞相本人。但這兩段，并不是可以分開的兩截。因爲在對丞相祠堂的描寫中，已暗含丞相其人在內。

開頭兩句：「丞相祠堂何處尋？錦官城外柏森森」。用自問自答的方式，點明丞相祠堂的所在地。丞相祠堂，就是現在的「武侯祠」，在成都城南約二里，現在已經闢爲「南郊公園」。武侯，是武鄉侯的簡稱。公元二二三年，蜀後主劉禪封諸葛亮爲武鄉侯。值得注意的，是「何處尋」的「尋」字，它包含着詩人杜甫對諸葛亮無限追慕的心情。因爲心思其人，所以才要尋訪其廟。「錦官城」是成都的別稱。因織錦業發達，漢朝曾設有錦官來管理，所以後來又把成都稱爲錦官城。有時爲了適應詩句的需要，也簡稱爲「錦城」，如杜詩「錦城絲管日紛紛」。「柏森森」三字也值得我們仔細玩味。因爲這森森的高大茂密的柏樹，不衹是識別丞相祠堂的標誌，而且是歷代人民愛戴諸葛亮的見證。杜甫在夔州時寫有一首《古柏行》的詩，專門描寫孔明廟前的一棵老柏樹。其中有這麼兩句：「君臣已與時際會，樹木猶爲人愛惜。」不言而喻，成都的丞相祠堂之所以能出現「柏森森」的景象，同樣也是由於「人愛惜」的緣故。聯繫到古老的《詩經》裏那首《甘棠》詩：「蔽芾甘棠，勿翦勿伐，召伯所茇。」詩意是說，老百姓出於對召伯的愛戴，竟然連他曾經休息過的那棵甘棠樹，都不忍砍伐，因而長得茂盛。由此，我們也就不難知道：凡是爲人民做了好事的人，人民是不會忘記他的。

三四兩句，「映階碧草自春色，隔葉黄鸝空好音」。是進而描寫祠堂內的景物。但描寫景物的目的，却是爲了更深刻地表達對諸葛亮的懷念心情。表面上是寫景，骨子裏却是抒情。關鍵在於「自春色」的「自」字，和「空好音」的「空」字。由於自己心目中所景仰的人已經見不到了，所以，儘管映帶在臺階兩邊的碧草并非不悦目，那藏身在森森的柏葉之中的黃鶯兒的歌唱，也并非不悅耳，但詩人都無心賞玩。這裏的「自」字和「空」字，是互文對舉，可以互訓。所謂「互訓」，也就是說，「自」可解釋爲「空」，「空」也可以解釋爲「自」。如果把這兩個字對調一下，說成是「空春色」、「自好音」，也完全可以。對詩的原意，毫無影響。唐人李華《春行寄興》詩說：「芳樹無人花自落，春山一路鳥空啼。」其中自、空二字的用法，和杜詩是相同的。

對於這兩句的寫景，過去有不同的理解，如清朝人仇兆鰲在其所著《杜詩詳註》裏就說是「寫祠廟荒涼」的。近人大多數也採取這一說法。我以爲這是一種誤解。第一，從「碧草春色」、「黃鸝好音」的描寫中，我們確實看不出有什麼「荒涼」的意境，相反，倒是一幅春意盎然的景象。第二，古人常用草色來渲染春色之美，如江淹《別賦》中有「春草碧色，春水綠波」的句子，就是這一類。杜甫這裏說的「碧草」，也正是這個意思。碧草就是碧草，不是蔓草、雜草、野草，更不是衰草，不能一看到「草」字，便和「荒涼」聯繫起來。而且，這樣的理解也違背了詩人的創作意圖。因爲詩人的意圖，正是要把祠堂的春景寫得十分美好，然後再用「自」、「空」二字將這美好的春景如草色鶯聲等一齊抹倒，來加倍突出詩人對諸葛亮的敬仰之情。所以，春色越美，鳥音越好，就越有助於表現這種心情。如果理解爲「荒涼」，便不能起到這種反襯作用。大好春光，人無不愛，就是杜甫也寫過「不是愛花卽肯死」的詩句，爲什麼在這兒他却採取了否定的態度呢？下文回答了這一問題。原來「傷心人別有懷抱」，他一心想念着的是這祠堂的主人——蜀相諸葛亮。這也就由第一段過渡到第二段，由寫景過渡到寫人。

五六兩句，「三顧頻煩天下計，兩朝開濟老臣心」。這兩句，從大處着眼，言簡意賅，高度地概括和評價了諸葛亮一生的功績和才德。這兩句，都是上四下三的句法，應在第四字讀斷。上句寫諸葛亮的才略，得到劉備的器重，劉備曾三次去拜訪他。這在歷史上是絕無僅有的，所以諸葛亮在《前出師表》中也有「先帝不以臣卑鄙，猥自枉屈，三顧臣於草廬之中，諮臣以當世之事」的話。「三顧頻煩」，就是「頻煩三顧」。「天下計」，卽天下大計，也就是有名的「隆中對」中所說的：東連孫權，北拒曹操，西取劉璋（四川），南撫夷越等恢復國家統一的策略。這一句，雖然寫到劉備，但着重點仍在贊揚諸葛亮的雄才大略。因爲劉備之所以不厭其煩地三顧草廬，正是由於諸葛亮胸懷天下大計。下句，從品德和事業方面寫諸葛亮的忠貞。所謂「兩朝開濟」，是說諸葛亮先輔佐先主劉備開創帝業，建立蜀漢，後又輔佐後主劉禪鞏固帝業，濟美守成，眞是「功蓋三分國」。然而他毫不居功自傲，這就充分表明了他那老臣謀國的一片忠心。

諸葛亮一生中最感動人的地方，是他的死。詩的最後兩句「出師未捷身先死，長使英雄淚滿襟」，對諸葛亮的死，詩人表示了無限的哀思，對於他未能實現復興漢室、統一中國的天下大計，深表痛惜。蜀後主建興十二年，即公元二三四年春，諸葛亮第六次出兵伐魏，與司馬懿的軍隊在陝西渭南對壘，兩軍相持百餘日。諸葛亮多次挑戰，并把巾幗婦人之服送給司馬懿來激怒他，但司馬懿仍然堅不出戰。諸葛亮終因操勞過度，於這年八月，病死在武功五丈原的軍營中，死時才五十四歲。這就是「出師未捷身先死」的史實。諸葛亮雖然壯志未酬，但是，他所表現的這種「鞠躬盡瘁，死而後已」的崇高精神所給與後人的積極影響，却是無可估量的。這也是詩人杜甫爲之感動得淚流滿襟的一個沒有說穿的原因。「淚滿襟」的英雄，當然就是詩人杜甫自己。但他用了「長使」二字，便大大地擴充了感染的範圍，不僅把普天之下的，而且把千百年後所有的有志未遂的英雄人物全都包括在內，使他們產生強烈的震動與共鳴，而不能不爲之同聲一哭。

歷史也正是這樣證明着的。這裏可以舉兩個例子：第一個爲這兩句詩所感動的例子，是唐順宗時的王叔文。王叔文是當時出現的有著名文學家、思想家柳宗元和劉禹錫等人參加的進步的政治集團的首領，他力圖改革弊政，但因遭到宦臣俱文珍等人的反對而終歸失敗。《舊唐書·王叔文傳》是這樣記載的：「叔文但吟杜甫諸葛祠堂詩末句云『出師未捷身先死，長使英雄淚滿襟』，因歔欷泣下。」所謂「歔欷泣下」，也就是「淚滿襟」。這是公元八〇五年，也就是杜甫寫作這首詩之後不過三十五年的事情。第二個例子，是北宋末年的愛國將領宗澤，他也曾深受感動。當時，宋王朝的兩個皇帝徽宗和欽宗父子二人雙雙被金人俘擄，宋高宗逃跑了，爲了抵抗金兵的南侵，已經七十歲高齡的宗澤，親自帶兵鎮守尙未淪陷的當時的國都開封，但終因憂憤而成疾，臨死時，他也無限感慨地吟誦了這兩句詩，并三呼「過河」（意思是渡過黃河，抗擊金兵）。這是公元一一二八年，也就是杜甫寫作《蜀相》這首詩之後的三百六十八年的事情。僅從以上兩個歷史事例，我們也就可以看到這兩句詩的巨大而深遠的感染力量。

作爲一個憂國憂民的偉大的現實主義詩人，杜甫這類詠史詩，也有其特點。這就是密切聯繫現實，密切聯繫自身。因而，在這類詠史詩中，我們也可以想見當時的社會狀況，可以看到詩人自己的形象。即以《蜀相》一詩爲例，爲什麼杜甫能把諸葛亮寫得這樣有血有肉，有聲有色？原因也就在此。他不是爲詠史而詠史，爲歌頌諸葛亮而歌頌諸葛亮。而是有他的現實的政治目的。那就是他說的「安危須仗出羣才」（《諸將》其五）、「亂世想賢才」（《昔遊》），他不但要求自己，也要求他的朋友們「早據要路思捐軀」（《暮秋枉裴道州手札率爾遣興》），像諸葛亮那樣爲國而忘身；同時，他還希望唐肅宗能像劉備那樣，能够信任像郭子儀等那樣忠心耿耿的老臣。

在詩歌體裁的運用方面，杜甫可以說是寫七律的大師。僅流傳下來的，他一個人就寫了一百五十一首七律，超過現存初唐和盛唐詩人所作七律的總和。作爲一首七言律詩，它要求結構緊凑，對仗工整，聲調和諧，語言精煉等等，所有這些優點，《蜀相》一詩可以說都具備了。這裏不一一細說了。談得不對的地方，還請同志們指正。

（蕭滌非）

# 春夜喜雨

杜　甫

好雨知时節，當春乃發生。隨風潛入夜，潤物細無聲。野徑雲俱黑，江船火獨明。

曉看紅濕處，花重錦官城。

這首膾炙人口的五律，是寫雨的名作。「喜雨」的「喜」在這裏作定語，相當於「可喜的」，「令人喜愛的」。這首詩的突出特點，就是把「雨」人格化，讚美她如何可喜、可愛。

雨可喜可愛，由於她「好」。所以一開頭就用一個「好」字讚美「雨」，說它「知時節」，懂得滿足客觀需要。不是嗎？春天是萬物萌芽生長的季節，正需要下雨，雨就下起來了。你看它多「好」！

第二聯，進一步表現雨的「好」。

雨之所以「好」，就好在適時，好在「潤物」。而要起到「潤物」的作用，就既要雨細，又要風和。春天的雨，一般是伴隨着和風細細地滋潤萬物的。然而也有例外。有時候，它會伴隨着狂風，下得很兇猛。這樣的雨儘管下在春天，但不是典型的春雨，祇會損物而不會「潤物」。所以，光有首聯的「知時節」，還不足以完全表現雨的「好」。等到第二聯寫出了典型的春雨——伴隨着和風的細雨，那個「好」字才落實了。

「隨風潛入夜，潤物細無聲。」這仍然用的是擬人化手法。「潛入夜」和「細無聲」相配合，不僅表明那雨是伴隨和風而來的細雨，而且表明那雨有意「潤物」，無意討「好」。如果有意討「好」，它就會在白天來，就會造一點聲勢，讓人們看得見，聽得清。唯其有意「潤物」，無意討「好」，它纔選擇了一個不妨礙人們工作和勞動時間悄悄地來，在人們酣睡的夜晚無聲地、細細地下。

雨這樣「好」，就希望它下多下够，下個通宵。倘若祇下一會兒，就雲散天晴，那「潤物」就很不徹底。詩人抓住這一點，寫了第三聯。

在不太陰沉的夜間，小路比田野容易看得見，江面也比岸上容易辨得清。如今呢？放眼四望，「野徑雲俱黑，江船火獨明」，祇有船上的燈火是明的。此外，連江面也看不見、小路也辨不清，天空裏全是黑沉沉的雲，地上也像雲一樣黑。好呀！看起來，准會下到天亮。

尾聯寫的是想像中的情景。如此「好雨」下上一夜，萬物就都得到潤澤，發榮滋長起來了。最能代表春色的花，也就帶雨開放，紅豔欲滴。等到天明一看，整個錦官城（成都）雜花生樹，一片「紅濕」，一朵朵紅豔豔、沉甸甸，匯成花的海洋。那麼，田裏的禾苗呢？山上的樹林呢？一切的一切呢？

浦起龍說「寫雨切夜易，切春難」。這首《春夜喜雨》詩，不僅切夜、切春，而且寫出了典型春雨的、也就是「好雨」的高尚品格，表現了詩人的、也是一切「好人」的高尚人格。

詩人盼望這樣的「好雨」，喜愛這樣的「好雨」。所以題目中的那個「喜」字，在詩裏雖然沒有露面，但「喜意都從罅縫裏迸透」。詩人正在盼望春雨「潤物」的時候，雨下起來了，於是一上來就滿心歡喜地叫「好」。第二聯所寫，顯然是聽出來的。詩人傾耳細聽，聽出那雨在春夜裏綿綿密密地下，祇爲「潤物」，不求人知，自然「喜」得睡不着覺。由於那雨「潤物細無聲」，聽不眞切，生怕它停止了，所以出門去看；第三聯所寫，分明是看見的。看見雨意正濃，就情不自禁地想像天明以後春色滿城的美景。其無限喜悅的心情，又表現得多麼生動。

中唐詩人李約有一首《觀祈雨》：「桑條無葉土生煙，簫管迎龍水廟前。朱門幾處看歌舞，猶恐春陰咽管絃。」和那些「朱門」裏「看歌舞」的人相比，杜甫對春雨「潤物」的喜悅之情難道不是一種很崇高的感情嗎？

（霍松林）

# 茅屋爲秋風所破歌

杜　甫

八月秋高風怒號，捲我屋上三重茅。茅飛渡江灑江郊，高者掛罥長林梢，下者飄轉

茅屋爲秋風所破歌

沉塘坳。

南村羣童欺我老無力，忍能對面爲盜賊！公然抱茅入竹去，脣焦口燥呼不得。歸來倚杖自歎息。

俄頃風定雲墨色，秋天漠漠向昏黑。布衾多年冷似鐵，嬌兒惡臥踏裏裂。牀頭屋漏無乾處，雨脚如麻未斷絕。自經喪亂少睡眠，長夜沾濕何由徹！

安得廣廈千萬間，大庇天下寒士俱歡顏，風雨不動安如山！嗚呼！何時眼前突兀見此屋，吾廬獨破受凍死亦足。

杜甫是我國唐代一位偉大的現實主義詩人。他一生寫了許多愛國憂民的好詩。《茅屋爲秋風所破歌》這首詩就是他晚年的重要作品。

安史之亂起來後，杜甫做了左拾遺。後來因爲上疏營救宰相房琯，得罪了皇帝，被誣爲房黨，於乾元元年（七五八）貶作華州司功參軍。這年冬天，因事回洛陽。第二年春天從洛陽返華州途中，親眼見到戰亂和不合理的兵役帶給人民極大的苦難，感觸很深，就寫出了輝煌的詩篇「三吏」、「三別」。這年華州一帶鬧饑荒，加上他對朝政有所不滿，就决心抛棄了官職，攜帶着家小到秦州、同谷等地去逃荒。但是，在這些地方仍舊無法生活下去，便長途跋涉入蜀。這年年底到達成都。先住在浣花溪邊的寺院中。第二年，得到在當地作官的親友們的幫助，便在浣花溪的西邊勉強蓋了幾間草堂安頓下來。從有關杜詩看，後來這裏也慢慢經營得很不錯了。這就是後世人們所景仰的成都浣花草堂，也就是《茅屋爲秋風所破歌》中所描述的茅屋。

對於亂世流亡在外的人來說，有個安身之處，已經是够幸運的了。何況這裏風景又那麽美好，這就難怪詩人在草堂落成之時所寫的那首《堂成》詩中禁不住要愉快地歌唱了：「背郭堂成蔭白茅，緣江路熟俯青郊。榿林礙日吟風葉，籠竹和煙滴露梢。暫止飛鳥將數子，頻來語燕定新巢。旁人錯比揚雄宅，懶惰無心作《解嘲》。」譯成口語就是：白茅蓋成的草堂背靠着城郭，俯臨着青葱的郊原；沿江的小路已漸漸走熟了。榿樹林

## 茅屋爲秋風所破歌

擋住了陽光，葉子在微風中低聲吟詠；籠竹枝梢和煙浥露，青翠欲滴。烏鴉領着幾隻小鴉飛來定居，燕子呢喃相語，商量在堂前砌個新窩。有人拿漢代揚雄的住宅來和草堂相比擬這可不對，因爲我這人很懶惰，無心學揚雄的樣，去寫作《解嘲》之類的東西呢！

剛在草堂安居下來的這個時候，詩人的心情的確是比較舒暢、愉快的。他見這裏離打仗的地方很遠，江邊的農村又是那麼美麗，就想長期在這裏居住下去，終身爲農：「錦里煙塵外（成都這兒不在戰區之內），江村八九家。圓荷浮小葉，細麥落輕花。卜宅從茲老，爲農去國賒（就在這裏安居樂業，終身爲農，不回故鄉了）。」（《爲農》）這時，他鋤菜種藥，飲酒賦詩，登臨遊覽，訪人待客……由於有做官的友人接濟，生活比較輕鬆自在，便多少感到有些滿足：「清江一曲抱村流，長夏江村事事幽（清清的江水環繞着村子流過，江邊的村子，夏天裏樣樣都很幽美）。自去自來梁上燕，相親相近水中鷗。老妻畫紙爲棋局（棋盤），稚子（小兒子）敲針作釣鉤。但有故人供祿米，微軀此外更何求（能有老朋友分給我一些俸祿供我生活就很滿足了，此外還有什麼可要求的呢）？」（《江村》）

但是，正像他的《出郭》詩所說：「故國猶兵馬，他鄉亦鼓鼙（也有戰爭）」，當時中原尚未平定，蜀地也幷不是世外桃源。不久，這裏先後就有段子璋、花驚定、徐知道、崔旰等地方軍閥作亂，戰爭此起彼伏，社會動蕩不安，加上他又是那麼深切地關懷着國家的命運，同情人民的疾苦，當然是不可能長時期眞正無憂無慮、悠哉游哉地生活下去的。這一時期他還是寫作了不少描寫亂離生活、反映民間疾苦、憂國憂民的詩歌，如《百憂集行》、《病橘》、《枯棕》、《野望》、《去秋行》、《草堂》、《登樓》等等都是。而《茅屋爲秋風所破歌》，就是其中最傑出的一篇。

浣花草堂風景宜人，經過詩人的彩筆的描繪和渲染，更是令人神往。但是，在實際生活中，這裏也幷不是任何時候任何事物通通都是那麼富於詩情畫意的。他的《梅雨》詩說：「湛湛（水清而且深）長江水，冥冥（昏暗）細雨來。茅茨疏易濕，雲霧密難開（茅屋頂太薄容易給雨淋濕，雲霧密布天空很難散開）。」這詩作於草堂剛建成的那年春天。新蓋的茅屋頂尚且擋不住春天裏的黃梅細雨，那末，又怎能敵得住秋天狂風暴雨的襲擊？《茅屋爲秋風所破歌》，約作於同年八月，就是寫草堂給秋風吹破、給秋雨淋濕、他通宵不眠的苦況和感慨。

這首詩一開始就開門見山、單刀直入地描寫了茅屋被大風吹破的情形：

> 八月秋高風怒號，捲我屋上三重茅。茅飛渡江灑江郊，高者掛罥長林梢，下者飄轉沉塘坳。

秋天的天空愈是遼闊，就愈能顯出狂風來勢之大。這麼猛烈的風，當然就會捲起屋頂上的幾重茅草，似乎還能撼動天地。這樣，詩人就以剛勁有力的筆鋒，簡括而生動地寫出了秋風的狂暴，并借以反襯出人們處在自然威力之下的巨大驚悸，以及由此而產生的要求有安定的生活保障的強烈願望。然後，他就接二連三地極力鋪敍狂風吹着茅草、「渡江灑江郊」、「掛罥長林梢」、「飄轉沉塘坳」的情景，極度緊張，不容喘息，既顯出風力之大和情況的混亂，又顯出詩人眼望着自己苦心經營的草堂，正在遭到破壞却無力挽救的焦急和痛惜。這一段每句押韻，押的都是平聲韻，這就使得接連不斷的韻脚產生急劇的節奏，有助於加強詩中緊張的氣氛，而「號」、「茅」、「郊」、「梢」、「坳」，這些韻脚讀起來又彷彿令人感到秋風怒號，蕭瑟滿耳，就像身臨其境一樣。

第二段寫一羣頑童不聽呼喚，搶走茅草的事和詩人的感嘆。詩人這樣寫道：

> 南村羣童欺我老無力，忍能對面爲盜賊！公然抱茅入竹去，脣焦口燥呼不得。歸來倚仗自嘆息。

屋頂的茅草全給風吹散了，本來還可以揀回來一些，想不到又給頑童們弄去了。弄走了茅草也就算了，可是他們欺我年老無力，追他們不上，竟能忍心當面打搶，還公然抱着茅草大搖大擺地走着，故意氣我，害得我叫乾了嘴唇皮也不理睬，這就更加可惡，更加可嘆。這裏作者把自己和頑童對照起來寫，使老人和頑童的神情都顯得很生動。嚴辭斥責頑童，可見老人當時心情的暴躁，同時又令人感到很幽默。詩人筆下那些頑童固然可惡，但是在他們頑皮、幼稚的神情中也的確有可愛的地方。如果以爲詩人是在極其認眞地譴責他們，那還不能算是正確地理解了杜甫，理解了這幾句詩。

第三段寫狂風停息不久，大雨就下了起來。屋漏、牀濕、詩人通宵不眠。這一段是這樣寫的：

俄頃風定雲墨色，秋天漠漠向昏黑。布衾多年冷似鐵，嬌兒惡臥踏裏裂。牀頭屋漏無乾處，雨脚如麻未斷絕。自經喪亂少睡眠，長夜沾濕何由徹！

寫秋天黃昏時候大雨降臨前的短暫沉寂，却烘托出詩人內心深處沉重的苦悶。他用鐵來形容綿被；由於隨着主人在外流浪多年，綿被變得很僵硬，很不暖和了。說它冷似鐵，同時却令人感到它還眞是硬似鐵。被子能够硬得像鐵，已經足見它的陳舊了。嬌兒睡覺不規矩，蹬一脚，破一塊，更見它陳舊不堪。被窩冷，兒子不會睡，已經很難安寧了，何況茅屋又給秋風吹破，大雨下個不停，屋漏、牀濕，屋子裏沒有一塊乾的地方，這更叫人怎樣睡呢！詩人好用「日脚」、「雨脚」這類形象的詞匯。的確，這和「雨點」、「雨滴」等詞比較起來，「雨脚」不僅很形象，而且還富有情趣。往下一句是「自經喪亂少睡眠，長夜沾濕何由徹。」詩人久經戰亂，憂國憂民，長時期以來就失眠，今夜遭到雨淋，更加不能合眼。多年積壓在心頭的家國深憂和目前的痛苦交錯在一起折磨他，使得他急迫地渴望天明。可是，老天爺好像故意在捉弄人似的，渴望得越厲害，却越是遲遲不亮。

末段寫詩人在風雨不眠之夜，產生了無窮的理想和願望：

茅屋爲秋風所破歌

安得廣廈千萬間，大庇天下寒士俱歡顏，風雨不動安如山！嗚呼！何時眼前突兀見此屋，吾廬獨破受凍死亦足。

由目前的痛苦，想到過去一連串的悲慘遭遇；又由個人的悲慘遭遇，想到天下窮苦的人們水深火熱的苦難生活，并且從而產生了甘願爲天下窮苦人的幸福而犧牲自己的強烈願望。這就是這詩的主題，也是詩人長夜不眠經過苦苦思索，從切身痛苦中體驗出來的極其偉大、極其寶貴的思想感情。這種思想感情的產生，對於像杜甫這樣熱愛人民、且有豐富而又深刻的生活體驗的詩人來說，是很自然的。因此，表達出來就很眞實，很有力量，感人至深。正是因爲有這樣一種思想感情，這首詩才不僅衹是個人悲苦命運的哀嘆，而且還具有最重大最深廣的時代社會意義；纔能在進行現實主義的藝術塑造中，閃耀出理想的光輝，洋溢着救世濟人的激情，顯示出積極浪漫主義的精神。

這幾句詩寫得眞好。巨大的形象：「安得廣廈千萬間，大庇天下寒士俱歡顏，風雨不動安如山！」深沉的嘆惜和激昂、堅決的言辭：「嗚呼！何時眼前突兀見此屋，吾廬獨破受凍死亦足。」正好被詩人用來很恰當地表現了他那樣捨己爲人、至死不悔的偉大精神。這是詩人，也是這首詩思想感情崇高、偉大的地方。但是，有了這樣崇高、偉大的思想感情，要想將它們表達出來，寫成感染力很強的好詩，那還需要有高超的藝術表現能力。〔一〕

〔一〕有人認爲，這裏的「寒士」并不包括廣大勞苦人民在內。要想對這一問題作出正確的理解，我認爲最好先研究一下《三川觀水漲》「因悲中林士，未脫衆魚腹」這兩句詩。「士」而居於「中林」，無疑是山林隱逸了。王康琚《反招隱》說：「今雖盛明世，能無中林士？」就是明證。這樣，能不能說杜甫當時僅僅衹是擔心山林隱逸會給魚吃了呢？恐怕不能。因爲詩人在前面就明明交代過：「應沉數州沒，如聽萬室哭。」可見他擔心的不衹是山林隱逸而是「數州」、「萬室」會給水淹了。既然這詩中的「中林士」在老杜心目中要是用來指「數州」、「萬室」的老百姓（其中當然也包括山林隱逸），那末，我們就不能死摳字眼，一口咬定老杜在《茅屋爲秋風所破歌》一詩中僅僅想到那些「寒士」絲毫也沒有想到「民」或「人民」。孟子主張「不以辭害志」，對於自己的孩子餓死了，還能「默思失業徒，因念遠戍卒」的杜甫，怎麼能採取機械的態度來理解他的詩呢！

總的看來，這首詩的藝術上有不少突出的成就，主要的有三點：

第一點就是善於根據主題思想的需要，去選擇材料、安排材料。茅屋給秋風吹破，從傍晚到第二天早上，所見所感可寫的當然很多。但是，詩人却有所選擇，祇是着重地寫秋風如何吹破茅屋、捲走茅草；寫小孩蹬被；寫屋漏牀濕這些事。寫這些事好像意義不大，其實，這樣寫對於表現主題是很有意義的。因爲通過這些生動細緻的描寫，纔能使讀者眞切地感受到詩人當時所經受的生活上和精神上的痛苦，纔能使讀者深刻地理解他的那種理想和願望是在怎樣的情況之下產生的，在當時又有怎樣的現實意義。如果不是這樣寫，那末，這理想和願望雖然本身很崇高、偉大，却可能由於缺乏生活實感，而顯得多少有點枯燥，減弱了它們的感染力量。

這首詩的材料安排得很恰當，前後貫穿得也很好。全詩平鋪直敍，好像沒有什麽特別的地方。但是，寫起來却一層比一層深入，最後纔水到渠成，情不自禁地說出了自己的理想和願望，點破主題。這種寫法，可以說是畫龍點睛。

第二點是這首詩的語言樸素、生動，而又帶有很強烈的情感。我們祇要念念這首詩就能體會到，這裏就不多說了。

第三點是這首詩的描寫、敍述、抒情都很好。前面着重在描寫、敍述，但由於能緊緊地扣住了主題，充滿了感情，一點不顯得客觀、瑣碎。後面着重在抒情，但由於用了「廣廈千萬間」、「風雨不動安如山」這樣鮮明、生動的形象來表達，所以一點也不顯得抽象、空洞。

（陳貽焮）

# 聞官軍收河南河北

杜甫

劍外忽傳收薊北，初聞涕淚滿衣裳。却看妻子愁何在，漫捲詩書喜欲狂。白日放歌須縱酒，青春作伴好還鄉。即從巴峽穿巫峽，便下襄陽向洛陽。

杜甫這首《聞官軍收河南河北》寫於唐代宗廣德元年（七六三）的春天。當時，他因爲逃避成都一帶的軍閥混戰，帶着全家人流落在梓州（今四川三臺），這一年，他已五十二歲。

關於官軍收復河南河北的情況，據《新唐書》、《資治通鑑》的記載，大概是這樣：寶應元年（七六二）四月，唐代宗就位，詔令自己的長子李適作天下兵馬元帥，朔方節度使僕固懷恩爲副帥，統帥各節度使和回紇的援軍進討史朝義。十月在洛陽北部大敗史朝義，殲敵八萬人，史朝義潰逃，收復了東都洛陽，於是他的幾個大將就紛紛獻地投降，官軍一口氣收復了河南河北的十個州，廣德元年正月，史朝義自殺，其部將又獻出幽州和魏州。到此爲止，史朝義所佔領的河南河北各州郡全爲官軍收復。自唐玄宗天寶十四載（七五五）冬天開始，延續了將近八年的「安史之亂」就基本結束了。

漂泊在劍南東川梓州（今四川三臺）的詩人杜甫聽到這個大快人心的消息，心情非常激動，就寫了這首著名的詩篇。

這首七律雖然衹有八句，五十六個字，但思想內容是非常豐富的：

「劍外忽傳收薊北，初聞涕淚滿衣裳。」「劍外」，是指「劍門關」以外（劍門關是由陝西入川的咽喉要塞），對出生於中原的詩人杜甫來說，這裏是邊鄙的地方，是遙遠的異鄉。「薊北」，就是指幽州，是安祿山、史思明、史朝義稱兵作亂的根據地，這裏爲官軍收復，就標誌着「安史之亂」的最後平定。這是官軍收復河南河北各州郡中最後、也是最主要的地方。在遙遠的異鄉劍外，突然傳來官軍收復河南河北，也收復了詩人自己的家鄉的消息，這對漂流在外的老詩人來說會引起什麼反應呢？當時最直接、最自然的反應，就是「初聞涕淚滿衣裳」。這裏「涕淚」兩字，不僅是最生動眞切的描寫，而且包含着非常豐富的內容。要問杜甫當時的涕淚從何而來，這衹有懂得杜甫過去的歷史，讀過杜甫過去一系列的詩篇才能回答，簡要地說，這個涕淚，不是他一個人，一家人的眼淚，也不是一時的眼淚，而是安史之亂八年以來詩人忍受千辛萬苦，又目擊重重人民災難而陸續吞下肚裏的眼淚。現在，這些眼淚却被官軍收復河南河北這個大快人心的音訊所激動，傾湧奪眶而出，再也吞不下，止不住了，把衣裳都浸濕了。喜訊引出了熱淚，熱淚又表現了狂喜。

「却看妻子愁何在，漫捲詩書喜欲狂。」詩人寫自己熱淚傾湧以後的狂喜的動作也是無比動人的。我們看，這位「白頭短髮垂過耳」的老詩人，一會兒回頭看着自己的老伴兒，不知說什麼好，衹覺得過去長期壓在他心上的憂愁，現在一絲影子也沒有了。一會兒又瞧見了他自己那一堆書，那一堆連流浪逃難也捨不得丢下的寶貝，我們都知道他自稱是「讀書破萬卷」的詩人，但是，在此時此刻，他却一心衹念着回家，衹覺得「詩書」也無心讀下去了，於是就情不自禁手忙脚亂地把它收捲起來——眞是高興得有點兒發「狂」，心情動作都一反常態了。

「白日放歌須縱酒，青春作伴好還鄉。」杜甫是好喝酒的，現在，聽到大快人心的喜訊，他更禁不住要昂首高歌，開懷痛飲了。喝着酒，想着漂泊異鄉的生活就要結束，想着馬上就要走上回鄉的旅程，望着窗外春天的景色，更覺得有大好春光作自己同行的旅伴，一路上草木青葱，花明柳媚，心情又是多麼的舒暢啊！

「卽從巴峽穿巫峽，便下襄陽向洛陽。」想起了回鄉，路線圖也就不假思索地脫口而出。無非是從梓州沿涪江下渝州（今重慶），沿長江出巴峽巫峽，至武昌，再溯漢水北上襄陽，經陸路回洛陽。這兩句詩裏的幾個動詞，用得非常準確。蕭滌非先生說：「卽，是卽刻。峽險而狹，故曰穿，出峽水順而易，故曰下，由襄陽往洛陽，又要換陸路，故用向字。」本詩末有一條作者自註說：「余田園在東京。」也說明了他所以要回洛陽的原因，藉想像歸家路程作結尾，既非常自然，又保持着那一團歡快的情緒，令人回味不盡。詩中「巴峽」究竟指什麼地方呢？如果解釋爲今湖北巴東縣境內的巴峽，那是在巫峽的下游，顯然顚倒了杜甫自述的旅途方向。也有人引《三巴記》說「閬白二水合流」的嘉陵江上游有一段曲折如巴字的江流，也叫巴江，所經峻峽，也叫巴峽。但杜甫當時急着要從梓州出三峽，似乎不會想到翻山越嶺往東北繞道走那個接近川陝邊界的巴峽。清仇兆鰲《杜少陵集詳註》引「舊註」說：「巴縣有巴峽。」在另一杜詩《題忠州龍興寺所居院壁》「忠州三峽內」一句的註解裏又引趙註：「三峽以明月峽爲首，巴峽、巫峽之類爲中，東突峽爲盡。」就是說在巴縣的明月峽與巫峽之間，還有一個巴峽。這兩條舊註雖然出處不夠清楚，地址不甚確切，但所說的位置方向是比較切合杜詩原意的。

關於這首詩，還有兩點可說。第一，這首詩的情調在杜詩裏是很少見的。清代杜詩評註家黄生說：「杜詩強半言愁，其言喜者惟寄弟數首及此作而已。」另一評註家浦起龍說：「八句詩，其疾如飛，題事衹一句，餘俱寫情。生平第一首快詩也！」說得不錯，這首詩確實是洋溢着一派歡快的熱情和幻想。以杜甫當時的現實處境來說，他全家當時逃難在梓州是過着「計拙無衣食，途窮仗友生」的窮日子，說起回鄉，談何容易？無論旅費的籌措，行李的搬運，以及沿途的安全等等，無處不是困難。但詩人寫詩的時候却把這些實際困難（他別的詩裏不只一次提到的困難）完全一筆撇開，句句是歡躍的感情，歡躍的形象。我們看到這個半生愁苦的老詩人此時此刻這樣意外地歡喜如狂，也不禁爲他而高興。我們知道，他這個回鄉的願望是到死也沒有實現的。「安史之亂」雖然過去，但軍閥混戰，還是此起彼伏，連綿不斷。直到他臨死前寫的那篇絕筆的詩裏，還留下「戰血流依舊，軍聲動至今」的詩句，這種動亂的局面也正是他至死未能回鄉的主要原因。

第二，這首詩的熱情洋溢，語言明快，氣勢流暢的風格，也是和他別的「沉鬱頓挫」風格的詩很不一樣的。我們初讀起來，幾乎忘記它是一首律詩。但是我們冷靜地看一看，又馬上會發現它完全是一首格律謹嚴的七律。例如「白日」對「青春」是出於《楚辭・大招》：「青春受謝，白日昭只。」七律的結尾兩句，本來一般是不用對偶句的，杜甫却不但使用了對偶句，而且還使用了「當句對」兼「流水對」的特殊對偶形式，讀起來聲調的鏗鏘與氣勢的流暢兼而有之。

這裏要附帶解釋一下：「當句對」，又名「句中對」。卽一聯詩句，每句句中自成對偶，然後再兩句相配成對偶。例如：「桃花細逐楊花落，黄鳥時兼白鳥飛。」（《曲江對酒》）「戎馬不如歸馬逸，千家今有百家存。」（《白帝》）「白狗黄牛峽，朝雲暮雨祠。」（《奉送崔都水翁下峽》）後來白居易、李商隱等詩人曾屢次精心倣效過這種對偶句。「流水對」是對偶句的上下兩句之間，像散文的單行句式一樣，語氣緊密銜接，一氣直下。或爲因果關係，或爲自問自答關係，或爲上半句與下半句關係，但兩句字面仍然保持着對偶的形式。例如：「花徑不曾緣客掃，蓬門今始爲君開。」（《客至》）「不爲困窮寧有此？衹緣恐懼轉須親。」（《又呈吳郎》）「可惜歡娛地，都非少壯時。」（《可惜》）「烽火連三月，家書抵萬金。」（《春望》）這些例子都是杜甫的詩句，把兩種句例和「卽從巴峽穿巫峽，便下襄陽向洛陽」兩句仔細對照一下，就不難看出它既是當句對，又是流水對。無論在唐詩或在杜詩都難得找到第二個類似的例子。雖然杜甫是經常苦吟的詩人，但這兩句之可貴，并不在於雕肝嘔肺，因難見巧，而在於水到渠成，妙手偶得。

（廖仲安）

# 丹青引贈曹將軍霸

杜甫

將軍魏武之子孫，於今爲庶爲清門。英雄割據雖已矣，文采風流今尚存。學書初學

丹青引贈曹將軍霸

衛夫人，但恨無過王右軍。丹青不知老將至，富貴於我如浮雲。開元之中常引見，承恩數上南薰殿。凌煙功臣少顏色，將軍下筆開生面。良相頭上進賢冠，猛將腰間大羽箭。褒公鄂公毛髮動，英姿颯爽來酣戰。先帝御馬玉花驄，畫工如山貌不同。是日牽來赤墀下，迥立閶闔生長風。詔謂將軍拂絹素，意匠慘澹經營中。斯須九重眞龍出，一洗萬古凡馬空。玉花却在御榻上，榻上庭前屹相向。至尊含笑催賜金，圉人太僕皆惆悵。弟子韓幹早入室，亦能畫馬窮殊相。幹惟畫肉不畫骨，忍使驊騮氣凋喪。將軍善畫蓋有神，偶逢佳士亦寫眞。卽今飄泊干戈際，屢貌尋常行路人。途窮反遭俗眼白，世上未有如公貧。但看古來盛名下，終日坎壈纏其身。

杜甫在安史之亂後，定居成都，於唐代宗廣德二年（七六四）與流落四川的畫家曹霸相識，十分同情他的落拓遭遇，遂以飽蘸感情的筆鋒寫下這首《丹青引》。曹霸擅長人物鞍馬，與陳閎、韋偃、韓幹等人爲盛唐著名畫馬大師。據唐張彥遠《歷代名畫記》載：「霸在開元中已得名。天寶末，每詔寫御馬及功臣，官至左武衛將軍。」杜甫將他的一生事跡載入《丹青引》中，使這首詩成爲曹霸的畫傳。丹青，古代繪畫用的赤青顏色，借指圖畫。引，一種古詩體裁。《丹青引》的意思是關於繪畫的歌。詩先從曹霸的身世和他學字學畫的成長過程着筆：

將軍魏武之子孫，於今爲庶爲清門。英雄割據雖已矣，文采風流今尚存。

曹霸是魏武帝曹操的後代子孫，具體來說，應是魏曹髦的後代，髦的繪畫爲後世所稱頌。唐明皇末年，霸得罪，削去官籍，變爲庶人，流入尋常百姓家。清門卽寒門，指非權貴人家。杜甫對此不勝感慨，然又指出，曹操當年割據中原的英雄業績雖已過去，但他在詩歌藝術上的成就，流風餘韻，至今猶存，後繼有人。開頭四句，有如序曲，突出主旨，籠罩全篇，引入曹霸家世，指出其藝術才華的淵源，爲後面描寫他的盛衰際遇和畫人畫馬上的傑出成就作好鋪墊。接着杜甫描述曹霸刻苦學習書畫的成長過程：

學書初學衛夫人，但恨無過王右軍。丹青不知老將至，富貴於我如浮雲。

曹霸最初學習東晉衛夫人書法，成就不及晉代大書法家王羲之。一生精心致力於繪畫而不知老之將至，沉浸在藝術創造之中，不慕榮利，品德高尚，情操廉潔，終於成爲一代宗師，名聞當時。「不知老將至」句，活用《論語・述而篇》「其爲人也，發憤忘食，樂以忘憂，不知老之將至」語意。「富貴於我如浮雲」句，化用《論語・述而篇》「不義而富且貴，於我如浮雲」語意。杜甫用典而不顯露斧鑿痕跡。

中國畫和書法是兩門獨立的藝術，彼此各有特色。但在筆墨技巧上，某些方面可以互相溝通借鑒，書畫有同一法則可循。畫家學畫同時，十分注意學習書法。正如唐繪畫史家張彥遠所指出那樣：「夫象物必在於形似，形似須全其骨氣，骨氣形似皆本於立意而歸乎用筆，故工畫者多善書。」。這裏，杜甫指出曹霸學畫同時學書。學書二句是陪筆，丹青二句才是正筆，點題，引出下面畫人畫馬繪事上的輝煌業績：

開元之中常引見，承恩數上南薰殿。凌煙功臣少顏色，將軍下筆開生面。良相頭上進賢冠，猛將腰間大羽箭。褒公鄂公毛髮動，英姿颯爽來酣戰。

開元年間，唐玄宗經常在南薰殿接見曹霸。凌煙閣上閻立本在貞觀年間所畫的功臣長孫無忌等二十四人的圖像，年久日深，色彩暗淡。曹霸奉命重繪。他以生花妙筆使畫像展現出栩栩如生的新面貌，畫出新的風格。「將軍下筆開生面」這一警句後來就流傳爲成語「別開生面」，表示另創新格局的意思。可見杜甫用語精警，煉字造句，功力極深。曹霸所畫的文臣武將，形象十分生動：文臣頭戴進賢冠卽朝服帽，武將腰插四羽大竿長箭，造型特徵完全符合人物的身份、地位與性格。褒忠壯公段志玄，鄂公尉遲敬德，毛髮飛動，威風凜凜，神采奕奕，姿態豪邁矯健，好像身臨戰場跟誰盡情酣鬥、廝殺一番似的。杜甫重點形容曹霸所畫武將生動逼眞，用以代表他在人物畫上的成就。曹霸善畫人物，尤其擅長畫馬。在這裏，畫人衹是襯筆，下面畫馬纔是正題，重點所在。杜甫便以特寫鏡頭着重表現玉花驄的創造過程：

> 先帝御馬玉花驄，畫工如山貌不同。是日牽來赤墀下，迥立閶闔生長風。詔謂將軍拂絹素，意匠慘澹經營中。斯須九重眞龍出，一洗萬古凡馬空。

唐玄宗從前所乘坐的玉花驄馬，衆多畫師都曾奉命描繪過，但都畫得不逼眞肖似。一日，它被牽至宮殿的赤色臺階下，昂首卓立在閶闔宮門前，精神抖擻，神氣軒昂。「生長風」句，本來是說風吹馬鬣飛動，杜甫在這裏故意說成是風由馬的長鬣吹起，引起長風。這就像「簾捲西風」的倒裝筆法那樣寫得非常生動，用以形容馬的神采飛揚，生氣勃勃。玄宗卽命曹霸展開白色絹帛描畫。霸在作畫之前，費盡苦心進行構思，精密佈局，經營位置，經過充分醞釀，考慮周到，胸有成竹，然後落筆揮毫，淋漓酣暢，一氣呵成，在宮庭上很快就畫出一匹高大的駿馬，畫得逼眞活脫，就像眞馬玉花驄那樣，歷代前人所畫的普通凡馬和它相比，不免相形失色，不被人看在眼裏，爲之一掃而空了。古人以龍比喻高大的駿馬，所謂「眞龍出」，卽出現一匹眞的雄健駿馬。

南朝齊，謝赫在《古畫品錄》中以「經營位置」爲繪畫六法之一，總結了中國畫在構圖創作上的表現特點。杜甫精於畫理。「意匠慘澹經營中」一句，意匠，指繪畫如匠人一樣運用心思，卽構思的意思。慘澹，苦費心思。經營，卽繪畫的經營位置。這一詩句形象地表述了曹霸畫馬的藝術構思與構圖過程，從中可見杜甫同樣重視繪畫中的構圖法則。在這一點上，他和謝赫的六法論之一「經營位置」，無論在內容和精神上都可以說是完全一致的。衹不過杜甫用生動的形象思維表達，謝赫則以邏輯思維表述而已。流傳至今的成語「慘淡經營」就是由此而來，用以形容苦費心思經營某項事業。可見杜甫的詩句含義深奧，富有表現力和生命力。「一洗萬古凡馬空」句，從字面看來，似乎純粹是修辭上的誇張，然而細細思考，却也不是毫無歷史根據的。我們知道，中國畫以馬爲主題，發展至唐纔成爲獨立的畫科，蔚然成宗。唐以前，名家傑作，屈指可數。據宋《宣和畫譜》載：「粵自晉迄於本朝，馬則晉有史道碩，唐有曹霸、韓幹之流。」南朝齊，衹有揚之華擅長鞍馬人物，當時有畫聖之稱。此外，則寂寂無聞，不見史册。至初唐，出現漢王元昌，江都王緒，以畫馬著稱。杜甫在《韋諷錄事宅觀曹將軍畫馬圖》一詩中指出：「國初已來畫鞍馬，神妙獨數江都王。」盛唐，情況和以前大不相同，名家輩出，湧現曹霸、陳閎、韋鑒、韋偃、韓幹等著名畫馬大師。由此可見，現實主義詩人杜甫讚美曹霸所畫的玉花驄馬，逼眞傳神，把唐以前平庸畫家所畫的普通凡馬一掃而空是不足爲奇的，雖有些藝術誇張，但也符合中國鞍馬畫發展的歷史實際。然後杜甫進一步用濃墨彩筆形容玉花驄馬畫得如何形似而神似：

玉花却在御榻上，榻上庭前屹相向。至尊含笑催賜金，圉人太僕皆惆悵。弟子韓幹早入室，亦能畫馬窮殊相。幹惟畫肉不畫骨，忍使驊騮氣凋喪。

玉花驄馬本來不應在御榻上的，如今却竟然就在御榻上。這是怎麼回事呢？原來，榻上放着畫馬玉花驄，乍一看，好像眞馬玉花驄那樣。榻上的畫馬和殿前的眞馬，昂首屹立，面面相對。在這裏，杜甫形容曹霸所畫的玉花驄馬逼眞傳神，并能以假亂眞。杜甫是一個現實主義詩人，一貫以形神兼備作爲評畫標準。如在《韋諷錄事宅觀曹將軍畫馬圖》中說：「將軍得名三十載，人間又見眞乘黃。」讚美曹霸所畫的馬像眞的乘黃千里馬那樣；又在《題壁上韋偃畫馬歌》中說：「戲拈禿筆掃驊騮，欻見騏驎出東壁。一匹齕草一匹嘶，坐看千里當霜蹄。」稱贊韋偃所畫馬生動活脫，好像將要看見畫中馬落地，遠跑千里那樣。曹霸所畫玉花驄馬如此生動傳神，玄宗看了自然十分高興，當場催促臣僕賜金獎賞。掌管朝廷車馬的官員和養馬人，看見畫中馬神態軒昂，感到自己飼養的玉花驄雖然雄駿也難勝過，登時都不免產生驚訝贊嘆、悵然若失等複雜心情。杜甫從馬主人和管馬人的各種不同反映中烘托曹霸畫馬的逼眞傳神；此外，又用他的弟子韓幹畫馬形似而未能神似來作反襯。杜甫指出，韓幹是曹霸的得意高徒，早就學到了老師的本領，能畫出馬的各種不同形態變化。所謂「入室」，活用孔子在《論語・先進篇》中評論子路的話：「由也升堂矣，未入於室也。」後來稱「入室弟子」爲老師的高足。杜甫不滿意韓幹畫馬，畫肉不畫骨，徒有肥壯的外表而缺乏內在的骨相與精神，畫驊騮駿馬怎能讓它喪失神氣！杜甫本意用這來進一步襯托曹霸畫藝的高超是時人無與倫比的。關於這一點，唐張彥遠持不同看法，他在《歷代名畫記》中說：「杜甫豈知畫者，徒以幹馬肥大，遂有畫肉之誚。」實際上，「韓幹初師曹霸，後自獨擅」。他從生活出發，注重寫生，以皇室的「內廄馬」爲師，從文獻和傳世作品來看，他所畫的馬肥大，於健壯中包含着骨氣，概括了駿馬的典型性，「逸態蕭疏，高驤縱恣」，是當時御馬的眞實而生動的寫照，富有現實主義精神和獨創性。張彥遠評爲「古今獨步」，《宣和畫譜》則認爲「自成一家之妙」。杜甫在《丹青引》中多處運用陪襯的手法。如以曹霸的學書陪襯學畫，畫人物以陪襯畫馬；以韓幹畫馬僅得形似以陪襯曹霸畫馬形神兼備。前者衹是陪筆旁襯，後者才是主筆正意所在。後來，杜甫在以韓幹爲主體的《畫馬贊》一詩中，對韓畫就有比較全面而深刻的評價：「韓幹畫馬，毫端有神……雪垂白肉，風蹙蘭筋。……瞻彼駿骨，實唯龍媒……良工惆悵，落筆雄才。」實際上他已改正了「幹惟畫肉不畫骨，忍使驊騮氣凋喪」的看法，認爲韓幹所畫的馬也是氣韻生動，神采飛揚的了。杜甫用前後對比的手法，以酣暢的筆墨暢述作爲宮廷畫師曹霸過去的盛況，又以蒼涼的音調描寫作爲民間畫家曹霸當前的落魄遭遇：

> 將軍善畫蓋有神，偶逢佳士亦寫眞。即今飄泊干戈際，屢貌尋常行路人。途窮反遭俗眼白，世上未有如公貧。但看古來盛名下，終日坎壈纏其身。

「將軍善畫蓋有神」，總結上文，點明曹霸所畫人物鞍馬，達到「氣韻生動」的神妙境界，高度評價他的藝術成就。同時指出曹霸創作態度嚴肅認眞，必定要遇到優秀人物才肯爲他畫肖像。然而如今在戰亂的動蕩歲月裏，流落飄泊，不得不靠賣畫爲生，祇能屢屢爲經過的尋常行路人畫像了。一代畫馬宗師，生活如此窮苦，世上沒有比他更貧困的了。走投無路，反而遭到流俗的卑視。杜甫深切同情曹霸晚年的辛酸境遇，內心引起共鳴，不勝悲憤地感嘆：自古負有盛名、成就傑出的詩人畫家，常常時運不濟，困頓纏身，鬱鬱不得志！詩的結尾，推開一層講，以此寬解曹霸，同時也聊以自慰，飽含對封建社會世態炎涼的憤慨。

曹霸晚年「途窮反遭俗眼白，世上未有如公貧」，和他早期受到「至尊含笑催賜金」，昔盛今衰，形成強烈的對比。結尾和開頭的「於今爲庶爲清門」，前後呼應，結構嚴密而又富於變化，鮮明地表現了曹霸一生的悲劇命運。而曹霸的不幸際遇也在某一個側面上反映了安史之亂給人民帶來深重的苦難。

應當指出，曹霸走出宮廷深院，深入下層，「屢貌尋常人」，杜甫認爲這是他落泊與不幸的表現。但從中國美術發展史的角度看，這未必是畫家在繪畫事業上的不幸。曹霸爲普通人民畫像，在現實主義的畫廊上除了帝王將相圖凌烟功臣像外，又增添了人民羣衆的典型的肖像畫，眞跡如能保留，在擴充唐代人物畫的題材和提高繪畫內容的人民性上，這未必不是一個新的偉大貢獻。

在《丹青引》這一畫歌中，杜甫發揚司馬遷傳記文學的優良傳統，運用歌行體爲畫家立傳，描寫曹霸的創作生涯，以「形神兼備」作爲評價繪畫的美學標準，詩中包含許多精闢的美學思想。如提倡「丹青不知老將至」，「偶逢佳士亦寫眞」的嚴肅認眞的現實主義的創作態度；贊揚「下筆開生面」的創新風格；注重「意匠慘澹經營中」的構圖精神，寫得深入淺出，生動活潑，富有啓迪性。在唐詩的發展上未嘗不是一種新成就和新貢獻。

盛唐時代，在詩歌、美術、書法、音樂、舞蹈、雕刻的文藝園地上，出現萬紫千紅、百花齊放的春天。《丹青引》便是植根在這塊肥沃土壤上的一朵奇葩。

（何國治）

# 旅夜書懷

杜甫

細草微風岸，危檣獨夜舟。星垂平野闊，月湧大江流。名豈文章著？官應老病休！飄飄何所似？天地一沙鷗！

杜甫的一生大部分是在客旅漂泊中度過的，旅途的見聞給了他的詩作以無盡的源泉，他這方面的詩很多。杜甫這方面題材的詩，寫到這一首，在年歲上，已近「晚節」，在藝術上，可謂是「詩律細」了。

杜甫晚年流落四川，先在成都，繼在梓州，又回成都，後又到了夔州，據註家考訂，此詩寫於最後離開成都到夔州雲安（現重慶雲陽）的途中，時在七六五年春天。杜甫在成都時依托老朋友嚴武，嚴武是成都尹兼劍南西川節度使，可是嚴武在七六五年四月忽然死去，杜甫感到在成都再無憑依，五月他就率領家人乘舟東下，想往江南或家鄉一帶移動。詩中寫的是月夜江中行舟的所見所感。

詩先寫江岸夜舟。詩人坐在順江東下的船中，憑月色可以依稀看到岸邊細草在微風中搖動，望一望船上的桅杆正高聳夜空，船正順水流下，眼下的環境裏，除了細草微風，危檣夜舟，什麼都感受不到了，夜氛孤寂得令人難以忍受。人對環境存在的感受，與人的心緒情致特點有直接關係。他不僅易於發現與內心情緒相適應的各種存在物，也更能以情觀物，移情入物，使空間中的一切存在都變成自身情緒的對象物，以確證自身的存在特點。此夜置身舟中的杜甫，心情是十分淒楚的。他年輕時即滿懷壯志，意淩東嶽；走入仕途後，心懷「致

旅夜書懷

君堯舜上，再使風俗淳」的期望，謹言愼行，等待朝廷的重用，可結果却被擠出了長安。在成都入嚴武的幕府，本應因知心而愜意，但又受到幕僚們的嫉妒，更不料嚴武遽死，失却憑依，祇好順水漂流東去了。他早在登上去蜀孤舟之日，就寫詩訴說過當時的心境：「五載客蜀郡，一年居梓州。如何關塞阻，轉作瀟湘游。萬事已黄髮，殘生隨白鷗。安危大臣在，不必淚長流！」（《去蜀》）心感萬事俱老，料到殘生將在漂泊中消逝，這種心情是非常痛苦的。心頭縈繞着這種痛苦，危檣下獨夜不眠，船行周圍的夜色存在，幾乎無不是這種心境的確證對象。在詩的頭兩句中，我們可以從詩人對細草微風的感知中看到他夜愁不寐，從危檣獨夜的意境中察知他漂泊中的危難感和孤寂心，這就是融情入景的自然體現。

「星垂平野闊，月湧大江流」，開襟曠遠，又是一番景象。江流宛轉，流入平原，不管感受者心境如何，自然景象的特點是突出的：船在江中，江在平野，人的視線可以伸至有星光閃爍的天邊遠處，平視則可見星點如垂，光脚近地，夜幕下也有平野的空闊性。由於平野上的江道寬直，水流無阻，月色又把江水與天色連成一片，滿江則月逐潮湧。這種自然景象進入現實主義詩人的筆下，便成爲一聯精緻而生動的詩句：「星垂平野闊，月湧大江流。」這裏的「垂」、「湧」二字極富於個性化，把平野星夜和江流朗月，表現得極爲活化而又逼眞，沒有「垂」就不能表現「闊」，沒有「湧」就不能顯示滚滚江流中隨浪起伏波動的月色。在寫景上，從首聯到此聯，都達到了神妙的地步。但此聯中的寫景，與整首詩的情韻是很一致的。詩中說平野廣闊，正表明天地之大，然而自己的歸宿所在，尙不可知；原來在成都幕府中是「已忍伶俜十年事，强爲棲息一枝安」，今日又成爲天地間飄無定所的「沙鷗」，心中不能不感到空寂、茫遠，愁湧心底。在把握杜甫的這聯詩中的意蘊時，我們不應忘記，這是杜甫在作《旅夜書懷》，「星垂」、「月湧」如果不關詩人情境，又何以談到是「書懷」之作？因此，說詩句形象化了詩人的前路渺遠、流蕩江中的惆悵情緒，還是合乎實際的，如果不是在這樣一個高不可接、遠不可就、深不可測的寥闊天地中遊蕩，也無法解釋那「飄飄何所似？天地一沙鷗」的感觸的卽近由來。

杜甫這次順流東下，是他結束一生政治追求、尋找生活歸宿的一次無可奈何的行動，他對於這樣的境遇，滿懷離怨牢愁，「名豈文章著，官應老病休」，就是一聯憤懣之語。杜甫七四六年進長安，在那裏「朝扣富兒門，暮隨肥馬塵；殘杯與冷炙，到處潛悲辛！」七五一年借皇帝祭祀盛典之機，進獻三篇《大禮賦》，玄宗讀後很加賞識，一時名聲大噪，當時雖因「口蜜腹劍」的宰相李林甫作祟，杜甫并未見用於當朝，但是杜甫以文著名還是事實。後來又詩名大振，載譽文壇，時人也把杜甫視爲知名文人。他後來回憶這時的情景，對於自己「一日聲烜赫」、「文彩動人主」（《莫相疑行》）的往事，雖頗感自豪，但這并不是他生平之所求。唐代時俗，讀書人在文章與功名二者間，并不以文運通達爲幸事，溫庭筠有詩云：「今日愛才非昔日，莫拋心力作詞人。」（《蔡中郎墳》）杜甫自負有匡世濟民之才，曾「竊比稷與契」，立有造福於民的大志。他希望在這個志向下建立萬世功名，可是一生追求却始終無就，他爲此遺恨無窮。抱着這種心理，他好像特別輕視文章之名，他可憐自己以文章聲望了此終生，他是借詩向世人表明，有誰知我的志願并不在文章之上呢？而「官應老病休」，就更含激憤了。在成都幕府時，杜甫就身多疾病，他以五十多歲的白頭老人的身軀，穿着狹窄的軍衣，與那些對他「當面輸心背面笑」（《莫相疑行》）的少年幕僚們周旋，其勢與赤霄玄圃中的孔雀到笨牛牴角下「渴飲寒泉」（《赤霄行》）沒有什麼兩樣。杜甫是不服老的，也是不辭病的，但他却不能忍受人們以「老」、「病」爲由，排斥他，輕賤他。他想到此異常憤慨，用了一個「應」字，但語氣是反問式的，意謂：「我的官職想必該是因老病而休罷！」言外之意是：排斥我辭官而去的那些人心裏是明白眞正原因何在的。眞正追溯這激憤之情的生活基礎，不能不看到他當年從長安被罷免左拾遺的不平往事。寫《旅夜書懷》時的杜甫，確實是已經「老病」了；他在詩中對於「老病」休官的激憤，無疑是說給「身當要路津」，「掌握有權柄」的執政人物，是他們使自己久陷窮途坎坷之中，銷盡了本可有爲的青春，到了進無路退亦無路的境地。

杜甫一生處於流離漂泊之中，他對於自己的身遇深有感觸，特別是到了晚年，到處越多，竟更覺寄身無地，他從飄飛不定的沙鷗身上看到了自己，又用悲憤心情描寫了空闊天地間竟無一處可爲歸宿的沙鷗。白居易在李白墓前寫詩悲悼李白說：「但是詩人多薄命，就中淪落不過君。」（《李白墓》）杜甫的命運又何嘗不是如此！

（王向峯）

# 白帝

杜甫

白帝城中雲出門，白帝城下雨翻盆。高江急峽雷霆鬥，翠木蒼藤日月昏。戎馬不如歸馬逸，千家今有百家存。哀哀寡婦誅求盡，慟哭秋原何處村。

唐代宗永泰元年（七六五），杜甫離開成都，飄泊於戎州、渝州、忠州、雲安等地，大曆元年（七六六）至夔州。這一年秋天，詩人登上白帝城樓，百感交集，卽景抒情。這首富有鮮明時代特色的七律《白帝》當爲此時詩作之一。

首聯由白帝城中的雲寫起，它一出现，頓時化作白帝城下的傾盆大雨。變幻之快，來勢之猛，都令人驚嘆不已。詩人抓住了典型環境所特有的雨景特徵加以渲染，突出了白帝城的高峻和氣候特點。白帝城建在夔州東五里（今重慶奉節縣東）的白帝山上。據《荆國圖經》記載，其東南高二百丈，西北高一千丈。常爲雲霧所籠罩。站在城頭，居高臨下，雲彷彿是從脚下浮起來似的。「雲出門」，卽形容白帝城之高。杜甫在《登白帝城樓》一詩中曾有「扶桑西枝對斷石，弱水東影随長流」的詩句，採用誇張的手法，極言其地之高，所眺之遠，「遂成意外奇險之句」（趙翼《甌北詩話》卷二）。《白帝》一詩中却用了「雲出門」、「雨翻盆」，近乎白描的口語，并在七律的開頭破格運用歌行的形式一氣疊出，互爲對比、映襯。「雲出門」，是何等從容；

白帝

「雨翻盆」，又異常迅猛。平中見奇，傳神地描繪出白帝城中大雨來時景象的奇特、壯觀。在《白帝》一詩中，詩人調動了多種修辭手段，創造了雄渾、悲慨、動人心魄的詩的意境。

「高江急峽雷霆鬥，翠木蒼藤日月昏」，是說傾盆大雨使得江水暴漲，流經峽谷時奔騰而下，勢不可擋，發出雷霆般巨響；天空中濃雲密布，不見日色，山林景物都籠罩在一片昏暗之中。頷聯仍突出描繪了白帝城中雨勢的驟猛。表現了詩人對現實生活敏銳的洞察力與嫻熟的藝術技巧。詩人不僅捕捉了富有典型特徵的景物作爲描寫中心，還運用對仗的手法（單句對，使句對），把「高江」、「急峽」；「翠木」、「蒼藤」；「雷」、「霆」；「日」、「月」，這些紛繁變幻的景物，有機地組合在一個和諧的畫面之中。互爲映襯、互爲對照，渲染了驚心動魄的氣勢，造成了一種使人應接不暇的藝術效果。

白帝城下臨長江的西陵峽口，水流甚急。山下就是有名的夔門。三峽一帶山勢險峻崢嶸，本應是「急江」、「高峽」，可詩人偏說成「高江」、「急峽」，這種修辭手法的顛倒正是詩人的高超之筆。「高江」，恰可狀白帝城地勢之高峻，「急峽」，則突出了山勢的險峻；這種以靜寫動、以動寫靜的手法，既突出了景物特徵，又使人耳目一新。「霆」，疾雷。一個「鬥」字，生動地描繪出江流洶湧、雷霆萬鈞的氣勢。「鬥」字，彷彿以它排山倒海的音響，把讀者帶進一場奔騰的江流與險峻的峽谷；傾盆暴雨與霹靂雷霆的激戰之中。正如柳宗元的詩「欸乃一聲山水綠」（《漁翁》），「欸乃」這一象聲詞，不祇表現了詩歌的音響美，同時這一聲響使這幅清綠的山水頓時變活，顯得格外有生氣。「翠木蒼藤」，指山林景物。祇有在晴朗的天氣，人們纔可以清晰地分辨它們色彩的明暗，可是，在這暴雨如注的晦暗天氣，是無法看出哪是翠木，哪是蒼藤的。詩人以翠木蒼藤這一鮮明的色彩與下文的「日月昏」形成對照，產生了映襯、烘託的強烈藝術效果。「日月」二字是偏義復詞，指日光。「昏」字，渲染了濃雲蔽日，萬物俱昏的陰慘景象。

詩的前兩聯是寫景，詩人以獨特的感受和雄渾蒼勁的濃墨大筆，描繪了一幅白帝城頭所見的雨天景象。「情以物遷，辭以情發」（《文心雕龍・物色》），杜甫「形在江海之上，心存魏闕之下」（《文心雕龍・神思》）；對現實生活的深刻體驗和憂國憂民的情思，賦予詩人以獨特的藝術感受。詩人見景生情又融情

白帝

於景，在雨景的描繪中滲透了對現實生活的主觀感受。如王夫之所說：「情景雖有在心在物之分，而景生情，情生景，哀樂之融，榮悴之遷，互藏其宅。」（《薑齋詩話》）因此，這首詩的首聯、頷聯，并非一般的寫景，而是達到了高度的情景交融。暴雨的景象亦可看作安史之亂後軍閥戰動亂的象徵。透過濃雲密布，大雨滂沱的雨景，使人可以強烈地感受到時代生活的氣氛：吐蕃的入侵、藩鎮的割據、朝政的昏暗……那洶湧的激流、雷霆般的巨響，與人民的悲泣、詩人的慨嘆，交織成一曲雄渾悲慨的時代交響樂。詩人以深沉的憂憤，概括了整個時代人民的普遍感受，創造了沉鬱、悲慨的詩的意境。給人以強烈的藝術感染。有如托爾斯泰聽柴柯夫斯基的交響曲時，透過那「沉重的雲，飽蓄的閃電，挾帶的大風雨」，感受的是「動人心魄的生活的哀傷」。有人說，柴柯夫斯基全部音樂的本質就在於他深刻地了解人民的精神。而對於杜甫來說，他的全部詩篇的本質則是他置身時代生活鬥爭的激流之中，憂國憂民的深沉情感。因此，「眼前景，眼前事，在詩人筆下，一經點染，便成『詩史』」。這成了杜詩的主要特徵。

後兩聯是詩人的直接抒情。

腹聯由前兩聯對雨景的描繪一轉而變爲直接發感慨。戎馬，指戰馬；歸馬，指從事農耕的馬。詩人借馬作爲比喻，形象地表達了廣大人民迫切要求，而又難以獲得安定生活的矛盾心情。「千家今有百家存」，是說戰亂給人民帶來的慘重後果，十戶僅有一戶幸存。詩人雖以舒緩的筆調款款說來，却字字千斤，飽含了深沉的悲憤之情。

尾聯詩人選擇了一個典型的特寫鏡頭，進一步對黑暗的現實做了有力的揭露和控訴。「哀哀」，悲傷不已。誅求，指橫徵暴斂。慟哭即痛哭；「何處」，歷來大多註解爲「處處」；徐仁甫先生認爲「何處」猶言「安處」（上聲），「怎安」也，反詰之語。又舉《西閣夜》中「擊柝可憐子，無衣何處村」（連蔽體的衣衫都沒有，怎能在村中安身？）爲例來加以說明（詳見《杜詩註解商榷》）。此解較爲貼切。這兩句詩是說，這個在戰亂中失去丈夫（或死於征戍，或死於勞役）的婦人，終日悲傷不已。她已被官府的橫徵暴斂搜刮得一無所有，怎能在村中安身呢？於是面對秋郊荒野大聲痛哭。

安史之亂以後，農業生產遭到極大破壞。據記載：「時兵火之後，中外艱食，關中米斗千錢，百姓挼穗以給禁軍，官廚無兼時之積。」（《資治通鑒》卷二二三，《唐紀》三九）又由於藩鎮割據、唐王朝的「財賦所產，江淮居多」，江南地區成了搜刮的重心，農民無法承受沉重的剝削，紛紛破產逃亡。可是，他們無論逃往何處，都逃脫不了官府的壓榨和剝削。晚唐詩人杜荀鶴的《山中寡婦》一詩曾做了形象的描繪：「桑柘廢來猶納稅，田園荒後尚徵苗。時挑野菜和根煮，旋斫生柴帶葉燒。任是深山更深處，也應無計避徵徭。」此詩與杜甫的《白帝》堪稱姊妹篇。

這首七律，通過對白帝城中所見雨景的描繪與渲染，勾畫了一幅安史之亂後唐代社會極爲動亂的生活圖景，飽含了詩人憂國憂民的深沉情感。

杜甫的《白帝》同他入蜀後的許多抒情詩一樣，都具有鮮明的時代感和詩人抒情的特色。詩人不祇借景抒情，還寓事於景。把自然景物、個人遭遇和時代的動亂興衰融合在一起。「一旦見景生情，觸目興嘆；奪他人之酒杯，澆自己之壘塊；訴心中之不平，感數奇於千載……。」（李贄《雜說》，《焚書》卷三）

《白帝》一詩雖爲七律，卻寫得縱橫跌宕。既有雄渾悲慨的磅礴氣勢，如「大風卷水，林木爲摧」（司空圖《詩品》）；又有沉著凄惋的娓娓訴說，似「所思不遠，若爲平生」（同上），極沉鬱頓挫之致。

（張秀芝）

# 秋興八首（其一、其二）

杜甫

其一

玉露凋傷楓樹林，巫山巫峽氣蕭森。江間波浪兼天湧，塞上風雲接地陰。叢菊兩開他日淚，孤舟一繫故園心。寒衣處處催刀尺，白帝城高急暮砧。

其二

夔府孤城落日斜，每依北斗望京華。聽猿實下三聲淚，奉使虛隨八月槎。畫省香爐違伏枕，山樓粉堞隱悲笳。請看石上藤蘿月，已映洲前蘆荻花。

《秋興》八首是杜甫著名的一組七言律詩，因秋以發興，所以用「秋興」爲題。組詩寫於大曆元年（七六六）秋，其時，杜甫五十五歲。七六五年，詩人决心出川北返故園，買舟沿長江東下，在七六六年秋來到夔州（今重慶）。因兵戈未定，道途阻隔，滯留夔州。初期，寓居西閣。

杜甫自乾元元年（七五八）棄官走秦州之後，輾轉入蜀，到現在，已過了七個年頭。這七年間，戰亂不息，朝政日衰，他渴望王朝中興，而前途難以逆料。他憂國憂民，有濟時匡世之志，而長期被棄置，報國無門。他說：「濟時敢愛死，寂寞壯心驚。」（《歲暮》）「不眠憂戰伐，無力正乾坤。」（《宿江邊閣》）感慨良深。來夔州前，李白、鄭虔、房琯、嚴武等相繼辭世，詩人深感知交零落，文壇寂寞。夔州西閣臨三峽之險，山河雄奇，深秋景物，格外蕭瑟。杜甫臥病滄江，歸期難卜，旅居索然，觸目驚心，更引起對當時動蕩局勢的不安，引起對長安故園的懷念，以及身世之感。這些複雜的、無法排遣的愁緒，都寄託在他夔州所寫的抒情詩裏。《秋興》是他晚年抒情七律的代表作品，顯示了他律詩的最高成就。這八首詩內容豐富，感情沉鬱，形象飽滿，章法縝密。各章「或互發，或遙應」，是完整的組詩。詩的中心思想爲「故國之思」，其特點在於跨越了時間、空間的局限！詩中用深秋氣象與故國之思把秦、蜀兩地緊密聯繫起來，表現「故國平居有所思」；以夔州的寂寞處境與對京華舊事的回憶層層綰結，抒發撫今追昔之感慨。各章之間，一氣貫注。但各章抒情寫景又各有重點，可以獨立成篇。這裏選了八首中的第一、第二首，略加分析。

第一首是組詩的序曲，它聲情幷茂，氣勢磅礴，爲組詩鋪陳抒情環境，爲表現作者沉雄勃鬱的心情渲染出一種雄渾蒼涼的氣氛。詩的前四句，着重表現巫峽的秋氣蕭森：秋色撲面，秋聲盈耳，秋氣籠蓋天地無所不在。「玉露凋傷楓樹林，巫山巫峽氣蕭森。」開門見山，點出時、地。季節爲秋杪，地爲夔州山城。玉露卽白露。長江江邊多楓林，楓葉經白露變色，後逐漸凋落。楓樹林，典故出自《楚辭·招魂》：「湛湛江水兮上有楓。」後來詩人經常寫到。如阮籍《詠懷》有「湛湛長江水，上有楓樹林」之句。巫山，在今重慶巫山縣東，山沿江壁立。《水經注·江水》對巫峽有段描述，可以幫助理解《秋興》所寫的情況：「……其間首尾一百六十里，謂之巫峽，蓋因山爲名也。三峽七百里中，兩岸連山，略無缺處，重巖疊嶂，隱天蔽日，自非亭午夜分，不見曦月。」三、四句「江間波浪兼天湧，塞上風雲接地陰」，緊承上句，極寫江邊山城之蕭森；江間波浪洶湧，彷彿天地翻動，巫山風雲匝地，似與地陰相接（按：秋，陰氣上升）。「江間」句，由下及上；「塞上」句由上接下。波浪滔天，風雲匝地，深秋的蕭森充塞於巫山巫峽之中。這兩句詩最能反映出杜詩的藝術功力和風格特點。我們所以感到它形象飽滿，含意深厚，意境開闊，就在於詩人不是簡單地再現他的眼見耳聞，不是複製客觀的生活現象，單純地描摹江流湍急和塞上風雲這些巫峽深秋的外貌特徵。他捕捉、提煉出它們內在的精神，賦予了江水、風雲某種性格。因此這些本無生命的景物就獲得了生命，這就是天上地下、江間、關塞到處掠風駭浪、動蕩不安，蕭條陰晦，不見天日。同時，通過這些形象的象徵和暗示，表現了詩人的翻騰起伏的憂思和勃鬱不平；象徵了國家局勢的變易無常和兀臬不安的前途。兩句詩把峽谷的深秋、詩人身世之感及國家喪亂都包括在裏面。這裏作者把握了景物的特點，并把它化入自己人生經驗中最深刻的思想感情，以生動、有概括力的語言表現出來，這樣的景物就有了生命，而作者企圖表現思想感情也就有所依附。情因景而顯，景因情而深。尤其重要的是它不僅取得情與景的和諧統一，而且通過象徵、暗示的手法，取得思與境的和諧、「妙在象外」的藝術效果。換言之，就是說它有意境。詩句語簡而意繁，心情苦悶而意境開闊（指不局促，不狹窄）。蘇東坡曾說，「賦詩必此詩，定知非詩人」（《書鄢陵王主簿所畫折枝二首》），確實是有見識的創作經驗之談。

杜甫在夔州寫了不少七律，其中如《白帝》，詩裏有「高江急峽雷霆鬥，翠木蒼藤日月昏」兩句，《登高》詩中有「無邊落木蕭蕭下，不盡長江滾滾來」，都是千古傳誦的名句，思緒都與《秋興》的這兩句相似。前者出色地表現了大雨急峽的雨聲水勢，陰霾中山林的暗淡，也包含有時代的影子。後者也是寫夔州深秋，視野無限開闊，有漫天卷地的雄偉氣勢，似與「江間波浪兼天湧，塞上風雲接地陰」的深沉厚重有所不同，各首的鬱憤不平的感情和詩筆的起伏變化各有特色。

五、六句：「叢菊兩開他日淚，孤舟一繫故園心。」轉過來寫對身世坎坷的喟嘆和故園之思。杜甫在代宗永泰元年（七六五）五月離開成都，乘船東下，秋，臥病雲安，第二年秋，羈留夔州。兩年漂泊，兩年見菊花開放，歲月易逝，歸期渺茫。他日淚，猶言昔日淚，每次見菊花開，總禁不住落淚，感觸萬端。繫字雙關。故園，指長安。杜甫把回故園的希望寄託在一條船上，而這條船卻繫在岸邊，不能啓行，回故園的願望也被牢牢的繫住，無由實現。作者從眼前叢菊的開放聯繫到故園，追憶故園的沉思又被白帝城四處的砧聲所打斷。

七、八句說：「寒衣處處催刀尺，白帝城高急暮砧。」從詩的寫法上說是蕩開一筆，而所表現內容說則更深入一層。催刀尺爲製新衣，急暮砧爲搗舊衣。催，急，加重表現秋已深，家家戶戶爲趕製寒衣忙。白帝城高，遠近四處砧聲清楚可聞。這一聲聲，都敲打在漂流外鄉的遊子心上。這就強化了他對故園的懷念，更深入地表現了詩人的熾熱而又孤寂的心境。詩句是虛寫，似是淡淡寫出，卻含蓄蘊藉，隨着黃昏時此起彼伏的砧聲，引人進入無限的聯想。

《秋興》第二首寫出了詩人身在孤城，從日落到深宵，仰天翹首北望，長夜不寐、心潮起伏。上應「叢菊兩開他日淚，孤舟一繫故園心」兩句，側重寫自己年近暮年，兵戈不息，臥病秋江，以及種種事與願違的幽憤。詩人入蜀多年，一直是身在劍南，心懷渭北，無日不關懷君國，北望朝廷。他曾在許多詩裏表示過這種強烈的願望。旅途一再滯留，自己不僅年老體弱，無力北歸，且天下騷亂，北方仍然動蕩不安，也不能北歸。由於詩人對生活的熱愛，渺茫的希望往往激起強烈的對長安的懷念。所以他寄居夔府時所寫的詩裏，一再出現《秋興》八首中作爲基調的「每依北斗望京華」這類思想感情。如「中夜江山靜，危樓望北辰」（《月》），「步檐倚仗看牛斗，銀漢遙應接鳳城」（《夜》）。第一首詩以聞「暮砧」結束，這首詩的首句「夔府孤城落日斜」緊承上詩末句從孤城落日寫起。城是孤城，日是落日，孤城近黃昏，寂寥可見，爲「每依北斗望京華」感情的抒發提供了條件。長安上值北斗星，在夔州之北，所以詩人每每仰望北斗，按着它的方位遙望京華長安。就杜甫來說，長安不是個抽象的地理概念，他先後在這裏生活了十一、二年，親眼看到唐王朝的全盛日，也體驗到安史之亂中「國破」之痛，收復兩京的種種社會現實。生活中有歡愉，也有苦悶和憤激。長安有他依戀的朝廷宮闕，有他熟悉的友朋、鄰里……離開長安愈遠，時間愈久，懷念之情愈加殷切。以下四句寫出遙望長安，撫今追昔，思緒萬千。「聽猿實下三聲淚，奉使虛隨八月槎」。意指自己經過戰亂生活的磨難，壯志難酬的苦痛，病臥孤城滄江，晚境簫索，聽到峽山清猿哀啼不禁淚落，才悟到巴東漁歌「猿鳴三聲淚沾裳」所寫的情況無比眞實，本來以爲自己有可能隨使節北返長安，不料願望竟化爲虛幻。《水經註・江水》：「每至晴初霜旦，林寒澗肅；常有高猿長嘯，屬引淒異。故漁者歌曰：『巴東三峽巫峽長，猿鳴三聲淚沾裳。』」「奉使」一句，化用《荊楚歲時記》裏張騫乘槎（木筏）至天河的故事，《博物志》裏記載的海邊有民八月乘浮槎至天河的傳說。杜甫以張騫比嚴武，以至天河喻回京師。嚴武爲節度使，杜甫曾入幕參謀，任檢校尚書工部員外郎。所以說「奉使」——隨從使臣。七六五年，代宗調嚴武回朝，詩人擬隨之北歸。不久嚴武病逝，詩人的願望落空，所以說「虛隨」。三句承上，四句啓下，兩句寫出了詩人心境的寂苦和事與願違的絕大悲哀。五、六句說「畫省香爐違伏枕，山樓粉堞隱悲笳」，意思是自己因臥病不能還朝，聽到隱伏於白帝城的悲笳聲疊起而心驚魄動。畫省，尚書省；香爐，尚書省官員值夜時所用的焚香的器物。據記載，尚書省，用胡粉塗壁，壁上繪有古賢烈士的圖像。尚書郎值夜時，有女侍執香爐燒熏（詳見《漢官儀》，唐詩中多有描寫）。杜甫爲工部員外郎，屬尚書省。山樓，指白帝城樓。粉堞，城上塗爲白色的女牆。這兩句委婉含蓄，意在言外。「畫省」句融及詩人長期埋藏心中的隱痛：卽他所以從華州罷官，是因肅宗的貶斥和權臣的排擠；暮年飄泊西南，是由於代宗的疏遠。這些內情，在他的一些抒情詩中委婉透露出來，作者心跡不能明言，也不忍明言，說「違伏枕」就猶如說的「官應老病休」一樣，以謙詞微露憤激。「山樓」句，悲涼的笳聲（這裏指軍中之樂）喚起他對國事的深憂和有家園不能歸的愁苦。不論是臥病伏枕，還是戰伐不已，都直接影響到他無法北返。個人的遭遇與國運盛衰，時時刺激着他，使這位愛國詩人陷入極大的痛苦之中。最後，以「請看石上藤蘿月，已映洲前蘆荻花」作結。語言自然質樸，對仗工穩，道出眼前實景，表現了詩人對京華思念之深，佇望之久。巫峽是「自非亭午夜分，不見曦月」的，當詩人忽見原來映在山石上的藤蘿月色，已映在洲前蘆荻花上，從沉思中醒來，始覺夜已深。兩句詩有無限情趣，耐人尋味，它的好處正在風流蘊藉，不着一字。

杜甫是歷來被人稱道的衆體兼長的偉大詩人。現存七律百五十首，大都寫於他的晚年。開元之際，已出現七律，但不曾引起充分的重視。經杜甫精心創作，七律才發展成熟，成爲抒情詩歌創作的重要形式之一。杜甫的七律以沉雄悲壯、蒼勁凝煉見勝，對後代詩人有着深遠的影響。

（馮鍾芸）

# 詠懷古跡（其三）

杜　甫

羣山萬壑赴荊門，生長明妃尚有村。一去紫臺連朔漠，獨留青冢向黃昏。畫圖省識春風面，環珮空歸月夜魂。千載琵琶作胡語，分明怨恨曲中論。

《詠懷古跡五首》是唐代宗大曆元年（七六六）杜甫流落夔州（今重慶奉節縣）時有計劃的、精心創作的一組七言律詩。五首詩分寫夔州至江陵沿江五處古跡，各首寫作手法不同，但借古跡以抒發已懷的主旨則是一致的。這首寫昭君村的詩有別於另外四首的特點是：通過對王昭君一生不幸遭遇的歌詠，感嘆時事，其借古傷今之情尤爲深沉。

首二句極寫長江三峽雄奇壯麗的山水匯聚於昭君村周圍，鍾靈毓秀，因而孕育出王昭君這樣美貌的、不平凡的女子。「荊門」，註家多註爲今湖北宜都縣西北之荊門山，似難切詩意。按唐荊州（治江陵）有荊門縣（今荊門市），在三峽東，而昭君村是在巫山以東的歸州興山縣香溪（巫峽與西陵峽之間），故詩中荊門應代指包括昭君村在內的三峽東部地帶。金聖嘆《杜詩解》解此二句說：「欲說荊門有明妃村，先着『羣山萬壑』句，用形象尋龍問穴之法，大奇！蓋聳起則爲山，跌下則爲壑，聳起則又爲山，無量劫來，天地如此其浩浩也。於其間有楚，楚山楚水，起伏無數，遙遙直走千里萬里，而後有荊門，而後荊門有村，而後村中有明妃。然則此明妃其爲天地間氣特鍾可知。今明妃往矣，村則尚有，『尚有村』者，言但有村而已矣。」這是以荊門代指被楚山楚水所環抱的昭君村而立說，意思是不錯的。「明妃村」即昭君村，晉人避文帝司馬昭諱，稱昭君爲明君，後人亦稱明妃。杜甫大歷元年在夔州所作《負薪行》詩有「若道巫山女麤醜，何得北有昭君村」之句，又《大歷三年春，白帝城放船出瞿塘峽，久居夔府，將適江陵，漂泊有詩，凡四十韻》有「神女峯娟妙，昭君宅有無」之句，因知他實際并未到過昭君村。他在夔州居住的白帝城一帶，是三峽的西頭。從這裏舉目東望，三峽綿延起伏的千山萬壑如同賽跑一樣隨着滔滔大江向東飛奔。一個「赴」字，詩人下得生動有力而又自然貼切，把長江三峽變幻無窮的姿態和磅礴壯美的氣勢簡直寫活了！如果我們讀詩時的着眼點是放在三峽東部昭君村一帶，則不難體會這個「赴」字所包含着的奔聚之意，那也就不難抓住詩人關於佳山佳水會聚之處長成絕代佳人這樣的藝術構思了。

接着，詩人用兩聯工整的對句把昭君一生不幸的遭遇作了形象的概括。爲了充分把握詩意，這裏我們需將昭君故事在杜甫生活時代的發展演變簡單介紹一下。據《漢書·匈奴傳》載，竟寧元年（前三三），漢元帝以後宮良家子王嬙字昭君賜匈奴呼韓邪單于，號寧胡閼氏（皇后），生一男，呼韓邪死，前閼氏子雕陶莫皋立，爲復株累若鞮單于，按匈奴風俗復娶昭君，生二女。《後漢書·南匈奴傳》所載文字，與《漢書》相較，增加了昭君入宮數歲，不得見元帝，她因積怨而自求赴匈奴和親，辭別時她的容貌驚動元帝，呼韓邪死後昭君曾上書求歸，當時漢成帝命令她從胡俗再嫁呼韓邪前閼氏子等情節。到東晉葛洪《西京雜記》所記，故事便有了小說的意味。《西京雜記》是這樣說的：「元帝後宮既多，不得常見，乃使畫工圖其形，案圖召幸之。諸宮人皆賂畫工，多者十萬，少者亦不減五萬。昭君自恃容貌，獨不肯與，畫工乃醜圖之（把她的容貌故意畫得醜陋），遂不得見。後匈奴入朝，求美人爲閼氏，於是上案圖以昭君行。及去，召見，貌爲後宮第一，善應對，舉止閑雅。帝悔之，而名籍已定。帝重信於外國，故不復更人（不再換別人）。乃窮案其事（追究事情的責任），畫工皆棄市（都被判死刑），籍其家資（抄沒了他們的家產），皆巨萬。」被判死刑的畫工中，技藝最高超的是毛延壽。敦煌文獻現存的《王昭君變文》（殘本），大約爲唐大歷年間作品，其中也講到「丹青寫形」事，并敍昭君在匈奴因日夜思念漢朝，始終鬱鬱寡歡，死葬青冢，漢哀帝時曾派使臣入匈奴到青冢前致祭等等。杜甫這首詠昭君村詩亦可說明《西京雜記》和《王昭君變文》所寫這些昭君出塞和親的故事內容在唐代已經廣泛流傳了。

「一去」二句卽寫昭君遠嫁，死葬青冢，不得返回故國。「去」，離開。「紫臺」，同紫宮，指皇帝宮廷。「一去紫臺」，猶如說一去漢宮。「朔漠」，北方沙漠之地，指匈奴。「青冢」，卽昭君墓，在今內蒙古自治區呼和浩特市南二十里。據說塞外草白，衹有昭君墓上草色常青，故名青冢。這二句，上句從昭君離開漢宮至匈奴的空間着筆，下句從昭君死葬青冢永不得歸故土的時間着筆，意境遼闊，敍事含情，引人愁思。清朱翰的《杜詩解意》說：「此詩連字，卽無極意；青冢，卽蕪絕意。」又說：「連字寫出塞之景，向字寫思漢之心，下筆有神。」便是從時、空兩個方面來發掘這兩句詩之意蘊的。

「畫圖」二句進一步寫昭君的不幸，同時諷刺元帝之昏庸。「省識」一詞，註家解釋紛紜。或解作「略識」、「依稀乎識」；或解作「覺識」「仔細地辨識」；或認爲言「略識」卽暗諷元帝「不識」，乃是婉詞；又或認爲應將此句與下句連成一氣作問句讀，如此則「省識」就變成反義之「未識」、「不識」了。我却以爲省字本有減、少等義，二句不作問句讀，「省識」亦自可釋作未識、不識之意。浦起龍《讀杜心解》云：「省識衹在畫圖，正謂不省也。」如果作問句讀，二句便失去委婉諷刺元帝的內涵。故婉詞之說也有道理。宋歐陽修《明妃曲其二》的開頭四句是「漢宮有佳人，天子初未識，一朝隨漢使，遠嫁單于國」，說得頗爲直接，相比之下，那詩意似乎顯得淺淡了。「春風面」指昭君美麗的容貌。「環珮」指昭君所佩戴的玉器一類飾物，行動時可發出悅耳的響聲。昭君不得生還，魂魄歸來，亦難消遺恨，因而說是「空歸」。

從文意的邏輯順序上看，詩的第五句接第三句，第六句接第四句，這是律詩的一種寫作技巧，它能形成句法的錯綜變化之美，增強藝術效果。這裏我們不妨把詩的中間兩聯四句按文意的邏輯順序作一梳理：昭君遠嫁匈奴的悲劇（一去紫臺連朔漠），乃是由漢元帝的昏庸造成的（畫圖省識春風面），她身死異域，遺恨無窮（獨留青冢向黃昏），卽便能魂歸故土，又於事何補呢（環珮空歸月夜魂）！

讀詩至此，我們耳邊彷彿響起那深沉的、幽傷的、餘音裊裊的琵琶曲《昭君怨》來了，於是，我們也就

詠懷古跡（其三）

不能不隨着詩人的思路來和他一道發出長長的嘆息了：「千載琵琶作胡語，分明怨恨曲中論（讀平聲）」——「怪不得自古以來琵琶所演奏的總是匈奴傳來的撩人愁思的曲調，原來那正是昭君永遠在訴說着她不得生還故鄉的怨恨啊！」

宋郭茂倩所編《樂府詩集》卷五十九《琴曲歌辭》有《昭君怨》一首，題爲漢王嬙作，可能是後人假託的。又卷二十九《相和歌辭·吟嘆曲》有石崇作《王明君》一首、鮑照等作《王昭君》二十九首、梁簡文帝等作《明君詞》十三首、梁范靜婦沈氏作《昭君嘆》二首，皆是後人同情、懷念昭君的作品，杜甫當時聽到的有關昭君的琵琶曲，大概就是這類樂曲吧。

詩的主旨是詠懷，寫昭君的怨恨，無疑也寄寓着詩人自己的怨恨。那麽，杜甫的怨恨是什麽呢？對此，明人王嗣奭的《杜臆》提出兩種說法。一個說法是：「昭君國色而入宮見妒，公亦國士而入朝見嫉，正相似也，悲昭以自悲也。」這是說杜甫自比昭君，悲嘆自己仕途的不得志。此說附和者多，金聖嘆所謂「從上轉下，轉出從來棄才之主一面照膽鏡來」，其意略同。然此說恐非詩之本意。因爲昭君故事并無「入宮見妒」的內容，她之不得見元帝，衹是她不願賄賂畫工；「入朝見嫉」亦與詩人晚年思想不合，經過安史大亂和長期的顛沛流離，詩人對自己的出處進退早已十分淡漠了。王嗣奭的另一條意見却說得好。他說：「《通》云：時肅宗以少女寧國公主下嫁回紇，臨別之語，聞者酸心。公故借明妃之事以哀之。」這是說詩人借詠昭君以感嘆時事、抒發憂國之思，弔古與傷今之情融而爲一了。關於唐肅宗以親生幼女嫁回紇和親事，《資治通鑒》有如下記載：「（乾元元年秋七月）丁亥，册命回紇可汗曰英武威遠毗伽闕可汗，上以幼女寧國公主妻之……上送寧國公主至咸陽，公主辭訣曰：『國家事重，死且無恨。』上流涕而還……（乾元二年）回紇毗伽闕可汗卒，長子葉護先遇殺，國人立其少子，是爲登里可汗。回紇欲以寧國公主爲殉（殉葬）。公主曰：『回紇慕中國之俗，故娶中國女爲婦。若欲從其本俗，何必結婚萬里之外邪！』然亦爲之剺面而哭。」所謂「剺面而哭」，《資治通鑒》的註文說：「漠北之俗，死者停屍於帳，子孫及親屬男女各殺牛馬，陳於帳前祭之，繞帳走馬七匝，詣帳門，以刀剺面（用刀劃臉），且哭，血淚俱流，如此者七度，乃止。」寧國公主後來因在回紇無子而被允許歸回長安，她雖然僥倖沒有爲回紇可汗殉葬，得以生還故國，但她嫁到回紇不久，年老的毗伽闕可汗即死去，她按回紇風俗曾爲之繞帳剺面而哭，她的悲劇性的遭遇和昭君却有相同處。而與寧國公主和親回紇事緊密相聯繫的嚴酷史實是：肅宗借回紇兵平安史之亂，因欲速得長安，曾與回紇約定「克城之日，土地、士庶歸唐，金帛、子女皆歸回紇」。至德二年（七五七）秋唐軍與回紇軍攻入長安，回紇要照約搶掠，由李俶（即後來的唐代宗）拜懇暫止，代宗寶應元年（七六二）「回紇入東京（洛陽），肆行殺略，死者萬計，火累旬不滅」。「比屋蕩盡，士民皆紙衣」。洛陽被回紇兵洗劫一空，洛陽人民都穿着紙做的衣裳，這是何等悽慘的景象！我們知道，洛陽是杜甫的故鄉，回紇兵洗劫洛陽的時間和他創作詠昭君村這首詩的時間相去不遠，而且就在他創作這首詩的當時，回紇、吐蕃兵仍不斷侵擾着兩京一帶，致使他有家難歸，不知所適。所以，詩人寫昭君的怨恨同時融入他對唐王朝和親政策的慨嘆以及他自己漂泊無依的淒苦之情，那應是十分自然的。

「庾信生平最蕭瑟，暮年詩賦動江關！」這是杜甫在《詠懷古跡五首》第一首中對庾信晚年境況的感喟和對庾信晚年詩文藝術成就的評價，我們也不妨把這看作是杜甫的夫子自道。的確，杜甫晚年在夔州有計劃創作的《秋興八首》、《諸將五首》、《詠懷古跡五首》等一系列韻律精美、容量深厚的組詩，把他的詩歌藝術推到了一個新的高峯，集中體現了那種雄渾悲壯的風格。由於安史之亂後杜甫還一直寄希望於唐王朝的復興，對國家安危的繫念和對人民苦難生活的同情，就構成了這些組詩的主旋律。組詩中，有的詩儘管寫得悲而痛、哀而傷，但它們的基調却絕不是消極的或頹唐的。因而，在千二百餘載之下的今天，當我們反覆吟誦這些組詩的時候，詩人那憂國憂民的心聲，依然使我們激動不已。無疑，這些組詩都是在杜甫晚年創作中的精品，而詠昭君村之作，就正是這樣的精品之一。

（杜維沫）

# 又呈吳郎

杜　甫

堂前撲棗任西鄰，無食無兒一婦人。不爲困窮寧有此？祇緣恐懼轉須親！即防遠客雖多事，便插疏籬却甚眞。已訴徵求貧到骨，正思戎馬淚盈巾。

《又呈吳郎》是我國偉大的詩人杜甫寫的一首七言律詩。律詩有一條最基本的不可動搖的法則，就是祇有八句。因此，這首詩也祇有五十六個字。但是，在這五十六個字裏卻包含着豐富的思想內容和高度的藝術成就。

杜甫寫這首詩的經過和目的是這樣的：公元七六七年，也就是杜甫漂泊到四川夔府的第二年，他住在瀼西的一所草堂裏。草堂前面有幾棵棗樹，西鄰的一個寡婦常來打棗，杜甫從不干涉。後來，杜甫把這草堂讓給一位姓吳的親戚居住，自己搬到離草堂十幾里路遠的東屯去。不料這姓吳的一來就在堂前插上籬笆，禁止打棗。寡婦知道杜甫是這草堂和棗樹的主人，就來訴苦，杜甫因而寫了這首詩去勸告吳郎，希望他能和自己一樣體貼那個寡婦。在寫這首詩以前，杜甫已經寫過一首詩給吳郎，題目是《簡吳郎司法》，所以這首詩題作《又呈吳郎》。吳郎的年輩要比杜甫小，但是爲了使他能比較容易地接受自己的勸告，所以不說「又簡吳郎」，而有意地用了一個表示尊敬的「呈」字。這個「呈」字看來好像和對方的身份不大相稱，但却是必要的，正是杜甫細心的地方。

又呈吳郎

杜甫是怎樣勸告吳郎的呢？

詩的第一句「堂前撲棗任西鄰」，開門見山，從自己過去怎樣對待鄰婦撲棗說起。「撲棗」就是打棗。杜甫另有一句詩「棗熟從人打」，可見撲和打是一個意思。這裏爲什麼不用「打」而用「撲」呢？這是爲了取得聲調和情調的一致。杜甫寫這首詩的時候，心情是沉重的，所以不用那個猛烈的上聲字「打」，而用這個短促的、沉重的入聲字「撲」。「任」就是放任，一點不加干涉，愛打多少就打多少。這個「任」字很重要。爲什麼要這樣放任呢？第二句就回答了這個問題：「無食無兒一婦人。」原來這西鄰竟是這樣一個沒有吃的、沒有兒女、沒有丈夫、沒有親戚，一句話，什麼也沒有的老寡婦。杜甫寫這句詩，彷彿是在對吳郎說：朋友！對於這樣一個上天無路入地無門的窮苦婦人，你說我們能不任她打點棗兒嗎？

詩的第三、四句：「不爲困窮寧有此？祇緣恐懼轉須親！」「困窮」，緊接上第二句來；「此」，指撲棗這件事。這兩句的意思是：如果不是因爲窮得萬般無奈，她又哪裏會去打別人家的棗子呢？正由於她總是懷着一種恐懼的心情，怕物主辱罵，甚至把她當作盜竊犯，所以我們不但不應該干涉，恰恰相反，而是要表示親善，表示歡迎，使她安心撲棗。在這裏，杜甫對寡婦撲棗的原因作出了正確的解釋，說出了窮人心坎裏的話。這和他的另一句詩「臨賊本王臣」所表現的「官逼民反」的進步思想正是一致的。陝西有這樣兩句民歌：「唐朝詩聖有杜甫，能知百姓苦中苦。」眞是不假。以上四句，一氣貫串，可以算是一段，是杜甫自敍以前的事情。目的是爲了啓發吳郎，使他認識到插籬笆這種事萬萬做不得。

詩的第五、第六兩句才落到本題上，落到吳郎身上。「卽防遠客雖多事，便插疏籬却甚眞。」這兩句要聯繫起來看，它們并不是彼此孤立，而是上下一氣，相互關聯，相互依賴，相互補充的。上句的「卽」字，當「就」字講。「防」是提防，心存戒備，所以說防。「防」字的主語是寡婦。「遠客」，指吳郎。「多事」，就是多心，或者說過慮。下句「插」字的主語是吳郎。這兩句詩串起來講就是說，那寡婦一見你插籬笆就擔心你禁止打棗，她雖未免多心，未免神經過敏，未免「以小人之心，度君子之腹」；但是，你一搬進草堂就忙着插籬笆，却也很像眞的要禁止她打棗呢！言外之意是：這不能怪她多心，倒是你自己有點太不體貼人。她本來就是提心弔膽的，你不特別表示親善，也就够了，爲啥還要插上籬笆呢！這兩句詩，措詞十分委婉含蓄。這是因爲怕話說得太直、太生硬，教訓意味太重，會引起對方的反感，反而不容易接受勸告。

在這裏，有必要附帶談一下關於「遠客」的解釋問題。有的註解說「遠客」是指「過路的客人」。這樣，防遠客的人也就不是寡婦，而是吳郎了。我以爲這是不對的。遠客就是遠方作客的人，古典詩歌中從來沒有把過路的客人叫做遠客的。杜甫自己的詩就可以作證，像《虎牙行》：「遠客中宵淚沾臆。」又《早發》：「艱危作遠客。」這遠客就都是指他自己，而不是泛指什麼過路的客人的。而且照「過路的客人」這種解釋，「雖多事」的「雖」字就講不通，也和下句的「却」字失去了呼應作用。

現在，我們接着講這首詩的最後兩句：「已訴徵求貧到骨，正思戎馬淚盈巾。」這兩句是全詩的結穴，也是全詩的頂點。表面上是個對偶句，但不要看作平列的句子，因爲上下句之間是一個發展的過程，由近及遠，由小到大。上句，杜甫借寡婦的訴苦，進一步指出了寡婦的、同時也就是廣大人民的困窮的社會根源。這就是官吏們的剝削，也就是所謂「徵求」。這剝削的殘酷，竟達到這樣的程度，使她窮到衹剩下幾根骨頭。這也就爲寡婦的撲棗作了進一步的洗雪。杜甫彷彿在對吳郎說：朋友！如果要追究撲棗的責任的話，那也要由貪官污吏們來承擔，寡婦本人是沒有罪的。下句，說得更遠、更大、更深刻。杜甫更進一步地指出了使人民陷於水深火熱之中的又一社會根源。這就是自從安史之亂以來，持續了十多年的戰亂，也就是所謂「戎馬」。由一個窮苦的寡婦，由一件撲棗的小事，杜甫竟聯想到整個國家大局，以至於流淚。這一方面固然是他那熱愛祖國、熱愛人民的思想感情的自然流露；另一方面，也是爲了點醒吳郎、開導吳郎的應有的文章。讓他知道：在這兵荒馬亂的情況下，苦難的人還有的是，決不只寡婦一個；什麼事都可能發生，也決不只是撲棗；戰亂的局面不改變，就連我們自己的生活也不見得有保障，我們現在不正是因爲戰亂而同在遠方作客，而你還住着我的草堂嗎？一個自私自利的人，總是鼠目寸光的，如果能叫他站得高一點，看得遠一點，想得開一點，他自然就不會在幾顆棗子上斤斤計較。這樣看來，最後一句詩，好像扯得太遠，好像和勸阻吳郎插籬笆的主題無關，其實是大有關係，大有作用的。

《又呈吳郎》這首詩的人民性是強烈而鮮明的，在通常用來歌功頌德的律詩中，這首詩更值得我們重視，但這一點可以不多說。這裏要作補充説明的是藝術表現方面的一些特點。首先是作者採取了擺事實、講道理的手法，用自己的實際行動來啓發對方，用顛撲不破的道理來點醒對方，最後還用自己的眼淚來感化對方，現身説法，盡可能地避免抽象的説教。其次是，運用散文中常用的虚字來作轉變。像「不爲」、「祇緣」、「已訴」、「正思」，以及「卽」、「便」、「雖」、「却」這些字就是。我們説過，這是一首律詩，律詩有不少清規戒律，比如中間四句就必須作成對偶，很容易流於呆板。現在因爲運用了這些虚字，所以能化呆板爲活潑，使這首詩既有律詩的形式美、音樂美，又有散文的靈活性，抑揚頓挫，耐人尋味。此外，措詞的委婉，也值得我們注意。杜甫是草堂的主人，讓不讓寡婦打棗，原可以做得一分主，但是杜甫却竭力避免以主人自居，祇當吳郎是這棗樹的主人，而自己不過是替寡婦説情，這就更能感動對方了。（蕭滌非）

## 登高

杜甫

風急天高猿嘯哀，渚清沙白鳥飛回。無邊落木蕭蕭下，不盡長江滾滾來。萬里悲秋常作客，百年多病獨登臺。艱難苦恨繁霜鬢，潦倒新停濁酒杯。

好詩是一個完整的意象，一朵渾成的感情的花。有些詩是根本不能分拆開來逐句吟詠的，例如李白的

「牀前明月光」，單抽其一句兩句，便如日常語言，毫無詩味，但凝成一體，却情景宛然，言淡而味永，是千古絕唱。有些詩雖然可以抽出一兩句警句，尤其是律詩中的某一聯，單獨諷詠，也堪令人擊節稱讚；但也祇有在整首詩的回護映帶下，警句才能如花中之蕊，格外顯出它的動人光彩。而且，一首詩若要逐字推敲起來，能句句銖兩悉稱，相對之下毫無弱筆的也確實不可多得，祇有在通首一氣品賞時，弱筆也在通體的美質中被溶化，彷彿一朵花中長得不够理想的某一瓣，對構成整體的美也盡了它的職能一樣。

杜甫是「詩聖」，千百年來的詩評家在他卓絕的詩篇和盛大的聲名之前傾倒，連他詩裏的弱筆也不敢評議，總是一例稱頌，多方爲之圓說。其實，在鑒賞批評中，固然不應輕薄地譏彈前人，刻意求疵；也不必處處鞠躬鼓掌，爲賢者諱。彼此採取平等態度，議論纔能實事求是，不失公允。而且，徹底完美也和一貫正確一樣，在人世間是沒有的事，杜甫詩也不能絕無瑕疵。譬如，有名的《詠懷古跡五首》，是他「晚節漸於詩律細」的高度成熟期之作，其中「諸葛」一首的頷聯，「三分割據紆籌策」對以「萬古雲霄一羽毛」，下五字屬對既不工穩，涵義也十分迂曲空泛，即使不能說是生湊，至少也不能算是佳句。此詩末句的「志決身殲軍務勞」，詩味也不那麼足，近於乾巴巴。全詩除頸聯「伯仲之間見伊呂，指揮若定失蕭曹」兩句警辟可誦外，通首僅氣象稍可取，應是杜詩中的平庸之作。但歷來評註家懾於杜甫的聲威，都曲予溢美，這也可說是對「詩聖」的「個人迷信」，應歸爲不虞之譽的。

這首《登高》誠然是杜甫的傑作，明人胡應麟甚至推爲「古今七言律第一」，稱此詩爲「通章章法、句法、字法，前無昔人，後無來學」的「曠代之作」。雖然逐句審視，他也看出末句稍嫌荏弱，却又創「軟冷收之」之論，爲之說項。那理由是：「此篇結句似微弱者，第前六句旣極飛揚震動，復作峭快，恐未合張弛之宜，或轉入別調，反更爲全首之累，祇如此軟冷收之，而無限悲涼之意，溢於言外，似未爲不稱也。」（《詩藪·內編》卷五）

胡氏的議論雖也不無道理，但反覆諷誦全詩，結句終究給人以一種氣力不足之感。但此句之不足以爲全詩病者，在於它和前七句氣脈貫穿，前面三聯一氣排闥之勢猶有充沛的餘力足以濟窮，足以包容其荏弱，足以維持其全詩的雄渾蒼涼之氣於不墜。這樣，末句在全詩完整的意象上還能盡其構成上的一份功能；它融入整體，然後顯得它的存在具有意義。

如果「以意逆志」，推究杜甫作此詩的感情狀態和藝術思路的話，則此詩應該倒讀上去。此詩爲大歷二年（七六七）同日所作的《九日五首》之一，《九日五首》集中僅見四首，加上此首方合五首之數。原來是否還另有一首，已經佚去（《錢註杜詩》題下註「缺一首」），故此首單立一題，或此首本爲五首之一，系杜甫或後來編集者有意分立；今不可考。但五首詩之作於同一日，當無疑義。五首的第一首的第一聯道：「重陽獨酌杯中酒，抱病起登江上臺。」可作「潦倒新停濁酒杯」句的註解，也可破舊註謂杜甫因病停杯的曲說。因放下酒杯（新停）而抱病登臺，故而不勝「萬里悲秋常作客」之思；登臺四望，眼中江山也無不着上了「萬里悲秋」的色彩。詩人先從爲自己的感情所籠罩的眼前景色寫起，後半首才歸結到自己，呈示出登臨時的感慨和登臨前的心境。《九日五首》中衹有第一首和此首是七言律，而第一首從「獨酌」、「登臺」寫起，然後申敍感慨；再看他的另一首登高之作，在成都所作的《登樓》，也是以「花近高樓傷客心，萬方多難此登臨」領起，都是卽事順序成章的。惟有此首，却先推出登高者眼前的景色，這景色中含有胡應麟所說的令人「飛揚震動」的境界，再在這一境界中出現人，卽悲秋而又多病的詩人自己，這就造成了感慨未抒氣氛已成的動人的詩情。因此，胡應麟評此詩有「建瓴走坂之勢」，確是會心之言。

全詩八句四聯，句句皆對，又對得圓渾自然，不見斧鑿之痕，充分顯示了詩人駕馭語言的功力。起句的峭急續以第二句的略作紆徐，前者訴諸聽覺，後者訴諸視覺，既有感情節奏上的妙用，又有藝術觀照上的對比效果。如無頷聯蒼茫浩蕩的氣勢，便映帶不出頸聯「萬里」、「百年」的沉鬱悲壯；反之，沒有頸聯的感慨深厚，也無以與頷聯的蕭森雄邁相對。至於末聯之於全詩，等於兩句補語，或如高潮之後的下降；主體既佳，全詩自美。藝術作品也正如人體一樣，不能苛求十個指頭一般長的。

詩人吟詠的是衰暮之年特殊心境中的登高，又是夔州巫峽特殊場景中的登高，就詩意說來，是不能易人、易時、易地的；但讀過這詩的人，不論何人、何時、何地，衹要登臨高處，便會驀地在心頭浮起詩中的句子來，引起感情上的共鳴，特殊升華爲一般，這便是詩的魅力。

（何滿子）

# 登岳陽樓

杜　甫

昔聞洞庭水，今上岳陽樓。吳楚東南坼，乾坤日夜浮。親朋無一字，老病有孤舟。戎馬關山北，憑軒涕泗流。

杜甫一生，除了青年時代比較快意外，大部分時間是在艱難潦倒中度過的。公元七五九年，詩人在秦州、同谷一帶滯留之後，又在荒山寒峽之間經過千辛萬苦的跋涉，最後來到成都，借助於友人的幫助，在城西的浣花溪畔建成了一座草堂，總算有了一個可以安身的場所。從此，飽經喪亂的詩人纔有心情欣賞和平而寧靜的大自然的景色，我們高興地聽到了他「長夏江村事事幽」那充滿喜悅之情的歌唱。然而好景不長，公元七六五年四月，詩人的好友、劍南節度使嚴武病死，詩人失去了依靠，便離開成都，乘舟東下，於第二年漂泊到夔州。這次出行，詩人是有勢不得已的苦衷的。他在《去蜀》一詩中憤然寫道：「如何關塞阻，轉作瀟湘游？」關山險阻，干戈遍地，本不應作遠遊，故曰「轉作」。轉是反的意思，所以金聖嘆說：「看他『游』字，下得憤極！」夔州兩年，詩人創作了《諸將五首》、《秋興八首》等大量詩作。從這些作品中可以看出，在詩人的胸膛裏，仍然激蕩着憂國憂民的深厚感情；祇是隨着年齡、心境的變化，詩的感情由熾烈而趨向蕭颯，韻調轉見悲愴，格律也更加嚴謹。公元七六八年，詩人自夔州出峽，到江陵、公安、岳陽一帶，過着「飄飄何所似，天地一沙鷗」的生活，一條小船成了他唯一的棲身之所。《登岳陽樓》就寫在流寓岳陽的時候。這時詩人已經五十七歲。國家多難，個人遭遇異常坎坷，加上疾病纏身，親友的關係又完全斷絕，境況十分凄苦。但是，「落日心猶壯」，他身在草野，心憂社稷。詩人正是懷着這種奮發不息而又悒鬱孤獨的複雜心情，登上了他渴欲一見的海內名勝岳陽樓的。他眼觀壯麗的湖山，心憂多難的時勢，顧念自己潦倒的身世，於是寫下了這首雄渾蒼茫、千匯萬狀的詩篇。

岳陽樓在湖南岳陽縣城的西門上，面對的洞庭湖是我國有名的五湖之一。對此名樓勝地，詩人早已心往神馳。「江山留勝跡，我輩復登臨」，這怎能不叫人快慰呢！詩一開頭，詩人巧妙地運用「昔聞洞庭水」、「今上岳陽樓」兩個對比句，十分流暢自然地道出了久欲一見而夙願終於得償的喜悅心情。

三、四兩句極力描寫洞庭湖的景色。要寫好這一聯，難度是很大的。因爲用寥寥十個字，要典型地概括出洞庭湖的雄偉氣勢，本來就很不容易；何況前人對此題詠很多，佳句也爭奇競秀；尤其是「風流天下聞」的孟浩然，早就寫下了「氣蒸雲夢澤，波撼岳陽城」這樣膾炙人口的名句。也許詩人會有李白當年登黄鶴樓時所產生的「眼前有景道不得，崔顥題詩在上頭」的感覺吧！可是，詩題既是「登岳陽樓」，又不能不寫岳陽樓的壯觀。這對詩人來說，簡直就像面臨一場嚴格的考試。然而，我們用不着爲詩人擔心，他有氣吞雲夢的胸襟懷抱，有融鑄萬物的藝術才華，他的凌雲健筆一揮，終於寫出了光掩前人的名句：「吳楚東南坼，乾坤日夜浮。」上句說，洞庭湖汪洋萬頃，好像把處於它東南方的古代的吳國和楚國這片廣大的原野從中分裂，打開了一個缺口一樣；下句說，太陽和月亮好像就在這湖裏浮沉出沒，晝夜不止。十個字，異常生動地寫出了洞庭湖的壯偉開闊，横無際涯。誠如詩評家所說，「雖不到洞庭者讀之，可使胸次豁達」，也能讓人胸襟爲之開闊。

五、六兩句「親朋無一字，老病有孤舟」，一改上聯大筆揮灑、以景託情的描寫而爲直抒胸臆，直接抒發登樓所引起的個人身世之感。在多年「漂泊西南」的艱苦歲月裏，由於戰爭連綿不止，詩人和親朋的書信往來已完全斷絕了；「親朋無一字」，確是沉痛的寫實。「老病有孤舟」一句，也包含了極其凄苦的內容：

五十七歲，本已是遲暮之年：加上困守長安時，詩人就患了肺病和惡性瘧疾，在成都時，又患風痹，到夔州後，病況加重，因此，這個「病」字，決不是無病呻吟。垂老之年，多病之身，孤舟一葉，異地飄零，這境況確實是够淒涼的了。和上一聯極其開闊的境界比較，一闊一狹，涇渭分明，似乎極不相稱，極不相干；然而正如清人查慎行所說，「於開闊處俯仰一身，淒然欲絶」，這當中是有着極其自然的內在聯繫的。因爲境界的空闊，在一定情況下，往往能逗引或加強人們的飄零孤獨之感。陳子昂登上幽州臺，發出了「念天地之悠悠」的呼喊；北朝民歌中，也有「念吾一身，飄然曠野」的詠嘆。同樣，此時此地，給詩人杜甫增加「飄飄託此身」之感的，不是別的，也正是那「吳楚東南坼，乾坤日夜浮」的雄渾蒼茫的洞庭湖水。

最後兩句「戎馬關山北，憑軒涕泗流」，是抒發戰亂時世的深切焦慮。清人黄白山認爲，尾聯「轉出『戎馬關山北』五字，胸襟氣象，一等相稱」。這是很有見地的。這裏所謂「胸襟」，是指杜甫的博大胸懷；「氣象」，是指洞庭湖的壯闊景象，二者渾然一體，眞是情景相生。杜甫畢竟是個憂國憂民的人。十六年前，他寫《登慈恩寺塔》詩時就說過：「自非曠士懷，登茲翻百憂。」那時安史之亂還未發生，唐王朝正維持着表面繁榮的局面；可是，看出了國家危機四伏、先天下而憂的杜甫，却不能不「翻百憂」，何況現在京師北面正鼙鼓喧天、戰事不斷呢！據《資治通鑒》二百二十四卷記載：大曆三年八月，吐蕃曾兩次對唐王朝進行侵擾，一次是十萬人侵犯靈武，一次是兩萬人侵犯邠州，使唐帝國的首都長安也不得不宣布戒嚴。可見，這裏「轉出『戎馬關山北』」，既有當時歷史的客觀現實基礎，又有詩人一貫心念社稷存亡的主觀思想根據。顯然，一個胸懷大志的偉大的愛國詩人，是不會有什麼超世絶塵的「曠士懷」的。當他想到「致君堯舜上」——使君王比歷史上的堯舜更賢明的宏大政治抱負不能實現，當他想到「蒼生有環堵」——人民下再露野、百姓有房安居的高尚理想化爲烏有，當他想到他的「立國自有疆」——反對向外擴張、主張安邊定遠的思想終成泡影，又怎能不「憑軒涕泗流」呢？「憑軒涕泗流」，正是這種關懷國事而又報國無門的痛苦心情的眞實流露。

這首詩，寫於詩人逝世前一年，正是「晚節漸於詩律細」，藝術技巧更加純熟的時候。從詩的對仗、用典和其他藝術表現手法上，特別能看出詩人對律詩用功之深。本來，律詩的開頭兩句是可以不必對仗的。因爲詩人運用對仗這一手法十分自如，所以隨手寫來，即成佳對：從「昔」到「今」，由「聞」而「上」，對得那樣流暢、自然。岳陽之勝在洞庭，登上岳陽樓，眺覽洞庭水，我們彷佛聽到詩人由衷的贊嘆：「啊！果然名不虛傳呀！」可貴的是，這些意思，詩人并不需要借助更多的抒情文字來說明，而是通過工整的對仗來顯示：昔聞其名，今歷其境。從對仗中讀者可以看出詩人溢於言外的欣喜之情。

在用典上，更是達到了入化的境地。「東南坼」，本是由《史記·趙世家》中的「地坼東南」濃縮而來；「日夜浮」，則似乎是受《水經·湘水注》的啓迪：「洞庭湖水，廣圓五百里，日月若出沒其中。」當然，曹操在他的名作《觀滄海》中也寫過「日月之行，若出其中；星漢燦爛，若出其裏」的詩句。這些典故，有力地幫助了全詩意境的開拓。但是，我們會感到詩人在用典嗎？不，我們看到的衹是天然渾成的天章雲錦，衹是姿態橫生的流水行雲。這種爐火純青的冶煉功夫，我們衹有從詩人自己的體會中去找答案：「讀書破萬卷，下筆如有神。」

在表現手法上，詩人嫻熟地運用映襯和對比，使讀者受到強烈的感染。如三、四句「吳楚東南坼，乾坤日夜浮」寫得極爲豪壯開闊，而緊接的五、六句「親朋無一字，老病有孤舟」則寫得極爲黯淡仄隘。天地如此廣闊，詩人的處境却狹窄到這種地步，「詩境闊狹頓異」（黄白山語），前後映襯，使人倍覺難堪。在全詩的起結上也是如此：從乘興登樓起筆，以涕泗交流收篇，喜和悲的映襯是那樣的鮮明強烈，使讀者清楚地看到了一顆憂樂關乎天下的赤子之心。

總之，這些藝術手法，詩人運用起來是如此得心應手，以致使人看不出任何斧鑿痕迹。「成如容易却艱辛」，這裏傾注了詩人多少心血啊！所以，這首詩在刻滿了「唐賢今人詩賦」的岳陽樓上名列前茅，成爲千古絕唱。宋末元初的方回在《瀛奎律髓》中說：「嘗登岳陽樓，左序毬門壁間，大書孟（浩然）詩，右書杜詩，後人不敢復題。」現存的岳陽樓許多名聯，也都高度評價了這首使湖山生色的名作。如：「吳楚乾坤天下句，江湖廊廟古人心。」說杜甫的「吳楚東南坼，乾坤日夜浮」是天下不朽的名句。又如：「後樂先憂，范希文庶幾知道；昔聞今上，杜少陵始可言詩。」也說杜甫的「昔聞洞庭水，今上岳陽樓」之作，是描寫洞庭湖的眞正

詩篇。從這些評論裏，我們可以想見杜甫的《登岳陽樓》這首詩爲人們喜聞樂道之一斑。（林從龍）

# 江南逢李龜年

杜甫

岐王宅裏尋常見，崔九堂前幾度聞。正是江南好風景，落花時節又逢君。

這首絕句，是杜甫五十九歲，在唐代宗李豫大曆五年（七七〇）春天漂泊湖南潭州時，贈給大音樂家李龜年的一篇作品。這首詩和杜甫另一篇七絕《贈花卿》，歷來認爲是杜甫七絕詩中最爲膾炙人口的名篇，也是杜甫一百三十八首絕句詩（五絕三十一首，七絕一百零七首）中風華絕代、情韻綿邈的作品。

杜甫在大曆三年（七六八）春天放舟出峽，離開夔府孤城，三月到了湖北江陵，欲依族弟杜位。杜位當時是荆南節度使衛伯玉的行軍司馬，擁有實權，宋王應麟《困學紀聞》卷十載，「杜位，李林甫婿，炙手之徒」，又是個依附權相李林甫、趨炎附勢的市儈。由於杜甫性格的孤高和生活上的貧困，不久，受到杜位的冷落。當時陝西商州兵馬使劉治殺防御使殷仲卿，商州大亂，道途阻隔，杜甫北歸之望落空，在「饑籍家家米，愁徵處處杯」（《秋日荆南述懷三十韻》）的辛酸情況下離開了江陵，走上了漂泊天涯的道路。

大曆四年（七六九），杜甫浪跡湖南，在「親朋無一字，老病有孤舟」（《登岳陽樓》）的哀嘆中南行，訪他少時在郇瑕（山西猗氏縣）的友人衡州刺史韋之晉，可是韋已調任潭州刺史。杜甫又返櫂潭州，韋之

## 江南逢李龜年

晉已在四月死在潭州任上。一連串的挫折，長期的艱困生活，迫使杜甫泛宅浮家，漂泊水上，賣藥於市，生活極爲困苦。在《歸雁》詩中唱出了「繫書元浪語，愁寂故山薇」（其二），表達他懷念家山，不得北歸的痛苦。可是詩人在這樣的環境裏面，仍然是憂國憂民，沿途寫下了大量關懷人民疾苦的詩篇。

大曆五年（七七〇），清明前後，他仍留滯江潭，思鄉甚切。《小寒食舟中作》詩中寫出：「春水船如天上坐，老年花似霧中看」。「雲白山青萬餘里，愁看直北是長安」，有不勝悵惘之情。就在這個春天，杜甫在潭州邂逅了當年名震京華的歌手李龜年。

關於李龜年的事跡，范攄《雲溪友議》卷中載：「李龜年奔迫江潭，杜甫以詩贈之。龜年曾於湘中採訪使筵上唱『紅豆生南國，春來發幾枝。勸君多采擷，此物最相思。』又『清風明月苦相思，蕩子從戎十載歸。征人去日殷勤囑，歸雁來時數附書』。歌詞皆王右丞所製，至今梨園唱焉。」《明皇雜錄》亦載：「樂工李龜年特承恩遇，於東都『道通里』大起宅第，甲於都下。……其後龜年流落江南，每遇良宵勝景，常爲人歌數闋，座客聞之，莫不掩泣而罷。」

從這兩個記載中，我們知道李龜年在唐代開元、天寶年間，是一位聲名赫赫的大音樂家，曾經受到唐玄宗的賞識，在宮中教梨園子弟歌曲。杜甫少年時代，在東京洛陽多次聽過李龜年的歌唱，在長安十載，更熟悉李龜年教曲梨園的盛名，暮年重逢，會勾起多少辛酸的回憶。八年安史之亂，他們都同樣過着竄跡天涯的流浪生活。接之而來的民族危機，長期內亂，人民苦難，大唐帝國的衰落，給詩人杜甫帶來多少苦難和哀愁，李龜年也風塵滿面，消盡了往日的繁華。兩人流落潭州，餘生相見，訴不盡離合悲歡。詩人杜甫寫下了這首神淒韻逸，風致綿邈的詩篇，給文學、藝術史上留下了一段流傳千古的佳話。

詩歌以眞摯的感情，含蓄蘊藉的手法，風神搖曳的韻致，在眷戀於離合之際，珍惜於友誼之間，含情不吐，却又透露了時代盛衰和漂蕩天涯的苦楚，是一篇極爲動人的作品。

詩歌開始兩句，「岐王宅裏尋常見，崔九堂前幾度聞」，一起就有滄桑之感，透露了開元、天寶以來四十年間的治亂興衰。詩歌以倒敍的手法，回溯開、天盛世，岐王李範宅第中的高會，崔滌堂中嘉客如雲，李

江南逢李龜年

龜年春風度曲，四座傾倒的景象，從詩句中展現出來，渲染了承平時代文苑風光和詩人杜甫聽曲的神采。說明了李龜年是當時名流文士中的上客，是風靡一時的歌手。在杜甫《壯游》詩中記下了這一段生活，他到了暮年，還爲之神往不已。詩裏寫道：「往者十四五，出游翰墨場。斯文崔（崔尚）魏（魏啓心）徒，以我似班（班固）揚（揚雄）。」「性豪業嗜酒，嫉惡懷剛腸。脫略小時輩，結交皆老蒼（耆宿學者）。飲酣視八極，俗物多茫茫。」敍述了年輕時代的杜甫，蜚聲士林，豪邁不羈，志向遠大，受到當時文壇前輩學者的賞識獎譽。

岐王李範是唐睿宗的兒子，他的宅第在東都洛陽「崇善坊」。崔九，是中書令崔湜之弟崔滌，作秘書監，與唐玄宗交好，他的宅弟在洛陽「遵化里」。少年杜甫，以高才受到當時文壇前輩的重視，因而得以參加文人藝術家的集會，出入於岐王宅裏和崔九堂中，聽歌賞藝。幾十年的光陰轉眼過去，風流雲散，繁華消歇。「人事有代謝，往來成古今」，少年綺麗的景色，在戰亂烽煙中消失。故人重逢，在話舊中追憶往昔遊樂，增加詩人無邊的惆悵。

詩句中的「尋常見」、「幾度聞」點明了杜甫、李龜年相會的頻繁和杜甫對李龜年歌藝的傾倒。文學、藝術的結合，使杜甫、李龜年有了深厚的友情。少年時代的風采，超羣出衆的才華，使他們相互傾慕，相互了解。安史大亂，給國家民族帶來重大災難，把詩人杜甫與音樂家李龜年分開了，中斷了多年的友誼，老大相逢，當然是分外地親切。

詩中第三句，「正是江南好風景」，把相逢的地點、時間、景色點染出來，加強詩歌裏面的色彩和氣氛。在南國春來，風光明麗的下面，別離了四十年的故人在潭州聚會了，「問姓驚初見，稱名憶舊容」（李益《喜見外弟又言別》），自然要引起許多往事的回憶。相看老大，悲喜交集，掀起層層的思緒波瀾，加重詩人、歌手的悵觸和感慨。「正是」二字，下筆極爲沉重、妥貼，把南國春光渲染得極爲濃麗。「好風景」三字把潭州周圍景色高度概括地勾畫下來。又明麗、又渾厚、又具體，把碧綠的湘江，葱翠的岳麓，橘子洲、道林寺以及在春光下的勝跡名區，都包含在這一句裏面，以樸實簡練的語言，通俗平易的詞句，囊括了江山景色，給人以一種深厚的感受。句子裏面用的「好」字，有很大的容量，它充滿了讚嘆之音，既讚美風光明媚，也充滿了珍惜嘆惋之情。在動蕩不安的時局下面，在異鄉流落之中，對此風光景色，憂國懷鄉，給詩人憑添了多少愁緒。

本篇詩歌開始二句是回憶往昔，是虛寫；第三句是轉折，是從回憶中轉到現實，是實寫。「正是江南好風景」，蕩開前面二句的沉思、回憶，進入到眼前的現實。眼前正是春光如海，可是詩人的心情，并未被春光陶醉，而是感懷家國，厭亂傷離，有着無邊的惆悵。眼前的景色和詩人內心的矛盾，都從字裏行間透露出來。詩歌的表達形式，尤其是七絕詩的表達，它與散文不同，它是通過藝術形象，委婉含蓄地反映詩人的思想感情。

句中的「江南」指的是湖南地區。清人錢牧齋《杜詩箋註》引《史記》：「王翦定江南地」及王逸《楚辭章句》：「襄王遷屈原於江南」，在湘潭之間。龜年方流落江潭，故曰江南。

第四句「落花時節又逢君」，把故人重逢聚首，共話離情，在飛花萬點的風光下面，彼此百端交集的心情，以含蓄不盡的藝術手法透露出來，加強全詩的感染力。詩人悵懷於早已消逝了的年華，貧病交加的憂患餘生，處在動亂不安的年代，時刻關懷國家前途和人民的命運，在「一片花飛減却春」（《曲江二首》）中，已經發出詩人的嘆息，對着「風飄萬點正愁人」（同上）的落花時節，自然會更增加詩人的感嘆。然而在全詩中却又是那樣蘊藉含蓄，飽和着深厚眞摯的情感，引而不發。正如劉永濟先生所說：「此詩二十八字中，於今昔盛衰之感，與此漂流轉徙之苦，會合之難，都無一字說明，但於末句用一『又』字，而往事今情，一齊納入矣。」這個評語非常精確。

這首詩感人至深，傳誦今古，正因爲它有深厚的情感，精妙的語言，高超的表現手法；晶瑩流暢，明麗風華。從謀篇佈局、寫景抒情、命意遣詞上可以深刻地理解到一個名篇之所以能够流傳千載的樞機了。

至於杜甫這首七絕，在結構上也還有它的特點。

明朝研究唐詩的胡震亨在他著的《唐音癸籤》卷三中引楊仲弘語曰，「絕句之法，要婉曲回環，删蕪就簡，句絕而意不絕，多以第三句爲主，而第四句發之。」又說：「大抵『起』、『承』二句固難，然不過平直爲佳，從容發之爲是。至如宛轉變化工夫，全在第三句，若於此轉變得好，則第四句如順流之舟矣。」楊仲弘這些話，總結了七絕詩在結構上的特點。盛唐七絕名家在七絕詩中都是用這個方法。卽第一句「起」了以後，第二句「承」開拓境界，爲第一句起着「說明」或「鋪張」的作用。如李白七絕《春夜洛城聞笛》：「誰家玉笛暗飛聲，散入春風滿洛城。」第一句說：笛聲吹起，第二句是「承句」，說明這個笛聲在春風中播送到全城。對第一句來說，第二句內容，起着擴大和烘托的作用。

《江南逢李龜年》詩中的第一句和第二句之間沒有「承接」的關係，兩句是并列的。以憶舊開始，以憶舊并列。放棄了爲首句開拓境界的職能，使三、四句承擔更大的負擔。然而正由於一、二句都是回顧往事，就增加舊夢縈回的氣氛，爲下面三、四句蓄勢，猶如《古詩十九首》中的「行行重行行」那樣，加強語言的效果。元稹說：「杜詩脫棄凡近。」白居易說：「杜詩貫穿古今，盡工盡善」，沒有一點虛美。杜甫自己也說過，「晚節漸於詩律細」（《遣悶戲呈路十九曹長》），「語不驚人死不休」（《江上值水如海勢聊短述》）。從杜甫這首《江南逢李龜年》七絕當中，可以有所體會了。

（李國瑜）

# 涼州館中與諸判官夜集

岑參

彎彎月出掛城頭，城頭月出照涼州。涼州七里十萬家，胡人半解彈琵琶。琵琶一曲腸堪斷，風蕭蕭兮夜漫漫。河西幕中多故人，故人別來三五春。花門樓前見秋草，豈能貧賤相看老？一生大笑能幾回？斗酒相逢須醉倒！

這首詩《唐五十家詩集》本、《唐四家集》本、明正德濟南刊本都題作梁州，不作涼州，但詩中說：「河西幕中多故人，故人別來三五春。」自以作涼州爲是。徐倬《全唐詩錄》及《全唐詩》作涼州，茲據改。李嘉言《岑詩繫年》定這詩爲天寶十載（七五一）東歸之作。但高仙芝除河西節度使，岑參至武威在十載三月，六月卽至臨洮，與「故人別來三五春」之語不合，故改定於天寶十三載赴北庭過涼州時。

這首詩是岑參邊塞詩的別開生面之作。它既寫了河西的繁榮、胡樂的興盛，又表現了詩人建功立業的愛國思想和豪邁的感情，與稍後的《走馬川行奉送出師西征》、《輪臺歌奉送封大夫出師西征》等作共同組成岑參後期邊塞詩（天寶十三載至至德元年）的燦爛篇章。與前期（天寶八載至十載）相比，有更大的發展。

題中的館是客館，指旅舍，判官是節度使的屬僚。

詩的開始兩句：「彎彎月出掛城頭，城頭月出照涼州。」明正德本註：「上出一作子。」掛字甚好。兩句通俗易懂，生動活潑，對後世影響很深。明人王世貞說：

唯吳中人棹歌，雖俚字鄉語不能離俗，而得古風人遺意。其辭亦有可採者，如陸文量（名容，明成化進士，太倉人）所記：「月子彎彎照九州，幾家歡樂幾家愁？幾人夫婦同羅帳？幾人飄散在它州？」……卽使子建、太白降爲俚談，恐亦不能過也。（《藝苑卮言》卷七）

按「月子彎彎照九州」一首，載宋人《京本通俗小說》，謂之「吳歌」。趙彥衛《雲麓漫鈔》卷九謂爲「吳中舟師之歌」。總之是受了岑參此詩的影響，或者岑參也從以前或當時的民歌受到啓發并發展而來。

涼州館中與諸判官夜集

「涼州七里十萬家，胡人半解彈琵琶。」《全唐詩》註，「里一作城。」《元和郡縣志》卷四十說：「涼州州城本匈奴所築，漢置爲縣。城不方，有頭尾兩翅，名爲鳥城。南北七里，東西三里，地有龍形，亦名臥龍城。」《資治通鑒》卷二一九：「至德二載正月，河西兵馬使蓋庭倫與武威九姓商胡安門物等殺節度使周泌，聚衆六萬。武威大城之中，小城有七，胡據其五，二城堅守。」胡三省註：「武威郡涼州治姑臧，舊城匈奴所築，南北七里，東西三里，張氏據河西，又加築四城……餘二城未知誰所築也。」作七里、七城都可講通，但因各本都作七里，還是保留七里爲當。《新唐書·地理志》說：「涼州武威郡……戶二萬二千四百六十二。」十萬家是誇張的說法，極言涼州之繁盛。如杜甫《水檻遣心二首》之一：「城中十萬戶，此地兩三家。」其實據《新唐書·地理志》成都府十六縣也才十六萬九百五十戶，說成都城中有十萬戶，也是誇張。涼州十萬家中，胡人自多。

琵琶是樂器名，石崇《王明君辭》序：「昔公主嫁烏孫，令琵琶馬上作樂，以慰其道路之思。」琵琶一作枇杷、批把。劉熙《釋名·釋樂器》：「枇杷，本出於胡中，馬上所鼓也。推手前曰枇，引手却曰杷，象其鼓時，因以爲名。」《風俗通》卷六作批把。「琵琶一曲腸堪斷，風蕭蕭兮夜漫漫。」「琵琶一曲」當指《涼州曲》，載崔令欽《教坊記》。詩人王之渙、王翰均有作，名《涼州詞》。據《樂府詩集》卷七十九引《樂苑》：「《涼州》，宮調曲。開元中，西涼府都督郭知運進。」《容齋隨筆》卷十四說：

> 今樂府所傳大曲皆出於唐，而以州名者五：伊、涼、熙、石、渭也。涼州今轉爲梁州，唐人已多誤用，其實西涼府來也。凡此諸曲，唯伊、涼最著，唐詩詞稱之極多。
> （「大曲伊涼」條）

荊軻《易水歌》：「風蕭蕭兮易水寒。」寧慼《飯牛歌》：「長夜漫漫何時旦？」用二語合爲一語甚工。

涼州館中與諸判官夜集

「河西幕中」指河西節度使幕中，岑參天寶八載至十載在安西，河西曾兩度經過，且曾留住，有詩爲證。至天寶十三載，故稱「別來三五春」。《史記·范雎列傳》：「以綈袍戀戀有故人之意。」故人稱舊友。

「花門樓前見秋草，豈能貧賤相看老？」各本都作花樓門前，據《全唐詩》改。《元和郡縣志》卷四十：「甘州張掖東北至花門山一千四百五十里。」《新唐書·地理志》：「甘州刪丹縣……東北行千里有寧寇軍，故同城守捉也……東北有居延海，又北三百里有花門山堡。又東北千里至回鶻衙帳。」當今甘肅額濟納旗北境。這詩說「花門樓前」，當指涼州北城門樓前。見秋草是說草衰，北地早寒。後有《登北庭北樓呈幕中諸公》詩，也說「六月秋風來」。「豈能貧賤相看老」，是渴望建功立業的思想，卽「當封侯萬里外」之意，不祇是追求富貴，如《古詩十九首》之四的「何不策高足，先據要路津，無爲守貧賤，轗軻長苦辛」。李白《南陵別兒童入京》詩也說：「仰天大笑出門去，我輩豈是蓬蒿人？」意思也一樣，不過李白志在政治濟世（「游說萬乘」），岑參則西行欲立邊功也。

「一生大笑能幾回？斗酒相逢須醉倒！」上句出自《莊子·盜跖》：「人上壽百歲，中壽八十，下壽六十，除病瘦（當作瘐）、死喪、憂患，其中開口而笑者，一月之中，不過四五日而已矣。」這裏不說一月而說一生，是誇張，明正德本註「生一作年」，餘本均未註，恐作年未當。「斗酒相逢須醉倒」是豪邁語，岑參前有《喜韓樽相過》詩說：「故人相逢耐醉倒。」又說：「長安城中足年少，獨共韓侯開口笑。」和這裏的意思也相近。後來韓樽也曾到北庭（《寄韓樽》詩說：「夫子素多疾，別來未得書，北庭苦寒地，體內今何如？」），和岑參有共同的思想感情。

這首詩兩句一韻，和前作《田使君美人舞如蓮花北鋋歌》的前六句相似。此詩祇末尾二句押上二句韻。岑詩前有《燉煌太守後庭歌》，句句押韻，後有《走馬川行奉送出師西征》，三句一韻，《輪臺歌奉送封大夫出師西征》也和這詩一樣兩句一韻，祇末尾二句押上二句韻，全詩較此爲長，可以說是它的繼續和發展。這詩首句與次句用「城頭」相緊接，二句與三句用「涼州」相緊接，四句與五句用「琵琶」相緊接，七句與八句用

「故人」相緊接，既使詩意綿密，也增加了音樂性。這些表現了岑參邊塞詩的音韻變化很大，音樂性很強，甚爲新奇。

還有這詩全首都很通俗，不祇是前兩句。第六句用古歌語，第十一句用《莊子》語，也都不覺。可以說是白描，全詩也非常流暢。這樣的詩值得我們認眞地學習。

（劉開揚）

# 走馬川行奉送出師西征

岑參

君不見走馬川行雪海邊，平沙莽莽黄入天。輪臺九月風夜吼，一川碎石大如斗，隨風滿地石亂走。匈奴草黄馬正肥，金山西見煙塵飛，漢家大將西出師。將軍金甲夜不脱，半夜軍行戈相撥，風頭如刀臉如割。馬毛帶雪汗氣蒸，五花連錢旋作冰，幕中草檄硯水凝。虜騎聞之應胆懾，料知短兵不敢接，車師西門佇獻捷。

這首詩同上一首一樣，是岑參任安西北庭節度判官時寫的。這期間，封常清曾幾次出兵作戰。岑參對當時征戰的艱苦、勝利的歡樂，都有比較深的體會，曾經寫了不少詩歌來反映。有一次，封常清出兵去征播仙，岑參寫了這首詩爲他送行。

全詩共分四部分。

前六句是第一部分，寫封常清出征的自然環境。

一至三句點明了出征的路線：經過走馬川、雪海邊，穿過戈壁沙漠。「平沙莽莽黃入天」，「莽莽」二字寫出了狂風卷着飛沙的迷朦景象；「黃入天」進一步寫出了大漠風沙的顏色，寫出了風沙直達天際：眞是遮天蔽日，一派混沌。三句詩，無一「風」字，而風的猛烈却寫得如在目前。這是白天的景象。

後三句繼續寫「風」。「輪臺九月風夜吼」，又進一步點明了時間：九月的一個夜晚。寫狂風呼嘯用一「吼」字，好像是一頭發瘋的野獸，在怒吼，在咆哮，這是從聲音上寫風猛、風大。「一川碎石」，說明石頭很多，遍布在走馬川的河牀裏；「大如斗」，形容碎石之大。「隨風滿地石亂走」，那樣大的碎石頭，居然被風吹得滿地滾動，已經可以看出風大風猛；再着一「亂」字，就更表現了風的狂暴。「平沙莽莽」句寫天，「石亂走」句寫地，三言兩語就把環境的險惡勾勒出來，讓人如臨其境。

七、八、九三句是第二部分，寫封常清出征的原因。

敵人利用草黃馬肥的時機發動了進攻。「漢家大將」出師西征，是爲了保衛國家、反抗侵略，是正義的。「煙塵飛」三字，寫報警的烽煙同敵人進攻捲起的塵土一起飛揚，既表現了敵人的兇狂，不可一世；也說明了唐軍早有警戒。緊接着便寫「大將」西征。

十至十五句是第三部分，寫封常清出征行軍的情況。

前三句寫半夜行軍的情況。「將軍金甲夜不脫」寫將軍。他們夜不解甲，常備不懈，表現他們的精神狀態；詩人不說「鎧甲」、不說「鐵衣」，却用了「金甲」二字，表現戰袍金鱗閃耀，又刻畫了將軍威武的外在形象。「半夜軍行戈相撥」寫兵士。他們浩浩蕩蕩大舉進發，聽不到人馬喧嘩，說明軍旅整肅，紀律嚴明。但一是由於時已夜半，摸黑前進；二是由於風大，頂風低頭而走；另外，再加上路途坎坷多石，所以行軍路上軍器碰擊，讓人想見叮當之聲。這句刻畫出了衝風冒寒、黑夜行進的一隊英雄羣像。「風頭如刀臉如割」，說明寒風凜冽，是寫將軍與兵士的共同感受。寫敵人進兵是塵土飛騰，氣勢洶洶；寫封常清的軍隊，却是不畏艱險，威武雄壯，有很強的感情色彩。

前面是寫整支隊伍行進的情況，場面闊大；後三句轉換了一個角度，抽出幾匹戰馬，選擇一種活動來寫，寫行軍中的兩個細節。

先寫戰馬。「馬毛帶雪汗氣蒸，五花連錢旋作冰」，說明風大、天寒，戰馬奔馳起來格外費力，那蒸騰的汗水，在馬毛上結成了一層白霜，好像飄落在馬身上的一層雪花。這層「霜」越結越厚，很快又凝成一層薄冰。

這兩句詩通過描寫戰馬的外形，暗示了行軍的急速，讓人好像看到了戰馬騰空飛奔、聽到了戰馬嘯嘯長鳴，渲染出臨戰前的緊張氣氛。馬自然是普通的戰馬，但在詩人看來，它們都好像是「五花」、「連錢」一類名貴的駿馬。寫馬的鬥風傲雪，神采飛揚，是爲了襯托人的意氣風發，鬥志昂揚。這是寫野外行軍。「幕中草檄硯水凝」，寫幕中。在硯水凝結的情況下，仍然起草聲討敵人的文書，申明「漢家」（即唐朝）的正義。途中草檄，既表現了「漢家」出戰迅疾，又顯出「漢家」有條不紊，鎮定從容。三句詩，有文有武，文武配合得十分緊密。環境異常惡劣，行軍異常艱苦。但是，烈火見眞金。正由於條件艱苦，才更顯出唐軍將士所向披靡的英雄氣概。這樣的軍隊，怎能不大獲全勝呢？從而很自然地引出了第四部分。

最後三句是第四部分，寫詩人預祝封常清出師告捷。

前面對敵人、對唐軍進行了對照描寫，等於是分析了敵我雙方的形勢，因此，最後預祝勝利的話，就有根據，顯得眞實可信。「虜騎聞之應膽懾，料知短兵不敢接」，因爲是「送出師」，隊伍還沒有開到前線同敵人交戰，所以用「應」和「料知」，表明是詩人的推想。這種推想又是不容置疑的，令人信服的。詩人最後表示：「車師西門佇獻捷」。捷報一定會迅速傳來，可立而待，表示了詩人對封常清出師的祝願，表現了詩人必勝的信心。毫無疑問，這也會對封常清、對封常清的軍隊產生鼓舞力量。

這首詩通過對封常清出征情況的描繪，熱情歌頌了唐軍將士在反擊侵略、保衛國家的戰鬥中，不畏艱險、挺身赴敵的英雄氣概和愛國精神。

這首詩成功地運用了襯托手法。飛沙走石、雪寒風厲之中，將士們頑強地向前挺進，反襯出了唐軍將士豪邁堅強的精神面貌。敵人發動侵略，風煙滾滾，來勢兇猛，而唐軍將士滿懷勝利信念，出師迎敵，對比之下，更顯出唐軍的威武高大。經過這種襯托對比，雖然沒有具體描寫戰鬥，却烘托出了戰則必勝的氣氛。最後三句，就不是一般的良好祝願，而是堅定的必勝信心的一種體現。

北方邊疆，狂風嚴寒，這是大家可以想像的。詩人把風之狂寫成可以把「如斗」的大石吹得滿地亂滾；把氣候的寒冷寫成能把蒸騰的馬汗旋卽凝結成冰；不僅室外如此，連「幕中」的硯水都能很快凝結。而大膽的誇張又往往同貼切的比喻連在一起，這就使形象更加鮮明、生動。

詩歌句句用韻，三句一換，節奏急促，變化靈活，與慷慨激昂的感情、克敵制勝的樂觀精神和諧統一，給人以突兀不凡的感覺。

（張燕瑾）

# 白雪歌送武判官歸京

岑　參

北風捲地白草折，胡天八月卽飛雪。忽如一夜春風來，千樹萬樹梨花開。散入珠簾濕羅幕，狐裘不暖錦衾薄。將軍角弓不得控，都護鐵衣冷難着。瀚海闌干百丈冰，愁雲慘淡萬里凝。中軍置酒飲歸客，胡琴琵琶與羌笛。紛紛暮雪下轅門，風掣紅旗凍不翻。輪臺東門送君去，去時雪滿天山路。山迴路轉不見君，雪上空留馬行處。

這首詩約作於天寶十四載（七五五）當時作者任安西、北庭節度使封常清僚屬，住在輪臺（今新疆米泉縣境）。此詩爲送人歸京而作，却別開生面，用大量的篇幅來描繪邊塞風光。開頭兩句，寫邊地北風之猛和塞外飛雪之早，很有氣勢。白草卽席萁草，又稱芨芨草，是西域所產牧草，生沙土荒灘中，莖稈高大堅韌，密集叢生。所以，用「白草折」三字，既很好地表現出風勢的猛烈，又準確地反映了西域邊地的特色。接着筆鋒一轉，出人意料地用「忽如一夜春風來，千樹萬樹梨花開」的詩句來形容雪景，使人覺得耳目一新。梁蕭子顯《燕歌行》：「洛陽梨花落如雪，河邊細草細如茵。」以雪擬梨花，同岑詩的將梨花比雪，雖然設喻相近，但二者的意境并不一樣。岑參的詩句，不僅描狀出雪下得大而急遽，還把塞外的冰天雪地世界，寫得充滿了鬱勃的春意，其境界眞是奇麗壯美極了，而蕭子顯的詩句，雖然比喻新穎可喜，意境却談不上奇特壯麗。我們知道，詩歌的意境來源於自然和現實，離不開物對心的刺激和心對物的感受，是主觀與客觀相互交融的產物；岑參從軍邊疆多年，親自觀察過西域的奇異風光，對塞外生活有切身的體驗，加以他胸懷爲國安邊的抱負，不把荒寒的西域視爲畏途，常常以一種欣賞的態度和豪邁的心情去領略那裏的生活及風物。所以，能在詩中，把西域的奇異之景同自己熱愛邊疆的深厚感情融合爲一，創造出上面所說的那樣一種奇麗壯美的意境來。

跟着，詩歌由遠及近，筆鋒轉到了將士們的戍守之地。說那雪花飛進了垂着珠簾羅幕的中軍營帳，帳中人或穿狐裘，或裹錦被，仍敵不過嚴寒；將軍們手凍得拉不開弓，主帥的鐵甲冰冷得難以着身。這四句詩寫營中苦寒情狀，既具體、生動，又富有概括性，爲下文表现遠行者的精神面貌，起到了極好的襯托作用。接下「瀚海」二句，寫浩瀚無邊的沙漠，冰雪縱橫；天空中陰陰慘慘的愁雲，像凝固了一般，不知延伸到何處才算是盡頭。這兩句詩進一步地渲染了天氣的陰冷、酷寒，預示着卽將遠行的武判官，征途中必定要遇到許多難以克服的艱難困苦。

然而，武判官根本未把這些困難放在心上，還是毅然决定冒着特大風雪起程，於是同僚們衹好設酒樂爲他餞行：「中軍置酒飲歸客，胡琴琵琶與羌笛。」衹列舉幾種樂器的名字，卽表现了宴會上鼓樂齊奏的場面，烘托出了熱烈的氣氛，用筆可以說是非常經濟的。在列舉的樂器中，有中原的，也有異域的，可見音樂一定夾帶着異方情調。宴會上的熱烈氣氛，同天氣的陰冷形成鮮明對比，說明將士們并不因爲嚴寒而絲毫減弱自己的興致，他們的精神面貌仍然是積極昂揚的。「紛紛暮雪下轅門，風掣紅旗凍不翻」，雪越下越大，天氣越來越冷，轅門上高插着紅旗，讓冰雪給凍住了，雖然北風使勁地牽曳，旗子還是飄動不起來。隋虞世基《出塞二首》其二說：「霧烽黯無色，霜旗凍不翻。」岑詩卽脫胎於這首《出塞》，但改「霜」爲「紅」，又加「風掣」二字，卽比虞詩原句生色，愈見出構思之奇。儘管風雪交加，天色也暗了下來，武判官還是照樣出發。由此卽可見其不畏艱苦的英雄本色。詩歌從開頭到這裏，一次又一次地通過對塞外雪後景象的描繪，烘托出了邊防將士們昂揚奮發的精神面貌。全詩無一語直寫將士們的精神面貌，却又處處揭示出了他們的精神面貌，其藝術表現手法，不能不說是十分高明的。

這首詩的最後四句，寫武判官上路，作者送他到輪臺城的東門。這時通往天山的道上鋪滿積雪（自輪臺歸京須越過天山），詩人目送着武判官一行人，轉眼之間他們已被曲折的山路所隱沒，衹有一行馬蹄印跡還留在雪地裏。詩歌所刻畫的這一幕送別境景，非常耐人尋味。歸客走了，送者却對着他留下的一道蹤跡不願離去，這時候，送者的內心，一定充溢着無限的依依惜別之意，也許還夾帶着因友人歸去而觸發起來的思鄉之情。岑參很善於通過對具體場景的描繪，來抒發內心的感情，這首詩的結尾，就是一個明顯的例子。

《白雪歌》是岑參邊塞詩中思想性藝術性高度結合的代表作。它寫送別，却豪壯、樂觀，無令人神傷之情。不但出色地刻畫了我國西北邊疆奇特瑰麗的風光，還成功地表現了將士們的精神風貌。這首詩起得好，收得佳，神完氣足，精彩紛呈。豪放而又含蓄，奇壯而不失俊麗。特別是善於從實中求奇，既能用大膽的誇張、想像突出事物的奇處，又完全符合藝術的眞實。而且音節流暢，用韻靈活多變，韻調與詩歌的內容十分諧調。這樣的作品，在唐人詩中是別樹一幟的，無論在當時或是在後代，都對人們產生了很強的吸引力。（陳鐵民）

# 逢入京使

岑　參

故園東望路漫漫，雙袖龍鍾淚不乾。馬上相逢無紙筆，憑君傳語報平安。

青年時代的詩人岑參與同時代許多人一樣，有一番功名萬里的抱負。儘管他離開潁陽故居來到長安考取進士，但他那顆火熱的心是嚮往着邊塞的。天寶八載（七四九），機會終於來到了。安西四鎮節度使高仙芝入朝，岑參被奏爲右威衛錄事參軍，到節度使幕掌書記。《逢入京使》就是在這次赴邊途中寫成的。

人們將要離開自己多年居住的地方，告別親友遠走高飛之際，不免會產生一種依依惜別之感。這本是人之常情。而青年的岑參這時離開的是繁華的首都長安（岑參詩有《九日思長安故園》，可見詩中「故園」即指長安舊居），而他遠遊所向又是邊遠的塞外。一路上備受艱辛，他曾在詩中記錄這次旅途情況是「一驛過一驛，驛騎如星流，平明發咸陽，暮及隴山頭。隴水不可聽，嗚咽令人愁。沙塵撲馬汗，露霧蒙貂裘」（《初過隴山途中呈宇文判官》）。旅途勞頓，邊地荒遠，詩人回首來路，不免被喚起一種對多年居住、且又有着深厚感情的長安故園的眷懷之情。

詩一開始，就寫了這種激動的心情。這裏詩人幷沒有採用直抒的方式，而是通過富有戲劇性的動作描寫來表現的。第一個動作是回身「東望」。行人不由自主地在馬上回顧來路。然而他又能看見什麼呢？「不見長安見塵霧」（白居易《長恨歌》）而已。走的路够長了。但前途迢遙無期。「漫漫」二字，既見路途遼遠，又表現出深深惜別之情。行人心情是矛盾的，他既願赴邊，又對京國故園依依不捨。雖然這裏衹說到「故園」，但應該包含着對長安的眷念。從詩題也可以看出這一點。唐代的長安，頗像古代歐洲的羅馬，是一個富有吸引力的豪都。當時有「望長安而西笑」的說法。再說岑參的辭家去國，并非目的。「功名衹向馬上取」（《送李副使赴磧西官軍》）纔是他眞正的動機。所以這深切的眷懷之情與其背道而馳的行動有內在聯繫。他會從內心發出赤子的呼喊：「可愛的家園！可愛的京國！我的父母之鄉啊，我還是第一次遠離你們膝下，心情又怎能平靜呢？」他會不禁感到一陣慟然，撲簌簌掉下激動的熱淚。詩人刻畫的第二個動作就是馬上揮淚。「龍鍾」是沾濕淋漓的樣子，指袖子被淚打濕了一大片。它誇張地寫出了行人內心的衝動，是「淚不乾」的形象說明。回首引領東望與馬上揮淚這兩個動作，表現力很強。誠如上面談到的，詩人是抱定「功名衹向馬上取」的雄心，「匈奴未滅，何以家爲」的豪情，辭家去國，遠赴疆場的。他所揮之淚，固然是英雄之淚，不同於歧途兒女之淚。但「無情未必眞豪傑」，所謂狐死必首丘，越鳥巢南枝，對長育之地的眷懷，這種人之常情，也未始不在他的淚中佔據一定成分。正因爲這種感情複雜而又眞摯，所以揮淚的描寫并不損傷行色，却感人肺腑。

三、四句點題，寫途中遇到入京使者，委託捎口信的情況，此聯全是行者的口吻，因爲走馬相逢，沒有紙筆，也顧不上寫信了，就請你口頭上替我報道一下平安的消息吧！語氣十分安詳、通達。表面看來，這與詩前半部分感情很不一致，不協調。前半部分感情衝動，後半部分却平和安詳；前半部分感情纏綿，後半却豪爽。其實二者是統一的。上面已經分析過詩人的感情是複雜的，大體有兩個方面。而其中主導的一面是赴邊的決心和豪情。他的感情很豐富，却不脆弱，是堅韌的。他的淚是不輕彈之淚。所以在「逢入京使」時，他已完全恢復常態，滿懷信心地趕路了。詩句寫不作家書，僅憑人傳語；且言不及身邊瑣事、兒女之情，衹道旅途平安。表面看來，這樣作僅僅是因爲「馬上相逢無紙筆」的緣故。但在前半極寫相思眷戀的情懷後，單擇「報平安」片語爲口信全部內容，表現出的是一種對前途自信、樂觀的態度，使人能體會到這樣作不僅是「馬上相逢無紙筆」的緣故，更重要的是詩人有廣闊的胸襟和不凡的抱負。這種平靜安詳的口吻，表現的恰是豪邁大度。

誦讀起來使人覺得氣勢磅礴，心胸開擴。

此詩語言沒有一句空洞乾癟的「豪言壯語」，語言平易洗煉，却形象、眞實地反映了盛唐時代青年志士的豪情。有眞情實感，又充分運用形象思維，把複雜的感情表現得自然生動，既富有生活情趣，又洋溢着積極向上的樂觀主義精神。

（周嘯天）

# 歸雁

錢起

瀟湘何事等閒回？水碧沙明兩岸苔。二十五絃彈夜月，不勝清怨却飛來。

大雁是秋寒南征春暖北返的候鳥，據傳說它還能傳遞書信，因此，很容易牽動人們的羈旅之情、歲月之感。自古以來，詩人睹雁傷情，或者託雁寄懷，寫下了許多詠雁的作品。中唐詩人錢起的這首《歸雁》詩就是其中的名篇之一。

錢起是唐代吳興（今浙江吳興）人，入仕後一直在長安和京畿作官。他這個南方人在北方看到秋雁南飛，曾作《送征雁》詩：「秋空萬里淨，嘹唳獨南征……悵望遙天外，鄉情滿目生。」抒寫了思鄉之情。

這首《歸雁》，同樣是北方所作，不過所詠却是從南方歸來的春雁。在這樣的情況下，詩人是如何展開他的構思的呢？

## 歸雁

錢起

原來，古人認爲秋雁南飛不越過湖南衡山的回雁峯，它們暫時棲息於峯北的湘江北段一帶，過了冬天再飛回北方。作者依照這樣的認識，從歸雁想到了它們歸來前的棲息地——湘江，又從湘江想到了湘江女神善於鼓瑟的神話，又根據瑟曲有《歸雁操》進而把鼓瑟同大雁的歸來相聯繫，這樣就形成了一個奇妙的藝術構思，卽大雁的歸來似乎不是出於它們那種秋去春回的生活習性的本能，而是由於聽了湘神鼓瑟的緣故。

爲了突出表現這個獨特的構思，作者一反歷代詩人把春雁北歸視爲理所當然的慣例，故意對大雁的歸來表示不解，幷且在結構上一筆就連用兩個句子劈空設問，詢問歸雁爲什麼隨隨便便地就離開了那環境優美、水草豐富的湘江（詩中以瀟湘指代）。利用這樣突兀的詢問，就把讀者的思路一下子引上了作者所安排的軌道——不理會大雁的習性，而重新探索大雁飛回的原因。

接着，作者以代雁回答的方式，在第三、四兩句正面揭示出答案：大雁是由於聽到湘江女神在月夜下鼓瑟（二十五絃），受不了瑟聲的淒涼哀怨才飛回北方的。

讀完全詩，我們雖然感受到作者借助豐富的想像力和優美的神話所展現的湘神鼓瑟的淒清境界，以及塑造的多情善感而又通曉音樂的大雁的形象，然而，仍然有一個疑問縈迴在我們的心裏，那就是作者爲什麼要按照這樣的構思描寫歸雁，他通過歸雁究竟表現了什麼思想感情？

有一種解釋，認爲這首詩表現了作者春天的感受。還有一種解釋，認爲它表現了作者對友人的懷念。我的看法却與此不同。

我認爲，要解答上述疑問，必須首先弄清，在作者的心目中湘神鼓瑟爲什麼那樣淒涼，大雁又爲什麼那樣「不勝清怨」。這就有必要提起作者的另一首詩《省試湘靈鼓瑟》。在這首詩中，作者指出湘水女神鼓瑟之所以哀怨，是由於她在樂聲中寄託了對死於蒼梧的丈夫——舜的思念（「蒼梧來怨慕」）；同時，詩中還用「楚客不堪聽」的句子來表現瑟聲對於貶遷湘江的「楚客」的巨大感染力。

把這兩詩相對照，使我們領悟到：《歸雁》中的「不勝清怨却飛來」一句，原來是從《湘靈鼓瑟》中的「楚客不堪聽」敷演而來，作者是按照貶遷異地的「楚客」來塑造客居湘江的旅雁的形象的。故而，他使大雁聽到湘神充滿思親之悲的瑟聲，便鄉愁倍加，難以卒聽，毅然離開優美富足的湘江向北方飛回。「雖信美而非吾土兮，曾何足以少留」，建安詩人王粲《登樓賦》中的這兩句話，剛好可以借來說明《歸雁》詩中旅雁歸來時的「心情」。

由此可見，作者所刻畫的歸雁不僅是富於感情的、通曉音樂的大雁，它更是一隻充滿羈旅之愁的、思鄉的大雁。作者正是通過塑造這樣一隻被觸動客愁的旅雁，婉轉地表露了他遊宦他鄉的羈旅之感。

《歸雁》詩能使讀者反覆咀嚼吟味不已，是因爲它在藝術表現上確有獨到之處。它構思新穎，想像豐富，抒情婉轉，意趣含蘊，正是這些特點使它在歷代的詠雁之作中，成爲引人矚目的名篇之一。（范之麟）

# 省試湘靈鼓瑟

錢　起

善鼓雲和瑟，常聞帝子靈。馮夷空自舞，楚客不堪聽。苦調淒金石，清音入杳冥。蒼梧來怨慕，白芷動芳馨。流水傳瀟浦，悲風過洞庭。曲終人不見，江上數峯青。

這是一首試帖詩。詩題出於《楚辭·遠游篇》，云：「使湘靈鼓瑟兮，令海若舞馮夷。」《舊唐書》一六八記此詩情形云：

# 錢起

## 省試湘靈鼓瑟

起（卽錢起——編者）能五言詩。初從鄉薦，寄家江湖。常於客舍月夜獨吟，遽聞人吟於廷曰：「曲終人不見，江上數峯青。」起愕然。攝衣視之，無所見矣。以爲鬼怪，而志其一十字。起就試之年，李暐所試《湘靈鼓瑟》詩，題中有「青」字。起卽以鬼謠十字爲落句。暐深嘉之，稱爲絕唱，是歲登第。

「絕唱」祇說得好，祇說得愛好；那個鬼故事當然是後來附會出來的。至於「究竟好在何處？有什麼理由可說？」前人評語不外兩端：一是切題，二是所謂「遠神」。唐汝詢《唐詩解》卷五十云：

瑟乃神靈所彈，原無處所，是以曲終而不見其人，徒對江上數峯而惆悵也。

這裏祇說得上一句，壓根兒就不見人，不獨曲終時爲然。但「江上數峯青」又與題何干呢？「湘靈」王逸無註，洪興祖補云：「上言『二女』，則此『湘靈』乃湘水之神，非湘夫人也。」可見得以前頗有人以爲湘靈就是湘夫人，就是帝堯的二女。《楚辭・九歌・湘夫人》有云：「九嶷繽兮幷迎，靈之來兮如雲。」王註云「舜使九嶷之山神繽然來迎二女」。可見得湘夫人雖「死於沅、湘之中」，却可在九嶷山裏。又《山海經・中山經》云：「洞庭之山，……帝之二女居之。」這裏的「二女」也就是湘夫人。那麼，「江上數峯青」祇是說人雖不見，却可想像她們在那九嶷山或「洞庭之山」裏。錢起遠在洪興祖之前，他大概還將湘靈當作湘夫人的。

可是這麼一說，這兩句詩不過切題而已，何以稱爲「絕唱」吧？沈德潛《唐詩別裁集》評云：「遠神不盡」，但又云：「落句故好，然亦詩人意中所有；謂得自鬼語，蓋謗之耳。」「神」字太麻煩，姑不去解釋；說「遠」，說「不盡」，究竟是什麼呢？既是「詩人意中所有」，該不是怎樣玄虛的東西。我們可以想到所謂

「遠神」大概有二個意思：一是曲終而餘音不絕，一是詞氣不竭，就是不說盡。這兩個意思一從詩所詠的東西說，一從詩本身說，實在是一物的兩面。

我們都知道「餘音繞梁」、「響遏行雲」兩個成語；實在是兩個典故，見《列子・湯問篇》，云：

> ……秦青……撫節悲歌，聲振林木，響遏行雲。
>
> ……昔韓娥東之齊，匱粮，過雍門，鬻歌假食。既去而餘音繞梁欐，三日不絕。

前條說聲響之高，後條說聲響之久；「江上數峯青」也正說的是曲調高遠，嫋嫋於江上青峯之間，久而不絕，該是從《列子》脫化而出。可是意境全然是新的，并非抄襲。所以可喜。這是一。

《全唐詩話》卷一云：

> 中宗正月晦日幸昆明池賦詩。羣臣應制百餘篇。帳殿前結彩樓，命「昭容」選一篇爲新翻御製曲。從臣悉集其下。須臾紙落如飛，各認其名而懷之。既退，惟沈（佺期）、宋（之問）二詩不下。移時一紙飛墜，競取而視，乃沈詩也。及聞其評曰：「二詩工力悉敵。沈詩落句云：『微臣雕朽質，羞睹豫章才。』蓋詞氣已竭；宋詩云：『不愁明月盡，自有夜珠來。』猶陡健舉。」沈乃伏，不敢復爭。

沈說盡，宋不說盡，却留下一個新境界給人想，所以爲勝。錢詩是試帖，與沈、宋應制詩體制大致相同，都是五言長律，落句也與宋異曲同工。上官昭容既定下標準在前頭，影響該不在小；錢起的試官李暐或有意或無意大約也採取了這種標準，所以深爲嘉許。這是二。

還有，據《舊唐書》所記及陳季等同題之作，知道此詩所限之韻中有「青」字。錢押得如此自然，怕也是成爲「絕唱」的一個小因子。《唐詩別裁集》評語有云：「神來之候，功力不與」，其實就是說的這個押韻的自然。詩中他句也有可論，但紀昀差不多說過了，見《唐人試律說》，在《鏡煙堂十種》中。[一]（朱自清）

# 賊退示官吏（並序）

元結

癸卯歲，西原賊入道州，焚燒殺掠，幾盡而去。明年，賊又攻永破邵，不犯此州邊鄙而退。豈力能制敵歟？蓋蒙其傷憐而已。諸使何爲忍苦徵斂？故作詩一篇，以示官吏。

[一] 紀昀《唐人試律說》：「此詩之佳，世所共解。惟三句隨手註題，渾然無跡；四句提醒眼目，通篇俱納入『聽』字中，運法甚密，讀者或未察也。西河毛氏曰：『往在揚州與王于一論詩，王謂：錢詩固佳，而起尚樸，僅相此題意，當有縹緲之致，霎然而起，不當纏繞題字。時余不置辨，但口誦陳季首句：神女泛瑤瑟；莊若納首句：帝子鳴金瑟，謂此題多如是，王便默然。蓋詩法不傳久矣。』臧氏《唐詩類釋》頗訾『白芷動芳馨』句，不知此寫聲氣相感之妙在可解不可解之間。常建《江上琴興》詩曰：『泠泠七絃遍，萬木澄幽陰。能使江月白，又令江水深。』豈復可以言詮乎？《唐詩紀事》宣宗十二年，上於延英召中書舍人李藩等對。上曰：『凡考試之中重用字如何？』中書對曰『其間重用文字，乃是庶幾，亦非有常例也。』又曰：『孰詩用重字？』對曰：『錢起《湘靈鼓瑟》詩有兩不字。』余按古人詞取達意，故漢魏諸詩往往不避重韻，無論重字。律詩既均以儷偶，諧以宮商，配色選聲，自不得句重字復。倘不得已，則重字猶可，意必不可使重。此詩不字兩見，各自爲意，所以不妨。……中六句句法相同，所謂切脚之病。西河謂『流水』、『悲風』是瑟調二曲名，然作者之意正以『流水』、『悲風』烘出遠神，爲末二句布勢。如作曲名，反成死句，如杜詩『無風雲出塞，不夜月臨關』，本自卽景好句，宋人以二地名實之，意味反索然也。況『流水』、『悲風』爲曲名，亦未詳所出。」——編者註

賊退示官吏（並序）

昔歲逢太平，山林二十年。泉源在庭戶，洞壑當門前。井稅有常期，日晏猶得眠。忽然遭世變，數歲親戎旃。今來典斯郡，山夷又紛然。城小賊不屠，人貧傷可憐。是以陷鄰境，此州獨見全。使臣將王命，豈不如賊焉？今彼徵斂者，迫之如火煎。誰能絕人命，以作時世賢？思欲委符節，引竿自刺船。將家就魚麥，歸老江湖邊。

這首詩是元結在唐代宗廣德二年（七六四）就任道州（今湖南道縣）刺史後不久之作，與同年新作《春陵行》合爲姊妹篇。

就元結現存的九十七首詩（《枯林》未計在內）來看，這兩首姊妹篇均爲元結上乘之作。反映了當時的苦難現實，暴露了官吏的橫徵暴斂，表現了作者對人民的同情。

《賊退示官吏》開篇是敍述的本事，卽詩的序文。首先介紹了詩人就任刺史的道州，被「西原賊」前後兩次入境騷擾的不同情況：第一次，對道州「焚燒殺掠，幾盡而去」；第二次，直攻永州（今湖南零陵縣）破邵州（今湖南邵陽市），却不曾進攻道州的邊界就退走了。所謂「西原賊」卽詩中所謂「山夷」，都是當時漢族地主階級對少數民族及其起義軍的誣稱。詩人儘管也同樣帶着對「西原賊」的偏見，可是對於「西原賊」第二次入侵，「不犯此州邊鄙而退」則以面對現實的態度待之。認爲這不是因爲道州有力量抵擋住敵人，而是由於他們憐念道州城小，百姓窮困。這時詩人一面對着「西原賊」傷憐百姓，不犯而退；一面看到當朝官吏不顧人民死活，殘忍地橫徵暴斂，深爲動情，遂寫此詩，以告誡當朝官吏。

詩序雖寥寥數語，却構成了詩的不可缺少的有機組成部分。既交待了作詩的原委，又對詩的內容起到了補充說明的作用，幫助讀者了解詩的本事和表現的思想內容，增強詩的現實主義藝術感染力。

綜觀全詩，分爲四段，前兩段是敍事，後兩段是抒情。

「昔歲——得眠」爲第一段。詩人回顧在出仕做官以前的二十年的太平日子裏，隱居山林的生活。首先

## 賊退示官吏（並序）

對昔日生活作總的概括，接着具體描述生活環境：清清的山泉，潺潺地流過庭院；幽深的山洞、崖谷臨近門前。五、六句，回想昔日太平歲月「井稅有常期，日晏猶得眠」。「井稅」原意是按照古代井田制收取賦稅，這裏是指唐代前期實行的按戶口徵收定額稅的租庸調法；「有常期」即指有一定的期限和限度。意思是「昔歲」在賦稅之外，百姓再沒有額外負擔，因而，晚上睡覺還是可以得到安然的。這裏又從另一方面描寫了昔日的太平生活。詩中對「昔歲」的太平生活，一寫生活環境優美；二寫賦稅「有常期」，寫得極其簡練而又具體，清新而又自然。這近似白描的筆法，非常簡括地勾畫出了昔日寧靜、優美的生活環境，流露了對昔日太平生活的眷戀。爲後文詩人厭惡當今官場，欲歸隱江湖作了鋪墊。所以，寫「昔」是爲了寫「今」。

「忽然——見全」爲第二段。寫詩人出仕之後的境遇，一反往昔太平年月的恬靜生活，遭逢連年戰亂。「忽然遭世變，數歲親戎旃」，出仕之後，忽然發生安史之亂，幾年來參加征戰。接着是「今來典斯郡，山夷又紛然」，現今來管理道州郡，又逢「西原賊」少數民族起義、造反。這四句看似詩人寫自己的仕途生活，但其旨意不盡於此，無論寫出仕遭安史之亂，參加征戰，或寫任道州刺史又遇「山夷」變亂，不獨哀嘆個人時乖運蹇，旨在寫連年戰亂，百姓頻遭劫難，爲後文寫道州郡提供大背景，由此引出戰亂中的道州：「城小賊不屠，人貧傷可憐，是以陷鄰境，此州獨見全。」在這連年戰亂、業經洗劫過的道州，「山夷」因爲城小，他們哀憐這裏的百姓太貧窮，不再來搶劫。所以，攻破了鄰近的永州和邵州，而道州單單得到了保全。這四句揭示了道州獨能保全的原因，與序文互爲照應。詩中反覆寫「賊」，強調「賊」對貧困的道州人民的傷憐和同情，這并不是爲了頌揚「賊」的功德，而是爲了寫官吏。在「賊」的反襯下揭露官吏。所以，寫「賊」是爲了寫官。

「使臣——世賢」爲第三段。開始就緊扣前段，就「賊」抒情：「使臣將王命，豈不如賊焉？」意爲奉皇帝之命催徵賦稅的官吏，難道還不如賊嗎？於此，詩中寫「賊」之意，一目了然。寫「賊」旨在與官吏對照，貶斥官吏，從而達到揭露官不如「賊」的目的。詩以「賊」比官，而官不如「賊」，對當朝官吏徵斂百姓的揭露可謂一針見血，淋漓盡致。詩句更以反詰的語氣抒發了對當朝官吏的斥責和激憤之情，充分表現了元結

## 賊退示官吏（並序）

關心人民疾苦的情懷。接下來兩句，則是對指陳事實的具體描述：「今彼徵斂者，迫之如火煎」。一個「煎」字，形象地描畫出了當朝官吏如狼似虎，殘害百姓，陷人民於水火的情景。與「役稅有常期」相照應；與「日晏猶得眠」形成了鮮明的對比，從而自然得出「今」不如「昔」的結論，增強了揭露當今官吏横徵暴斂的藝術效果。這對當朝統治者及其官吏兇殘、施以苛政的揭露，與歷史名篇《苛政猛於虎》可謂有異曲同工之妙。「誰能絶人命，以作時世賢？」意謂我們怎麼能斷絶人民的生路，去做一個當朝所認爲的賢能的官吏呢？這無限感慨的反問詩句，表達了多重含義：它可説是對當朝把壓迫百姓、趨之於絶路的官吏，奉爲「賢能」的抗議；是對當朝官吏要他們不要做「時世賢」的告誡；是詩人誓不做「時世賢」的自身表白。這對身爲官吏的元結來説是難能可貴的。

「思欲——湖邊」爲第四段。身爲官吏的元結是不能違背「王命」的，可是，他又決然不做徵斂百姓的「時世賢」。在這矛盾的處境中，詩人毅然決然地選擇了自己的出路：「思欲委符節，」即要離官去職，撑起篙竿，親自划船，攜家打魚種麥，歸隱江湖。表現了詩人不肯苟合，義無反顧的高尚精神。詩中所表現的退隱江湖的心態，與前面對山林生活的眷戀相契合，這種契合反映了作者從「昔歲」到「歸老」一系列的心理機制。從中可以看出詩人不做殘民邀功、取媚於上的「賢臣」和他那「積極濟世」而不求權位的高貴品格，讀者幾乎可以觸摸到詩人那顆爲人民疾苦哀痛而無可奈何的憤憤之心。

這首詩雖然題爲《賊退示官吏》，但不作抽象的議論：寫官吏徵斂之烈，但不作直接刻畫，而運用強烈對比的藝術手法。「今」與「昔」對比；「官」與「賊」對比，兩相對照，「今」不如「昔」；「官」不如「賊」，不僅明若觀火，而且越發顯露出當朝官吏兇殘徵斂的行徑。這種手法的運用，固然有其「本事」爲依據，但我們不是也可以從中覺察到詩人對當朝徵斂者的極度激憤之情嗎？

這首詩所寫的時間跨度相當長，從「昔歲」山林生活到退隱江湖，幾乎寫了詩人大半生。這麼長的歷史時期，詩人憶昔又撫今，有敍事又有抒情，但寫得十分凝煉，而且語句淺顯，質樸，毫無雕琢、矯飾的痕跡。

唐朝偉大的現實主義詩人杜甫，在《同元使君春陵行》一詩中寫道：「粲粲元道州，前聖畏後生。觀乎

《舂陵》作，欻見俊哲情，復覽《賊退》篇，結也實國楨。賈誼昔流慟，匡衡嘗引經。道州憂黎庶，詞氣浩縱橫。兩章對秋月，一字偕華星。」可以看出杜甫對元結的爲人和詩作的高度讚賞和評價。覽罷詩篇，可見杜甫的評價是多麼中肯。（田　原）

# 雲陽館與韓紳宿別

司空曙

故人江海別，幾度隔山川。乍見翻疑夢，相悲各問年。孤燈寒照雨，濕竹暗浮煙。更有明朝恨，離杯惜共傳。

當人們被詩國中的盛唐氣象征服以後，總會覺得「大曆十才子」之流未免小家子氣，如果說盛唐李、杜的詩如同雄偉的建築，那麼，大曆才子們的作品衹配作門廊庭柱上的雕飾。不過，倘若轉換一個角度，大曆才子們的作品便又有着盛唐巨公所不曾有的玲瓏精巧和細膩委婉，他們的靈感似乎不是閃現在廣闊的理想太空中的閃電，而是跳躍在幽幽的心境川谷間的燈火，他們固然缺乏大處開拓的精神，但是却有着小處騰挪的手段。看看司空曙的這首五律，就會明白上面的議論并非虛語。

闊別多年的友人，偶得相逢，彼此自然要感慨萬千，如果這偶然的相逢衹能有短暫的一刻，而相逢的酒杯中又將盛上離別的酒漿，那又該如何是好呢？面對如此情形，人們往往會感到語言的無能，但司空曙却能在一首精致的五律之中，將此曲折回環的情緒意念表現得興味無窮，致使人對之而嗟嘆再三。

首聯平平而起，似乎是交代性的敍述，也可以理解作情緒上的鋪墊，然而在平敍之中暗伏着曲折之意，不可不細細品味。「江海別」，當然是形容彼此別離如隔江海，與下句之「隔山川」有互文之義，含有「動如參與商」的意思。但看此聯，倒確乎樸摯眞率的筆法，旣照「發唱警挺」的氣勢，也少藏鋒臥筆的技巧。不過，「幾度」二字，雖衹輕輕一點，却有不盡的感嘆在其中。看來，作者與韓紳本係故知，由於仕宦漂泊，已有幾度別離之苦了。韓紳其人，詳情難得知道，《全唐詩》註云：「一作韓升卿。」韓愈《虢州司戶韓府居墓志銘》嘗言：「（睿素）有子四人，最季曰紳卿，文而能官。」推算下來，紳卿當是韓愈的叔父，與作者同時，曾在涇陽（今陝西省涇陽縣境內）做過縣令。題中所示之雲陽，故址在今陝西省三原縣境內，涇陽與雲陽，相距甚近，皆在涇水之北，此詩或者作於韓紳任涇陽縣令期間，但畢竟不敢肯定。重要的是，詩人點出了幾度別離皆有江海之遙的喟嘆之意，就分明透露了一層「人間別久不成悲」的情懷，唯因如此，詩中纔將前此的別離之悲輕輕放下，把廣闊的情感空間留給卽將來臨的情緒高潮。

頷聯兩句，向爲世人所傳誦。其實，如同眞正的美在於質樸自然一樣，這出名的一聯幷沒有任何過多的矯飾，它之所以能奪人心魄，幷非造句的奇特或者錘煉的精工，而衹在於眞切、細膩而深刻地表現了友人意外相逢之際的多層感觸。其中第一句，很自然地使我們想起杜甫《羌村》詩中「夜闌更秉燭，相對如夢寐」的情形。杜甫之所以有如此感受，是因爲「世亂遭飄蕩，生還偶然遂」，以至於當「歸客千里至」時，會發生「妻孥怪我在」的現象，那麼，司空曙此處之「乍見翻疑夢」的感受，難道不也包含着仕宦漂蕩而「相逢偶然遂」的意思嗎！老杜之妻子的驚訝，是因爲狂喜陡生於絕望之中，那麼，當作者與故友乍逢之際，怎禁得不生出同樣的驚訝之感呢！因有江海山川之阻隔，因爲相逢是在這旅舍之間而在那意料之外。話說回來，故友相逢畢竟是人間樂事，何況是幾度遠別之後，但彼此相對，而將說些什麼呢？「相悲」二字所蘊含的內容實在太多，或許兩人都沒有什麼好心緒吧，不過由詩中的意思看，「相悲」者，乃是「乍見」之所致，試想，明明相逢而又不敢相信，這不就是一種悲事嗎！當時的情形，是不難設想的，彼此皆形容憔悴，風塵滿面，鬢邊平添了若許

雲陽館與韓紳宿別

白髮，額角新增了幾多皺紋，於是你嗟我嘆：一别之後又是多年呵！不僅如此，「相悲各問年」，爲什麼要各自都問？衹因歲月流逝，彼此有心相念而無計相會，於人世擾亂中已不知相别之時究竟多久了，看來在這一問之中，又藏着諸多悲苦之意。再説，故友相逢，本有千言萬語相敍，而作者衹點出「各問年」一項，不也分明表示着有互驚疲老之意嗎！

唐初王績有《在京思故園見鄉人問》一詩，其中是通過一連串的問句來表示思鄉之情的迫切與深致，如果説這是一種盡其意趣而淋漓盡致的手法，那麼司空曙此詩的手法則在於引而不發意在言外，當然，這與不同詩體的不同要求也有關。王績所作爲五古，自然不妨發露無遺，而司空曙所作乃是五律，自然又得含蓄不露了。同王績詩中的連續發問相比，此詩不過於頷聯中略點悲中驚問的意思，緊接着頸聯兩句便轉到寫景上去了。中國古詩，擅長於情景融會中狀物寫心，所以實筆每是虛中之實，虛筆每是實中之虛，詩中「孤燈」兩句，就通篇之寫情而言，顯係虛筆，但這虛筆之中却有質實，也就是説，頸聯所寫之景當然也是實景。就中「濕竹」二字，一作「深竹」，顯係訛誤，因前句有「照雨」之意，自然以「濕竹」爲切當。此聯之佳處，當逐層來領會。首先，當看詩人寫物傳神之處，雨在庭中落，燈在室内明，怎麼會「照雨」呢？讀者須抓住「寒」字不放，寒意之來，正緣庭中落雨，由於感覺寒意襲來方才向室外張望，於是，但見門窗開處，無數雨絲反射着燈光，悠悠飄落。正因爲有雨絲在燈光映照下螢螢發亮，從而才顯出庭中竹叢的黯然景象。不僅如此，人們定然會發现，此處寫雨，竟然不涉及聽覺印象，可見雨非大雨，於是纔能在燈影之中織成輕煙般的雨霧。其次，當領悟詩人融情景中的深意，寫景兩句，給人以雨夜冷清相對默然的感覺，更由於緊承「相悲各問年」而來，故能有「此處無聲勝有聲」的效果，在靜默之中藴含着千言萬語也道不盡的悲辛苦楚之意。況且「孤燈」之「孤」既暗示着彼此行跡的孤寂，又預示着明朝離别的傷情，而「寒」字也分外增添了旅舍寄宿的凄楚，言外透出一片羈旅行役的慨嘆。再者，寒雨濕竹暗煙孤燈，縱使不傷情人也會傷情，何况是兩位乍見相悲又離别在即的人世倦客哩！

寫到這裏，詩中的傷情苦意已積蓄太多，不得不發爲直抒情懷的辭句，於是有尾聯。從章法上講，首聯概括往昔。尾聯交代來日，而中間兩聯敍寫當前。從格調上講，頷、頸兩聯看似尋常却錘煉精工，而首、尾兩聯皆有樸摯眞率的風味，可謂勻稱有致照應得法。從抒情的層次上講，頷聯之後有頸聯寫景一隔，至尾聯再回筆挽合，於情景相濟中見出一唱三嘆之妙。而就尾聯自身言，「更有」顯然是將詩中悲苦之情再向深處推進，而「惜」字更足傳出故友之間的深情和對此短暫聚會的萬分珍惜。讀到此處，我們彷佛看到，在陋館深夜之中，兩位久別重逢而又離別在卽的友人，伴着孤燈寒雨，杯酒相敬而萬千話語盡在不言之中。

在唐代那奇葩異卉爭芳鬥豔的詩歌王國裏，此詩也確乎稱不上引人注目的上品，但它的眞樸自然，它的親切平易，它的細膩深婉，又足以使我們在油然的感情共鳴中湧起對它的一片珍愛之心。

（韓經太）

# 楓橋夜泊

張繼

月落烏啼霜滿天，江楓漁火對愁眠。姑蘇城外寒山寺，夜半鐘聲到客船。

離別姑蘇三十載，懷念故鄉之情總是縈回不斷。每當想起故鄉，自然而然地就想起唐代詩人張繼那首流傳千古、膾炙人口的《楓橋夜泊》。

張繼是襄陽（湖北）人，天寶末年，流離江南路過蘇州，停船楓橋，在這裏經歷了一個不眠之夜，心有所感，寫下了這首短詩。

旅途困頓，夜深人靜，正可安然入睡。可是，詩人乍來姑蘇名城，面對楓橋美景，感受新鮮，印象深刻；加之歲晚秋深，置身此境，思緒萬千，羈旅之感，情不自禁。詩人面對此情此景，反而難以入睡。詩人的所見所聞，激起了內心的波瀾，產生了他所獨有的體驗。詩人把這種體驗化爲藝術形象，寫成這首詩。因此，這首詩不僅衹是在寫「眼前景」，而且還在寫「心中意」。它不衹是楓橋夜景的再現，而且是作者思想感情的表現。詩裏出現的，是詩人眼裏和心中的楓橋夜景，已帶上了詩人的感情色彩：詩人的思想感情，則融化在整篇詩的意境之中。

「月落烏啼霜滿天」。月落，是詩人之所見，在詩裏是視覺意象，不過它不完全是靜態，而是給人動感：月在慢慢落下。烏啼，是詩人之所聞，在詩裏是聽覺意象，也是富於動態的：棲鴉張着嘴啞啞作聲。霜滿天，不衹是詩人之所見，而且是詩人整個身體之所感。這在詩裏是多種感覺的意象，霜氣彌漫，迷迷濛濛，寒氣逼人，益感其涼。月落、烏啼、霜滿天，這些單個意象，聯結和組接起來，構成一個深秋曉天的情景。

月亮將落而未落，這正是天將明而未明之時。此時，萬籟俱寂，大地沉睡，一般人應還沒有醒過來，可是詩人却沒有睡着。烏啼，打破了沉靜，然而却也更加顯示了這清晨的冷靜。滿天的霜霧，表明了季節已入深秋。秋深歲晚，可是詩人還在異鄉作客，停泊楓橋，體驗那河上的寂寞和冷靜。

「江楓漁火對愁眠」。江邊岸上，楓樹依稀，隱約可見；江水朦朧，漁舟片片，漁火點點。江楓、漁火，這都是視覺形象。然而，這裏所說的「對愁眠」，不衹是江楓和漁火的靜靜對峙，而且還是睡在船艙裏的詩人面對着江楓、漁火默默發愁。江楓和漁火的兩相對峙，牽動了旅人的異客他鄉的愁思，於是，江楓漁火的情景，本身就寄寓着詩人的羈旅之愁。

「江楓漁火對愁眠」一句，曾爲人著錄爲「江村漁火對愁眠」（宋人《中吳紀聞》）。後人肯定此說者不乏其人，甚至清代大學者俞樾也持此說。還有人進而大作考證，查出楓橋附近，共有兩個地方，一是楓橋，一是江村橋，因而斷定，「江楓」也者，乃兩地之合稱也。更有人推斷，「月落烏啼霜滿天」中的「烏啼」也是一個村名，它在楓橋以西。這樣一來，「月落烏啼」，不過是說，月亮在烏啼那個地方落下去了；「江楓漁火」，無非是指，江村和楓橋之間的漁火。我不大清楚，詩人張繼在楓橋夜泊前後，有無在那裏作過歷史的和社會的考察，把那些地名實錄在詩裏。但是如對《楓橋夜泊》作那種實錄性的理解，那它還有什麼藝術價值！其實，江楓、漁火，正如月落、烏啼、霜天一樣，都衹是構成全詩意境的一些單個意象，并不一定是地名實錄，甚至不一定實有其事。清人在評此詩時說：「江南臨水多植烏桕，秋葉飽霜，鮮紅可愛，詩人類指爲楓。不知楓生山中，性最惡濕，不能種之江畔也。」（王端履：《重論文齋筆錄》）從植物學的角度而言，這種指摘也許自有道理，但藝術創造却不必拘泥於事實，甚至，爲了意境的創造，可以虛構出許多意象。卽使楓橋兩岸種的眞是烏桕，「詩人類指爲楓」，在詩中出現「江楓」的意象，也未嘗不可。

「姑蘇城外寒山寺」。楓橋在姑蘇城外，寒山寺就在楓橋附近。寒山寺是楓橋古刹，相傳因名僧寒山曾居此寺而得名。姑蘇城外寒山寺此句，不過是點明詩人停泊的是名城古刹，但它是構成全詩意境的有機部分，不能孤立開來。

張繼停泊的既是姑蘇城外寒山寺附近，反證此詩的題目《楓橋夜泊》頗爲合適。保存此詩的最早版本《中興間氣集》（唐高仲武編），題作《夜泊松江》，似和「姑蘇城外寒山寺」不相切合。後來一些典籍，如《吳郡圖經續記》，宋《吳郡志》等，著錄此詩時，又題作《晚泊》，這是不是楓橋本無此名，很晚才名叫楓橋呢？對此，歷來有許多爭論，這裏不說。

「夜半鐘聲到客船」。寒山寺與楓橋相距約有一里之遙，夜半鐘聲，透過黑暗，越過江面，傳到客船裏。沉沉黑夜，能爲人看見的是月光、漁火，然而，夜半鍾聲給人的印象却最爲突出和深刻。它不管你愛聽不愛聽，總是劃破寂靜，聲聲不斷。它敲在遊子的心上，倍增愁思與寂寞。詩裏雖未出現旅人不眠的畫面，但却自然縈繞於你的腦中。在全詩的意境中，這夜半鐘聲到客船的意象實居於最中心的地位，給人的印象也最深。

說起「夜半鐘」的意象，歷來對此不斷有所爭論。宋代大詩人歐陽修引用前人成說，懷疑張繼是否眞的聽到了夜半鐘：「句則佳矣，其如三更不是打鐘時。」（《六一詩話》）歷代同歐陽修爭辯的人不少，葉夢得、胡仔等人，均有所涉及，無非從兩個方面來證實：一、生活中的事實：宋代的寒山寺還在打夜半鐘，可見

楓橋夜泊

唐代早就如此，張繼所寫夜半鐘聲，是生活中的眞事。二、唐詩中的事實：唐代詩人寫夜半鐘的不乏其人，詩中不時出現夜半鐘的意象，如「夜半隔山鐘」（皇甫冉），「半夜鐘聲後」（白居易），「未臥嘗聞半夜鐘」（王建），「遙聽緱山半夜鐘」（于鵠）、「隔水悠揚午夜鐘」（陳羽）、比比皆是。司空曙、許渾、于鄴、溫庭筠等人詩中，也都有夜半鐘的意象。

其實，歐陽修贊同對張繼的責難固然不足取，但葉夢得、胡仔等人對張繼的辯護也不見得有力，因爲，雙方的方法論是共同的：都是以所寫夜半鐘是否符合生活眞實來評定藝術價值。然而，藝術的價值不決定於是否完全再現了生活事實。張繼在楓橋夜泊時，可能眞的聽到了夜半鐘聲，也可能并未聽到，而把在別處聽到的聽覺意象放到詩裏；或者乾脆是一個虛構，創造出夜半鐘意象。無論哪種情況，夜半鐘都衹是詩人創造藝術意境的一個材料，用以表現詩人的思想感情。還是明人胡應麟說得好：

> 張繼「夜半鐘聲到客船」，談者紛紛，皆爲昔人愚弄。詩須借景立言，惟在聲律之調，興象之合，區區事實，彼豈暇計？無論夜半是非，卽鐘聲聞否，未可知也。（《詩藪·外篇》卷四）

唐人詩中，最早出現「夜半鐘」意象，還是張繼這首《楓橋夜泊》，其他均在張繼之後。唐、五代以還，出現「夜半鐘」意象的詩篇連續不斷，宋人陸游、孫覿、胡埕，明人唐寅、居節，清人徐崧、王士禎等人的詩中，均有可見。張繼在詩中創造夜半鐘的意象，不是爲寫實而寫景，而是爲了和其他意象連接和組合起來，構成意象整體，表現他在楓橋夜泊中體驗到的羈旅之愁。

藝術的眞實并不一定是生活的事實。魯迅說得好：文學創作，「可以綴合、抒寫，衹要逼眞，不必實有其事也」（《致徐懋庸》）。所謂「綴合」，就是指不同意象的聯接和組合；所謂「抒寫」，就是表現思想感情。《楓橋夜泊》雖是短短一首小詩，却也是按照「綴合」、「抒寫」這樣的藝術規律創造出來。夜半鐘聲、烏啼、江楓這些單個意象，也許是詩人的「眼前景」，也許是詩人的「過去事」，這不關重要。重要的是，無論是眼前景還是過去事，都必須表現出「心中意」。烏夜啼的意象，早在六朝樂府中就已被創造出來（劉義慶《烏夜啼》）。用來表現離愁別恨、相思之情。以後，烏夜啼和相思情逐漸形成固定聯想，爲歷代詩人不斷運用。庾信、李白、杜甫在張繼之先，已多次讓烏夜啼意象出現。張繼在《楓橋夜泊》中把烏啼、月落、霜天等「綴合」起來，正是爲了「抒寫」羈旅之愁。江楓的意象又何嘗不如是！早自楚辭開始（《招魂》），「江楓」已和「傷春」聯繫起來，後人又把「江楓」和「秋思」相連，江楓和愁情形成固定聯想。張繼在《楓橋夜泊》中把江楓和漁火、夜半鐘聲等「綴合」起來，又是爲了「抒寫」羈旅客愁。

《楓橋夜泊》中表現出來的思想感情，當然，也不這樣單純。面對楓橋夜景，心裏的美感也會油然而生。但是，對夜景的美感和觸景而生的愁思交織在一起，而且愁思之情貫串於全詩，佔支配地位。詩中所寫的月落、烏啼、霜天、江楓、漁火、鐘聲、客船，都帶着「愁」情，均是詩人「愁眠」時所見、所聞、所感、所想而來的。

那末，張繼在這首詩裏所抒寫的「愁」，究竟是愁什麼呢？張繼流寓蘇州時，還寫了一首詩《閶門即事》，再現了安史之亂造成的江南慘象，憂憤之情，溢於言表。《楓橋夜泊》裏的愁思，可能和此相通。但是，全詩意境并未着意於此，我們也不必刻求深意。楓橋夜泊使人愁，究竟爲什麼而愁，不同的讀者可以自己各自的審美經驗來補充。

歷代著名文人，寫楓橋或寒山寺的詩篇不少，韋應物、陸游、高啓、唐寅、徐崧等人均有，然未有超越張繼此詩者。清初王士禎年輕時寫有《夜雨題寒山寺》兩首、意境頗近《楓橋夜泊》，但抒發的感情，過於狹窄。六十年後，有位鮑鈖，泊舟楓橋，想起往事，不勝感慨，寫下了：「路近寒山夜泊船，鐘聲漁火尚依然。好詩誰嗣唐張繼，冷落春風六十年。」撫往觀今，所有寫楓橋、寒山寺的詩篇，還是不如張繼此詩，這頗可引起我們的深思。

（胡經之）

# 夜月

劉方平

更深月色半人家，北斗闌干南斗斜。今夜偏知春氣暖，蟲聲新透綠窗紗。

在羣星薈萃的唐代詩壇上，劉方平實在算不得耀眼奪目。關於他的生平，後人也所知無多。今有傅璇琮先生所著《劉方平的世系及交遊考》（載《唐代詩人叢考》），對此研究頗詳，足資參考。

劉方平在《全唐詩》中存詩一卷，得二十餘首。究其主旨，無非鄉思閨怨，交遊應酬，并無多少社會內容。因此，他的作品在文學史上或則一筆帶過，或則根本不提。不過，就藝術而言，他的作品却并非一無可觀。在現存唐人所選唐詩中，就有三個選本（《御覽詩》、《又玄集》、《才調集》）選有他的作品。傅璇琮先生分析了唐人皇甫冉《劉方平壁畫山水》一詩和《歷代名畫記》之後，認爲劉方平是一位有一定成就的山水畫家，這對我們探討劉方平詩歌的藝術性，也是有意義的。

這首《夜月》詩，集中體現了劉方平詩歌的藝術特徵，具有較高的藝術性，不失爲唐人七絕中的一首好詩。

從整首詩的內容看，《夜月》似應題作《月夜》，這是作者疏忽造成的，還是後人的傳訛，已經無從考證了。

詩的首句似乎寫得很平淡，細細品味，却見其中那個「半」字，用得絕妙。「半」在此起的是動詞的作用，作「照亮半個」解。比起那些「照」、「瀉」等常用動詞來，顯得既新鮮又準確。比起王安石「春風又綠江南岸」來，實在是異曲而同工。

緊接着一句，寫了北斗與南斗在天上的姿態。闌干，此作「橫斜」講，與「斜」的意思是一樣的。北斗七星，一般比較熟悉，無須贅述；南斗，是二十八宿中斗宿的別稱，由六星組成，居人馬星座，與大熊星座的北斗遙遙相對。這句詩也自有妙處，從表面看，詩人是在寫北斗與南斗的姿態，如果僅此而已，那末這句詩不僅顯得平庸，而且「闌干」與「斜」含義略同，犯了詩家大忌。但是，詩人寫此句的目的，并不在描繪天上的星辰，而是借助星辰來着力烘托一種靜謐的氣氛。了解了這一點，再來細翫詩味，就會覺得「闌干」與「斜」連用，竟收到了意想不到的平中出奇的效果。

第三句，「今夜偏知春氣暖」，詩眼是個「偏」字。謂出於意外也。這個字既是帶出「蟲聲新透綠窗紗」這一名句的關鍵，又是使全詩的意境由靜而動的樞紐。它非常精確地點明了節氣時令，表現了作者意外獲知春的信息的喜悅之情不僅如此，它還爲讀者設置了一個小小的懸念，使他們急切地想與詩人一起感受春的信息。

最後一句是爲人傳頌的名句，意境極佳。與「春江水暖鴨先知」同理，最貼近地面的那些小蟲，對大地的溫度也是最敏感的。蟲聲唧唧，正是大地回春的信號。「新透」就是初透，此二字用得也頗見功力。蟲聲第一次透過薄薄的窗紗，這既說明大地春氣已動，也說明蟲聲還不十分熱鬧，在這裏，選擇一個「透」字是恰到好處的。還有綠窗紗的「綠」字，也使人產生春的聯想。

通讀全詩，我們可以體會到，平淡中見精巧是這首詩的特點，看上去漫不經心，脫口而出，實際上字斟句酌，頗費心思。因此，它之所以膾炙人口，并不是偶然的。

（胡中行）

# 逢雪宿芙蓉山主人

劉長卿

日暮蒼山遠，天寒白屋貧。柴門聞犬吠，風雪夜歸人。

劉長卿是中唐初期以山水詩聞名的詩人，他的山水詩寫得很有特色：謹嚴凝煉，着墨不多，形象突出。他善於以畫入詩，每一篇短小的絕句都是一幅令人喜愛的山水小品。《逢雪宿芙蓉山主人》是一首在這方面有代表性的作品，寫的是旅途投宿於山野人家的見聞。

第一句可分爲兩層意思，「日暮」是表明天色已晚，「蒼山遠」說明是在山行之中，且前路漫長。兩層意思說的又都是投宿的原因。除了時間、路程兩重原因之外，還有一重原因，就是詩題的「逢雪」山中小道本來崎嶇難行，天黑就更難了。再加上風雪迷漫，就無法繼續趕路。這樣，便自然過渡到下句的投宿。深山之中，地遠人稀，單家獨戶，不成村落。封建時代住在深山老林的人家，多數是逃避官府橫徵暴斂的貧民。「白屋」，卽茅屋，與下句的「柴門」都表明屋主家境貧寒。「白屋」的「白」本無關乎顏色，可是在大雪封山的情況下，屋蓋都鋪上了厚厚一層雪花，看上去眞成了白屋。山家貧寒，再加天寒，其境況就更加苦寒了。詩人在芙蓉山投宿的就是這樣一戶人家。投宿時屋主人并不在家。山區居民風俗純樸好客，屋主不在。家人仍能留客。一、二兩句對仗，而句法特別，每句都由兩個并列的主謂結構的短語組成，都是「名詞加形容詞」。短語之間并無虛詞連綴。通過「天寒」、「日暮」、「蒼山」、「白屋」，點染出一幅山程晚雪的鮮明圖景，而且

逢雪宿芙蓉山主人

通過兩句的起承關係展示出從黃昏逢雪到投宿的整個過程。句中全用實字，語言極精練。

前兩句中主要寫景，沒有直接寫到人，三四句則寫主人夜歸的情景。深山中特別沉寂，淒厲的風聲使黑夜顯得更深沉，是很難辨別其中有什麼動靜的。詩人抓住山區之夜一個具有特徵性的細節——狗叫，很生動眞實地表現了夜雪歸人的情景。山村人家養狗防盜，狗的聽覺特別銳敏，黑暗中一旦有異樣的動靜，就會吠叫起來。深夜狗叫，突然打破寂靜的氛圍會給人異樣的感覺。這在「白屋」中人心裏喚起的是期待和猜測，帶着熱乎乎的感覺：該是主人回家來了。這猜測一點也不錯。末句寫主人在風雪之夜歸來，他就是詩題中的「芙蓉山主人」。主人夜歸這個場面，在末句纔出現，而且衹是點睛式的一筆。給人留下的印象却是深刻的、能喚起生動具體的聯想的。夜深的風雪更緊、歸來的人不用說滿身都是雪花，進得屋來不免先要拍一拍，屋裏的人則會圍上去噓寒問暖，整個畫面一下活動起來。「風雪夜歸人」一句主語倒置句末，把詩結束在主人剛剛露面一刹那間，這手法頗有點類乎戲劇舞臺上「亮相」，尤爲精彩，使人覺得餘味無窮。偌大風雪，詩中「芙蓉山主人」深夜方歸，他從何而來？所營何事？詩中雖無一字交待，然而聯繫「天寒白屋貧」一句看來，多半是爲生計而奔波吧。因此，詩不但富於濃厚的生活氣息，也隱約反映了詩人對筆下人物寄予的一定程度的同情。劉長卿本人，是一個不得志的小官吏，此較能夠接近下層人民生活，這種對常人的關切和同情，是有其現實生活基礎和思想基礎的。

此詩不論在畫面的獨特創造，還是語言的高度概括、「煉飾」方面，都能反映劉長卿山水田園詩的一般特色。方回說：「劉長卿詩細淡而不顯煥，當緩緩味，不可造次一觀而已。」（轉錄自《唐音癸籤》）在讀這首詩時，亦該如此。

（周嘯天）

送靈澈上人

# 送靈澈上人

劉長卿

蒼蒼竹林寺，杳杳鐘聲晚。荷笠帶斜陽，青山獨歸遠。

這是一首感情深沉的送別詩，也是一幅構圖精美的景物畫。詩題《送靈澈上人》，詩也正是從「送」字着意，寫景抒情的。

靈澈，原姓湯，字源澄，會稽（今浙江紹興）人，中唐詩僧，因獲罪權貴而歸隱會稽雲門寺。肅宗上元間，靈澈遊方江南，劉長卿也因讒貶播州南巴（今廣東茂名）赦返至此。這首五絕，是詩人敍寫遠送靈澈前往竹林寺（寺在今江蘇鎭江城南）投宿時的情景。《劉隨州集》有以靈澈爲題詩四首，這是其中最引人矚目的一首。

起句寫送別，但詩并不言別，而是通過景物的描寫來點出歸客去處，映襯送別之情。詩人寫廟宇，并不畫房舍旗幡，但讀者透過煙樹雲竹，也似乎可以窺見那蒼茫景象的背後，有一古樸莊嚴寺廟的存在。詩中使用疊字「蒼蒼」，既交代了山寺環境的雅靜，又給人一種視野廣闊、山寺幽深的感覺。這種不從實處着墨，而由虛處取勢的寫法，正適合詩中主人公從遠處見到的景色，也符合詩人着意掩飾住內心不願過早地告別友人的心情，并把這種依依不捨之情悄悄地隱藏在景中，這就使得清淡遐遠的畫面蘊含着不盡的韻味。

聯句緊承起句，寫詩人偕同友人向竹林寺方向緩步徐行，悠忽之間，從叢林深處傳來了悠揚的鐘聲，這

## 送靈澈上人

鐘聲猶似在催促友人回返山寺，又好像在探詢詩人的去從，它交代了鐘聲的由來，也反襯出環境的寧靜，此時甚有「萬籟此俱寂，惟聞鐘磬音」（常建《題破山寺後禪院》）之感。至此，上句的竹林寺不但有了着落，而也爲下聯鋪寫黄昏前遠郊幽清夐邈的意境起了襯托作用。當然，這種「暮鐘鳴空山，山寺蒼茫中」的景象是絕不能給人帶來振奮和希望的，可也并不是什麽遲暮的惆悵，而是詩人一種孤寂情思和離情別緒複雜心情的寫照。

上聯寫盡了山寺四周的安謐寂靜，這樣的環境，對靜心歸隱的人來說，無疑是個離開世俗紛擾，修身養性的好去處，而對一個失意之客來說，有此景致，倒也清心悅目，心曠神怡。詩人曾說：「動靜皆無意，唯應達者知。」（《和靈一上人新泉》）這種超然物外的情思，正是詩人換取心靈上片刻寧靜的自我表露。詩寫的是「送」，所以詩人并没有也不打算偕同方外者歸隱山門，其原因也在於此。

第三句是全詩的靈魂所在，也是唐詩中的名句。如果說這首詩是一幅畫卷，那麽，當人們把卷軸緩慢地舒展開來，便可遙見羣山青岱，茂林修竹，映帶古剎左右，偏西天際，是一輪依戀人間的落日，它把一天燃燒殆盡的餘暉深情地投射在近處一個荷笠遠去人的背影上，形成一幅清冷淡遠的山人夕照圖。句中「荷笠」二字，說明詩人和他的朋友此時已不是并肩細語或相對話別，而是分手後詩人目送友人遠去的背影了。用「荷笠」暗喻隱跡山林的靈澈，貼切而形象。「斜陽」，在古詩詞中往往是用來說明晚景的無限美好，但又殘存無多的意思。在此，詩人正是利用客觀景物和主觀感情的矛盾，來表達內心的惜別依依和分手的惆悵情思，夕陽在向人間告別之前殘留的最後一束光華，還依然如此留戀多情，從而更襯託出友情的纏綿深厚。從詩的意境上來看，無疑是爲了突出「荷笠」這一人物形象和整個畫面構圖的需要，同時也體現了詩人感情的專注。畫面上的光束、景物，是同詩人送別的感情緊密相連的，這就不僅是景物烘染，時序變換的客觀描寫，而是全詩的立意、構圖、設色和抒情的綜合體現，這就使得客觀的景和主觀的情更加和諧合拍，把感情表達得更爲細膩含蓄，給人以強烈的感染力量。句中再着一「帶」字，尤覺形象生動，它不僅「帶」出斜陽和荷笠之間的關係，展現一幅夕陽離人的圖景，更是詩人用感情的彩練把他和老友之間的深情厚誼緊緊聯結起來的顯現。朋友遠去，落日情深，詩人送行，斜陽緊依相隨，宛若光從情出，景由情生。詩人和友人分手時的思想感情，詩裏沒作繁瑣敷陳，却全由這一「帶」字帶出，一字之奇，使詩意境全盤託出。「荷笠帶斜陽」，造語平淡自然，似是信手拈來，而詩情畫意，全都躍然紙上，歷歷在目。

結句承上句而來，寫友人頭戴竹笠，身披斜陽，獨自消失在蒼茫的青山叢林中。「青山」應起句的「蒼蒼竹林寺」，「獨歸遠」敍詩人佇立目送遠去的友人，并同詩題的「送」巧妙地暗中呼應。句中一「獨」字，正點明了前往竹林寺投宿的唯有靈澈一人，故前人評論說，衹此「獨」字，尤屬「青山」。詩未着一送字，而送別之情自然流露，這概括了多少情思，是何等筆力，何等含蘊！

詩僧皎然《詩式》說劉長卿是個「竊佔青山白雲，春風芳草，以爲己有」的人。劉長卿某些寫景抒情詩作，特別是他晚期的一些作品，確有刻意描繪山川景物的閑靜，但也不乏有荒山夕照，深秋落木等蒼涼情調。唐人顧陶在《唐詩類選序》中說劉長卿等大曆詩人是「祖尚清巧」，而明人胡應麟在《詩藪・內編》中却說劉詩是「清空」，當然，胡應麟所說的「清空」，跟禪宗的空無觀不一定有關，但劉長卿宦海飄泊一生，特別是在政治上屢遭打擊之後，跟隱者交往日多，和詩僧皎然、靈澈等經常詩歌酬答，攜手浪跡吳越，多少未免有「靈犀一點通」之處，但他始終沒有成爲佛門中人，所以他的詩有如其人，「清如寒玉」（耿湋《贈別劉員外長卿》），并無給人「空」的感覺。《送靈澈上人》這首詩，大概正屬於清如寒玉、幽清淡遠這類詩作吧。

這首詩構思精巧，詩從遠處蒼茫羣山起筆，既而寫山寺鐘鳴，再從斜陽夕照寫到依依惜別，意境清淡邈遠，感情純摯深沉。因詩是寫送別，故重在寫別情，寫景也是爲了映襯感情，景物描寫愈集中，愈帶感情色彩，也就愈顯示感情的專注，友情的深厚。雖然，詩中出現杳杳鐘聲和人物獨歸的景象，但其間又有着青山、斜陽的燦然景色，如此，給讀者帶來的就不是愁苦和哀思的別情，相反，却讓人獲得一種心馳神往的藝術效果，給人以無限遐思和美的感受。

（劉伯阜）

# 漁歌子

張志和

西塞山前白鷺飛，桃花流水鱖魚肥。青箬笠，綠簑衣，斜風細雨不須歸。

近年來各種詩詞選本多起來了，講析詩詞的文章和專著也很流行。但我覺得，在衆多選本和講析文章之中有一種情況值得研究，那就是把某一作家的一組作品中間的一首或兩首抽選出來加以講析。當然，不同對象應不同對待，有的組詩或組詞并非不能單獨抽選。如阮籍的《詠懷》、陶淵明的《雜詩》、李白的《古風》以及收在《花間集》裏溫庭筠的十幾首《菩薩蠻》等，它們都非一時一地之作，抽出一兩首來單獨欣賞對整個一組作品并無關涉。可是像杜甫的《同谷七歌》或《秋興八首》，以及韋莊的五首《菩薩蠻》等，恐怕就不宜從中抽選了。因爲把一組詩或詞中的一兩首孤立地抽出來，有點類似於斷章取義的作法，有時還不免產生訛說或歧義。這裏要講的張志和的《漁歌子》就是一例。

今傳張志和的《漁歌子》共五首，前面所引并準備分析的是第一首。另外還有四首，今天已幾乎不爲人所注意。現在一并抄出來請讀者參考：

釣臺漁父褐爲裘，兩兩三三舴艋舟。能縱櫂，慣乘流，長江白浪不曾憂。

霅溪灣裏釣魚翁，舴艋爲家西復東。江上雪，浦邊風，笑著荷衣不嘆窮。

漁歌子

松江蟹舍主人歡，菰飯蓴羹亦共餐。楓葉落，荻花乾，醉宿漁舟不覺寒。

青草湖中月正圓，巴陵漁父櫂歌連。釣車子，橛頭船，樂在風波不用仙。

從這五首詞的意境和技巧看，當然第一首的藝術水平最高，遠遠超過其他四首。但從作者的創作意圖看，則五首實一整體，不容割裂。張志和是唐肅宗時金華人，金華屬今浙江。曾待詔翰林，後來自請隱居江湖，號煙波釣徒。據《歷代詩餘》卷一百十一引《樂府紀聞》，稱張志和「往來苕霅間，作《漁歌子》詞」。我們相信，這五首詞的抒情主人公的確包含着作者自己的性格和形象在內，在一定程度上是張志和自我精神面貌的寫照。但這一組詞畢竟是客觀描寫，并不專指自己（作者本人不過是以士大夫身分隱居江湖，卽使乘一葉扁舟垂釣於水上，也只能「翫兒票」而已），而是鄭重地在描述多數眞正以打魚爲生的漁父。這一點必須弄清楚。

如果只讀第一首，在過去，「西塞山」應確指何地就有爭議。西塞山有二，一在湖北，一在浙江。如劉禹錫有名的《西塞山懷古》七律，就是指湖北的西塞山；而張志和旣往來於苕霅之間，則所詠之西塞山當在浙江無疑。其實在五首詞中，作者寫了不少水鄉的地名，它們并不都在一處。如第二首的「釣臺」，指富春江上嚴子陵的釣臺；第三首寫「霅溪」、第四首寫「松江」，則一在浙江，一在江蘇。特別是第五首的「青草湖」和「巴陵」，顯然是在湖南。如果把詞中主人公都理解爲作者本人，那他決不會跑到洞庭湖畔去打魚的。可見西塞山究竟在何處，卽使是指湖北的西塞山，也無關乎詞旨。作者不過泛指漁父以三江五湖爲家，行蹤飄忽不定，出沒無常，過着比較清貧的生活罷了。

從五首詞的命意（卽思想內容）看，自有其一以貫之的共性，而每一首卻又有各有側重的主題。第一首寫不怕風雨，第二首寫不憂風浪，第三首寫不嫌生活窮困，第四首寫不避寒冷天氣，第五首總結：「樂在風波不用仙。」每一首都在末句點明主旨，雖各寫了一個側面，中心思想却只有一個：歌頌了漁父的全部生活，其基調和風格都是統一的。當然，這五首詞還是各有其相對獨立性，單抽出一首來讀固亦未嘗不可，可是總有點不夠全面。不如五首通讀，讀者所得到的漁父形象纔更加完整。我們在通讀五首以後再把第一首抽出來仔細品味，收穫肯定要比只孤立地讀一首大得多，感受也深刻得多。

那麼第一首究竟好在什麼地方呢？我們不妨由表及裏來進行分析。從字面看，作者所描寫的人和物色澤鮮明，形象生動。以白色的水鳥，紅色的桃花，映襯着青山綠水，再加上人的青笠綠蓑，構成一幅着色的山水人物畫。但這些色彩鮮明的風景和人物却被籠罩在迷茫的斜風細雨之中，「山色空濛雨亦奇」。山靜而鳥飛，花豔而水流，動態和靜景相結合；山遠而水近，鳥遠而魚近，遠景和近景相結合；動靜與遠近相錯綜、相配合，加上斜風細雨，由清晰而漸入朦朧，又構成一幅虛實相生的畫面。然而這幅着色的圖畫所表現的情趣却是淡遠。因爲漁父的生涯是超脱凡俗的，遠離十丈軟紅塵，不圖世間名與利。這就在鮮明生動的畫面的背後有着實質性的思想意義，此卽所謂「風骨」。杜甫的《絶句》：「兩個黄鸝鳴翠柳，一行白鷺上青天」，也是用鮮明而皎麗的色彩構成了畫面，但背後却有着濃烈的鄉愁，這從下面兩句「窗含西嶺千秋雪，門泊東吴萬里船」可以看出；張志和這首詞背後却飽含着隱居之樂。儘管生活平淡清苦，精神却得到了解脱。詞中最警策的句子當然是「斜風細雨不須歸」，這一句寫漁父的精神面貌確很有深度。從表面看，這自然是寫漁翁的不怕風雨，其實這還是淺乎言之。因爲斜風細雨本不可畏，非暴風驟雨可比。我認爲倒寧可講得更執著些，更刻板些，卽更質樸些、實際些。這裏面應該是有一點功利主義的。對一個打魚人來説，「斜風細雨」正是捕魚的好天氣。「細雨魚兒出」，雨天水底要比水面上悶氣，於是魚就浮了上來，打魚人的收穫會更多。這就既寫出隱居者遠離塵世的清高，又寫出了打魚人對生活的别有情趣。漁父也是人，對生活的態度并非孤寂而冷冰冰的，相反，他對自己所從事的生涯倒是充滿了執著與熱愛的，因此他纔「斜風細雨不須歸」，在略具艱辛的環境中體會到他所追求的人生樂趣。

這樣，自然就構成了畫面上的美麗和心靈上的慰藉兩者之間協調而辯證的統一，把外在的客觀景物的鮮明形象（漁父本人的形象也融匯於大自然之美中間了）和抒情主人公内心的主觀情操有機地交織到一處，既清高超脱而又十分滿足於現實生活的情趣。這首詞的藝術水平之所以遠勝其他四首，就在於作者没有把「不曾憂」、「嘆窮」、「不覺寒」和「不用仙」等等訴諸邏輯思維的抽象概念直說出來，只說了一句極其飛動而充滿生機的「斜風細雨不須歸」，精神的超脫和生活的慰藉便都躍然紙上，給人以無盡的餘音和聯想，於是這首詞乃成爲唐代還比較寥落的詞壇上一朵淡雅而又十分誘人的仙葩，爲後來寫詞曲的人開啓了無限門徑，從而博得了它本身的流傳千古。

（吳小如）



# 懷素上人草書歌

戴叔倫

楚僧懷素工草書，古法盡能新有餘。神清骨竦意眞率，醉來爲我揮健筆。始從破體變風姿，一一花開春景遲。忽爲壯麗就枯澀，龍蛇騰盤獸屹立；馳毫驟墨劇奔駟，滿座失聲看不及。心手相師勢轉奇，詭形怪狀翻合宜；有人細問此中妙，懷素自言初不知。

唐朝是我國封建文化藝術高度繁榮的時代。舉凡舞蹈、音樂、繪畫、書法、彩陶、雕塑以及各種文學形式如詩歌、散文、傳奇小說和民間講唱文藝等等，幾乎都臻於無美不備的地步。這就使得當時許多詩人開拓了眼界，擴大了題材，把各種藝術活動及其豐碩成果寫入詩篇，使讀者通過作品得以了解當時各個藝術領域中的高度成就。中唐詩人戴叔倫寫的這首詩，就是反映當時大書法家懷素的藝術成就的。

懷素是從盛唐到中唐時期一位以書法享盛名的僧人，他傳世的草書眞跡有《自敍帖》、《苦筍帖》、

《食魚帖》等。千年以來，他在書法領域中一直佔有崇高地位。他的狂草確能給人以美的享受。這首戴詩近年以來各家選本多未編入，現在略加介紹還是有必要的。

我以爲這首詩有兩點值得注意。一、作者提出了一個理論問題，卽一位藝術家之所以能取得高度成就究竟應具備何種素養。二、書法是一種藝術活動。前代評論家對於大書法家的藝術成果（卽他們傳世的寫件）大都做出了評價，如梁武帝說王羲之寫的字如「龍跳天門，虎臥鳳闕」（一說這是袁昂對蕭思話書法的評語）便經常被人引用。但對一位書法家正在進行的藝術活動加以描述的就不多了。戴叔倫是親眼看着懷素在爲他「揮健筆」才寫了這首詩的，所以他記錄了懷素作字時的活動過程。這就比只描寫懷素已寫成的字跡具有什麽特色更有意趣。把這兩點弄清楚，全詩的妙處也就容易體會了。

關於一位藝術家取得成就應具備什麽素養，我覺得古今論者各有一偏。古人強調繼承，卽要求盡量積累前人經驗，如宋人說杜詩「無一字無來歷」，因而要求把功夫都用在書本上，只有「讀書破萬卷」纔能「下筆如有神」，這就是強調繼承一面最有代表性的意見；今人則強調發展，卽務求發揮個人的獨創性，動輒提倡打破框框，不管什麽都想獨出心裁，彷彿不這樣就是固步自封，食古不化。這就又偏到另一面去了。其實一切文化藝術都是既有繼承又有發展的，無論偏到哪一面都會產生流弊。卽以寫字而論，今天已非「倉頡造字」的遠古時代，沒有那麽多可以「自我作古」的事；而自漢至唐，下迄宋元明清，歷代書法家確已積累了不少寶貴經驗，不容輕易抹殺。但如死守一家一體，不敢越雷池一步，那也是沒有出息的，充其量不過是贋品的倣製者。這個問題，戴叔倫在評價懷素時却給我們做了正確答覆：「古法盡能新有餘。」用我的意思來說，就是既要無一筆無來歷，又要每一筆都具有個人獨特的精神風貌。懷素之所以成爲懷素，他首先做到了「古法盡能」；但從他所寫的字體中表現出來的，却是一個活生生的、個性十分鮮明突出的「新有餘」的懷素。既包羅涵泳了前人之所長，又有自己獨具的精神面目。詩人正是用史官筆法來歌頌懷素的，所以一上來就開門見山地說「楚僧懷素工草書」，籍貫、身分和特長，全部概括在一句之內，然後緊急着說他所以具有如此非凡成就，乃是由於既繼承了古法又創造了豐富的新內容。這種寫法準確而經濟，看似平淡，却是懷素的眞正知音。

寫古詩允許換韻。而韻脚的變換又意味着詩意的轉折和段落、層次的形成。三、四兩句改用入聲韻脚，是從總括轉到具體，說明懷素在爲戴叔倫揮毫命筆。但就是這兩句，也是經過作者把許多意思加以濃縮後寫成的。「神清骨竦」指通過懷素的神態儀表以體現其蘊涵於中的精神氣質，「意眞率」寫懷素具有坦蕩的胸懷和天眞的性格。作者的意思是：字如其人，作字如作人，沒有純樸的氣質和爽朗的性格是寫不出像懷素那樣豪放超逸的字體的。然而除主觀因素外，還要借助於外來的酒力。懷素的「健筆」只有在醉後才發揮得更爲神奇雄渾。從這以下開始描寫懷素書法藝術活動的進程，用韻很別致。「姿」、「遲」是平聲支韻，與末四句的「奇」、「宜」、「知」三個韻脚字本在同一韻部；而中間却用押入聲韻的四句（「澀」、「立」、「及」、共三個韻脚）把它們隔開，這就把懷素運筆作字的過程分爲三個階段。我們今天所能見到懷素的遺墨，都是狂草；而這一次他所寫的字却是從行書開始的。「破體」是專名詞。相傳王羲之善寫行書，到他的兒子王獻之手裏、更在行書中羼入草字，這就叫「破體」。從詩人的描寫看，懷素這次所寫一開始是行書，然後漸成行草，所以說「始從破體變風姿」。而這一開始的用筆是比較韶秀疏朗的，所以作者用「一一花開春景遲」來形容它們。以韶秀的筆姿作行草，下筆比較舒緩，作者用平聲字押韻，讀起來自然感到紆徐從容，這恰好同懷素作字的風格相一致。下面接着描寫懷素的字體由韶秀疏朗「忽爲壯麗」，然後漸趨「枯澀」，開始寫起狂草來。詩的韻脚於是一下子又轉爲入聲，宛如由輕彈細吹的樂調驟改爲急管繁弦，使人感到應接不暇。所謂「枯澀」，指筆鋒蘸墨無多，出現了乾枯的筆道兒。下面一句「龍蛇騰盤」形容狂草的盤旋使轉，「獸屹立」則比喻字形的突兀和氣勢的磅礴。而「馳毫驟墨」一句，則從描寫字跡的形體變化過渡爲形容書寫時的迅疾飛動，這正是懷素狂草在運筆時的特徵。作者寫到這裏，已自筆酣墨飽，淋漓盡致，却從側面陪襯了一句「滿座失聲看不及」，寫圍觀懷素揮毫的人們都失聲驚詫。這種手法正從《史記·項羽本紀》描寫「巨鹿之戰」的場面脫胎而來。當項羽引兵援趙，與秦軍鏖戰正酣之際，却插入一句「諸將皆從壁上觀」，與此處的「滿座失聲」恰爲同一機杼。所謂「看不及」，有兩層意思：一是旁觀者的眼睛追不上懷素手中的筆；二是懷素寫出的字跡變化多端，每出於旁觀者始料之外。這種對動態的追蹤遠比對靜止的藝術成品加以刻畫要生動得多。

詩人寫到這裏，該進行總結了，於是寫了「心手」兩句。上一句，寫手以心爲師，此理人皆知之；而心亦師手，似乎把思維過程顛倒了，其實這正是作者對藝術實踐比較辯證的認識。《莊子》上說的「得手應心」，卽是此理。因爲運筆的手在藝術實踐中起了反作用，啓迪了人的思路，從而開拓了人的思維對藝術的領悟程度。下一句，「詭形怪狀」指狂草的形象；而「翻合宜」者，則指字形雖詭怪得出人意料，却無一筆不合法度。這正是作者在開頭說的「古法盡能新有餘」一句最好的註脚。結尾兩句遺音裊裊，餘味無窮。作字的人只憑一時靈感，不一定立卽把感性認識上升到理性階段，「懷素自言初不知」是可以理解的。但此中之妙，作者實已知之，而且一上來就點破了：「古法盡能新有餘。」這裏自無須重複。況且這也與懷素的醉後揮毫相映成趣。假如懷素在作字時頭腦十分清醒，不以神行而以智馭，則所書之字將不免故作矜持，那就不是一氣呵成的藝術品，而是很可能成爲嘩衆取寵的自我炫耀；而作者在詩的中幅所插入的「滿座失聲看不及」一句，也就不是寫觀衆被懷素的藝術魅力所吸引，而是作者故弄玄虛，有意作驚人之筆了。

（吳小如）

# 寒食

韓翃

春城無處不飛花，寒食東風御柳斜。日暮漢宮傳蠟燭，輕煙散入五侯家。

這是一首諷刺詩，也是借漢事以喻唐事的。據《西京雜記》所載，在漢代，寒食那一天，雖然全國都禁火，但皇帝却賞賜封侯的貴族們以蠟燭，特許照明，以示恩寵。此詩卽借古喻今，以見皇家恩澤，只及上層。卽使是生活中的小事，他們也是擁有特權的。

前兩句寫京城春色。春色可寫者多，但這裏只突出御柳飛花，作爲代表，從個別見一般。一上來以「春城」二字點明時令和地點。「飛花」之上，又冠以「無處不」三字，則御柳夭斜(在古代，凡是屬於皇帝的東西，都加一御字，以示尊敬，如皇帝的衣稱爲御衣，宮苑的溝稱爲御溝。御柳卽宮苑中的柳樹），隨風飄拂，而枝頭白絮，遍地漫天，都被描繪了出來，而寒食之時，春光濃麗，無所不在，也就非常清晰地在人目前了。

起句首先就點明春天。下面的「御柳」、「飛花」、「寒食」、「東風」，都從「春」字生出。而「飛花」與「柳斜」則由「東風」貫串起來。「御柳」引出「漢宮」、「寒食」又是「傳蠟燭」的根據。從這些地方，可以看出詩人的苦心經營，細針密線。

後兩句寫當時情事。寒食禁火，所以夜間也不許點燈。但在傍晚時分，宮廷却已派人將蠟燭頒賜到五侯的家中了。從這樣一件小事中，詩人寫出了貴族們所享受的特權以及皇帝對他們的寵愛。

挨家挨戶地頒賜，所以說「傳」，傳字與下五侯相應。蠟燭質量愈高，煙子愈少，所以說「輕煙」。五侯本是漢朝典故。西漢成帝時，外戚王譚等五人同日封侯，世稱五侯。東漢順帝時，外戚梁冀的兒子和叔父五人封侯，世稱梁氏五侯。桓帝時，宦官單超等五人封侯，也稱爲五侯。總之，不是指外戚，就是指宦官。韓翃於玄宗天寶十三載（七五四）進士及第，在德宗時以駕部郎中知制誥。這首詩的寫作年代不可考。如果是天寶年間的作品，則應是諷刺楊國忠兄妹的，如果是安史之亂以後所寫，則很可能是諷刺肅宗、代宗以來專擅朝政的宦官的了。

這首詩的特點是用意深刻而表現含蓄。從表面上看，它只是描寫了寒食的景色，記載了一件當時在這個傳統節日中皇家的一件例行故事，甚至於可以將它看成是一篇對皇帝的頌歌，頌揚他對臣下施加恩澤。在詩人晚年家居的時候，德宗因爲欣賞這首詩，還起用他知制誥，起草詔書。可見這位最高統治者是將詩中的諷刺誤會成歌頌了。

（沈祖棻）

# 過山農家

顧　況

板橋人渡泉聲，茅檐日午鷄鳴。莫嗔焙茶煙暗，却喜曬穀天晴。

六言絕句一體，整個唐代作者寥寥，作品很少。時代較早而且寫得比較成功的當推盛唐詩人王維的《田園樂七首》，其第六首云：

桃紅復含宿雨，柳綠更帶春煙。花落家僮未掃，鶯啼山客猶眠。

在鮮妍清新的畫面中流動着隱居田園的高人恬然自適的生活情趣，堪稱詩中有畫。中唐詩人顧況的這首《過山農家》，同樣饒有畫意，却是地道的山村風光、農家本色，於質樸清淡的筆墨中含有一種真淳的生活美。詩大約作於詩人晚年隱居潤州延陵大茅山期間。題內「過」字，是訪問的意思。

前兩句是各自獨立而又緊相承接的兩幅畫圖。前一幅「板橋人渡圖」，畫的是山農家近旁的一座木板小橋，橋下有潺湲的山泉流淌，橋上有行人經過。「人渡」與「泉聲」，分寫橋上橋下，本屬二事，「人渡泉聲」，彷彿無理，却真切地表現了人渡板橋時滿耳泉聲淙淙的新鮮喜悅感受。詩中有畫，這畫便是彷彿能聽到

## 顧況

### 過山農家

泉聲的有聲畫。畫中的行人，實卽詩人自己。大約是由於目接耳聞瑩澈鏘鳴的水色泉聲，恍忽置身畫圖之中，落筆時便不知不覺將自己化爲畫中人了。抒情的主體融入客體，成了景物的一部分。這句寫山農家附近的環境，「板橋」、「泉聲」顯示山居的特點，「人渡」暗點「過」字。

後一幅「茅舍午鷄圖」，正寫「到山農家」。茅檐陋舍，是「山農家」本色；日午鷄鳴，彷佛是打破了山村的沉靜，却更透出了山村特有的靜寂。在溫煦的正午陽光照耀下，茅舍靜寂無聲，衹偶而傳出幾聲悠長的鷄鳴。這就把一個遠離塵囂、全家都在勞作中的山農家特有的氣氛傳達出來了。「農月無閑人，傾家事南畝」（王維《新晴野望》），這裏寫日午鷄鳴的閑靜，正是爲了暗透閑靜後面的忙碌。從表現手法說，這句是以動襯靜，以聲顯寂；從內容的暗示性說，則是以表面的閑靜暗透繁忙。三四兩句，便直接寫到山農的勞動上來。

「莫嗔焙茶煙暗，却喜曬穀天晴。」這兩句一般都理解爲山農對詩人表示歉意的話，意思是說，您別怪罪屋裏因爲燒柴烘烤茶葉弄得烏煙瘴氣，將就着在破茅屋裏歇歇脚，可喜的是今天出了大日頭，場上的穀子正好趁晴翻曬，實在分不開身來招待您。這當然也能見出山農的淳樸好客和雨後初晴農家的繁忙，而且神情口吻畢肖。不過，理解爲詩人對山農說的話也許更符合題意，也更富情味。詩人久居山中，跟附近這一帶的山農已經相當熟悉。當他信步閑遊，來到這一戶山農家時，主人因爲焙茶煙霧彌漫，不免有些歉意，詩人則用輕鬆幽默的口吻對他說：別氣惱焙茶燒柴弄得煙霧騰騰的了，可喜的是今天雨後新晴，正好翻曬穀子呢。乍一看，三四兩句之間似無必然聯繫，細加尋味，便可發現它們都統一在雨後新晴這一特定的天氣背景上。久雨茶葉返潮，需用微火烘烤；而雨後新晴，空氣濕度較大，茅屋裏的煙霧透不出去，故有「焙茶煙暗」的現象。但雨後放晴，正可曬穀，故說「却喜曬谷天晴」。不熟悉農家生活、農民心理，說不出這樣本色的農家語。詩人雖只隨口道出，略不經意，却生動地表現了他跟山農之間那種不拘形跡、融洽無間的關係，讓人感到他并不是山農茅舍中陌生的尊貴來客，而是跟這個環境高度契合的「此中人」。相比之下，把這兩句理解爲山農致歉的話，詩人與山農間的關係不免顯得生分了。從題目與內容的關係看，首句是過訪途中情景。次句正寫到山農家所見所聞，三四句進一步寫詩人與山農不拘形跡的聊家常，全篇都緊緊圍繞「過」字寫抒情主人公的活動，語意一貫，順理成章。而首句「泉聲」暗示雨後，次句「鷄鳴」逗下「天晴」，更使前後幅貫通密合，渾然一體。清新明麗的山村風光，閑靜而繁忙的勞動生活氣息，質樸眞淳的相互關係，親切家常的農家語言，這一切高度和諧地統一在一起，呈現出一種淳厚眞樸的生活美。這正是這首短詩藝術魅力之所在。

六言絕句，由於每句字數都是偶數，六字明顯分成三頓，天然趨於對偶駢儷、工致整飭，絕大多數對起對結，語言較爲工麗。顧況這首六言絕雖也採取對起對結的格式，但由於純用樸素自然的語言進行白描，前後幅的句式與寫法又有變化，讀來便絲毫不感到單調板滯，而是顯得輕快自如。詩的內容和格調呈現出高度的和諧。

（劉學鍇）

# 寄李儋元錫

韋應物

去年花裏逢君別，今日花開又一年。世事茫茫難自料，春愁黯黯獨成眠。身多疾病思田里，邑有流亡愧俸錢。聞道欲來相問訊，西樓望月幾回圓。

這首詩的寫作年代，過去大都認爲是德宗貞元年間作者任蘇州刺史時寫的。傅璇琮先生《唐代詩人叢考·韋應物繫年考證》定爲德宗興元元年（七八四），即作者出任滁州刺史之次年春作，聯繫詩中涉及的和李儋、元錫分別的時間、當時的政治形勢、滁州的凋敝情況等看，較爲合理。李儋任宮殿中侍御史，《韋江州集》中

寄李儋元錫

現存和他酬唱的詩很多。元錫事跡不詳，韋集中有《郡中對雨贈元錫兼簡楊凌》、《送元錫楊凌》等詩，也與詩人交往密切。

韋應物於德宗建中四年（七八三）由尚書比部員外郎出爲滁州刺史，初夏離開長安，秋至任所，「首夏辭舊國，窮秋臥滁城」（《郡齋感秋寄諸弟》）。他與李儋、元錫分別，到寄詩時剛好一年了。詩從念別寫起。去年在長安，花裏逢君、別君；今日在遠郡，花開懷君、憶君。出語淡雅。「又一年」，着一「又」字，情意驟轉凝重。南朝梁柳惲贈吳筠詩云：「山桃落晚紅，野蕨開初紫。雲日自清明，蘋芷齊靃（音髓）靡。離念已鬱陶，物華復如此。」從韶華流逝，羣芳易歇，興發離念鬱陶的情懷，包舉一篇。

詩人離開長安，出守滁州這一年，有什麼事情使他於百花吐豔時節而心情沉重呢？據《舊唐書·德宗紀》記載，建中三年就發生了朱滔、王武俊與田悅聯合起兵的叛亂，他們「於魏縣（今河北縣名）軍壘各相推獎，僭稱王號」。朝廷詔朔方節度使李懷光、河東節度使馬燧等征討，久戰不克，從此兵連禍結，戰火蔓延。建中四年正月，淮西節度使李希烈起兵襲陷汝州（今河南臨汝），東都震駭。朝廷命大將軍哥舒曜東討，屯軍懷（今河南沁陽），汝間，相持不下。十月，詔涇原之師救哥舒曜，「涇原軍出京城，至滻水，倒戈謀叛」，德宗倉皇出奔奉天（今陝西乾縣）。亂兵大掠京師，迎朱泚（滔兄）爲帥，居含元殿。興元元年二月，來援的李懷光又與朱泚勾結，德宗再奔梁州（今陝西南鄭）。到這年五月，李晟才收復長安。因此，詩人出守滁州這一年是唐王朝分崩離析、危在旦夕的一年。身處「羈離守遠郡，虎豹滿西京」（《京師叛亂寄諸弟》）的形勢下，他感世傷時，心情鬱悒，此時此地，正待向遠方的友人一一傾吐：「世事茫茫難自料，春愁黯黯獨成眠。」自從安史之亂後，藩鎮割據，國無寧日，「弱冠遭世難，二紀猶未平」（同上），人世間事情多變，國家的興廢、人民的安危、個人的進退等，都渺茫幽晦，難以預測。一身羈守遠郡，親友疏離，春日遲遲，愁思擾擾，心神黯淡，孤獨成眠。可以看出，戰亂不已，時世艱危，是詩人茫然若失、愁思纏綿的主要原因。

詩人向摯友傾吐懷抱，如果說詩的三、四兩句還止於訴說自己憂愁、孤寂的心境，那麼五、六兩句「身多疾病思田里，邑有流亡愧俸錢」，則是進一步陳述後半生立身、行事的心跡了。韋應物後半生兼具儒道兩

寄李儋元錫

家的氣質。他一方面認爲「丈夫當爲國」（《寄暢當》）、「服膺理庶氓」（《自尚書郎出爲滁州刺史留別朋友兼示諸弟》），被後世稱爲循吏；一方面「立性高潔，鮮食寡慾，所至焚香掃地而坐」（唐李肇《國史補》卷下）。面對中唐國勢的衰敗，廣大人民深受徭役、賦稅與戰亂的痛苦，他的內心存在着深刻的矛盾。身多疾病雖然也是詩人後期生活的實際情況，如代宗大曆十四年（七七九）他由鄠縣令改任櫟陽（今陝西臨潼附近）令，就因疾病辭官，「獨此抱微痾，頹然謝斯職」；到滁州不久，在《新秋夜寄諸弟》詩中也說：「方用憂人瘼，況自抱微痾。」但是，思念田園故里，希望過着陶淵明式的隱居生活，「終罷期結廬，慕陶眞可庶」（《東郊》），是他的主導思想。這種退隱思想，一方面，與他的道家氣質有關；一方面，甚至是更爲重要的，仍然來自眼前嚴峻、殘酷的現實。「邑有流亡」——自己所治郡、縣（包括今安徽滁縣、來安、全椒三縣），城鄉人民流徙逃亡，民瘼方重，身爲郡守，深感治理無方，坐食俸祿，內愧於心。邑有流亡，城鄉凋敝，是由於連年戰爭而加重人民賦稅、徭役的負擔造成的。他在《答王郎中》詩中說：「風物殊京國，邑里但荒榛。賦繁屬軍興，政拙愧斯人。」在《答崔都水》詩中說：「甿稅況重疊，公門極熬煎。責逋甘首免，歲晏當歸田。」詩人同情人民疾苦，也想爲人民減輕一些負擔，但這樣做必然得罪當權者，「促戚下可哀，政寬身致患」（《高陵書情寄三原盧少府》）。於是，爲國效力與退居田園、羈守遠郡與親友疏隔、恤民寬政與身致禍患等一系列矛盾交戰於心，鬱紆不能自解。當年矯悍善射的三衛郎，現在「一從守茲郡，兩鬢生素髮」（《元日寄諸弟兼呈崔都水》），身多疾病；當年咨擊軍騎（見《示從子河南尉班》詩序）的洛陽丞，現在「理郡無異政，所憂在素餐」（《冬至夜寄京師諸弟兼懷崔都水》），竟一籌莫展了。可貴的是，他同情人民疾苦，當其無能爲力時，却引起良心的內疚，慚愧無地。故黃徹《䂬溪詩話》評此詩五、六句云：「余謂有官君子當切切作此語，彼有一意供租，專事土木，而視民如讎者，得無愧此詩乎？」

怎樣一解胸中的鬱苦，暫慰心靈的創傷呢？或郡齋客至，「論詩一解顏」（《簡郡中諸生》），或林下悠游，「於焉灑煩抱」（《夏至避暑北池》），這是詩人居官時特有的生活方式和情趣。因此在詩的結尾，他向友人深情寄意：「聞道欲來相問訊，西樓望月幾回圓。」西樓，詩人燕居之地，非蘇州觀風樓，如《寄別李儋》詩云：「遠郡臥殘雨，涼氣滿西樓。想子臨長路，時當淮海秋。」聽說李儋、元錫要來滁州探問，詩人每登西樓，臨遠凝望，默默佇候，快幾度月圓了。期待殷勤，可見詩人情意之切；一待數月，益見詩人鬱苦之深。他是如何需要友人深厚的情誼來澆洗胸中壘塊啊！

這是一首向友人傾吐政治懷抱與苦悶的詩。首聯從花謝花開、倏忽一年入筆，興起全篇，劉勰所謂「四序紛回，而人興貴閒」。結尾以月缺月圓、佇望殷切寄意，情韻不盡，劉勰所謂「山川無極，情理實勞」。首尾兩聯用筆濃淡，中間兩聯潑墨較濃。整個畫面濃淡相宜，簡遠渾融。據唐張彥遠《歷代名畫記》記載，韋應物的父親韋鑾、伯父韋鑒和堂兄弟韋鷗（鑒子）皆唐代有名的畫家，鑒工龍馬，鑾、鷗工山水松石。張彥遠在《論顧、陸、張、吳用筆》中提出「意存筆先，畫盡意在」，韋應物這首詩構圖用筆正體現出這個特點，或亦得助於父兄深湛的繪畫藝術吧！

（王昌猷）

# 滁州西澗

韋應物

獨憐幽草澗邊生，上有黃鸝深樹鳴。春潮帶雨晚來急，野渡無人舟自橫。

暫且撇開詩人和詩題，先來體驗一下這首短詩本身，它給予我們的會是什麼樣的感受？

春光美好，萬物競生。可是，詩人無心到那萬紫千紅的熱鬧去處，偏獨憐愛幽靜澗邊的綠草，獨自走到山澗邊來尋閒探幽。對於幽草的這種愛憐，後來的許多詩人都有類似的體驗，例如宋人王安石就有「綠陰幽草勝花時」（《初夏卽事》）這樣的詩句。

山澗裏是一番什麼景象呢？山澗之上，樹叢深處，只聽得黃鸝鳥在林蔭中發出啼鳴之聲。黃鸝啼鳴，應是有聲，却更襯托出了山澗的幽靜。「蟬噪林逾靜，鳥鳴山更幽」（王籍《入若耶溪》），蟬噪、鳥鳴，益顯山林之靜，也許有人都有過這種類似的體驗。「芳草無人花自落，春山一路鳥空啼」（李華《春行寄興》），也是以「花自落」、「鳥空啼」來反襯春山的幽靜無人。

澗邊是這麼幽靜。漸漸夜幕將臨，忽然風雲突變，驟來一陣急雨，頓時澗水猛漲，春潮帶着雨水，洶湧而來。一個「急」字，寫出了春潮和陣雨打破了山澗的寧靜，呈現出一番飛動流轉之勢。然而，在這飛動流轉的景象的背後，襯托出了詩人悠閑、寧靜的心境。詩人雖未直接出現於畫面，却使人感到，詩人從容不迫，悠然自得，在觀賞着眼前的這番景象。

既已薄暮，陣雨又兼潮漲，山澗邊早已沒有行人，那本來就很荒涼的古渡口頭，已是無人來渡，於是，只見渡船橫在渡口水面，隨着潮水晃蕩，任其隨波逐流。讀到這裏，不由得使人心曠神怡，如臨其境，陶醉於這奇妙的境界之中。

好詩毋需多作解，明白如畫心易領。我們常讚一些好詩是詩中有畫。這首詩確實就像畫一樣，畫出了山澗雨景。「春潮帶雨晚來急，野渡無人舟自橫」二句尤佳，動靜交錯，繪聲繪色，野渡雨景，歷歷在目，讀後，使人讚嘆、令人叫絕。後人也曾寫過類似情景，如宋人蘇舜欽《淮中晚泊犢頭》中就有「晚泊孤舟古祠下，滿川風雨看潮生」之句，詩人從孤舟中看雨來潮湧，寫的是舟中所見，風雨孤舟看潮生，另有一番詩意。但我讀來，總覺不如「春潮帶雨晚來急、野渡無人舟自橫」。這是不是因爲此詩是寫澗邊所見、角度不同之故？不見得。個中奧妙，頗可翫味。

那末，這首短詩妙在哪裏呢？

詩中有畫固然佳，但若詩中只有畫却并不值得稱道。詩并不等同於畫，詩終究還要有自己的特點，要有

「詩情」。其實，畫也不能照摹對象，要有「畫意」。詩情畫意，這纔是詩畫的靈魂。只是詩比起畫來，更擅長於抒情。詩畫相通而又相異，詩中有畫當然好，但不能停留於畫，必須通過描繪更好地抒情，兩相融合，創造出意境，使詩更有情趣，意蘊更深。

這首短詩確實如畫，但詩人通過如畫的描繪創造出了一個深遠的意境，融進詩人對於人生的深切體驗，富有情趣。在詩裏，澗邊幽草，深樹鸝鳴，春潮晚雨，荒江野渡，這些景物、場面綴合起來，構成一個意境，寄寓了詩人嚮往自然、尋求寧靜的心情。詩人韋應物，唐代中期的山水田園詩的著名代表，曾任滁州、江州、蘇州等處刺史，世稱「韋蘇州」。一個久處官場的文人，飽經風霜，宦海浮沉，對於那些送往迎來、應答酬唱的生活感到厭倦，想要脫離繁華的囂塵，追求自然幽靜的生活境界。「獨憐幽草澗邊行」，尋找的正是這樣的意境。這樣的意境不僅叩動着古人的心弦，而且也吸引着想在自然裏獲得更大自由的今人，儘管爲這種意境所陶醉的社會原因、具體內容會有所不同。

詩題標爲《滁州西澗》，這裏所說的西澗，當是安徽滁州城西的那個，俗名上馬河。詩人作此詩，正是在滁州刺史任內。但前人曾有所懷疑，此西澗是否即滁州之西澗。清人王漁洋在《皇華紀聞》中說及：「昔人或謂西澗潮所不至，指爲今天六合縣之芳草澗，謂此澗亦以韋公詩而名；滁人爭之。」詩作出了名，詩人成名人，就會出現爲本鄉本土爭名的現象，看來這不自今日始，歷來就有。我既沒有到過滁州西澗，也未去過六合芳草澗，無從考證哪處曾經有潮，韋應物是否在澗邊遇到了陣雨春潮。不過，詩境可以借助詩人的想像來創造，不必定要依樣摹寫，正如王漁洋所說：「余謂詩人但論興象，豈必以潮之至不至爲據，眞癡人前不得說夢耳！」以唐人宋之問《題大庾嶺》詩中「江靜潮初落」一句爲例，漁洋云：「大庾嶺北止有章水如衣帶，去潯陽且千餘里，抑豈潮所可到耶！」韋應物是否在西澗目擊春潮帶雨晚來急，這并不重要，重要的是詩人依據過去的直接和間接的經驗，創造出了這樣的意境，表達詩人對於人生的深切體驗。

名詩傳世，後人好以此入畫，把詩境轉化爲畫境。但是，詩情能否完全化成畫意，這是個饒有興味的問題，依我看，詩情與畫意，相通而又不雷同。宋代宮廷畫院曾取「野渡無人舟自横」之意，以「野水無人渡，孤舟盡日橫」爲題，考選宮廷畫師（參見《畫繼》）。應試畫師大多構想爲「繫空舟岸側」，高明些的在船舷間畫一拳鷺，或在篷背上畫一棲鴉，暗示舟上無人，所以鷺敢於在此拳，鴉才在此處棲。「舟上無人」之意是表達出來了。獨有中魁的畫師別出心裁，「畫一舟人臥於舟尾，橫一孤舟，其意以爲非無舟人，止無行人耳，且亦見舟子之甚閒也」。這幅畫創造出了這樣的意境：并非舟上無人，而是無人來渡，舟子自閒。這是對「野渡無人舟自橫」的再創造，頗有新意，自屬難得。但是，韋應物在詩中所寫的「野渡無人舟自橫」是同「春潮帶雨晚來急」綴合在一延構成的意境，并不是可以孤立出來的一個畫面。且不說「春潮帶雨晚來急」這樣的飛動流轉之勢，在畫中就很雖表現；只就「野渡無人舟自橫」之句來說，詩中也未斷言舟上必有舟子。如果是在雨後天晴，舟子悠然自得，橫笛獨閑，尙合情理；但若孤舟在風雨中飄橫，而舟子仍逍遙自在、臥舟吹笛，這就不合情理了。韋應物此詩所說，究竟是舟中無人，抑或無人來渡，還是兩者兼之，詩人并未屬意於此，讀者可以自己的審美經驗去想像，所謂「覽者會以意」，自然也給畫家留下了再創造的餘地。

（胡經之）

# 塞下曲（其三）

盧　綸

月黑鴈飛高，單于夜遁逃。欲將輕騎逐，大雪滿弓刀。

《塞下曲》是唐樂府題，本自漢代樂府《出塞》、《入塞》。盧綸的《塞下曲》一共六首，從將軍發令，千營一呼寫到凱旋，題名麟閣，是一組完整的反映邊塞戰爭的組詩。這裏選錄的是第三首，寫雪夜追擊。

詩的第一句呼應《塞下曲》之二「林暗草驚風，將軍夜引弓。平明尋白羽，沒在石棱中」的開頭，用「月黑鴈飛高」五個字有聲有色地渲染了驚心動魄的戰鬥氣氛：月黑風高，寒雲密布，在茫茫夜幕裏，隱伏着兇險的殺機。忽然，宿鴈驚飛，濃雲深處，傳來它們的陣陣哀鳴。有敵情，是單于乘夜逃遁！將軍要率領輕騎追殲敵寇，只見紛紛大雪，落滿弓刀。

清代詩評家賀裳評論這首詩說：「人顧稱『欲將輕騎逐，大雪滿弓刀』，雖亦矯健，然殊有逗留之態，何如前語（指之二「平明」兩句）雄壯。」（《載酒園詩話又編》）話雖不錯，但值得注意的是，「之二」避實就虛，不正寫殺敵，偏寫射石沒羽；這首詩欲擒又縱，不正寫追敵，偏宕開一筆，寫紛紛大雪，顯見得是故意的安排。從字面上看，將士誠然有猶豫，有逗留，但輕騎究竟是否冒雪追擊，尚是疑案，有待讀者聯繫前後詩來思索、判斷。我們已經看到組詩之二渲染了將軍的神勇，威震敵膽，這是單于逃遁的原因。組詩之四又展示了戰鬥的結果：「野幕敞瓊筵，羌戎賀勞旋。醉和金甲舞，雷鼓動山川。」輕騎終於衝寒冒雪追逐敵人，大獲全勝，則不言已喻。「大雪滿弓刀」所引起的一刹那猶豫，正反襯了將士們知難而進的忠勇精神。

這首詩題爲樂府，實際上是一首成功的五絕。明代詩評家胡震亨說：「宮詞、從軍、出塞等，雖用樂府題，自是唐人絕句。」（《唐音癸籤》卷十）五絕簡古，以詞近旨遠，渾然天成爲佳。盧綸的《塞下曲》，是符合這些要求的。它語言質樸，富於暗示性，句有餘意，篇有餘味，或側寫，或宕開一筆，留下大量的空白，引導讀者和他一同創造一個雄健、渾成的藝術境界。

盧綸是大曆十才子之一。在他三百餘首詩中，多應酬寫景之作，直接反映現實的詩不多。但是，他曾久居唐代名將渾瑊的河中（治蒲州，今山西永濟縣治）幕府，比較熟悉邊塞軍旅生活，所以能寫出一些蒼老勁健的邊塞詩來，在以厭戰思歸爲主旋律的中唐邊塞詩中，卓然特立。賀裳就說，盧綸的《塞下曲》六首「俱有盛唐之音」。但因此又有人認爲他這類詩「皆有頌美之意，與他作描寫邊塞寒苦者不同」（劉永濟《唐人絕句精華》）。「頌美」不同於「諂成」，如果盧綸所歌頌的將軍——渾瑊是值得歌頌的話，這種「頌美」就應該予以肯定。渾瑊十幾歲就跟隨父親釋之轉戰各地，勇冠諸軍。「安史之亂」以後，回紇、吐蕃暴亂窺邊，多次入寇，渾瑊又在郭子儀麾下，累立戰功。德宗興元元年（七八四），渾瑊以軍功封咸寧郡王，鎮守河中。據《舊唐書・渾瑊傳》載：「貞元三年（七八七），吐蕃入寇，至鳳翔，欲長驅犯京師，而畏瑊……」《資治通鑒》也說，吐蕃相尚結贊謂其徒曰：「唐之良將，李晟、馬燧、渾瑊而已。」在國力日趨衰弱的中唐時期，盧綸生活在渾瑊幕府，任元帥判官，目睹他力振國威，英勇拒敵，心情激動，發爲高唱。這在當時，能催人奮發；就是在今天，也還能激起人們愛國保邊的自豪感、自信心，具有強大的生命力。

（侯孝瓊）

# 喜見外弟又言別

李　益

十年離亂後，長大一相逢。問姓驚初見，稱名憶舊容。別來滄海事，語罷暮天鐘。
明日巴陵道，秋山又幾重？

在唐詩中，送別之作比比皆是，像王勃的《送杜少府之任蜀川》、王維的《送元二使安西》等都是名篇。單寫重逢的也不少，如杜甫的《江南逢李龜年》、韋應物的《長安遇馮著》等均屬佳作。但在一首詩中既寫重逢又言別離的，却不多見。因此，李益的《喜見外弟又言別》引人注目。

## 李益

### 喜見外弟又言別

李益出生於天寶七載（七四八）。安史之亂從發生到平息的八年，正是他八歲到十六歲這段時間。其外弟（表弟）就更小了。所以詩一開頭說：「十年離亂後，長大一相逢。」既交待了二人離別的原因：是社會的動亂，造成無數親人生離死別，存亡難卜；也交待了離別的時間：取其成數，已經十年了。還點出了人的變化：兩人都長大了，已從少年步入青年，身材、相貌、氣質、性格等與從前相比該有多麼大的不同啊！「一相逢」的「一」字，巧妙地說明兩人這次會面，并不是在互相尋找和等待中的相見，而是不期而遇。因此，這「一相逢」就更加難得和可喜。

說起來，還眞有點戲劇性：開始，作者面對眼前的陌生人，免不得要客氣地問一句：「您貴姓啊？」「大名怎麼稱呼？」當對方姓甚名誰的話一出口，這纔恍然大悟，暗自驚訝：噢，這不是我的表弟嗎？於是腦海裏立即翻撿起十年前的記憶，極力想喚出表弟童年時的音容笑貌來……這一切言語、表情、心理，都凝聚在頷聯「問姓驚初見，稱名憶舊容」這兩句詩中。作者截取「初見」的一刹那，既寫了人們交往中問姓、稱名這樣的尋常禮儀，又抓住了「驚」、「憶」這樣不尋常的心理活動，把一對相見不相識的至親久別重逢時的情狀極爲傳神地描摹出來，顯得非常眞實親切。在這樣的情景中，「問姓」而「驚」和「稱名」而「憶」，可以理解爲互文見義、同時進行的，又是雙方都有的舉動和心情。這個「驚」字，是說彼此都爲對方歷經戰亂得以幸存而驚喜？還是彼此都爲久絕音訊又得邂逅相逢而驚喜？還是彼此都爲對方已經長大成人而驚喜？這個「憶」字，是彼此回憶對方童年時的印象？還是回憶昔日相互走訪中的往事？還是回憶兒時一起嬉戲的情景？詩人把這一切，都留給讀者去作豐富的想像。

在「初見」那一瞬間的感情浪潮之後，表兄弟之間便開始傾訴離情了。「別來滄海事，語罷暮天鐘」兩句，簡潔而生動地描繪了這一場面。十年闊別，十年離亂，個人經歷、家庭狀況、社會情形，該有多麼大的變化，彼此該有多少話要說啊！或許他們找到一個僻靜的去處，坐下來，細斟慢酌，邊飲邊談，兩人的話語如同流水一樣滔滔而來，却感覺不到時光的流逝。談啊談，直到寺院裏暮鐘敲響了，他們才從如醉如癡的敍舊中驚醒過來，噢！天色竟然這麼晚了。如果說「別來滄海事」一句，化用滄海變成桑田的典故，表現了兩人話題的廣闊及對社會動亂的感慨，那麼「語罷暮天鐘」一句就更多地體現了表兄弟之間的深情厚誼。

在忘情地長談之後，一次新的別離又擺在二人面前，短暫的相逢就要結束了。作者不禁想象着表弟登程遠去的圖景：「明日巴陵道，秋山又幾重？」「明日」，在「暮天鐘」之後，時間是多麼緊迫。想到幾個時辰之後，在通向巴陵郡（今湖南岳陽）的道路上，就會出現表弟的身影，重重山嶽，又將阻隔在他們二人之間，怎不令人頓生悵惘之情！這兩句，化用杜甫《贈衛八處士》詩中「明日隔山嶽，世事兩茫茫」之意。不失工穩自然。

通讀全詩，作者在對社會動亂的無限感慨之中，抒寫了深摯的至親情誼。正因爲離亂，才使至親相逢如此艱難；也正因爲離亂，更加深了後會難期的惆悵。詩的首尾以「十年離亂後」和「秋山又幾重」相呼應，使感時傷別之情顯得更加深沉。

全詩共八句，前六句寫重逢，無一句直接寫「喜」，但喜悅之情溢於言表；後兩句寫再次離別，也未直言，但傷別之情不言自明。在唐代以相逢話別爲題材的詩篇中，直抒胸臆之作不少，如寫重逢的如「歡笑情如舊，蕭疏鬢已斑」（韋應物《淮上喜會梁州故人》）；寫送別的如「離魂莫惆悵，看取寶刀雄」（高適《送李侍御赴安西》）；寫相見卽別的如「馬上相逢無紙筆，憑君傳語報平安」（岑參《逢入京使》），相比之下，李益的這首五律，自有一種蘊藉含蓄、意在言外的風格。特別是詩人將漫長的過程和複雜的心理濃縮在典型細節的攝取中，更顯出構思巧妙，手法高超。頷聯用「驚」和「憶」的剎那間心理活動來引發人想像他們相逢之際及其幼年時期的種種情景。頸聯以語罷暮鐘來烘托他們竟日之談的綿綿深情，使全詩內涵豐富又不失樸素自然，喜見傷別之情兼有，而又顯得順達流暢。

李益因在邊地從軍多年，作品「多軍旅之思」（《唐詩紀事》），富慷慨意氣，其邊塞詩中的七言絕句尤爲著名。這首五律，將人生的悲歡離合之情寫得如此具有感染力，又成一種格調。

（董扶其）

宮怨

# 宮怨

李益

露濕晴花春殿香，月明歌吹在昭陽。似將海水添宮漏，共滴長門一夜長。

窮情極態，有時運用對比，從對立因素的互相映照上，能收到相反相成的藝術效果。李益的《宮怨》就頗具這方面的顯著特色。

這首詩在讀者面前推出的是兩種不同的環境，對比鮮明。而環境中又有人與人的對比。一、二句寫了春色滿目，花香四溢，宮內熱鬧之處，笙歌鳴耳。這裏提到的昭陽殿，是漢成帝皇后趙飛燕的所居之宮，借用來指得寵宮人的住地。爲了突出這種環境的歡樂景象，將「花」飾以「晴」，顯其色彩的豔麗，加之沾着露珠，分外顯其光澤的晶瑩。詩人巧妙地帶出「月明」，既點明了是在夜空透銀之下，清晰地見到花朵層疊的媚姿，又指出了就在這個時候，通宵「歌吹」不絕。三、四句寫了銅壺滴漏，永無休止，宮內寂靜之處，夜長難耐。這裏提到的長門宮，是漢武帝時陳皇后失寵後被幽禁的荒苑，故用「長門」作故實，指不幸宮人要長期在這兒度過孤淒的生活。爲了突出這種環境的悲涼氣氛，挽轉逆折，與昭陽之盛作比，那邊是暗香盈殿花弄影，這邊是春風不度寒氣生；那邊是喧歌狂舞覺夜短，這邊是凝眸宮漏嫌夜長。古人刻漏計時，夜間在宮禁專用來計時的器具「宮漏」裏添一次水，漏聲停則表示天明。可是被遺忘在宮隅的宮人的眼裏，這一「添」如傾「海水」，那怎麼漏得完啊，漏不盡又怎能盼到破曉的晨曦呢！於是我們宛然目擊到樂聲繚繞中的得寵宮人舒展喜眉，而漏聲滴滴中的失寵宮人以淚洗面，顯出了兩者際遇的相殊，地位的有別。景樂人歡，景哀人愁，在環境中更有着情與情的對比。兩種環境，兩種宮人，兩種心情，一個是乘着春光，承受皇恩，讓青春年華生輝；一個是羈身於深鎖春光的冷宮，打發着枯澀的歲月，任青春容顏消褪。因此，一個是心中暢意，欣形於表，一個是心中鬱結，欲說無從，兩者截然相反的心態情貌，對比得清清楚楚。

詩題爲「宮怨」，却不先在「怨」字上用墨。而從「怨」的反面始筆。愈是描寫得寵之承恩。就愈是襯托了失寵之深怨，也就愈是看出「長門」宮人宮中生涯的可悲。這樣，「宮怨」的主題便在相克相生的意義上得到了強調。如果自始至終，徑直言怨於字裏行間，便會率直無餘，缺乏耐人尋繹的情致。劉皂的《長門怨》（其一）裏有「雨滴長門秋夜長，愁心和雨到昭陽」的詩句，但僅僅是宮人自身失寵後對曾得寵過的懷想，屬縱比，并不如李益將宮人之間的得寵失寵作横比顯得開濶。詩人還極盡誇張，寫出了「海水添宮漏」的佳句，託喻深微，說明宮人的怨情深廣有如「海水」，無法排遣；「海水」之多，不能使「宮漏」滴盡，說明長夜漫漫，宮人的「宮怨」沒有盡頭！這通過與昭陽之幸的對比，足以稱得上是透骨情語。（周溶泉　徐應佩）

## 夜上受降城聞笛

李　益

回樂烽前沙似雪，受降城外月如霜。不知何處吹蘆管，一夜征人盡望鄉。

## 夜上受降城聞笛

唐人的七言絕句，是這一詩體發展史上的一個高峯。它的高度藝術成就，是許多詩人長期藝術勞動的結果，同時也是與少數優秀詩人的突出貢獻分不開的。因而一提到唐人七絕，我們不僅會聯想到那些泠泠盈耳的動人名篇，而且還會自然地聯想起那些以七絕名家的詩人：王昌齡、李白、李益、杜牧、李商隱，等等。歷來對李益有不少贊譽，明人胡應麟在《詩藪》中說：「七言絕，開元以下，便當以李益爲第一。」這是較有代表性的一種說法。而《夜上受降城聞笛》又一向被認爲是李益七絕中的最佳之作。明人王世貞在《藝苑卮言》中說：「《回樂峯》一章（按，卽指《夜上受降城聞笛》），何必王龍標（王昌齡）、李供奉（李白）！」可謂極盡推許之能事。

這首詩抒寫久戍邊地的怨情。前兩句以對偶句寫景，點題中的「夜上受降城」，寫登城所見；後兩句用散行文字抒情，由「聞笛」引出登城所感。

首句中的「烽」一作「峯」。「烽」指烽火臺，「峯」則成了山峯。李益另有題爲《暮過回樂烽》的七絕，首句作「烽火高飛百尺臺」，可見以作「烽」爲是。次句中的「受降城」，卽靈州的州治所在地回樂縣。隋唐時期，這裏是防禦突厥的重鎭。貞觀二十年（六四六），唐太宗曾親臨靈州接受突厥一部的投降，「受降城」之名卽由此而來。《宋史·張舜民傳》仍沿襲唐時稱呼，把靈州呼作受降城。歷來註家對李益此詩中「受降城」的所在地雖然說法不一，但都認爲是指唐代朔方道大總管張仁願所築的東、西、中三受降城中的西城。考之記載，三受降城都在內蒙古境內黃河的北面，西城在臨河，與唐太宗受降的靈州毫不相干。明白了「受降城」卽靈州的治所回樂縣，這兩句用錯綜句法摹寫的登樓所見的實地景象也就宛然在目了：遠望前方，在城東數十里的山丘上，傍晚時分還在高飛的烽火這時已經熄滅，烽火臺前白沙莽莽，在皎潔的月色下猶如無邊無際的積雪；擡起望眼，但見寥廓的夜空中灑滿清光，彷彿處處都在飛霜。兩句都寫所見，首句由近及遠，次句則自低而高，二者合成一幅無遮無礙、極其闊大的邊地月下夜景圖。整個畫幅表面上看去設色淡遠，線條單純，內裏却蓄積豐厚，情深韻遠。月光下輪廓分明地呈現出來的高聳的烽火臺與受降城的深溝高壘，都是戰爭環境中的典型景象，容易引起對戰爭的聯想。而烽名「回樂」，更使詩人浮想聯翩。《暮過回樂烽》說：「昔日征戰回應樂，今日從軍樂未回。」他想到從前國力強盛時凱旋而回的歡樂，也想到今天國勢日衰時久戍邊地的痛苦。所謂「樂未回」，則是故意將正話反說。而夜空中的明月，清光萬里，添愁足恨，最容易撩動遠人的鄉情。只是在這兩句中，詩人把這種久戍之怨與鄉關之思託之於景物描寫，不曾明白說出罷了。

正當詩人登臨送目，征怨方生、鄉思輕襲的時候，夜風送來了清冷的笛音。月下如霜似雪的景象本來就已够凄清的了，畫外響起的笛音更使詩人心搖神曳。他帶着一星好奇，想要尋究這聲音的來歷，但轉瞬間似乎已無暇及此。「不知何處吹蘆管」，由它去吧，但覺鄉情盈盈，幾乎就要溢出心胸。詩人的筆也就順勢轉到抒寫鄉情的末一句上。末一句不說自己而說「征人」，將個人的感受擴展成征人的共同感受，并用一個「盡」字概括了「征人」的全體，從而大大開闊了作品的思想境界，提高了作品的社會意義。詩人另有七絕《從軍北征》，也寫到笛聲，還寫到「磧裏征人三十萬，一時回首月中看」，意境與《夜上受降城聞笛》是很近似的，只是純用客觀描寫的筆法，不像《夜上受降城聞笛》處處閃動着詩人的身影，所以詩作的情趣又是各不相侔的。第三句中的「蘆管」，據詩題應是「笛」。有的註本以爲是「笳」，這也未嘗不可，因爲在唐代，「笳」與「笛」有時是可以互稱的，如杜牧《邊上聞笳》第三首第一句「胡雛吹笛上高臺」，卽以「笛」稱「笳」。

《夜上受降城聞笛》之廣爲傳誦，推究起來，是與詩中所抒發的久戍思歸之情的典型性分不開的。唐自安史之亂以後，藩鎮割據，唐王朝愈來愈失去控制地方的力量；對於日益嚴重的邊患，也愈來愈束手無策。杜甫在去世前哀嘆過的「戰血流依舊，軍聲動至今」（《風疾舟中伏枕書懷三十六韻奉呈湖南親友》），至李益之時，無論內地或邊疆，戰血仍然長流不斷，軍聲依舊時時可聞。往日衛國保家、立功邊疆的豪情，已逐漸爲怨望思鄉之情所代替。雖然在盛唐詩中也并非不寫征怨，在「萬里長征人未還」（王昌齡《出塞》二首之一）時，難免也會愁對邊聲（王昌齡《從軍行》七首之二：「琵琶起舞換新聲，總是關山舊別情。撩亂邊愁聽不盡，高高秋月照長城。」），但是作爲當時的主旋律的，却是「黃沙百戰穿金甲，不破樓蘭終不還」（同上之四）的爲保衛邊境置生死於度外的勇毅和決心。在中唐詩中也并非沒有「未收天子河湟地，不擬回頭望故鄉」（令狐楚《少年行》）那樣的忠勇之詞，但更多的却是抒寫在「白髮生頭未得歸」（令狐楚《塞下曲》二首之

夜上受降城聞笛

二）的情況下「把得鄉書淚似珠」（同上之二）的怨戰與思鄉的感情。李益之所以一再在詩中寫到久戍不歸的主題，正是他所處的特定時代的人們心理狀態的反映。他的《夜上受降城聞笛》之所以能廣爲流傳，歸根結底正是由於唱出了具有普遍意義的將士的心曲的緣故。

當然，詩畢竟是藝術的精品。它之得以流傳，所以動人，又是與其在藝術上的成功密切聯繫在一起的。全詩從寫景轉到抒情，脈絡是很清楚的。一、二句中「回樂烽」、「受降城」雖然說的都是回樂縣，具體的詩歌形象却并不重複，用詞顯得錯落有致。第三句是絕句中的轉筆，最關鍵，也最難寫好。李益這首詩之出衆，很大程度上得力於寫出了這絕妙的第三句。這一句的妙處首先在於與前兩句既相應又相避。它承前兩句，也是對環境的描寫，但前者描畫線條色彩，這一句則摹寫音響；它承前兩句，也作爲抒寫鄉情的舖墊，但前者寫所見，由視覺引動綿綿鄉情，這一句則寫所聞，由聽覺把鄉思的暗流引向滔滔的感情的洪波。這一句的妙處還在於轉折巧妙，有放有收。由前兩句繪形繪色轉到這一句寫音響，是從形上放開，實際上恰如剡溪之舟，去而復回，進一步加緊了對抒情背景的渲染，從情上收緊，從而使抒情的末句得以從容自然流出胸次。末句以景寫情，也增加了全詩的韻味。前三句已蓄勢有餘，一般末句就可以用直抒寫出。李益却蹊徑獨自，讓滿孕之情在結尾處打一回旋，用想像中的一個鏡頭加以表現，使人感到句雖絕而意仍不絕，在戛然而止時仍然在蕩開一個又一個漣漪。

絕句至中唐，「句意愈精，筋骨愈露」，而李益的絕句却能獨主風神，意味無窮。《夜上受降城聞笛》便是寫得十分簡潔清空的一首。前三句雖然都作景語，但并無一筆黏皮着骨。究其原因，首先是因爲詩人有豐富的生活體驗。李益先後在邊地從軍十年，對征人的生活與思想感情十分熟悉，因而在吟詠之時能够以神運筆，擺落形跡，進入詩中的內容無一不是使詩人深爲動情的具有塞上特點的事物。這較之影寫生活，跟在生活後面亦步亦趨，或者脫離生活，只是在藝術上雕琢取巧，自然是大相徑庭的。其次，也是與詩人高度的藝術修養分不開的。在《夜上受降城聞笛》中，詩人將詩情、畫意與音樂美熔於一爐。字字寫情，筆筆傳神，却又沒有一句用來直抒。通首詩是一幅滿含詩意的畫，一、二、四句都是畫面，第三句作爲畫外音，是畫面的補充。

通首詩又像一支溢滿詩情的樂曲，由一、二句寧靜的背景上響起笛音，又由笛音引出鄉思。所以，雖然沒有直抒，詩人所要抒寫的詩情却已飽含在畫面與音樂所統一構成的詩歌形象中了。這與一味直抒的寫法比較起來，也就必然會顯出簡潔空靈而又具有含蘊不盡的特點。據《國史補》、《舊唐書》等記載，《夜上受降城聞笛》被譜入絃管，天下傳唱，這一事實本身，大概也算得上是對這首詩的最高的讚譽了吧？

（陳志明）

# 塞下曲

李　益

伏波惟願裹屍還，定遠何須生入關。莫遣隻輪歸海窟，仍留一箭定天山。

「大曆十才子」中的翹楚——李益，是繼高適、岑參之後最傑出的邊塞詩人，又是最優秀的七絕高手之一。他生於隴上，爲西漢名將「飛將軍」李廣的後裔，父親曾做過武官，他因此自豪地稱自己是「關西將家子」（《邊思》）。李益少年時代，安史之亂爆發，唐王朝從此一蹶不振，戰亂疊起不已。十七歲時，吐蕃入侵，故鄉遭到淪陷，他不甘心爲「西州之遺民」（《詩序》），決心繼承父業，投身軍幕，實現「平生報國憤，日夜角弓鳴」（《送遼陽使還軍》）的壯志。從此他開始「五在兵間」，過着多年出佐戎幕的邊塞從軍生活，寫下了一系列膾炙人口的邊塞詩作。這首七絕《塞下曲》即是他邊塞詩中的代表名篇之一。

《塞下曲》是唐新樂府辭，屬《橫吹曲》。《樂府詩集》卷二十一：「《晉書・樂志》曰：《出塞》《入

塞下曲

塞》曲，李延年造……唐又有《塞上》《塞下》曲，蓋出於此。」

這首七絕《塞下曲》短短四句包含着四個著名典故。

「伏波惟願裹屍還」伏波指東漢名將馬援。據《後漢書・馬援傳》載，他少有大志，光武帝時，歷官隴西太守、伏波將軍，封新息侯。他曾說：「方今匈奴、烏桓尙擾北邊，欲自請擊之，男兒要當死於邊野，以馬革裹屍還葬耳，何能臥牀上在兒女手中邪！」他六十二歲時，再自請出征。後在進擊武陵「五溪蠻」時病死軍中。

「定遠何須生入關」定遠，指東漢名將班超。據《後漢書・班超傳》載，班超爲班固弟，自幼胸懷大志，願效張騫立功異域。明帝時出使西域，在西域活動達三十一年，恢復了西域對漢的內屬關係，充首任西域都護，封定遠侯。他年邁思鄉，曾上疏請歸，有「臣不敢望到酒泉郡，但願生入玉門關」之句。七十一歲返洛陽，旋卽病死。

「莫遣隻輪歸海窟」，隻輪，見《春秋公羊傳》：「僖公三十三年，夏四月辛巳，晉人及姜戎敗秦於殽，……晉人與姜戎要之殽而擊之，匹馬隻輪無返者。」海窟，原義爲大海，此處指瀚海，卽西北塞外大沙漠，代指塞外胡族的居住地區。

「仍留一箭定天山」，據《舊唐書・薛仁貴傳》載，唐大將薛仁貴善騎射，以勇武知名。太宗時應募從軍，因功升右領軍中郎將。高宗時，率兵戰勝九姓突厥於天山，行前演武，以箭穿五重鎧甲獲賞。當時九姓突厥有十餘萬人，派數人來唐軍前挑戰，「仁貴發三矢，射殺三人，自餘一時下馬請降」。以後不敢爲患。讚頌薛仁貴這次安撫磧外的勝利，軍中有「將軍三箭定天山，戰士長歌入漢關」之歌。

詩人將以上四個典故，化用到《塞下曲》中，以馬援、班超等歷史英雄自況自勵，表達了慷慨從戎、矢志報國的壯烈情懷。這首詩在藝術上最顯著的特點是善於使用典故。詩歌中使用典故的技巧，實際上是使用詞匯的技巧。詩人在將詞匯鑄成詩句時，不是直接拈取現成的詞匯，而是從古代典籍中選擷恰當的古人事跡或語言，作爲代用詞匯，秘藏在詩句之中，讓它們比現成詞匯具有更深的內涵，發揮出更大的能量，使人由此領悟到詩人想要表達的多層次的思想感情，這就是用典（或稱用事）。用典不止是一種表現手段，而且是一種藝術想像活動。典故用得好，能使詩句表達得格外精練、含蓄、形象，使讀者從中得到豐富的聯想與深刻的啓示。這首詩在用典上極其出色、成功。第一、第二兩句以馬援的馬革裏尸、班超的生入玉門關兩個典故，錚錚有力地吐露出詩人懷着必死之念，誓以生命報效祖國的忠心赤膽。第三、第四兩句以「晉人及姜戎敗秦於殽」、薛仁貴三箭定天山兩個典故，進一步從戰略的高度，以生動的詩歌形象深刻表達了對守衛邊塞問題的全局觀照。詩人長期戍守在邊塞，「腰懸錦帶佩吳鈎，走馬曾防玉塞秋」（《邊思》），一心想實現「行當收漢壘，直可取蒲泥」（《送常曾侍御使西蕃寄題西川》）的壯志。詩人作爲戍邊征人，有着邊塞生活的豐富體驗，深諳邊患的嚴重後果，因此他既熱情又冷靜，在發出以身許國誓言的同時，也理智地總結了戍邊戰爭成敗得失的經驗教訓，在詩中提出了安邊良策，告誡朝廷當權者：千萬不能派遣無能之輩戍守邊塞，以免重蹈歷史上「晉人及姜戎敗秦於殽……匹馬隻輪無反者」的慘敗下場，須要選派像薛仁貴那樣勇武的良將，邊塞才能長治久安。詩人在使用上述典故時，并不規規然蹈襲前人陳跡，而是自出己意，借典故以觸發詩思，開拓詩境，使用方法變態錯出，不拘一格。有的是直用其事，如第一句伏波裏尸還；有的是變化其事，如第三句「隻輪」與第四句「一箭」定天山；有的是反用其事，如第二句定遠生入關。原意是班超上疏請歸故土：「但願生入玉門關。」詩人却以翻案法反用此典，表達自己誓死報國，不願生還之意，使詩意翻進了一層。

這首詩句句用典，但讀來不見形跡，貼切自然，如「水中着鹽，飲水乃知鹽味」（《詩人玉屑》卷七），可謂妙手天成。按照常規，七言絶句本不要求詩句對仗，然而這首《塞下曲》七絶句句對仗，對得極其工穩。譬如「伏波」與「定遠」，不僅是兩個專有人名互相對仗，而且從字面上看又是兩個同樣的動賓結構的詞組互相對仗，令人在意念上產生一種巧妙的聯想：「伏波」與「定遠」，彷彿詩人矢志從廣闊的水域與廣闊的陸地來守衛祖國的領土，使之獲得和平、安定。「裏尸還」與「生入關」，是詞義相反的對仗，也用得巧妙、熨貼。三、四兩句「隻輪」與「一箭」相對，典故原爲「三箭定天山」，此處因與「隻輪」對仗，改爲「一箭」，由「三」改「一」，不僅詞義上以少勝多，詩義也有了新的開拓。試想，讓以一當十的勇武良將牢固鎮守住邊防要塞，這對於保障祖國的安定局勢起着何等重要的作用！「海窟」與「天山」也對得整飭、精工。

這首詩句句都用虛詞：「惟」、「何」、「莫」、「仍」。這些虛詞一一都成爲詩中勾勒點睛的筆觸。例如「定遠生入關」中間插入了「何須」，就把典故原來的含義整個兒倒轉過來，從而有力地表現了作者的誓願。詩人揮灑自如地驅遣着虛詞，使得整首詩脈絡貫通，流動自然，讀來不使人感到用典，字字句句彷彿從詩人胸臆中傾瀉而出。

李益的七絕在詩壇上享有盛譽。明代胡應麟說：「七言絕，開元之下，便當以李益爲第一。」（《詩藪》）像這首《塞下曲》七絕詩，內涵深婉，意態絕健，情采蒼涼悲壯，音節鏗鏘高亮，表現出大曆時期少有的一種雄渾高奇的藝術風格。難怪明代楊愼說：「李益不墜盛唐風格，不可以晚唐目之」（《升庵詩話》）。剖析一下這首詩的用典，來看詩人的風格特色，感到楊愼的說法是頗爲精當的。

（吳翠芬）

# 遊子吟

孟　郊

慈母手中綫，遊子身上衣。臨行密密縫，意恐遲遲歸。誰言寸草心，報得三春暉。

## 遊子吟

古老的中華民族，悠久的歷史傳統，向來是以至親至孝爲道德的最高審美標準的。「父母在，不遠遊」（《論語·里仁》）似乎已成爲古人自覺遵守的信條。基於此，幾千年來，描寫道德倫常、歌頌母子之愛就始終成爲中國文學的一個重要題材。孟郊的《遊子吟》就親切而眞淳地歌頌了普通而又偉大的人性美——母親的摯愛之情和遊子的感恩之心。

孟郊的一生窮愁偃蹇，耿介孤直，被人稱爲「寒酸孟夫子」（劉叉《答孟東野》）。中年三次赴考，四十六歲中進士，直到五十歲時才被授予一個溧陽（今江蘇省溧陽）縣尉的卑微之職。《遊子吟》題下作者自註：「迎母溧上作。」當是他居官溧陽時的作品。

深摯而眞淳的母愛，對於大半生貧窮潦倒，常年顛沛流離、居無定所的人來說，是更值得珍惜和回憶的。孟郊的父親孟庭玢早卒，母親裴氏受盡磨難撫養了孟郊等三兄弟，生活難免孤苦貧寒。這樣的家庭狀況，對於爲生計所迫不得不離母遠遊的孟郊來說，是何等的牽掛與疚心，而那母子分離的痛苦時刻更難以忘却。如今，當詩人總算有個安身之地，接來老母的時候，離家別母時的情景又出現在眼前：慈祥的老母親，由於生活的貧窮和過度的操勞，眼睛花了，雙手已不似年輕時那樣靈巧了，手中的針線似乎也不那麼聽使喚了。但是，爲了使遠去的兒子穿得整齊一些、溫暖一些，還是要不停地針連線引，夜以繼日地爲兒子忙活。詩人開篇只抓住兩件最普通的東西，「線」和「衣」，組成了一個慈母縫衣的普通場景。而這兩件東西對於平民寒士來說既是最普通的，又是最有代表性的。母親，只能通過這一針一線來寄託對兒子的無限的愛；兒子，穿着母親縫製的衣服，不管走到哪裏，都會感到母愛的存在。表現出了母子相依爲命的骨肉深情。緊接着詩人繼續寫母愛的動作和心理。臨行前的一針一線不是一般的縫補，而是那樣的認眞和細密，針針線線所縫補上去的，正是她那顆永遠使兒子溫暖、永遠給兒子幸福的慈母之心！崇高而樸素的感情、普通而偉大的愛撫、悠長而深沉的思念，熱切而眞誠的希望，一切的一切，都包含在這「密密」兩字之中了。母親的心理，是希望兒子長久地留在自己身邊，現在要離家外出了，又恐怕他遲遲不歸，因此要將衣服縫得更爲結實一點。兒子還沒有離開，就開始擔心起遲遲歸來，慈母的一片深篤之情，還有什麼可以比得上呢？作者委婉細膩地將母親關懷子女的複雜心理絲毫無遺地揭示了出來。

人世間母親對子女的愛無所不在，表現在生活的各個方面。而母親爲臨行的兒子縫製衣服，又是人人都感受過的生活細節。詩人正是從日常生活中最細微的地方寫出了母親不平靜的內心活動和不知疲倦的辛勤勞作，這種心理和行動只用一個縫衣的小事來表現，可謂「爲大於其細」（老子《道德經》），正是這一個普通且常見的細節，集中而盡致地表露了深沉而博大的母愛，形象具體，催人淚下，撥動了每一個讀者的心弦。

在前四句述事寫母愛的基礎上，詩人另換筆法，全用比喻，寫子女對母親的感情：誰能說兒女那區區小草似的微細的心意能報答了春天陽光般溫暖的母愛呢？「寸草心」是微微小草的莖中抽出的嫩芽，它向着太陽生長，正如子女的心向着慈母一樣。「三春暉」指春天的陽光，因春季三個月，故又稱三春。以溫和宜人的春日的陽光比喻母愛是多麼的恰當。春天的陽光驅散嚴寒，給萬物帶來生機，寸草嫩心只有在陽光的愛撫下纔能生長。沒有陽光，小草就不能萌芽破土，就不能欣欣向榮。初生的小草都有一種向陽性，因而這種比喻不只說明了陽光對小草的愛撫，也說明了小草對陽光的傾向力。自然界的所有草木，無不受陽光的恩澤，而對於小草嫩心來說，這種恩澤就顯得尤爲重要。四季陽光對草木來說，都是可愛的，而三春的柔和相宜的陽光，就更顯得可愛。深知陽光可愛的小草，怎能不想報答給予它生命的春暉呢？可又怎能報答得完呢？這是前四句的翻深和升華，貼切的比喻和懸絕的對比毫無餘蘊地表達了遊子對母親那種熾烈的感情和聖潔的孝心。詩人用此比喻，不僅精工恰切，其含義也是深厚的。特別是故作設問的結尾，將人世間的親昵、溫馨的母子之情升華到了盡善盡美的高度，形成一種美好、恰當和富於哲理的表述。因此被後人化爲「寸草春暉」的成語，比喻子女對父母的親情。其藝術魅力是不言而喻的。

「詩從肺腑出，出輒愁肺腑。」（蘇軾《讀孟郊詩》）眞摯感人的詩句必然發自詩人的眞情。孟郊一生雖然孤清寒苦，但却不冰冷古板，而是心腸熾熱，極重感情。他對母親有着拳拳深情，對愛妻也是深摯專一：「心心復心心，結愛務在深。」（《結愛》）哀悼幼子也說：「負我十年恩，欠爾千行淚。」（《悼幼子》）

沒有如此豐厚之至情，是難以寫出「誰言寸草心，報得三春暉」之至言的。

這首詩在藝術上運用白描手法，沒有絲毫的藻飾與雕琢，淡淡的筆墨，通俗的語言，而又力避平庸膚淺，不失清新流暢和濃鬱醇厚之美，誠如錢鍾書先生所說：「東野五古佳處，深語若平，巧語帶樸，新語入古，幽語含淡。而又心思鑱刻，筆墨圭棱。」（《談藝錄》）耐人尋味的詩意正是出於淳樸素淡之中，古人所謂「樸素而天下莫能與之爭美」（《莊子·天道篇》）的道理於此可見。另外，全詩六句都用流水對，每一聯中的兩句字面相對，詩意相承，工巧而無斧鑿之痕。

千百年來，《遊子吟》作爲歌頌偉大母愛的絕唱，曾引起過無數人的共鳴。密密的針線，凝結着普天下母親對遠方子女的眞摯的感情；寸草春暉，象徵着無數具有良知的兒女對母親的由衷的愛戴，不知喚起過多少人親切的聯想和深情的憶念。到了時隔九百多年後的清代，溧陽還有人這樣吟道：「文書空滿篋，母綫尚縈襦。」（史騏生《寫懷》）「向來多少淚，都染手縫衣。」（彭桂《建初弟來都省親喜極有感》）這就是《遊子吟》的千古餘韻。

（初　旭）

# 寒地百姓吟

孟　郊

無火炙地眠，半夜皆立號。冷箭何處來？棘針風騷騷！霜吹破四壁，苦痛不可逃。
高堂搥鐘飲，到曉聞烹炮。寒者願爲蛾，燒死彼華膏。華膏隔仙羅，虛繞千萬遭。到頭

寒地百姓吟

落地死，踏地爲游遨。游遨者誰子？君子爲鬱陶！

這首詩大約是元和元年（八〇六）或二年（八〇七）作者任河南水陸轉運判官時所作。作者以極大的憤激之情揭露了階級社會裏貧富懸殊的社會現實，表達了對窮奢極慾、吮吸勞動人民血汗的豪富者的憤慨和對掙扎在死亡線上的寒地百姓的深刻同情。儘管這類題材自杜甫以後并不少見，與孟郊同時代的白居易等人更大量創作了「唯歌生民病」的作品，這首詩仍以其深刻新穎的思想意義和奇僻矯健的詩風給讀者留下了難以忘懷的印象。

詩一起便展現出一幅觸目驚心的悲慘圖畫：「無火炙地眠，半夜皆立號。」貧苦百姓無爐火取暖，只得用柴火將地烘熱，席地而臥。誰知到了半夜，熱氣消散，地面越來越涼，人們都凍得站起來哭號。接着作者細膩逼眞地描繪了冷風如箭破壁而入，刺人肌膚苦不堪言的情景：「冷箭何處來？棘針風騷騷！霜吹破四壁，苦痛不可逃。」其中「冷箭」、「棘針」等生動傳神的比喻，「風騷騷」、「破四壁」等繪聲繪色的形容，渲染出濃重的氛圍，使讀者如臨其境。以上描寫與白居易《村居苦寒》「北風利如劍，布絮不蔽身。唯燒蒿棘火，愁坐夜待晨」意境相似，同樣表現貧苦百姓因苦寒夜不能眠、坐以待旦的情景，但二者風格截然不同，與白詩的平實坦易相比，孟詩的奇險瘦硬是顯而易見的。

就在同樣的寒夜裏，在貧苦百姓冷不可耐、悲慘立號的同一時刻，富貴人家的高堂華屋中却是熱鬧非凡的另一番景象：明燭高照，鐘樂齊鳴，豪華的宴飲還在繼續，烹炮之聲通宵達旦……「高堂搥鐘飲，到曉聞烹炮。」兩句詩正是詩人有意以對比手法所展示的貧富之間的天壤之別。在這樣鮮明的對比中，既不用做什麼解釋，也無須再發什麼議論，作者對寒地百姓的同情和對富貴者的憤慨已盡在不言之中了。

至此，詩歌通過形象描繪、氣氛渲染、對比手法，對寒地百姓處境的描寫，可說已相當動人了。但作者并不就此止筆，而是進一步由對外部現象的描繪轉入對內心世界的刻畫，寫寒地百姓在凍餒難耐之時，竟然願意變成飛蛾，爲了換取片時的溫暖而拚死接近華燈。「寒者願爲蛾，燒死彼華膏。」乍讀眞是出乎意料，令人觸目驚心，仔細尋味，却又是那麼合乎情理。它不僅眞實地反映了寒地百姓在特定環境中所表現的變態心理，而且入木三分地揭示出百姓生不如死的悲慘處境。生不如死，已經是人間最慘痛的事情了，殊不知却連求死這一最低的要求也不能滿足。「華膏隔仙羅，虛繞千萬遭。」這兩句描寫燈燭罩在華麗的紗羅中，飛蛾白白地在四周繞來繞去而無法接近，正是對百姓求生不得、求死也不能的可悲命運的形象比喻。這樣的描寫不僅構思新穎，別出心裁，而且就揭示主題而言，也遠比許多同類題材的作品深刻得多。

「到頭落地死，踏地爲遊遨。」「遊遨」，即遊逛，用以指代那些整天吃喝玩樂遊手好閑的富貴者。這兩句是說飛蛾在歷盡磨難之後終於落地而死，死後還要被「遊遨者」所踐踏。這裏仍着筆於飛蛾，但其中的象徵意義是不言而喻的。寫到此處，作者再也壓抑不住內心的激憤，直抒胸臆：「游遨者誰子？君子爲鬱陶！」那些「遊遨者」都是些什麼樣的人呵！一切有正義感的人都應該爲此感到憂慮悲憤。這深沉的慨嘆之中，既凝聚着詩人鮮明的愛憎，也寄託了他對「君子」的希望。這是不平則鳴的呼聲，是作者滿懷着憤激之情在爲民請命！

這首詩調子悲苦而不低沉，體現了作者奇崛矯健的風格，凝聚着詩人苦吟的匠心。不論是對環境氣氛的別具一格的描繪，還是對寒地百姓心理出人意表的刻畫，都顯示了詩人較高的藝術造詣。然而這首詩之所以爲後人所稱道，所憑借的絕不僅僅是技巧，更重要的是作者對社會現實的深刻觀察，對百姓的眞摯同情和對剝削者的憎惡，以及眞切的生活體驗。孟郊一生「拙於生事，一貧徹骨」，窮愁潦倒、艱難備嘗的親身經歷使他對貧苦百姓的悲慘遭遇和內心感情有比較眞切的了解，否則很難設想他會寫出這樣感人肺腑的代百姓立言作品來。當時在詩壇與之齊名的韓愈有一首《苦寒行》描寫鳥雀受凍的難堪，其中說：「啾啾窗間雀，所願晷刻淹。不如彈射死，却得親炰燖。」其設想之奇僻、構思之獨特、與孟郊這首詩十分相近，而思想意義却遠遜於此，似可說明這樣一個道理。

（張明非）

水夫謠

# 水夫謠

王 建

苦哉生長當驛邊，官家使我牽驛船。辛苦日多樂日少，水宿沙行如海鳥。逆風上水萬斛重，前驛迢迢後森森。半夜緣堤雪和雨，受他驅遣還復去。夜寒衣濕披短蓑，臆穿足裂忍痛何！到明辛苦無處說，齊聲騰踏牽船歌。一間茅屋何所值，父母之鄉去不得。我願此水作平田，長使水夫不怨天。

朗朗上口如里巷歌謠便於讀者詠誦，平易淺切讓讀者回味不盡，這曲淒苦感人的悲歌，對中唐時代水上縴夫的悲苦生活作了眞實細緻的描繪，顯示出鮮明的思想和藝術特色，是繼李白《丁都護歌》之後又一吟詠水上縴夫生活的名篇。

唐代交通發達，以長安爲中心，與各州縣之間均有通道。沿着各條大道，驛站棋布。在一千六百多所驛站中，有水驛二百六十所，水陸相兼驛站八十二所。水陸驛站上牽船趕馬的勞役都是徵調當地的民工來做的。特別是水路驛船，在逆風上溯的航程中，全靠人工牽船前進。這種把人當牛作馬加以驅遣的勞役，是封建徭役制度下名副其實的苦役。詩人王建正是着眼於封建徭役的殘酷性，圍繞「苦」字，寫出了水上縴夫被壓迫、被奴役的生活和心境。

詩人不是從旁觀者的立場出發，客觀地敍述自己的所見所聞，而是以水夫知心人的身分，痛其所痛，想

水夫謠

其所想，哀其所哀，爲他們喊出發自肺腑的怨呼。除詩末二句以外，全詩用水夫第一人稱的口吻來敘事抒情。「苦哉生長當驛邊」，詩一開始，卽以悲苦的感嘆點明主題，與杜甫《石壕吏》詩前以「婦啼一何苦」定下全詩基調，異曲同工。水夫埋怨自己生得不是時候，不是地方。因爲家住水鄉，故而常常被官家徵調去牽船。「官家使我」，這口氣一語道破了水夫被迫服勞役，官與民之間嚴峻的階級對立的關係。接着，詩人從不同角度展示出水夫的痛苦生活。「辛苦」、「水宿」二句，是第一個層次。水夫白天牽着船在沙灘上行走，夜裏守着船在水上睡覺，像海鳥一樣，長年漂泊在江河之上。這兩句寫徭役制度之頻繁。接着，「逆風」、「前驛」二句，突出牽船時最費力氣的兩種困難：逆風和上溯。當他們遇到逆風和向上游行船時，因爲風與水的阻力很大，船行艱難緩慢，船身似有萬斤之重，壓得人擡不起頭，喘不出氣。多麼想中途稍停一陣，直一直腰身，喘一口悶氣。可是，眺望前路，遙遠迷茫；回顧來路，煙波浩渺。視力所及，只是白茫茫的水與天，眞是進退無路！這是詩的第二個層次。接下去，在縴夫「水宿沙行」的「正常」生活節奏之外，再進一步描寫他們頂寒風冒雨雪，夜半牽船逆水上溯的痛苦：「半夜緣堤」以下四句寫水夫們沿着雪雨交加的堤岸一來一回地拖船，夜寒衣濕，只蓑衣披身；冷風夾着雨雪，迎面撲打而來，穿胸透骨，凍裂脚板。在這個層次中，詩人將縴夫牛馬般的非人生活，寫得觸目驚心，令人無限同情。在多層次地描寫了縴夫的非人生活之後，詩人調轉筆鋒，轉入對水夫悲苦心情的揭示。「到明辛苦」以下四句，將鬱積在他們心頭的怨恨宣洩無遺：牛馬般的苦楚，非人生活的煎熬，到哪裏去訴說？天，黑漆漆的；水，冷冰冰的。辛苦的縴夫，只有齊聲唱着勞動號子，邁着艱難的脚步，迎來明天。聲聲號子，在水天之間回蕩，可是天地和人間一樣，它是無情的啊！他們也曾想拋開家園，遠走他鄉，逃避這非人的勞役；轉念之間，又想到家鄉的一間茅草屋舍固然不值什麼，但是生養自己的父母之鄉却捨不得離開！離不開，留不得，可奈何？這複雜曲折的心理活動，十分眞實地反映出縴夫既不滿現實又眷戀故土的矛盾心情，也表現出他們既想反抗勞役又無路可走的不幸，同時也爲詩末作者馳騁幻想作了舖墊。「我願此水作平田，長使水夫不怨天。」詩人懷抱善良的願望，幻想這茫茫大水化作平展的良田，讓水鄉人民永遠免除牽船的苦役，不再埋怨天道之不公。滄海果眞能變成桑田，該有好多！這願望是偉大的同情心幻化出來的理想之花。可是，茫茫大水終難變成平田，水夫自然難以擺脫苦役；永無止境的非人生活，只能怨天道之不公！《水夫謠》深刻的思想意義，也許就在這裏。

嚴酷的現實生活爲詩人王建提供的題材，不是春天裏花前月下流連光景的新奇和愉悅，而是寒夜雨雪中脚踏實地的掙扎和血汗。表現這樣的題材，無須絢麗華美的詞藻，不用琢句雕章，只須如實寫來，像勞動號子從水夫心中自然唱出，以求得悲劇性的題材和樸素無華的風格和諧地統一。在中唐詩壇上，王建和張籍是志同道合的詩友，他們繼承了漢樂府「感於哀樂，緣事而發」的優良傳統，多從人民苦難的生活中汲取題材，力求用平易淺切的語言，唱出人民的生活和感情，自成一體，號稱「張王樂府」。《水夫謠》就是一曲自製新題樂府名篇。張籍稱道王建「賦來詩句無閑語」（《贈王秘書》），這「無閑語」三字，看似尋常，其實是不太容易達到的藝術境界。包括《水夫謠》在內，王建樂府詩在平易淺切的語言中，顯示出樸素自然，不事塗飾、不求鋪張宏麗的特色，被張籍準確地概括了出來。

和平易淺切、自然樸素的特色互爲表裏，《水夫謠》的語言特色還有峭峻精警、精光內含的一面。例如，詩中描寫水夫牛馬般的生活和心境，多用白描手法，間以適當的比喻，有自然流暢、朗朗上口的特色，無深奧典麗令人費解之曲折，深得歌謠一曲出天然之妙。然而，它所展示的生活圖景，刻畫水夫的形象，揭示人物的內心活動，悲苦淒切，動人心魄。尤其是「逆風上水」二句，以茫茫無際的水面爲背景，烘托出逆風上溯時水夫牽船的形象，在巨大的自然形象的反襯之下，當牛作馬的人的形象顯得格外渺小可悲，不禁給人以嚴峻的思索：人的尊嚴在哪裏？爲什麼要這樣殘酷地踐踏它？詩末二句，抒寫變水爲田的願望，語言單純明朗，人人皆能讀懂，似乎意隨言盡。只要稍加品味，或可領會到詩人自有一番深意在言外。因爲，滄海桑田，在大自然自身的變化、運動中，不是短時間內所能完成的。如此，「長使水夫不怨天」的願望，只是幻想而已。天，還是要怨的。只敢怨天，尤人之意應是深藏心底，只是不明言罷了。面對牛馬般的非人待遇，水夫對封建官府的怨恨，怎能裁減？這個結尾，是提高全詩主題思想的含意深遠的一筆，可謂語言已經說完，意境仍在展開。由此可見，詩歌語言的平易淺切，并不等於簡單淺薄；樸素自然，也應意味着純淨、豐富，而非一覽無餘，枯稿無華。唐詩深入淺出，言有盡而意無窮的韻致，此是一例。

王建，字仲初，潁川（今屬河南）人。他出身寒微，只擔任過縣丞、縣尉、秘書郎等官職。晚年退職閑居咸陽原上，境況貧困。官卑位低的社會地位，淒涼困頓的晚年境遇，使他能從多方面關注現實生活中的重要問題，對勞苦人民備受壓迫、剝削的命運產生切膚之痛的共鳴，述情敍怨，愛憎分明。像《水夫謠》這一樂府名篇在思想和藝術上所取得的成就，是和詩人的生活遭遇有密切關係的。後代詩論家對他的樂府歌行，有很高的評價。例如宋人嚴羽在《滄浪詩話》中一再肯定：「大曆以後，張籍、王建之樂府，我所深取耳。」高棅在《唐詩品匯》中稱他「工爲樂府歌行，思遠格幽」。這些評語，并非溢美之辭。

（林家英）

# 田家行

王　建

男聲欣欣女顏悦，人家不怨言語別。五月雖熱麥風清，檐頭索索繰車鳴。野蠶作繭人不取，葉間撲撲秋蛾生。麥收上場絹在軸，的知輸得官家足。不望入口復上身，且免向城賣黄犢。田家衣食無厚薄，不見縣門身即樂！

中晚唐時期，有的詩人把目光投向農村，寫下一些反映田家之苦、揭露賦斂之毒的作品。它們或描繪農村的破敗景象，或勾勒催租官吏的可憎嘴臉，或以對比手法揭露貧富不均、人間不平，或更怒斥貪官横吏爲猛獸豺狼。而王建的《田家行》却獨闢蹊徑，通過寫豐收之樂反映了農民的深刻苦痛。

「男聲欣欣女顏悅，人家不怨言語別。」《田家行》一開頭便傳達出十分輕鬆快樂的氣氛。這個普通農家的男男女女，話聲裏，顏面上，透着滿心的喜悅。再聽不見埋怨的言語，全家人說話都像換了一副樣兒。「言語別」的「別」，是說出奇異樣，與平日不同。這就暗示讀者：往日這農舍裏籠罩着怎樣的愁雲慘霧。接下來兩句：「五月雖熱麥風清，檐頭索索繰車鳴。」繪出收穫季節田家生活最典型的畫面。麥子熟了，南風吹來，田壟裏泛起一陣陣金色的波浪，傳來柔和的沙沙聲響。請注意那「麥風清」的「清」字。農曆五月的風，該是多麼灼熱熏烤；是不是刈麥者由於汗流浹背、麥芒黏體，因而反倒感到它清爽宜人？還是由於豐收的喜悅使他們忘却炎熱、只感到渾身舒泰？再看家家的屋檐下頭，抽絲的繰車索索地響個不住。農婦但從孵育蠶種：採桑飼蠶，到今天的收繭抽絲，耗費了多少心血，熬過了多少不眠之夜！抽絲以後，又該要上機織絹。五月眞是個分外辛苦的月份，然而也是一個充滿希望的月份。詩人的筆觸簡練而概括。養蠶種麥，是田家生活的兩項主要內容，也是衣食之源。這「衣」、「食」二字，不露痕跡地貫穿全篇，讀下去自然明白。接着詩人的筆又忙裏偷閑似的，點染了一個野蠶成繭、蛾兒撲楞楞飛舞的細節：「野蠶作繭人不取，葉間撲撲秋蛾生。」這個細節把這幅風俗畫的田家風味渲染得更生動，更濃郁。而其中還有更進一步的含意。據史書記載，王莽末年，天下旱蝗成災，一斛粟價值黃金一斤。至東漢光武初年，忽然野地裏長出好多穀、麻、豆類，山岡上到處野蠶成繭，於是百姓們喜出望外，大獲其利。以後歷朝都將野蠶成繭此種自然現象當作祥瑞，唐代同樣如此。因此，詩人寫這一筆還是爲了進一步烘托豐收年歡樂忙碌的氣氛：這眞是一個天從人願、吉祥如意的年頭！而農民們并不去採摘野蠶的繭子，任憑那蛾兒咬破繭殼撲撲地飛將出來。可見他們是何等忙碌，連自家的繭子都還多得來不及伺弄，哪還有工夫去收野蠶的繭子呢！

那麼，在這豐收的日子裏農民們想些什麼？是不是盤算改善一下生活？詩的下半部分便是寫他們的思想活動。「麥收上場絹在軸，的知輸得官家足。」「的知」，是確實知道的意思。當麥子還在田裏、蠶兒尚未成繭的時候，儘管豐收在望，農民們心裏還是不踏實。只有麥子上了場，蠶絲上了機，纔算放下心來。而他們之所以安心、喜悦，并非因爲可以享受一下自己的勞動果實，而是因爲這下子確確實實地知道，完租納税不成問題了。我們讀到這裏，感到歡快的氣氛中突然閃現出陰影。那麼，交納租税之餘，能剩下多少供全家衣食之需？接下去四句彷佛便是田夫們半是欣慰半是辛酸的回答：「不望入口復上身，且免向城賣黄犢。田家衣食無厚薄，不見縣門身即樂！」哪裏還想望吃上親手播的麥子、穿上親手織的絹帛？儘管是豐收年景，也還是只够交租完税，能不貼上小黄犢就够好的了。種田人穿衣吃飯還論什麼飢飽好歹；能不被逼租的官吏抓到縣裏，我就心滿意足快樂得很了。

全詩就在這「樂」字上戛然而止。寫的是豐收之樂，帶給我們的却是沉重的壓抑。這樣的「樂」，是被壓迫者的可憐的歡樂。看來他們確實感到快樂，那也只能説明他們所受壓迫的深重，只能使我們感到分外酸楚，或許還能激起我們的憤慨。一年内終日操勞不止，到頭來爲誰辛苦爲誰忙碌？豐收之後尚且如此，荒歉之歲又該如何？這家農戶尚有黄犢可賣，更窮的田家又怎麼過？這些勤勞善良的農民們，究竟爲什麼一年又一年、一代又一代就過着這樣的生活？處於如此境地的農民，爲什麼竟還感到眞心的喜悦……千年以前的詩人，當然無法回答、也未必意識到這許多問題。然而正是他含着眼淚所描繪的這眞實畫面，幫助我們認識了封建社會。

《田家行》顯示了詩人發掘生活、表現生活的藝術才能。他故意避開那些强烈、尖鋭的東西，偏去選取看來最爲普通的生活場景，從中概括出深刻的悲劇和矛盾。語言是那麼樸素，調子是那麼平和，整首詩就像千百年來無數田家的日常生活那樣平凡、質實，然而却深沉、含蓄，包孕着重大的社會内容和深深的同情、憂憤，使千載之下的讀者爲之嘆息，爲之深思。

（楊　明）

從《田家行》，我們感受到現實主義文學創作的生命力，看到了我們古典文學優秀傳統的一個方面。

# 野老歌

張　籍

老農家貧在山住，耕種山田三四畝。苗疏稅多不得食，輸入官倉化爲土。歲暮鋤犁傍空室，呼兒登山收橡實。西江賈客珠百斛，船中養犬長食肉。

張籍的詩歌以樂府著名。他的樂府比較深刻地反映了當時的黑暗社會面貌，深得白居易的推崇，說他「尤工樂府詩，舉代少其倫」（《讀張籍古樂府》）。他和王建所寫的樂府，幷稱「張王樂府」。張王樂府多用舊題，而精神則和元、白的新樂府相一致。張籍詩多口語，精警凝煉而又平易自然。王安石曾對張詩的藝術特色說過：「看似尋常最奇崛，成如容易却艱辛。」（《題張司業詩》）這評語是頗爲恰當的。

唐代自從安史亂後，國勢大爲削弱，統治者爲了恢復元氣，彌補國庫空虛，屢向人民進行瘋狂的掠奪，巧立名目，徵斂無時，這已使廣大農民難以應付。而當時的商賈又勾結官府，牟取暴利，求官求勢，過着豪華的富貴生活，這自然就更加重了對農民的剝削，使得農民愈加困苦。農村和城市的矛盾，農民階級與商賈剝削階級的對立，也就更加尖銳起來。張籍的《野老歌》，就反映了這種不合理的社會現實。詩中既寫出了當時賦稅的繁重，官府的腐朽，又把社會上商人和農民兩種截然不同的生活作一鮮明的對照，相當深刻地揭示了封建社會裏貧富懸殊、人不如狗的黑暗現實。

詩一開始就破題地寫道：「老農家貧在山住」。說明這位「野老」是住在山區裏的一位老貧農，先勾畫出一個山區老農的形象。作者把「家貧」和「山住」配合在一起，加濃了老農家貧的氣氛。一般來說，山區田少地瘠，即使有些良田，也都爲地主惡霸所佔奪，農民生活一般比平原地區要艱苦些。所以這裏既說「家貧」，又說「在山住」，這樣，老農的貧苦就給人以更清晰的印象了。如果讀者聯想起唐代自安史亂後，由於大批農民的破產逃亡，造成了丁去田亡而稅籍尚存的混亂現象，而統治者仍然按照舊稅籍徵收，把逃亡戶的稅攤派到鄉鄰近親的農民身上，逼得他們「竭膏血，鬻親愛，旬輸月送，無有休息」，不得不相率逃亡的情況，再聯繫起杜荀鶴《山中寡婦》中「任是深山更深處，也應無計避徵徭」的詩句，就會覺得作者所說的「在山住」，不是沒有現實意義了。

這位老農究竟耕了多少田？是怎樣的田？詩的下句寫道：「耕種山田三四畝。」這是承上句而對「家貧」、「山住」作具體的說明。原來老農所耕的是山上乾旱田，即所謂「山田」，是「望天田」，也是瘦瘠田。在封建社會裏，毫無水利設施，像這樣的「山田」，產量如何？收成怎樣？是完全可以想像得到的；何況又衹有三四畝呢？其「家貧」是必然的了。實際上，這一句又在烘托出老農的貧困。

像這樣一個貧苦農家，其遭遇是怎樣的呢？那就是：「苗疏稅多不得食。」這句話含有無數辛酸的眼淚，是對封建統治者的憤怒的控訴。「苗疏」，是說禾苗長得疏疏落落。其所以如此，不外三個原因：一、土質差，二、缺水，三、缺肥。而這三者是有連帶關係的。土質差，是需要肥料來改良土質的，可是，農民沒錢買牛養猪，何來家欄肥呢？土質既差，又缺水，當然是禾苗長得不好了。其所以缺水，是由於沒有水利設施。這一切，根子都在於社會制度，都在於統治階級的壓迫與剝削。不過，因其隱蔽性強，就不容易爲人們所察覺而已。如果說，「苗疏」是統治階級壓迫剝削農民的結果，是間接的；那麼，「稅多」却是直接的了。

唐代中期以後，賦稅極其繁重。租庸調法所帶給農民的是相率逃亡，固不用說。德宗時，用宰相楊炎的建議，廢除租庸調法，改行兩稅法。兩稅法是規定以實物折納錢幣的，當時官吏既任意折價。商人又乘機操縱，農民負擔更加深重。同時，正稅之外，還有什麼鹽稅、間架稅、除陌錢法等苛捐雜稅，迫使農民無法謀生。所謂「稅多」，并非虛寫，正是針對這種種現實的。

野老歌

既然「苗疏」，收成很少，官府的徵收反而「稅多」，這樣，一年辛苦所得的穀物全都被剝奪了去，結果落得個「不得食」。這就表明了廣大農民的「不得食」的痛苦生活，完全是由於封建統治者壓迫剝削所使然。

在封建社會裏，由於統治階級的壓迫剝削，造成兩種相反的現象：一是廣大農民過着牛馬不如的生活；一是統治階級從農民身上所剝奪的財物，任其揮霍、糟蹋、浪費，下一句就是寫出了這一點：「輸入官倉化爲土。」就是說，徵收去的穀物放在官家的糧倉裏都腐爛化爲塵土了。這是多麼可惜而又可恨呀！農民「不得食」，而他們却任之「化爲土」，這有力地揭示了封建統治者壓榨農民的不可饒恕的罪惡。白居易在《重賦》中說：「進入瓊林庫，歲久化爲塵。」可說是「輸入」句的註脚。

由於封建統治階級的壓迫和剝削，就使農民造成了這樣一個局面：「歲暮鋤犂傍空室，呼兒登山收橡實。」一年辛勤，而歲暮家無存糧，只有幾把鋤頭犂耙擺在空屋裏。怎樣過活呢，唯有叫兒子到山上去揀些橡實來充飢。這種情況也正如皮日休在《橡媼嘆》中說的：「農時作私債，農畢歸官倉。自冬及於春，橡實誑饑腸。」這是唐代中期以後的農村普遍現象。這兩句寫出了當時農民在統治者的殘酷剝削下，赤貧如洗。「空室」，既表明了鋤犂不多，也表明了其他東西不多，所以屋子裏空蕩蕩的。它照應了首句的「家貧」。「收橡實」，照應了第三句「不得食」。橡實味澀，拿來充饑，足見其生活的極端悲慘，是出於無可奈何的。「呼兒登山」，雖說揀橡實是輕微勞動，可由小兒去幹，但也表現出老農的憤懣胸懷。不難想像，老農一年忙到頭，終於粒穀無存，而被迫「呼兒登山」了。「呼兒」句活現出老農的憤怒形象，使人若聞其悲憤的呼兒聲。

一年到頭，風裏來，雨裏去，辛勤勞動的農民生活是這樣的艱苦，而不從事生產勞動的剝削階級却過着極其奢侈的生活：「西江賈客珠百斛，船中養犬長食肉。」這裏作者沒有直接描繪「西江賈客」的豪華腐化生活，衹是寫他們很富有，船中所養的狗長年吃肉，但是，他們那種達到驚人程度的豪奢生活已從中顯示出來了。很明顯，狗猶如此，人就不用說了。這種以寫狗來襯託人的寫法，更耐人尋味。「西江」，即今江西省九江一帶，是當時商業繁盛的地區。唐時屬江南西道，故稱西江。「斛」，量器名，古代以十斗斛。「珠百斛」，是形容賈客的富有。爲什麼這裏作者光是寫「西江賈客」呢？難道除了「西江賈客」外，其他的統治階級生活就會樸素些嗎？其實，這是舉一反三的寫法。愛錢如命的商人既然如此，官僚地主的生活就更不待說了。

這樣看來，詩中作者寫商賈的豪奢生活和農民的悲慘生活相對照，客觀上就是封建社會裏兩個對立階級的兩種截然不同的生活的鮮明對照。而造成農民的窮困，是由於賦稅的繁多，官府的壓榨，不管作者是否意識到，但詩已顯示出社會制度的不合理性了。這是詩的主題思想的所在。

張籍的詩多用口語，平易自然，這首詩也表現出這特色。「老農家貧在山住，耕種山田三四畝」，簡直是隨口而出的口頭語言。「苗疏稅多不得食」、「呼兒登山收橡實」，既平易通俗，又精警凝煉，含蘊着極其深邃的社會內容。這種平易自然而又精警凝煉的藝術風格，比之當時追求奇險怪僻的韓孟詩風，應該說稍勝一籌。

（鄭孟彤）

# 山石

韓愈

山石犖确行徑微，黄昏到寺蝙蝠飛。升堂坐階新雨足，芭蕉葉大梔子肥。僧言古壁佛畫好，以火來照所見稀。鋪牀拂席置羹飯，疏糲亦足飽我饑。夜深靜臥百蟲絕，清月出嶺光入扉。天明獨去無道路，出入高下窮煙霏。山紅澗碧紛爛漫，時見松櫪皆十圍。

山石

當流赤足踏澗石，水聲激激風吹衣。人生如此自可樂，豈必局束爲人鞿？嗟哉吾黨二三子，安得至老不更歸！

韓愈不僅是卓有貢獻的散文家，而且是極有影響的詩人。清人趙翼在《甌北詩話》卷三裏說：

韓昌黎生平，所心摹力追者，惟李、杜二公。顧李、杜之前，未有李、杜；故二公才氣横恣，各開生面，遂獨有千古。至昌黎時，李、杜已在前，縱極力變化，終不能再辟一徑。惟少陵奇險處，尚有可推廣，故一眼覷定，欲從此辟山開道，自成一家。此昌黎注意所在也。然奇險處亦自有得失。蓋少陵才思所到，偶然得之；而昌黎則專以此求勝，故時見斧鑿痕跡：有心與無心異也。其實昌黎自有本色，仍在文從字順中自然雄厚博大，不可捉摸，不專以奇險見長。

這些評論相當中肯。韓愈在詩歌創作的天地裏，的確於李白杜甫各大家開闢的領域之外，另闢蹊徑，戛戛獨造，自成一家。他追求奇險的風格，有得有失；需要就具體的作品作具體的分析。但籠統地以「奇險」或「險怪」概括他的詩風，却不合實際。趙翼指出「昌黎自有本色，仍在文從字順中自然雄厚博大，不可捉摸，不專以奇險見長」，這的確是在全面研究韓詩之後作出的確切估價。例如歷代傳誦的《山石》，就不以奇險見長，而是文從字順，不假雕琢，雄厚博大，俊偉清新。

看來詩人幷不是先擬好題目再作詩，而是作好詩之後，纔沿用《詩經》「首句標其目」的老例，取首句的頭兩個字「山石」作題目。所以，題曰「山石」，詩却幷不是歌詠山石的，而是敍寫遊蹤的。我在賞析杜甫的《北征》時曾講過韓愈「以文爲詩」的問題。韓愈是詩人，又是傑出的散文家。他善於在保持詩文各自特質的前提下使它們互相滲透，互相汲取營養。這篇《山石》，就汲取了散文中有悠久傳統的遊記文的寫法，按照行程順序，敍寫從攀登山路、「黄昏到寺」、「夜深靜臥」到「天明獨去」的所見、所聞和所感，是一篇遊記體的詩。

按照時間順序依次記述遊蹤，很容易弄成流水賬。《山石》的可貴之處在於它是照時間順序依次記述遊蹤的，却并不像記流水賬，而是像電影攝影師選好外景，人物在前面活動。攝影機在後面推、拉、搖、跟，一個畫面接着一個畫面，在我們眼前出現。每一畫面，都有人有景有情，構成獨特的意境。全詩主要記遊山寺，一開頭，衹用「山石犖确行徑微」一句，概括了到寺之前的行程，而險峻的山石，狹窄的山路，都隨着詩中主人公的攀登而移步换形。你也許要說：「這一句沒有寫人嘛！」是的，是沒有寫，但第二句「黄昏到寺蝙蝠飛」中的「到寺」二字，就補寫了人。「到寺」有個省去了的主語，誰到寺呢？那就是來遊的詩人。他從哪裏來？就從那「山石犖确」的「行徑」上來。而且，說第一句沒寫人，那衹是說沒有明寫；實際上，那「山石」的「犖确」和「行徑」的細「微」，都是主人公從那裏經過時看到的、感到的，正是通過這些主觀感受的反映，表現他正在爬山。爬了多久，不得而知，但黄昏之時，纔到了山寺，當然經過了一段艱苦行程。「黄昏」，怎麼能夠變成可見可感的清晰畫面呢？有辦法。我們的攝影師很高明，他選取了一個「蝙蝠飛」的鏡頭，讓那衹有在黄昏之時才會出現的蝙蝠在寺院裏盤旋，就立刻把詩中的主人公和他剛剛進入的山寺，統統籠罩於幽暗的暮色之中。既然是「黄昏到寺」，就先得找寺僧安排食宿，所以就出現了主人公「升堂」的鏡頭。然而主人公是來遊覽的，遊興很濃，「升堂」之後，立刻退出來坐在堂前的臺階上，欣賞那院子裏的花木，「芭蕉葉大梔子肥」的畫面，也就跟着展開。「大」和「肥」，這是很尋常的字眼，但用在「芭蕉葉」和「梔子」花上，特別是用在「新雨足」的「芭蕉葉」和「梔子」花上，就凸出了客觀景物的特徵，增強了形象的鮮明性。正因爲形象如此鮮明，所以儘管時已黄昏，却仍然很顯眼，主人公也就情不自禁地要讚美它們的「大」和「肥」了。請看看，衹有四句詩，却包含了多少層次，放映了多少畫面！

「升堂坐階新雨足」一句中的「新雨足」，那是和下句相聯繫的，其作用是突出芭蕉葉的「大」和梔子花的「肥」，并爲它們洗去灰塵，增強亮度。「升堂坐階」，却有點費解。已經「升堂」了，又怎麼「坐階」？堂上哪有臺階呢？其實，如在前面所說，這的確是寫主人公「到寺」之後，先穿過「蝙蝠飛」的院落，

「升堂」去找住持，然後又轉回來「坐階」，欣賞那「芭蕉葉大梔子肥」的美景。看「僧言」以下四句，其意自明。因爲已經找過住持，接着出現的畫面上就有了僧人。時間在流逝，新雨之後的梔子花和芭蕉葉儘管很「肥」、「大」，但終於隱沒於夜暮之中，在主人公眼前消失了。熱情的僧人便湊過來助興，誇耀寺裏的「古壁佛畫好」，并拿來火把，領客人去觀看。一看，果然是罕見的藝術珍品。這當兒，菜飯已經擺上了，牀也鋪好了，連席子都拂拭乾淨了。寺僧們的殷勤，賓主感情的融洽，也都得到了形象的體現。請看看，祇用三句詩，又放映了多少畫面！「疏糲亦足飽我饑」一句，圖畫性當然不够鮮明，但這是必不可少的。它既與結尾的「人生如此自可樂，豈必局束爲人鞿」相照應，又說明主人公遊山，已經費了很多時間，走了不少路，因而餓得够嗆，連粗糙的飯菜都覺得挺好吃。那麼，如果拍電影的話，主人公穿越「犖確」的「山石」，在小徑上攀登的「跟鏡頭」，就應該「跟」得久一些，不宜浮光掠影，一晃而過。

寫夜宿衹用了兩句。「夜深靜臥百蟲絕」，表現了山寺之夜的清幽。而這清幽的境界，是通過主人公靜臥細聽百蟲鳴叫的鏡頭顯示出來的。「夜深」而「百蟲」之聲始「絕」，那麼在「夜深」之前，百蟲自然在各獻特技，合奏夜鳴曲，主人公也在欣賞夜鳴曲。正像「鳥鳴山更幽」一樣，山寺之夜，百蟲合奏夜鳴曲，就比萬籟俱寂還顯得幽寂，而細聽百蟲合奏的主人公，也自然萬慮俱消，心境也空前清靜。這鏡頭，當然是朦朧的，但却是有聲的，聽覺形象，掩蓋了視覺形象。夜深了，百蟲絕響了，接踵而來的則是「清月出嶺光入扉」，主人公又興致勃勃地隔窗賞月了。這月光，頓時照亮了畫面，主人公寄宿的僧房是什麼樣子，他的牀設在何處，從窗子裏望出去，能够看見些麼，都歷歷在目。他剛纔靜臥細聽百蟲鳴叫的神態，也在「清月出嶺光入扉」的一刹那顯現於我們眼前。

作者所遊的是洛陽北面的惠林寺，同遊者是李景興、侯喜、尉遲汾，時間是唐德宗貞元十七年七月二十二日（公元八〇一年九月三日）。農諺有云：「二十一、二、三，月出雞叫喚。」可見詩中所說的「光入扉」的「清月」，乃是下弦月，她爬出山嶺，照進窗扉，已經雞叫頭遍了。主人公再欣賞一陣子，就該天亮了。寫夜宿衹兩句，却不僅展現了幾個有聲有色的畫面，表現了主人公深夜未睡，陶醉於山中夜景的情懷，而且水到渠成，爲下面寫離寺早行作好了過渡。「天明」以下六句，寫離寺早行，跟着時間的推移和主人公的邁步向前，畫面上的光、色、景物在不斷變換，引人入勝。「天明獨去無道路」一句，需要作些解釋。第一，「獨去」的「獨」，是就寺僧沒有遠送而言，不是主人公獨自去，因爲他還有三位朋友作伴。這不僅有記載可查，而且下面詩句裏的「吾黨二三子」，正是指他們。第二、「無道路」并非無路可走，而是天剛破曉，霧氣很濃，看不清道路。所以接下去，就是「出入高下窮煙霏」的鏡頭。「出入」兩字，有的選本解釋爲「走出這個山谷，又進入那個山谷」，這是合乎情理的，但在文字上找不到根據。按照語法結構，這一句的大意應該是：出入於高高下下的煙霏之中，終於走完了煙霏——煙霏消盡了。「高下」，指山勢忽高忽低；「煙霏」，指流動的霧氣；「窮」，盡也。主人公「天明」出發，眼前是一片「煙霏」的世界，不管是山的高處還是低處，全都浮動着濛濛霧氣。在濃霧中摸索前進，出於高處，入於低處，出於低處，又入於高處，時高時低，時低時高。此情此境，豈不是饒有詩味，富於畫意嗎？煙霏既盡，朝陽熠耀，畫面頓時增加了亮度，「山紅澗碧紛爛漫」的奇景就闖入主人公的眼簾，自然也闖入讀者的眼簾。而「時見松櫪皆十圍」，既爲那「山紅澗碧紛爛漫」的畫面添景增色，又表明主人公在繼續前行，而隨着他的視野移動的畫面，也自然不斷地變換內容。

詩人寫入山，祇用一句，看得出他是爲詳寫出山預留地步的。然而和寫遊山寺所用的筆墨相比，寫出山已經够詳了。儘管連續出現的畫面都各有特色，很有吸引力，但那「跟鏡頭」總不能無休止地「跟」下去，直「跟」進洛陽城。如果直「跟」進洛陽城，就未免失於剪裁。詩人當然比我們更懂得這個道理，於是在映出「當流赤足踏澗石，水聲激激風吹衣」的「全景」之後，就讓它停在那裏，唱起了「主題歌」。而那「赤足踏澗石」、清風飄衣襟的人物形象和從他脚下響起的激激水聲，就長久地浮現於我們的眼前耳畔。

結尾四句，具有總結全詩的意義，所以姑且叫做「主題歌」。作者先用「人生如此」四個字概括了黃昏坐階、寺僧陪遊、疏糲充饑、夜深賞月、山中早行、光脚板踏澗石過溪水等此次出游的全部經歷，然後用「自可樂」三字加以肯定。後面的三句詩，以「爲人鞿」的幕僚生活作反襯、表現了對山中自然美、人情美的無限嚮往，從而強化了全詩的藝術魅力。

總起來說，《山石》汲取了山水遊記的特點，按照行程的順序逐層敘寫遊蹤，爲傳統的記遊詩開拓了新領域。

逐層敘寫，卻不像流水賬，而像《長江萬里圖》那樣的長卷逐次展開，一個個清新的畫面連續出現；更像旅遊彩色記錄影片，隨着遊人的前進，一個個有聲有色有人有景的鏡頭不斷轉換。

那麼，它在藝術表現方面的奧秘究竟何在呢？

第一、雖說是逐層敘寫，仍經過嚴格的選擇和精心的提煉。從「黃昏到寺」到就寢之前，實際上的所經所見所聞所感當然很多，但攝入鏡頭的，卻衹有「蝙蝠飛」、「芭蕉葉大梔子肥」、寺僧陪看壁畫和「鋪牀拂席置羹飯」等殷勤款待的情景，因爲這體現了山中的自然美和人情美，跟「爲人鞿」的幕僚生活相對照，使詩人萌發了「歸」耕或「歸」隱的念頭，是結尾「主題歌」所以形成的重要根據。關於夜宿和早行，所攝者也衹是最能體現山野的自然美和自由生活的那些鏡頭，同樣是結尾的主題歌所以形成的重要根據。

第二、按行程順序敘寫，也就是按時間順序敘寫，時間不同，天氣的陰晴和光線的強弱也不同。就時間說，主人公遊寺在日暮，聽蟲賞月在夜間，離寺出山在早晨。而天氣的主要特徵，則是「新雨足」之後。這篇詩的突出特點，就在於詩人善於捕捉不同景物在特定時間、特定天氣裏所呈現的不同光感、不同濕度和不同色調。「黃昏到寺」之後，寫的是暮景。先用「蝙蝠飛」帶來暮色，又用「新雨足」表明大地的一切剛經過雨水的滋潤和洗滌；這纔寫主人公於蒼茫暮色中贊賞「芭蕉葉大梔子肥」，而那芭蕉葉和梔子花也就帶着它們在雨後日暮之時所特有的光感、濕度和色調，呈現於我們眼前。接着寫夜景。看壁畫而以火照明，靜臥無所見而聽百蟲鳴叫，都準確地表現出山中之夜的幽暗與恬靜。寫「月」而冠以「清」字，表明那是「新雨」之後的月兒，儘管她深夜出嶺，已是「下弦」，卻特別明淨，所以照進窗扉，仍能引起主人公的興趣。主人公隔窗遙望，就會看見翠嶺似睡，碧空如洗，一鈎殘月，將她僅有的清光灑向人間。寫朝景，新奇而多變。因爲他不是寫一般的朝景，而是寫山中雨後的朝景。他先以「天明獨去無道路」一句，總括了山中雨霽，地面潮濕，黎明之時，濃霧彌漫的特點，然後用「出入高下窮煙霏」一句，畫出了霧中早行圖。「煙霏」既「窮」，陽光普照，就看見澗水經雨而更深更碧，山花經雨而更紅更亮。於是用「山紅澗碧」加以概括。夾在兩山之間的流水叫「澗」；山紅而澗碧，紅碧相輝映，色彩已很明麗。但由於詩人敏鋭地把握了雨後天晴，秋陽照耀下的山花、澗水所特有的光感、濕度和色調，因而感到光用「紅」、「碧」還很不够，又用「紛爛漫」加以渲染，纔把那「山紅澗碧」的美景表現得鮮豔奪目。接下去，把描繪的重點移向人物。光看在激激水聲中「赤足踏澗石」、清風吹衣襟的人物形象，已經很迷人。但如果光看人物，而無視於他的背景，就未免辜負了作者的苦心。要知道，「踏澗石」的「澗」，正就是前面所寫的「山紅澗碧」的「澗」。這個人物以「山紅澗碧紛爛漫」爲背景，無怪乎逸趣盎然，忍不住要吐露「人生如此自可樂」的情懷了。

第三，這首詩篇幅不長，所展現的畫面却如此豐富多彩，還由於詩人善於駕馭祖國語言。僅就造句的高度凝煉來說，正如方東樹在評論這首詩時所指出：「他人數語方能明者，此須一句，卽全現出。」（《昭昧詹言》卷十二）例如「芭蕉葉大——梔子肥」，包含兩個主謂結構；「水聲激激——風吹衣」，包含一個主謂結構和一個主謂賓結構；「黄昏到寺——蝙蝠飛」，包含一個省略主語的狀謂賓結構和一個主謂結構；「山紅——澗碧、紛爛漫」，包含兩個主謂結構，共帶補語。這些詩句，每句都等於兩個句子，而句法多變，無一雷同。又如「升堂——坐階——新雨足」，包含兩個省略主語的動賓結構和一個主謂結構；「鋪牀——拂席——置羹飯」，包含三個動賓結構，省略主語：這兩句詩，各等於三個句子，而結構各異。因此，每一句詩，都容量很大，表現力極強，而無單調之感。

第四、還有一點也值得一談。自從律詩形成以後，有些詩人作七言古詩，喜歡用對偶句，在平仄聲的處理上，也往往運用律句。如初唐四傑、高適、王維、白居易、元稹等人的一些作品，就都具有這樣的特點。就優點説，多用偶句，會顯得整麗，多用律句，會顯得和諧。但偶句、律句太多，又可能流於圓熟和疲弱，失却古體詩的格調。所以杜甫的一些七古，有意避免偶句和律句；韓愈承流接響而加以發展，對後代很有影響。這篇《山石》，就全用單句。正因爲全用單句，不求對偶，纔能像前面所説的那樣，所有詩句，結構各有特點，極錯綜變化之妙。就平仄說，全篇無一律句，其主要特點是有意識地運用了與律句相區別的三字脚：「仄平仄」、「平仄平」、「仄仄仄」、「平平平」。正因爲這樣，所以雖然押的是平聲韻，而且一韻到底，却無平板疲弱之感。

這篇詩，極受後人重視，影響深遠。蘇軾與友人遊南溪，解衣濯足，朗誦《山石》，慨然知其所以樂，因而依照原韻，作詩抒懷。他還寫過一首七絶：「犖确何人似退之，意行無路欲從誰？宿雲解駁晨光漏，獨見山紅澗碧時。」詩意、詞語，都從《山石》化出。至於元好問「拈出退之《山石》句」來對比秦觀的「女郎詩」，以及由此引起的爭論，更爲人所熟知。此後高度評價《山石》的人還很多，就不必一一列舉了。

（霍松林）

# 八月十五日夜贈張功曹

韓　愈

纖雲四卷天無河，清風吹空月舒波。沙平水息聲影絶，一杯相屬君當歌。君歌聲酸辭且苦，不能聽終淚如雨：「洞庭連天九疑高，蛟龍出沒猩鼯號。十生九死到官所，幽居默默如藏逃。下牀畏蛇食畏藥，海氣濕蟄熏腥臊。昨者州前搥大鼓，嗣皇繼聖登夔皋。赦書一日行萬里，罪從大辟皆除死；遷者追回流者還，滌瑕蕩垢清朝班。州家申名使家抑，坎軻祗得移荆蠻。判司卑官不堪説，未免捶楚塵埃間。同時輩流多上道，天路

## 八月十五日夜贈張功曹

幽險難追攀。」君歌且休聽我歌，我歌今與君殊科：「一年明月今宵多，人生由命非由他，有酒不飲奈明何？」

韓愈是中唐時期一位傑出的散文家。他寫了許多優秀的散文作品，這是歷來公認、沒有異議的。但是對於他的詩歌作品，評價却頗有分歧，不恭之詞甚多。例如宋代著名作家蘇軾對韓愈的爲人和文章都十分敬佩，唯獨對他的詩歌頗不以爲然，認爲「退之於詩本無解處，以才高而好爾」（陳師道《後山詩話》）。說韓愈對於詩歌本來就一點也不懂，祇因爲他的才學很高，所以寫了好詩。宋代另一位著名詩人黃庭堅也說過：「詩文各有體，韓以文爲詩……故不工爾。」（同上）他認爲詩歌和散文各有自己的體裁，韓愈用寫散文的方法寫詩歌，所以就不會精通了。宋代還有個故事：在宋英宗治平年間，有四個文人——沈括、呂惠卿、王存、李常在一起談論韓愈的詩歌，沈括說：「退之詩，押韻之文耳，雖健美富贍，然終不是詩。」（惠洪《冷齋夜話》）說韓愈的詩歌祇是押韻的散文而已，雖然寫得漂亮有力，學識豐富，但是終究不是詩。呂惠卿反對說：「詩正當如是，吾謂詩人亦未有如退之者。」（同上）說詩歌正應當是韓愈所寫的這個樣子，他認爲詩人還沒有比得上韓愈的。接着，王存贊成沈括，李常同意呂惠卿，四個人舌戰一場，結果誰也說服不了誰，只好不了了之。諸如此類，從宋代起，不一而足，莫衷一是。

對上述爭論，應當作出實事求是的論斷。我們認爲，如《山石》、《衡嶽》、《八月十五日夜贈張功曹》之類，在韓愈以文爲詩的作品裏，確有好詩，便是歷來一致肯定的。既有好詩在，便不可籠統地加以否定，也不能武斷地說韓愈不懂詩，而應當對具體作品進行具體分析，作出恰當的評價。這裏，我們介紹其中的一首，即《八月十五日夜贈張功曹》。

《八月十五日夜贈張功曹》寫於唐順宗永貞元年（八〇五）的中秋節之夜，是贈給他一個老朋友張署的。張署的官職是功曹參軍，所以稱他「張功曹」。這首詩的背景比較曲折。大約在寫此作品的兩年前，那是唐德宗貞元十九年（八〇三），京城長安地區農業遭受嚴重災害，人民生活很苦。但是長安的行政長官却對朝廷隱

## 八月十五日夜贈張功曹

瞞災情，同時又對人民加緊勒索，逼得百姓破產，四出逃亡。韓愈和張署當時都擔任監察御史，職責是監督考察中央和地方官員的施政情況，向朝廷匯報和提出建議。他們親眼看見了長安人民慘遭天災人禍的情形，就如實向朝廷作了匯報，并建議寬免長安地區這一年的賦稅，等到來年收成好轉，再行徵收。不料他們這一番忠君盡職的好意，却得罪了朝廷執政，立即被貶官調離長安。韓愈被貶到連州陽山（今廣東省陽山縣）當縣令，張署到郴州臨武（今湖南省臨武縣）當縣令。在唐代，這是兩個南方邊遠的窮僻小縣，可見他們受的處分是很重的。過了一年多，貞元二十一年（八〇五）的春天，唐德宗去世，順宗即位。按照封建老規矩，新皇帝上臺，例行大赦，以示恩典。所以韓、張二人也蒙受寬赦，被叫到郴州（今湖南省郴州市）待命。但是，當時管轄郴州的湖南觀察使由於和韓愈、張署政見不合，從中作梗，橫加阻撓，寬赦命令遲遲沒有下文。一直等到秋天八月，順宗讓位，憲宗上臺，他們再次遇赦，這纔得到了新的任命，但還是不讓他們回長安去官復原職，祇是酌情調動一下職務和官所，派他們到江陵（今湖北省江陵縣）分別擔任法曹參軍和功曹參軍。由於冤屈沒有得到昭雪，他們心中仍然充滿不平和憂慮。接到任命幾天之後，就是中秋節，韓愈便寫了這首詩贈給張署。

這是一首政治抒情詩。它的主題在於抒發對政治遭遇的不平和對朝政國事的憂慮的複雜心情。如果平舖直敍地把他們的遭遇和憂慮寫出來，那很有可能是一首冗長而凌亂的作品。韓愈沒有這樣寫。他巧妙地運用賦的方法，通過記述他們在中秋之夜祝酒唱歌的情景，讓張署唱一支辛酸悲苦的歌來表現他們的遭遇和憂憤，而由自己唱一支樂天知命的短歌結束，這樣，祇用了三段詩歌就集中而有層次地表現了這個複雜的主題。下面，分段來作介紹。

第一段是個引子，祇有四句：「纖雲四卷天無河，清風吹空月舒波。沙平水息聲影絶，一杯相屬君當歌。」意思是說，清風吹散了夜空的微雲，銀河也不見了，祇有月光像水波一樣舒展開來；河沿的沙灘很平，河裏的流水很靜，沒有一個人影，沒有一點聲響，我敬你一杯酒，你要唱一支歌。這個平靜、輕快而又略帶隱憂的引子，既點出了中秋之夜，描繪了清風明月的好景，也引來了張署憂憤不平的悲歌。

第二段主要是記述張署的歌詞。

八月十五日夜贈張功曹

開頭「君歌聲酸辭且苦，不能聽終淚如雨」兩句，先寫作者自己聽歌的感受，說張署的歌聲辛酸，而且歌詞悲苦，韓愈等不到聽完，就忍不住淚下如雨了。顯然，這并非讚嘆張署的歌聲動人，而是要表明作者懷有強烈的同感，他們有着相同的遭遇和體驗。從第三句起，是張署的歌詞，一共十八句，可以分成三個小節。每六句一節，分別講一段遭遇。

第一節：「洞庭連天九疑高，蛟龍出沒猩鼯號。十生九死到官所，幽居默默如藏逃。下牀畏蛇食畏藥，海氣濕蟄熏猩臊。」這一節是寫張署追述當時與韓愈一同南遷的艱苦旅程和他到達貶官任所臨武縣的情形。一路上，他們渡過了洞庭湖，翻越了九疑山。洞庭湖波濤連天，蛟龍出沒；九疑山峻嶺高聳，野獸號叫；眞是歷盡艱險，九死一生，到達臨武縣，算是揀了一條命。張署上任之後，滿懷憂慮，整天默默深居在縣衙門裏，好像一個躲藏的逃亡犯一樣。那裏的生活環境也太可怕了：到處是蛇，嚇得他不敢下牀；哪裏都有人養蛇做蠱藥，連吃飯也怕中毒；而且水氣極大，泥土潮濕，地下的蟄蟲散發出腥臊味，臭氣熏天。韓愈插述張署這一段遭遇，極力渲染其苦——生活苦，心情更苦，如墜苦海，難以生存，無法有所作爲——不言而喻，處於這種情形下，該是多麼盼望早日離開這個地方。這就爲下一節寫皇恩大赦時的歡欣鼓舞作了準備。

第二節：「昨者州前捶大鼓，嗣皇繼聖登夔皋。赦書一日行萬里，罪從大辟皆除死。遷者追回流者還，滌瑕蕩垢清朝班。」唐代的禮法，皇帝頒布大赦令之類好消息的時候，衙門前要敲大鼓一千聲，聚集百姓，然後宣讀。所以這裏說，昨兒個州衙門前敲起了大鼓，宣布太子卽位繼承父皇大業，賢明的大臣們也都登上自己的職位了。大赦的文書下達非常快，一天就走了一萬里。赦令說，犯有死罪的統統免除死刑；貶官的追回恢復原職，流放的返還原地；皇上將改革政治，清理在朝的百官。在這一節裏，韓愈沒有具體描寫張署聽到大赦消息後怎樣的歡欣鼓舞，衹寫他聽到了消息，讓他復述了赦書的內容。然而在敍述中，他那充滿希望、欣喜若狂的神態躍然紙上，籠罩着他的愁雲苦霧頓時被驅散了。這一節的高揚格調，和前一節的低沉情緒，形成了強烈的對照，構成了一個巨大的波瀾，同時也爲下一節的頓遭挫折作了準備。

第三節：「州家申名使家抑，坎軻衹得移荆蠻。判司卑官不堪說，未免捶楚塵埃間。同時輩流多上道，

八月十五日夜贈張功曹

天路幽險難追攀。」這一節寫因「使家」阻撓，赦免落空，憤恨不平，怨天憂人。唐代的行政組織，縣的上級爲州，州的長官叫刺史，俗稱「州家」；幾個州歸一個朝廷派出的使節大臣管轄，叫節度使觀察使，俗稱「使家」。張署是郴州臨武縣令，他的寬赦，由郴州刺史申報湖南觀察使。因爲湖南觀察使的壓制，所以張署就倒了楣，沒有恢復原官，衹調到江陵府當個功曹參軍。功曹參軍的官位比他原職監察御史低下多了，而且唐代法律規定，參軍一類官吏犯有過失，要跪在地上挨鞭打的。所以張署覺得新的任命使自己的委屈無法說了。一些和他同時貶官的人都向長安進發，官復原職，爲什麼我張署偏偏如此不幸？這衹能歸之於惡人當道，仕途艱險，我張署是追攀不上了。張署的歌詞就這樣怨天尤人地結束了。他訴說了遭遇的辛酸悲苦，抒發了憤憤不平之情。然而，又沒有說盡，因爲現實的遭遇已經如此，未來的前途又將如何呢？張署相當悲觀，說不下去，衹能留給韓愈來解答，因而詩歌也就自然地過渡到了應該結尾的最後一段了。

第三段是韓愈的話：

> 君歌且休聽我歌，我歌今與君殊科：「一年明月今宵多，人生由命非由他，有酒不飲奈明何？」。

前兩句是表態，也是行文的過渡。意思是說你的歌暫且停止吧，現在來聽我唱支歌，我唱的歌與你唱的可不一樣。後三句是韓愈的歌詞，大意是說，一年當中數今夜的月亮最好，人生的遭遇是命中註定的，不關其它，今夜有酒不喝，就對不起這麼好的月光了。韓愈以樂天知命來勸慰張署不要怨天尤人，用良辰美酒來排遣張署的悲憤不平，其實也是聊以爲自慰自勉而已。於是，這首詩以月光開始，又以月光結束，從一個平靜、輕快、略帶隱憂的調子唱起，經過低沉、高揚、頓挫的旋律變化，轉到一個詼諧輕鬆的調子，就唱完了。

這首詩的思想內容反映了封建社會中下層士大夫的遭遇和情緒，當時是有一定的積極意義的，今天也仍有一定的價值。在藝術上，這首詩用的是賦的方法，通過敍事來抒發思想感情。它不僅在構思上很有特色，把複雜的思想感情表現得集中而典型，有層次，有變化，前後照應，上下銜接，卻又自然流轉，不留斧鑿痕跡；而且在敘事中有情有景，有比有興，更有抒情人物形象。例如，詩的開頭寫清風驅散微雲，明月舒光如波，結尾又點出明月今夜最好，月光不宜辜負。這一起一結，放在當時唐憲宗上臺、賢明大臣登位的政治背景上看，說明韓愈心中確是懷有希望，因此，這裏不祇是寫景寓情，也是比興，有寄託的。從前有人說這首詩「用意在起結，中間不過述遷謫量移之苦耳」（查慎行《十二種詩評》）；又有人認爲它的寫法是「虛者實之，實者虛之」（汪琬《批韓詩》），意思是說，清風明月是虛寫，貶官遭遇是實寫，清風明月的寓意是通過貶官遭遇來落實的，貶官遭遇的不平是借助清風明月來消除的。這些闡明比興含義的說法是有一定道理的。又如，詩人祇是通過張署的歌詞，就把張署的一會兒消沉、一會兒興奮、一會兒怨恨的神情，逼眞地顯現出來，使我們如見其人；而詩人自己的樂天知命的短歌，以及在詩中的敘述，也同樣使他豁達豪放而有點詼諧不恭的形象，聲影俱在。所以，如果說這樣的詩祇是押韻的散文而已，詩的作者完全不懂詩，的確「未免太過」，令人難以信服。

但是，這首詩確實也有以文爲詩的問題。《八月十五日夜贈張功曹》是一首感情強烈的抒情詩。如前所說，它通篇用賦的表現手法，筆調接近敘事的散文，尤其是記述張署歌詞的一段，鋪陳其事，抑揚頓挫，如流水奔瀉，一氣呵成；祇是由於作者構思巧妙，安排妥貼，而且感情強烈，傳神逼眞，使讀者受到感動而不大注意它像不像散文罷了。其次是它的結構佈局，吸取了古文章法。從前有人就說它是「一篇古文章法，前敘，中間以正意苦語重語作賓，避實法也」（方東樹《昭昧詹言》）。大意是說，這篇古文章法，前面祇是個小敘，中間所寫遭遇痛苦和感情很重的話語，纔是眞正的意思，但作者是把它當作客人的言詞寫出來的，這是避免自己直接出面的一種手法。值得注意的是，這首抒情詩採取敘事方式，又汲取了古文章法，卻不露痕跡，不顯眼。這是因爲在具體描述中富有形象性，又沒有抽象議論，所以讀者往往不會留意也不容易覺察其中用了古文章法。第三，這首詩的比較顯著的散文化現象，是有點直說的味道。例如：「判司卑官不堪說，未免捶楚塵埃間。同時輩流多上道，天路幽險難追攀。」這幾句作爲散文中人物的道白是不錯的，但作爲詩中的歌詞，就顯得不够凝煉了。綜上所述，這首詩雖然有以文爲詩的現象，但運用得比較恰當，比較自然，有助於抒情寫意和表現人物形象，因此它已經成爲一個藝術特點，一種詩的風格。這個特點，這種風格未必是典範或樣板。但是應當承認，它確確實實「還是可以的」。

（倪其心）

# 左遷至藍關示姪孫湘

韓　愈

一封朝奏九重天，夕貶潮州路八千。欲爲聖明除弊事，肯將衰朽惜殘年！雲横秦嶺家何在？雪擁藍關馬不前。知汝遠來應有意，好收吾骨瘴江邊。

韓愈一生，以辟佛爲己任，晚年上《論佛骨表》，爲諫憲宗「迎佛骨入大内」，觸犯「人主之怒」，幾被定爲死罪，經裴度等人説情，纔由刑部侍郎貶爲潮州刺史。

潮州在今廣東東部，距當時京師長安確有八千里之遥，那路途的困頓是可想而知的。當韓愈到達離京師不遠的藍田縣時，他的姪孫韓湘，趕來同行。韓愈此時，悲歌當哭，慷慨激昂地寫下這首名篇。

首聯直寫自己獲罪被貶的原因。他很有氣概地説，這個「罪」是自己主動招來的。就因那「一封書」之罪，所得的命運是「朝奏」而「夕貶」。且一貶就是八千里。但是既本着「佛如有靈，能作禍祟，凡有殃咎，宜加臣身」（《論佛骨表》）的精神，則雖遭獲嚴譴亦無怨悔。

左遷至藍關示姪孫湘

三、四句直書「除弊事」，認爲自己是正確的，申述了自己忠而獲罪和非罪遠謫的憤慨，眞有膽氣。儘管招來一場彌天大禍，他還是「肯將衰朽惜殘年」，且老而彌堅，使人如見到他的剛直不阿之態。

五、六句就景抒情，情悲且壯。韓愈在一首哭女之作中寫道：「以罪貶潮州刺史，乘驛赴任；其後家亦譴逐，小女道死，殯之層峯驛旁山下。」可知他當日倉猝先行，告別妻兒時的心情若何。韓愈爲上表付出了慘痛的代價，「家何在」三字中，有他的血淚。

此兩句一回顧，一前瞻。「秦嶺」指終南山。雲橫而不見家，亦不見長安：「總爲浮雲能蔽日，長安不見使人愁」（李白詩），何況天子更在「九重」之上，豈能體恤下情？他此時不獨繫念家人，更多的是傷懷國事。「馬不前」用古樂府：「驅馬涉陰山，山高馬不前」意。他立馬藍關，大雪寒天，聯想到前路的艱危。「馬不前」三字，露出英雄失路之悲。

結語沉痛而穩重。《左傳·僖公三十二年》記老臣蹇叔哭師時有「必死是間，余收爾骨焉」之語，韓愈用其意，向姪孫從容交代後事，語意緊扣第四句，進一步吐露了淒楚難言的激憤之情。

從思想上看，此詩與《論佛骨表》，一詩一文，可稱雙璧，很能表現韓愈思想中進步的一面。

就藝術上看，此詩是韓詩七律中佳作。其特點誠如何焯所評「沉鬱頓挫」，風格近似杜甫。沉鬱指其風格的沉雄，感情的深厚抑鬱，而頓挫是指其手法的高妙：筆勢縱橫，開合動蕩。如「朝奏」、「夕貶」、「九重天」、「路八千」等，對比鮮明，高度概括。一上來就有高屋建瓴之勢。三、四句用「流水對」，十四字形成一整體，緊緊承接上文，令人有渾成之感。五、六句宕開一筆，寫景抒情，「雲橫雪擁」，境界雄闊。「橫」狀廣度，「擁」狀高度，二字皆下得極有力。故全詩大氣磅礴，卷洪波巨瀾於方寸，能產生撼動人心的力量。

此詩雖追步杜甫，但能變化而自成面目，表現出韓愈以文爲詩的特點。律詩有謹嚴的格律上的要求，而此詩仍能以「文章之法」行之，而且用得較好。好在雖有「文」的特點，如表現在直敍的方法上，虛詞的運用上（「欲爲」、「肯將」之類）等；同時亦有詩歌的特點，表現在形象的塑造上（特別是五、六一聯，於蒼涼

早春呈水部張十八員外
（其一）

的景色中有詩人自己的形象）和沉摯深厚的感情的抒發上。全詩敍事、寫景、抒情融合爲一，詩味濃郁，詩意盎然。

（錢仲聯　徐永端）

## 早春呈水部張十八員外（其一）

韓　愈

天街小雨潤如酥，草色遥看近却無。最是一年春好處，絶勝煙柳滿皇都。

這是一首描寫早春美景的風景詩。詩人寫這首詩後，卽把它寄給了密友兼同好張籍，所以詩題叫《早春呈水部張十八員外》。

欣賞此詩的關鍵，在於領會「早春」二字。詩描繪的不是一般的春景，而是大地春回最初的景象。春回大地最初的信息是郊原草綠，但草由枯轉榮有待春雨的滋潤，所以詩的第一句便寫到春雨。天街指京城的街道，卽長安大道，而第四句「皇都」卽指長安。韓愈當時在長安，故云。春雨有春雨的特點，杜甫詩「隨風潛入夜，潤物細無聲」就是極傳神的寫照。春雨細密潤滑，不像夏日暴雨、秋日霪雨，帶來遍地水潦。春雨「濕路不濕衣」，恰好使塵土不飛，空氣清澄，給人極舒適、美好的感覺。它又是草木禾苗滋長的生命水，故農諺說「春雨貴如油」。「天街小雨潤如酥」（酥卽酥油），把握住了春雨的特點，不讓杜句。「潤如酥」三字，造句自然優美，極可人意。草色一句，緊承上句。說明春雨爲草長提供了條件。郊原小草初生，青

## 早春呈水部張十八員外（其一）

色還未透出，但經春雨沾濕，草根青色轉明；而這時的細草生而未密，由於面積大，遠看倒能看到星星點點的一片綠意，近看却沒有了。畫家兼詩人的王維有「青靄入看無」、「山色有無中」的詩句，昔人稱其妙在「如畫家設色，在有意無意之間」，韓愈的詩句正可與之比美，同樣表現對景物的深入體察和高度語言技巧。

一、二句是描寫早春美景，三、四句因而對此美景加以品評和抒情。詩人別具會心地說，一年之計在於春，而一春最美好的景致則莫過於早春了，早春景物給人的美感是這樣強烈，以至遠遠勝過「煙柳滿皇都」的春深時節。爲什麼說他別具會心呢？這是因爲人們對自然界景物之美的感受雖然大致不差，但感受的深淺、強弱，却是有差異的。而詩人的感覺總比一般人敏銳、豐富，所以常常能感到幷道出常人未曾深切感到、或感到而不能道出的東西。碧柳如煙，花香鳥語的濃麗春光是人人愛好的，但從早春的草色中發現強烈的、勝似春深的美，就必須有對生活、對景物更深一層的感受，換句話說，要獨具隻眼。韓愈抓住了隆冬剛剛過盡，春天的生機剛剛透出的那一時景物給人最新鮮、美好的感覺予以抒寫，正因爲它新鮮，所以給人的感受強烈。新生小草的萌芽，不但很美，而且還宣告着殘冬的過去，預示着美好的前景。而在「煙柳滿皇都」時春意雖盛，却不會有早春那種新鮮感，跟着來的將是春意闌珊。也許正因爲如此，才使詩人對早春景色特別喜愛。

形象的個性是構成藝術典型的不可缺少的重要因素，是作品的生命。別具會心，實際上也就是創作個性化的一種表現。宋代蘇東坡有一首著名絕句與此詩有異曲同工之妙，順便錄在這裏以供讀者參閱：

荷盡已無擎雨蓋，菊殘猶有傲霜枝。一年好景君須記，最是橙黃橘綠時。

（《贈劉景文》）

詩寫初冬的景色，荷盡菊殘，却幷不煞風景；橙黃橘綠，別有一番景致，稱之爲「一年好景」，也爲人所未道的。論其好處與韓愈「早春」詩同致。說不定還受到韓詩的啓發哩。

（周嘯天）

# 雜說（馬說）

韓愈

世有伯樂，然後有千里馬；千里馬常有，而伯樂不常有。故雖有名馬，祇辱於奴隸人之手，駢死於槽櫪之間，不以千里稱也。

馬之千里者，一食或盡粟一石；食馬者，不知其能千里而食也。是馬也，雖有千里之能，食不飽，力不足，才美不外見；且欲與常馬等不可得，安求其能千里也？

策之不以其道，食之不能盡其材，鳴之而不能通其意，執策而臨之，曰：「天下無馬。」嗚呼！其真無馬邪？其真不知馬也！

《馬說》選自韓愈的《雜說》。《雜說》共四篇，《馬說》是其中的第四篇。原文無標題，標題是選者加上的。

韓愈的文學思想中，有這樣一個主張：「大凡物不得其平則鳴」。他認爲：「人之於言也，……有不得已者而後言，其歌也有思，其哭也有懷，及出乎口而爲聲者，其皆有弗平者乎？」（《送孟東野序》）

韓愈所說的「有不得已者而後言」，或者說「其皆有弗平者」，并不都是牢騷，有所謂「天將和其聲而使鳴國家之盛」的；但是，也有因「窮餓其身，思愁其心腸，而使自鳴其不幸」的。而《馬說》就是屬於「使自鳴其不幸」的。

雜說（馬說）

在封建社會裏，埋沒、摧殘人才，是一個大問題。所謂「賢者居下，而不肖者恆居其上」，這就引起了社會上的不平。韓愈的生活經歷也是如此。他一連應試四次，纔考上了進士。唐制，進士及第，還必須參加吏部的考試，及格後才命之爲官。韓愈考上進士是不容易的，可是，又三試於吏部都沒有及格，一直在京師住了整整十年，始終沒有得到一官半職，這自然是一種極大的不公平。對於這種不公平，韓愈當然要作「不平之鳴」了。

「世有伯樂，然後有千里馬。」《馬說》一開頭就是不平和牢騷。爲什麼要說「世有伯樂，然後有千里馬」呢？這句話的意義，不在於它的正面意思，而在於它的弦外之音。言外之意就是說：世上沒有伯樂那樣識馬的人，雖有千里馬，也只能被埋沒，永遠不會被發現。

伯樂，傳說是天上的掌馬星。春秋秦穆公時，孫陽善相馬，故稱孫陽爲伯樂。有人把伯樂註解爲名孫陽，這是不確切的。此處的伯樂，指善於識馬的人。「世有伯樂，然後有千里馬」中的兩個「有」字，含意不同。前一個「有」字，當有沒有的意思講，後一個「有」字，就引申爲發現的意思了。這句話翻譯成現代文，就是：「世上有伯樂那樣識馬的人，然後才能發現千里馬。」

「千里馬常有，而伯樂不常有。」如果第一句話還衹是一種不平和牢騷，那麼，這句話便是一種憤怒了。所謂「千里馬常有」，就是說任何時候都是有千里馬的。「而伯樂不常有」，則是說識馬的伯樂，并不是任何時候都有的。這也是弦外之音，言外之意就是說，在現實生活中，根本就沒有識馬的伯樂，這還不是對現實的一種憤怒的否定嗎？

在現實生活中，既然根本就沒有識馬的伯樂，那麼，雖然是名貴的千里馬，也就「衹辱於奴隸人之手，駢死於槽櫪之間」，不能以千里馬見稱於世了。這自然不是千里馬的過錯，而是人的愚蠢。對於這樣愚蠢的人，不言而喻，衹配給他以輕蔑！

「衹」：適（足以），恰恰。「辱」：屈辱。「奴隸人」：地位卑下而受人役使的人，這裏泛指馬伕。

「駢死」句：（和一般馬）同死在馬廐裏。「駢」：并列。「槽」：喂牲口用的食器；「櫪」：馬棚。

雜說(馬說)

「槽櫪」:這裏指馬廄。

「馬之千里者,一食或盡粟一石。」千里馬不同於一般馬,例如它一次能吃光一石料糧,因此,不能用對待一般馬的辦法來對待千里馬。可是,「食馬者不知其能千里而食也。是馬也,雖有千里之能,食不飽,力不足,才美不外見;且欲與常馬等不可得,安求其能千里也?」這自然也不是千里馬的過錯,而衹能責問那些愚蠢的人!

「食馬者」:餵馬的人。「不知其能千里而食也」:不知道它有日行千里之能,從而按它的需要去餵養它。

「見」:同現,顯示。

「且欲」二句。而且想和一般馬走同樣的速度都不可能,怎麼能要求它日行千里呢?

「策之不以其道,食之不能盡其材,鳴之而不能通其意,執策而臨之,曰:『天下無馬』。嗚呼!其眞無馬邪?其眞不知馬也!」這是抗爭,是針砭,是對封建統治者埋沒、摧殘人才的辛辣諷刺和有力的控訴。

這裏的「策之」、「食之」、「鳴之」,從句式上來看是完全相同的。「策」:竹鞭,引申爲駕馭。「之」:千里馬的代詞。「策之」,卽駕馭千里馬;「食之」,卽餵養千里馬;那麼,「鳴之」,自然就應該是呼喚千里馬了。這三句的意思是:駕馭千里馬而不按照千里馬的辦法(去駕馭它),餵養千里馬而不根據千里馬的需要(去餵養它),呼喚千里馬而不懂得千里馬的心意(去呼喚它)。可是,有人把「鳴之不能通其意」,解釋爲:千里馬鳴叫時,馬的主人又不懂它的心意。這樣就把「鳴之」變成「之鳴」了,似值得商榷。

《馬說》通篇是喻意,以千里馬不遇伯樂賢才難遇明主。它寄託了作者的憤懣、不平和窮困潦倒的情懷,同時也對封建統治者埋沒、摧殘人才,進行了諷刺、針砭和控訴。

《馬說》的結構,也十分精巧。「世有伯樂,然後有千里馬」,是從正面提出問題的。然而筆鋒一轉,「千里馬常有,而伯樂不常有」,便從反面展開起議論來了。第一段寫千里馬的命運:「祇辱於奴隸人之手,駢死於槽櫪之間。」接下去便自然而然地寫到了千里馬的遭遇了:「馬之千里者,一食或盡粟一石;食馬者不知其能千里而食也。是馬也,雖有千里之能,食不飽,力不足,才美不外見,且欲與常馬等不可得,安求其能千里也？」最後，作者以居高臨下的姿態，對封建統治者發出了憤怒的斥責：「策之不以其道，食之不能盡其材，鳴之而不能通其意，執策而臨之，曰：『天下無馬。』嗚呼！其眞無馬邪？其眞不知馬也！」其中有諷刺，有設問，有慨嘆，抑揚反覆，淋漓盡致。無怪乎自《馬說》出，伯樂識馬，便成爲流傳在人們口頭上的一句成語了。

（劉國盈）

# 師說

韓愈

古之學者必有師。師者，所以傳道受業解惑也。人非生而知之者，孰能無惑？惑而不從師，其爲惑也，終不解矣。生乎吾前，其聞道也固先乎吾，吾從而師之；生乎吾後，其聞道也亦先乎吾，吾從而師之。吾師道也，夫庸知其年之先後生於吾乎？是故無貴無賤，無長無少，道之所存，師之所存也。

嗟乎！師道之不傳也久矣！欲人之無惑也難矣！古之聖人，其出人也遠矣，猶且從師而問焉；今之衆人，其下聖人也亦遠矣，而恥學於師。是故聖益聖，愚益愚；聖人之所以爲聖，愚人之所以爲愚，其皆出於此乎！

愛其子，擇師而教之；於其身也，則恥師焉，惑矣！彼童子之師，授之書而習其句

# 師說

讀者也，非吾所謂傳其道解其惑者也。句讀之不知，惑之不解，或師焉，或不焉，小學而大遺，吾未見其明也。

巫醫樂師百工之人，不恥相師，士大夫之族，曰師曰弟子云者，則羣聚而笑之。問之，則曰：「彼與彼年相若也，道相似也。」位卑則足羞，官盛則近諛。嗚呼！師道之不復可知矣！巫醫樂師百工之人，君子不齒。今其智乃反不能及，其可怪也歟！

聖人無常師，孔子師郯子、萇弘、師襄、老聃。郯子之徒，其賢不及孔子。孔子曰：「三人行，則必有我師。」是故弟子不必不如師，師不必賢於弟子，聞道有先後，術業有專攻，如是而已。

李氏子蟠，年十七，好古文，六藝經傳，皆通習之，不拘於時，學於余。余嘉其能行古道，作《師說》以貽之。

韓愈作《師說》的時候，有人以爲是在唐德宗貞元十八年（八〇二），這大致是可信的。這年韓愈三十五歲，剛由洛陽閑居進入國子監，爲四門學博士，這是一個「從七品」的學官。但他早已有名。他所提倡和不斷實踐的古文運動，在那一兩年內，正走出少數愛好者的範圍，形成一個廣泛性的運動，他儼然成爲這個運動的年輕的領袖。他用古文來宣傳他的主張。維護先秦儒家的思想，反對當代特別盛行的佛老思想；提倡先秦兩漢的古文，反對「俗下文字」卽魏晉以來「飾其辭而遺其意」的駢文：這就是古文運動的內容。這個運動所以逐漸形成於唐德宗統治的後期，是有現實的社會條件的。它是爲維護唐王朝的統一、反對藩鎭割據的政治目的服務的。而這除軍閥、大地主外，正是當時廣大社會階層的現實利益的要求。韓愈的積極努力，對這個運動的開展與形成，起了不斷促進的作用。就古文來說，他不僅自己刻苦努力，從理論到實踐，表現了優秀的成績；更重要的是他不顧流俗的非笑，努力提倡，特別表現在給青年們熱情的鼓勵和指示。《師說》正是這種努力所引起的一篇具有進步意義和解放精神的文章。

韓愈由於幼年的家庭教養和天寶以來復古主義思潮的影響，從青年時代起，就以一個傳道的古文家自命。這也是他在科舉和仕宦的階梯上十年不能得意的一個重要原因。但是他并不悔，還愈來愈有自信。最初他到汴州參加宣武節度使董晉幕府的時候（七九六—七九八），先教李翺學古文；由於孟郊的介紹，不久又教張籍學古文。後來逃難到徐州（七九九），徐泗濠節度使張建封安置他在符離，又教一個青年人張徹讀古書，學古文。張建封死後，韓愈仕途不通，到洛陽閑居（八〇〇—八〇一）。向他請教的青年愈來愈多，他對青年們非常熱情，獎勵有加。他在《重答李翊書》中說：「言辭之不酬，禮貌之不答，雖孔子不得行於互鄉，宜乎余之不爲也。苟來者，吾斯進之而已矣，烏待其禮逾而情過乎？」爲了「廣聖人之道」，他以熱情的、有禮貌的態度對待一切向他請教的青年，他認爲這并不是什麼「禮逾」和「情過」的問題。他回答許多青年的信，指示怎樣作人，怎樣作文。在韓愈看來，文章是作者的人格修養的表現，作人與作文應該是一致的。他進了國子監，對待青年依然非常熱情。

韓愈這樣不斷地同青年後學交往，給他們獎勵和指示，這是魏晉以後所沒有的現象，當然要引起人們的奇怪，以至紛紛議論和責難。一切向韓愈投書請益的青年便自然地被目爲韓門弟子，因而韓愈「好爲人師」的古怪面貌也就非常突出了。但韓愈是早有自信的，他不管人們怎樣誹謗，依然大膽地回答青年們的來信。他在《答胡生書》中說：「夫別是非，分賢與不肖，公卿貴位者之任也，愈不敢有意於是。如生之徒，於我厚者，知其賢，時或道之，於生未有益也。不知者乃用是爲謗！不敢自愛，懼生之無益而有傷也，如之何？」他對那些惡意中傷的誹謗，表示憤慨，也爲向他請教的青年擔憂。《師說》的最後一段，聲明寫作的由來，說這是爲了一個「好古文」、「能行古道」，跟他學習的青年李蟠而作的。實際上他是借此對那些誹謗者來一個公開的答覆和嚴正的駁斥。他是有的放矢的。

在這篇文章裏，他首先（第一段）肯定從古以來師對於任何人總是不可少的，因爲人不能「生而知之」，誰也不能沒有「惑」——茫然不解的東西。因此，他認爲師并不是什麼特殊人物，而是一種「傳道授業解惑」的人。他還認爲人人都可以爲師，沒有社會地位（貴賤）或年齡（長少）的限制，只問他有沒有

「道」，有就可以爲師，所謂「道之所存，師之所存也」。接着（第二段），他慨嘆古來的「師道」久已失傳。現在一般人，既不能「無惑」，又「恥學於師」，所以越來越愚蠢。然後列舉事例，論證這種「恥學於師」的風氣實在是愚蠢而奇怪的。他說有一種人，卽士大夫（第三段），對於兒子，則「擇師而教之」；但對於自己，「則恥師焉」：這就是他們的不明。又有一種現象（第四段），廣大的各行各業的人，卽「巫醫樂師百工之人」不以彼此相師爲恥；而「士大夫之族」，如果有人談到誰是師，誰是弟子，則大家共同非笑，問其理由，無非是年齡、地位云云，這又證明了他們的智慧反而在他們所瞧不起的巫醫等等之下，這不是很奇怪嗎？再看（第五段），「士大夫之族」所崇拜的「聖人」沒有一定的師，孔子的師有郯子、萇弘等，這些人都「不及孔子」。而且孔子還說過，三個人裏面，一定有一個人是他的師。因此，作者得到另一個重要的論點，師和弟子的關係是相對的，「弟子不必不如師，師不必賢於弟子」。這就是說，弟子可以爲師，師也可以爲弟子。所以師和弟子的關係的存在，最後結論很簡單，不過是因爲「聞道有先後，術業有專攻」的緣故。這也還是前文所提出的論點，卽能者爲師。

由此可見，《師說》不僅嚴正地駁斥了那些愚蠢的誹謗者，更可貴的是提出了三點嶄新的、進步的「師道」思想：師是「傳道授業解惑」的人；人人都可以爲師，只要具有那樣的能力；師和弟子的關係是相對的，某一方面比我好，在這一方面他就是我的師。這些思想把師的神秘性、權威性、封建性大大地減輕了；把師和弟子的關係合理化了，平等化了，把師法或家法的保守的壁壘打破了。這些思想是和他後來發展的「道統」思想矛盾的。這些思想是具有解放精神、具有深刻的人民性的思想。這是唐德宗時代在相對的穩定局面之下，城市繁榮、商業經濟發展的反映。

因此，可以想像，這篇《師說》的流佈，鼓舞和吸引了更多的青年後學，也因而招致了更多的頑固的「士大夫之族」的反對。實際上，韓愈也確乎因此官更難做，不斷地遭到當權者的排擠。柳宗元在《答韋中立論師道書》中說：「今之世不聞有師，有輒譁笑之以爲狂人。獨韓愈奮不顧流俗，犯笑侮，收召後學，作《師說》，因抗顏而爲師。世果羣怪聚罵，指目牽引，而增與爲言辭。愈以是得狂名。居長安，炊不暇熟，又挈挈而東，如是者數矣。」貞元十九年（八○三），韓愈在監察御史的職位，第一次被當權的官僚集團趕出了長安，貶到陽山（今廣東陽山縣），就是在作《師說》一年後。他這次被貶，原因可能很複雜，但照柳宗元所說，這篇《師說》至少是重要的原因之一，因爲他由此「狂名」更大，爲更多的頑固派所嫉惡，更容易遭到莫名的排擠。然而韓愈在獎勵後學這一點上，態度始終不變，只是到了元和以後，聲勢沒有在貞元末年那麼大就是了。到了宋代，有人爲韓愈辯解，說他「非好爲人師者也」（《五百家註音辯昌黎先生文集》卷十二引「洪曰」），這是說，由於學者歸附，韓愈是不得已而「作之師」的。又有人以爲韓愈「作《師說》」，蓋以師道自任」，但充其量不過「以傳道授業解惑爲事，則世俗訓導之師，口耳之學耳」（俞文豹《吹劍三錄》），這是指韓愈把師的封建作用大大地降低了。可見這篇《師說》的解放精神是不容易爲一般封建士大夫所接受的。因此，它在當時的重大意義也就不難理解了。

（季鎮淮）

# 進學解

韓愈

國子先生晨入太學，招諸生立館下，誨之曰：「業精於勤，荒於嬉；行成於思，毀於隨。方今聖賢相逢，治具畢張，拔去兇邪，登崇俊良。占小善者率以錄，名一藝者無不庸，爬羅剔抉，刮垢磨光，蓋有幸而獲選，孰云多而不揚？諸生業患不能精，無患有司之不明；行患不能成，無患有司之不公。」

進學解

言未既，有笑於列者曰：「先生欺余哉！弟子事先生於茲，有年矣。

「先生口不絕吟於六藝之文，手不停披於百家之編。記事者必提其要，纂言者必鉤其玄。貪多務得，細大不捐。焚膏油以繼晷，恒兀兀以窮年。先生之業，可謂勤矣。

「觝排異端，攘斥佛老，補苴罅漏，張皇幽眇；尋墜緒之茫茫，獨旁搜而遠紹；障百川而東之，迴狂瀾於既倒。先生之於儒，可謂有勞矣。

「沉浸醲郁，含英咀華，作爲文章，其書滿家。上規姚姒，渾渾無涯；周《誥》、殷《盤》，佶屈聱牙；《春秋》謹嚴，《左氏》浮夸，《易》奇而法，《詩》正而葩；下逮《莊》、《騷》，太史所錄，子雲、相如，同工異曲。先生之於文，可謂閎其中而肆其外矣。

「少始知學，勇於敢爲；長通於方，左右具宜。先生之於爲人，可謂成矣。

「然而公不見信於人，私不見助於友，跋前躓後，動輒得咎。暫爲御史，遂竄南夷；三年博士，冗不見治。命與仇謀，取敗幾時？冬暖而兒號寒，年豐而妻啼飢。頭童齒豁，竟死何裨？不知慮此，反教人爲？」

先生曰：「吁！子來前！」

「夫大木爲杗，細木爲桷，欂櫨侏儒，椳闑扂楔，各得其宜，施以成室者，匠氏之工也。玉札丹砂，赤箭青芝，牛溲馬勃，敗鼓之皮，俱收并蓄，待用無遺者，醫師之良也。登明選公，雜進巧拙，紆餘爲妍，卓犖爲傑，校短量長，唯器是適者，宰相之方也。

「昔者，孟軻好辯，孔道以明，轍環天下，卒老於行。荀卿守正，大論是弘，逃讒於楚，廢死蘭陵。是二儒者，吐辭爲經，舉足爲法，絕類離倫，優入聖域，其遇於世何如也？

進學解

「今先生學雖勤而不繇其統，言雖多而不要其中，文雖奇而不濟於用，行雖修而不顯於眾。猶且月費俸錢，歲靡廩粟。子不知耕，婦不知織，乘馬從徒，安坐而食。踵常途之促促，窺陳編以盜竊。然而聖主不加誅，宰臣不見斥，非其幸歟！

「動而得謗，名亦隨之。投閒置散，乃分之宜。若夫商財賄之有亡，計班資之崇庳，忘己量之所稱，指前人之瑕疵，是所謂詰匠氏之不以杙爲楹，而訾醫師以昌陽引年，欲進其豨苓也。」

在文學史上，中唐時期的韓愈和柳宗元，都是「古文運動」的領袖，「唐宋八大家」的巨匠。柳宗元死後，韓愈爲他寫墓志銘。其中說到，柳宗元政治上遭受挫折，卻成就了他的文學事業。其實，韓愈自己也是這樣。他十八歲到長安，四試進士，才得及第；三考博學鴻詞科，名落孫山。然後他兩次投奔藩鎮，取得校書郎的官銜，算是正式進入官場。此後，他大半歲月充當文官，一任史官，四任教授，當了三年朝廷大手筆，當了幾年京城、洛陽的閑官。他也兩任縣官，其中一次是因爲關中災荒，他要求朝廷減免百姓賦稅，得罪執政，貶到陽山（今廣東陽山）當縣令。他還兩任州官，卻是因爲勸阻唐憲宗迎接佛祖釋迦牟尼一截指骨遺骸進宮，觸怒皇帝，遠貶潮州（今廣東潮州）當刺史，一年後調任袁州（今江西宜春）刺史。他的最高官職兵部侍郎、吏部侍郎倒確實是由於參加平定軍閥有功而取得的，但爲時不長，可見他一生忠心耿耿爲中興大唐帝國、鞏固封建統治而努力奮鬥，但朝廷只把他當文才，要他多寫文章，少管朝政。他的御史功績和成就，主要還是領導了「古文運動」，在思想上復興儒學，排斥佛老，以全面恢復、鞏固儒家思想統治，爲封建國家的統一服務，在文學上倡導古文，反對駢文，從活的語言中提煉出新的書面文學語言，促進了散文及詩歌的發展。他的政治建樹，其實頗不足道，而文學成就很傑出，尤其是散文的寫作和創作。這裏，介紹一篇反映他自己政治遭遇的奇文《進學解》。

《進學解》寫於唐憲宗元和七年（八一二），韓愈已經四十五歲了，但仕途仍然不得志。兩年前，他因

## 進學解

爲擔任河南縣令，要整頓當地駐軍的紀律，法辦欺壓百姓的士兵，得罪了頂頭上司，被調到長安任職。元和六年（八一一），到長安擔任兵部屬下的職方員外郎、負責管理邊塞城鎮、四方地圖等檔案資料，是個閑官。他却閑不住，甚至管到地方上去。他有事經過華州（治所在今陝西華陰），聽說有個縣官犯法，華州刺史只把他調到另一個州去當司馬。韓愈認爲這是包庇，就告發到朝廷的監察機關。經過調查，推翻前案，重新把那個縣官貶到一個邊遠小縣當縣尉。這件事，韓愈管對了，朝廷却有人嫌他多事，讓他第三次到唐代最高學府國子監裏去當博士，相當於今天的教授。這一系列遭遇，加上四、五年清苦無聊的博士生活體驗，使他不禁憤憤不平，滿腹牢騷。於是，他寫出這篇奇文，進行詭譎諷諫，發洩牢騷不平。

這是一篇辭賦。韓愈採取這個體裁，有兩個用意。一是顯示他寫作本文的目的和態度就是抒洩不平和諷諫嘲弄。從漢代東方朔的《答客難》、揚雄的《解嘲》開始，辭賦中便有一類專門發牢騷的作品，其特點就是借自嘲以諷喻。本文卽如此。對於古代文人作者及讀者來說，一讀便知韓愈這一用意。另一個用意是可以虛構創作。漢代辭賦原有創作性質，其結構往往是主客問答，而這主人和客人大多屬於子虛烏有之類的虛構人物。本文也這樣。但是韓愈實際上是寫他自己的遭遇不平。爲了使本文的寓意更爲顯豁，所以他索性來了個現身說法，乾脆寫一個國子監博士先生和他的一個學生的辯論，讓讀者容易意會到這位博士先生就是現任博士韓愈自己。因此，這篇辭賦既用傳統的問答對話結構，又有所靈活變化。全文三段，先是國子先生教誨，其次是學生責難先生，最後是先生批駁學生。它的結構一目了然，而文章的奇妙就在教誨、責難和批駁之中。

本文題目《進學解》，意思是關於學生進學校學習問題的辯解。第一段開宗明義，寫這位博士先生把學生叫來，教誨一番。他主要講了三點：第一，指出「業精於勤，荒於嬉；行成於思，毀於隨」，學業的精良是從勤奮得來的，而被玩耍荒廢；品行的完成從思考得來的，而被惰性毀掉。按照儒家的觀點，學生上學的任務是學習文章業務和道德品行，所以先生強調學習態度必須勤奮和思考，反對嬉笑玩耍和因循隨便。第二，着重指出當今朝廷聖賢，政治英明，愛惜人才，「爬羅剔抉，刮垢磨光」，無微不至。第三，告誡學生只要一心求精求成，不必擔心前途會遭遇什麼不明察和不公平。顯然，先生要求學生努力學習是一番好意，但是強調學生有幸趕上大好年代，前途一派光明，是否切實，是否眞心，却引起學生的懷疑和異議。他的話還沒有說完，有個老學生就笑嘻嘻地說了：「先生，你騙我們啊！」這就轉入了第二段。

第二段寫這個學生全面敍述分析了他的先生的學業品行的成就和政治生活的遭遇，指責先生的教誨自相矛盾，自欺欺人。首先，學生就按照先生提出的要求，來衡量先生自己的成就。指出先生學習業務是十分勤奮的，攻讀儒家經典和諸子百家，一年到頭，一天到晚，貪多務得、細大不捐；先生對於發揚儒家學說是很有功勞的，努力排斥異端佛老，「迴狂瀾於既倒」，不遺餘力；先生的文章寫得太好了，繼承發揚了《尚書》、《詩經》、《楚辭》到司馬相如、揚雄的一切優良傳統，「可謂閎其中而肆其外」，內容博大精深，文辭波瀾壯闊；先生的品行可以說完成了，年輕時就敢作敢爲，壯年後更是處世得當。這就是說，先生的文章學業和道德品行是完全合乎先生自己的要求的。如果按照先生所說的，正趕上了好年頭，那就應該仕途通達，志業有成，生活富貴了。但是事實怎樣呢？學生接着就描述了先生的實際遭遇處境。大意是說，先生「公事得不到人家信任，私事得不到朋友援助；仕途上前跌後倒，動不動就遭禍。當了短時期監察御史，立刻就被流放到南方邊遠地區。做了三年國子監博士先生，却長時期看不見有什麼成績。命運和仇敵聯合起來時跟你作對，你總共失敗了多少回？卽使是比較暖和的冬天，你的孩子却因爲衣服單薄而哭着喊冷；就是遇上了豐收的年成，你的妻子也因爲糧食匱乏而啼泣挨餓。你的頭髮禿了，你的牙齒掉了，這樣到死，對你有什麼好處呢？你自己不想想這些，却反來教育別人幹什麼？」顯然，學生這一通指責，幷非否定先生道德文章的成就，也不是挖苦先生衣食不濟的窘境，更不是批判先生誘導學習的好意，而是以先生之矛攻先生之盾，用先生自己學而無用、懷才不遇的事實，來揭露先生所謂朝廷愛惜人才的不實之詞，其諷刺矛頭則是指向朝廷的。這正是先生的弱點。問題的要害，因而先生趕緊大喝一聲，把這個老學生叫到面前，予以批駁。這就進入了第三段。

第三段就寫先生對學生的批駁，發了一通絕妙的高論。首先，他用類比說明各人有各自的分工和專長。他指出，把大小木材分別用在建造房屋的各種結構部位上，這是工匠的功夫。把各式各樣藥材收集備用，這是醫師的本事。而選舉考察不同的人材予以適當任用，這是宰相的職責。言外就是說，學生有學生的本分，不該議論朝廷執政用人的短長。其次，他舉出兩個正確對待遭際不遇的典範。一個是孟軻，他發揚光大孔子的學說，走遍天下，却老死在旅途上，終於沒有得到任用。另一個是荀卿，他堅持儒家思想的正統，結果受到讒害，從齊國逃到楚國，最後罷官死在蘭陵。先生認爲，士大夫的遭際不遇，應當與這兩位大賢作比較。他們的道德文章足以成爲經典，趕上聖人，而遭際是如此不遇，但他們却沒有什麼不滿和不平。這就是說，學生的議論缺乏自知之明，也不了解他先生的實際情況。所以接着，他就對自己的道德文章和生活遭際，作了一番自我貶薄的解剖。大意是說，「我的學業雖然勤奮，但是不成系統；理論雖然不少，但是不得要領；文章雖然突出，但是不切實用；品行雖然端正，但是不算出衆。我就是這樣一個平庸的人，却還是要每月花費國家的俸錢，每年消耗倉庫的糧食。我的兒子不懂耕田，我的媳婦不懂織布。我出門騎馬，還有隨從，回家就安安穩穩坐下吃飯。我只忙忙碌碌地走老路，照章辦事，參看古舊文書，偷取陳詞濫調。雖然我是這樣的官，但是聖明皇帝不懲罰我，執政大臣不責罵我，這難道不是我的幸運嗎！我雖然一舉動就招來誹謗，但是名聲也隨着誹謗而來。我雖然被安置在閑散的官位上，但這個職位對我是合適的。」顯然，這番自我貶薄是針對學生的責難而發的，是爲了證明他所謂朝廷愛護人才的看法是符合實際的，出自親身體驗，并不虛僞。同時也表明先生是有自知之明的。因此，最後就反過來批評學生的責難是計較名位利祿，忘却自己身分，亂挑執政毛病，是一種幼稚無知、荒唐可笑的錯誤，就像責問工匠爲什麼不把小木料當大木料用，醫師爲什麼不把利尿的藥當補藥用。言外也就是說，先生認爲，學生根本不應該責問宰相爲什麼不把先生當賢材來任用，因爲先生實在是個庸材。這就十分巧妙地點出了本文的主題：宰相爲什麼不重用這位國子先生？

通觀全文，可以看到本文論述了師生之間一場小小的辯論，針鋒相對，寸步不讓，嘻笑嘲弄，生動有趣。雙方的原則是一致的，這就是「業精於勤，荒於嬉；行成於思，毁於隨」，學生應該這樣要求自己的學習。但是，如果學生勤奮學業，完成品行，造就成有用的人才，是否一定能够「學而優則仕」，受到朝廷執政的公正明察的任用，得到光明的前程呢？也就是說，在認識、估計朝廷用人的現實情況和學生成才後的前途問題上，雙方的觀點是分歧的、對立的。因此，這場辯論的實質問題是兩個：有司考察人才究竟明不明？有司任用人才究竟公不公？先生認爲有司是明察而公正的，學生不必擔心；學生就以先生一生遭遇爲典型例證，認爲有司對先生的學業品行幷不明察，任用幷不公正，因而遭遇坎坷、生活窘困，這樣的前途幷不令人羡慕；先生就對自己作了解剖，認爲有司對自己的考察任用是明察公正的，是合理得當的。由於雙方都舉這位博士先生爲例，而博士先生的考察任用是由朝廷執政的宰相决定的。因此，這場辯論沒有得出的結論：究竟朝廷執政用人明不明，公不公？既留給讀者來判斷，更有意要讓宰相的决定來加以證明。韓愈寫作本文的妙用，其實在此。據記載，一位宰相讀了這篇奇文，大爲讚賞，就把韓愈從國子監調任史館修撰，負責編撰大唐帝國的歷史。又因爲當時規定，史館修撰必須用登朝官擔任，所以又授予比部郎中的官銜，相當於今天的司局長，有資格上朝站班。從此，韓愈正式成爲朝官，擠入上層，榮升一大步，後來也不大再叫窮了。可見這篇奇文的效果是出色的、成功的，當然也是幸運的。

這篇文章的奇妙，主要就是現身說法，詭譎諷諫，反面文章正面做，正正反反，眞眞假假，虛虛實實，好像作文字遊戲，但却傾向鮮明，是非分明，明眼人一讀便知。本文所寫這場辯論是虛構的，師生二人也是虛構人物。這個老學生雖然主要是爲了說出先生的眞實遭遇處境而設置的，然而這位博士先生却是韓愈自己的化身，當時下層士大夫的一個眞實典型。事實上，本文中的先生和學生都是表現文章外的作者自我形象，表現着韓愈當時的遭遇處境和思想性格的兩個方面。學生的形象是正直誠實、大膽無忌的，說老實話，講眞情況。作者通過學生的評論，表現出一個懷才不遇的學者志士的形象，抒發了壓抑不平的憤慨。反映出朝廷用人不明不公的眞實情況，與先生的言論和自剖形成鮮明對照，構成强烈諷刺，使矛頭明確指向朝廷。先生的形象是言不由衷，强詞奪理，自相矛盾，滑稽可笑，但是幷不令人痛恨，甚至叫人同情。因爲這位先生幷非諷刺對象，而是作者借以諷諫的一個手段，正像學生也不是歌頌對象，而是作者表現自我的一個手段一樣。然而先生的形象有兩方面意義。一方面表現出當時官場上確實存在的一類庸碌無爲、隨遇而安的官僚，爲了保持既得的名位利祿，不得不違心地歌頌升平，粉飾太平。他們是庸俗可笑的，却也是辛酸可憐、屈辱可悲的。另一方面借以諷諫朝廷，揭露用人不明不公所造成的後果。因此，先生的話有眞有假，有正有反，顛三倒四，自相矛盾。講到原則和典範，他說的是正面話，也有眞心話；但講到朝廷用人和自身遭際時在說反面話，是違心的。這就巧妙地反映出當時的眞實情況是原則不能實行，典範不起作用，用人不明不公，才學不獲施展。先生一本正經說的話，都只能從反面來理解。這樣，就像安徒生童話《皇帝的新衣》一樣，學生像童話裏的天眞兒童那樣說出了眞相，先生却像童話裏的愚蠢皇帝那樣安然自得地出醜。結合起來看，本文揭露了一個値得深思的事實：學生眼裏那位懷才不遇、辛酸屈辱的學者志士，由於朝廷用人不明不公，已經變成眼前這位庸俗無爲，隨遇而安的博士先生，一個小小的官僚。有用的人才被埋沒，被扼殺，這就是用人不明不公的嚴重後果，也就是本文詭譎諷諫的主題思想。

本文在藝術上還値得注意的是推陳出新。除了繼承發展了漢賦借自嘲以諷諫這一傳統文體和手法外，本文在鋪陳排比和語言提煉上，也是繼承漢賦成就而有所創造的。作者充分注意內容的要求，發揮鋪陳排比這一修辭技巧的特點，使文章氣勢充沛而情趣盎然。例如第二段形容先生在學習勤奮、有功儒學、文章傑出、人品完成四個方面成就時，便用鋪陳排比表現出充沛的氣勢，顯現高大的形象。第三段用類比說明分工和專長時，又用木材、藥材來鋪陳排比，便增強莊而不恭的詼諧情趣。與此同時，作者注意從生動口語中提煉簡潔的書面語言，也很出色。除了「業精於勤，荒於嬉；行成於思，毁於隨」已成至理名言外，例如「刮垢磨光」、「貪多務得」、「細大不捐」以及「含英咀華」、「頭童齒豁」等等，至今仍然是人們常用的成語。單從藝術方面看，本文的成就也是傑出的。韓愈的再傳弟子，晚唐古文作家孫樵十分推崇本文，認爲它「拔地倚天，句句欲活。讀之如赤手捕長蛇，不施鞚勒騎生馬，急不得暇，莫可捉搦」（《與王霖書》）。此論有點誇張，但是指出本文語言活潑生動，令人愛讀，却是中肯的。

（倪其心）

# 張中丞傳後敍

韓　愈

元和二年四月十三日夜，愈與吳郡張籍閲家中舊書，得李翰所爲《張巡傳》。翰以文章自名，爲此傳頗詳密。然尚恨有闕者：不爲許遠立傳，又不載雷萬春事信尾。

遠雖材若不及巡者，開門納巡，位本在巡上，授之柄而處其下，無所疑忌，竟與巡俱守死，成功名。城陷而虜，與巡死先後異耳。兩家子弟材智下，不能通知二父志，以爲巡死而遠就虜，疑畏死而辭服於賊。遠誠畏死，何苦守尺寸之地，食其所愛之肉，以與賊抗而不降乎？當其圍守时，外無蚍蜉蟻子之援，所欲忠者，國與主耳，而賊語以國亡主滅。遠見救援不至，而賊來益衆，必以其言爲信。外無待而猶死守，人相食且盡，雖愚人亦能數日而知死處矣，遠之不畏死，亦明矣。烏有城壞，其徒俱死，獨蒙愧恥求活？雖至愚者不忍爲，嗚呼，而謂遠之賢而爲之耶？

説者又謂遠與巡分城而守，城之陷，自遠所分始，以此詬遠，此又與兒童之見無異。人之將死，其臟腑必有先受其病者；引繩而絶之，其絶必有處。觀者見其然，從而尤之，其亦不達於理矣！小人之好議論，不樂成人之美如是哉！如巡、遠之所成就，如此卓卓，猶不得免，其他則又何説！

當二公之初守也，寧能知人之卒不救，棄城而逆遁。苟此不能守，雖避之他處何益。及其無救而且窮也，將其創殘餓羸之餘，雖欲去，必不達。二公之賢，其講之精矣。守一城，捍天下，以千百就盡之卒，戰百萬日滋之師，蔽遮江淮，沮遏其勢，天下之不亡，其誰之功也？當是時，棄城而圖存者，不可一二數；擅彊兵坐而觀者，相環也。不追議此，而責二公以死守，亦見其自比於逆亂，設淫辭而助之攻也。

愈嘗從事於汴、徐二州，屢道於兩府間，親祭於其所謂「雙廟」者，其老人往往說巡、遠時事云：南霽雲之乞救於賀蘭也，賀蘭嫉巡、遠之聲威功績出己上，不肯出師救；愛霽雲之勇且壯，不聽其語，彊留之。具食與樂，延霽雲坐。霽雲慷慨語曰：「雲來時，睢陽之人不食月餘日矣，雲雖欲獨食，義不忍！雖食，且不下咽！」因拔所佩刀斷一指，血淋漓，以示賀蘭。一座大驚，皆感激爲雲泣下。雲知賀蘭終無爲雲出師意，卽馳去；將出城，抽矢射佛寺浮圖，矢着其上磚半箭，曰：「吾歸破賊，必滅賀蘭，此矢所以志也！」愈貞元中過泗州，船上人猶指以相語。城陷，賊以刃脅降巡，巡不屈，卽牽去，將斬之。又降雲，雲未應。巡呼雲曰：「南八，男兒死耳，不可爲不義屈！」雲笑曰：「欲將以有爲也，公有言，雲敢不死！」卽不屈。

張籍曰，有于嵩者，少依於巡，及巡起事，嵩常在圍中。籍大歷中於和州烏江縣見嵩，嵩時年六十餘矣。以巡，初嘗得臨渙縣尉。好學，無所不讀。籍時尚小，粗問巡、遠事，不能細也。云巡長七尺餘，鬚髯若神，嘗見嵩讀《漢書》，謂嵩曰：「何爲久讀此？」嵩曰：「未熟也。」巡曰：「吾於書，讀不過三遍，終身不忘也。」因誦嵩所讀書，盡卷不錯一字。嵩驚，以爲巡偶熟此卷，因亂抽他帙以試，無不盡然。嵩又取架上諸書試以問巡，巡應口誦無疑。嵩從巡久，亦不見巡常讀書也。爲文章，操紙筆立書，未嘗起草。初守睢陽時，士卒僅萬人，城中居人戶亦且數萬，巡因一見問姓名，其後無不識者。巡怒，鬚髯輒張。及城陷，賊縛巡等數十人，坐；且將戮，巡起旋，其衆見巡起，或起或泣。巡曰：「汝勿怖，死，命也。」衆泣不能仰視。巡就戮時，顏色不亂，陽陽如平常。遠寬厚長者，貌如其心。與巡同年生，月日後於巡，呼巡爲兄。死時年四十九。

嵩貞元間死於亳、宋間。或傳嵩有田在亳、宋間，武人奪而有之，嵩將詣州訟理，為所殺。嵩無子。張籍云。

《張中丞傳後敘》是韓愈的一篇著名的散文，在這篇文章中，作者熱烈地歌頌了「安史之亂」時期死守睢陽，堅決抵抗安祿山叛軍的張巡、許遠、南霽雲等愛國將領。

天寶十四載（七五五）十一月，安祿山在范陽（今河北省）起兵叛亂，很快就攻下了當時的東都洛陽。第二年又攻陷潼關，玄宗放棄長安逃往四川。至德二載（七五七）正月，安祿山爲其子安慶緒所殺。此時睢陽危急，張巡卽從寧陵移兵睢陽與許遠共同抗敵。張、許共有兵六千八百人，抗擊敵兵十三萬。從正月堅守至十月，大小共經四百餘戰，殺敵十二萬。終因救援不至，睢陽陷落。張巡與南霽雲、雷萬春及其他三十六人同時被害。許遠則被押送到洛陽後亦被害。當時有一些人，對張、許堅貞不屈的愛國精神非但不加讚揚，却反而責備他們不該死守睢陽，弄得許多人家破人亡。後來李翰爲張巡作傳，雖然寫得很詳密，但却沒有爲許遠立傳，也沒有表彰南霽雲等人的功績。韓愈憤慨那些小人們對張、許的誹謗，又覺得李翰的文章還有疏漏，因此寫了這篇文章。

韓愈寫這篇文章時，離開張巡、許遠等人的死節，已有五十一年。這篇文章一方面是爲了補李翰所作《張巡傳》的不足，同時也是爲了駁斥那些小人們的誹謗，所以他就採用夾敘夾議的方法，一面補敘史實，一面批駁謬論，同時又熱烈地表達了自己對張、許的歌頌讚揚。這樣就使這篇文章具有敘事、議論、抒情三者緊密結合的特色。文章寫得隨筆揮灑，舒卷自如，忽而敘事，忽而議論，忽而抒情，參差變化，一氣呵成，具有很強的感染力。後來司馬光修《資治通鑒》時，就採用了這篇文章的好幾段文字，以補李翰《張巡傳》的不足。

文章一開頭，就敍明自己寫這篇文章的原因，是因爲感到李翰《張巡傳》雖然寫得詳密，但沒有爲許遠立傳，也沒有載雷萬春事首尾（這裏的「雷萬春」，宋代的李塗說是「南霽雲」三字之誤，因爲這篇文章裏所寫的事跡沒有涉及雷萬春，而對於南霽雲却有一段十分生動的描寫。我看這個意見是對的），這樣文章開頭的幾句話，就表明要就張巡、許遠、南霽雲三人的遺聞逸事，作一番補述。下面的文字，就着重從這三個人的事跡上互相穿插，鋪敍議論。

文章接着就從許遠的事跡敍起。但對於許遠的事跡如何安排却是頗費斟酌的。如果把許遠的事跡原原本本從頭敍起，那么就勢必至於寫成一篇《許遠傳》。這樣就與本文開頭的格調不合。在這裏，作者很恰當地抓住許遠與張巡有關的事情進行了描寫，而且特別抓住了小人們誣蔑許遠怕死，向敵人屈服這一點來進行辯駁；這樣文章就有了對立面，就有了争論的焦點。於是有關許遠的一些史事的補敍，都緊緊圍繞這一焦點出發，因此這一段文章的目的性也就十分明確。作者一開始就説「遠雖材若不及巡者，開門納巡，位本在巡上，授之柄而處其下，無所疑忌，竟與巡俱守死，成功名。城陷而虜，與巡死先後異耳」。這是對許遠的一個總評，他認爲除了許遠比張巡後死一些時間外，在堅決抵抗安史叛軍，守衛國土這一點上，他的功績與張巡可以説是一樣的，沒有什麼差別；特别是他「位本在巡上」，却能够「授之柄而處其下」，這種品德，是很難得的，因此不應該對許遠有所貶抑。在對許遠作了這樣一個總評以後，於是緊接着就駁斥那些小人們對許遠的誣蔑。這一駁斥，一共分三層。首先是從「兩家子弟材智下，不能通知二父志」落筆，深深地發抒感慨。因爲據史載，代宗李豫大曆時，張巡的兒子張去疾，曾上疏説許遠曾向敵人屈服，這顯然是受了那些小人們的議論的影響，因而引起了作者的無限慨嘆。這裏作者落筆雖然是在「兩家子弟」身上，但目光却注射着那些小人們的議論，説明那些小人們的流言蜚語爲害之大。然後作者又設身處地地分析許遠不怕死，不會向敵人投降的道理：因爲許遠面臨着外無救兵，內無糧草，而敵人却愈來愈多的形勢，是明知睢陽不可久守，不過數日就將陷落的；在這種情況下，他依然堅決不投降，那末豈有在城破以後，眼見着與自己一起守城的人都已經慷慨就義了，而自己却「獨蒙愧恥求活」，這是決不可能的。以上是就當時的事理，來申明許遠不可能投降的道理。這是第一層。

在駁倒了這一點以後，接着就駁斥另外一種誣蔑：即認爲睢陽的陷落，完全是由於許遠與張巡分城兩守，因爲城破之處，正是在許遠所守的地方。這種攻擊，看來要比前一種誣蔑更惡毒，更能起迷惑人們的作用，因此作者對這種論調的批駁也比前面尖銳。他首先指出睢陽的陷落，在外無救援，內無糧草的情況下，是必然的結果，是不可避免的，因爲敵我雙方的力量懸殊太大了。不顧這種實際的情況，而却從破城的地點去論許遠的是非，這完全是不明事理的胡說。在揭穿了這種胡說以後，作者隨即就發抒了一番感慨，說「小人之好議論，不樂成人之美如是哉！如巡、許之所成就，如此卓卓，猶不得免，其他則又何說！」這一番慨嘆，頓時使這一部文章搖曳生姿。一方面，作者直斥那些造謠生事的人爲小人；另一方面，作者又從爲國犧牲的巡、遠兩人尚且免不了要受小人們的誣蔑，推想到其他方面則更不堪設想；言外之意，也就是說那些小人實在可惡可怕可恨！這是第二層。我們應該注意，作者在前面一段裏是專論許遠，而在這一段裏，却很自然地從許遠帶提到了張巡。於是在下面一段裏，作者就直接將張、許二人并論了。

在駁倒了第二種誣蔑後，緊跟着就駁第三種誣蔑，這是第三層。在這一段裏，主要是駁斥那種認爲張、許不應該死守，而應該事先就遁逃的謬論。對於這一種說法，作者駁斥得更加尖銳，因而文章比前一段又深入了一步，在這一段裏作者又分三層駁：（你說他不應該死守，應該早生逃跑嗎？）第一，當他們初守的時候，根本沒有想到別人不肯出兵來救；第二，等到他們發覺別人不肯來救，睢陽已不可守時，那么要逃到別處去也沒有用處了，因爲別處也同樣難以保守得住；第三，到他們因爲得不到救援而瀕於絕望的境地時，即使要轉移陣地，他們也不可能到達目的地了。根據以上三層，可見張、許兩人是籌劃得十分周密的，根本不能用上述「理由」來責備他們。文章寫到這裏，好像已經說得頭頭是道，滿可擱筆了；然而不然，作者却忽然掉轉筆頭，對誣蔑者發動了猛烈的攻勢：他說：「守一城，捍天下，以千百就盡之卒，戰百萬日滋之師，蔽遮江淮，沮遏其勢，天下之不亡，其誰之功也？」這幾句話，對張、許的功績作了大力的肯定，說明張、許不但無罪而且有功。文章從開頭到這裏，發生了根本的變化；從守勢轉入了攻勢；然而上面這一段話，還只是攻勢的第一步，着重點還只是說明張、許有功，還沒有直接對那些誣蔑者進行致命的反擊。下面這一段話，就是攻勢的第二步，就是對那些誣蔑者的致命反擊。作者緊接着上面一段話說：「當是時，棄城而圖存者，不可一二數；擅強兵坐而觀者，相環也。不追議此，而責二公以死守，亦見其自比於逆亂，設淫辭而助之攻也。」這一段話象刺刀一樣十分銳利地刺向了誣蔑者的要害。他們不去批判那些坐觀成敗，擁兵不救的人，却去誣蔑張巡、許遠，說他們堅守陣地，以身殉國是有罪。實質上他們已經把自己放在那些逆亂者的一邊，幫助那些逆亂者來誣蔑好人了。這一反擊尖銳有力，一下就揭穿了那些誣蔑者的陰險面目，使得他們再也無法混淆事非，冒充正人君子。

我們應該注意，上面的這些文字，作者一直採用那種夾敍夾議的筆法，一方面敍述史實，一方面議論是非。而且又是由淺入深，逐條批駁，因此文章的層次很清楚，說服力很強，宋代的李塗說：「《孟子》辯百里奚一段，辭理俱到，健讀數過，使人神爽飛越。」我看這篇文章的以上幾節，也可以說是「辭理俱到」，虛實相生的好文字。

文章寫到這裏，還只是補敍了張、許一部分的事跡，至於南霽雲，則還沒有提到。於是作者即抓住上文辯論張、許困守睢陽的事情，順手就引出了一段南霽雲乞救賀蘭進明的可歌可泣的文字：

> 南霽雲之乞救於賀蘭也，賀蘭嫉巡、遠之聲威功績出己上，不肯出師救；愛霽雲之勇且壯，不聽其語，彊留之。具食與樂，延霽雲坐。霽雲慷慨語曰：「雲來時，睢陽之人不食月餘日矣，雲雖欲獨食，義不忍！雖食且不下咽！」因拔所佩刀斷一指，血淋漓，以示賀蘭。一座大驚，皆感激爲雲泣下。雲知賀蘭終無爲雲出師意，即馳去；將出城，抽矢射佛寺浮圖，矢着其上磚半箭，曰：「吾歸破賊，必滅賀蘭，此矢所以志也！」愈貞元中過泗州，船上人猶指以相語。

這段文字在內容上是緊接着上文辯論張、許困守睢陽，其他一些人則坐視不救等情節而來的，所以驟然看來，好像純然另起一事，與上文沒有多少關係，實質上却是金針暗度，貌離神合，依然是一氣貫注的。因爲這一段事情，恰好是敍述睢陽危急，向臨淮求救，賀蘭進明拒絕發兵，坐視不救的事實，正好證實了上文「擅彊兵坐而觀者，相環也」這句話。所以它與上文在脈絡上依然是渾然一體，不使你產生什麼不相銜接之感。然而在寫法上，却又換了一副筆墨，使你有眼目俱新的感覺。因爲前面那幾節文字，作者主要是敍述事實和議論是非，所用的完全是作者的敍述語言，沒有人物形象，更沒有人物對話；但在這一段文字裏，却突然出現了一位慷慨激昂的愛國將領的形象，他的行動是那樣強烈，語言是那樣感人，雖然只有短短一百五十餘字，但是却寫得那樣鮮明生動，不可磨滅。特別是末了還加上：「愈貞元中過泗州，船上人猶指以相語」兩句，這樣就愈加使讀者感到這個人物如在目前一樣，有力地增加了這段文字的親切感。

我們應該注意這段文字在全文中起着一種轉折的作用，在這以前的文字，主要是議論和敍事。目的是批駁那些謬論，但從這段文字開始，就着重補敍描寫張巡、許遠、南霽雲的生平瑣事了。所以下文接着就敍述了張巡、南霽雲就義時的對話，張巡的博聞強記，羣衆對張巡的愛戴，張巡就義時的從容慷慨，以及許遠的樸實長厚等等。凡此瑣屑細事，看來都是支離散亂的，然而作者信手拈來，却神理一片，自然成文；而這幾個歷史人物的聲音笑貌，也就格外栩栩如生，躍然紙上了；這樣，這些在別人看來也許是無法處理的屑碎材料，到了他的筆下，却反而成了傳神阿堵。

特別應該注意的是最後一段，交代了于嵩的結局，那結局也是那樣的悲慘，那樣地令人不平。作者所以敍出這個人的結局，言外之意，也是在對這種社會現實作批判，因爲如巡、遠成就之所卓卓，猶免不了被小人們橫加誣蔑，而與張巡共事的于嵩，雖然在安史之亂中幸免於難了，但最後却還是不明不白地被人殺死，看來社會對待這些人是太不公平了，眞正令人浩嘆！這于嵩的結局，是從張籍嘴裏說出來的，所以結句說：「張籍云。」這樣恰好與文章開頭：「元和二年四月十三日夜，愈與吳郡張籍」云云，形成首尾呼應，這樣文章的格調，就顯得十分和諧協調，結構上也周密完整。

韓愈是唐代古文運動的領袖人物，他極力反對六朝以來形式主義的文風，主張運用流利生動的古文來表達自己的思想。他的文章，受司馬遷《史記》的影響很深。這篇文章夾敍夾議的特色，以及在敍事中所蘊藏着的濃厚的抒情色彩，顯然是繼承《史記》的傳統。當然，對於韓愈的文章，我們也應該歷史地批判地學習，不能簡單地模倣。

（馮其庸）

# 送李愿歸盤谷序

韓　愈

太行之陽有盤谷。盤谷之間，泉甘而土肥，草木叢茂，居民鮮少。或曰：「謂其環兩山之間，故曰盤。」或曰：「是谷也，宅幽而勢阻，隱者之所盤旋。」友人李愿居之。

愿之言曰：「人之稱大丈夫者，我知之矣！利澤施於人，名聲昭於時，坐於廟朝，進退百官而佐天子出令。其在外，則樹旗旄，羅弓矢，武夫前呵，從者塞途，供給之人，各執其物，夾道而疾馳。喜有賞，怒有刑；才畯滿前，道古今而譽盛德，入耳而不煩。曲眉豐頰，清聲而便體，秀外而惠中，飄輕裾，翳長袖，粉白黛綠者，列屋而閑居，妒寵而負恃，爭妍而取憐。大丈夫之遇知於天子，用力於當世者之爲也，吾非惡此

## 送李愿歸盤谷序

而逃之，是有命焉，不可幸而致也。窮居而野處，升高而望遠，坐茂樹以終日，濯清泉以自潔；採於山，美可茹，釣於水，鮮可食；起居無時，惟適之安。與其有譽於前，孰若無毀於其後，與其有樂於身，孰若無憂於其心；車服不維，刀鋸不加，理亂不知，黜陟不聞。大丈夫不遇於時者之所爲也，我則行之。伺侯於公卿之門，奔走於形勢之途，足將進而趑趄，口將言而囁嚅，處污穢而不羞，觸刑辟而誅戮，僥幸於萬一，老死而後止者，其於爲人，賢不肖何如也？」

昌黎韓愈聞其言而壯之，與之酒而爲之歌曰：「盤之中，維子之宮；盤之土，維子之稼；盤之泉，可濯可沿；盤之阻，誰爭子所！窈而深，廓其有容；繚而曲，如往而復。嗟盤之樂兮，樂且無央；虎豹遠跡兮，蛟龍遁藏；鬼神守護兮，呵禁不祥；飲且食兮壽而康；無不足兮奚所望！膏吾車兮秣吾馬，從子於盤兮，終吾生以徜徉！」

這是一篇送人歸隱的序。被送的李愿，隴西人，生平不詳，唐人寫的《跋盤谷序後》稱他「不干譽以求進，每韜光而自晦」，大約是一個淡於名利的人。李愿隱居的盤谷，在今河南濟源縣境內。唐德宗貞元十七年（八〇一），濟源縣令崔某曾將韓愈這篇贈序刻石立於盤谷的西側。韓愈的序當是刻碑之前不久寫成的。

韓愈的文章不落俗套，序的開頭，他避免了正面對李愿作介紹，而從李愿隱居的地方盤谷起筆。先用極省淨的文字介紹了盤谷的位置和特色。這裏有甘甜的泉水，肥美的土地，茂密的樹木，却很少居民，是美麗而幽靜、宜於棲隱的環境。接着引用別人的話解釋它被稱作盤谷的原因。它環繞於兩山之間，屈曲盤旋，姿態優美；它位置深幽，地勢阻塞，只有避世隱逸之士樂於逗留往來其間。兩個「或曰」，前一個是賓，後一個是主，落脚在「隱者之所盤旋」。這樣一個地方，而「友人李愿居之」，李愿的隱者身分，生活方式和思想特點便都不言自明了。

第二段是序的主要部分，作者又別開生面，錄下了李愿的一席談話。李愿描述了所謂大丈夫中三種不同類型的人物，說明自己爲什麽選擇了山林隱逸的生活道路。一種是富貴利達者，他們功成名就，身居高位，掌握着國家的大權。序中用鋪敍的手法對他們的氣焰排場和奢華生活作了盡情的渲染，從他們在外時的儀仗之盛、隨從之衆寫到他們在高堂深屋内姬妾成羣的享樂生活，在正面描述中暗含着嘲諷之意。第二種是仕進失意而潔身自好的隱逸之士。文中寫他們清閑簡淡的生活，句子中加入「而」、「以」這些虛詞，「採山」、「釣水」兩句才說一個意思，語氣輕鬆舒緩，和隱士的悠閑自得聲情相應。同前面的鋪陳排比疏密相間，整個文章顯得姿態横生。又用「與其」、「孰若」作關聯詞的選擇句把他們和前一種人比較，以顯示他們因離開黑暗的官場而得到的内心滿足。第三種是奔走權門、鑽營巴結的小人。他們行爲可鄙，結局可悲。序中對他們着墨不多而窮形盡相。「足將進而趑趄」、「口將言而囁嚅」，刻畫他們在權勢者面前心懷忐忑，毫無獨立人格的醜態，維妙維肖。結尾一個問句：「其於爲人，賢不肖如何也？」意味深長，表達了對他們的强烈的鄙薄之情。文中前後兩種人都起着陪襯中間一種人的作用。這兩種人的存在，正是迫使一部分知識分子不得不避世隱居的一個現實原因。

序的結尾，寫法又是一變。一是採用了臨别贈歌的形式，以韻文出之；二是行文直承首段，處處同前面的「泉甘土肥」、「宅幽勢阻」遥相呼應，對李愿的稱揚、祝福、嚮往之情和盤谷的自然之美融爲一體。這則歌詞對於了解韓愈寫作此文的深意很有關係。其中「虎豹遠跡」、「蛟龍遁藏」、「鬼神守護，呵禁不祥」等語，分明暗示着當時朝政昏亂、藩鎮驕恣、官場險惡的現實，篇末「膏車秣馬」、「從子於盤」的話，更明顯地流露出韓愈的鬱悶不平。韓愈最後并没有像李愿一樣隱居，按思想體系來說，他本不可能稱頌隱逸。但他自貞元八年（七九二）中進士以後，三考博學宏詞不中，三次上書宰相不答，長期沉淪於節度幕僚，是有牢騷的。寫這篇序的時候，他正從徐州節度使幕府出來，心情不安地等待朝廷調選。李愿的歸隱，自然像在他的心裏投下一塊石頭，激起無限波瀾。這篇文章，就是韓愈借題發揮的一篇傑作。

《東坡題跋》卷一《跋退之送李愿序》說：「歐陽文忠公嘗謂晉無文章，惟陶淵明《歸去來》一篇而已。余亦以謂唐無文章，惟韓退之《送李愿歸盤谷》一篇而已。」前人多以爲蘇軾不可能說這樣的話，也不能

送李愿歸盤谷序

說這是韓文寫得最好的一篇。但是應該說，這篇序在韓愈文集中是一篇很有特色的文章。

一是精心組織，結構奇妙。一篇送別之作，主要部分是被送者的一席話，作者自己的言語不多，這就別具一格。我們看他開頭簡練地介紹了盤谷之後，既不敍兩人之間的交往，也不說李愿歸隱的始末，忽開異境，陡起一段：「愿之言曰」，而李愿的話，沒有一個字觸及送行惜別的內容，開口却是：「人之稱大丈夫者，我知之矣。」讀者不知何故，有如破空而來，不僅使人想見李愿倜儻灑脱的胸襟氣概，從文章結構來說，也可謂奇而又奇。下面的一席話，作者借李愿的口，打開了當時時代的萬花筒。各種各樣的人物形象，豐富多彩的生活圖畫，紛紛呈現出來。頤指氣使的將相，衆多的侍從、儀仗，豪華的居室，成羣的姬妾；窮居野處，採山釣水，無拘無束，優游自在的隱士；心事重重，奔走不息，窺伺等待，搖尾乞憐的利祿之徒，一批消逝，又一批活動起來。讀者彷佛隨作者走到了當時廣闊的社會，飽覽了當時的世態人情。這一大段話大大擴展了文章反映現實的內容，是全文緊要之處，作者全神貫注之所，鋪陳排比，盡其能事。正如前人所說，是「奇氣噴湧，異采怒發，如海市蜃樓，層見疊現」。讀者面對這豐富多彩的畫面，甚至會忘記這是送別的場面，會忘記說話的李愿，而「昌黎韓愈聞其言而壯之，與之酒而爲之歌曰」云云，又使上面種種化爲烏有，站在讀者面前的只有作者和友人李愿在舉杯告別。構思的奇妙，令人驚嘆叫絶。

一是駢散結合，氣勢貫達。這篇序在韓愈的文章中是以多用駢偶的語言，具有「六代風習」爲特色的，但正如劉大櫆所說：「兼用偶儷之體，而非偶儷之文。」這是因爲韓愈能够以散馭駢，以氣使詞。所以它仍然具有韓愈優秀散文所有的暢達的氣勢。如寫達官貴人的姬妾，他先用了一系列的修飾語：「曲眉豐頰」、「清聲而便體」、「秀外而惠中」、「飄輕裾，翳長袖」。從美人的容貌、體態、聲音、衣着各個角度極力鋪陳，用的都是駢偶的語句，直到「粉白黛綠者」的「者」字，這個主語纔算完成。下面「列屋而閒居」、「妬寵而負恃」、「爭妍而取憐」是三個并列的謂語。這只是一句話，就全文來說，它是單行的，骨架是散文；但是這一個散文的句子裏，却包含了衆多的駢偶句，因而氣勢旺盛，效果強烈。同時韓愈在大段駢偶句之後，往往使用逆折有力的散句來推進內容的發展，構通全文的氣勢。如寫完第一種人之後的「大丈夫之遇知於天子」以下幾句，寫完第二種人之後的「大丈夫不遇於時」幾句，都頓挫有力，鮮明地傳達出說話者的感情態度，而且都和前面「人之稱大丈夫者我知之矣」的總說呼應，層次清晰地表示出文意的進展。特別是描寫第三種人，當用駢偶的語言刻畫其醜態達於頂點時，一個問句：「其於爲人，賢不肖何如也？」感慨淋漓，墨光四溢，那比較的語氣使第一第二兩種人的形象也跟着動蕩起來，整段文章因此更顯得氣固神完。從這裏可以看出，韓愈提倡古文，反對駢文，并不是反對一切偶語，而是吸取它，以散文的氣勢來駕馭它，這是韓愈散文語言的一個重要特色，也是韓文氣勢旺盛、感染力強的一個重要的原因。

（彭丙成）

# 柳子厚墓志銘

韓　愈

子厚，諱宗元。七世祖慶，爲拓跋魏侍中，封濟陰公。曾伯祖奭，爲唐宰相，與褚遂良、韓瑗俱得罪武后，死高宗朝。皇考諱鎮，以事母棄太常博士，求爲縣令江南；其後以不能媚權貴失御史，權貴人死，乃復拜侍御史；號爲剛直，所與游皆當世名人。

子厚少精敏，無不通達。逮其父時，雖少年，已自成人，能取進士第，嶄然見頭角，衆謂柳氏有子矣。其後以博學宏詞授集賢殿正字。儁傑廉悍，議論證據今古，出入經史百子，踔厲風發，率常屈其座人，名聲大振，一時皆慕與之交；諸公要人爭欲令出

柳子厚墓志銘

我門下，交口薦譽之。

貞元十九年，由藍田尉拜監察御史，順宗卽位，拜禮部員外郎。遇用事者得罪，例出爲刺史；未至，又例貶永州司馬。居閑，益自刻苦，務記覽，爲詞章，泛濫停蓄，爲深博無涯涘。而自肆於山水間。元和中，嘗例召至京師；又偕出爲刺史，而子厚得柳州。既至，嘆曰：「是豈不足爲政耶！」因其土俗，爲設教禁，州人順賴。其俗以男女質錢，約：不時贖，子本相侔，則沒爲奴婢。子厚與設方計，悉令贖歸；其尤貧力不能者，令書其傭，足相當，則使歸其質。觀察使下其法於他州，比一歲，免而歸者且千人。衡湘以南爲進士者，皆以子厚爲師，其經承子厚口講指畫爲文詞者，悉有法度可觀。

其召至京師而復爲刺史也，中山劉夢得禹錫亦在遣中，當詣播州。子厚泣曰：「播州非人所居，而夢得親在堂，吾不忍夢得之窮，無辭以白其大人；且萬無母子俱往理。」請於朝，將拜疏，願以柳易播，雖重得罪，死不恨。遇有以夢得事白上者，夢得於是改刺連州。嗚呼！士窮乃見節義！今夫平居里巷相慕悅，酒食游戲相徵逐，詡詡強笑語以相取下，握手出肺肝相示，指天日涕泣，誓生死不相背負，眞若可信；一旦臨小利害，僅如毛髮比，反眼若不相識，落陷穽，不一引手救，反擠之，又下石焉者，皆是也。此宜禽獸夷狄所不忍爲，而其人自視以爲得計；聞子厚之風，亦可以少愧矣！

子厚前時少年，勇於爲人，不自貴重顧藉，謂功業可立就，故坐廢退；既退，又無相知有氣力得位者推挽，故卒死於窮裔，材不爲世用，道不行於時也。使子厚在臺省時，自持其身已能如司馬、刺史時，亦自不斥；斥時，有人力能舉之，且必復用；不窮。然子厚斥不久，窮不極，雖有出於人，其文學辭章，必不能自力以致必傳於後如今，無疑也。雖使子厚得所願，爲將相於一時，以彼易此，孰得孰失，必有能辨之者。

子厚以元和十四年十一月八日卒，年四十七；以十五年七月十日歸葬萬年先人墓側。子厚有子男二人：長曰周六，始四歲；季曰周七，子厚卒乃生。女子二人，皆幼。其得歸葬也，費皆出觀察使河東裴君行立。行立有節概，重然諾，與子厚結交，子厚亦爲之盡，竟賴其力。葬子厚於萬年之墓者，舅弟盧遵。遵，涿人，性謹慎，學問不厭；自子厚之斥，遵從而家焉，逮其死不去；既往葬子厚，又將經紀其家，庶幾有始終者。銘曰：

是惟子厚之室，既固既安，以利其嗣人。

韓愈的《柳子厚墓誌銘》是一篇著名的古典散文。

墓碑、墓表、墓誌這一類的文章，是敍述一個死者的生平事跡，刻在石上，或立於墓前，或埋之壙中，它的性質類似傳記，但是作碑誌的情況又與作傳記不同。傳記是作者主動撰述的，不一定由於傳主子孫的請求，撰成後也不一定立卽公開給人看，所以作傳記時，可以就作者所知道的據事直書。作碑誌則不然。碑誌是應死者子孫或親故的請求而作的，總是要隱惡揚善，甚至於有曲筆，有虛美，不能全根據眞實事跡去寫。漢蔡邕、唐韓愈都是以善於作碑誌出名的。蔡邕曾說，他生平所作墓碑皆有慚德，惟《郭有道碑》無愧色（《後漢書·郭太傳》）。韓愈亦曾被人譏諷爲「諛墓」（李商隱《樊南文集》卷八《齊魯二生》）。我們讀古人集中碑誌之文，必須了解這一點。碑誌文中常有假話，而在採用碑誌作史料時，尤其應當審愼。

但是韓愈作《柳子厚墓誌銘》時，則有一種特殊的情況。韓愈與柳宗元是很好的朋友，柳宗元貶死嶺外，身後蕭條，幼兒祇有四歲，這篇墓誌幷非由於柳宗元家屬的請求，而是韓愈主動作的；同時，柳宗元的政事與文章皆卓然有所樹立，韓愈也深知柳氏生平，所以作這篇文章時，用不着一般碑誌文的虛辭溢美。但是文中所載，是否都是實錄呢？是否都是柳宗元生平的眞實描述呢？却又不盡然。原因何在？需要分析。

柳宗元生平的活動，不外政治與文學兩端。關於文學方面，韓愈對於柳宗元是知之深，言之當。譬如墓誌中說，柳宗元「儁傑廉悍，議論證據今古，出入經史百子，踔厲風發，率常屈其座人」。貶官之後，「居閑，益自刻苦，務記覽爲詞章，泛濫停蓄，爲深博無涯涘，而自肆於山水間」。并且推許他的文章「必傳於後」。這些評價都是切當的，并無虛美。但是敍述到柳宗元的政治活動則不然了。柳宗元在政治上是有抱負的，他曾參加王叔文的政治集團，代表中小地主階層，想改革弊政，裁抑宦官。當順宗在位的數月之中，王叔文執政，頗有一些好的措施；不久，他們就受到宦官的排擠而失敗了，王叔文貶官後賜死，柳宗元等都遠貶。韓愈在政治上的思想見解比柳宗元保守而落後，他很反對王叔文，駡他是「小人乘時竊國柄」（《永貞行》），因此，也不同情柳宗元，以柳宗元與王叔文合作爲過錯。所以他在墓誌中敍述柳宗元的政治活動時，對於他的進步思想、改革措施，完全不提，只簡單地寫了這樣幾句：

> 貞元十九年，由藍田尉拜監察御史。順宗卽位，拜禮部員外郎。遇用事者得罪，例出爲刺史，未至，又例貶永州司馬。

這幾句話很含混。「用事者」是誰？爲何得罪？「用事者」得罪，柳宗元爲何又要遠貶？文中都無交代。這并非是韓愈作文章不清楚，而是他故意要如此寫，其中還費過斟酌修改的工夫。據朱熹校《昌黎先生集》考異中曾徵引另一種本子是這樣的：

> 貞元十九年，拜監察御史。王叔文、韋執誼用事，拜尚書禮部員外郎，且將大用。遇叔文等敗，例出爲刺史。

朱熹認爲這可能是初稿，後來又更定過。朱熹的推斷是對的。韓愈反對王叔文，所以初稿是直書其事，後來大概覺得王叔文在當時一般人的心目中認爲是罪有應得的「姦邪」，而作柳宗元墓誌時，明說出他與王叔文的密切關係，似乎不妥，所以改爲「用事者」而含混過去。柳宗元進步的政治活動被韓愈否定了，事實眞像被韓愈用含混之筆帶過去了，這也是曲筆，是不眞實的。

碑誌既然是傳記性質的文章，當然以敍事爲主，但是也可以夾敍夾議。《柳子厚墓誌銘》就是夾敍夾議的。自「嗚呼，士窮乃見節義」至「必有能辨之者」，連發兩大段議論，反覆感嘆，情辭激宕，爲全篇精華所在，也是讀者所最愛諷誦的。彷佛演戲一樣，前面是道白，這裏加上一大段優美的歌唱，所以很能動人。後來北宋古文家如歐陽修、王安石等人作碑誌時，也常用夾敍夾議的方法。

韓愈又有一篇《柳州羅池廟碑》，是柳州人士紀念柳宗元，修廟祭祀，請韓愈作的碑文。這兩篇文章都是敍述柳宗元的事跡，但是墓誌綜述生平，廟碑只說政績，互不相犯，幷無重複。比較讀之，可見作文貴乎各得體宜。

韓愈提倡古文的進步意義，就在於以一種樸素清暢接近人民語言的新散文替代六朝以來雕琢、排偶、華靡而日趨於貴族化的駢文體。韓愈論文，主張「文從字順各識職」（《昌黎集》卷三十四《南陽樊紹述墓誌銘》）。皇甫湜評論韓愈文章的優點，也特別提出「章妥句適」（《皇甫持正文集》卷六《韓文公墓誌銘》）。這是一方面，也可以說是主要的一方面。但是另一方面，因爲韓愈好奇，他作文有時矜才使氣，故意用些生僻之字（如《曹成王碑》），或者造些艱澀之句（如《唐故監察御史衛府君墓志銘》），以表示不平凡。當時裴度《寄李翺書》已經指出韓文中這一缺點，批評韓愈「磔裂章句，隳廢聲韻」，「不以文立制，而以文爲戲」（《唐文粹》卷八十四）。本來駢文的弊病就在於它違反自然的語言，而韓愈這種做法也同樣的違反了自然的語言。晚唐作古文者，許多人受了韓文中這種影響，形成生僻艱澀之弊。到北宋歐陽修出來，才學習、發揚韓文中「章妥句適」的優點，而又有所創新，樹立平易暢達的風格，使古文的發展走上更健康的道路。韓文中既有這種複雜的情況。所以我們讀韓文時，應當加以甄別，不可以震於他「文起八代之衰」的高名而一概讚賞。

《柳子厚墓誌銘》這篇文章，沒有生僻之字與艱澀之句，眞是做到了「章妥句適」，初讀起來，就使人有一種清爽自然的感覺，而仔細尋繹，卻又是經過精練的工夫。茲舉文中一段爲例：

> 子厚前時少年，勇於爲人，不自貴重顧藉，謂功業可立就，故坐廢退；既退，又無相知有氣力得位者推挽，故卒死於窮裔，材不爲世用，道不行於時也。使子厚在臺省時，自持其身已能如司馬、刺史時，亦自不斥；斥時，有人力能舉之，且必復用；不窮。然子厚斥不久，窮不極，雖有出於人，其文學辭章，必不能自力以致必傳於後如今，無疑也。雖使子厚得所願，爲將相於一時，以彼易此，孰得孰失，必有能辨之者。

這一段議論有好幾層意思，并且非常曲折，如果其他的人來寫，恐怕要費許多筆墨，但是韓愈只用了一百五十多字就把它表達出來。他盡量地將複雜曲折的意思熔煉於一個長句之中，做數層頓折，而又能勁氣直達，既精簡，又有力。同時，這一段文章的音節也很好，句法長短錯落，接近語氣的自然，讀起來鏗鏘悅耳。

讀了韓愈《柳子厚墓誌銘》，我們可以得到兩點啓發。

首先，作傳記性質的文章，應當如實地反映傳主的生平，但是做到這一點并不容易，這牽涉到作者的態度與思想。一般墓誌文所以不盡眞實，是作者態度的問題。作者根據死者子孫或親故供給的資料，明明知道其中有些誇飾溢美的成分，不是眞實情況，但是因爲情面關係，還是寫進去。韓愈作《柳子厚墓誌銘》時，態度是對的，他不需要敷衍情面，而是想據事直書，如實地描述柳宗元的爲人。但是作者主觀上雖是以公正的態度去寫，并不就完全沒有問題。由於作者思想水平不同，對於事物的看法也不一樣，思想水平低的人，觀察事物常有錯誤，寫在文章中也就不可能避免歪曲。韓愈在政治思想上是落後的，他對於柳宗元進步的政治活動不但不能了解，而且還反對，所以他在墓誌中寫柳宗元的性情風義、文章造詣，都很眞實，而寫柳宗元的政治活動時，對其進步性質則完全加以抹煞，使我們讀畢之後，不能看出柳宗元政治思想與活動的本來面目，這是一個缺點。作傳記文如是，作其他體裁的文章也有同樣的情況，作者寫作的態度與思想水平是很重要的。態度對了，主觀意圖對了，而思想水平不高，仍然會出問題。今天，我們對於一個作家修養的要求，首先是世界觀的改造，也就是思想水平的提高，這是完全必要的。

其次，是關於寫作散文的藝術問題。韓愈寫散文是很有天才的，在藝術風格上，他曾做過多方面的嘗試，有奇崛的，也有平易的。究竟哪一種藝術性高呢？後人的看法不同。有人欣賞韓文的奇崛，於是專學這一種，遂走入生僻艱澀的歧途，如晚唐一些古文家。有人欣賞韓文的平易，如歐陽修，開闢了北宋健康的文風。但是所謂「平易」，并不等於平庸，并非漫不經心，信筆而寫，平易樸素乃是由辛苦錘煉得來，古人所謂「絢爛之極，歸於平淡」，所謂「成如容易却艱辛」，都是指的這種境界。現在有的人，一談到寫散文要有藝術性，於是就聯想到多用點華麗的辭藻，多用點形容詞，或者造些結構不尋常的句子，甚至於很歐化的句子，以爲這就提高了文章的藝術。這種想法是不對的。好的散文應當是運用平淡自然而經過錘煉的語言，以精簡的詞句表達豐富的內容，生動有力，而又有一種音節之美，使人初看時感覺清爽，細讀起來，更有味道。我國古典散文中有許多好作品是能達到這個境界的，韓愈《柳子厚墓誌銘》也是其中之一（并不是《韓昌黎集》中所有的文章都達到此境界，理由已詳前），這是值得我們學習、玩味的。

（繆　鉞）

# 祭十二郎文

韓愈

年月日。季父愈聞汝喪之七日，乃能銜哀致誠，使建中遠具時羞之奠，告汝十二郎之靈。嗚呼！吾少孤，及長，不省所怙，惟兄嫂是依。中年，兄歿南方，吾與汝俱幼，從嫂歸葬河陽。既又與汝就食江南，零丁孤苦，未嘗一日相離也。吾上有三兄，皆不幸早逝。承先人後者，在孫惟汝，在子惟吾。兩世一身，形單影隻。嫂嘗撫汝指吾而言曰：「韓氏兩世，惟此而已！」汝時尤小，當不復記憶。吾時雖能記憶，亦未知其所言之悲也。吾年十九，始來京城。其後四年，而歸視汝；又四年，吾往河陽省墳墓，遇汝從嫂喪來葬。又二年，吾佐董丞相於汴州，汝來省吾。止一歲，請歸取其孥。明年，丞相薨。吾去汴州，汝不果來。是年，吾佐戎徐州，使取汝者始行，吾又罷去。汝又不果來。吾念汝從於東，東亦客也，不可以久。圖久遠者，莫如西歸。將成家而致汝。嗚呼！孰謂汝遽去吾而歿乎！

吾與汝俱少年，以爲雖暫相別，終當久相與處。故舍汝而旅食京師，以求斗斛之祿。誠知其如此，雖萬乘之公相，吾不以一日輟汝而就也。去年，孟東野往，吾書與汝曰：「吾年未四十，而視茫茫，而髮蒼蒼，而齒牙動搖。念諸父與諸兄，皆康彊而早逝。如吾之衰者，其能久存乎？吾不可去，汝不肯來，恐旦暮死，而汝抱無涯之戚

祭十二郎文

也。」孰謂少者歿而長者存，彊者夭而病者全乎？！嗚呼，其信然耶？其夢耶？其傳之者非真耶？信也，吾兄之盛德而夭其嗣乎？汝之純明而不克蒙其澤乎？少者、彊者而夭歿，長者、衰者而存全乎？未可以爲信也。夢也，傳之非其眞也？東野之書，耿蘭之報，何爲而在吾側也？嗚呼，其信然矣！吾兄之盛德而夭其嗣矣！汝之純明宜業其家者，不克蒙其澤矣。所謂天者誠難測，而神者誠難明矣；所謂理者不可推，而壽者不可知矣！

雖然，吾自今年來，蒼蒼者或化而爲白矣，動搖者或脱而落矣。毛血日益衰，志氣日益微，幾何不從汝而死也！死而有知，其幾何離！其無知，悲不幾時，而不悲者無窮期矣。汝之子，始十歲；吾之子，始五歲，少而彊者不可保，如此孩提者，又可冀其成立耶？嗚呼哀哉！嗚呼哀哉！

汝去年書云：「比得軟脚病，往往而劇。」吾曰：「是疾也，江南之人，常常有之，未始以爲憂也。嗚呼！其竟以此而殞其生乎？抑别有疾而致斯乎？汝之書，六月十七日也。東野云：汝歿以六月二日，耿蘭之報無月日。蓋東野之使者，不知問家人以月日；如耿蘭之報，不知當言月日，東野與吾書，乃問使者，使者妄稱以應之耳。其然乎，其不然乎？今吾使建中祭汝，弔汝之孤，與汝之乳母。彼有食，可守以待終喪，則待終喪而取以來。如不能守以終喪，則遂取以來，其餘奴婢，并令守汝喪。吾力能改葬，終葬汝於先人之兆，然後惟其所願。嗚呼！汝病吾不知時，汝歿吾不知日；生不能相養以共居，歿不能撫汝以盡哀，斂不得憑其棺，窆不得臨其穴。吾行負神明，而使汝夭。不孝不慈，而不得與汝相養以生，相守以死；一在天之涯，一在地之角，生而影不與吾形相依，死而魂不與吾夢相接。吾實爲之，其又何尤！彼蒼天者，曷其有極？自今以往，吾其無意於人世矣。當求數頃之田於伊、潁之上，以待餘年。教吾子與汝子幸其成，長吾女與汝女待其嫁，如此而已。嗚呼！言有窮而情不可終，汝其知也邪？其不知也邪？嗚呼哀哉！尚饗。

這是一篇抒情性很強、而且情文并茂的祭文。既沒有鋪排，也沒有張揚，作者善於融抒情於敘事之中，在對身世、家常、生活遭際樸實的敘述中，表現出對兄嫂及侄兒深切的懷念和痛惜，一往情深，感人肺腑。

祭文全文共分四段，第一段重在敘述韓門兩代，只有「我」與侄兒兩人，所謂「兩世一身，形單影隻」，身世之戚苦，及對嫂嫂的深切感念；第二、三段重在痛惜與侄兒的暫別竟成永別，及侄兒的夭折；第四段是對侄兒病情的推測，沉痛的自責，後事的安排，及無處訴說、沒有邊際的不可遏制的傷痛，文、情前後緊相呼應，渾然一體。結構精巧，層層推進，環環相扣，而又步步深入，隨着敘述的展開，作者沉痛的情感波濤，也一浪高似一浪。使人讀完全篇，不能不掩卷嘆息，爲作者因失相依爲命的侄兒所遭受到的深切的精神悲痛，潸然淚下，并得到一種美的享受。

下面逐段地加以敘述和分析。

先說第一段。祭文開頭幾句，敘述了「我」聽到排行十二、名老成的侄兒去世後，準備祭墓的經過。「季父」，即叔父；「建中」，人名。接着轉入身世的敘述和悲嘆：「我」從小失去了父親，依靠着哥哥、嫂嫂的撫養，而哥哥又在中年歿於南方。年紀幼小的「我」與你，在孤苦零丁中沒有一天不在一起。「怙」，依靠，《詩經·小雅·蓼莪》：「無父何怙，無母何恃。」韓愈三歲父喪，哥哥韓會本爲起居舍人，十一歲前，韓愈隨兄在京師，大曆十二年（七七七），韓會被貶爲韶州刺史，愈隨兄到韶州（今廣東韶關市）。「河陽」，今河南孟津縣，韓愈故鄉。韓愈回到故鄉後，適逢中原戰爭，遂到江南宣城韓氏別業避難，這就是祭文中所說的「又與汝就食江南」。

自「承先人後者」至「亦未知其所言之悲也」這一小段，是寫得很感人的一段。字裏行間，流露着形單影隻的戚苦之情，及對嫂嫂的無限感念。前面那一段鋪敘家世，爲顛沛流離中的嫂嫂的話：「韓氏兩世，惟此而已。」增加了濃重的感傷之情，及無限的份量，因爲在已往的封建社會中，「不孝有三，無後爲大」，可以說是天經地義的事，通過嫂嫂的兩句話，把嫂嫂當時的悲傷、期待、焦慮之情，活活畫了出來，并使人感受到兩句話中凝集着對「我」與你多麼深厚的感情力量。

從「吾年十九」至段末，敍述了韓愈在十九歲以後至侄兒歿去之前的經過：四年之後，僅回來看過你一次；又過四年，「我」回家掃墓，你正好爲料理嫂嫂喪事回家，又見了一面。再過了兩年，「我」在汴州（今河南開封）作宣武節度使董晉的觀察推官，你來看「我」，住了一年，說是要回去接妻子。「孥」，即妻子。次年，董晉死，「我」離開了汴州（韓愈離汴不到四天，汴軍叛亂，韓愈家屬被圍困在汴州，後脱險東至彭城（彭城，今徐州。韓愈也從洛陽趕到徐州），你又不曾來。「我」想你跟「我」到徐州（韓愈到徐州後，曾任泗濠節度使張建封的節度推官），也總屬客居，不是長久打算。要作長久打算，不如暫回老家，待我料理完家務就來接你。唉！可哪裏想得到你竟突然拋棄「我」而死了呢？

祭文第二段開頭幾句是倒敍，敍述自己爲什麼願意離別形影相依的侄兒的原因：「我」與你都是少年，以爲雖然暫時分別，終歸會在一起生活的，所以忍心地離開你，到京師去求斗斛的俸祿。自「誠知其如此」起，筆鋒一轉，直至段末，是韓愈爲此而痛惜、失悔，以及得到侄兒死去的消息後，將信將疑的複雜情緒，以及爲此而爆發的深摯的慨嘆。寫得跌宕有致，情思深沉，感人至深。這一大段可分幾個層次，第一個層次着意在：「我」要知道暫別竟然成了永別，那麼，卽使有萬乘的公侯宰相的尊榮，我也不肯捨開你一天而就的。痛悔自己的去家求官。接着痛悔，又深入一層，回敍自己父兄的早死，和侄兒本來有可能多在一起呆些日子，共享天倫之樂，却失去了這樣的機會，祭文說：去年，孟東野（卽孟郊，韓愈的朋友，詩人，當時正在赴江南爲溧陽尉）到你那裏去，「我」讓他帶信給你說：「我年紀雖然還不到四十，而視力已經不明，頭髮開始斑白，牙齒已經動搖。回想我的父兄們（韓愈父親兄弟四人，父爲長子，三位叔父爲：少卿、紳卿及雲卿，前兩位都是小官吏，衹有雲卿曾任監察御史，禮部郎中，并在文學上負有盛名）及兄長，生前身體都很強壯，却早早過世了，像「我」這樣衰弱之軀，還能活多長久麼？「我」不能去，你不肯來，恐怕一旦我死去，你會感到無窮的悲戚哩！」誰能料到年少的人夭折了，而年長的人却還健在？強壯的人反而早死，有病的人反而活了下來呢？

在這一小段中，爲了說明自己身體的病弱，一連用了三個「而」字，「而視茫茫，而髮蒼蒼，而齒牙動搖」，不僅加重了語氣，讀起來鏗鏘有力，而且，反襯并強調了本段末提出的問題，加強了作者的失痛感。

接着把思緒又深入一步，以將信將疑的口氣描繪了自己內心感到的無窮的惶惑：這不可能是眞的，世間沒有這樣的道理！準是傳的信不確切。可是東野的來信、耿蘭（奴僕名）的報告又怎麼放在「我」的身邊呢？在這一段對於內心惶惑的敍述中，使我們看到了作者對侄兒之死所引起的情感的劇烈震蕩，不僅爲結尾的天命無常的慨嘆，加重了份量，而且爲下段的痛自失悔準備了心理條件，使下段的責備、失悔、哀惜、慨嘆，語語彷佛從肺腑中沛然流出，使悲傷的情感逐步達到高潮：

今年以來，「我」的斑白的蒼髮完全變白了，活動的牙齒完全脫落了，精神一天天地衰弱，志氣一天天地耗損，怎麼不和你一塊死去呀！如果死後仍有知覺，和你分離的時間就不會有多久了；如果沒有知覺，悲傷的日子不會很多，不悲傷的日子，可就永遠沒有窮盡了啊！你的孩子今年剛十歲，「我」的孩子今年剛五歲，既然年輕力壯的不可保，那麼，像這樣的孩子怎能設想他們會長大成人呢？唉！眞是可悲，眞是可悲啊！！

自「汝去年書云」起，至文末，包含幾個小段：一是用回敍的手法，推測侄兒得病的原因，及去世的日期；二是對於侄兒後事、家務的安排，三是表示自己「無意於人世」的沉痛的心跡；最後則是深切的寄哀。

先說第一小段的意思：「你去年來信說：你得了兩腳痿弱病，往往日益加重」，「我」回信說：「這病是江南人常有的，不必過於憂慮。」唉！難道是這病奪去了你的生命，還是另有別的病致你於死地呢？在這裏，既是疑問，又潛藏着自責：是否因爲「我」的大意，使你疏於療治，還是由於別的原因呢？接着是對侄兒歿日的推測：你來信的日期是六月十七日，而東野來信却說是「六月二日」。東野之說，未必確切，不知對不對。

第二小段的意思，從「今吾使建中祭汝」到「然後惟其所願」，是對後事的料理，祭告亡靈：你的兒子與乳母，如果有吃的，就讓他們給你守喪，以後把他們接來；如不能守喪，則立即接來，留下奴婢們爲你守喪。「我」祇要有力量給你改葬，終究要把你葬到祖塋中的，這樣才算了却「我」的心願。「兆」，也作垗，指墓地界域。

第三小段的意思是爲失去侄兒而沉痛地自責：你患病，「我」不知道時候；你死去，「我」不知道日期；活着的時候，不能够住在一起撫養你；死去的時候，不能够撫視你，一盡哀痛；入殮時既不能在場，下葬時又不能親臨墓穴（窆，指棺木下葬）。都是「我」的行爲有負「神明」，所以纔使你遭到夭折。「我」是一個不孝不慈的人，不能和你「相養以生，相守一死」；一個在天涯，一個在地角；活着的時候不能形影相依，死了之後，你也不到「我」夢中來。這一切都是由「我」造成的，「我」還抱怨什麼！蒼天啊蒼天！「我」的悲痛什麼時候纔有盡頭呢？「尤」，即怨尤。

在這一小段中，作者通過對侄兒的生、病、死、葬料理不到的沉痛自責，表現了失去侄兒後的痛惜之情，哀思深摯，讀之使人迴腸蕩氣，不能不爲之悲戚不已。這是這篇祭文在情感力量上所達到的又一高潮。

祭文接着述說了在經過這次精神上的打擊之後，「我」已無意於留戀人間富貴，祇求在伊、潁河（皆在今河南省內）旁買上幾頃地，把「我」的和你的兒子養大，希望他們成人，把我的和你的女兒養大，嫁出去，也就罷了，通過對自己心灰意冷的描述。又進一步增深了已有的哀痛。既屬敍事，又是抒情。以「言有窮而情不可終，汝其知也邪？其不知也邪？」的問句爲結束，更進一步擴展和加深了作者的哀思。明知死後無知，還要如此提問，就使作者更加傷痛不已。「尚饗」，是祭文中常用的結束語。意謂請你來享受這祭品吧。

（敏　澤）

# 南柯太守傳

李公佐

東平淳于棼，吳、楚游俠之士。嗜酒使氣，不守細行。累巨產，養豪客。曾以武藝補淮南軍裨將，因使酒忤帥，斥逐落魄，縱誕飲酒爲事。家住廣陵郡東十里。所居宅南有大古槐一株，枝幹修密，清陰數畝。淳于生日與羣豪，大飲其下。貞元七年九月，因沈醉致疾。時二友人於坐扶生歸家，臥於堂東廡之下。二友謂生曰：「子其寢矣！余將秣馬濯足，俟子小愈而去。」生解巾就枕，昏然忽忽，彷彿若夢。見二紫衣使者，跪拜生曰：「槐安國王遣小臣致命奉邀。」生不覺下榻整衣，隨二使至門。見青油小車，駕以四牡，左右從者七八，扶生上車，出大戶，指古槐穴而去。使者卽驅入穴中。生意頗甚異之，不敢致問。忽見山川、風候、草木、道路，與人世甚殊。前行數十里，有郛郭城堞。車輿人物，不絕於路。生左右傳車者傳呼甚嚴，行者亦爭闢於左右。又入大城，朱門重樓，樓上有金書，題曰「大槐安國」。執門者趨拜奔走。旋有一騎傳呼曰：「王以駙馬遠降，令且息東華館。」因前導而去。俄見一門洞開，生降車而入。彩檻雕楹；華木珍果，列植於庭下；几案茵褥，簾幃殽膳，陳設於庭上。生心甚自悦。復有呼曰：「右相且至。」生降階祗奉。有一人紫衣象簡前趨，賓主之儀敬盡焉。右相曰：「寡君不以敝國遠僻，奉迎君子，託以姻親。」生曰：「某以賤劣之軀，豈敢是望。」右相因請生同詣其所。行可百步，入朱門。矛戟斧鉞，布列左右，軍吏數百，辟易道側。生有平生酒徒周弁者，亦趨其中。生私心悦之，不敢前問。右相引生升廣殿，御衛嚴肅，若至尊之所。見一人長大端嚴，居正位，衣素練服，簪朱華冠。生戰慄，不敢仰視。左右侍者令生拜。王曰：「前奉賢尊命，不棄小國，許令次女瑤芳，奉事君子。」生但俯伏而已，不敢致詞。王曰：「且就賓宇，續造儀式。」有旨，右相亦與生偕還館舍。生思念之，意以爲父在邊將，因歿虜中，不知存亡。將謂父北蕃交通，而致茲事。心甚迷惑，不知其由。是夕，羔雁幣帛，威容儀度，妓樂絲竹，殽膳燈燭，車騎禮物之用，無不咸備。有羣女，或稱華陽姑，或稱青溪姑，或稱上仙子，或稱下仙子，若是者數輩。皆侍從數十，冠翠鳳冠，衣金霞帔，彩碧金鈿，目不可視。遨游戲樂，往來其門，爭以淳于郎爲戲弄。風態妖麗，言詞巧豔，生莫能對。復有一女謂生曰：「昨上巳日，吾從靈芝夫人過禪智寺，於天竺院觀石延舞《婆羅門》。吾與諸女坐北牖石榻上，時君少年，亦解騎來看。君獨強來親洽，言調笑謔。吾與窮英妹結絳巾，掛於竹枝上，君獨不憶念之乎？又七月十六日，吾於孝感寺侍上真子，聽契玄法師講《觀音經》。吾於講下捨金鳳釵兩隻，上真子捨水犀合子一枚。時君亦講筵中於師處請釵合視之。賞歎再三，嗟異良久。顧余輩曰：「人之與物，皆非世間所有。」或問吾氏，或訪吾里。吾亦不答。情意戀戀，矚盼不捨。君豈不思念之乎？」生曰：「中心藏之，曷日忘之。」羣女曰：「不意今日與君爲眷屬。」復有三人，冠帶甚偉，前拜生曰：「奉命爲駙馬相者。」中一人於生且故。生指曰：「子非馮翊田子華乎？」田曰：「然。」生前，執手敘舊久之。生謂曰：「子何以居此？」子華曰：「吾放游，獲受知於右相武成侯段公，因以棲託。」生復問曰：「周弁在此，知之乎？」子華曰：「周生，貴人也。職爲司隸，權勢甚盛。吾數蒙庇護。」言笑甚歡。俄傳聲曰：「駙馬可進矣。」三子取劍佩冕服，更衣之。子華曰：「不意今日獲睹盛禮，無以相忘也。」有仙姬數十，奏諸異樂，婉轉清亮，曲調凄悲，非人間之所聞聽。有執燭引導者，亦數十。左右見金翠步障，彩碧玲瓏，不斷數里。生端坐車中，心意恍惚，甚不自安。田子華數言笑以解之。向者羣女姑姊，各乘鳳翼輦，亦往來其間。至一門，號「修儀宮」。羣仙姑姊亦紛然在側，令生降車輦拜，揖讓升降，一如人間。徹障去扇，見一女子，云號「金枝公主」。年可十四五，儼若神仙。交歡之禮，頗亦明顯。生自爾情義日洽，榮曜日盛。出入車服，遊宴賓御，次於王者。王命生與羣寮備武衛，大獵於國西靈龜山。山阜峻秀，川澤廣遠，林樹豐茂，飛禽走獸，無不蓄之。師徒大獲，竟夕而還。生因他日，啟王曰：「臣頃接好之日，大王云奉臣父之命。臣父頃佐邊將，用兵失利，陷沒胡中。爾來絕書信十七八歲矣。王既知所在，臣請一往拜覲。」王遽謂曰：「親家翁職守北土，信問不絕。卿但具書狀知聞，未用便去。」遂命妻致饋賀之禮，一以遣之。數夕還答。生驗書本意，皆父平生之跡。書中憶念教誨，情意委曲，皆如昔年。復問生親戚存亡，閭里興廢。復言路道乖遠，風煙阻絕。詞意悲苦，言語哀傷。又不令生來覲，云：「歲在丁丑，當與女相見。」生捧書悲咽，情不自堪。他日，妻謂生曰：「子豈不思爲政乎？」生曰：「我放蕩不習政事。」妻曰：「卿但爲之，余當奉贊。」妻遂白於王。累日，謂生曰：「吾南柯政事不理，太守黜廢。欲藉卿才，可曲屈之。便與小女同行。」生敦授教命。王遂敕有司備太守行李。因出金玉，錦繡、箱奩、僕妾、車馬，列於廣衢，以餞公主之行。生少游俠，曾不敢有望，至是甚悅。因上表曰：「臣將門餘子，素無藝術，猥當大任，必敗朝章。自悲負乘，坐致覆餗。今欲廣求賢哲，以贊不逮。伏見司隸潁川周弁，忠亮剛直，守法不回，有毗佐之器。處士馮翊田子華，清慎通變，達政化之源。二人與臣有十年之舊，備知才用，可託政事。周請署南柯司憲，田請署司農。庶使臣政績有聞，憲章不紊也。」王并依表以遣之。其夕，王與夫人餞於國南。王謂生曰：「南柯國之大郡，土地豐壤，人物豪盛，非惠政不能以治之。況有周、田二贊。卿其勉之，以副國念。」夫人戒公主曰：「淳于郎性剛好酒，加之少年。爲婦之道，貴乎柔順。爾善事之，吾無憂矣。南柯雖封境不遙，晨昏有間。今日睽別，寧不沾巾。」生與妻拜首南去，登車擁騎，言笑甚歡。累夕達郡。郡有官吏、僧道、耆老、音樂、車舉、武衛、鑾鈴，爭來迎奉。人物闐咽，鐘鼓喧嘩，不絕十數里。見雉堞臺觀，佳氣鬱鬱。入大城門——門亦有大榜，題以金字，曰「南柯郡城」——見朱軒棨戶，森然深邃。生下車，省風俗，療病苦，政事委以周、田，郡中大理。自守郡二十載，風化廣被，百姓歌謠，建功德碑，立生祠宇。王甚重之。賜食邑，錫爵位，居臺輔。周、田皆以政治著聞，遞遷大位。生有五男二女。男以門蔭授官，女亦聘於王族。榮耀顯赫，一時之盛，代莫比之。是歲，有檀蘿國者，來伐是郡。王命生練將訓師以征之。乃表周弁將兵三萬，以拒賊之衆於瑤臺城。弁剛勇輕敵，師徒敗績。弁單騎裸身潛遁，夜歸城。賊亦收輜重鎧甲而還。生因囚弁以清罪。王并捨之。是月，司憲周弁疽發背，卒。生妻公主遘疾，旬日又薨。生因請罷郡，護喪赴國。王許之。便以司農田子華行南柯太守事。生哀慟發引，威儀在途，男女叫號，人吏奠饌，攀轅遮道者不可勝數。遂達於國。王與夫人素衣哭於郊，候靈與之至。謚公主曰：「順儀公主。」備儀仗羽葆鼓吹，葬於國東十里盤龍岡。是月，故司憲子榮信，亦護喪赴國。生久鎮外藩，結好中國，貴門豪族，靡不是洽。自罷郡還國，出入無恒，交游賓從，威福日盛。王意疑憚之。時有國人上表云：「玄象謫見，國有大恐。都邑遷徙，宗廟崩壞。釁起他族，事在蕭牆。」時議以生侈僭之應也。遂奪生侍衛，禁生游從，處之私第。生自恃守郡多年，曾無敗政，流言怨悖，鬱鬱不樂。王亦知之。因命生曰：「姻親二十餘年，不幸小女夭枉，不得與君子偕老，良用痛傷。」夫人因留孫自鞠育之。又謂生曰：「卿離家多時，可暫歸本里，一見親族。諸孫留此，無以爲念。後三年，當令迎卿。」生曰：「此乃家矣，何更歸焉？」王笑曰：「卿本人間，家非在此。」生忽若惛睡，瞢然久之，方乃發悟前事，遂流涕請還。王顧左右以送生。生再拜而去，復見前二紫衣使者從焉。至大户外，見所乘車甚劣，左右親使御僕，遂無一人，心甚嘆異。生上車，行可數里，復出大城。宛是昔年東來之途，山川原野，依然如舊。所送二使者，甚無威勢。生逾怏怏。生問使者曰：「廣陵郡何時可到？」二使謳歌自若，久乃答曰：「少頃卽至。」俄出一穴，見本里閭巷，不改往日，潸然自悲，不覺流涕。二使者引生下車，入其門，升其階，己身臥於堂東廡之下。生甚驚畏，不敢前近。二使因大呼生之姓名數聲，生遂發寤如初。見家之僮僕擁篲於庭，二客濯足於榻，斜日未隱於西垣，餘樽尚湛於東牖。夢中倏忽，若度一世矣。生感念嗟嘆，遂呼二客而語之。驚駭，因與生出外，尋槐下穴。生指曰：「此卽夢中所經入處。」二客將謂狐狸木媚之所爲祟。遂命僕夫荷斤斧，斷擁腫，折查枿，尋穴究源。旁可袤丈，有大穴，洞然明朗，可容一榻。根上有積土壤，以爲城郭臺殿之狀。有蟻數斛，隱聚其中。中有小臺，其色若丹。二大蟻處之，素翼朱首，長可三寸；左右大蟻數十輔之，諸蟻不敢近：此其王矣。卽槐安國都也。又窮一穴，直上南枝，可四丈，宛轉方中，亦有土城小樓，羣蟻亦處其中，卽生所領南柯郡也。又一穴：西去二丈，磅礴空圬，嵌窞異狀。中有一腐龜殼，大如斗。積雨浸潤，小草叢生，繁茂翳薈，掩映振殼，卽生所獵靈龜山也。又窮一穴：東去丈餘，古根盤屈，若龍虺之狀。中有小土壤，高尺餘，卽生所葬妻盤龍岡之墓也。追想前事，感嘆於懷，披閱窮跡，皆符所夢。不欲二客壞之，遽令掩塞如舊。是夕，風雨暴發。旦視其穴，遂失羣蟻，莫知所去。故先言「國有大恐，都邑遷徙」，此其驗矣。復念檀蘿征伐之事，又請二客訪跡於外。宅東一里有古洄澗，側有大檀樹一株，藤蘿擁織，上不見日。旁有小穴，亦有羣蟻隱聚其間。檀蘿之國，豈非此耶。嗟呼！蟻之靈異，猶不可窮，况山藏木伏之大者所變化乎？時生酒徒周弁、田子華并居六合縣，不與生過從旬日矣。生遽遣家僮疾往候之。周生暴疾已逝，田子華亦寢疾於牀。生感南柯之浮虛，悟人世之倏忽，遂棲心道門，絶棄酒色。後三年，歲在丁丑，亦終於家。時年四十七，將符宿契之限矣。公佐貞元十八年秋八月，自吳之洛，暫泊淮浦，偶覿淳于生兒楚，詢訪遺跡，翻覆再三，事皆摭實，輒編錄成傳，以資好事。雖稽神語怪，事涉非經，而竊位諸生，冀將爲戒。後之君子，幸以南柯爲偶然，無以名位驕於天壤間云。

前華州參軍李肇贊曰：

貴極祿位，權傾國都，達人視此，蟻聚何殊？

《南柯太守傳》是唐傳奇中的名篇之一。作者李公佐（七七〇?——八五〇?），字顓蒙，隴西郡（今甘肅省隴西縣一帶）人，曾中進士。他是唐代最負盛名的傳奇作家之一，從唐傳奇現存的單篇作品來看，他創作的數量最多，計有《南柯太守傳》、《廬江馮媼傳》、《古嶽瀆經》和《謝小娥傳》。這四篇作品都作於中唐貞元、元和年間，其中《南柯太守傳》寫於唐德宗貞元十八年（八〇二）八月或稍後一段時間內。李公佐雖是進士出身，但在當時日趨激烈的政治鬥爭中，他在仕途上并不得意。官卑職小，并數度遭到貶黜。宦海中這樣痛苦的經歷，加深了他對現實政治的認識和對人生道路的探究，這正是他創作《南柯太守傳》的思想基礎。

《南柯太守傳》的主題思想究竟是什麼？長期以來不少文學史著作和有關論述，都認爲是反映了封建士子熱中功名富貴的思想，是對醉心仕途的知識分子的揭露和諷刺。其實這個結論并不符合小說的旨意。實際上，小說諷刺和批判的矛頭不是指向封建士人，而是指向那些暴發戶、「竊位」者的。作者正是站在屈居下僚、才能和抱負得不到施展的封建士人的立場上，對那些無才無德，憑藉某種關係夤緣高升的新貴大僚，作了無情的鞭撻和諷刺，深刻揭露了當時社會官場的黑暗和政治的險惡。

我們細繹小說全文，可以看到，小說中的主角淳于棼不是什麼封建士子，而是一個「將門餘子」，落魄軍官，是一個沒有才幹、放蕩無行的酒徒。就是這樣一個人，在當時的社會中，卻因某種機緣一下子飛黃騰達起來。淳于棼在夢中被召進了大槐安國，當上了駙馬；以後更由於裙帶關係，被國王委任爲南柯郡太守。他的酒友周弁、田子華也因此得到援引，做了貴官，成爲他的得力幫手。淳于棼在南柯郡主持一方的軍政事務達二十年，位比藩王，貴爲宰輔，所生五男二女，也都榮耀顯赫。但是盛極而衰，樂極悲來。一旦戰爭失利，公主病死，他也就從權勢的頂峯上跌落了下來。在統治階級內部激烈的權力爭鬥中，因爲「久鎮外藩，結好中國」，「交遊賓從，威福日盛」，遭到了國王的疑忌，最後被逐出國門，遣返還鄉。他的南柯美夢也終於徹底破滅。淳于棼「夢中倏忽，若度一世」的經歷，設事寓理，意蘊深長。小說的最後部分，作者以輕蔑的口吻警告淳于棼一流的人物說：「竊位諸生，冀將爲戒。後之君子，幸以南柯爲偶然，無以名位驕於天壤間。」篇末作者又借助李肇所作的贊語，進一步點明了小說的主旨：「貴極祿位，權傾國都。達人視此，蟻聚何殊？」把封建朝廷比作蟻窟，把那些爵祿高登的庸碌之徒斥爲蟻聚，其譏刺之情，鄙夷之態，是何等的鮮明、強烈。這些點睛之筆，都明白地把小說的主題思想揭示出來。

《南柯太守傳》所寫淳于棼在螞蟻國的一生經歷，從一個側面眞實地反映了中唐時期的社會政治生活。

唐代自安史亂後，外有藩鎮割據，內有宦官弄權，政治每況愈下，中央集權遭到了嚴重削弱。代宗、德宗朝，藩鎮割據局面即已形成。藩鎮霸佔一方，各自爲政，有的甚至依恃強大的兵力，發動叛亂，對抗中央。像「河北三鎮」之亂及「四王二帝」之亂，都是當時有名的叛亂事件。這種割據局面，以後愈演愈烈，使中晚唐的政局長期處於動盪中。

宦官是中晚唐社會的毒瘤，是一股最腐朽的力量。德宗、憲宗朝，宦官擅權，朝官受壓，南衙與北司之爭日趨激烈。南衙爲朝官勢力，代表了公卿士流的利益；北司爲宦官勢力，代表了工商雜類的利益。早在玄宗、肅宗時，宦官就開始逐步得勢。德宗時，宦官攫取了左右神策軍護軍中尉，統率禁軍，執掌兵權。宦官專權，公開賣官鬻爵，爲工商雜類大開了仕進之門。當時神策軍將士大都出之長安富家子弟，他們以賄賂取得做官資格，有的甚至因爲重賂中尉而被派作地方節度使。這些人一旦得了官職，就要加倍地搜刮，以補償他們的「損失」。朝官都是進士出身或門蔭出身的士流，他們對宦官出身的雜類和流外入仕的胥吏本來就是看不起的，宦官權力上升後，日益侵奪了朝官的職位，當然遭到了士流的嫉恨和反對。

除了宦官與朝官爲爭奪權位而火併不已外，憲宗時，朝官內部又爆發了朋黨之爭，這一朋黨與那一朋黨之間爲追逐權力也是勢如水火，你死我活。有的朝官甚至投靠宦官門下，企圖憑藉宦官勢力排斥和消滅異己力量。在這種尖銳劇烈的政治紛爭中，有的人朝爲貴官，夕遭貶黜，眞是「人命危淺，朝不慮夕」。

這場鬥爭也極大地衝擊了士階層，嚴重地損害了他們的階級利益。唐代自中葉以來，士流的出路愈來愈窄，他們或長期屈沉下位，不得升遷；或政治角逐失利，遭到貶黜；或在科場競爭中，不獲一第；或雖有進士身份，但長期不能釋褐入仕。這種不平和不幸的遭遇，使他們對當時政局心懷不滿，對那些「竊位」的權勢者產生怨恨。

李公佐的《南柯太守傳》正好傳達了他們的心聲。他通過這樣一個虛幻的故事，典型地、形象地概括了中唐時期的社會政治現實，藝術地揭開了當時政治鬥爭的帷幕，并用冷峻之筆對那些在宦海變幻中急遽升沉的腐舊勢力給予辛辣的嘲諷和嚴正的批判。在唐人小說中，像李公佐這樣勇於觸及時事，如此深刻地揭示當時社會政治生活的複雜面貌，還是罕見的。至於小說中所宣揚的浮生若夢、富貴無常的人生觀，固然表現了作者的思想局限，但也反映了作者對政治現實的憤懣和對當權者的諷刺。這和那些以宣揚佛老思想，維護腐朽政治爲主旨的小說，是有所不同的。

《南柯太守傳》不僅蘊涵豐富，立意深刻，而且藝術上也別具一格，有着獨特的成就。

首先，構思巧妙，設想新奇。

作者充分運用了浪漫主義的表現手法，在結構故事、描繪人物時，主要遵循着幻想和理想的邏輯，而不受現實生活的客觀邏輯所約束，因此他的小說較現實主義創作有更多的自由。那些在現實主義作品中不可能出現的人和事，在他的《南柯太守傳》中却奇蹟般地出現了。試看這篇小說，作者完全打破了人間和異域的界限，把淳于棼極富起伏變化的一生壓縮於一夢之中，讓主人公投身蟻國，在短夢中想入非非，享盡了榮華富貴，涉遍了宦海波濤，大喜大悲，陡起陡落，離奇神異，變幻莫測。這樣的奇思遐想，突破了時空的限制，擺脫了人世的羈絆，作者可以在更廣闊的天地中翱翔，可以更自由地發抒胸臆，表達理想，更率眞地評判人物，揭露時弊。這種巧妙的藝術構思往往能夠更廣泛深刻地反映眞實的社會內容，有助於揭示事物的本質。

夢境是作者構思的中心。作者以夢境來結撰故事，虛擬一「蟻國」作爲人物活動的場所，把夢境和現實結合起來，這就爲其刻畫人物、展示主題開拓了自由天地。

作者很善於寫夢境。夢是人們潛在意識的一種表現，是現實生活在人們頭腦中一種離奇的折光的反映，它既有別於實際生活，又不完全脫離生活。因此，作家衹有把兩者的區別和聯繫寫出來，才能使讀者從中洞察夢境的奧秘，發現生活的眞諦。對這一獨特巧妙的藝術處理，李公佐深得其中三昧。

在《南柯太守傳》中，作者把夢境寫得十分精彩。淳于棼入睡後，始終處於一種迷離恍惚的夢幻狀態之中。如淳于棼初見蟻王時惶懼失態的模樣，得知父親爲其主婚時迷惑不解的神情，與公主舉行婚禮時惴惴不安的內心活動，有了權勢後作威作福的架式，以及被遣還鄉時瞢然醒悟的情景，都寫得夢味十足，眞幻莫辨。小說中的人物似乎個個遨遊於茫茫雲海之中，給人以一種捉摸不定的飄忽感，它吸引着人們急待透過層層雲霧去探尋人物的本相和歸宿。這種夢中着色、幻中寄情的寫法，極富於藝術感染力，往往收到特殊的藝術效果。

但是，李公佐并沒有背離生活的眞實，爲奇而奇，爲幻而幻。他在《南柯太守傳》中，採用眞幻交織、虛實相間的手法，將現實性情節和幻想性情節融會在一起，做到了奇而不失其眞，幻而不離其實。小說中的蟻國是按照人間國度設計的，幻化的異類也是根據人的特性塑造的。小說中一些重大情節，如淳于棼被招爲駙馬，出爲郡守，檀蘿國入寇，中讒被逐等，都是現實政治生活的眞實反映。就連一些生活場景和生活細節的描寫，如淳于棼與羣女在揚州禪智寺和孝感寺觀石延舞，聽俗講；公主婚後給公公送「饋賀之禮」等，也都是從現實生活中提取來的，是現實世界的曲折反映。因此小說寫的雖是夢境，却具有濃厚的生活氣息，讀起來感到熟悉眞切，興味盎然，從而受到啓示和教益。

其次，結構精美，描寫細膩。

從結構上看，《南柯太守傳》可分爲四個部分。開頭，小說介紹了淳于棼的身份及入夢的環境，下筆見人，隨卽入事，把主人公迅速引發至夢境，盡快展開故事情節。接着，小說詳細敍寫了淳于棼夢中榮悴悲歡的一生經歷，其中包括入贅爲駙馬，備受榮寵；出守大郡，歷盡二十年富貴；兵敗妻喪，被逐夢覺三個段落。這是小說的主體部分，是作者最着力描寫的地方。隨後，小說寫淳于棼夢醒後尋夢證夢及入道的經過。最後，作者直接出面，交待了故事的寫作過程，發抒議論，點明題旨。全篇結構嚴整，層次分明，前後呼應，詳略得體，給人以渾然完整的印象。

《南柯太守傳》筆觸工細，情思婉轉。小說或寫人，或敍事，或烘托環境，或渲染氣氛，都很富有情致，娓娓動人，小說寫人物的心理和對話相當出色，各種人物的音容笑貌、意態風情都有清晰、生動的表現。小說故事曲折，波瀾起伏，情節繁複，穿插很多，但繁複而不紊亂，穿插而不支離。如淳于棼婚禮前與羣女調笑的插曲，既寫出淳于棼平素爲人的輕浮佻達，也刻畫了淳于棼得寵時羣女趨炎附勢的醜態。再如小說中有關淳于棼父親的一些插曲，也增加了夢境的情趣和故事的眞實感。這些情節都是作品中有機的血肉，豐富了故事內容和人物形象，使通篇小說顯得錯落有緻，搖曳多姿。這些地方也是作者匠心獨運的所在。

爲了突出主題，作者在結構故事時，還多次運用了對比的手法。小說極寫淳于棼入贅和出守時的盛況，對他二十年富貴的歷程則一筆帶過，以增強其迅速沒落的倏忽感。小說以細緻的筆墨把淳于棼的興衰際遇作了對照描寫。淳于棼得勢時，「出入車服，遊宴賓御，次於王者」。「賜食邑，錫爵位，居臺輔……榮耀顯赫，一時之盛，代莫比之」。但中讒失勢時，則是「奪生侍衛，禁生遊從，處之私第」。淳于棼被請入槐安國時，二使者跪拜相迎，并有「青油小車，駕以四牡，左右從者七八，扶生上車」。進入國都時，左右駕車者「傳呼甚嚴，行者亦爭闢道路」，右相亦親自接待，極其隆盛。但遣送回鄉時，則是「乘車甚劣，左右親使御僕，遂無一人」，「所送二使者，甚無威勢」，「謳歌自若」，對淳于棼大爲不敬。這種鮮明的對比，對那些熱中於做富貴夢的「竊位者」，無異地是一種有力的嘲諷和儆戒，同時也流露了作者自己浮虛出世的消極思想。小說結尾處寫淳于棼醒後發穴尋夢，引導人們把夢境又重溫了一遍，夢後的現實好像是夢境的繼續，夢中的榮華繁盛和現實的冷落寂寞又恰成強烈的對比。這樣的結尾，給人留下了馳騁想像的廣大空間，它誘發人們去思考，去探索這宦海的旅程和人生的意義，以求作出正確的解釋。魯迅先生在《中國小說史略》中稱讚它：「假實證幻，餘韻悠然。」一語道出了作者的藝術匠心和作品的藝術特點。小說的結穴處也正是在這裏。（王立興）

# 觀刈麥

白居易

田家少閑月，五月人倍忙。夜來南風起，小麥覆壠黃。婦姑荷簞食，童稚攜壺漿，相隨餉田去，丁壯在南岡。足蒸暑土氣，背灼炎天光。力盡不知熱，但惜夏日長。復有貧婦人，抱子在其旁，右手秉遺穗，左臂懸敝筐。聽其相顧言，聞者爲悲傷：「家田輸稅盡，拾此充饑腸。」今我何功德，曾不事農桑，吏祿三百石，歲晏有餘糧。念此私自愧，盡日不能忘！

唐憲宗元和二年（八〇七），白居易任盩厔縣（今陝西周至縣）縣尉，因掌管緝捕盜賊，按察姦宄，經常到民間查訪。這首詩裏所展現的發人深省的圖景，便是他親眼所見，并爲之嗟嘆不已的。

安史之亂後，在中唐詩壇上，湧現了大量反映農民疾苦的篇章，對農民在繁苛的賦稅以及連年戰亂的煎熬下不幸的命運，詩人們表露了深切的同情。在這方面，杜甫首倡於先，而後有元結、顧況，到了白居易，則大力寫作這類詩篇，使之成爲新樂府運動的一個重要內容。

《觀刈麥》在這些詩中很有代表性。它是反映土地和賦稅問題的。唐德宗建中元年（七八〇）實行兩稅法，起初雖有成效，但以後的三十年間，稅外加稅、錢重物輕的情况逐漸嚴重。德宗、憲宗時期，政府推行裁抑藩鎮的政策，戰事頻仍，人民負擔非常沉重。據憲宗時宰相李吉甫統計，元和二年全國納稅戶僅一百四十四萬，較天寶時減了四分之三；兵八十三萬餘，較天寶時增了三分之一，大約每兩戶養一兵。元和元年及二年又有兩次大的戰事：劉闢、李琦分別起兵割據，唐政府派大軍進討。所有這一切對人民來說都意味着深重的災難。「家田輸稅盡」正是這種歷史事實的眞實寫照。

「刈」是割的意思。前兩句點明時間正值五月農忙季節，那個「倍」字突出了農家的辛苦。三、四句是寫在和煦的南風吹拂下，金色麥浪連綿起伏，遮蔽了田壠：滿目可喜的豐收景象。上兩句是寫事，這兩句是繪景，下面便出現了人。「婦姑」四句寫婦女、兒童送飯食給正在田裏割麥的農夫，從一個側面烘托了收穫季節忙忙碌碌的氣氛。

下面，詩進入了核心部分。這裏展開的是兩組對比：割麥的農夫與拾麥的貧婦的對比；農民與詩人自己的對比。足蒸暑氣，背灼炎光，却不覺酷熱的農夫，衹盼着本來夠長的夏日再長一些；而那個懷抱幼子，左臂懸筐，拾麥充飢的貧婦，相形之下就更可憐了：連這樣的勞苦都沒有她的份。至於今年的割麥者明年也可能淪落爲拾麥者，作爲有良心的封建官吏，白居易是會想到這一層的。對比農民的艱辛與苦痛，難怪他會爲自己的不勞而獲慚愧和感嘆了。

全詩共二十六句，篇幅不長，而詩人的筆觸始終充滿了感情。前四句詩人以輕鬆的筆調勾畫出了一幅喜人的豐收圖景：「婦姑」四句令人聯想起《詩經・豳風・七月》中的「同我婦子，饁彼南畝」，筆調仍是輕鬆的，這又是一幅婦子餉田圖。「足蒸」四句寫割麥農夫的辛苦以及他們的心理活動，筆調一轉；而到貧婦人出現的時候，筆調已經變得非常沉重。詩題是「觀」刈麥，詩人也確實在觀刈麥，但觀着觀着，對貧婦人不幸遭遇的同情，對農夫一家未來命運的擔憂一齊湧上心頭，所以在聽完貧婦悲切的訴說以後，詩人無限的感慨就脱口而出了。此時，詩人已經不是個袖手旁觀者，他的感情隨着事件的發展而起伏、變化，最後達到了高潮。目雖在觀，而心却已化入其中，一句話，詩人是「觀」進去了。

詩末六句愧疚之辭可以視爲「卒章顯其志」，但幷非贅語，不像《新豐折臂翁》後半部的議論那樣，給人以畫蛇添足之感。這是封建時代一個有良心的官吏由衷的感嘆。自己不勞而獲，已經引起良心上的不安；加之親眼目睹了農家的艱辛與苦痛，便更爲自己「吏祿三百石，歲晏有餘糧」而深深地内疚了。這裏一個「愧」字十分突出：上愧對皇帝，下愧對百姓。在此雙重愧疚的心理作用下，詩人的感情被提煉得十分濃烈，於是，詩末六句幾乎是不加思索、沖口而出的。這種感情，在有良心的封建官吏身上很有代表性。高適有《封丘縣》一詩，也是在任縣尉時寫的。詩中表現了他「拜迎官長心欲碎，鞭撻黎庶令人悲」的矛盾與苦痛。想解職歸里，但又因身繫君命而徘徊遲疑。韋應物《寄李儋元錫》云：「身多疾病思田里，邑有流亡愧俸錢。」也是寫自己身爲地方官未能盡職，因而感到深深的慚愧。與以上兩首詩比較，《觀刈麥》反映有良心的封建官吏這種獨特的感情，顯然更爲充分。

《觀刈麥》是白居易諷諭詩中創作較早的一首。說白居易的詩是諫官的詩，這幷不誇張。他建議統治者「欲開壅蔽達人情，先向歌詩求諷刺」（《新樂府·採詩官》）；他提出詩歌創作的原則是「爲君爲臣爲民爲物爲事而作，不爲文而作也」（《新樂府序》），《觀刈麥》正是在這些思想指導下完成的。但是，《觀刈麥》更是詩人的詩。作爲觸景生情的産物，《觀刈麥》在寫作方式上有其獨特性：詩人選取了「觀」這一角度。既是觀，便有事件、環境、人物的交代，便有動作、心理、語言的描述，便有觀者慨嘆的抒發。詩人始終把握住了這一獨特的角度，使全詩層次分明，脈絡清晰，幷爲全詩感情色調的層次變化以及三組人物的對比提供了有利的條件。《觀刈麥》之所以寫得如此平易自然，而又蘊含着強烈的感情，不能不說與詩人選取的這一

角度有很大關係。（馬自力）

## 買　花

白居易

帝城春欲暮，喧喧車馬度。共道牡丹時，相隨買花去。貴賤無常價，酬值看花數。灼灼百朵紅，戔戔五束素。上張幄幕庇，旁織笆籬護。水灑復泥封，移來色如故。家家習爲俗，人人迷不悟。有一田舍翁，偶來買花處。低頭獨長嘆，此嘆無人諭。一叢深色花，十戶中人賦。

《買花》是《秦中吟》組詩的第十首，《才調集》題作《牡丹》。在寫於同一時期的《新樂府》中，也有一篇寫牡丹的《牡丹芳》，可與此詩參看：

牡丹芳，牡丹芳，黃金蕊綻紅玉房。千片赤英霞爛爛，百枝絳焰燈煌煌。照地初開錦繡段，當風不結蘭麝囊。仙人琪樹白無色，王母桃花小不香。宿露輕盈泛紫豔，朝陽照耀生紅光。紅紫二色間深淺，向背萬態皆低昂。映葉多情隱羞面，臥叢無力含醉妝。低嬌笑容疑掩口，凝思怨人如斷腸。穠姿貴彩信奇豔，雜卉亂花無比方。石竹金錢何細碎，芙蓉芍藥苦尋常。遂使王公與卿士，游花冠蓋日相望。庫車軟輿貴公主，香衫細馬豪家郎。衛公宅靜閉東院，西明寺深開北廊。戲蝶雙舞看人久，殘鶯一聲春日長。共愁日照芳難駐，仍張帷幕垂陰涼。花開花落二十日，一城之人皆若狂。三代以還文勝質，人心重華不重實。重華直至牡丹芳，其來有漸非今日。元和天子憂農桑，恤下動天天降祥。去歲嘉禾生九穗，田中寂寞無人至。今年瑞麥分兩岐，君心獨喜無人知。無人知，可嘆息。我願暫求造化力，減卻牡丹妖豔色。少回卿士愛花心，同似吾君憂稼穡。

關於中唐時期長安崇尚牡丹的情況，與白居易同時的李肇在《國史補》（卷中）裏說：「京城貴遊尚牡丹三十餘年矣。每春暮，車馬若狂，以不耽玩爲恥。執金吾鋪官圍外寺觀，種以求利，一本有值數萬者。」白居易的《牡丹芳》和《買花》，則不僅對「京城貴游」們「車馬若狂」地「耽翫」牡丹和以高價購買牡丹作了生動的描繪，而且通過與其對立面的強烈對比，揭露了社會矛盾的某些本質方面，表現了具有深刻社會意義的主題。

《牡丹芳》把「元和天子憂農桑」和「王公」、「卿士」、「貴公主」、「豪家郎」「遊花冠蓋日相望」相對比，從而肯定前者，批判後者。「元和天子」未必眞的「憂農桑」。從正面說，上行下效；從反面說，上樑不正下樑歪。總之，「上有好者，下必有甚焉」。古老的民歌說得好：「上求材，臣殘木；上求魚，臣乾谷。」如果說「元和天子」眞的「憂農桑」，命令他的臣子們全力以赴地抓農業生產，那麼，那些「王公」、「卿士」、「貴公主」、「豪家郎」們又哪裏會「車馬若狂」，祇醉心於「賞花」、「買花」呢？不言而喻，直接地揭露「臣乾谷」，實際上也就間接地批判了「上求魚」。作者之所以提到「元和天子憂農桑」，一方面是希望他這樣做，更重要的一方面是祇有捧出「元和天子」作爲「憂農桑」的正面力量，纔便於、而且敢於把那些有權有勢的「王公」們作爲「憂農桑」的對立面加以否定。明乎此，就可以看出作者的藝術構思相當巧妙。如果不加分析地給作者送一頂「美化封建皇帝」的帽子，那未免太簡

買花

單化了。

《牡丹芳》的構思特點是把「元和天子」的「憂農桑」和「王公」、「卿士」、「貴公主」、「豪家郎」們的「尙牡丹」作對比。「憂農桑」與「尙牡丹」，這二者的對比是強烈的；但「元和天子」與「王公」、「卿士」、「貴公主」、「豪家郎」却同屬於封建統治階級的上層，其間的關係是「上樑」與「下樑」的關係，旣非尖銳對立，因而也談不上強烈對比。把在現實生活中本非尖銳對立的人物在藝術構思中作強烈對比，就難免乞靈於抽象的談論，給這首詩的結尾帶來概念化的缺點。這種缺點在《買花》裏却幷不存在，主要原因在於不是拿「元和天子」和「王公」、「卿士」等等作對比，而是拿「田舍翁」和「王公」、「卿士」等等作對比。在封建社會中，「田舍翁」和「王公」、「卿士」之間本來就存在着尖銳的矛盾，因而在藝術表現上運用對比手法，就能够形象地反映生活眞實，充分地揭露社會矛盾的本質。

白居易很善於運用對比手法，通過不同人物在同一事物、同一事件上所表現的對立關係揭露社會矛盾的本質。例如《採地黃者》：

麥死春不雨，禾損秋早霜。歲晏無口食，田中採地黃。採之將何用？持以易糇糧。凌晨荷鋤去，薄暮不盈筐。攜來朱家門，賣與白面郎：「與君啖肥馬，可使照地光。願易馬殘粟，救此苦饑腸？」

農民忍凍挨餓，從「凌晨」到「薄暮」，祇採了半筐地黃，爲的是拿到「朱門家」去換些「馬」吃「殘」的糧食，「救此苦饑腸」。「朱門家」的「白面郎」不僅自己錦衣玉食，連他的「馬」也已經餵得很「肥」，還爲了使它「照地光」，要給它吃補藥——地黃。那「地黃」，農民得之不易，而「白面郎」付出的代價，却祇是馬槽裏的「殘粟」而已。詩人幷沒有作什麼說明，發什麼議論，祇通過對於「朱門家」與「採地黃者」在「地黃」這同一事物上所表現的對立關係的具體描寫，就把剝削與被剝削的社會矛盾揭露得入木三

買花

分，驚心動魄。

《買花》在運用對比手法揭露社會矛盾方面與《採地黃者》有類似之處，但也有變化。

從「帝城春欲暮」至「移來色如故」一大段，着力地描寫了「長安貴遊」如瘋似狂地以高價「買花」的情景。其中的「灼灼百朵紅，戔戔五束素」乃是關鍵性的句子；但如何理解，却頗有分歧。有人認爲上句指百朵紅牡丹、下句指五束白（素）牡丹，「灼灼」言其紅豔，「戔戔」言其微少。這樣一來，兩句就都是寫「花」，而不是寫「買花」，上面既與「相隨買花去」、「酬值看花數」脫節，下面又與「一叢深色花，十戶中人賦」不合。從章法上看，「一叢深色花」，顯然上承「灼灼百朵紅」；而這「百朵紅」在前面既沒寫明多麼値錢，結尾又怎麼會突然冒出「十戶中人賦」呢？何況，如果「五束素」指的是五束白牡丹，又分明無法包進「一叢深色花」裏去，豈不是節外生枝！「深色花」，指的是紅牡丹。當時長安崇尚紅牡丹和紫牡丹，而白牡丹則遭到人們的賤視，始不值錢。所以白居易做贊善大夫這種冷官的時候，曾以白牡丹自比，作詩說：「白花冷淡無人愛，亦占芳名號牡丹；應似東宮白贊善，被人還喚作朝官！」很清楚，「戔戔五束素」一句在意義上并不是與上句雙線并列，以白牡丹對紅牡丹；而是一線貫串，說明「灼灼百朵紅」的價值。《易經・賁卦》有云：「束帛戔戔。」根據奮註：束帛，卽五匹帛；戔戔，「委積貌」，卽堆積起來的樣子，與通常作「微少」講的用法剛好相反。白居易的「戔戔五束素」，顯然從「束帛戔戔」化出。「素」，也就是「帛」；「五束」，就是二十五匹；戔戔，是形容二十五匹帛的龐大體積。「灼灼百朵紅」的價値是「戔戔五束素」，其昂貴何等驚人！《新唐書・食貨志》裏說：「自初定『兩稅』時，錢輕貨重……絹匹爲錢三千二百。」白居易寫這首詩的時候，正在實行「兩稅法」，一匹絹（也就是「素」）爲錢三千二百，那麼「五束素」就爲錢八萬。一本開百朵花的紅牡丹竟然售價八萬，這是不是有點誇張呢？和《國史補》記載的「一本有值數萬者」相印證，白居易在這裏并沒有借助藝術誇張，而是老老實實的寫實。藝術創作是可以運用誇張手法的，但在一本花究竟值多少錢這樣的問題上，却不宜誇張；一誇張失實，結尾的「一叢深色花，十戶中人賦」就沒有說服力，整個作品也就不可能發揮應有的社會作用。白居易在《新樂府序》裏說：「其事核而實，使採之者傳信也。」

正是這個意思。

「灼灼百朵紅，戔戔五束素」已爲結尾埋下了伏線。「家家習爲俗，人人迷不悟」兩句承上啓下，同時也表露了作者的思想傾向。「人人」并不是指普天下的一切人，而是指「帝城」中的統治者、剝削者，也就是《牡丹芳》裏所說的「王公」、「卿士」、「貴公主」、「豪家郎」之流。下面的「此嘆無人諭」，則與這裏的「人人迷不悟」一脈相承，在章法上取得了內在的聯繫。

從「有一田舍翁」至結尾，其寫法與《重賦》的末一段異中有同：後者寫被勒索得衣不蔽體的農民因「輸殘稅」而看見了「官庫」裏堆積如山、行將腐爛的繒帛絲絮，憤怒地控訴「貪吏」們「奪我身上暖，買爾眼前恩」；前者則寫一位「田舍翁」來到買花處，目睹了「灼灼百朵紅，戔戔五束素」的情景，發出了深長的嘆息，而沒有發表什麼意見。他爲什麼嘆息呢？「迷不悟」的「人人」是不會理解的；而作者却能理解，那就是：「一叢深色花，十戶中人賦！」這兩句詩，不僅說明了牡丹的昂貴，而且說明了買花錢的來源。一開頭，詩人就用「帝城春欲暮」一句既點明地點、又點明時間。在「春欲暮」的時候，農民們正披星戴月、忙於農業生產，而「帝城」中的富貴人家却「喧喧車馬度」，「相隨買花去」，爲了買得「灼灼百朵紅」，不惜揮金如土。他們既不從事生產勞動，又不幹任何正事，那麼他們的金錢是哪裏來的呢？這衹有深受剝削之苦的「田舍翁」才了解得最清楚。詩人的高明之處，就在於他把「田舍翁」從啼飢號寒的農村引入紙醉金迷的「帝城」，通過他的一聲「長嘆」，深刻地揭露了「買花」者與買花錢的實際負擔者之間的尖銳矛盾，又以「獨長嘆」的那個「獨」字與「人人迷不悟」形成強烈的對比，對「田舍翁」的對立面給予有力的鞭笞。

在當時的「帝城」裏，以高價「買花」，這是「家家習爲俗」的普遍現象，誰也不注意它有什麼社會意義。柳渾寫了「近來無奈牡丹何，數十千錢買一窠」的詩句，不過是自嘆錢少，買不起那麼高貴的花兒罷了。白居易却從中看出了、并且尖銳地反映了剝削與被剝削的矛盾，引人深思，發人深省。這關鍵不僅在於藝術修養的高低，還在於詩人的心是否和農民相通、是否敢用自己的詩歌創作反映農民的心聲。

《重賦》中的「官庫」、《採地黃者》中的「地黃」、《買花》中的「買花」，都是詩人用以集中矛盾的焦點。通過特定的焦點反映出來的矛盾既有獨特性，又有普遍意義。比如在《買花》裏，剝削者與被剝削者的矛盾通過「買花」這一焦點表現爲「一叢深色花，十戶中人賦」，很有獨特性。正是這種獨特性，給這首詩帶來了獨創性。對於驕奢淫逸的統治者、剝削者來說，需要「買」的東西何止成千上萬，「買花」衹不過是微不足道的一端而已。然而僅僅買「一叢」牡丹花，就揮霍掉「十戶中人賦」，那麼要填滿所有統治者、剝削者的慾壑，又將揮霍多少！農民負擔的「賦稅」，還有減輕的希望嗎？還有納完的日子嗎？

（霍松林）

# 上陽白髮人

白居易

上陽人，上陽人，紅顏暗老白髮新。綠衣監使守宮門，一閉上陽多少春！玄宗末歲初選入，入時十六今六十。同時采擇百餘人，零落年深殘此身。憶昔吞悲別親族，扶入車中不教哭；皆云入內便承恩，臉似芙蓉胸似玉。未容君王得見面，已被楊妃遙側目。妬令潛配上陽宮，一生遂向空房宿。宿空房，秋夜長，夜長無寐天不明。耿耿殘燈背壁影，蕭蕭暗雨打窗聲。春日遲，日遲獨坐天難暮。宮鶯百囀愁厭聞，梁燕雙棲老休妬。鶯歸燕去長悄然，春往秋來不記年。唯向深宮望明月，東西四五百回圓。今日宮中年最老，大家遙賜「尚書」號。小頭鞵履窄衣裳，青黛點眉眉細長。外人不見見應笑，天寶末年時世妝。上陽人，苦最多。少亦苦，老亦苦，少苦老苦兩如何！君不見昔時呂向《美人賦》，又不見今日上陽宮人白髮歌？

唐代詩人白居易，是大家所熟知的我國古代的一位大詩人。他的詩歌作品，向來以能够深刻地反映社會現實生活並語言通俗易懂而著稱。特別是他前期所寫的《秦中吟》、《新樂府》等作品，更是取材廣泛，鋒芒銳利，對當時社會中的許多政治弊端和不合理現象，都作了大膽的揭露。其中有一部分詩，還尖銳地觸及到當時的婦女問題。在這一類詩中，詩人以十分同情的態度，眞實地描寫了在封建壓迫下婦女的痛苦生活和她們的悲慘命運，并對摧殘婦女、壓迫婦女的殘酷的封建制度，作了無情的鞭撻。下面將要介紹的《新樂府》五十首之一的《上陽白髮人》，就是其中著名的一首。

在這首詩的標題下面，詩人自己加了一句註解說：「愍怨曠也。」「愍」，是同情、憐憫的意思；「怨」，指怨女；「曠」，指曠夫。在古代，成年而無丈夫的女子叫作怨女，成年而無妻子的男子叫作曠夫。這裏「怨」、「曠」并提，實際上寫的只是怨女，而且也并不是一般的怨女，而是指被封建最高統治者皇帝選入宮廷而幽禁在後宮的女子。原詩前還有一段小序，是這樣說的：「天寶五載以後，楊貴妃專寵，後宮人無復進幸矣。六宮有美色者，輒置別所，上陽是其一也；貞元中尚存焉。」這幾句話的大意是說，從唐玄宗天寶五載以後，只有楊貴妃受到皇帝的寵幸，後宮女子全都受到冷落。所有選入後宮的美女，則被遷移出去，安置到另外一些地方，洛陽的上陽宮，就是其中的一處；直到玄宗死後的德宗貞元年間，這座上陽宮和被幽禁的宮女還存在。由這段小序，我們可以知道，《上陽白髮人》完全是一首紀實詩，是詩人針對當時朝廷中的一項極不人道的措施而發的。

當然，所謂紀實詩，也并不是平鋪直敘地、毫無選擇地照搬生活現象就可以寫好的；它需要藝術的提煉、集中、剪裁，需要寫出具有典型意義的形象，纔能達到眞實、生動、感人的藝術效果。

白居易在《上陽白髮人》這首詩中，并沒有一般化地羅列所謂「後宮人」的種種遭遇，而是選取了一個

上陽白髮人

終生被禁錮的宮人作爲典型，通過對她一生境遇的描寫，極形象而又富於概括力地顯示了「後宮佳麗三千人」的悲慘命運，揭露了封建帝王摧殘無辜女性的罪惡行爲。

詩歌一開頭，就充滿了哀怨激憤之情：「上陽人，上陽人，紅顏暗老白髮新。綠衣監使守宮門，一閉上陽多少春！」這般開頭，有統挈全篇的作用。它概括了全文所要吟詠的基本內容，同時也以無限憂鬱、哀嘆的調子，彈出了全篇作品的主旋律。「紅顏暗老白髮新」，表現了上陽女子大好青春年華的被消磨。「綠衣監使守宮門」，是說她是沒有人身自由的。「綠衣監使」，指皇帝派去把守宮苑的官員。按照唐代制度，京都各宮苑都設監一人，副監一人，率兵丁看守，他們穿着深綠色或淺綠色的公服。「一閉上陽多少春」，是說這個宮女一關進上陽宮苑，就永無再出來的日子，遭到長期的殘酷無情的監禁。

「玄宗末歲初選入，入時十六今六十。同時採擇百餘人，零落年深殘此身。」這幾句是說這個上陽女子從青春年少到白髮蒼蒼，在深宮內院已被幽禁了四十四個年頭。當時一起被選入宮中的同命運的女子，如今都已春花秋草般地被摧折而凋零殆盡了，活在世上的只剩下她自己一人。從「殘此身」的「殘」字中，透露了一種十分悲苦之情。按常理說，長命對人來說是好事，但這裏表現得却非常凄苦。白居易曾在一首題爲《感舊》的詩中寫過：「人生莫羨苦長命，命長感舊多悲辛。」這雖是詩人的自詠，但這一凄苦的生活體驗，也正可以拿來幫我們體會這裏的「零落年深殘此身」的感情。對於一個一生倍受摧折的人，無論是回憶往事，還是面對殘餘的生命，都只能是一杯苦酒而已。

接着八句，是對往事的追憶：「憶昔吞悲別親族，扶入車中不教哭；皆云入內便承恩，臉似芙蓉胸似玉。未容君王得見面，已被楊妃遙側目。妬令潛配上陽宮，一生遂向空房宿。」這一節前四句是寫入宮以前，後四句是寫入宮之後。「憶昔吞悲別親族，扶入車中不教哭」，是描寫這個年方十六的妙齡少女，被迫離家的時候與親人告別的悲慟場景。據記載，唐天寶末年，朝廷專門設有所謂「花鳥使」，而所幹的却是到民間專爲皇帝秘密地採選美女。這個上陽女，當然正是這樣被無情地掠進宮中的。「皆云入內便承恩，臉似芙蓉胸似玉」，這是寫的臨行時候親族的話，是對她的勸導，對她的安慰，而在她自己，當然也不失爲是一種希望。但結果如何呢？「未容君王得見面，已被楊妃遙側目」，連君王的面也未得見，就遭到了受到專寵的楊妃的嫉恨。「側目」，指斜眼相視，是形象地寫楊妃見到其他美女時那種蠻橫嫉妒的情態。「妒令潛配上陽宮，一生遂向空房宿」，「潛配」，是指好嫉妒的楊妃，瞞着皇帝把她們暗暗地驅送走了。從此，這羣女子的一生也就這樣被斷送在冷宮之中了。這裏把上陽女命運的不幸完全歸咎於楊妃的嫉妒，今天看來，當然是不恰當的；上陽女命運的不幸，應該說，是封建社會那種摧殘女性的宮闈制度造成的，是最高封建統治者荒淫縱慾罪惡的結果。總之，一個十六歲的少女，一生的命運就這樣決定了。

下面兩節，極寫上陽女子被幽禁的淒怨生活。詩人選了秋夜和春日兩個時間，概括地表現了上陽宮女一年年的歲月是怎樣度過的。先寫秋夜：「宿空房，秋夜長，夜長無寐天不明；耿耿殘燈背壁影，蕭蕭暗雨打窗聲。」秋夜是很長的，而對於滿腹心事、痛楚難寐的人來說，就更是難挨，所以說「夜長無寐天不明」。「耿耿殘燈背壁影」，是說夜已經深了，燈火將盡，但人還沒有睡去，陪伴她的，只有反映在屋壁上的自己的孤影。「蕭蕭暗雨打窗聲」，是說深夜獨坐，兩耳所聞，無非是一片蕭蕭的秋雨拍打窗欞的聲音。這裏形象地寫出了上陽女子秋夜無眠時的極爲孤寂的處境和痛苦的心情。那麼，春天時又怎麼樣呢？春天是充滿生意和歡樂的季節，但這對於被幽禁的上陽女來說，却同樣難以引起什麼歡快的情緒。詩人是這樣寫的：「春日遲，日遲獨坐天難暮；宮鶯百囀秋厭聞，樑燕雙棲老休妒。」春日遲遲，風和日暖，鳥語花香，但上陽女又有什麼心情去賞玩呢？相反地，她深宮獨坐，更覺得天長難暮，時光難挨。「宮鶯百囀愁厭聞，樑燕雙棲老休妒」兩句，更深刻而細緻地描寫了她愁苦、絕望的心情。春日黃鶯百囀，發出各種動人的鳴叫，本會引起人們的欣喜和高興，可是她却「愁厭聞」，聽到以後，却引起愁思與厭煩；房樑上的燕子成雙捉對地同飛同棲，本會引起一個年輕女子的羨慕、嚮往，可是對這位已經年老的宮人，已經再也惹動不起來此種感情了。這裏，心理描寫是十分深切而細膩的。

就這樣，上陽人在孤苦淒涼中，不知挨過了多麼漫長的歲月：「鶯歸燕去長悄然，春往秋來不記年；惟向深宮望明月，東西四五百回圓。」在無休止的幽禁生活中，她只覺得春去秋來，年復一年地過去，不記得現在究竟到了哪一年，只知道在深宮中看到月亮東升西落，由圓而缺，由缺而圓已經四五百回了。「惟向深宮望明月，東西四五百回圓」，這兩句既寫被幽禁的長久，又回應前邊所寫的夜長無寐的情景。因爲月華東升西落，只有徹夜不眠的人，纔會見到這種情景。

詩歌到此一頓，突然寫出一個具有戲劇性的情節：「今日宮中年最老，大家遙賜『尚書』號。」「大家」，是內宮對皇帝的習慣稱呼。「遙賜」，是指皇帝從當時京都長安發旨到洛陽上陽宮。「尚書」，指宮中女官的稱號。這兩句是說：因爲這位上陽人年紀已屬最老的了，所以皇帝賜給她一個尚書號來表彰。以垂死之年，換得一個所謂「尚書」的虛名，這能抵償一個人一生被幽禁的悲哀嗎？這樣的所謂「皇恩」，不正十足地證明了它是多麼的虛僞嗎？詩人這樣選材來寫，正是對統治者一種絕妙的揭露和諷刺。

詩寫到這裏，結束了回憶，又回到了現在。現在這位上陽人是怎樣一副模樣呢？「小頭鞵履窄衣裳，青黛點眉眉細長；外人不見見應笑，天寶末年時世妝。」這幾句的意思是說，這個宮人脚穿小頭鞋，身着瘦衣裳，青黛描畫的眉毛細而長。這種打扮宮外人是見不到的，如果見到了一定會發笑。因爲那還是四十年前天寶末年的樣子；到了貞元年間，時新宮裝早已改樣，但她一點也不曉得。打扮的落伍，說明與世隔絕是多麼長久。

白居易的《新樂府》作品，一般都帶有一個概括性的揭示主題思想的結尾。據詩人自己說，這是爲了「卒章顯其志」，實際上，是與他的「惟歌生民病，願得天子知」的創作意圖分不開的。這首詩的結尾正是這樣寫的：「上陽人，苦最多：少亦苦，老亦苦，少苦老苦兩如何？君不見昔時呂向《美人賦》；又不見今日上陽宮人白髮歌！」所謂「昔時呂向《美人賦》」，是指在白居易以前，開元、天寶時人呂向，曾同情被幽禁宮女的痛苦，向皇帝進獻過《美人賦》進行諷諭、諫勸這樣一件事。詩人對呂向的這種正義行爲十分讚賞，事隔多年，他見這種極不人道的幽禁宮女的制度依然存在，心中激憤，因此又作了這首《上陽白髮人》，反映宮女的悲慘遭遇，對這項政治弊端，再次進行揭露。結尾的這一段話，用感嘆的語調和諷喻的口氣，寫出了詩人的一片惻隱之心和「救濟人病，裨補時闕」的社會理想，顯示出詩人對被壓迫婦女命運的關心，表現了詩人可貴的人道主義精神。

白居易同情宮女命運的詩不只《上陽白髮人》一首，同樣題材的作品，在《新樂府》中還有《陵園妾》。那是一首揭露封建統治者讓宮女終生爲皇帝守陵墓的罪惡的詩。在這兩首詩裏，宮女們非人的生活、地獄般的處境，都得到了眞實的反映，正如詩人在一首《後宮詞》中概括的那樣：「三千宮女臙脂面，幾個春來無淚痕！」白居易不只是對宮女的悲慘遭遇表示同情，還把皇帝幽禁大批宮女作爲一個社會政治問題來看。他在上給皇帝的表章《請揀放後宮內人狀》中指出，宮中幽禁大批宮女，「上則虛給衣食，有供億靡費之煩；下則離隔親族，有幽閉怨曠之苦」，因此要求皇帝少做這種耗費國家財力和傷天害理的事。而在《過昭君村》一詩中，更反映了人民對選宮女這一制度的抵抗情緒：「至今村女面，燒灼成瘢痕。」說姑娘們當時爲逃避被選入宮，都故意毀壞自己的容顏把臉燒傷，至今人們還可以看到婦女面上留下的瘢痕。

另外，白居易除了關心宮女的不幸命運而外，他還寫過《井底引銀瓶》、《母別子》、《議婚》、《太行路》和《繚綾》等詩，對社會上廣大婦女，特別是勞動婦女的悲慘處境，寄予了很大的同情。總之，用詩歌形式，反映在封建制度下婦女的種種悲劇，爲婦女的命運鳴不平，是偉大詩人白居易詩歌創作中的一項重要內容，值得我們重視。他的這種進步的社會思想，至今仍然閃爍着不滅的光輝。

（褚斌傑）

新豐折臂翁

# 新豐折臂翁

白居易

新豐老翁八十八，頭鬢眉鬚皆似雪，玄孫扶向店前行，左臂憑肩右臂折。問翁：「臂折來幾年？」兼問「致折何因緣？」翁云：「貫屬新豐縣，生逢聖代無征戰。慣聽梨園歌管聲，不識旗槍與弓箭。無奈天寶大徵兵，戶有三丁點一丁。點得驅將何處去？五月萬里雲南行。聞道雲南有瀘水，椒花落時瘴煙起。大軍徒涉水如湯，未戰十人五人死。村南村北哭聲哀，兒別爹娘夫別妻；皆云前後征蠻者，千萬人行無一回。是時翁年二十四，兵部牒中有名字；夜深不敢使人知，偷將大石槌折臂。張弓簸旗俱不堪，從茲始免征雲南。骨碎筋傷非不苦，且圖揀退歸鄉土。臂折來來六十年，一肢雖廢一身全。至今風雨陰寒夜，直到天明痛不眠。痛不眠，終不悔，且喜老身今獨在。不然當時瀘水頭，身死魂飛骨不收；應作雲南望鄉鬼，萬人冢上哭呦呦。」老人言，君聽取：君不聞開元宰相宋開府，不賞邊功防黷武。又不聞天寶宰相楊國忠，欲求恩幸立邊功。邊功未立生人怨，請問新豐折臂翁。

這首詩，是白居易《新樂府》五十首之一。

這首詩，創作於唐憲宗元和四年（八〇九），詩人正任左拾遺、翰林學士。詩中所描寫的「折臂翁」，則是白居易曾經親自遇見的，那是元和元年（八〇六）秋天，白居易代理昭應縣尉時發生的事。按昭應縣城西南四里，有新豐故城，卽後來臨潼縣境內的新豐鎮。這位「折臂翁」，大約就是這裏的居民，故能與白居易相遇。

原詩題下有一小序云：「戒邊功也」。說明詩人寫詩的主旨相當明確，意在勸戒皇帝不要向外擴張，或者說他反對開邊政策。值得注意的，白居易寫作本詩的元和四年前後，唐王朝對藩鎮之亂尚無力平息，還談甚麼「邊功」呢？故而可知，他是針對歷史事件進行評議，希望執政者能够借古鑒今有所警惕。

如就本詩的立意來看，應屬於政論詩，而詩人却採取了敍事詩的寫法，通過「新豐折臂翁」不幸的一生，揭示了這個歷史事件的罪惡本質，以及它給人民帶來的深重災難。這種創作手法，不能不說是一個新的嘗試。

作爲敍事詩來說，首先要點明的是時間、地點、人物。詩人開門見山說：「新豐老翁八十八，頭鬢眉鬚皆似雪；玄孫扶向店前行，左臂憑肩右臂折。」按漢代的新豐縣，系漢高祖七年所營建，據《西京雜記》卷二載：「太上皇（劉邦之父）徙長安，居深宮，悽愴不樂。高祖竊因左右問其故，以平生所好，皆屠販少年，酤酒賣餅，鬥鷄蹴踘，以此爲歡，今皆無此，故以不樂。高祖乃作新豐，移諸故人實之，太上皇乃悅。」這個老翁八十八歲，他被徵的那一年二十四歲，據此推算，當是天寶十三載（七五四）那次大徵兵發生的災難。這個老翁，需扶人而行，於是進一步指明他是右臂折了。右臂至關重要，右臂一折失去了應徵的資格。

開元、天寶年間，太平年久，民不知兵。當年的老翁，纔二十四歲，一向生活於安樂之中：「慣聽梨園歌管聲，不識旗槍與弓箭。」所以當他聽說要出征打仗，便有些害怕，再加上傳來的種種消息，更是令人聞而生畏：「聞道雲南有瀘水，椒花落時瘴煙起；大軍徒涉水如湯，未戰十人五人死。」如此遙遠的邊陲，山川險阻，只要一去，活着回來的希望是非常渺茫的。

至於目睹的一些景象，更是令人不寒而慄：「村南村北哭聲哀，兒別爺娘夫別妻，皆云前後征蠻者，千萬人行無一回。」當年的老翁，本來就不願應徵，再加上耳聞目睹的一些可怕的消息和情景，使他堅定了

「自我傷殘」的決心，於是鋌而走險：「夜深不敢使人知，偷將大石槌折臂。張弓簸旗俱不堪，從茲始免征雲南。」這個「偷」字用得好，說明這種「自殘」行爲，也是犯法的。一旦被官家知道，將以逃避兵役論處。

「臂折來來六十年，一肢雖廢一身全。」這六十年，包含着多少痛苦啊！當時骨碎筋傷，疼痛難忍。即使後來愈合了，每逢風雨陰寒之夜，也是疼得睡不着覺。他雖然經歷了六十餘年的苦痛，但不後悔，因爲他畢竟把性命保全下來了。在他看來，他的做法是對的，不然早就成了望鄉之鬼！

詩的末節，白居易舉出對待邊功不同態度的兩位宰相：一個是宋璟，「不賞邊功防黷武」；一個是楊國忠，「欲求恩幸立邊功」。宋璟不賞邊功，指天武軍牙將郝靈筌斬突厥默啜事，時在開元三年，璟爲相，以玄宗年少好武，恐徼功者生心，對郝靈筌遲遲不賞，第二年才授給郝靈筌一個郎將。天寶末年，楊國忠爲相，重構南詔閣羅鳳之役，募兵討之，先後發兵二十餘萬，去無還者。募兵不足，便捉人連枷赴役，天下怨哭，民不聊生。本詩最後兩句：「邊功未立生人怨，請問新豐折臂翁！」乃是畫龍點睛之筆，把全詩所含蘊的思想，概括地強烈地推向一個原則高度，使人們理解到楊國忠是個不折不扣的誤國庸臣。

這首詩，取材於眞人眞事，其情節發展，自然合理，所以感人至深。當然，對折臂翁的刻畫過程，詩人適當地給予了藝術加工，特別是人物心理狀態的變化，層次井然，這個人物形象是活生生的，有血有肉。

詩人以眞人眞事作爲例證，對歷史事件進行評議，以諷喻當今的執政者，不僅手法新穎，而且極有說服力。對楊國忠弄權的揭露，切中要害；同時，對唐玄宗的昏憒，也給予了無情的批判。據《資治通鑒》記載，在楊國忠主持下，征雲南王之役，計有兩次：天寶十載（七五一）劍南節度使鮮于仲通率兵八萬戰於瀘南，大敗，士卒死六萬。而楊國忠竟「掩其敗狀，仍敍其戰功」。天寶十三載（七五四）六月，劍南留後李宓將兵七萬擊南詔，結果在大和城一帶全軍皆沒。而楊國忠又「隱其敗，更以捷聞。益發中國兵討之，前後死者幾二十萬人；無敢言者」。這說明唐王朝的政治腐敗到了何等地步！

對於遠征雲南王閣羅鳳之役，當時的大詩人李白、杜甫在詩作中都有反映。李白有句云：

渡瀘及五月，將赴雲南征。怯卒非壯士，南方難遠行。長號別嚴親，日月慘光晶。泣盡繼以血，心摧兩無聲！

杜甫有句云：

君已富土境，開邊一何多？

看來都不如《新豐折臂翁》如此細緻而全面地表現了這個重大的歷史事件，足以說明白居易是非常關心國家大事的。

（王拾遺　袁宗一）

# 賣炭翁

白居易

賣炭翁，伐薪燒炭南山中。滿面塵灰煙火色，兩鬢蒼蒼十指黑。賣炭得錢何所營？身上衣裳口中食。可憐身上衣正單，心憂炭賤願天寒。夜來城外一尺雪，曉駕炭車輾冰轍。牛困人饑日已高，市南門外泥中歇。翩翩兩騎來是誰？黃衣使者白衫兒。手把文書口稱敕，回車叱牛牽向北。一車炭，千餘斤，宮使驅將惜不得。半匹紅紗一丈綾，繫向牛頭充炭值。

《賣炭翁》這首詩是我國唐代詩人白居易《新樂府》五十首當中的一首。它描寫一個燒木炭的老人謀生的困苦，揭露了唐代「宮市」的罪惡。

這首詩一開頭就把我們帶到當時的京城長安附近的終南山上，讓我們看到一個燒炭的老人過着十分窮苦的生活。他連一寸土地也沒有，全部賴以爲生的東西，只不過是一把斧頭、一掛牛車，再加上十個被煙火熏黑的手指頭。他沒有妻子也沒有兒女，孤苦伶仃的一個人，在南山上伐薪、燒炭，弄得「滿面塵灰煙火色，兩鬢蒼蒼十指黑」，勞動的艱苦是可想而知的。這燒炭的老人對生活并沒有過高的要求，「賣炭得錢何所營？身上衣裳口中食」，他僅僅希望有吃有穿，維持一種最低的生活。按理說，一個人養活自己一個人，并不是什麼困難的事情，可是就連這樣一個願望他也難以實現。木炭，本是供人取暖的東西，這老人辛辛苦苦地砍了柴，燒了炭，給別人帶來了溫暖，可是自己身上的衣服却單薄得可憐。衣服單薄總該盼望天氣暖和吧？不，恰恰相反，被生活所迫的老人「心憂炭賤願天寒」，他寧肯忍受加倍的寒冷，以便能多賣一點炭錢。這種矛盾的心情，深刻地表現出賣炭翁悲慘的處境。

「夜來城外一尺雪，曉駕炭車輾冰轍」，寒冷的天氣果然來到了。一清早，他就套上車，踏着冰凍的道路，去到長安市上賣炭。從終南山到長安城，一路之上他想了些什麼呢？詩人沒有告訴我們；是可以想像得出來，他一定是滿懷着希望，因爲這一車炭直接關係着他今後的生活。讀到這裏我們覺得自己和這位老人更親近了，我們迫不及待地想要知道這車炭究竟能不能賣掉，能不能賣上一個公道的價錢。可是詩人并不馬上告訴我們結果，他讓賣炭翁歇下來，喘一口氣，也讓讀者稍微平靜一下。然後寫道：「翩翩兩騎來是誰？黃衣使者白衫兒。」來的人一個是穿黃衣的太監，一個是穿白衫的太監的爪牙。他們裝模作樣，說是奉了皇帝的命令出來採辦貨物，也不管賣炭翁同意不同意，趕上炭車往北就走，城北是皇帝住的地方，趕車的又是宮裏的太監，一個賣炭的老人能有什麼辦法去對付呢！「一車炭，千餘斤，宮使驅將惜不得。」千餘斤炭，不知道要幾千斤柴纔燒得出，而這幾千斤柴又不知道要多少天纔砍得來！爲了把柴燒成炭，這孤苦的老人又在塵灰裏、在煙火旁邊受了多少熬煎！可是拿這一切所換到的是什麽呢？「半匹紅紗一丈綾，繫向牛頭充炭値。」連紗帶綾合起來也沒多少，難道這就能抵得上老人多少天的辛勤勞動嗎？這些宮使哪裏是在買東西，他們簡直是強盜。他們奪走的不只是一車炭，而是奪走了老人生活的希望，剝奪了他生活的權利。這該激起讀者怎樣的憤怒！讀完了這首詩，我們不禁要問：兩鬢蒼蒼的賣炭翁，憑着這點報酬，能够捱過那嚴寒的冬天嗎？

白居易在《新樂府》中每首詩的題目下面都寫有一序，說明這首詩的主題。《賣炭翁》的序是「苦宮市也」，就是要反映宮市給人民造成的痛苦。「宮市」，是唐朝宮廷直接掠奪人民財物的一種最無賴的方式。本來宮廷裏需要的日用品，歸官府向民間採購，到了德宗貞元末年，改用太監爲宮使直接採辦。宮裏經常派出幾百人到長安東西兩市和熱鬧的街坊去，遇到他們看中的東西，只說一聲是「宮市」，拿了就走，誰也不敢過問。有時候只給很少一點報酬；有時候不但不給任何報酬，反而要人倒貼「門戶錢」和「脚價錢」。所以每逢宮使出來的時候，連賣酒賣餅的小店鋪都關上店門，不敢做生意了。白居易寫作《新樂府》是在元和初年，這正是宮市爲害最深的時候。他對宮市有十分的了解，對人民又有深切的同情，所以纔能寫出這首感人至深的《賣炭翁》來。

但是，《賣炭翁》的意義，遠不止於對宮市的揭露。詩人在賣炭翁這個典型形象上概括了千百個勞動人民的辛酸和悲苦，在賣炭這一件小事上反映出了千百件封建社會的黑暗和不平。讀着這首詩，我們所看到的決不僅僅是賣炭翁一個人，透過他彷佛有許許多多種田的、打魚的、織布的人出現在我們眼前。他們雖然不是「兩鬢蒼蒼十指黑」，但也各自帶着勞苦生活的標記。他們雖然不會因爲賣炭而受到損害，但也各自在田租或賦稅的重壓下流着辛酸和仇恨的淚水。《賣炭翁》這首詩不但在當時有揭露黑暗、爲民伸寃的積極意義，卽使對於今天的讀者也有一定的認識價値和教育意義。

《賣炭翁》的藝術性也是很高的。你看，詩人在開頭八句裏，先對賣炭翁做了一番總的介紹，介紹得那麽親切、自然，就像介紹自己家裏的人一樣。「滿面塵灰煙火色，兩鬢蒼蒼十指黑。」只用簡單而深情的十四個字，就活生生地勾畫出他的外貌；「可憐身上衣正單，心憂炭賤願天寒。」又是同樣簡單而深情的十四個字，深刻地揭示了他的內心活動。這番介紹就好像一串電影畫面，從南山的遠景開始，鏡頭平穩地拉近，然後是接連幾個大特寫：兩鬢、十指、灰塵滿面、衣衫襤褸，使人觸目驚心。

這樣介紹了以後，詩人就揀取賣炭翁的一次遭遇，來加以具體描寫。白居易有意把他放在一個大雪天裏，這雪，雖然使他的身體格外寒冷，但是點燃了他心頭的希望；雖然增加了趕車的困難，但也給了他力量，使他一口氣就趕到了目的地。這是多麼富於戲劇性的描寫啊！賣炭翁滿懷希望地趕到市上，却不急着馬上把炭賣掉。他歇下來，也許還用衣袖揩一揩額頭的汗水，蹲在路旁喘一口氣。但是，誰能說他的內心會像他的外表一樣平靜呢？「牛困人飢日已高，市南門外泥中歇」，好像高潮以前短暫的沉默，這兩句詩把人的心弦扣得緊緊的。

接下去，詩人掉轉筆鋒，使故事急轉直下，突然出現了兩個宮使。白居易再次運用由遠及近的寫法，寫他們騎着馬遠遠而來，樣子很威風，衣着很神氣，行動很輕快，和賣炭翁那龍鍾的老態，饑寒的神情，以及歇在泥中的樣子，形成強烈的對照。賣炭翁還來不及弄清楚是怎麼一回事，他們已經把車牽向北去了。寫到這裏，詩人似乎不忍心再寫下去，他簡短地交代了事情的結果。也不像《新樂府》中其他的詩那樣，發表一通枯燥的議論。但正是這簡短的結尾，纔更含蓄、更有力、更能發人深思。

（袁行霈）

# 長恨歌

白居易

漢皇重色思傾國，御宇多年求不得。楊家有女初長成，養在深閨人未識。天生麗質難自棄，一朝選在君王側。回眸一笑百媚生，六宮粉黛無顏色。春寒賜浴華清池，溫泉水滑洗凝脂。侍兒扶起嬌無力，始是新承恩澤時。雲鬢花顏金步搖，芙蓉帳暖度春宵。春宵苦短日高起，從此君王不早朝。承歡侍宴無閑暇，春從春游夜專夜。後宮佳麗三千人，三千寵愛在一身。金屋妝成嬌侍夜，玉樓宴罷醉和春。姊妹兄弟皆列土，可憐光彩生門戶。遂令天下父母心，不重生男重生女。驪宮高處入青雲，仙樂風飄處處聞；緩歌慢舞凝絲竹，盡日君王看不足。漁陽鞞鼓動地來，驚破《霓裳羽衣曲》。九重城闕煙塵生，千乘萬騎西南行。翠華搖搖行復止，西出都門百餘里；六軍不發無奈何，宛轉蛾眉馬前死！花鈿委地無人收，翠翹金雀玉搔頭；君王掩面救不得，回看血淚相和流。黃埃散漫風蕭索，雲棧縈紆登劍閣。峨嵋山下少人行，旌旗無光日色薄。蜀江水碧蜀山青，聖主朝朝暮暮情。行宮見月傷心色，夜雨聞鈴腸斷聲。天旋地轉回龍馭，到此躊躇不能去。馬嵬坡下泥土中，不見玉顏空死處！君臣相顧盡沾衣，東望都門信馬歸。歸來池苑皆依舊，太液芙蓉未央柳。芙蓉如面柳如眉，對此如何不淚垂！春風桃李花開日，秋雨梧桐葉落時。西宮南內多秋草，落葉滿階紅不掃。梨園弟子白髮新，椒房阿監青娥老。

夕殿螢飛思悄然，孤燈挑盡未成眠；遲遲鐘鼓初長夜，耿耿星河欲曙天。鴛鴦瓦冷霜華重，翡翠衾寒誰與共！悠悠生死別經年，魂魄不曾來入夢。臨邛道士鴻都客，能以精誠致魂魄；爲感君王展轉思，遂教方士殷勤覓。排空馭氣奔如電，升天入地求之遍；上窮碧落下黃泉，兩處茫茫皆不見。忽聞海上有仙山，山在虛無縹緲間。樓閣玲瓏五雲起，其中綽約多仙子；中有一人字太真，雪膚花貌參差是。金闕西廂叩玉扃，轉教小玉報雙成。聞道漢家天子使，九華帳裏夢魂驚。攬衣推枕起徘徊，珠箔銀屏迤邐開；雲鬢半偏新睡覺，花冠不整下堂來。風吹仙袂飄颻舉，猶似「霓裳羽衣」舞。玉容寂寞淚闌干，梨花一枝春帶雨。含情凝睇謝君王：一別音容兩渺茫。昭陽殿裏恩愛絕，蓬萊宮中日月長。回頭下望人寰處，不見長安見塵霧。唯將舊物表深情，鈿合金釵寄將去。釵留一股合一扇，釵擘黃金合分鈿；但教心似金鈿堅，天上人間會相見。臨別殷勤重寄詞，詞中有誓兩心知：七月七日長生殿，夜半無人私語時：「在天願作比翼鳥，在地願爲連理枝。」天長地久有時盡，此恨綿綿無絕期。

唐代詩人白居易的《長恨歌》，是一篇久爲傳誦的名作。據記載，這首詩寫出不久，就給詩人帶來很高的榮譽，被稱爲「《長恨歌》主」（白居易《與元九書》）。後世評論家亦詡爲「自是千古絕作」（趙翼《甌北詩話》）。《長恨歌》是一首長篇敘事詩，所詠的是歷史上唐玄宗和楊貴妃的故事。但對這樣一篇爲大家所喜讀熟誦的作品，它的主題思想究竟是怎樣的，却一直是古今研究者所爭論的問題。古人的評論就有兩種截然不同的意見，一種認爲這首詩的主題是諷喻，「譏明皇迷於色而不悟也」（唐汝詢《唐詩解》）。一種認爲它只是寫李、楊間的愛情，「不過述明皇追憶貴妃始末，無他激揚」（張邦基《墨莊漫錄》）。建國以後，這個問題，仍是大家所討論的問題，始終還沒有達到比較統一的認識。本來，在文學史上這樣的事例是不少的，凡是一部偉大或者優秀的作品，它所蘊含的思想往往是比較複雜的，是需要經過人們長久的探討，深入的分析，纔能揭示其底蘊的。

在我看來，白居易《長恨歌》所要表達的思想，也正是詩人爲這篇長歌所取的詩題，即「長恨」二字。恨，就是遺憾，遺恨；而作者寫李、楊的故事，所引以爲長恨的是什麼呢？這作者在本詩的結穴中實際已經點明。詩中的最後一節，在鋪寫了李、楊二人生死隔離，思而不能相見，愛而不能復聚的情況以後，於是詩人用「天長地久有時盡，此恨綿綿無絕期」這樣兩句情深意長的詩句，結束了全篇。在詩人看來，一對彼此刻骨思念的情人，遭遇到這樣的不幸，正是一個令人哀憐的悲劇，這對於這對情侶來說，以致對於後人來說，都只能爲之遺恨千古，悲嘆莫置。南朝江淹曾作過一篇有名的《恨賦》，敍述了某些古人「伏恨而死」的情況，對於歷史上遭遇不幸的人寄予同情；而白居易這篇以「長恨」名篇的詩，也正寫的是歷史上的一個悲劇，寫的是一個感人的愛情悲劇故事，而且於詩篇中也毫不掩飾地流露出作者對所寫悲劇主人公的莫大同情。

所以，我們認爲《長恨歌》寫的是一個愛情故事，是一篇描寫愛情，歌頌愛情的詩篇，并不是一首什麼政治諷喻詩。但是由於這篇作品題材的特殊性，因而使它與一般的愛情悲劇故事有所不同。它所寫的是歷史題材，寫的是歷史上實有其人的唐玄宗和楊貴妃的故事。如果說他們的生離死別由愛情方面說是個悲劇的話，那麼這個悲劇的鑄成，也正有他們自己的過錯在內。唐代安史之亂這場歷史浩劫的發生，與唐玄宗寵愛楊妃，貽誤政事有很大的關係。因此，詩人在描寫這個悲劇故事的時候，就不能不涉及到悲劇發生的原因問題。在詩人白居易看來，唐玄宗過份地寵愛楊妃，不理朝綱（「春宵苦短日高起，從此君王不早朝」），任用非人（「姊妹弟兄皆列土，可憐光彩生門戶」），都是作爲一個君主所不應該的事，對此他不能不有微辭。而在詩篇中，當寫到這方面的時候，詩人也毫不掩飾地流露出不滿情緒。正是因爲這樣，也就增加了這首詩的複雜性。但是，從作者的創作意圖，從作品的主要內容和基本思想來看，它所力圖表現的仍是李、楊在後期事變中愛情方面所遭遇的不幸，是一首描寫愛情，詠嘆愛情悲劇的故事詩，而不是一首政治諷喻詩。

《長恨歌》是一篇具有高超藝術表現力的詩篇。作爲一首故事詩，它的篇幅并不太長，但是它具有生動的故事性。它比較完整地表現了一個悲劇故事的始末。全詩以「漢皇重色思傾國」開端，首先寫了楊妃的入宮、專寵；接着寫了事變的發生，楊妃的慘死；然後寫唐明皇的幸蜀以及回宮後對楊妃的篤誠思念；最後則以豐富的想像，構思了在蓬萊仙島上楊妃亦不忘舊情的情景，完成了整個故事。正由於它刻畫了人物，具有較完整的故事性，因而具有小說，特別是傳奇小說的色彩，給人以特殊的吸引力。但作爲一首詩來說，它又始終沒有離開詩歌的素質，它語言精醇簡練，感情濃郁，以情敍事，借景託情；詩中故事情節的每一發展，作者無不以情語出之，詩中對景物的每一描寫，作者也無不以情來渲染。總之，生動、完整的故事性與濃烈的寫情、抒情相結合，構成了這首詩的主要特色，也是它在藝術上最成功的地方。

《長恨歌》作爲一首故事詩，它的情節進展大致可以分爲三個部分。首先，從「漢皇重色思傾國，御宇多年求不得」開始，到「緩歌慢舞凝絲竹，盡日君王看不足」，主要是敍寫楊氏入宮，李、楊在一起時的生活。作者在這一部分裏，用極爲誇張的語言，寫楊妃的美麗和嬌媚，「回眸一笑百媚生，六宮粉黛無顏色。春寒賜浴華清池，溫泉水滑洗凝脂；侍兒扶起嬌無力，始是新承恩澤時」；同時，寫唐玄宗李隆基對楊妃的專寵和縱情，「後宮佳麗三千人，三千寵愛在一身。金屋妝成嬌侍夜，玉樓宴罷醉和春」。這一段既寫了楊妃的入宮和李隆基對她的專寵，以至發展到縱情的經過，又寄寓了詩人對他們縱情誤國行爲的極大的痛心和無限的感慨之情，「春宵苦短日高起，從此君王不早朝」、「遂令天下父母心，不重生男重生女」。詩人這樣來寫，就爲後面事變的發生，悲劇的必然到來作了預示。

果然，「漁陽鞞鼓動地來，驚破《霓裳羽衣曲》」，安史之亂發生了，故事轉到了第二段。這一段主要寫楊妃之死和李隆基對楊妃的不能須臾忘懷的思念之情。這時唐明皇的形象，已經完全轉化爲一個愛情悲劇的男主角了。詩中寫馬嵬坡楊妃死後，唐明皇心情十分痛苦。其遭遇和心境的變化，詩人是通過情景相托的表現手法形象地表現出來的。「黃埃散漫風蕭索，雲棧縈紆登劍閣；峨嵋山下少人行，旌旗無光日色薄。蜀江水碧蜀山青，聖主朝朝暮暮情。行宮見月傷心色，夜雨聞鈴腸斷聲。」前四句，是以情寫景，借景托情，用蕭索、孤淒、暗淡的景物色彩，渲染了幸蜀路途中悲涼的氣氛；後四句，更借景物月色、鈴聲等給予唐明皇的特殊感覺，表達出人物當時的痛楚心情。下面更以一定的篇幅，鋪寫了唐明皇重回長安後的情景，「歸來池苑皆依舊，太液芙蓉未央柳。芙蓉如面柳如眉，對此如何不淚垂！」深刻地刻畫了唐明皇回宮後「物在人非」的感觸和悲哀。如果單純作爲一個歷史故事，其情節至此，本已結束；但詩歌作者却未受此局限。詩人以豐富的想像和富有才華的文筆，構思和描寫了楊妃死後獨居蓬島仙山的故事，補足了對悲劇故事女主人公——楊妃的描寫。在這一情節裏，詩人描繪了楊妃「昭陽殿裏恩愛絕，蓬萊宮中日月長」的幽怨，描寫了「回頭下望人寰處，不見長安見塵霧」的相思，尤其是通過楊妃「唯將舊物表深情，鈿合金釵寄將去」的不忘舊情的舉動和「但教心比金鈿堅，天上人間會相見」的旦旦誓言，豐滿地刻畫了楊妃執著於愛情的動人的形象。這最後一段的描寫，雖然超出了歷史事實的範圍，但却完滿地表達了這一愛情悲劇故事的主題，從藝術上說，它給故事塗上了一層爲當時人們所喜聞樂道的傳奇色彩，從詩的要求來說，它增強了以「情」感人的力量。

作爲一首故事詩來說，它有情節的推移、轉換，但從全詩來看，它又一氣旋折，完全滅去轉落之痕。如寫楊妃被選入宮廷，只用了「天生麗質難自棄，一朝選在君王側」兩句過渡；寫安史之亂爆發，明皇幸蜀，只用了「漁陽鞞鼓動地來，驚破《霓裳羽衣曲》」兩句過渡；寫馬嵬之變，悲劇的發生，只用了「君王掩面救不得，回看血淚相和流」兩句帶過；寫仙山覓魂的情節，又用「悠悠生死別經年，魂魄不曾來入夢」兩句推引。諸如這類轉折接榫處，作者都構思和處理得十分自然、精練而且形象生動，既保持了故事發展的層次和連接，使之不斷其脈絡；又保持了詩歌體裁所要求的凝煉、含蓄和抒情的色彩，充分表現了詩人高超的藝術才能。

前面分析是從《長恨歌》總的構思和結構來說，至於這首詩的每一局部，每一細節，也無不精美、誘人。我們讀這首長詩，宛如步入一座雕樑玉砌的殿堂，一檐一壁，一柱一石，無不佳美，精到。如開端部分寫楊妃的入宮，用了「天生麗質難自棄」一語，這既緣上文寫了「漢皇」的重色和無所不到的尋求，又寫了楊妃的終難自掩的容顏麗質，「難自棄」三字，可謂一鼓雙敲，善於足意。又如下文用「回眸一笑百媚生」寫楊妃的顧盼生姿；用「侍兒扶起嬌無力」，寫楊妃的嬌媚之態；用「梨花一枝春帶雨」，寫楊妃的美麗、哀怨的形與神，細按之，均有工緻入畫之妙。詩中還善於通過對人物意態和活動的細節描寫，深刻地寫情達意，揭示出人物的內心世界。如寫唐明皇幸蜀歸來復又經過馬嵬坡時，詩中用「到此躊躇不能去」，「不見玉顏空死處」，來表現唐明皇的痛苦、留戀、悵恨之情；接着下面又用「東望都城信馬歸」，形象地寫出了唐明皇由於失去楊妃，而餘痛在心，雖東歸長安，也無情無緒的樣子。又如詩中寫方士去仙山叩尋楊妃的一段，楊妃聞訊後，先是「九華帳裏夢魂驚」，次是「攬衣推枕起徘徊」，最後是「花冠不整下堂來」，分別依次地寫出了楊妃聞訊之後的那種先是吃驚，後又半信半疑，最後則急急欲與使者相見的整個心理過程。正是由於《長恨歌》在每一細節上都有這樣無意不透，無語不靈的藝術表現力，所以它能夠生動、傳神，博得人們永遠的傳誦。

《長恨歌》是一篇所謂寫「風情」的作品，其所寫的又是一樁宮廷的愛情故事，但它的整個風格却不流於浮豔，我們如果把這首詩與六朝時期的那些寫宮廷男女生活的詩相比，就會發現它們的巨大區別。其所以如此，這是與作者的思想高度與作者創作這首詩的嚴肅態度分不開的。在《長恨歌》故事的前一部分，雖然由於故事發展的需要，詩中也寫到李、楊前期的宮廷生活，甚至敍寫了李隆基的縱情聲色和楊妃的逞媚邀寵，但作者所持的不是欣賞的態度，對那一段生活不是作自然主義的描寫，而是持批判的態度，做了概括性的藝術處理，因此它與歷史上的那些肆意渲染淫靡色情的所謂香豔詩，在性質上乃是完全不同的。而且《長恨歌》所要着意表現的，是一個悲劇性的主題，詩中寫李、楊的情和事，主要放在他們身罹不幸之後，重點在表現一對男女在愛情上的篤誠和他們生死不渝的信念，也就是說，作者所同情和借詩篇所歌頌的，是愛情的專一和堅貞，這無疑是嚴肅的，所表達的感情是感人而美好的。

詩人白居易在一首詩中曾不無自負地題寫道：「一篇《長恨》有風情，十首《秦吟》近正聲。」（《編集拙詩成一十五卷，因題卷末，戲贈元九、李二十》），《長恨歌》和《秦中吟》雖屬不同題材，不同思想感情和風格的作品，但它們都是詩人白居易的力作，都是文學史上不朽的名篇。

（褚斌傑）

# 琵琶行

白居易

元和十年，予左遷九江郡司馬。明年秋，送客湓浦口。聞舟中夜彈琵琶者，聽其音，錚錚然有京都聲；問其人，本長安倡女。嘗學琵琶於穆、曹二善才。年長色衰，委身爲賈人婦。遂命酒，使快彈數曲，曲罷，憫默。自叙少小時歡樂事，今漂淪憔悴，轉徙於江湖間。予出官二年，恬然自安；感斯人言，是夕始覺有遷謫意。因爲長句，歌以贈之。凡六百一十二言，命曰《琵琶行》。

潯陽江頭夜送客，楓葉荻花秋瑟瑟。主人下馬客在船，舉酒欲飲無管絃。醉不成歡慘將別，別時茫茫江浸月。忽聞水上琵琶聲，主人忘歸客不發。尋聲暗問彈者誰？琵琶聲停欲語遲。移船相近邀相見，添酒回燈重開宴。千呼萬喚始出來，猶抱琵琶半遮面。轉軸撥絃三兩聲，未成曲調先有情：絃絃掩抑聲聲思，似訴平生不得意。低眉信手續續彈，說盡心中無限事。輕攏慢撚抹復挑，初爲《霓裳》後《六么》。大絃嘈嘈如急雨，小絃切切如私語。嘈嘈切切錯雜彈，大珠小珠落玉盤。間關鶯語花底滑，幽咽泉流冰下難。冰泉冷澀絃凝絕，凝絕不通聲暫歇。別有幽情暗恨生，此時無聲勝有聲。銀瓶乍破水漿迸，鐵騎突出刀槍鳴。曲終收撥當心畫，四絃一聲如裂帛。東船西舫悄無言，惟見江心秋月白。沉吟放撥插絃中，整頓衣裳起斂容。自言本是京城女，家在蝦蟆陵下住。十三學得琵琶成，名屬教坊第一部。曲罷曾教善才伏，妝成每被秋娘妒。五陵年少爭纏頭，一曲紅綃不知數。鈿頭銀篦擊節碎，血色羅裙翻酒汚。今年歡笑復明年，秋月春風等閑度。弟走從軍阿姨死，暮去朝來顏色故。門前冷落車馬稀，老大嫁作商人婦。商人重利輕別離，前月浮梁買茶去。去來江口守空船，繞船月明江水寒。夜深忽夢少年事，夢啼妝淚紅闌干。我聞琵琶正嘆息，又聞此語重唧唧。同是天涯淪落人，相逢何必曾相識！我從去年辭帝京，謫居臥病潯陽城。潯陽地僻無音樂，終歲不聞絲竹聲。住近湓江地低濕，黃蘆苦竹繞宅生。其間旦暮聞何物？杜鵑啼血猿哀鳴！春江花朝秋月夜，往往取酒還獨傾。豈無山歌與村笛？嘔啞嘲哳難爲聽。今夜聞君琵琶語，如聽仙樂耳暫明。莫辭更坐彈一曲，爲君翻作琵琶行。感我此言良久立，却坐促絃絃轉急。凄凄不似向前聲，滿座重聞皆掩泣。座中泣下誰最多？江州司馬青衫濕！

唐憲宗元和十一年（八一六）秋，詩人白居易在江州（今江西九江市。詩中的潯陽城，同此）度過第二個秋天。從頭年秋天詩人被貶謫居江州算起，至今已整整一年了！在僻遠荒涼的江州，他憤懣不平而無處宣洩，只好將一腔愁悶鬱積心底。直到這年秋天的一個夜晚，當他送客江頭，偶逢琵琶女，從其身世遭遇聯想到自己政治上失意坎坷，頓時觸動了天涯淪落的痛苦心境，創作的靈感油然而生。他以飽蘸淚水的筆墨，盡情地傾訴了悲憤不平的感情，寫下了千古絕唱《琵琶行》。

古人在探討長篇歌行體詩歌創作時，講究「變化」、「布置」，要求「波瀾開闔，如在江湖中，一波未平，一波已作……出入變化，不可紀極，而法度不可亂」；「作大篇尤當布置，首尾勻停，腰腹肥滿」，勿使「前面有餘，後面不足；前面極工，後面草草」（姜夔《白石道人詩說》）。這些說法，大抵指詩的情節結構而言。從這一角度來欣賞，《琵琶行》在生動曲折的情節描寫中，可謂波瀾起伏，結構嚴謹；從容鋪敘，層次分明；開合得當，首尾照應。詩一開始，寫秋夜江頭送客。在清冷的秋色中，主客雙方喝着悶酒，鬱鬱寡歡。在黯然神傷的時刻，「忽聞水上琵琶聲」，使情節發展頓時柳暗花明。長詩旋即以琵琶音樂作爲貫穿情節發展的線索。正是江上飄來的感人的樂曲聲，振作了主與客的精神，吸引了他們的注意力，以致「主人忘歸客不發」！這樣，追尋彈者，移船相邀，琵琶女出場以及她的即席彈奏也就是情節發展的必然。問題在於，音樂是很難用語言文字直接描寫的，因爲它那飄忽即逝的音響、旋律是不容易準確地捕捉和表現的。音樂也是最無法作假的藝術語言，彈者的感情直接從音響、旋律中流露，不像語言文字有時可以表現出虛假和掩飾。怎樣寫好琵琶女聲情并茂的彈奏及其所創造的美妙境界？詩人平日深厚的音樂修養和駕馭語言藝術的厚實功力，使他筆下生花，成功地寫出了琵琶演奏的精彩片斷。他以人們在生活中經常接觸到的音聲作比，如「急雨」，「私語」、「鶯語」、「刀槍」等聲響，在妙喻聯翩中賦予抽象的音樂以有聲有色、具體可感的形象，使人如聞其聲，如臨其境。尤爲可貴的是，在千變萬化的曲調旋律中，詩人仍然意在表現人物的感情。整個演奏過程，或低徊掩抑，如泣如訴；或流美圓潤，鶯歌玉囀；或高昂明快，鐵騎交鋒，無不生動地傳達出彈者內心深處浪濤般起伏不平的感情，交織着她對人生諸般滋味的深切感受。至於聽者深受感染的情狀，詩人只以畫龍點睛之筆，寫出了「東船西舫悄無言，惟見江心秋月白」的情景，主客沉默無言，江心月白風平，有力地烘托出聽者如醉如癡，如夢初醒的恍惚情狀。通過琵琶音樂，進一步聯繫了彈者與聽者的感情，使兩個出身、教養、社會地位截然不同的藝術家有可能成爲萍水相逢的知音。他們互訴悲懷，披露出平日不輕易向他人訴說的內心深處的不平之情，在回首往事中深化了「天涯淪落」的主題思想。這樣，音樂又將人物的往事與現實聯繫起來，推動故事情節向縱深發展。琵琶女身世漂淪的命運，白居易政治上遭受打擊，貶謫天涯的不平，都不是偶然的。他們都是封建專制社會的犧牲品。他們的命運在日趨沒落的中唐社會中具有一定的典型意義，在客觀上暴露出當日社會政治的黑暗，腐朽。又由於命運的相似，兩個萍水相逢的藝術家才可能在「同是天涯淪落人，相逢何必曾相識」的感情共鳴中，一個重彈，一個重聽。詩末六句：「感我此言良久立，却坐促絃絃轉急。淒淒不似向前聲，滿座重聞皆掩泣。座中泣下誰最多？江州司馬青衫濕！」以哭當歌，寫出了悲淒的樂曲聲聲扣人心扉，滿座皆泣，尤以詩人的心海波濤洶湧，以致淚濕青衫，難以自已的一幕！聲聲樂曲，滴滴淚水，傾訴了藝術家，詩人對人生、社會的滿腔激憤不平之情，長詩就在這濃重的感傷氣氛中推向高潮，戛然收束。這個淚濕青衫的結尾，饒有深味地照應了篇首：詩人懷着惆悵的心情乘月而來，又將帶回更加慘然的人生痛苦，乘月孤獨而歸！《琵琶行》悲劇的現實意義，正是從其首尾照應的情節發展中得到不斷的深化、豐富。

用精煉的筆墨，刻畫出栩栩如生的人物形象，是白居易在敘事詩創作中獨特的造詣。他筆下的人物，如「回眸一笑百媚生，六宮粉黛無顏色」，「玉容寂寞淚闌干，梨花一枝春帶雨」（《長恨歌》），「滿面塵灰煙火色，兩鬢蒼蒼十指黑」（《賣炭翁》），無論是楊貴妃生前的嬌媚，死後的孤獨。還是賣炭翁辛苦蒼老的形象。雖然只三言兩語，然而他們的神貌特徵都十分生動準確地打上了各自的階級地位、生活條件、社會經歷的印記，絕非其他階級、階層的人物所能代替。《琵琶行》中，像「千呼萬喚始出來，猶抱琵琶半遮面」，「低眉信手續續彈，說盡心中無限事」的描寫，都是文字省淨的傳神筆墨。前兩句寫琵琶女在陌生人面前登場，將一個飽經世態炎涼，自卑而略帶自負的女藝人的形象，浮雕般地矗立在讀者面前。後兩句寫她熟諳技巧，信手揮絃，「目中無人」，身心沉浸在意境的創造和感情的抒發的忘我情狀之中，維妙維肖，耐人尋味。特別是琵琶女自敘身世一段文字，僅二十二句一百餘字，為一個身世不凡的女藝人譜寫了一份言約意豐的小傳。她的出身、師從、才華、容貌，青春時代的恣意戲謔，年長色衰後的孤獨生涯，昔盛今衰的變化，在鮮明的對比中一一寫出，從容不迫，不枝不蔓，充分發揮了現實主義藝術概括的力量。其中，「鈿頭銀篦擊節碎，血色羅裙翻酒污」的細節描寫，有聲有色地刻畫出一個青年樂伎在逢場作戲中得意一時的生活情狀。這種生活情狀不可避免地打上封建性商業都市生活的烙印，今天的讀者自然不會對之欣賞、倣效。但當五陵年少在顛狂中揮霍其家族從下層人民身上榨取的財富，從一個樂伎身上尋歡作樂時，作為一個被污辱與被損害者，在她的靈魂還有戰慄和覺醒時，擊碎銀篦，酒潑羅裙的一系列任性戲謔，正如一齣蘊含悲劇意味的鬧劇，令人深思。如果把這段生活和後來的孤獨相對比，就可看出詩人所要表現的又不僅僅是昔盛今衰的變化，更在於揭示女主人公由不理解自己的悲劇命運到意識到自己悲劇命運的心理過程。

通俗性和抒情性是白居易在長篇敍事詩創作中探索創新的成果。他自己說：「詩到元和體製新。」（《重寄微之》）所謂「新」，大抵包括兩方面，一是詩歌語言的通俗優美，平易淺切，具有瑯瑯上口易於傳誦的特色；二是在敍事中包含更多的抒情成分。二者的結合，形成當時號稱「元和體」新型詩歌的風格特色。在《琵琶行》中，詩人以抒情的筆調敍事狀物，力求在明白如話的語言中將詩的韻味與音樂的節奏和諧地結合起來。貫穿全詩的景物描寫，大江、明月、楓葉、荻花、黃蘆、苦竹，杜鵑的悲啼，猿猴的哀鳴，其淒清的色調，無不浸染着詩人遭貶失意的感情色彩。當我們朗讀着「醉不成歡慘將別，別時茫茫江浸月」；「去來江口守空船，繞船月明江水寒」；「住近湓江地低濕，黃蘆苦竹繞宅生。其間旦暮聞何物，杜鵑啼血猿哀鳴」這些詩句，很難說它們是單純地寫景，客觀地敍事。再如詩人精心描寫的琵琶演奏的場景：月華如水的太空是天幕，空闊茫茫的大江是場地，一個地位卑微而造詣精湛的女藝人，當她被社會冷落、遺忘之後，只能在大自然的舞臺上再次向人間獻出她的藝術。聽者固然心蕩神移，連大自然也停止了一切喧囂，莊嚴、肅穆地傾聽她的演奏。一曲傾訴天涯淪落、人間不平的悲歌，與大自然渾然融合，迴響在茫茫的水天之間，從而獲得了永恆的存在。金代王若虛稱白居易詩「情致曲盡，入人肝脾」（《滹南遺老集》）。同書還引鄭厚評白詩「如柳陰春鶯，深得造化之妙」的讚語。這兩段讚語，前者是對白詩濃郁、婉轉的抒情韻致的描述，肯定其感人至深的藝術魅力；後者是對白詩悅耳、和諧的語言風格的形象比喻。這種通俗性與抒情性相結合的風格，便於人們的理解和傳唱，因而在當時就得到廣泛的流傳：「童子解吟長恨曲，胡兒能唱琵琶篇。」（唐宣宗《弔白居易》）直到今天，這兩首詩仍是國內外膾炙人口的名篇。清人劉熙載稱道白居易「詩能於易處見工，便覺親切有味」（《詩概》），可謂公允而有見地。

（林家英）

# 賦得古原草送別

白居易

離離原上草，一歲一枯榮。野火燒不盡，春風吹又生。遠芳侵古道，晴翠接荒城。又送王孫去，萋萋滿別情。

《唐摭言》卷七云：「白樂天初舉，名未振，以歌詩謁顧況。況謔之曰：『長安百物貴，居大不易！』及讀至《賦得原上草送友人》詩曰：『野火燒不盡，春風吹又生。』況嘆之曰：『有句如此，居天下有甚難！老夫前言戲之耳。』」《幽閒鼓吹》、《唐語林》、《北夢瑣言》、《能改齋漫錄》、《全唐詩話》等書都有類似的記載，從而擴大了這首詩的影響。

這首詩，因題前有「賦得」二字，或以爲是作者「練習應試的擬作」；筆者也曾持此說。但仔細考慮，感到這種說法不很確切。唐代進士科考試中的詩題；有時候的確加「賦得」二字。例如白居易本人，貞元十六年在中書侍郎高郢主試下以第四名中進士，試《玉水記方流》詩；與他同科登進士的鄭俞、吳丹、王鑒、陳昌言、杜元穎等人，各有一首《賦得玉水記方流》，收入《全唐詩》卷四六四。但這種應試詩，按照規定，是五言六韻（十二句）的排律。白居易如果爲了「練習應試」而「擬作」，必然嚴格遵照規定。可是《賦得古原草送別》幷非五言六韻的排律，而是五言四韻的律詩。

事實上，題前加「賦得」與否，跟是否是應試詩沒有必然聯繫。早在南北朝時期，就有「賦得」詩。

賦得古原草送別

初唐陳子昂有一首詩，題目是《魏氏園林人賦一物，得秋亭萱草》。《全唐詩》中，類似的詩題相當多，卷二五二開頭，有一首劉太眞《宣州東峯亭各賦一物，得古壁苔》，題下註明與袁傪等八人「同賦」。這八人的詩，也收在後面，題目均與劉詩相似，如《東峯亭各賦一物，得嶺上雲》、《……得垂澗藤》等。可以想見九人在東峯亭相會，提出「各賦一物」，於是大家先擬了九個題，然後「分題」。《滄浪詩話‧詩體》云：「古人分題，或各賦一物，如云送某人分題得某物也。」題怎麼分，當然可以用拈鬮之類的辦法，「分題」又叫「探題」，就表明了這一點。由此可見，所謂「賦得」，是「賦」詩得「題」的意思。得到什麼問題，當然由人限定，沒有固定的框框，但最常見的「賦得」詩，則主要有兩類：一類是取前人成句爲題，如梁元帝的《賦得蘭澤多芳草》，駱賓王的《賦得白雲抱幽石》等。另一類是詠物，如陳後主《七夕宴宣猷堂，各賦一韻，詠五物自足爲十物，次第用得帳、屏風、案、唾壺、履》及上述「各賦一物」等。至於體裁，則幷無限制。但其中五律佔大多數。

這兩類「賦得」詩，都有很多是用來「送別」的。白居易的《賦得古原草送別》，卽屬於後一類。爲了較好地把握這首詩的特點和優點，不妨引一些同類的詩略作比較。

劉孝孫《賦得春鶯送友人》：

流鶯拂繡羽，二月上林期。待雪消金禁，銜花向玉墀。翅掩飛燕舞，啼惱婕妤悲。
料取金閨意，因君問所思。

錢起《賦得歸雲送李山人歸華山》：

秀色橫千里，歸雲積幾重。欲依毛女岫，初卷少姨峯。蓋影隨征馬，衣香拂臥龍。
只應函谷上，眞氣日溶溶。

賦得古原草送別

戴叔倫《賦得古井送王明府》：

古井庇幽亭，涓涓一竇明。仙源通海水，靈液孕山精。久旱寧同涸？長年只自清。欲彰貞白操，酌獻使君行。

從題目上，這類詩的總的特點是「詠物」加「送別」。因此，評論這類詩，既要看詠物的藝術水平如何，又要看詠物與送別結合得是否自然，有無濃郁的詩意、詩情、詩味。

詠物詩，當然要詠什麼像什麼。讀者不看題，只看詩，就能準確無誤地知道它詠的是什麼。但這只解決了「形似」的問題，進一步，還應該以形傳神，形神兼備。杜甫的許多詠物詩，不離詠物，又不徒詠物。每詠一物而物理物情畢現，而表現物情物理，又凝結着對於人情世態的深刻體驗和作者的意趣情態，故不僅體物精湛，而且寓意深遠，自然是詠物詩的上乘。至於前面所引的那些「賦得」詩，由於要和「送別」結合，就在很大程度上局限了題材的廣闊性和主題的深刻性，不能用杜甫的詠物詩所達到高度來衡量；但在同樣的局限下，正可以因難見巧，充分顯示作者的藝術才華。讓我們從比較的角度，談談那幾篇「賦得」詩。

劉孝孫的一首五律，以六句詠「春鶯」，可「春鶯」的形象却幷未寫出，更談不上傳神。至於「銜花向玉墀」和「翅掩飛燕舞」，雖有形象，却不近情理：「春鶯」怎能飛向皇宮的「玉墀」，幷用它的「翅」去「掩」趙飛燕的「舞」呢？看來作者所「送」的那位「友人」正要赴京入朝，因而詠「春鶯」，也就得硬要它飛進皇宮。接下去的兩句，「飛燕舞」寫宮廷婦女中的得寵者，「婕妤悲」則寫失寵者；而作者的眞正用意，還在於用宮廷婦女的命運比擬朝士們的命運。因而以「料取金閨意，因君問所思」收束全詩，寄託了對於他們的命運的關懷。應該說，命意還比較高，但體物不精，而且與送別結合得頗嫌牽強。錢起以四句詩詠「歸雲」，山、雲兼寫，展現了雲歸華山的動景，算是不錯的。但接下去的四句詩寫「李山人歸華山」，却與前四句寫雲歸華山之間沒有必然的聯繫。尾聯用「紫氣東來」的典故，只能說明李山人是從函谷關以東回華山的，而「帝氣」畢竟是「氣」，不是「雲」。戴叔倫的《賦得古井送王明府》，則比較出色。唐代以「明府」稱縣令。送人去做縣令，怎樣和詠「古井」結合起來呢？乍想很難着筆；但作者却處理得相當好。他希望王明府做一個有「貞白」節操的地方官。作者通過詠「古井」之水，含蓄婉轉地表達出這種希望。你看這古井之水多麼明澈，多麼貞潔、多麼清白呀！我爲了要表彰它，所以酌一杯獻給你，送你走馬上任。臨別贈言，情意甚殷，詠物與送別融合無間，是同類作品中的佳作。

現在再看白居易的《賦得古原草送別》。

《楚辭·招隱士》云：「王孫遊兮不歸，春草生兮萋萋。歲暮兮不自聊，蟪蛄鳴兮啾啾。」是說從「春草生」到「蟪蛄鳴」，已將一年，王孫還遠遊未歸！「王孫」猶言「公子」，指貴族，但從此以後，往往把「春草」和「送別」聯繫起來，而「王孫」，也就成了游子的別稱。謝靈運《悲哉行》：「萋萋春草生，王孫游有情。」王勃《守歲序》：「王孫春草，處處爭鮮。」這樣的例子，多得不勝枚舉。江淹的《別賦》也沒有忘記「春草」：「春草兮碧色，春水兮綠波，送君南浦，傷如之何！」但所有這些例子，都寫得很簡單，未能很好地把春草和別情有機地結合起來，創造出完整而豐滿的意象。而白居易的詩，在這一點上却有明顯的突破。

題目是《賦得古原草送別》，因而先寫古原草，後寫送別；但寫古原草而別情已寓其中。第一句以「原上草」點題，前加「離離」作定語，形容「原上草」稠密、茂盛，與次句的「榮」和末句的「萋萋」呼應。次句「一歲一枯榮」雖然「榮」、「枯」并舉，却落脚於「榮」，表明在詩人審美意識中，「榮」是主要的、本質的。據說從前有人因戰敗而草疏請求援兵；講到「屢戰屢敗」，另一人則改爲「屢敗屢戰」。二者所敍述的事實是相同的，但後者却顯出士氣的旺盛。春「榮」冬「枯」，這是「原上草」的特點。詩人顛倒「一歲」之中先「榮」後「枯」的順序，既表現了「原上草」頑強的生命，又在讀者面前展開了春草「離離」，一望無際的畫卷。次聯出句「野火燒不盡」承「枯」，對句「春風吹又生」承「榮」。就字面看，兩相對偶，銖兩悉稱；但就意義看，却一氣奔注，上下貫通，講的都是「原上草」，而重點歸到下句，與第二句「榮」、「枯」幷舉而重點歸到「榮」契合無間。第三聯，就「春風吹又生」作盡情的描繪。出句從嗅覺方面落墨：「遠芳」，即傳播得很遠的香氣；這香氣，從「原」上散發，直侵入伸向天邊的「古道」。對句從視覺方面着筆：「晴翠」，即陽光下閃亮的綠色；這綠色，從「原」上延展，直接遙遠的荒城。十個字，把經受野火焚燒的「原上草」寫得何等色香兼美、氣勢磅礴！

以上六句賦「古原草」，似與「送別」無關。但一讀第七句「又送王孫去」，就感到前面所寫的「萋萋」之草，立刻充滿「別情」。眼前是「古原」，而「王孫」一去，不是首先要穿過那「古原」嗎？「原上草」的「遠芳侵古道」，「王孫」不是也要隨着「遠芳」踏上「古道」嗎？「原上草」的「晴翠接荒城」，「王孫」不是也要隨着「晴翠」走向「荒城」嗎？詩中有兩個「又」字，看來是有意的重複。「原上草」一歲一枯，而「春風吹又生」，循環不已。每當「原上草」「春風吹又生」，就「又送王孫去」，也循環不已。就這樣，作者把詠物和送別多層次地、緊密地結合起來了。

前六句，以「原上草」作主語，一氣貫串，脈絡分明。接着以「又送」轉入「送別」，又以「萋萋」照應首句的「離離」，回到「原上草」。章法謹嚴，天衣無縫。同時，詩中緊扣題目中的「古」字。首先，原上之草「一歲一枯榮」，歲歲如此，已見得那「原」是「古原」。第五句又特意用「古道」；原上的道路既「古」，則「原」安得不「古」？「賦得」詩，是要求緊扣題目的。當然，緊扣題目的，不一定是好詩。而這首詩，却扣題既緊，又生動活潑，意象完美。

古原上的野草春榮冬枯，冬枯之時往往被野火燒掉。這一切，都不會引起人們的注意，更不會激發詩人的美感。白居易却不然，他抓住了這些特點，幷以他的獨特的審美感受進行了獨特的藝術表現，突出了野草不怕火燒、屢枯屢榮的頑強生命力，幷以「遠芳」、「晴翠」這類美好的字眼，把它的氣味、色彩寫得那樣誘人。因此，雖然說「萋萋滿別情」，但幷不使人感到「黯然銷魂」。試想，當「王孫」踏着軟綿綿的春草而去的時候，「遠芳」撲鼻，「晴翠」耀眼，生意盎然，前途充滿春天的氣息，他能不受到感染嗎？

這首詩通體完美。其中的「野火燒不盡，春風吹又生」一聯，對仗工穩而氣勢流走，充分發揮了「流水對」的優點。它歌頌野草，又超出野草而具有普遍意義，給人以積極的鼓舞力量。蔑視「野火」而讚美「春風」，又含有深刻的寓意。它在當時就受到前輩詩人的讚賞，直到現在還常被人引用，并非偶然。（霍松林）

## 暮江吟

白居易

一道殘陽鋪水中，半江瑟瑟半江紅。可憐九月初三夜，露似眞珠月似弓。

薄暮，白天和夜晚交接的時分，大地漸漸卸下莊重明麗的衣服，將換上輕柔朦朧的晚裝，多麼美麗的時刻。江畔，無語而一去永逝的流水，幾千年來激發無數哲人和詩人的沉思遐想，留下了許多不朽的篇章。這是多麼美麗的地方。黃昏的江畔更是使人流連忘返。看！中唐詩人白居易正在薄暮的江畔徜徉、吟詠呢！

一提起白居易，人們聯想起的往往是《長恨歌》、《琵琶行》等膾炙人口的名作；還有那「爲君、爲臣、爲民、爲物、爲事而作」的《新樂府》，也歷久不衰地在教科書上出現。這首寥寥數字的七絕，在白氏光彩照人的藝術殿堂中，算是一個不爲人所遺忘的小角落。

白居易今存五七言絕句共七百六十五首，數量之多，唐人無出其右。但其中寫景之佳作甚少，此篇爲人傳誦。《唐宋詩醇》評曰：「寫景奇麗，是一幅著色秋江圖。」

西方傳統繪畫有三種氣質不同的畫家：一種敏感於色彩，一種敏感於形體，另一種敏感於光和影。《暮江吟》似乎集這三種氣質於一身，既富色澤、線條，還有國畫中原不追求的光和影，確實堪稱「奇麗」。一、二句着力寫色彩、光影的變幻。首句寫夕陽落照的火紅光芒映入水中，如血的殘陽，一半隱沒於西山中，一半露在天邊，似乎是貼近地平綫斜射出光芒。「鋪」字用得貼切，化靜爲動，形象生動。次句寫江水承夕照後的絢麗色彩。夕陽光芒斜射到江面，落影於澄清的江水之中，泛起半江紅光。背陰的一半，江水被襯托得更爲碧綠。瑟瑟，一種寶石名，其色碧，一說卽青玉、碧玉《唐書·于闐國傳》：「德宗……求玉於于闐，得瑟瑟百斤。」此處係形容江水之綠。盈盈一江紅綠相配的秋水，碧波漣漣，浮光耀紅，在殘陽漸漸西沉中不斷閃爍着光影，變幻不定，這是何等迷人的奇麗景象！

第二句和第三句之間有時間的過渡，從黃昏轉入夜晚。看來詩人遊興正酣，在這兒盤桓良久呢。瞧，夕陽已收斂起最後的餘暉，暮色蒼茫，夜幕降臨。詩人的筆觸也轉變了。「絕句之法……大抵起承二句固難，然不過平直敍起爲佳，從容承之爲是。至如宛轉變化工夫，全在第三句。若於此轉變得好，則第四句如順流之舟矣。」（胡震亨《唐音癸籤·卷三》）看來本詩也不出此規律，二、三句之間跳躍性大，第三句筆觸轉向夜晚，點出了時間。啊，這是農曆九月初三的晚上，一個多麼可愛的夜晚！「可憐」卽「可愛」之意，詩人飽含感情地讚嘆了這個美麗的夜晚。第四句寫夜晚之可愛，着力於線條的勾勒。夜色漸濃，江面上瑰麗的色彩、光影隱下去了，詩人戀戀不捨，盡情地觀賞江畔之夜，不知不覺，地面上已灑上一層銀色光輝。咦，那一粒粒、圓滾滾、亮晶晶閃動的是什麼？啊，草地上綴着露珠兒呢，珍珠般的光亮圓潤。擡頭一望，哦，一彎新月，天幕上鑲嵌的一張精巧的弓！

絕句這種形式，向來被認爲最難寫。南宋楊萬里擅長絕句，有豐富的創作經驗。他的體會是，五、七字絕句最難工，難得四句全好。（見楊萬里《誠齋集》卷一一四，《詩話》，四部叢刊本）白居易這首詩，可以說是「四句全好者」。當然，給人印象最深的是繪色繪形的「半江瑟瑟半江紅」和「露似眞珠月似弓」兩句。

起句「一道殘陽鋪水中」色澤光影都有，形象也生動。「可憐九月初三夜」是唯一的敍述句，不如其他各句着力描摹，但飽含詩人的感情，點明了時間，在全詩中處於潛氣內轉的樞紐地位，所以也是必不可省的好句。

文學是語言的藝術，詩歌語言要求「更上一層樓」。白居易詩歌語言，總的說來是以通俗易懂、明白暢曉著稱。但是，它又是經過千錘百煉的。《唐音癸籤》記載宋詩人張文潛曾看到過白居易詩手稿，說是「眞蹟點竄，多與初作不侔」，可作佐證。這首小詩初看似行雲流水，毫不費力；仔細分析一下，可見詩人作了許多藝術加工，語法、修辭是很精巧的。

第一句的「鋪」字經過選擇，近於煉字。二、四兩句，尤見精彩。「半江瑟瑟半江紅」和「露似眞珠月似弓」，句式相同，都是一句內部上下結構對稱；且用詞重複。第二句重複「半江」，第四句重復「似」，但意念上有別。前者是實詞，突出了江水的盈盈，後者是虛詞，衹有語法意義。兩句都用比喻。第二句以綠寶石「瑟瑟」，比喻江水背陰一半的碧綠色，衹有喻體，不用繫詞，是借喻；第四句既有喻體，也有被比喻體，用繫詞「似」，是明喻。十四個字中用了三種比喻，可謂博喻了。比喻精美是本詩修辭手法的最大特色。其次是對比和映襯。第二句以紅、綠色彩形成強烈的對比。也許是受唐代金碧山水畫的影響，白居易寫景有時偏愛大紅大綠。如有名的《望江南》詞，寫江南美景爲「日出江花紅勝火，春來江水綠如藍」，也是將紅色寫得如火似茶，將綠色寫得清澈澄碧，形成鮮麗的對照。末句以露珠的渾圓和新月的彎曲，形成不同形狀曲綫的相互映襯，顯得簡潔明快，富有圖案之美，詩人經藝術概括，將地上的露珠和天上的新月兩種意象，壓縮在一句詩裏，實在是有意強調線條美的。這些，都可見出作者的匠心。

如果藝術的賞析至此爲止，衹看到畫面的光影、色彩、線條和構圖的精致巧妙，那眞的衹是一幅「寫景奇麗」的「暮色秋江圖」了；也就是說，衹看到暮江的美景，而未深入《暮江吟》。所謂「吟」，即吟詠，是從詩人心靈的感受出發的。黑格爾說：「在藝術裏，感性的東西是經過心靈化了的，而心靈的東西也借感性化而顯出來。」（《美學》第一卷）誠然，藝術的創造進入了物化的階段，主體與客體完全融合爲一了，情景交融了。但是，「賞析」既有「析」的成份，又何妨讓我們從主體角度出發，揭示一下詩人在吟詠暮江迷人的奇麗景色時，他那隱秘的深層內心世界呢。

我們知道，白居易於元和十年（八一五）四十四歲時被貶爲江州司馬，這在白居易的政治生活和創作生涯中，都是一個較爲顯著的轉折點，他的政治銳氣和筆端鋒芒都受到嚴重挫折。元和十五年（八二〇），白居易被新即位的唐穆宗召回進京，中止了他的貶謫生活。然而朝廷中牛李黨爭，互相傾軋，一片混亂。穆宗又荒於政事，白居易屢次上疏進諫無用，於是請求外任。長慶二年（八二二）七月，白居易被任命爲杭州刺史，《暮江吟》就是同年秋天赴杭州途中寫的。大自然的景色，對久在樊籠中、諳盡官場滋味的詩人說來是格外動人。此刻，承受着大自然的撫慰，詩人似乎忘却了污濁的塵世，忘却了自己；他既沒有墮入「江畔何人初見月，江月何年初照人」的哲理沉思，也沒有感到「露從今夜白，月是故鄉明」的鄉愁。詩人的心境是那樣平靜，那樣安謐；面對暮江的景色，他情不自禁地吟出了最美麗的禮讚，傾注了自己對祖國河山、對大自然、對自由的熱愛。

（錢鴻瑛）

# 錢塘湖春行

白居易

孤山寺北賈亭西，水面初平雲脚低。幾處早鶯爭暖樹，誰家新燕啄春泥。亂花漸欲迷人眼，淺草才能沒馬蹄。最愛湖東行不足，綠楊陰裏白沙堤。

錢塘湖春行

這詩是長慶三或四年春（八二三——八二四）白居易任杭州刺史時所作。

錢塘湖是西湖的別名。提起西湖，人們就會聯想到蘇軾詩中的名句：「欲把西湖比西子，淡粧濃抹總相宜。」（《飲湖上初晴後雨》）讀了白居易這詩，彷彿眞的看到了那含睇宜笑的西施的面影，更加感到東坡這比喻的確切，它所給予我們的美的啓示；同時，也會驚嘆於樂天這支善於描繪自然的天工化筆。

樂天在杭州時，有關湖光山色的題詠很多。這詩處處扣緊環境和季節的特徵，把剛剛披上春天外衣的西湖，描繪得生意盎然，恰到好處。

「孤山寺北賈亭西。」孤山在後湖與外湖之間，峯巒聳立，上有孤山寺，是湖中登覽勝地，也是全湖一個特出的標誌。賈亭在當時也是西湖名勝。有了第一句的敍述，這第二句的「水面」，自然指的是西湖湖面了。秋冬水落，春水新漲，在水色天光的混茫中，太空裏舒卷起重重疊疊的白雲，和湖面上蕩漾的波瀾連成了一片，故曰「雲脚低」。「水面初平雲脚低」一句，勾勒出湖上早春的輪廓。接下兩句，從鶯鶯燕燕的動態中，把春的活力，大自然從秋冬沉睡中蘇醒過來的春意生動地描繪了出來。鶯是歌手，它歌唱着江南的旖旎春光；燕是候鳥，春天又從遠處飛來。它們富於季節的銳感，成爲春天的象徵。在這裏，詩人對周遭事物的選擇是典型的；而他的用筆，則是細緻入微的。說「幾處」，可見不是「處處」；說「誰家」，可見不是「家家」。因爲這還是初春季節。這樣，「早鶯」的「早」和新燕的「新」就在意義上互相生發，把兩者聯成一幅完整的畫面。因爲是「早鶯」，所以搶着向陽的暖樹，來試它的溜的歌喉；因爲是「新燕」，所以當它啄泥銜草，營建新巢的時候，就會引起人們一種乍見的喜悅。謝靈運「池塘生春草，園柳變鳴禽」（《登池上樓》）二句之所以妙絕古今，爲人傳誦，正由於他寫出了季節更換時這種乍見的喜悅。這詩在意境上頗與之相類似。

詩的前四句寫湖上春光，範圍是寬廣的，它從「孤山」一句生發出來；後四句專寫「湖東」景色，歸結到「白沙堤」。前面先點明環境，然後寫景，後面先寫景，然後點明環境。詩以「孤山寺」起，以「白沙堤」終，從點到面，又由面回到點，中間的轉換，不見痕跡，結構之妙，有如無縫天衣。薛雪曾指出，樂天詩「章法變化，條理井然」（《一瓢詩話》）。這種「章法」上的「變化」，往往寓諸渾成的筆意之中；倘不細心體察，是難以看出它的「條理」的。

「亂花」、「淺草」一聯，寫的雖也是一般春景，然而它和「白沙堤」却有緊密的聯繫：春天，西湖哪兒都是綠毯般的嫩草；可是這平坦修長的白沙堤，遊人來往最爲頻繁。唐時，西湖上騎馬游春的風俗極盛，連歌姬舞妓也都喜愛騎馬。觀樂天另一首《代賣新女贈諸妓》詩中說的「一種錢塘江畔女，着紅騎馬是何人」可證。這詩題爲《錢塘湖春行》，詩用「沒馬蹄」來形容這嫩綠的淺草，正是眼前現成景色。

「初平」、「幾處」、「誰家」、「漸欲」、「才能」這些詞語的運用，在全詩寫景句中貫串成一條線索，把早春的西湖點染成半面輕勻的錢塘蘇小小。可是這蓬蓬勃勃的春意，正在急劇發展之中。從「亂花漸欲迷人眼」這一聯裏，透露出另一個消息：很快地就會姹紫嫣紅開遍，湖上鏡臺裏卽將出現濃粧豔抹的西施。

方東樹說這詩「象中有興，有人在，不比死句」（《續昭昧詹言》）。這是一首寫景詩，它的妙處，不在於窮形盡象的工致刻畫，而在於卽景寓情，寫出了融和駘蕩的春意，寫出了自然之美所給予詩人的集中而飽滿的感受。所謂「象中有興，有人在」；所謂「隨物賦形，所在充滿」（王若虛評白詩語，見《滹南詩話》），是應該從這個意義去理解的。

（馬茂元）

# 憶江南

白居易

江南好，風景舊曾諳。日出江花紅勝火，春來江水綠如藍。能不憶江南。

## 白居易



江南憶，最憶是杭州。山寺月中尋桂子，郡亭枕上看潮頭。何日更重遊。

一

五十多年前讀過《唐五代詞選》與《樵歌》等詞選本，其中有些作品至今還大致背誦得出來。白居易那三首《憶江南》（一作《望江南》），特別是「江南好，風景舊曾諳……」，不論是在我到杭州之後，還是根本不熟悉江南的少年時期，對我都很有吸引力。

我到了十六七歲，遊蹤仍然少得可憐。除了春來的池水給過我綠如藍的印象之外，我所見的大江小江都常常帶着土黃色。「春來江水綠如藍」的景色，對我來說是生疏的。對「日出江花紅勝火」的景色却不生疏，我擁有透過陽光觀賞石榴花的直接經驗。詞作裏生疏的美的境界使我感到新鮮，熟悉的美的境界使我感到親切。親切的和新鮮的兩種感受互相作用着，這是少年時期讀這首《憶江南》也能引起美感的主觀原因。

儘管那時我根本沒有到過杭州，更不用說根本沒有當官的經驗。但讀了「江南憶，最憶是杭州。山寺月中尋桂子，郡亭枕上看潮頭」，它的意境對我也是很有吸引力的。儘管不會引起「何日更重遊」的感慨，却引起我什麼時候能遊杭州的衝動，嚮往詩人那以靜觀動等類的審美享受。二十歲後，先後在杭州混了好幾年，可惜衹有平時幾次到過錢塘江，而觀潮的經歷似乎一次也沒有過。儘管如此，唐人這「郡亭枕上看潮頭」的詞句，也像宋人那「臥看千山急雨來」的詩句相似，對我的精神活動持續地產生着頗爲強烈的影響。這種影響的產生，也許和我看戲而不免進入角色，體驗着角色的精神活動有關。包括對於詩人的精神活動的體驗，與其說詩或詞逼眞地給我們再現了他所接觸過的客觀對象，不如說詩或詞排除了詩人印象中的某些偶然的外在因素，而把某些存在於對象中却又格外引起他的感動的特徵，特別是他由這種特徵所引起的情感活動，給予最富於表現力的語言表現在詩詞裏，從而喚起讀者相應的精神活動——主要是想像和體驗所達到的相應的社會效果。

一提到詩詞的語言的表現力，又聯想到人們常常說起的詩中有畫或畫中有詩。我不反對這種說法，但我覺得對於詩詞或繪畫的藝術魅力的產生，這種說法都不能算是對兩種藝術的確切的描述。前人論塡詞結句有這樣的論點：「或以動蕩見奇，或以迷離稱雋，着一實語敗矣。」這種論點不祇可以用來說明富於魅力的結句，也可用來檢驗詩詞關於物象或行動的描繪。不論是「日出江花紅勝火」還是「山寺月中尋桂子」，儘管都是「有畫」的，但這種畫面寫得并不沾滯，沒有受物象或行動的種種偶然性細節所束縛。固然，「日出江花紅勝火」或「五月榴花紅似火」，形象都沒有喪失色彩的明確性，但比這樣的語言更重要的，是表現了詩人對於特定的自然景色的愛戀和懷念。

## 二

詩詞的創作不排斥對景物的描寫，但景物的描寫不過是抒情的一種手段而不是目的。繪畫亦然。倘若畫家不以抒情爲目的而以描寫景物爲目的，畫中的詩恐難存在。試想，倘若以畫譯詞不僅難於把詩人「何日更重遊」的心境畫得像詞句自身那麽明確，而且在「郡亭枕上看潮頭」或「山寺月中尋桂子」的詩人白居易的精神生活在觀衆中的地位，可能被視覺感受中的各種特徵所沖淡。不同藝術樣式各有不同的特長和局限性，物象的形體和色彩等某些方面的特徵，對於憶杭州的詩人的心境的具體性來說，有很多屬於偶然的而非本質性的，是不値得一一羅列的。不論多麽富於創造性的繪畫構思，也不可能像詩詞那樣區別對待種種細節，從而比較直接和確切地表現出詩人對杭州的懷念之情。

與白居易同時代詩人劉禹錫，也有《憶江南》。據作者自註，它是「和樂天春詞，依《憶江南》曲拍爲句」的。其中那「弱柳從風疑舉袂，叢蘭浥露似霑巾」兩句，是以物比人，以隨風搖擺的弱柳比擬揮動的袖頭，以蘭草上的露珠，比擬霑濕手巾的淚水。柳或蘭自身無所謂惜別，詩人却這樣賦予植物以人性。以抒情爲目的以比擬爲手段的詞句，要是讀者衹重視它的手段而不重視它的目的，這就難免造成詩詞的曲解。某些缺乏詩意的所謂詩意畫，主要不是因爲造形藝術在語言藝術跟前顯得它無能爲力。繪畫構思的「謹毛而失貌」的主要原因，在於作者對詩詞自身所表現的精神世界的隔膜。

據詞話記述，「歐陽公（修）守維揚日，在城西大明寺側建平山堂，頗得游觀之勝。劉原夫出守揚州，公作《朝中措》餞之云：『平山欄檻倚晴空，山色有無中……』」（徐釚《詞苑叢談》卷七）另一詞話記述：「『山色有無中』，歐陽公詠平山堂句也。或謂平山堂望江左諸山甚近，公短視故耳。東坡爲公解嘲，乃賦快哉亭詞云：『長記平山堂上，攲枕江南煙雨，杳杳沒孤鴻。認得醉翁語，山色有無中。』蓋山色有無，非細雨不能也。然公起句是『平山欄檻倚晴空』，晴空安得煙雨，恐東坡終不能爲歐陽公解矣。」（同上）如果說這也是一種背靠背的爭鳴，誰的意見是正確的呢？我沒有到過揚州，祇到過南京。但不論江左或江東，其對岸對於并非近視眼的我，「山色有無中」這景象不見得祇有雨中纔可成的。劉禹錫《竹枝》之一有云：「楊柳青青江水平，聞郎江上唱歌聲。東邊日出西邊雨，道是無晴却有晴。」最後這句的兩個晴字，有上下全作「情」的，有上「情」下「晴」的，反正是一種諧音。然而「東邊日出西邊雨」的景象，我不祇在四川山區碰見過，外國油畫也有這樣的景色。我不想爲蘇東坡或歐陽修解嘲，祇覺得劉禹錫詞句說的是老實話。但詩人劉禹錫不是用詩詞記錄氣象，他是借自然界的矛盾現象抒情。這詞句和白居易那「日出江花紅勝火」一樣對我很有魅力。

## 三

《舊唐書·劉禹錫傳》云：「禹錫在朗州十年，唯以文章吟詠，陶冶性情。蠻俗好巫，每淫祠鼓舞，必歌俚辭。禹錫或從事於其間，乃依騷人之作，爲新辭以教巫祝。故武陵溪洞開夷歌，率多禹錫之辭也。」如此說來，劉禹錫曾經做過文學的普及工作。而他的詞作例如在這裏已經摘引過的那首《竹枝》，并不因爲語言通俗而有損於它的藝術成就。相反，作爲人的精神生活的外在形式，它是那麼質樸，却又那麼靈巧。這首詞使我聯想到我兒時聽到的一首四川山歌「月亮出來照山巖，手把槐樹望郎來。娘問女兒望什麼，『我望槐花幾時開』。」就語言的藝術性來說，這裏的「槐花」一詞的「槐」字，也是「懷」字的諧聲。和劉禹錫詞中的「晴」字與「情」字相似，同樣屬於雙關語。我不想考證這首民歌產生的年代，它與劉禹錫那「教巫祝」的「新詞」有什麼直接聯繫，我祇想借此說明，包括劉禹錫那些語言通俗的詞作，并不因爲語言通俗而顯得藝術水平的低下。相反，這種結合着音樂因素——供人唱而不衹供人讀的詞作，和上述民歌一樣，給語言藝術創造了一種既可說是信手拈來的，又可說具有精心結撰的藝術美。而這種語言的藝術美，以揭示人的內心狀態爲目的，它不難掌握，却能耐人尋味地把人的情感世界展示出來。前人論詞，認爲「立意貴新，設色宜雅，構局貴變，言情貴含蓄。如驕馬弄銜而欲行，粲女窺簾而未出」（《詞苑叢談》卷一）。而劉禹錫的《竹枝》和我不知應當稱爲什麼詞牌或曲牌的四川山歌，都有這樣「驀然而來，悠然而逝」（同上）的藝術美。

《舊唐書·劉禹錫傳》還轉引了白居易對劉禹錫詩藝詩才的推崇。其中有「夢得夢得，文之神妙，莫先於詩。若妙與神，則吾豈敢。如夢得『雪里高山頭白早，海中仙果子生遲』，『沉舟側畔千帆過，病樹前頭萬木春』之句之類，眞謂神妙矣」。這裏所說的「神」與「妙」，每個人都可能給予各自不同的解釋。但白居易所說的「神妙」，聯繫他自己的詞作，例如同爲《竹枝》詞的「瞿塘峽口冷煙低，白帝城頭月向西。唱到竹枝聲咽處，寒猿暗鳥一時啼」，可見他所說的「神妙」，與他重視詩詞語言通俗的要求相一致，而不是玄之又玄，難於理解的什麼怪東西。據說他向老嫗求教，老嫗能解的作品保留，不解的就重新寫過。古人也是够虛心的。

《舊唐書·白居易傳》轉錄他致友人元稹的書信云：「感人心者，莫先乎情，莫始乎言，莫切乎聲，莫深乎義。詩者：根情、苗言、華聲、實義。」作爲一種美學見解，這些關於文學創作的形式與內容，目的與手段，原因與結果的關係的論述，對於了解他和他所十分佩服的劉禹錫的詞作的成就，以至了解他們的創作與普通羣衆的創作的關係都是有幫助的。

## 四

劉禹錫有《竹枝》多首。與上文轉引的那首言情的詞相似，另一首是這樣：「山桃紅花滿山頭，蜀江春水拍山流。花紅易衰似郎意，水流無限似儂愁。」同樣以比興見長的這首《竹枝》，具備了白居易所說的「根情、苗言、華聲、實義」的特點和優點。作爲主觀對客觀的反映，這首詞和上述四川山歌一樣，既表現了詞中人對生活的特殊感受，也表現了詩人劉禹錫怎樣用語言藝術反映生活的特殊方式。這種方式的重要特點，是抒情的自然和有味。然而作爲詩詞創作的根本或根據的「情」，不是孤立於「言」、「聲」和「義」之外的。因爲內容與形式的個別因素互相成爲條件，所以這首《竹枝》通俗而不庸俗，與打油詩式的順口溜大不一樣。

另一首《竹枝》不一定局限於寫男女之情，讀起來對我似有更大的適應性。「瞿塘嘈嘈十二灘，此中道路古來難。長恨人心不如水，等閑平地起波瀾。」經過「文革」而重讀這首《竹枝》，更加覺得它的意境的廣闊。王國維論詞，提出了關於「輕視外物」與「重視外物」的辯證關係的論點，提出了闡明「入乎其內」與「出乎其外」的辯證關係的論點。這些關係着主觀與客觀的關係的論點，和劉禹錫這首詞的特點和優點相適應，這首詞的社會作用也體現着上述主體與客體的關係的辯證性。如果說詩詞對生活的反映方式應當是把詩人對生活的感受和認識納入一個藝術的整體，它的形式的完整性和內容的豐富性，不只表現於詩詞中的藝術形象，而且它相應地曲折地反映着讀者或聽衆對生活的感受與認識。如果它不是這麼間接地反映着讀者的感受和認識，它在藝術欣賞中的普遍的適應性就很成問題，還說得上什麼永久的魅力？黑格爾認爲「人一旦要從事於表達他自己，詩就開始出現了。有表達出來的話就是因爲有表達的需要」（《美學》第三卷下册）。這話就藝術創作來說是正確的，就讀者或聽衆對詩詞的需要來說，它就不那麼全面了。這就是說，包括詞句「長恨人心不如水，等閑平地起波瀾」所形成的意境，其所以是帶普遍性的，恰好在於它所表達的生活、思想和情感的特殊性體現了事物的普遍性。而它那普遍性的大小，它能够引起同時代人或後代人的欣賞，恰好因爲它不只「表達了他自己」，而且因爲它也相應地表達了廣大的讀者和聽衆的經驗、興趣和需要。

這就是說，倘若劉禹錫的《竹枝》根本缺乏語言的形象性，缺乏包括廣闊的情景、人物、事件、情感和思想的畫面，譬如說，倘若它根本與「此中道路古來難」的感受不沾邊，「長恨人心不如水」這些詞句還談得上什麼概括性？雖然押韻，但很缺乏感情和思想的打油詩式的順口溜，因爲沒有洞察事物的底蘊，所以語言無味，就不可能普遍地引起共鳴和感人的持續的力量。

（王朝聞）

# 長相思

白居易

汴水流，泗水流，流到瓜洲古渡頭。吳山點點愁。　思悠悠，恨悠悠，恨到歸時方始休。月明人倚樓。

在我國古典詩詞中，有一個問題看似瑣碎，實際卻往往影響我們對作品的理解是否正確，卽抒情主人公是誰的問題。這個問題從《詩三百篇》起卽已存在。譬如《周南・卷耳》，「嗟我懷人」的「我」和「我馬玄黃」的「我」究竟指誰，是指思婦還是指征夫，就使得古今說詩者煞費周章。錢鍾書先生在《管錐編》中把《卷耳》的兩個「我」字，解爲「花開兩朵，各表一枝」，分指男女雙方，未始不是一種解決問題的辦法；但這只是一種理解，卻不等於說已成定論。與此相關者還有一個問題，卽作者本人與作品中的抒情主人公是一是二，也值得研究。譬如《氓》的抒情主人公顯屬女性，但這首詩卻未必卽是這位被遺棄的女子親手所寫，很可能是由另外的詩人代她鳴不平的。這一類問題，歷代詩詞中都明顯地存在，有時往往很難判斷。譬如託名李白寫的《菩薩蠻》和《憶秦娥》就一直存在著分歧意見，詞中主人公究竟是遊子還是思婦，至今還是有待討論的問題。溫庭筠的詞，十之有九是代抒情女主人公發言的；但也有幾首是男子口吻，雖然詞中的「他」並不見得就是作者本人。而晏幾道詞中的抒情主人公爲男爲女，尤難於分辨。他那首有名的《鷓鴣天》（彩袖殷勤捧玉鍾），我自己就有過兩種不同的看法。因此，我們在分析一首詩或詞時，首先把作品中抒情主人公分清是男是女，是遊子還是思婦，是行者還是居者，看來是十分必要的。

白居易的這首《長相思》，在抒情主人公的問題上也很值得推敲。詞的作者是白居易，這無庸置疑；而詞中口吻乃是作爲女性殷切企盼遠人歸來，這也一覽可知。那麽，對這首詞應該怎樣理解呢？

我以爲，這首詞應當是白居易在江南爲官時思念洛陽之作。具體寫作年代雖不能詳，但主題思想原是很明確的。不過作者沒有用直接的表現手法來抒寫自己的懷鄉之感，卻假託閨情，對久客江南遲遲不歸的遊子無比思念，翻轉過來說只有所思之人回到家鄉，心中才能無恨。這就不能不說作者構思的巧妙，善於運用在當時還是比較新穎的文學樣式——詞——來曲繪自己內心的苦悶。而這種調換角度，改用女性口吻從對面著筆的手法，既有傳統的依據，又符合這一新興文體的藝術規律，從而看出白居易這位大作家的深厚功力和創新頭腦，畢竟是不同凡響的。

中唐時代，詞還在新興階段，不僅婉約一派的特色還未正式形成，而晚唐時期以溫、李爲代表的那種特有的朦朧神秘色彩和迷離惝怳的風格也還沒有產生。作爲詩人，白居易是以「淺出」的語言和明快的風格專擅勝場的。他創作的詞雖爲數不多，其語言和風格上的特色卻同他的詩歌並無二致。所以我們讀這首《長相思》，由於語言的暢達流利，讀起來饒有一氣呵成之感。然而，作者的文心是宛轉曲折的，詞意是空靈跳躍的，已開拓了後來人寫詞的趨向。從而我們也悟出一個道理，即我國傳統的文學作品總是寓不盡之情思於有限的篇幅之中，用凝煉的語句來表達豐富的情思。有的作家固然借助于意境的朦朧或辭藻的絢麗來造成耐人尋味的深度和難度，但用明白曉暢而又樸素淺顯的語言在描繪複雜深曲的思想感情，似乎就更加不易。白居易的作品在這一方面是有著突出的成就的。

爲什麽我說這首詞是作者懷念洛陽之作呢？這是從「汴水流，泗水流」兩句自然得出的結論。白居易同洛陽的關係，熟悉他生平梗概的人當然了如指掌，這裏不必贅述。即以路線而論，唐代人從中原南下，總是經汴、泗入淮，再通過隋代開鑿的運河抵達長江流域。「京口瓜洲一水間」，瓜洲在長江北岸，與江南相隔只一衣帶水。但即使過了江也並不等於到達目的地，還有「吳山點點」。「點點」是從北向南，望中所見，作者雖未寫出江南的山巒起伏，而實際上這「點點」吳山正代表著若干阻隔歸程的層巒疊嶂，要跨越它們也並非輕而易舉，這才逼出了最後的那個「愁」字。詩詞的傳統寫法大抵先景後情，詞分上下片，上片寫景下片抒情乃成慣例。但不論小令或慢詞，一定要在過片處把握住分寸，即如何從「景」過渡到「情」，這就全看作者的藝術技巧是否高明了。李白的《菩薩蠻》上片末句用「有人樓上愁」作爲過渡以引起下片的抒情正文，古人已認爲難得；但那一句已把樓上之「人」點出，實際已超過客觀寫景的範圍，比起白居易的這一首末句只用一個「愁」字似猶稍嫌辭費。如果我們只把這個句子抽出來做比較，則「吳山點點愁」實比「有人樓上愁」更爲精致靈巧，而且這個「愁」字乃是作者用了移情手法，彷彿有「愁」的不是「人」而是「山」。至於「點點」，雖給人以微量之感，但這裏一「點」那裏一「點」，歷歷然星羅棋佈，則「愁」之密度也隨之加大而含量也因之增多。這樣的過渡手法固然爲後人開啓無數法門，難得的還是作者在語言運用上的濃縮精煉。後來王安石詩「隔水山供宛轉愁」，辛棄疾詞「遙岑遠目，獻愁供恨」，可能都是從這裏受到影響和得到啓發。

從上片的景語看，作者是從空間寫起的。不但南北舟行，要從洛陽經過汴水、泗水，還要經過作者詞中沒有提到的其它河水和江水，好不容易到達了瓜洲古渡，然而這距離卻只寫了一半。那一段還有重山阻隔，這陸上行程說不定比水上航程還要更花氣力，更費時間。這就在空間描寫中實際已隱寓時間之悠久。詩人向讀者暗示，如果這個遠宦遊子眞的北歸，他是要經過這斷續綿延的重山複水的，談何容易！難怪閨人要長思不已，幽恨無窮了。上片雖只寥寥四句，用汴水、泗水、瓜洲、吳山四個名稱依次羅列，實已把下片的情語融括在內；換言之，下片的情語在這層層鋪墊中呼之欲出了。

下片的「思」應讀去聲，是名詞，指閨人懷念征夫的愁緒。「悠悠」者，長久而連綿不斷之意，這是從時間方面著筆，寫出閨人的思念之情已積年累月，不是一天兩天了。由「思」之無窮而引起「恨」之無窮，這與上片之先「汴水」後「泗水」同一機杼，都有個先後順序在內。緊接著用一句切直之語表示感情之迸發，所謂「恨到歸時方始休」。反過來說，只要遠人不歸，則「此恨綿綿無絕期」，其柔腸百轉、幽恨千重，盡在不言中矣。妙在收尾一句義含雙關，在這「月明」之夜「倚樓」相思之「人」，可以是思婦，也可以是思婦心目中所繫念的遊子。柳永《八聲甘州》下片結語云：「想佳人妝樓顒望，誤几回天際識歸舟；爭知我倚闌干處，正恁凝愁。」卻是把白詞一層意思擴展爲兩幅圖景，與此恰成對照。當然，此詞通篇本屬作者設想之辭，則又可與柳詞等量齊觀了。

然而這末一句還有一層妙處，卽點出「人」所在之地點，又加上「月明」二字以表明夜以繼日之意，則「隔千里兮共明月」，「海上生明月，天涯共此時」，又隱隱把遊子思婦雙方相距的遙遠空間不動聲色地交代出來。然則上片寓時間於空間，下片寓空間於時間，借時空互相包孕而實際上起到了情景交融的作用，這又是此詞所收到的更進一步、更深一層的藝術效果。至於用「月明人倚樓」一句把整首詞輕輕綰住，給讀者以「餘音嫋嫋，不絕如縷」之感，猶其餘事也。（吳小如）

# 西塞山懷古

劉禹錫

王濬樓船下益州，金陵王氣黯然收。千尋鐵鎖沉江底，一片降幡出石頭。人世幾回傷往事，山形依舊枕寒流。今逢四海爲家日，故壘蕭蕭蘆荻秋。

公元二八〇年，西晉大將王濬率水師從益州（今成都）出發，沿長江順流而東，向孫吳發起了毀滅性打擊，也是結束三國鼎立局面的最後一戰。當時，吳國曾在今湖北大冶以東的西塞山江中據險設防，「吳人於江險磧要害之處并以鐵鎖橫截之，又作鐵錐長丈餘，暗置江中，以逆距船。」（《晉書・王濬傳》）但這一番布置竟絲毫未能奏效。不數日，防線被晉軍凌厲的攻勢突破。東吳都城建業（卽金陵、石頭城，今南京市）隨卽失守。吳主孫皓終於演出了「肉袒請降」的可悲一幕。這就是劉禹錫這首《西塞山懷古》所吟詠感懷的古事。

劉禹錫於唐穆宗長慶四年（八二四）從夔州刺史調任爲和州刺史。這年秋天，他乘船從夔州（今重慶奉節）向和州（今安徽和縣）進發。途中，面對浩浩長江和「竦峭臨江」的古代軍事要塞，他不禁想起歷史上曾經在這裏發生過的多次戰事，想起五百年來多少王朝的興亡交替。於是，關於天道、自然、山川地理和人事治亂以及它們之間的關係這樣一些富於哲學意味的問題，不能不引起詩人的深深思索。這種思考可以表現爲各種形式，如歷史論文、哲理性散文等。而劉禹錫則採用了他擅長的七言律詩的體裁十分形象、凝練地表達了他的感受和思考所得。

詠史懷古詩一般需有兩方面的內容。首先是「敍」，卽要以概括簡練的語言把所詠的史實敍述出來，從而調動起讀者有關的歷史知識貯備，使之積極地參與創造性的藝術思維過程中去。在這裏對於作者來說，字數有限是一重限制，史實複雜而必須突出其要害症結是又一重限制，不可平鋪直敍而應敍中見議，所謂含一字之褒貶，則爲第三重限制。作者識見的高下，手段的高低，往往一開始就會顯露出來。劉禹錫這首詩的首聯，就是一個成功的敍述。首句中的「下」字，次句中「黯然收」三字，都是頗見功力的地方。「下益州」，既符合地理形勢：由上游向下游進軍；又符合歷史事實，西晉軍隊攻下了東吳都城。一個「下」字給人以勢如破竹、摧枯拉朽之感，於是很自然地接出下一句「金陵王氣黯然收」。自孫吳以來，凡建都金陵的王朝，哪一個不是相信自己佔據了這「龍盤虎踞」的地利便可以永保江山？所謂「金陵王氣」曾經對多少無能而昏庸的統治者起過強心作用。可是事實如何呢？在西晉軍隊的強勁攻勢下，「金陵王氣」毫無作用，黯然收斂，孫吳王朝徹底覆滅了。不但孫吳，熟悉歷史的劉禹錫知道，此後在金陵建都的幾個朝代，東晉、宋、齊、梁、陳幾乎個個短命。可見所謂「金陵王氣」是根本靠不住的。「黯然收」三字就把這層意思微微透露了出來，在敍述中暗含着評價。我們讀詩，在這種地方不可輕易放過。

次聯也是敍述，其妙處是用一副工整的對仗，把晉吳之戰作了形象的描繪。東吳苦心經營的横貫江面的千尋鐵鎖被晉軍燒斷而沉於江底，導致了一片白旗豎起在金陵城頭。從形象上看，一横一豎，一下沉一高揚；從色彩上看，一邊是降旗慘白，一邊是晉軍燒毀鐵鎖的衝天火光；從氣氛上看，西晉因得勝而趾高氣揚，東吳則因敗亡而無限悽慘。這樣鮮明的對照，給人留下難忘的印象。

這兩聯雖然都屬於詠史詩中的敍述部分，但首聯是總敍，以聲勢逼人勝，次聯是具體描繪，以形象生動勝。兩聯相合，説明了本詩所詠史實，接下去便該進入詠史詩的核心内容，感與論了。詠史詩的寫法很多，敍得很少甚至根本不敍的有之，但不發表感想和評論的却没有。詠史詩思想境界和藝術格調的高低，關鍵就是看這種感想和評論的質量如何。

「人世幾回傷往事」一句含包兩層意思。當「人世」解作「人生在世」亦卽指詩人自己的有生之年時，這句詩是説詩人這一輩子曾經多次地因思考歷史興亡而傷感痛心。當「人世」泛指「人世間」的時候，這句詩便可理解爲雖然年代久遠了，但世上的人們總也難以忘懷多次（幾回）發生在這裏的傷心往事。不管採用哪一種解釋，這句詩的基本含意是以人事的變動不居來和下一句自然景物亘古不變爲對照，以終古常在，「依舊枕寒流」的「山形」作爲那些匆匆交替、可悲可慨的王朝歷史的無情見證。再深挖一層，我們可以説，作者似乎還透露了他在另一首詩中所表述過的「興廢由人事，山川空地形」（《金陵懷古》）的意思。對於一個國家的興亡盛衰來説，山川地形固然有險與不險、利與不利之别，但歸根到底，人事的治亂纔是起決定性作用的。這是一種不迷信天運、不迷信地利而着眼於政治良窳的觀點。這種以抒情感慨形式表現出來的議論，實際上蘊含着對於前朝失敗教訓的總結。

末聯進一步將古今相聯繫，由懷古而感今。「今逢四海爲家日，」是説劉禹錫生活的時代，國家基本統一，没有什麼戰事。這基本上是事實。所以西塞山的故壘，久已廢置不用，如今這裏長滿蘆葦，在秋風中颯颯作響。這裏，應該説有讚頌、有慶幸，這是中國詩人觸及現實政治時慣用的基調；但讀者仍可體會到，其更深層的意思則是提醒，是警戒。我們相信，劉禹錫這個極端關心唐王朝命運的詩人絕不會不想到，就在數十年前，曾發生過波及全國的安史之亂，唐王朝一度岌岌可危；安史亂後，河北、山東藩鎮割據的局面愈演愈烈，時刻威脅王朝的安全。眼前一片昇平景象的國家，誰知哪一天又會燃起烽火；如今長滿蘆荻的故壘，誰知哪一天又要變成攻守的前沿呢？聯繫劉禹錫平生的作爲，特別是本詩前面對於歷史的回顧與思考，我們不難透過表面上的頌讚看到他內心深處的隱憂和以前朝興亡爲龜鑒的良苦用心。

到此爲止，我們可以看到，《西塞山懷古》詩中感與論的部分，是以含蓄深沉爲特色的。不是把作者所想到的一股腦和盤托出，而是借抒發感想、吐露情愫來引導讀者的思維方向，吸引讀者共同進行創造性思維活動，使千百年來的讀者人人可以從中有自己的發現，可以說是這首詩在藝術上成功的根本原因。（董乃斌）

# 酬樂天揚州初逢席上見贈

劉禹錫

巴山楚水淒涼地，二十三年棄置身。懷舊空吟聞笛賦，到鄉翻似爛柯人。沉舟側畔千帆過，病樹前頭萬木春。今日聽君歌一曲，暫憑盃酒長精神。

這首詩是唐代詩人劉禹錫於敬宗寶曆二年（八二六）冬，罷和州刺史後，回歸洛陽，途經揚州，與罷蘇州刺史後也回歸洛陽的白居易相會時所作。對「初逢」二字，可以有兩種理解，一是未見過面，初次相逢；另

酬樂天揚州初逢席上見贈

一是久別之後，初次相逢。尚無定論。

當時淮南節度使是王播。王播在揚州設宴招待劉禹錫、白居易兩位詩人。白居易在酒席上把箸擊盤，吟詩一首，題爲《醉贈劉二十八使君》，詩中有「舉眼風光長寂寞，滿朝官職獨蹉跎。亦知合被才名折，二十三年折太多」四句，爲劉禹錫長期被貶的不幸遭遇鳴不平。劉禹錫從憲宗永貞元年（八〇五）被貶，到寶曆二年，只有二十二年。由於作詩時已是歲末，預計次年春初纔能到達洛陽，而且劉禹錫罷和州刺史後尚未接到新的任命，所以白居易乾脆稱爲「二十三年」，以求平仄協調，符合格律。劉禹錫回憶往事，感慨萬端，寫了《酬樂天揚州初逢席上見贈》這首詩，答謝白居易。

詩的首聯，便表現出作者不同凡響的抒情才能。劉禹錫因積極參加順宗朝王叔文領導的政治革新運動而遭受迫害。在宦官和藩鎮的聯合反撲下，順宗讓位給憲宗，王叔文被殺，劉禹錫等被貶。他先貶到朗州（今湖南省常德市），再貶連州（今廣東省連縣），調夔州（今重慶奉節縣）、和州（今安徽省和縣），未離謫籍。朗州在戰國時是楚地，夔州在秦、漢時屬巴郡，楚地多水，巴郡多山，「巴山楚水」，泛指貶地。劉禹錫沒有直率傾訴自己無罪而長期遭貶的強烈不平，而是通過「淒涼地」和「棄置身」這些富有感情色彩的字句的渲染，讓讀者在了解和同情作者長期謫居的痛苦經歷中，感覺到詩人抑制已久的憤激心情，具有較強的藝術感染力。

詩的頷聯，劉禹錫運用了兩個典故。一是「聞笛賦」，指曹魏後期向秀的《思舊賦》。向秀與嵇康、呂安是好友，嵇康、呂安爲司馬氏殺害，向秀經過兩人舊居時，聽到鄰人吹笛子，其聲「慷慨」激昂，向秀感音而嘆，寫了《思舊賦》來表示對嵇康、呂安的懷念。另一是「爛柯人」，據《述異記》所載，晉人王質入山砍柴，見二童子對弈，他觀棋至終局，發現手中的「柯」（斧頭的木柄）已經朽爛了。王質下山，回到村裏，纔知道已經一百年過去了，同時代的人都已死盡。「懷舊」句表達了詩人對受害的戰友王叔文等的悼念，「到鄉」句抒發了詩人對歲月流逝，人事變遷的感嘆。用典貼切，感情深沉。「鄉」指洛陽。一本作「郡」，郡指揚州。揚州是當時淮南節度使的治所，而和州是隸屬於淮南道的。

詩的頸聯，緊承頷聯而來。「沉舟」和「病樹」是比喻久遭貶謫的詩人自己，而「千帆」和「萬木」則比喻在他貶謫之後那些仕途得意的新貴們。這一聯本是劉禹錫感嘆身世的憤激之語，由於它客觀上包含着新陳代謝的自然規律，其意義就不僅局限於詩人的身世之感了。白居易稱讚這一聯「神妙」，就是從詩的思想性和藝術性，景、情、理相結合的角度來評價的。後來的欣賞者和引用者可以不必以「沉舟」和「病樹」自比，而只採取這一聯所表達的哲理，來說明沒落的事物就讓它沒落吧，新生的事物必然要發展起來，社會在前進，前景無限美好的道理。後人的引用義與劉禹錫的本義不完全契合，這是不奇怪的。不同時代的欣賞者，在欣賞特定時代的某一具體作品時，思想感情上會產生某種基本一致的藝術感受，人們稱之爲「共鳴」。但文藝欣賞中的共鳴是十分複雜的，不同時代的人，欣賞某一作品時所產生的共鳴，不會與作者創作時的思想感情完全一致。例如：唐代偉大詩人杜甫在《蜀相》一詩中吟出「出師未捷身先死，長使英雄淚滿襟」的名句，是出於其不得「致君堯舜上」的感慨；三十多年後，領導政治革新運動的王叔文，讀杜甫的這兩句詩，「欷歔泣下」，則出於其與宦官、藩鎮鬥爭失敗的哀思。

詩的尾聯，似乎寫得很平淡，說的是酒席上的事情，其實是點睛之筆，不能忽略。「長精神」三字，含義深刻，表現了詩人意志不衰，堅韌不拔的氣概。

劉禹錫在這首詩中運用了層層遞進的手法。首聯，詩的第一層，先寫自己無罪而長期被貶的遭遇，爲全詩定下了憤激的基調。頷聯，詩的第二層，通過對受害戰友的悼念，以及自己回到故鄉竟然恍如隔世的情景，使憤激之情進一步深化。頸聯，詩的第三層，推開一步，對比了自己的沉淪與新貴的得勢，詩人的憤激之情達到了頂點。尾聯，詩的第四層，急轉直下，表示并不消極氣餒，要抖擻振奮，積極進取，重新投入生活，以自勉自勵結束。層層深入，言簡意深。憤激而不淺露，感慨而不低沉，惆悵而不頹廢，堪稱劉禹錫的代表作品。劉禹錫在這首詩中所表現的身經危難，百折不回的堅強毅力，給後人以莫大的啓迪和鼓舞，所以古今傳誦，交口稱讚。

（卞孝萱　卞　岐）

# 石頭城

劉禹錫

山圍故國周遭在，潮打空城寂寞回。淮水東邊舊時月，夜深還過女牆來。

這是《金陵五題》的第一首。詩題所標示的石頭城，故址在今南京市清涼山。原是楚國金陵城，東漢末年孫權重築後改名石頭城。東晉年間曾加固過。石頭城北臨長江，南臨秦淮河口，是交通要衝，軍事重鎮。後人常以石頭城作爲金陵的代稱。唐高祖武德八年廢棄。金陵是六朝的首都。所謂六朝是指三國時代的孫吳、東晉、宋、齊、梁、陳這六個朝代。它們的壽命都不長，最長的東晉不過一百零三年，最短的齊代纔二十三年，其他幾個大概三五十年。朝代的迅速更迭，人事的急劇變遷，以及金陵的名勝古跡，都成爲寫詩的絕好材料。

這首詩用一聯對句起頭。「山圍故國周遭在，潮打空城寂寞回。」「故國」、「空城」都是指石頭城。「故國」的「故」字，有今昔之感；「空城」的「空」字，有盛衰之慨。象徵着六朝繁華的石頭城如今已經廢棄，但是周圍的青山依然是老樣子，而長江的潮水也像從前那樣拍打着城牆。青山長在，江水長流，而六朝的繁華却已成爲歷史的回憶。詩人想像，那拍打空城的潮水也會因而感到寂寞的。潮水本來沒有感情，無所謂寂寞不寂寞，是詩人把自己的寂寞賦予潮水，說潮水也感到寂寞，這是文藝創作中的移情作用。

後兩句「淮水東邊舊時月，夜深還過女牆來」。「淮水」指秦淮河。「女牆」是城牆上凹凸形的小牆，也就是城垛。從秦淮河東邊升起的月亮，還像六朝時候一樣慢慢爬上石頭城來，在夜深時分繞過女牆，落向西方。她一天又一天，一年又一年，重複着自己的行程，并不因城的荒廢而改變自己的態度。她像一位故人，最了解舊時的繁榮，也最能感受此時的荒涼。可是她的多情又有什麼用呢？

這首詩的題目叫《石頭城》，但并沒有正面描寫它。第一句「山圍故國周遭在」寫的是山；第二句「潮打空城寂寞回」寫的是潮。三、四句「淮水東邊舊時月，夜深還過女牆來」寫的是月。全詩都是用石頭城周圍的自然景物來烘托石頭城，用自然界的永恆反襯石頭城的變化，暗示王朝的變遷。整首詩的構思就是建立在這種襯托和對比之上，但前半和後半又有所不同。前半境界開闊，後半筆觸細膩，前半好像電影中的全景，後半好像電影中的特寫。同中有異，耐人尋味。

從唐人寫的詩文看來，他們對六朝似乎有一種特殊的感情。江南一帶是經過六朝的開發纔繁榮起來的。江南的山川草木、城郭樓臺、街巷廟宇，都帶着六朝的印記。這一切都會使他們想起六朝的繁華、六朝的歌舞，以及六朝人物的風流。而六朝的滅亡，作爲歷史的借鑒，又時時給唐人以警告。李白的詩裏說：「鳳凰臺上鳳凰游，鳳去臺空江自流。吳宮花草埋幽徑，晉代衣冠成古邱。」杜牧的詩裏說：「南朝四百八十寺，多少樓臺煙雨中。」又說：「江雨霏霏江草齊，六朝如夢鳥空啼。」都表達了一種歷史的沉思。劉禹錫的這首《石頭城》也是這樣，其中有對於荒廢了的古城的惋惜之情，也有因古城荒廢而引起的滄桑之感。劉禹錫是一位富有革新精神的思想家和政治家，他能以積極的態度看待歷史的變遷，當然不會同情那些已經滅亡的小朝廷。但是六朝的覆亡所提供的教訓，是會引起詩人深思的。他在《金陵五題》的第三首《臺城》裏說：「萬戶千門成野草，只緣一曲後庭花。」就總結了陳後主荒淫誤國的歷史教訓。《石頭城》雖然寫得很含蓄，沒有明白地說出這類意思。但在歷史興亡的感慨背後，恐怕不能說沒有更深刻的思想。

（袁行霈）

烏衣巷

# 烏衣巷

劉禹錫

朱雀橋邊野草花，烏衣巷口夕陽斜。舊時王謝堂前燕，飛入尋常百姓家。

烏衣巷是金陵城的一條街，位於秦淮河以南，附近有座朱雀橋。三國時孫吳在此地設兵營，軍士皆穿黑衣，這就是巷名「烏衣」的由來。時代變遷，到東晉，此地成爲王、謝等豪門世族的住宅區。當年進進出出、來來往往的全是衣冠楚楚，舉止風流的貴族子弟。春暖花開時，更是車水馬龍，分外繁華豪奢。但到劉禹錫來此時，烏衣巷早已是另一番景象了。

朱雀橋是秦淮河上的浮橋，一名朱雀航，在古金陵城東南四里，面對朱雀門，是東晉時建築。它靠近烏衣巷，是從金陵城中心到烏衣巷的必經通道。未到烏衣巷，先過朱雀橋。所以詩在未寫烏衣巷前先寫朱雀橋。這時春天已到江南，但在朱雀橋邊，報道春消息的既不是含笑東風的李桃花，也不是楊柳萬千條，而是蕪雜的野草和星星點點不知名的小花。過了浮橋繼續前行來到烏衣巷，那裏的風光又怎樣呢？古老的街道，籠罩在蒼涼的落日的餘暉中，給人以蕭條、荒涼之感，怎麼也難以相信這裏曾經是車馬喧闐、熱鬧非凡、豪族聚居、傾半天下的地方。

一、二句都是刻畫環境。除去兩個地名，詩中實際就寫下了兩件事物：野草閑花和夕陽西下。兩事都是富有象徵意義的，所以儘管着墨不多，却把烏衣巷沒落衰敗的氣氛刻畫得入木三分。它用形象的畫面，使人感到烏衣巷眼前的景象與春天應有的富麗景象不符，更與江南春景極不協調；同時引導人們將它的現狀與它的歷史情況相比，其沒落衰敗、今不如昔之感也就越見顯然了。

三、四兩句說，王、謝等貴族第宅的廢墟上，已經建起了普通老百姓的住宅，燕子春來仍回原處做巢，但房主身分已經不同了。這完全像是一個卽景好句。夕陽西下，燕子歸巢，是春晚常見景象，詩人得以信手拈來。但通過「王謝堂」與「百姓家」的對比，亦卽老屋易主，寫出了滄海桑田的歷史性變遷。然而又不直說老屋易主，倒說燕子改換門庭，語意雋永，耐人吟詠。此外，眼前的燕子，未必是晉時的遺物，却說是「舊時燕」，言下意味着歷史變遷一何迅速，王謝的豪奢一何短暫。雖然事實上沒有那樣長命的燕子，但燕子能尋故巢却是事實，故詩句仍然含着一定生活的眞實。所以讀起來只覺自然，不覺悖理。這兩句詩似乎毫不著力、妙手偶得，其實是十分精純的。

劉禹錫在詩裏寫了烏衣巷的盛衰劇變與《石頭城》一樣，并不是表達一種感傷沒落的情緒，也不是戀舊。從詩人的政治立場，態度和中唐的歷史狀況，可以體味到詩句中包涵着很深的引古鑒今的諷刺意味。想當初，東晉豪門貴族偏安一隅，競逐豪奢，醉生夢死，不圖自振。曾幾何時，他們的繁華生活便成了一場金陵春夢。就在他們居住過的地方，他們的痕跡也被消滅得乾乾淨淨，連舊日的燕子也記不起他們了。詩中極力渲染烏衣巷沒落荒涼的氣氛，暗示了東晉王朝的滅亡是政治上腐敗造成的必然結果。經過安史之亂後的唐王朝，政治上的腐敗墮落，與東晉有一定共同之處，志在革新政治的劉禹錫寫下《烏衣巷》一詩，無異是對唐代封建統治者敲響警鐘。

此詩感慨深沉，寄意含蓄，全借小景點出。「舊時王謝堂前燕，飛入尋常百姓家」尤其是千古傳誦的名句。兩句中包含着深厚的哲理意味。詩歌中的哲理，不同哲學家講的道理，就在於它與具體生動的形象分不開，而且飽含着詩人的情感。由於哲理寓於形象，就使得讀者能够通過自己的想像和聯想，對它作更多的引申和發揮，甚至超脫作者原來用這一形象來表達的那個具體思想。這就是「形象永遠大於作家的思想」（高爾基）。所以，這兩句詩與詩人「沉舟側畔千帆過，病樹前頭萬木春」等詩句一樣，至今還常常被人們引用，表

達深刻的道理，使這些飽含哲理的古老詩句，放出新的思想光輝。（周嘯天）

# 竹枝詞

劉禹錫

楊柳青青江水平，聞郎江上唱歌聲。東邊日出西邊雨，道是無晴却有晴。

劉禹錫的《竹枝詞》現存十一首，分爲兩組，一組九首，題爲《竹枝詞并序》；一組二首，題爲《竹枝詞二首》。本篇是他的《竹枝詞二首》的第一首。

《竹枝詞》，是劉禹錫於唐穆宗長慶二年（八二二）任夔州刺史時所作。其序云：「四方之歌，異音而同樂。歲正月，余來建平，里中兒聯歌竹枝，吹短笛、擊鼓以赴節，歌者揚袂睢舞，以曲多爲賢……昔屈原居沅湘間，其民迎神，詞多鄙陋，乃爲作《九歌》，到於今荆楚歌舞之。故余亦作《竹枝詞》九篇，俾善歌者揚之，附於末」這説明了他寫作《竹枝詞》的意圖、地點和時間。而《竹枝詞二首》是繼這九篇之後而寫的。

本篇是一首情歌。它反映了當地青年男女的愛情生活。詩中寫的是一般船家姑娘的初戀情懷。作者把人物形象置於鮮豔的春景之中，着力描繪春天的美好景致，巧妙地運用雙關、比喻的修辭手法，表達這位姑娘微妙複雜的心理狀態。讚美了青年男女不顧封建禮教束縛，追求愛情幸福生活的精神。情調輕快，意境新穎。

詩的起句「楊柳青青江水平」，是寫景，是寫船家姑娘眼中所見的景物。春天來了，沿江兩岸楊柳青翠，江面風平浪靜，一片碧水澄清。這是一幅多麼美麗的春江景色圖啊！它既呈現出色彩美，也反映了靜態美。它給人的感覺是平靜清幽，春意滿懷。正是在這樣的一個美麗的環境裏，姑娘忽然「聞郎江上唱歌聲」。如果說，首句是從視覺來描摹，那麼，這一句是從聽覺來下筆了。是寫姑娘的耳中所聞。其語句結構與李白的「忽聞岸上踏歌聲」（《贈汪倫》）句相同。因此，有人誤解爲「岸上男子的歌聲」。其實，明明是「江上」，怎能解爲「岸上」呢？這一句是寫姑娘聽到江面上傳來小伙子的悠揚歌聲。語似平淡，實則含有豐富的內容。它是詩中的關鍵之句。有了它，纔有下文的發展。那麼，這歌聲對這位聽者——船家姑娘究竟有什麼感受呢？當時，當地男女青年常用歌聲來傳遞愛情，歌者有意，聽者有心，歌聲成了他們聯結愛情的橋樑和紐帶。所以，這歌聲勾引起這位船家姑娘的心潮起伏，思萌情發。她愛慕着那唱歌的小伙子，也覺得對方對自己可能有意，但這是初次的相遇，還不知道對方的確實態度如何。因此，她既抱希望，又含疑慮。已經萌發的情思與疑慮，構成了這時候她微妙而複雜的心理。那麼，作者如何表達這種複雜變化、難以言傳的內心活動呢？他寫道：「東邊日出西邊雨，道是無晴却有晴。」這裏，作者已巧妙地把這位姑娘初戀時的那種又驚又喜、變化不定的複雜心情，通過春天天氣亦晴亦雨、多所變幻的特點，形象地表達出來了。這種以輕快的筆觸，創造新穎的意境，既使抽象的感情變化形象化，使人可以看得見，摸得着，又顯得含蘊有韻味。上句，不必機械地理解爲東邊有太陽，西邊下雨。這兩句是借喻之詞，是說這位小伙子歌聲中的情，就像天氣一樣瞬息萬變，難以捉摸。你說是無情嘛，又似乎有情，是眞非眞，若有若無。確實，初戀的情思，就像時晴時陰的天氣。作者把眼前的景物，融入初戀少女的複雜心情，採用含蓄的雙關手法，用天氣的「晴」與「不晴」，諧人物的「有情」和「無情」，把兩種毫不相關的事物巧妙地統一起來，自然貼切，天衣無縫地呈現出少女忐忑不安的微妙而複雜的心理，大可看出劉禹錫藝術手法的高強。謝榛在《四溟詩話》卷二中說：「『東邊日出西邊雨，道是無晴却有晴。』措辭流麗，酷似六朝。」所謂「酷似六朝」，是指六朝民歌多用諧音雙關語來暗示男女戀情，這兩句正是學習了這一手法。這裏的「晴」與感情的「情」同音，通過諧音造成雙關。表面上寫眼前天氣陰、晴不定的變幻，其實是爲抒發感情而虛設之景，是歌聲「有情無情」在少女頭腦中的形象反映，是比喻這位姑娘對小伙子的情意將信將疑的神態。景爲情謀，情緣景發，意境深邃。

運用雙關隱語來表達愛情，是民歌中常用的手法，所謂雙關，就是某一字詞表面是一層意思，而內在的却又是另一層意思。南朝樂府民歌中運用這種手法最爲常見。例如，「理絲入殘機，何悟不成匹」（《子夜歌》）中的「絲」與「思」雙關，（布）「匹」與「匹」（偶）雙關；「明燈照空局，悠然未有期」（《子夜歌》）中的「空局」，卽空的棋局，隱示未有棋，「期」與「棋」同音雙關，等等。這類諧音雙關隱語，表情達意委婉含蓄，新穎別致。

劉禹錫的詩歌，歷來被稱爲「開朗流暢，含思宛轉」，「運用似無甚過人，却都愜人意，語語可歌」。這「語語可歌」四個字，點出了劉禹錫在學習民歌語言上的成就。他的《竹枝詞》不僅在當時「武陵諸夷悉歌之」，「民間所唱率多禹錫之辭」。而且直到宋代「猶有人能傳劉詞之聲音者」（邵博《河南邵氏聞見後錄》）。南宋胡仔在《苕溪漁隱叢話》後集中也說：「《竹枝歌》云：『楊柳青青江水平，聞郎江上唱歌聲。東邊日出西邊雨，道是無晴却有晴。』予嘗舟行苕溪，夜聞舟人唱吳歌，歌中有此後兩句，餘皆雜以俚語，豈非夢得之歌自巴渝流傳至此乎？」的確，劉禹錫的《竹枝詞》，對後世頗有影響，宋代的蘇軾、黃庭堅都有倣作。元明清時代的著名詩人和傑出人物如楊維楨、薩都剌、高啓、李東陽、袁宏道、尤侗、王夫之、朱彝尊、王士禛、鄭板橋、林則徐等人都寫過《竹枝詞》。從劉禹錫一生所寫的八百多首詩來看，其中成就較高，爲人傳誦的作品，很重要的一部分就是倣效民歌的樂府小章，這是一份很值得我們重視的文學遺產。（鄭孟彤）

# 憫農二首

李紳

春種一粒粟，秋收萬顆子。四海無閒田，農夫猶餓死！
鋤禾日當午，汗滴禾下土。誰知盤中餐，粒粒皆辛苦！

李紳的《憫農》二首是家喻戶曉的名作。它們以明白如話的語言，豐富深刻的思想深深地打動了歷代讀者。這兩首詩全是用白描的手法。第一首揭示了農民終年辛勤勞動却仍然在死亡線上掙扎的事實。短短的四句話裏，包含着感嘆，也包含着控訴。第二首寫「農夫」在烈日之下辛勤勞作之情狀，告誡人們糧食來之不易。它們像歌謠，像諺語，又像格言。在深沉的慨嘆中，凝聚着詩人對剝削者的憤慨和對貧苦百姓的同情。沒有粉飾，沒有做作，更沒有賣弄，只是如實說來，便能動人心絃。

然而細細推敲，這兩首詩在遣詞、造句、謀篇上都頗費匠心。第一首以對句開頭，從春天的一粒種子成長爲秋後的萬倍碩果，展示了農業生產是一本萬利的事，再加上「四海無閒田」，農夫是可以活命的。但詩的結尾却出人意料之外，創造了如此巨大財富的農民竟然活活餓死！這就使人不禁要問，這麼多的糧食究竟落到了誰的手裏，爲什麼種糧食的人反而沒糧食吃呢？這首詩以熱語始，一而再，再而三地描繪農業生產的美好圖景，忽然以冷語煞尾，發人深省。前三句愈熱烈，第四句愈顯得冷峻。「農夫猶餓死」這句普普通通的話也就有了千鈞之力。第二首的構思以汗滴和米粒的相似爲契機。盤中的每一粒米都彷彿是農夫的汗滴，都凝聚着農夫的辛苦。於平易之中見新巧，也很耐人尋味。

這兩首詩具有高度的概括性和形象性。把農夫的耕耘收成，他們的辛勞，他們的悲劇，這麼複雜的生活內容，用兩首五言絕句就概括了，又不概念化，這是很不容易的。仔細體味這兩首小詩，我們彷彿看到封建社會裏無數的「農夫」凍死餓死在路旁。又彷彿看到官倉裏無數的糧食化爲土。詩人筆力之簡勁，造語之警策，讓人不能不佩服。

（張　潔）

# 捕蛇者說

柳宗元

永州之野產異蛇，黑質而白章，觸草木盡死，以齧人，無禦之者。然得而腊之以爲餌，可以已大風，攣踠、瘻、癘，去死肌，殺三蟲。其始，太醫以王命聚之，歲賦其二，募有能捕之者，當其租入，永之人爭奔走焉。

有蔣氏者，專其利三世矣。問之，則曰：「吾祖死於是，吾父死於是，今吾嗣爲之十二年，幾死者數矣。」言之，貌若甚慼者。

余悲之，且曰：「若毒之乎？余將告於涖事者，更若役，復若賦，則何如？」

蔣氏大戚，汪然出涕曰：「君將哀而生之乎？則吾斯役之不幸，未若復吾賦不幸之甚也。嚮吾不爲斯役，則久已病矣。自吾氏三世居是鄉，積於今六十歲矣，而鄉鄰之

捕蛇者說

生日蹙。殫其地之出，竭其廬之入，號呼而轉徙，饑渴而頓踣，觸風雨，犯寒暑，呼噓毒癘，往往而死者相藉也。曩與吾祖居者，今其室十無一焉，與吾父居者，今其室十無二三焉；與吾居十二年者，今其室十無四五焉。非死而徙爾！而吾以捕蛇獨存。悍吏之來吾鄉，叫囂乎東西，隳突乎南北，嘩然而駭者，雖鷄狗不得寧焉。吾恂恂而起，視其缶，而吾蛇尚存，則弛然而臥。謹食之，時而獻焉。退而甘食其土之有，以盡吾齒。蓋一歲之犯死者二焉，其餘則熙熙而樂，豈若吾鄉鄰之旦旦有是哉！今雖死乎此，比吾鄉鄰之死則已後矣，又安敢毒耶！」

余聞而愈悲。孔子曰：「苛政猛於虎也。」吾嘗疑乎是。今以蔣氏觀之，猶信。嗚呼！孰知賦斂之毒，有甚是蛇者乎！故爲之說，以俟夫觀人風者得焉。

《捕蛇者說》是柳宗元在元和年間貶官永州（今湖南零陵）做司馬時作的。這時李唐王朝已漸趨衰落，中央集權制的統一國家逐漸解體，形成軍閥割據的局面。由於封建統治階級生活糜爛，宦官專權，土地兼并劇烈，農民在重重剝削之下破產逃亡，造成了丁去田亡而稅籍尙存的混亂現象。統治者仍然按照舊稅籍徵稅，往往把逃亡戶的賦稅攤派到鄉鄰近親的農民頭上，而且各種苛捐雜稅，名目繁多，這樣民不聊生，不得不相率逃亡。如李吉甫在《元和國計簿》中所說的，「逃避之始，由於所納實物增加數倍，繼而已逃之賦，複攤派於未逃，大有令人不可不逃之勢」。《捕蛇者說》，就是在這樣的時代背景下寫的。

柳宗元在《捕蛇者說》中，抓住了當時社會所存在的這個普遍的現實問題，以其天才的藝術筆觸，滿蘸着血和淚，刻畫了蔣氏這個具有典型意義的捕蛇者的形象，有力地揭露和批判了封建社會剝削的殘酷。這位捕蛇者蔣氏，祖孫三代都以捕蛇來抵償租稅。他的祖父、父親都被蛇咬死，他自己捕蛇十二年來，也已經多次差點送掉性命。但當作者說要告訴官府改換他的職業時，他却「大戚，汪然出涕」，寧願繼續冒着生命危險去捕蛇，而不願改換職業去完糧納稅。作者借蔣氏的嘴巴，直接揭示了當時農民在横徵暴斂下所過的悲慘生活。從

捕蛇者説

蔣氏這個捕蛇者的遭際和控訴中，我們可以看到當時廣大勞動人民流離顛沛、饑餓死亡的慘狀，可以看到當時農村被摧殘的淒涼景象和兇狠官吏逼租時的猙獰面目。它使我們認識到，生活在黑暗腐敗的封建社會裏，勞動人民是多麼的痛苦，認識到封建時代苛捐雜稅對農民的壓榨殘忍到了何等程度！

柳宗元在這篇作品中寫了兩對矛盾：一對是毒蛇與人的矛盾，一對是重賦與農民的矛盾。作者把後者是作爲主要矛盾來寫的。他爲了突出這對矛盾，先寫毒蛇與人的矛盾，把蔣氏和他鄉鄰的不同遭遇反復對比，來説明毒蛇對人的危害雖大，但和當時奇重的賦税相比，人們還是甘冒生命危險去捕蛇。這就突出了重賦與農民這對矛盾，很自然的就得出了賦斂之害甚於毒蛇的結論。作者在本篇中這樣處理矛盾，對當時封建社會的黑暗殘忍，客觀上起到了暴露和批判的作用，今天對我們也具有一定的認識價值。

《捕蛇者説》在寫作技巧上，顯示了作者高超的藝術匠心。

首先是襯托手法的運用。作者的目的明明要寫當時賦税剝削的殘酷，但却不從正面着筆，而是首先竭力去寫永州毒蛇的可怕。他把毒蛇寫得愈可怕，就愈襯托出賦税剝削的殘酷。這種聲東擊西的方法，對增強本篇的藝術效果，具有極爲重要的作用。

其次，作品通過兩人簡要對話，對蔣氏内心活動的描寫很眞實深刻。他刻畫蔣氏的心理，主要採用了對比的寫法：一方面蔣氏也感到毒蛇的可怕，因此講到它就面有憂色；另一方面因看到鄉鄰們不願冒這種危險所遭到的更大不幸，又感到捕蛇還可以苟安一時，因而當作者勸他不要以毒蛇來抵當租税時，他却就更加恐懼起來。作品中「悍吏之來吾鄉，叫囂乎東西，隳突乎南北，嘩然而駭者，雖鷄狗不得寧焉」數句，固然寫出了當時官吏兇狠逼租的可怕，同時對襯托蔣氏當時那種心理的産生，也有重要作用。

第三，作品在結構安排和材料剪裁方面也比較精當。開頭一段用泛寫的筆調，寫到「永之人爭奔走焉」，就已經爲第二段的展開留下了伏筆。第二段便實寫，寫許多捕蛇者中的一個有典型意義的人物事件。這是全篇的重點，第一段也是爲這段服務的。最後一段是作者表示自己的看法。根據事件發議論。全文三段，一段與一段之間，扣得非常緊密。全文材料剪裁，都緊緊圍繞着表達賦斂之毒甚於異蛇這一主題的需要，因此詳略得體，中心突出。例如第二段寫作者同蔣氏的對話，他不寫有關捕蛇的別的情況，只用「問之，則曰」就帶過去，而着重寫捕蛇者的悲慘遭遇。這樣寫，重點就更突出，同時，能使讀者從這些具體事例中深深地感到捕蛇的危險；而捕蛇的危險，正是襯托出賦斂對人民的毒害。文中的波瀾轉折，也使作品增色不少。如寫到「若毒之乎？余將告於蒞事者，更若役，復若賦，則何如？」這幾句問話，一方面是作者表示對捕蛇者悲慘遭遇的同情，但更主要的是，這麼一問，反引起了捕蛇者內心的恐懼，引出了他下面一大段悲痛的敍述，這樣就使作品激起了波瀾，加濃了氣氛。這是一個很好的轉折。這一問之後，下邊蔣氏一大段答話，所用材料也非常精當。它不僅使讀者可以從中看到蔣氏祖孫三代的悲慘情況，而且使讀者看到了當時廣大勞動人民在死亡線上掙扎的慘狀，展示出當時農村破產的荒涼景象。

第四，本文的語言非常簡潔樸素。作者往往用幾句簡短的話就能寫出一件事的始末，或勾畫出一幅生動的畫面。例如：「觸草木，盡死；以囓人，無禦之者。」短短十二個字，就寫盡異蛇之毒，使人膽戰心驚。又如：「吾恂恂而起，視其缶，而吾蛇尚存，則弛然而臥。」四句十八個字，就生動地寫出了捕蛇者蔣氏生活在死亡邊緣上的那種不正常的欣慰神態，既形象，又深刻。

在本篇中作者對用語的分寸和語調的強弱也非常講究。例如敍述蔣氏說到他祖孫三代冒死捕蛇的悲慘遭遇時，作者用了「貌若甚戚者」；而寫蔣氏聽了「更若役，復若賦」的話以後的表情，就用「大戚，汪然出涕」。這種用語的分寸是有作用的。這并不是蔣氏對他父祖輩的慘死不痛心，也并非對他自己冒死捕蛇不恐懼，這樣寫，主要是爲了着重表現蔣氏對賦稅之毒的恐懼更甚，表明在他的心裏，對賦稅之毒的恐懼，已經奪去了他對父祖輩慘死的悲傷和對於捕蛇的恐懼的主要地位。而寫到作者呢，對於前者則用「悲之」，對於後者便用「聞而愈悲」，這些分寸、語調不同的用語，對於表現異蛇和賦斂危害的孰大孰小，也是很有作用的。此外，本篇在散行單句之中，往往插入三言、四言、五言等有力的排偶句式，這不僅使讀者讀起來感到音調鏗鏘，對增強作品的氣勢，也具有一定的作用。

（吳文治）

黔之驢

# 黔之驢

柳宗元

黔無驢，有好事者船載以入。至則無可用，放之山下。虎見之，龐然大物也，以爲神，蔽林間窺之。稍出近之，慭慭然莫相知。

他日，驢一鳴，虎大駭，遠遁，以爲且噬己也，甚恐。然往來視之，覺無異能者。益習其聲，又近出前後，終不敢搏。稍近，益狎，蕩倚衝冒。驢不勝怒，蹄之。虎因喜，計之曰：「技止此耳！」因跳踉大㘚，斷其喉，盡其肉，乃去。

噫！形之龐也類有德，聲之宏也類有能。向不出其技，虎雖猛，疑畏，卒不敢取；今若是焉，悲夫！

《黔之驢》是我國一篇著名的古典寓言。開頭是這樣寫的：「黔無驢，有好事者船載以入。至則無可用，放之山下。」

作者首先從故事發生的地區環境寫起。「黔」，是唐代當時一個行政區的名稱，又叫黔中道，包括今天湖南西部、四川東南部、湖北西南部和貴州北部一帶。這一帶有什麼特點呢？「無驢」，從來沒有過驢子。這一特點很重要，因爲如果沒有這一特點，就不會出現後面老虎被驢一時迷惑的情節，因此也就不會發生後面這樣的故事。「有好事者船載以入」，有一個沒事找事的人用船運去了一頭。這一句緊緊承接着「黔無驢」三個字而來，交代了寓言中的主要角色驢的來歷——原來它是一個外來戶。「船載」兩個字還暗說了驢子形體的巨大沉重。「至則無可用，放之山下」，運到以後，派不上什麼用場，就把它放養到山脚下。這兩句不僅解釋了爲什麼說運驢的人是一個「好事者」，而且也很巧妙地把這個「好事者」一筆撇開——因爲他同後面的情節沒有關係——從而爲下文集中描寫寓言中的主要角色準備了方便條件。

隨着驢被「放之山下」，到了一個具體的地方，寓言中的另一角色虎的出場就很自然了：

虎見之，龐然大物也，以爲神，蔽林間窺之。稍出近之，憖憖然莫相知。他日，驢一鳴，虎大駭，遠遁，以爲且噬己也，甚恐。

這一段主要寫虎見到驢以後的心理狀態。「虎見之，龐然大物也，以爲神」，老虎看到這個又高又大的家伙，以爲是什麼神物。這是虎對驢的最初印象和認識。由於寓言一開頭就交代了「黔無驢」，誰也沒有見過，因此老虎少見多怪，產生這樣的錯覺是很自然的。於是，「蔽林間窺之」，它就躲藏到樹林里，偷偷地盯着驢子。這裏，一個「蔽」字，充分寫出了老虎在「以爲神」的認識基礎上所產生的害怕心理；而一個「窺」字，又說明了作爲獸中之王的老虎雖怕但并不甘心，亟想摸清對方底細的心理活動，從而孕育了後面情節的必然發展。「稍出近之」，後來老虎又慢慢走出來向驢靠近些。這是對老虎并不甘心、打算摸底的心理的進一步揭示。「蔽林間窺之。稍出近之」兩句，不僅寫出了老虎行動的連續和發展——由迅速離開驢子的「蔽」，到立定脚跟的「窺」，再到走出樹林、走向驢子的「近」——而且初步地揭示了老虎一心要認識這個「龐然大物」的決心。不過這裏的「近」，并不是說同驢已經靠得很近了，只是指略微縮短了一點同驢的距離罷了；因爲這時老虎對驢還是「憖憖然莫相知」，小心謹慎，不知道它是個什麼怪物。「憖憖然」，謹慎害怕的樣子。由於「莫相知」，自然「憖憖然」；而由於「憖憖然」，當然也就只能「稍出近之」了。這裏「莫相知」三字，既有承上的作用，說明老虎產生「憖憖然」不安心理和採取「稍出近之」謹慎行動的原因；又有啓下的作用，交代了後面情節演進的根據。「他日」，有一天。這是寄全於一的筆法，說明老虎爲了改變自己「莫相知」的狀況，對驢觀察已經不只一天了。由此也可見其決心。然而認識并未取得進展，仍然停留在「以爲神」的階段。所以「驢一鳴」，驢子吼叫一聲，「虎大駭，遠遁」，老虎大吃一驚，逃得遠遠的。爲什麼要「遠遁」呢？「以爲且噬己也」，因爲老虎認爲驢子要吃掉自己。所以「甚恐」，非常恐懼。「以爲且噬己也」，點明了「甚恐」的實質；而「甚恐」，又爲老虎後來識破驢子的眞面目得出「不過如此」的結論進行了鋪墊。

這一節寫老虎的心理活動雖然只是一個「怕」字，但時起時伏，非常生動。「虎見之，龐然大物也，以爲神」，畏懼之心突然而起；「蔽林間」，可見害怕得還很厲害，縱是獸中之王，也不敢露面；「窺之」，雖害怕得很，但驚魂初定；「稍出近之」，說明畏懼心理已經明顯減少，儘管仍然小心翼翼；「驢一鳴，虎大駭，遠遁」、「甚恐」，畏懼之心又一下子達到了高潮。而所有這些變化又無不圍繞着「以爲神」的思想認識。

然而老虎「遠遁」，會不會一走了之呢？如果這樣，情節又將如何發展呢？我們不用擔心，因爲從虎一開始所表現出來的雖怕驢但并不甘心的心理活動來看，它是不會一走了之的。事實正是這樣，虎不但沒有逃之夭夭，而且很快就看穿了驢子的假象；不僅逐漸消除了畏驢之心，甚至慢慢產生了吃驢之意：

然往來視之，覺無異能者。益習其聲，又近出前後，終不敢搏。

這一節主要寫虎對驢認識的深入。「然往來視之，覺無異能者。」然而通過來回觀察，覺得驢并沒有什麼特殊的本領。這是虎對驢「神」的形象懷疑的開始。這裏的一個「然」字，非常有力，具有特殊的作用，不僅是語氣的轉折，而且也是虎由怕驢到逐漸認清驢的本質并最後把驢吃掉的整個情節的轉折。「往來」，說明老虎的觀察是多麼細心和頻繁。因而「覺無異能者」，并進而「益習其聲」，對驢的吼叫聲也逐漸習慣了。心理上的這一變化，必然導致行動上的更加大膽，於是，「又近出前後」，進一步到驢子的身前身後轉來轉去。注意，這裏的「近」，比「稍出近之」的「近」，又進了一步，是逼近的意思，充分反映了老虎「覺無異能者」的心理。那麼，既然認爲驢子没有什麼了不起，又爲什麼「終不敢搏」，始終不敢撲上去抓取它呢？這是因爲老虎對驢的底細尚未徹底摸清的緣故。雖然「覺無異能者」，但驢子的「無異能」，只不過是自己的主觀感覺罷了，實際情況如何，誰又知道！一個「終」字，把老虎慎重對敵、不敢貿然行事的思想揭示得淋漓盡致；而一個「搏」字，又把老虎圍繞驢子煞費苦心的全部目的披露無遺，從而爲後面的吃驢情節作了伏筆。

這一節寫虎「覺無異能者」的心理活動，儘管歸結爲「終不敢搏」，仍有怕的意味，但與開始的怕不僅有着程度上的不同，而且有着性質上的區別：以前的怕，是擔心自己被對手吃掉的恐懼；現在的怕，只不過是擔心自己不能順利吃掉對方的顧慮而已。所以，「終不敢搏」，既說明了老虎對驢的認識由「以爲神」到「覺無異能者」的巨大進步，同時也說明了它對驢的徹底認識還有待於進一步深入。

那麼後來，虎是怎樣取得了對驢的徹底認識并終於消除了顧慮的呢？

稍近，益狎，蕩倚衝冒。驢不勝怒，蹄之。虎因喜，計之曰：「技止此耳！」

這一節寫虎對驢認識的最後完成。爲了徹底摸清驢的底細，改變自己「終不敢搏」的心理，虎進行了一系列的試探活動。首先，「稍近」，慢慢靠攏驢子。注意，這裏的「近」，比「近出前後」的「近」，又進了一步，說明虎已經非常貼近驢子了。「稍近」之後，「益狎」，越來越輕佻起來——這是對驢進行戲弄；進而又「蕩倚衝冒」，搖搖它，靠着它，撞擊它，甚至扒着它的脊背（「冒」，古代同衣帽的「帽」，覆蓋的意思）——這是對驢進行挑逗。這裏，我們不僅看到了虎一系列的挑衅性的行動，而且通過它得寸進尺、逐步發展的行動，還可以察知它大膽而謹慎、既藐視對方又重視敵手的思想。由「近出前後」的觀察到「稍近」的試探，已經大膽了，但這畢竟只是距離的逼近；見對方没有反應，纔進而由「稍近」的試探到「益狎」的戲弄，但這畢竟只是態度上的不恭；見對方仍然没有反應，最後才由態度上的「益狎」到動作上的「蕩倚衝冒」。看到虎越來越無理和放肆，「驢不勝怒，蹄之」，驢再也壓抑不住憤怒了，就踢了虎。這一下驢在虎的面前終於暴露了自己的全部秘密。所以，「虎因喜」，老虎因而非常高興。顯然，它是在爲自己終於摸清了對手的老底——最大能耐不過一「蹄」而已——而在竊竊自喜。然而儘管如此，虎在下最後結論之前，還得要「計之」，在心裏掂掇掂掇。掂掇什麼呢？是不是對方還有更厲害的招兒沒有使出來呢？想了想，不可能；因爲自己對它「蕩倚衝冒」，已經使它到了「不勝怒」的程度了，盛怒之下，不顧一切，哪裏還能保留一手呢？一個「計」字，又一次有力地說明了虎對陌生之敵的格外重視。經過審慎地「計之」以後，纔「曰：『技止此耳』」，說：它的本領也不過這麼一點點罷了。

到這裏，虎已經把驢的本質徹底揭穿了。隨着它對驢的認識的最後完成，「終不敢搏」的心理自然也就不復存在了：

因跳踉大㘎，斷其喉，盡其肉，乃去。

於是虎大吼一聲，騰空撲去，咬斷了驢的喉嚨，吃光了它的肉、心滿意足而去。這一小節寫驢終於葬身虎腹的下場，儘管情節非常簡單，只有「吃驢」兩字，但作者寫起來幷沒有簡單化。吃驢之前，先寫虎「跳踉大㘎」，「大發威風，用足令百獸魂飛魄散的一吼一縱鎮懾住對方，讓它乖乖就範；吃驢時，也不是一下子就「盡其肉」，而是先「斷其喉」，擊其要害，使其斃命，然後大嚼大吃，一啖而光。這樣描寫，既生動而具體，又說明了愼重對敵的老虎是多麼機警和精明。

以上，是寓言的故事情節。介紹到這裏，你有什麼感想呢？你是否覺得黔驢可悲呢？然而它又可悲在什麼地方呢？人們從這裏應該獲得什麼教訓呢？這些問題，也許你還未來得及考慮。那麼，我們還是先來看看作者的議論和感嘆吧：

噫！形之龐也類有德，聲之宏也類有能。向不出其技，虎雖猛，疑畏，卒不敢取。

今若是焉，悲夫！

這一節正面寫作者對這一事件的看法。「噫！形之龐也類有德，聲之宏也類有能。」唉！形體龐大好像很有風度的德性，聲音宏亮好像很有本事和能耐。這裏，言外之意是說，形雖龐而無德，聲雖宏而無能，徒有其表，名不副實，這是第一可悲之處。「向不出其技，虎雖猛，疑畏，卒不敢取。」當初如果不拿出那麼一點可憐的本領，虎雖然兇猛，但因疑慮、畏懼，始終不敢吃掉它。這裏，言外之意是說，驢既不知自己無能，更不知敵手強大，輕舉妄動，終於落了個被「斷喉」、「盡肉」的下場，這是第二可悲之處。以上，作者用言外之意的議論指出黔驢的可悲，雖然辛辣但還比較委婉；篇末用感嘆指出它的可悲，就直接了當了：「今若是焉，悲夫！」今天偏偏是這樣，眞可悲啊！顯然，「今若是焉」，正是指前面言外之意的兩層議論，既包括「類有德」而沒有德、「類有能」而沒有能的意思，更包括「今出其技」、自取滅亡的意思。所以，作者發出「悲夫」的深沉長嘆。

這篇寓言的題目叫「黔之驢」，然而通篇寫驢的筆墨却很少，只有「龐然大物」、「一鳴」、「不勝怒，蹄之」等十多個字；相反，寫虎的筆墨却非常之多，從開始的畏驢，到中間的察驢，再到最後的吃驢都寫了。既有不斷發展的行動的生動描寫，更有不斷變化的心理的細緻刻畫。因此，也許有的人要問：這是否有點「文不對題」呢？既然重點寫虎，爲什麼不命題叫「黔之虎」呢？要回答這個問題，必須弄清這篇寓言的主題是什麼，作者創作這篇寓言的意圖是什麼。我們知道，《黔之驢》是柳宗元在「永貞革新」失敗後，他因參加這一進步改革而被貶作永州司馬時寫的《三戒》中的一篇。所謂「三戒」，就是應該引起世人警戒的三件事。《黔之驢》就是以黔驢的可悲下場，警戒那些「不知推己之本」、毫無自知之明而必將自招禍患的人。聯繫作者的政治遭遇，諷刺當時無德無能而官高位顯、仗勢欺人而外強中乾的統治集團中的某些上層人物，指出他們必然覆滅的下場，也就不能不是他的寫作動機了。這一點，從寓言末尾作者的議論、感嘆和《三戒》文前的小序當中都可以得到說明。顯然，要想表現這樣的主題思想，關鍵在於充分揭示黔驢的可悲下場；而黔驢覆滅的可信與否，關鍵又在於是否能够把虎寫活。這，也許就是作者爲什麼命題爲「驢」而着意寫虎的原因了。當然，如果把主題理解爲對於任何事物，不應被表面現象迷惑，只要弄清其本質，認眞對付，就一定能戰而勝之，那麼寓言自然就「文不對題」而應易之爲「虎」了。應該說，這樣理解，也未嘗不可。但是必須明白，這是對寓言本意的引申和發揮，不是原作的本來意思。

然而，儘管用於驢的筆墨甚少，但是驢的形象依然極其鮮明。這當然一方面是由於借助虎的形象的有力襯托。因爲虎的一切心理和行動都是圍繞驢而產生和展開的，所以明寫了虎的深謀諳練、謹慎精明，也就暗寫了驢的麻木不仁、愚不可及，這樣，驢的形象便在不寫之中被寫出來了。另一方面，這是由於描寫驢的筆墨雖少却精、以寡勝多的緣故。「龐然大物」一語，由於作者沒有把它處理成自己筆下的客觀描寫，而是作爲老虎心目中的主觀反映，這就很富諷刺意味，不僅明寫了驢的外在形體，而且暗示了它的內在無能。「不勝怒，蹄之」五字，通過對驢的心理和行動的極其簡略的交代，就把它在別人暗算面前的麻木和乖乖進入圈套的愚蠢揭示無遺。如果說在虎「蕩倚衝冒」的時候，作者只用「蹄之」兩字就寫出了驢的愚蠢上當；那麼，在虎「憖憖然莫相知」的時候，作者只用「一鳴」兩字就似乎寫出了驢的虛榮和賣弄了。因爲當時虎對驢幷無任何妨害，所以驢讓虎「大駭」、「遠遁」、「甚恐」的「一鳴」之舉，不是自我炫耀、借以嚇人又是什麼呢？現在人們都把驢作爲愚蠢的代名詞，看來同它在這篇寓言裏的鮮明形象是不無關係的。

總之，柳宗元的《黔之驢》這篇寓言，筆法老到，造詣精深：既揭示了深刻的哲理，又塑造了生動的形象；不僅給人們以思想上的啓示和教育，而且給人們以藝術上的享受和滿足，難怪它千古傳誦，成爲我國文苑裏一朵永不凋謝的奇花。

（項　雷）

# 鈷鉧潭西小丘記

柳宗元

得西山後八日，尋山口西北道二百步，又得鈷鉧潭。西二十五步，當湍而浚者爲魚梁。梁之上有丘焉，生竹樹。其石之突怒偃蹇、負土而出、爭爲奇狀者，殆不可數。其嶔然相累而下者，若牛馬之飲於溪；其衝然角列而上者，若熊羆之登於山。

丘之小不能一畝，可以籠而有之。問其主，曰：「唐氏之棄地，貨而不售。」問其價，曰：「止四百。」余憐而售之，李深源、元克己時同游，皆大喜，出自意外。卽更取器用，鏟刈穢草，伐去惡木，烈火而焚之。嘉木立，美竹露，奇石顯。由其中以望，則山之高，雲之浮，溪之流，鳥獸之遨游，舉熙熙然迴巧獻技，以效茲丘之下，枕席而臥，則清泠之狀與目謀，瀯瀯之聲與耳謀，悠然而虛者與神謀，淵然而靜者與心謀。不匝旬而得異地者二，雖古好事之士，或未能至焉。

噫！以茲丘之勝，致之灃、鎬、鄠、杜，則貴遊之士爭買者，日增千金而愈不可得。今棄是州也，農夫漁父過可陋之，價四百，連歲不能售。而我與深源、克己獨喜得之，是其果有遭乎？

書於石，所以賀茲丘之遭也。

鈷鉧潭西小丘記

《鈷鉧潭西小丘記》是作者《永州八記》中的第三篇，是一篇寄意深遠的山水小品。文章借小丘徒有嘉木、美竹、奇石、溪流，但因穢草惡木的包圍而成爲唐氏之棄地的遭際，暗喻自己被排擠、貶謫的境遇；借小丘經過整飭終於得到了遊者的珍愛，表達自己渴望得到朝廷重新起用的心情；同時又借小丘終因棄置遠方而得不到富貴遊士賞識，抒發自己懷才不遇的憤懣心情。在這篇遊記裏，由於作者對自然景物能够深入觀察，潛心領會，運用鮮明生動的語言，把山水景色再現於筆端，不但「肖其貌」，而且「傳其神」，使自然景象猶如一幅浮雕一般，形象、生動、富有實感。在古代山水遊記中確實是不可多得的佳品。

文章開篇先寫小丘的發現經過及其概貌。從「得西山後八日」到「梁之上有丘焉，生竹樹」，是照應《八記》中的前兩篇，點出小丘的位置。它處在鈷鉧潭西二十五步的一個小水壩上，所以稱它爲「鈷鉧潭西小丘」。接着對小丘做概要介紹。從外面粗粗一看，它竹樹繁茂，所以用「生竹樹」三字加以概括。接着寫它的內裏，因小丘石景最佳，所以重點寫石。柳宗元描寫景色，常常在刻畫一山一水，一樹一石之間，用簡潔的筆觸勾勒整體形象。本篇對小丘之石的描繪就是這樣，「其石之突怒偃蹇、負土而出、爭爲奇狀者，殆不可數。」是對整個小丘石景的概述。「其嶔然相累而下者，若牛馬之飲於溪；其衝然角列而上者，若熊羆之登於山。」是描寫具體的山石形狀。作者從大處着眼，在細處落筆，既有整體形象，又有細微的刻畫，使山石之景具有一種立體感。

文章接下來記述購買小丘的經過和整飭之後小丘的優美風光。從「丘之小不能一畝」到「皆大喜，出自意外」，是記述購置小丘的過程，突出了小丘的廉價和不被人所重視。小丘原是唐氏人家的廢棄之地，雖然地價低廉却無人購買，作者高興地買下來，説明獨具慧眼，意趣不凡。接下來寫小丘經過治理，面貌大改，成爲遊覽勝地。以下細緻地描繪小丘美景，分爲三層。第一層寫小丘自身的景色：「嘉木立，美竹露，奇石顯」，承接上文而來，在鏟刈穢草、伐去惡木之後，佳木挺立，美竹露出，奇石顯現，呈現一派秀美風光。第二層寫登臨所見的四周之景：「由其中以望，則山之高，雲之浮，溪之流，鳥獸之遨遊，舉熙熙然迴巧獻技，以效茲丘之下。」意思是，從小丘上望開去，山峯的高峻，白雲的飄浮，溪水的流淌，鳥獸們自由自在的嬉耍，都帶着喜悅的神態，顯示出各種巧妙和技能，呈現在小丘面前。柳宗元描繪自然山水，一向是「洗滌萬物，牢籠百態」，博覽物象，窮究極研，創造出詩情畫意。這一層對景物的描繪，細膩而不雕飾，優美而不浮靡，感受清新秀美，自然而親切。第三層寫登上小丘後個人對自然景色的主觀感受：「枕席而臥，則清泠之狀與目謀，瀯瀯之聲與耳謀，悠然而虛者與神謀，淵然而靜者與心謀。」意思是說，在小丘上枕席而臥，就感到清爽明澈的景色映入眼簾，悠揚舒緩的水聲傳到耳際，空靈幽渺的境界融進神思，寂靜深沉的氣氛沁入心脾。寫得主客統一，物我無間，作者簡直同大自然融爲一體了。最後用「不匝旬而得異地者二，雖古好事之士，或未能至焉」回應了開頭關於發現鈷鉧潭和潭西小丘的記述，描述了自己得此二景的欣慰心情，并由此引出下文的感慨。

文章最後發表議論與感嘆。說，這座小丘，憑着它的姿色，如果搬到京城附近的澧、鎬、鄠、杜一帶，公子王孫一定爭相搶購，但遺憾的是，它却被棄置永州，不但達官貴人不去問津，就連農夫漁父都看不上眼。這實際是借題發揮，以小丘自比，抒發個人長期被貶、懷才不遇的悲憤心情。

在這篇文章裏，作者描繪山水的手法頗爲奇特。

手法之一是「以動寫靜」。文章雖然寫景的筆墨并不很多，但由於比喻恰切，形象生動，使筆下之物獲得一種動態，帶上一股生氣，感染力非常強烈。如第一段對山石的描寫：「其嶔然相累而下者，若牛馬之飲於溪；其衝然角列而上者，若熊羆之登於山。」用牛馬熊羆的外形來比喻山石的奇姿異態，在別人的筆下也可能出現，算不得特別新奇，然而柳宗元却不是停留在外形的類比上，而是進一步寫出了它的動態。「嶔然相累」一語，「嶔然」，是高峻而傾倒的樣子。「相累」，是相互牽扯連綴的意思。高峻傾倒、相互牽扯，本身就蓄積着一種動勢，加上「若牛馬之飲於溪」的「飲」字，使物象活了起來。「衝然角列」一語，「衝然」，是突起向前的樣子。「角列」，是說石頭像獸角一樣的排列。山石排着隊列向前突起，也蓄積着一股動勢，加上「若熊羆之登於山」的「登」字，也使物象動了起來。本來是靜的、死的物象，經過作者的點化，似乎眞的像牛馬、熊羆一樣探首飲水、提足登山，動起來了，顯示了作者描繪形象的高超技巧。

手法之二是「化景爲趣」。柳宗元描繪山水，常常不是在「形似」上止步，而是把自己的情感融進山水之中，體察幷表現其中的妙理與佳趣。在描寫登丘所見景色的時候，那高山、溪流、浮雲、鳥獸，「舉熙熙然迴巧獻技，以效茲丘之下」，天上，地下，靜的，動的，都爭相顯示自己姿態的美好，努力表演自己巧妙的技能，高興地呈現在小丘面前。簡直是一幕自然景物大聯歡的場面，這眞是了不起的奇思妙想。自然景物不但活了，而且都那麼性情善美，情義綿長，生機勃勃，興趣盎然。當作者枕席而臥丘上的時候，目之所及，是明淨而清爽的景色；耳之所聞，是潺湲舒緩的泉聲；神之所遇，是空靈開闊的境界；心之所感，是深沉幽靜的氛圍。其中的妙理佳趣，只能意會而難以言傳。讀後不禁令人心馳神往，頓生奇思遐想，既得到了欣賞山水形勝的美感享受，又感受了崇高情趣的陶冶。

（崔承運）

# 小石潭記

柳宗元

從小丘西行百二十步，隔篁竹，聞水聲，如鳴珮環，心樂之。伐竹取道，下見小潭，水尤清冽。全石以爲底，近岸，卷石底以出，爲坻，爲嶼，爲嵁，爲巖。青樹翠蔓，蒙絡搖綴，參差披拂。

潭中魚可百許頭，皆若空游無所依。日光下澈，影布石上，佁然不動；俶爾遠逝，往來翕忽，似與游者相樂。

潭西南而望，斗折蛇行，明滅可見。其岸勢犬牙差互，不可知其源。

坐潭上，四面竹樹環合，寂寥無人，凄神寒骨，悄愴幽邃。以其境過清，不可久居，乃記之而去。

同游者：吳武陵、龔古、余弟宗玄。隸而從者，崔氏二小生：曰恕己，曰奉壹。

柳宗元（七七三——八一九），唐代卓越的唯物論思想家、傑出的文學家。他的散文和詩歌在中國文學史上占有重要的地位，在中唐的古文運動中與韓愈幷稱，影響深遠。

他的山水記，是不可多得的文學散文。它們多寫於唐憲宗元和元年（八〇六）以後。柳宗元三十三歲因參與王叔文、韋執誼的除弊政的政治改革，失敗後被貶爲永州（今湖南零陵）司馬（州刺史的屬官）。在這裏，他度過了近十年的謫居生活。永州地處偏遠，他又是個負罪謫遷的人，政治上長期受迫害打擊，精神抑鬱，又患痞氣（脾臟病的一種），衹好寄情於讀書和寫作。「司馬」是個閒員，不得過問吏治。他說自己悶時就出遊。又說自己雖不合於世俗人的眼光，頗以文章自慰。《舊唐書》本傳寫他「旣竄斥，地又荒厲。因自放山澤間，其堙厄感鬱，一寓諸文」。柳宗元在永州以散文記遊的作品共九篇，寫於元和四年至八年間（八〇九——八一三）。這些作品把一山、一石、一草、一木都攝入筆端。這些描繪不僅寄託了情懷，也體現了作家的人格。在他看來，永州山水奇特秀拔，極爲罕見，而處於窮鄉僻壤，幷不爲人重視。正如他自己或其他有見識、有抱負的人不被人了解，不爲人重視一樣。這就使他與自然景物之間有了一種自然的、感情上的契合，從而構成深邃的意境。他把握了自然景物最獨特、最精微的情態，形象地再現出來。

在中國古典文學的發展中，山水詩始於謝靈運，山水遊記的散文應該說始於柳宗元。

柳宗元文章向以洗煉、簡潔著稱。本文三百字左右，分爲五段。

第一段，交代小石潭的方位，敍述發現的過程，小石潭「全石以爲底」的特點，以及形態不一的小島和石上青樹翠蔓相映成趣。

第二段，集中描繪潭中游魚神態，借此表現了潭水的明淨，并以「似與遊者相樂」，點出物境與心境的融合。

第三段，追溯潭水的來路——山泉或隱或現的遠景勾勒，來襯托境的幽深。

第四段，以「淒神寒骨，悄愴幽邃」表現了小石潭的寂寥和作者的感受。

第五段，記同遊者姓名作結。

《小石潭記》是篇記敍文，山水記是記敍文的一種特殊體裁。記敍文總是根據客觀事物來寫。但毫不意味着排斥作家的思想與景物的內在聯繫，所謂思想感情，就是作家對事物的一些看法，他的好惡、愛憎。從《小石潭記》裏，就可以看出柳宗元的思想感情。永州這樣一塊美好的山水之地，過去不僅沒有見於記載，沒有人描寫過，甚至連來過的人都沒有，正像他自己被人遺棄和鄙視，以及被埋沒一樣，因而他的感慨很深。文章一開始就寫「隔篁竹，聞水聲」，由此引起「伐竹取道」，這就說明了這個地方是絕無人知的。《小石潭記》裏寫的一石、一樹和游魚種種，無一不是跟他的思想感情交織在一起。他之所以愛小石潭，描寫小石潭，一是由於他確實對這個地方產生了深厚的感情；一是由於他當時的處境加深了這種感情，所以把它寫得那樣深邃、高潔，這跟作者的思想、性格和心情完全和諧一致。

記敍文總是要寫人、寫事和寫物的。寫人，那必須對所寫的人有一定的認識；寫歷史，對史事要有足夠的認識和辨別能力；寫山水也要對山水有所認識。寫山水記，具體說就是作者對描寫的對象的眞實感受和體會，這樣纔能發現自然的美，并能够在山水的描畫中體現出作者的美學理想。作家的愛憎取捨會通過文字表現出來。只有在山水之美裏有所選擇，纔能看出所描寫的自然景物的特徵來，不僅寫出自然景物的外貌，而且能寫出自然景物的精神狀態來。

不論是寫人，寫事，寫自然景物，材料很多，而且往往是雜亂的，要不經過選擇就不知道該怎樣下筆。而選擇什麼，則決定於所寫的對象的特徵和個人的感受。所寫的東西，必須反映出對象的精神面貌，而選擇的本身也體現了作家對事物的感受。一般的情況，選擇總是大的、重要的，但是并不排斥細小的、次要的，甚至有時非常需要細節。通過小的來反映出大的，或者通過細小的反映出最富有特徵的事物。柳宗元的《小石潭記》，一開始爲什麼寫「隔篁竹，聞水聲」呢？這在文章處理上是引人入勝，而作者也是首先聽到水聲，而後纔尋找到潭的，同時也就把潭的幽深和地理環境的特點寫出來了。接着寫潭的外形，潭底，潭水，潭四周，其中突出游魚的那段描寫，這是這篇文章很重要的部分，寫得維妙維肖，有情有趣，而潭水的深、清、靜，主要是通過游魚的描寫而表現的。這些都是現實裏有的，但經過選擇，使其更爲集中和更爲突出了。

第二，記敍文記述的對象是客觀事物，客觀事物有其自身的邏輯，所以在選擇剪裁之後，就有怎麼樣寫的問題。記敍文要按照客觀事物本來的次序寫（按照本來次序并不意味着沒有選擇剪裁，剛纔說《小石潭記》裏寫了石、樹、水、游魚和泉水的來路，這就是選擇），要求有首有尾，要求有嚴密的邏輯性與連貫性。初看起來《小石潭記》文章組織得非常嚴密。如開頭寫「從小丘西行百二十步，隔篁竹，聞水聲，如鳴珮環」，就把小石潭的位置指點得非常清楚。石潭的整個形象，通過頭一段，形象地傳達出來。「下見小潭，水尤清冽」是總的印象。下邊寫出這個潭的特點，石上的青樹翠蔓，然後進一步寫潭水。寫潭水不只是抽象的說「水尤清冽」，而是通過游魚的描寫充分表現其清冽的特點。把近景寫完以後，略寫遠景和潭的四周以及坐在潭上人的感受，最後寫從遊者的姓名。作者是按照眼前景物的順序來寫的，文章首尾完整，給人的印象非常深刻美好，好像就在我們眼前出現了小石潭這樣一幅圖畫。在這幅圖畫裏，有石、水、樹、竹。潭水的明淨，樹蔓的青翠，石的種種形態，泉水的曲折蜿蜒。作者不僅寫出了小石潭的特點，引導我們感受到每個事物的形態，而且也說明了作者之所以寫本文的緣由。全文脈絡條理清楚，完全符合於客觀事物的邏輯，這是本文非常明顯的一個特點。

第三，記敍文固然要求敍事有連貫性，但是也怕平鋪直敍。要避免平鋪直敍，那就要求形象突出、重點突出。至於描寫什麼形象，突出哪些重點，是由對象自身決定的。作家只有把客觀事物的形象特徵抓住了并用文字表現出來纔可能被人認識。就這篇文章來講，潭的描寫是文章的主要部分，遠景和周圍的環境描寫是次要部分，因此，寫潭用的筆墨最多。在寫潭的一段裏，重點是寫游魚，而以突出水面的巖石及青樹翠蔓作爲陪襯。作者筆下的游魚，那樣逼眞、生動，使整個的畫面都爲之活躍起來。筆墨不多，意思卻極豐富飽滿。「潭中魚可百許頭，皆若空游無所依」，這是總的印象，下文從游魚的靜態和動態兩方面描寫，都給人「空游無所依」的感覺。「日光下澈，影布石上」，說明了潭是以全石爲底，所以魚影就顯得格外清晰，這是第一層意思。從文中的水色魚影，我們完全可以想像這一天風和日麗。假如不是日麗，就沒有日光照到潭底，魚影也就無從顯現；假如不是風和，水面波紋叠起，魚影就不可能清楚地布在潭底，這又是一層意思。魚「佁然不動」才能「影布石上」，寫出境之寂靜。就魚來說，是寫魚的靜態。「俶而遠逝，往來翕忽」是寫魚的動態。從靜到動，不僅活靈活現地表現了魚的姿態，而且寫出魚的性格。文章以魚的活躍代替了前面的一片寧靜，更好地寫出了水的明澈，魚的玲瓏。魚之所以能這樣往來自若，豈不正說明了魚從來沒有受到人的驚擾，從而說明了境之幽寂麼？這又是不同的兩層意思。最後寫出「似與遊者相樂」，人魚兩樂，魚樂，人也樂，游魚也懂事似地與游人相樂。一句話把魚和人交織在一起，在文中起了畫龍點睛的作用。從上面簡單的分析裏，可以看出作家表面只寫游魚而表現的卻是多方面的內容。筆下沒有一點人爲痕跡，就像大自然眞實所有的一樣。還應該指出的是文中除了「水尤清冽」數字以外，沒有更用一筆寫水，但這潭水不僅讓人感到，而且讓人看它就在眼前。這裏，作者是實寫了魚，虛寫了水，虛實參互，旣表現了實有物的形態神情，又表現了小石潭潭水的特徵。作者只通過魚而寫了這麼多方面，體現了「以少勝多」的藝術處理方法，也體現了前面所說的以一個具體細節，體現了整個畫面的完整生動。在藝術創作裏這種寫法很多，畫家齊白石老人畫的蝦，畫面上沒有畫水，但是使人感到蝦就在水裏，而且好像看到了水。人們從蝦的姿態感到蝦是在水裏游動。如果把水也畫出來，那就成了常說的畫蛇添足。在畫面上那個沒有畫出來的是虛，畫出來的是實有的東西，畫家以實畫虛，虛實相生，從而使人運用自己的想像看到畫面上沒有畫出而實際會有的東西。《小石潭記》關於游魚的描寫之所以產生極大的藝術效果，正是這個道理。這篇作品語言精練而形象。柳宗元遊小石潭的那天，如前所說是「風和日麗」，也許有點微風，潭在低處，水上自無漣漪，而潭嶼上的樹蔓稍高，作者說「青樹翠蔓，蒙絡搖綴」，「搖綴」，一來說明有點微風，二來表現了蔓的柔軟輕細的特徵。作者在這裏爲什麼沒有寫樹、寫蔓的倒影呢？因爲潭水主要是以游魚來表現，這裏就不需要一一細緻地來刻畫。柳宗元的山水記，除形似以外，還能够寫出它的精神狀態，可謂眞正掌握了對象的特徵。游魚的那段文字既眞實而又傳神地表達出游魚的神態來，這是以前寫景的散文裏不曾有的。如南朝吴均的《與宋元思書》是一篇很好的文章，其中「水皆縹碧，千丈見底。游魚細石，直視無礙」（潭水是淡淡的綠色，潭很深很深，水清亮得一望見底；由於水是這樣的明淨，游魚和潭底的小石頭，用眼看去，都清清楚楚）。再如北朝酈道元寫的《水經注》裏說：「綠水平潭，清潔澄深，俯視游魚，類若乘空。」（青色的潭水，乾淨且深，低頭看潭中游魚，好像它們都飄浮在空中一樣。）就選材和寫法上說，與《小石潭記》的這段文字近似，但不同的是，吴均和酈道元都是概括而抽象地寫了這些事物，是從人的直接感受來寫的；而柳宗元好像沒有寫自己的感受，除「皆若空游無所依」這一總的印象外，絕大部分是細緻地、形象地刻畫了具體事物的形態神情，一層一層地描寫出來，達到所謂「窮形盡相」。藝術上比吴均和酈道元的文章高出一籌，這是柳宗元的創造。

文章除了有重點、形象突出外，還要有變化，從材料選擇到組織安排都要求有變化。《小石潭記》開頭是從聽覺描寫入手，寫巖石則從高、低、大、小各種不同的形態，扼要寫出。寫樹不在於寫樹的形狀，在於寫樹的顏色，寫蔓的姿態。寫魚則表現出魚的靜態和動態，這些都是變化。就如以「斗折蛇行」四個字寫泉水，就寫出不同的彎度，如此，纔能顯示出「明滅可見，其岸勢犬牙差互」。

從本文的結構同樣看得出變化。先寫作者是怎樣到竹林小潭邊去的，對小石潭則先寫近景，後寫遠景，再寫周圍的事物和個人的感受。從全篇文章看來，也需要遠景作陪襯，既然看見水潭如此可愛，那勢必就想知道水源。遂有「斗折蛇行……」的這段遠景描寫，使文章增加了一層曲折，增加了含蓄的藝術美。近景詳，遠景略，近景明麗，遠景含蓄，假如沒有遠近詳略，沒有明麗含蓄的交錯變化，文章中就是把所有可寫的都寫盡了，樣樣擺在那兒，反而不能收到好效果。「坐潭上……」一段，主要寫作者的感受和心情，作者使用了足以表現冷清淒涼心情的語言，同時這段不是全文的重點，所以只輕輕地點了一筆，跟前面的實景寫法又有所不同。

爲了避免平鋪直敘，一方面是要求重點突出，形象突出；一方面要求結構有變化，語言筆法有變化，這樣纔能隨處都表現小石潭景物，也使全文有個波瀾起伏，文章的氣勢也就從這兒出現。

第四，散文幷不散，不僅要層次分明，一層一個意思，而且要求句句落實，一句一個意思，不能空泛。柳宗元山水記的特點之一是句子非常短，三、五個字成句讀，最長的也不過八、九個字，但每一句、寫一個事物，或表現一種神態或情趣，沒有一句空泛，沒有一字重複，每一句、每一字都充分地發揮了它的作用。散文也要有適量的比喻，多了就顯得累贅，顯得矯揉造作。《小石潭記》裏用的比喻用得適當，用得貼切。如「如鳴珮環」，用珮環自然相碰發出的聲音來比喻泉水注入潭裏的聲音，給人以美的感受。假如水源大，或者潭淺，不是石底，那泉水注入的聲音決不像「如鳴珮環」那樣叮咚清脆。用於小石潭這個特點的潭和泉，確實切合了它特有的水聲。又如「斗折蛇行」，「斗」就是天上的北斗星，北斗星轉折大，用以說明泉水的來路轉折較直、角度較大；「蛇行」以蛇之蜿蜒形容其曲折而小的轉彎處。如果柳宗元說，「這條泉水是曲折迂迴流來」，給人的感受顯然不同，因爲迂迴曲折是抽象概念，「斗折蛇行」就有了具體形象。「其岸勢犬牙差互」，也是同樣的道理。通過比喻，豐富了形象，使人產生聯想，具體地認識到作者所寫的事物。

第五，語言自然，平易近人，也是這篇文章的特點之一，它增加了語言的美，縮短了作者與讀者之間的距離，使人感到無比親切，無比自然。如果缺乏眞情實感，堆砌辭藻，玩弄比喻，則是對寫作缺乏嚴肅的態度。語言的平易近人，是作家在文字修養方面深有功夫的自然結果，也決定於作家對自然景物的明確認識和眞實感受。否則是難以發現幷充分表達出事物的主要特徵的。

柳宗元的《小石潭記》雖只有數百字，但它卻是山水記的典範作品。

（馮鍾芸）

# 酬曹侍御過象縣見寄

柳宗元

破額山前碧玉流，騷人遙駐木蘭舟。春風無限瀟湘意，欲採蘋花不自由。

柳宗元於永貞元年參與王叔文等領導的政治革新失敗之後，被貶爲永州（今湖南省零陵縣）司馬。這首詩是在永州貶所寫的。關於曹侍御的生平，他經過象縣（今廣西壯族自治區象縣）的原由及他贈送柳宗元那一首詩的內容，今天都已無可考。從這一首回答他的詩中，我們可以看出，柳宗元對他很是友好，願意向他吐露自己的心情。這位侍御史至少是詩人不幸命運的同情者，也可能是其政治主張的支持者。

前兩句扣題曹侍御過象縣。破額山當是象縣附近柳江旁邊的一座山，今已無從指實其地。（今湖北省黃梅縣西北有破額山，與此無涉。因爲黃梅遠在永州之北，而象縣則在其南。象縣與黃梅的破額山，地理上相距過遠，似不容闔合在一起。）碧玉，春水綠波的代語。騷人，本以指屈原、宋玉等《離騷》體（卽楚辭體）詩的作者，後來用作「志潔行芳」的文人的美稱，這裏是指曹侍御。木蘭是一種香木，以木蘭爲舟，也是取其芳潔，這裏只是用來作爲對騷人形象的一種補充描寫，幷非侍御所乘之舟眞是以木蘭爲原料製成。這是詩人想像中曹某經過象縣的情景。破額山前，像碧玉一般的江水滔滔地流着。這時，一位芳潔的人，乘着芳潔的船，在這裏暫時停下了。永州離象縣還很遙遠，從永州想像其停泊的情況，所以謂之「遙駐」。於景色，則僅言碧玉流，於人物，則僅言騷人、木蘭舟，而景之明秀清幽，人之高尙閒雅，皆在其內。一般贈詩，都有贊美對方的

酬曹侍御過象縣見寄

話，答詩作爲回敬，也是如此。曹的原詩雖不可見，但答詩在寫曹經過象縣之事，卽寓讚美之意於其中，乃是題中應有之義。

後兩句扣題酬見寄。瀟湘本是二水，湘水到了永州之西，就與瀟水合流，稱爲瀟湘。蘋是一種多年生水草，春天開白花。柳宗元這時貶居永州，所以説，承你遠道以詩相寄，但我卽使非常想就近在瀟湘水上，春風之中，採些蘋花寄給你，作爲報答，可是也沒有這個自由啊！從《永州八記》等文章看來，柳宗元在當地可以尋幽訪勝，不受限制，不至於連採蘋花都沒有自由，所以這「無限」之「意」，應當另求解釋。《古詩》云：「涉江採芙蓉，蘭澤多芳草。採之欲遺誰？所思在遠道。還顧望舊鄉，長路漫浩浩。同心而離居，憂傷以終老。」用意與此兩句極近。然而《古詩》所指相同之心，離居之悲，乃是爲故鄉的一位親人——很可能是詩人的妻子或情人——而發，而柳詩則明屬在象縣的曹侍御。這時作者正由於政爭失敗，遠謫南方，那麼「無限」意自是涉及政治感情，「不自由」也是屬於政治範疇，卽《始得西山宴遊記》中所謂「自余爲僇人，居是州，恆惴慄」的那種境況了。曹某原詩，很可能有安慰詩人，勸其安分俟時的話，所以他用這兩句作答，以傾訴其抑鬱不平的心情。

古代文學理論自來認爲，作詩有賦、比、興三種方法。大體説來，賦是「鋪陳」，卽「直書其事」，「體物寫志」。比是「以彼物比此物」，「或喻於聲，或方於貌，或擬於心，或譬於事」。興是「托事於物」，「先言他物以引起所詠之辭」，「婉而成章，稱名也小，取類也大」，故常常「文已盡而意有餘」。這三種方法自來爲詩人們所交替使用，其中略同於現代文學理論中所謂「聯想」的興，顯然比單純的類比（比）或鋪陳（賦），表現得更復雜，更難於爲讀者所捉摸。而略同於「聯想」的興與略同於「類比」的比，在科學範疇中雖然可以清楚地加以區別，但體現在文學創作中，往往不容易截然分開。所以註家解釋《詩經》，常有「興而比也」的説法，而後人論詩，也常以此興連稱。柳宗元這首詩，顯然是以採蘋起興，寄託自己的政治感情，他描寫的是一件小事情。而反映的是一個大問題，又寫得委婉曲折，沉厚深刻，不露鋒芒，和他當時具體的身分、環境恰相符合，可以説是純用興體。

（沈祖棻）

# 江 雪

柳宗元

千山鳥飛絕，萬徑人蹤滅。孤舟蓑笠翁，獨釣寒江雪。

柳宗元是唐代傑出的散文家，他寫的山水遊記受到後世讀者的愛好。其實他不僅散文寫得好，詩也寫得很出色。我們常說唐代的山水詩人有王(維)、孟(浩然)、韋(應物)、柳(宗元)四家，這裏要介紹的一首小詩《江雪》，正是柳宗元山水詩的代表作。它是一首押仄韻的五言絕句。「千山」，就是一千座山；「萬徑」，就是一萬條路；「鳥飛絕」，連一只飛鳥的影子都沒有；「人蹤滅」，連一個行人的脚印也看不到。

這都是比較誇張的說法。「孤舟」，江面上只有這麼一隻小船。「蓑」是蓑衣，「笠」是笠帽，都是用草和竹子一類的植物編織而成，是南方勞動人民在下雨、下雪時爲防雨雪而穿戴的。「翁」，老漁翁。「獨釣寒江雪」，獨自一個人坐在小船上，在大雪紛飛的天氣。在寒冷的江面上垂釣。

這首詩大約是柳宗元在永州寫的。永州卽今湖南零陵。元和元年（八〇六），柳宗元被貶到永州去做司馬，在永州前後住了十年。永州的山水很有名，柳宗元絕大部分描寫山水景物的詩文，都是在這裏寫的。《江雪》這首詩，具體的寫作年代已不易考證清楚，可能是公元八〇七年寫的。因爲南方雪少，而據柳宗元《答韋中立論師道書》和他的其他作品，以及有關的歷史記載，這一年冬天永州下過大雪。

## 江雪

這首詩裏有個人物，就是那位垂釣的漁翁。柳宗元用漁翁做題材的詩不止這一首，還有一首七言古詩，題目就叫《漁翁》，也比較流行。爲什麼柳宗元喜歡選擇漁翁作爲詩歌的抒情主人公呢？這可能有兩方面的原因。首先，漁翁是自食其力的人，同時又具有隱者身分。我們知道，柳宗元在當時政治上受到相當嚴重的挫折，被貶到永州來做官，他同當時當權的封建統治集團顯然是有矛盾的，對唐代當時的社會黑暗自然也有不滿情緒。這樣，他的思想就比較容易向往於隱者的生活。把漁翁當作歌詠的對象，正反映出他不甘心跟當時的封建統治集團同流合污的心情，同時對自食其力的隱逸生活也表示很羡慕。這是一方面。再有一方面，則是柳宗元被貶到永州以後，精神上受到很大刺激和壓抑，於是他就借描寫山水景物，借歌詠隱居在山水之間的漁翁，來寄託自己清高而孤傲的情感，抒發自己在政治上失意的鬱悶苦惱。因此，柳宗元筆下的山水詩有個顯著的特點，那就是把客觀境界寫得比較幽僻，而詩人主觀的心情則顯得比較寂寞，有時甚至不免過於孤獨，過於冷清，不帶一點人間煙火氣。

這首《江雪》，詩人只用了二十個字，就把我們帶到一個幽靜寒冷的境地。呈現在讀者眼前的，是這樣一幅圖畫：在下着大雪的江面上，一葉孤舟，一個老漁翁，獨自在寒冷的江心垂釣。詩人向讀者展示的，是這樣一些內容：天地之間是如此純潔而寂靜，一塵不染，萬籟無聲；漁翁的生活是如此清高，漁翁的性格是如此孤傲。這正是柳宗元由於憎恨當時那個一天天在走下坡路的唐代社會而創造出來的一個幻想境界。然而，對於今天的讀者來說，這個幻想境界畢竟不免使人感到太孤單、太寂寞了，這位「獨釣寒江雪」的老漁翁，比起陶淵明的《桃花源記》裏的人物，恐怕還要顯得虛無縹緲，遠離塵世。這也就是說，詩人的理想世界離開現實生活實在太遠了。因此，這首小詩，既能說明柳宗元的山水詩的藝術特色，同時也反映了詩人思想感情上比較嚴重的局限。

這首詩所以給人深刻而鮮明的印象，是同詩人的藝術匠心分不開的。詩人所要具體描寫的本極簡單，不過是一條小船，一個穿蓑衣戴笠帽的老漁翁，在大雪的江面上釣魚，如此而已。可是，爲了突出主要的描寫對象，詩人竟不惜用占了一半字數的篇幅去描寫它的背景，而且使這個背景盡量廣大寥廓，幾乎到了浩瀚無邊的程度。背景越廣大，主要的描寫對象就越顯得突出。首先，詩人用了「千山」和「萬徑」這兩個詞兒，目的是爲了給下面兩句的「孤舟」和「獨釣」的畫面作陪襯。沒有「千」、「萬」兩字，下面的「孤」、「獨」兩字也就平淡無奇，沒有什麼感染力了。其次，山上有鳥飛，路上有人走，這本來是極平常的事，也是最一般化的形象。可是，詩人卻把它們放在「千山」、「萬徑」的下面，再加上一個「絕」和一個「滅」字，這就把最常見的、最一般化的動態，一下子給變成極端的寂靜，絕對的沉默，形成一種不平常的景象。因此，下面兩句原來是屬於靜態的描寫，由於擺在這種絕對幽靜、絕對沉寂的背景之下，倒反而顯得玲瓏剔透，有了生氣，在畫面上浮動起來，活躍起來了。也可以這樣說，前兩句本來是陪襯的遠景，照一般理解，只要勾個輪廓也就可以了，不必費很大氣力去精雕細刻。可是，詩人卻恰好不這樣處理。他所謂的「千山」，意思是說每一座山，包括看得見的山和看不見的山；所謂「萬徑」，實際是指每一條路，包括所有山裏的所有的路；而所謂「鳥飛絕」、「人蹤滅」，是說連一隻鳥的影子，連一個人的脚印都找不到。這好像拍電影，用放大了多少倍的特寫鏡頭，把屬於背景範圍的每一個角落都交代得、反映得一清二楚。寫得越細致具體，就越顯得誇張概括。而後面的兩句，本來是詩人有心要突出描寫的對象，結果卻使用了遠距離鏡頭，反而把它縮小了多少倍，給讀者一種空靈剔透，可望而不可卽的感覺。只有這樣寫，才能表達作者所迫切希望展示給讀者的那種擺脫世俗、超然物外的清高孤傲的思想感情。至於這種遠距離感覺的形成，主要是作者把一個「雪」字放在全詩的最末尾，並且同「江」字連了起來所產生的效果。（當然，前面說過的，用「千」、「萬」、「孤」、「獨」做爲對比的詞彙出現，使得展示的畫面起了擴大和縮小的作用，也產生了一定的效果。）請看，在這首詩裏，籠罩一切、包羅一切的東西是雪，山上是雪，路上也是雪，而且「千山」、「萬徑」都是雪，才使得「鳥飛絕」、「人蹤滅」。就連船篷上，漁翁的蓑笠上，當然也都是雪。可是作者並沒有把這些景物同「雪」明顯地聯繫在一起。相反，在這個畫面裏，只有江，只有江心，不會存雪，不會被雪蓋住，而且卽使雪下到江裏，也立刻會變成水。然而作者卻偏用了「寒江雪」三個字，把「江」和「雪」這兩個關係最遠的形象聯繫到一起，這就給人以一種比較空濛、比較遙遠、比較縮小了的感覺，這就形成了遠距離的鏡頭。這就使得詩中主要描寫的對象更集中、更靈巧、更突出。因爲連江裏都仿佛下滿了雪，連不存雪的地方看上去都充滿了雪，這就把雪下得又大又密、又濃又厚的情景完全寫出來了，把水天不分、上下蒼茫一片的氣氛也完全烘托出來了。至於上面再用一個『寒』字，固然是爲了點明氣候；但詩人的主觀意圖卻是想不動聲色地寫出漁翁的精神世界。試想，在這樣一個寒冷寂靜的環境裏，那個老漁翁竟然不怕天冷，不怕雪大，忘掉了一切，專心地釣魚，形體雖然孤獨，性格卻是清高孤傲，而且甚至有點凜然不可侵犯似的。這個被幻化了的、美化了的漁翁形象實際正是柳宗元本人的思想感情的寄託和寫照。由此可見，這『寒江雪』三字正是畫龍點睛之筆，它把全詩前後兩部分給有機地聯繫起來，不但形成了一幅凝煉概括的圖景，也塑造了漁翁的完整突出的形象。

用具體而細緻的手法來摹寫背景，用遠距離鏡頭來描寫主要形象，把縮小和放大，把深刻的精雕細琢和極度的誇張概括錯綜地統一在一首詩裏，是這首山水小詩獨有的藝術特色。

（吳小如）

# 漁翁

柳宗元

漁翁夜傍西巖宿，曉汲清湘燃楚竹。煙銷日出不見人，欸乃一聲山水綠。迴看天際下中流，巖上無心雲相逐。

這首詩是柳宗元遭貶永州，精神受到沉重打擊後的產物。在詩中，清湘、楚竹、青山、綠水、白雲、紅日，它們構成了一個色彩絢麗的世界。但是，只有從塵世樊籠裏掙脫出來的人，只有從社會的角鬥場中抽身出來的人纔能撲入大自然的懷抱，領略到這山光水色純淨的美。而那個隱而不現的漁翁形象，他夜宿西山，日行湘江，汲清水煮茶，燃楚竹爲炊，手搖船櫓，口唱漁歌。人們只聞其聲，不見其人。極目遠望，在青山綠水之間，只有那自在無心的白雲好像是他的化身。他已和山水融爲一體，加鹽之入水，食之有味，視之無形，一切是那麼和諧，一切是那麼優美。他哪裏是尋常一漁翁，他是宇宙之神、自然之子。全詩流瀉出一種超塵脫俗的清麗，表現了一種閒雲野鶴的情趣。

讀過柳宗元《江雪》的人，乍讀《漁翁》，也許不解，兩首詩均寫漁翁，前者孤舟蓑笠，獨釣寒江，是多麼桀傲偉岸；後者輕棹漁歌，隱身山水又是多麼澹泊閒適！如果說《江雪》用的是逐步推進鏡頭的手法，使漁翁無窮大乃至佔據整個畫面，造成一個與現實抗衡的偉大鬥士的形象；那麼，《漁翁》則是用一組空鏡頭：煙銷日出，山青水綠，白雲無心而相逐，漁歌自出不相和，畫面是那麼沖淡空靈，澄如秋水，而漁翁則是一個隱匿了的形象。前者表現出一種獨立和對峙的意向，後者表現出一種逃遁和歸隱的意向。兩首詩同出一人手筆，形象與境界何以如此迥然異趣呢？

由於中國社會政體的特殊性，中國知識分子具有更多的對社會政治實體的依附性。儒、道兩家是中國知識分子的兩大精神支柱，達則尊孔孟，積極入世，講究修、齊、治、平；窮則重老莊，消極出世，轉向自然。因此，擺在中國士大夫面前的只有兩條路：仕與隱。一旦政治上受到挫折，就遁回內心，虛構一個痛苦的避難所而自我撫慰，這是中國文人的一個思想特點。在中國古典詩歌中，家國之憂與對山林的陶醉也就成了兩個基本母題。「巖上無心雲相逐」不是脫自陶淵明《歸去來兮辭》「雲無心以出岫」嗎？後人常把柳宗元與陶淵明相提并論，他們是讀懂了柳詩的；這種清淡閒適的意境不是一再出現在王維、孟浩然等人的詩作裏嗎？詩中清靜無爲的美學境界和動蕩不安的社會現實是多麼鮮明的對照，對於官場失意、靈魂受傷的人來說，這種意境不啻是療救靈魂的一帖靈方！

「達則兼濟天下，窮則獨善其身」這一中國封建士大夫的人生哲學，同樣也體現在柳宗元身上。《漁翁》和《江雪》正是柳宗元貶官後兩種處世態度和兩種心境的對應物，兩個漁翁形象都是詩人獨善其身的自由人格的寄植體。當時柳宗元已從社會的角逐場中走出來，作爲一個失敗者，他常常被兩種情緒所困擾：有時不甘屈服，有時心灰意冷。當前一種情緒支配他時，他是積極抗衡的。他拿起手中筆作武器，對社會痛加針砭，寫下了大量諷喻現實的寓言和反映人民疾苦的人物傳記，具有很強的戰鬥性，儘管他感到無力回天的痛苦，却表現出潔身自好、遺世獨立的人格，《江雪》中的漁翁正體現出這種精神品質。當後一種情緒支配他的時候，他感到疲乏，他需要休息，作爲大自然之子，他痛苦的靈魂希望得到母親的溫暖和撫慰。他在永州尋幽探勝，登山臨水，「無遠不到」、「凡是州之山水有異態者，皆我有也」，於是，寫下了大量山水遊記和詩歌。正如災難深重的人們對社會絶望之餘手造了神佛偶像來頂禮膜拜，在心頭點起一盞希望的明燈一樣，這些詩文中的境界，其實是他自造的一片心境，現實越是齷齪，心造的仙境越是美好，《漁翁》正是他避世絶俗、寄情山水的心境的外化。兩個漁翁形象實際上是詩人兩種精神品質的對象化，二者是互補的，它們相反相成地表現了中國古代失意文人的完整精神境界。

作爲一種人生態度，對峙與抗衡是積極的，逃遁和歸隱當然是消極的。然而，當一個人感受到強大的異己力量的壓抑而無力駕馭自己命運的小舟時，爲擺脱現實而寄情山水，在齷齪黑暗的世界，能頑強地保持一塊心靈的淨土，一片明麗的綠洲，表現出不同流俗的高潔情懷，這也是難能可貴的。不過，我們在這裏主要是想揭示一種有趣現象：消極的人生態度恰與積極的審美態度接壤。可以説，柳宗元的消極人生態度造就了他對大自然的積極審美態度，亦使《漁翁》得以出神入化地傳達了大自然之神韻。在審美中，只有心沉到底處，靈魂靜到極處，才能融心靈於紛紜萬象的大千世界，內外和諧，出入自由。一個蠅營狗苟、在宦海中浮沉的人決不是一個審美的人。柳宗元從「廟堂之高」跌到「江湖之遠」，從革新集團的要員貶爲一個永州閒官，其身心都得到了解脱，既無公務之累，又無體腹之憂，他獲得了審美的自由。他在永州漫遊山水，搜奇探勝以寄託自己的孤憤，是「永州八景」的發現者，不是朝廷大臣也不是永州土人，而是閒官司馬柳宗元。然而，藝術與極端的寫實是不相容的，它是彌補人生和自然缺陷的一劑良藥。藝術美來源於人的創造，決不是對生活的照錄。

《漁翁》的自然美不是永州山水的實錄，而是柳宗元的心靈創造物；那漁翁心如湘江水一樣清澄，身如西山雲一樣閒散，他不是永州漁民的照相，而是柳宗元自我形象的外化：孤傲、高潔、而又不免寂寞。正因如此，後人欣賞柳宗元詩并不是追步柳氏直造永州去尋找那塵世的仙境，而是吟哦着柳氏的詩文，沉入詩人的心境，和詩人的靈魂一起飛到藝術的天堂，去享受那審美的愉悅。

時至今日，《漁翁》仍具有不衰的藝術魅力，這是耐人尋味的。究其原因，後人欣賞這首詩，也正如「倦鳥入林」，「借他人之酒杯，澆自己之塊壘」，讓自己在這充滿詩意的境界裏，享受一片淨化的寧靜。正因爲它所表現的情緒心態，在中國封建知識分子的心靈歷程中具有巨大的概括力，所以，這首詩千百年來一直散發出無窮的魅力。

（林興宅　周麗雲）

# 李娃傳

白行簡

汧國夫人李娃，長安之倡女也。節行瓌奇，有足稱者，故監察御史白行簡爲傳述。

天寶中，有常州刺史滎陽公者，略其名氏，不書。時望甚崇，家徒甚殷。知命之年，有一子，始弱冠矣；儁朗有詞藻，迥然不羣，深爲時輩推伏。其父愛而器之，曰：「此吾家千里駒也。」應鄉賦秀才舉，將行，乃盛其服玩車馬之飾，計其京師薪儲之費，謂之曰：「吾觀爾之才，當一戰而霸。今備二載之用，且豐爾之給，將爲其志也。」生亦自負，視上第如指掌。自毗陵發，月餘抵長安，居於布政里。嘗游東市還，自平康東門入，將訪友於西南。至鳴珂曲，見一宅，門庭不甚廣，而室宇嚴邃。闔一扉，有娃方憑一雙鬟青衣立，妖姿要妙，絕代未有。生忽見之，不覺停驂久之，徘徊不能去。乃詐墜鞭於地，候其從者，敕取之。累眄於娃，娃回眸凝睇，情甚相慕。竟不敢措辭而去。生自爾意若有失，乃密徵其友游長安之熟者，以訊之。友曰：「此狹邪女李氏宅也。」曰：「娃可求乎？」對曰：「李氏頗贍。前與通之者多貴戚豪族，所得甚廣。非累百萬，不能動其志也。」生曰：「苟患其不諧，雖百萬，何惜。」他日，乃潔其衣服，盛賓從而往。扣其門，俄有侍兒啟扃。生曰：「此誰之第耶？」侍兒不答，馳走大呼曰：「前時遺策郎也！」娃大悅曰：「爾姑止之。吾當整妝易服而出。」生聞之私喜。乃引至蕭牆間，見一姥垂白上僂，卽娃母也。生跪拜前致詞曰：「聞茲地有隙院，願稅以居，信乎？」姥曰：「懼其淺陋湫隘，不足以辱長者所處，安敢言直耶。」延生於遲賓之館，館宇甚麗。與生偶坐，因曰：「某有女嬌小，技藝薄劣，欣見賓客，願將見之。」乃命娃出。明眸皓腕，舉步豔冶。生遽驚起，莫敢仰視。與之拜畢，敘寒燠，觸類妍媚，目所未睹。復坐，烹茶斟酒，器用甚潔。久之，日暮，鼓聲四動。姥訪其居遠近。生紿之曰：「在延平門外數里。」——冀其遠而見留也。姥曰：「鼓已發矣。當速歸，無犯禁。」生曰：「幸接歡笑，不知日之云夕。道里遼闊，城內又無親戚。將若之何？」　娃曰：「不見責僻陋，方將居之，宿何害焉。」生數目姥。姥曰：「唯唯。」生乃召其家僮，持雙縑，請以備一宵之饌。娃笑而止之曰：「賓主之儀，且不然也。今夕之費，願以貧窶之家，隨其粗糲以進之，其餘以俟他辰。」固辭，終不許。俄徙坐西堂，幃幙簾榻，煥然奪目；妝奩衾枕，亦皆侈麗。乃張燭進饌，品味甚盛。徹饌，姥起。生娃談話方切，詼諧調笑，無所不至。生曰：「前偶過卿門，遇卿適在屏間。厥後心常勤念，雖寢與食，未嘗或捨。」娃答曰：「我心亦如之。」生曰：「今之來，非直求居而已，願償平生之志。但未知命也若何？」言未終，姥至，詢其故，具以告。姥笑曰：「男女之際，大慾存焉。情苟相得，雖父母之命，不能制也。女子固陋，曷足以薦君子之枕席？」生遂下階，拜而謝之曰：「願以己爲廝養。」姥遂目之爲郎，飲酣而散。及旦，盡徙其囊橐，因家於李之第。自是生屏跡戢身，不復與親知相聞。日會倡優儕類，狎戲游宴。囊中盡空，乃鬻駿乘，及其家童。歲餘，資財僕馬蕩然。邇來姥意漸怠，娃情彌篤。他日，娃謂生曰：「與郎相知一年，尚無孕嗣。常聞竹林神者，報應如響，將致薦酹求之，可乎？」生不知其計，大喜。乃質衣於肆，以備牢醴，與娃同謁祠宇而禱祝焉，信宿而返，策驢而後，至里北門，娃謂生曰：「此東轉小曲中，某之姨宅也。將憩而覲之，可乎？」生如其言。前行不逾百步，果見一車門。窺其際，甚弘敞。其青衣自車後止之曰：「至矣。」生下，適有一人出訪曰：「誰？」曰：「李娃也。」乃入告。俄有一嫗至，年可四十餘，與生相迎，曰：「吾甥來否？」娃下車，嫗逆訪之曰：「何久疏絕？」相視而笑。娃引生拜之。既見，遂偕入西戟門偏院。中有山亭，竹樹葱蒨，池榭幽絕。生謂娃曰：「此姨之私第耶？」笑而不答，以他語對。俄獻茶果，甚珍奇。食頃，有一人控大宛，汗流馳至，曰：「姥遇暴疾頗甚，殆不識人。宜速歸。」娃謂姨曰：「方寸亂矣！某騎而前去，當令返乘，便與郎偕來。」生擬隨之。其姨與侍兒偶語，以手揮之，令生止於戶外，曰：「姥且歿矣。當與某議喪事以濟其急，奈何遽相隨而去？」乃止，共計其凶儀齋祭之用。日晚，乘不至。姨言曰：「無復命，何也？郎驟往覘之，某當繼至。」生遂往，至舊宅，門扃鑰甚密，以泥緘之。生大駭，詰其鄰人。鄰人曰：「李本稅此而居，約已周矣。第主自收。姥徙居，而且再宿矣。」徵「徙何處」，曰：「不詳其所。」生將馳赴宣陽，以詰其姨，日已晚矣，計程不能達。乃弛其裝服，質饌而食，賃榻而寢。生恚怒方甚，自昏達旦，目不交睫。質明，乃策蹇而去。既至，連扣其扉，食頃無人應。生大呼數四，有宦者徐出。生遽訪之：「姨氏在乎？」曰：「無之。」生曰：「昨暮在此，何故匿之？」訪其誰氏之第。曰：「此崔尚書宅。昨者有一人稅此院，云遲中表之遠至者。未暮去矣。」生惶惑發狂，罔知所措，因返訪布政舊邸。邸主哀而進膳。生怨懣，絕食三日，遘疾甚篤，旬餘愈甚。邸主懼其不起，徙之於兇肆之中。綿綴移時，合肆之人共傷嘆而互飼之。後稍愈，杖而能起。由是兇肆日假之，令執繐帷，獲其直以自給。累月，漸復壯。每聽其哀歌，自嘆不及逝者，輒嗚咽流涕，不能自止。歸則效之。生，聰敏者也。無何，曲盡其妙，雖長安無有倫比。初，二肆之傭兇器者，互爭勝負。其東肆車轝皆奇麗，殆不敵，唯哀挽劣焉。其東肆長知生妙絕，乃醵錢二萬索顧焉。其黨耆舊，共較其所能者，陰教生新聲，而相贊和。累旬，人莫知之。其二肆長相謂曰：「我欲各閱所傭之器於天門街，以較優劣。不勝者罰直五萬，以備酒饌之用，可乎？」二肆許諾。乃邀立符契，署以保證，然後閱之。士女大和會，驟至數萬。於是里胥告於賊曹，賊曹聞於京尹。四方之士，盡赴趨焉，巷無居人。自旦閱之，及亭午，歷舉輦轝威儀之具，西肆皆不勝，師有慚色。乃置層榻於南隅，有長髯者，擁鐸而進，翊衛數人。於是奮髯揚眉，扼腕頓顙而登，乃歌《白馬》之詞；恃其夙勝，顧眄左右，旁若無人。齊聲贊揚之；自以爲獨步一時，不可得而屈也。有頃，東肆長於北隅上設連榻，有烏巾少年，左右五六人，秉翣而至，即生也。整衣服，俯仰甚徐，申喉發調，容若不勝。乃歌《薤露》之章，舉聲清越，響振林木，曲度未終，聞者歔欷掩泣。西肆長爲衆所誚，益慚恥。密置所輸之直於前，乃潛遁焉。四坐愕眙，莫之測也。先是，天子方下詔，俾外方之牧，歲一至闕下，謂之「入計」。時也適遇生之父在京師，與同列者易服章竊往觀焉。有老豎——

即生乳母婿也——見生之舉措辭氣，將認之而未敢，乃泫然流涕。生父驚而詰之。因告曰：「歌者之貌，酷似郎之亡子。」父曰：「吾子以多財爲盜所害，奚至是耶？」言訖，亦泣。及歸，豎間馳往，訪於同黨曰：「向歌者誰？若斯之妙歟？」皆曰：「某氏之子。」徵其名，且易之矣。豎凜然大驚；徐往，迫而察之。生見豎，色動回翔，將匿於衆中。豎遂持其袂曰：「豈非某乎？」相持而泣。遂載以歸。至其室，父責曰：「志行若此，污辱吾門！何施面目，復相見也？」乃徒行出，至曲江西杏園東，去其衣服，以馬鞭鞭之數百。生不勝其苦而斃。父棄之而去。其師命相狎暱者陰隨之，歸告同黨，共加傷嘆。令二人齎葦席瘞焉。至，則心下微溫。舉之，良久，氣稍通。因共荷而歸，以葦筒灌勺飲，經宿乃活。月餘，手足不能自舉。其楚撻之處皆潰爛，穢甚。同輩患之，一夕，棄於道周。行路咸傷之，往往投其餘食，得以充腸。十旬，方杖策而起。被布裘，裘有百結，襤褸如懸鶉。持一破甌，巡於閭里，以乞食爲事。自秋徂冬，夜入於糞壤窟室，晝則周游廛肆。一旦大雪，生爲凍餒所驅，冒雪而出，乞食之聲甚苦。聞見者莫不悽惻。時雪方甚，人家外戶多不發。至安邑東門，循里垣北轉第七八，有一門獨啓左扉，即娃之第也。生不知之，遂連聲疾呼：「饑凍之甚！」音響悽切，所不忍聽。娃自閣中聞之，謂侍兒曰：「此必生也。我辨其音矣。」連步而出。見生枯瘠疥厲，殆非人狀。娃意感焉，乃謂曰：「豈非某郎也？」生憤懣絕倒，口不能言，頷頤而已。娃前抱其頸，以繡襦擁而歸於西廂。失聲長慟曰：「令子一朝及此，我之罪也！」絕而復蘇。姥大駭，奔至，曰：「何也？」娃曰：「某郎。」姥遽曰：「當逐之。奈何令至此？」娃斂容却睇曰：「不然。此良家子也。當昔驅高車，持金裝，至某之室，不逾期而蕩盡。且互設詭計，捨而逐之，殆非人。令其失志，不得齒於人倫。父子之道，天性也。使其情絕，殺而棄之。又困躓若此。天下之人盡知爲某也。生親戚滿朝，一旦當權者熟察其本末，禍將及矣。況欺天負人，鬼神不祐，無自貽其殃也。某爲姥子，迨今有二十歲矣。計其貲，不啻直千金。今姥年六十餘，願計二十年衣食之用以贖身，當與此子別卜所詣。所詣非遙，晨昏得以溫清，某願足矣。」姥度其志不可奪，因許之。給姥之餘，有百金。北隅四五家稅一隙院。乃與生沐浴，易其衣服。爲湯粥，通其腸；次以酥乳潤其臟；旬餘，方薦水陸之饌。頭巾履襪，皆取珍異者衣之。未數月，肌膚稍腴；卒歲，平愈如初。異時，娃謂生曰：「體已康矣，志已壯矣。淵思寂慮，默想曩昔之藝業，可溫習乎？」生思之，曰：「十得二三耳。」娃命車出游，生騎而從。至旗亭南偏門鬻墳典之肆，令生揀而市之，計費百金，盡載以歸。因令生斥棄百慮以志學，俾夜作晝，孜孜矻矻。娃常偶坐，宵分乃寐。伺其疲倦，卽諭之綴詩賦。二歲而業大就，海內文籍，莫不該覽。生謂娃曰：「可策名試藝矣。」娃曰：「未也。且令精熟，以俟百戰。」更一年，曰：「可行矣。」於是遂一上登甲科，聲振禮闈。雖前輩見其文，罔不斂衽敬羨，願友之而不可得。娃曰：「未也。今秀士，苟獲擢一科第，則自謂可以取中朝之顯職，擅天下之美名。子行穢跡鄙，不侔於他士。當礱淬利器，以求再捷，方可以連衡多士，爭霸羣英。」生由是益自勤苦，聲價彌甚。其年，遇大比，詔徵四方之雋，生應直言極諫科，策名第一，授成都府參軍。三事以降，皆其友也。將之官，娃謂生曰：「今之復子本軀，某不相負也。願以殘年，歸養老姥。君當結媛鼎族，以奉蒸嘗。中外婚媾，無自黷也。勉思自愛。某從此去矣。」生泣曰：「子若棄我，當自剄以就死！」娃固辭不從，生勤請彌懇。娃曰：「送子涉江，至於劍門，當令我回。」生許諾。月餘，至劍門。未及發而除書至，生父由常州詔入，拜成都尹，兼劍南采訪使。浹辰，父到。生因投刺，謁於郵亭。父不敢認，見其祖父官諱，方大驚，命登階，撫背慟哭移時，曰：「吾與爾父子如初。」因詰其由，具陳其本末。大奇之，詰娃安在。曰：

「送某至此，當令復還。」父曰：「不可。」翌日，命駕與生先之成都，留娃於劍門，築別館以處之。明日，命媒氏通二姓之好，備六禮以迎之，遂如秦晉之偶。娃既備禮，歲時伏臘，婦道甚修，治家嚴整，極爲親所眷。向後數歲，生父母偕歿，持孝甚至。有靈芝產於倚廬，一穗三秀。本道上聞。又有白燕數十，巢其層甍。天子異之，寵錫加等。終制，累遷清顯之任。十年間，至數郡。娃封汧國夫人。有四子，皆爲大官；其卑者猶爲太原尹。弟兄姻媾皆甲門，內外隆盛，莫之與京。嗟乎！倡蕩之姬，節行如是，雖古先烈女，不能逾也。焉得不爲之嘆息哉！予伯祖嘗牧晉州，轉戶部，爲水陸運使，三任皆與生爲代，故諳詳其事。貞元中，予與隴西李公佐話婦人操烈之品格，因遂述汧國之事。公佐拊掌竦聽，命予爲傳。乃握管濡翰，疏而存之。時乙亥歲秋八月，太原白行簡云。

## 一

《李娃傳》的故事情節，圍繞李娃與鄭生的境遇展開。李娃本是卑賤的長安倡女，後來却作了高貴的汧國夫人；鄭生則由世家公子淪爲挽歌郎、乞丐，終又應試得官，恢復了舊有地位。作者復於李娃方面寫了侍兒、李母、李姨，於鄭生方面寫了鄭父、老豎及凶肆徒衆。諸人與李娃、鄭生之間的關係同樣斯須變幻，陡起陡落，主人公的主觀意態與客觀遭際亦隨之莫測所以，從而構成了作品曲折的情節。但這，又無不在情理之中。因爲作品的情節雖曲折却不離奇，作品所寫上述關係的錯綜變化，不是爲的單純使讀者驚心駭目，而是以窮形盡相地眞實反映當時實際生活爲前提的。《李娃傳》情節發展的出人意想的曲折性，是同它描摹人所習見的尋常世態的深刻性統一在一起的。

通篇《李娃傳》除了開頭介紹滎陽公及其子鄭生以引出故事、末尾敘述李娃歸宿以交代故事結局之外，情節發展主要有四個階段：院遇，計逐，鞭棄，護讀。其間的交接轉換看似突兀奇崛，實際是自然的、完整的、合乎邏輯的，生動逼眞地再現了唐代社會的許多生活面影。

唐代科舉，進士最受重視。「大抵衆科之目，進士尤貴。」（《新唐書·選擧志》）進士在應試得官前後，狹邪冶遊，徵歌逐酒，是當時上層社會的一種淫佚侈靡風氣。孫棨《北里志序》說：「大中皇帝（唐宣宗）好儒術，特重科第……故進士自此尤盛，曠古無儔。然率多膏粱子弟，平進歲不及三數人。由是僕馬豪華，宴遊崇侈……」這種情形當然在中唐時期就已有了。《李娃傳》所寫鄭生卽出自第一流的名門大姓滎陽鄭氏。「時望甚崇」，是說其地位之高；「家徒甚殷」，是說其財產之富。鄭生赴京應試：其父滎陽公「盛其服玩車馬之飾」，而且「計其京師薪儲之費」，爲「備二載之用」。這是給鄭生提供特別優裕的生活條件，同時也還包含着門第、排場的自我炫耀。鄭生這種膏粱子弟，一入京城，自然是「宴遊侈崇」的。《北里志序》說：「諸妓皆居平康里，擧子、新及第進士、三司幕府但未通朝籍、未直館殿者，咸可就詣。如不吝所費，則下車水陸備矣。」李娃所居鳴珂曲，不就在平康里麼？鄭生不就是應試長安的擧子麼？鄭生求與李娃「相諧」，不是說「雖百萬，何惜」麼？鄭李晤聚之夕，不正是「張燭進饌，品味甚盛」麼？《北里志》「天水仙哥」條記載擧子劉覃是相國之子，自揚州入京，「輜重數十車，名馬數十駟」，「極嗜欲於長安中」，只目睹妓女仙哥一面，「所費已百餘金」。鄭生就是劉覃這一流人物。

但是，作品不只寫出鄭生作爲膏粱子弟狎遊青樓的普遍性，而且還寫出鄭生綢繆多情却不諳世事，由此產生與李娃變異離合的特殊性。這特殊性卽是由具體情節來體現的。作品寫鄭生一次遊東市，經平康里，打算往西南訪友，才偶然與李娃相遇。鄭生不是一入長安就尋歡逐樂於花街柳陌，他竟然不曉得平康里系妓女坊曲。李娃「闔一扉」，「憑一雙鬟青衣立」（亦如元稹《李娃行》所寫「髻鬟峨峨高一尺，門前立地看春風」），明顯地表現着李娃倚門賣笑的倡家身份，而鄭生竟然視同普通居戶。他初離家門，一旦看見「妖姿要妙，絕代未有」的李娃，就產生不能自己的愛慕，情之所注，「不覺停驂久之，徘徊不能去」。作品寫他爲了俄延時刻，多看李娃，「乃詐墜鞭於地，候其從者，敕取之」，正是表現他有所區別於一般放蕩輕狂的王孫公子。因爲他究竟顧忌到無端注視人家婦女，是有悖於禮法，并且要招致物議的。這一點，恰恰爲久歷風塵的李娃所注意到了。鄭生「雋朗有詞藻」的氣質風度，應當說對於李娃倒是次要的。請看，鄭生異日叩門求見時，侍兒不及回答「此誰之第」的明知故問，却急不可待地向着李娃「馳走大呼曰：『前時遺策郎也！』」這一情節，固然以刻畫侍兒驚喜不置的情態，作爲李娃殷切期待鄭生的內心寫照，而更值得注意的，乃在它有如舞臺表演，包含着許多暗場戲與潛臺詞。意外邂逅、兩情眷注之後，作品只寫鄭生徵之於摯友，訪之於鳴珂，并未正面寫李娃。這裏，却以一當十，以少總多，把李娃留意於鄭生遺策相顧的同樣不能自己之情，包括事後與侍兒的議說，及諸種思慮、揣想、盼望等等，都和盤托出了。鄭生遺策的舉動，給李娃以深刻的印象與強烈的感受，這纔會有李娃當時的「回眸凝睇」，及爾後的贖身相救。社會事物本來是相當複雜的，不可能加以非此卽彼、非彼卽此的簡單區劃。鄭生愛慕李娃，原出於色相的吸引，後來叩門求見，輕擲千金，實際上也還屬於買笑追歡的行徑。然而，鄭生却不是以逢場作戲的態度，視李娃如玩物。他確乎鍾情於李娃。他本來爲應試而遠赴長安，因訪友而偶遇李娃，終於友也不訪了，試也不應了，一切都不顧了。殊不知，這一切不顧差點給一往情深的鄭生帶來幾乎一朝毀滅的災禍。

作品開頭寫鄭生「始弱冠」，「雋朗」，「迥然不羣」，表現出他有着年輕人的聰敏靈慧，而又剛剛成人，缺乏社會閱歷，不免幼稚單純。所以，他爲了多看李娃，能够心機一動，假意掉下馬鞭，而當李娃表示「情甚相慕」時，他却「不敢措辭而去」。後來與李娃相會，李母因「日暮，鼓聲四動」而「訪其居遠近」，他又能够心機一動，假意說住在遠處，希望李母出言挽留，沒料到李母反倒催促他「當速歸，無犯禁」，他就只好主動請求留宿，絲毫看不出李母欲擒故縱的手腕。鄭生這種幼稚單純，必然至於錢財罄盡、逐出院門，又必然當妓院設計驅逐時一無所知，被逐後一籌莫展。哪有寓居妓院，無所謂夫妻關係，而去求子的道理？鄭生竟自信從了。他甚至連李娃與其姨「相視而笑」，或「笑而不答」，或「與侍兒偶語」，諸如此類的情狀，都未能覺察出一點可疑痕跡。一旦發現受騙，也只有「恚怒」，「惶惑發狂」，「絕食三日」而已。這在全部故事的情節發展上是第一個大轉折，卽鄭生與李娃的由合而離。這一大轉折，如此順理成章，如此合乎自然，就在於它能刻畫出世家公子鄭生身上普遍性與特殊性相統一的思想性格；而於唐代長安坊曲的某些內幕活動，妓女制度罪惡的某些方面，又同時作了深刻的揭露。

妓女的產生是與剝削壓迫者的腐朽生活分不開的，也與階級社會中婦女無獨立人格、處於男子的從屬地位直接有關。《北里志》記唐時「諸妓皆私有指佔。妓之母，多假母也，亦妓之衰退者爲之。諸女自幼丐育，或傭。其下里貧家，常有不調之徒，潛爲漁獵。亦有良家子，爲其家聘之，以轉求厚賂。誤陷其中，則無以自脫。初教之歌令而責之，其賦甚急。微涉退怠，則鞭撲備至。」（「海論三曲中事」條）她們被迫以姿容歌舞，取悅於官吏富豪，迎新送舊，強作歡笑。《北里志》記妓女福娘想擺脫這種非人生活，但無能爲力，「每宴洽之際，常慘然鬱悲，如不勝任」（「王團兒」條）。這是妓女制度的主要罪惡表現。李娃當然同樣是這一罪惡制度的受害者。她之始而委身以事鄭生、終而贖身以救鄭生，也就包含着擺脫非人生活的願望在內。但社會事物很複雜，問題却還有另一面。妓女地位卑下，處境悲慘，而又呼奴使婢，錦衣玉食。《北里志》記載她們所居之處「皆堂宇寬靜，各有三數廳事，前後植花卉，或有怪石盆池，左右對設，小堂垂簾，茵榻帷幌之類稱是」（「海論三曲中事」條）。《李娃傳》所寫李娃院宅，正是「門庭不甚廣，而室宇嚴邃」；「烹茶斟酒，器用甚潔」；其「西堂」，「帷幕簾榻，煥然奪目，妝奩衾枕，亦皆侈麗」。這是由於地主官僚從勞動人民身上榨取的血汗，有一部分由五陵年少之流手中轉入了秦樓楚館，所謂「一曲紅綃不知數」。《北里志》就記載着妓女萊兒「以敏妙誘引賓客」，「權利甚厚」（「楊妙兒」條）。《李娃傳》中鄭生友人介紹李娃，說：「李氏頗贍。前與通之（一作「之通」）者，多貴戚豪族，所得甚廣。」絕非作家向壁虛構。儘管妓女作爲鴇母的搖錢樹與作爲貴戚豪族的娛樂品，同是被利用、被作踐的工具，但她們當中確也有因此而私囊積蓄甚豐的。李娃向李母自稱二十年間所得「不啻值千金」，罄己所有，能够「顧計二十年之用以贖身」，而且「給姥之餘，有百金」。這些「千金」、「百金」，自然從「賓客」那裏「誘引」而來，而「誘引」就必然施詭計、設圈套，以至種種手段無所不用其極了。孫棨在《北里志》結語中已說到「大中以前，北里頗爲不測之地」，又記令狐滈曾窺見鴇母與妓女「共殺一人而瘞之室後」，次夜問女，「女驚而扼其喉」，幸而不死，告官追捕，「其家已失所在矣」。據此，《李娃傳》中的鄭生，只是被變換一個花樣棄逐了事，而不至遭到謀殺，也還算是較爲幸運的了。

鄭生被棄逐這一段，作家設計情節，特別講究虛實相間，煙雲模糊，掩却廬山眞面，而又處處着意作些暗示，使人仍然感到身在此山。鄭生一任旁人指調，時而謁祠，時而訪姨，時而聞鴇母病，時而聽李娃去，姨阻則留，姨遣則返，讀者跟隨鄭生步步行來，步步認眞，完全想不到會變生莫測。到了鄭生往返宣陽、平康，李娃難覓，李姨又失所在，這時圖窮匕現，讀者纔跟隨鄭生恍然悟出中了計謀。旣是計謀，就不宜事先點破。不點破，纔能使讀者在突然的震驚中，感受强烈而深刻，而且重新引起對於以往情節的回味、玩索。民間說話是很善於把握聽衆心理，運用這種逐層披露、類似揭謎的藝術手法的。例如宋元話本《碾玉觀音》對於璩秀秀的鬼魂，就在故事臨結束時纔作交代。藝術作品恐怕總要避忌一望而知或一覽無餘，總要引導欣賞者不斷進入「柳暗花明又一村」的境界，始終保持欲罷不能的興致。當然，這不等於故弄玄虛，或人爲地製造離奇古怪的驚人事件。情節之變化，在於事物是發展的；情節之曲折，在於事物是複雜的。妓院本來提供給「賓客」尋歡逐樂，却又是流連忘返者的「不測之地」。妓女本來是受害者，却又在鴇母主謀下參與某些害人的勾當。那麼，鄭生開始不惜百萬求得與李娃「相諧」，中間「資財僕馬蕩然」，末了被棄之如敝屣，就是事有必至、理有固然的了。李氏之所以不直接下逐客令，而採用徙居誘離的方式，那是由於考慮到鄭生家庭固有的政治經濟地位，怕他將來進行報復，即在鄭生落魄無依之際，也還怕他隨時上門糾纏。於是，非正式夫妻而平白提出向竹林神禱祝孕嗣；向無親戚往還而臨時要求覲姨於宣陽里；李母雖「垂白上僂」，但還不見暮年衰憊之態，而突然飛告「遇暴疾頗甚」，告者却又知道奔往李娃臨時覲訪的姨家；李娃返家看視，宣陽里與平康里近在毗鄰，鄭生自應隨歸，探明究竟，共作措置，而李姨却在李母病狀未詳的情況下竟說「姥且歿矣」，把鄭生留下商議起「喪事」來；李娃一去「無復命」，按理李姨當是憂心如焚，即刻偕鄭生趕往李娃家，而偏要捱到黃昏時分纔讓鄭生先行，自己却聲稱「某當繼至」、這樣層層布設，步步誘引，對鄭生來說是調虎離山，對李氏來說是金蟬脫殼。一整套陰謀逐漸施逞，鄭生終於落入彀中：不是被公開趕走，而是被暗地甩掉了。他在短短兩天之內所經歷的這些一環緊扣一環的活動，當然是由李母等人事先精心策劃的。作家筆下描寫這些活動，使之充滿生活氣息，合乎正常的人情世態。對此，鄭生不會產生任何懷疑，讀者也難以看出些微破綻。及至最後寫到鄭生發覺受騙，讀者方才省悟過來，回頭再看看這些合乎正常人情世態的活動描寫，却又幾乎每一步驟都留下如前所述不合乎正常人情世態的蛛絲馬跡。這是作者手法高明的地方，它最能像生活本身那樣逼眞地再現北里這個「不測之地」，生動地表明煙花寨、銷金窟、陷人坑都是長安狹邪的同義語，從而從另一角度深刻地揭露了妓女制度的罪惡，揭露了階級社會中被肉慾、金錢所扭曲了的人們相互間畸形病態、醜惡而可怕的關係。

## 二

鄭生被逐之後，結果如何呢？讀者自然十分關心。而且，讀者也還急切需要了解李娃究竟扮演的是什麼角色，她對鄭生究竟是什麼態度。作家由計逐一段描寫留下懸念。故事遠沒有結束，情節有待於繼續發展，計逐僅僅是小說全部進程開始峯迴路轉。

鄭生的被逐，未嘗不可以說是咎由自取。因爲眠花宿柳，終究不足爲訓。然而，一片眞心，反倒受人愚弄、瀕於絕境，却又值得同情。作家之所以刻畫鄭生性格中至誠、純厚的一面，就爲的要從他的流落窮困，揭示那個不合理現實社會的某些黑暗、污穢的罪惡。人們相互正常關係不存在了，就會是黑暗籠罩，污穢和罪惡猖狂肆虐。而生活中偶爾還多少能保持一點人們相互間的正常關係，那也就會在同情、友愛的溫暖中，閃爍着某些聖潔的光輝。無能爲力的鄭生被逐出了鳴珂曲，却從布政里開旅店的老板、兇肆中爲人辦喪事的徒衆那裏得到收容、援救。這些社會下層人物，歷來受到封建官僚士大夫的鄙視。但他們自食其力，不圖非分之財，而且往往能救困扶危，具有某種俠義作風。作家的生花妙筆，從妓院轉到旅店、兇肆，彷彿是有意識地使之前後映襯，并爲後面的鞭棄一段描寫提供對照。不過，這不能單純看成作家匠心獨運，巧作安排。事物發展會出現許多偶然性，情節中并不排除巧合。但偶然性總要反映着必然性，巧合總要包含着關聯前因後果的內在因素。鄭生被逐，能往哪裏去呢？先前「遊長安之熟者」的友人，一年以後，也許離京他往；即或還有「親知」，以鄭生這樣的昔日世家公子是無顔登門告急的，何況也要顧忌消息會傳回父親那裏去。於是，初到長安，在布政里寓居的旅店，就成了鄭生能够投奔的唯一去處。果然，「邸主哀而進膳」；這樣，讀者也爲之慶幸。可是沒有料到鄭生在獲得同情、有所棲止之際，却是「怨懣，絶粒三日，遘疾甚篤，旬餘愈甚」。這是由於痛定思痛，往事的憤恨與前途的憂慮交相煎迫的結果。鄭生的境遇又出現周折，收留他的旅店主人不能繼續收留了。旅店主人之「懼其不起」，是恐怕牽連人命關係；其「徙之於凶肆之中」，是希望專事送葬的凶肆中人就便掩埋鄭生，不使骸骨暴露。這種描寫，很切合旅店主人以小本經營掙扎於那個人與人間關係不正常的病態社會中的地位、身份，很能表現出旅店主人那種能相濡以沫却又自顧不暇的善良而怕事的性格特徵。這一特徵同樣存在於從事喪葬職業的凶肆徒衆身上（雖然因職業不同而略有差異）。他們也能救人於危急，當然也受着自身力量的限制而不得不有所顧惜。所以，開始當「綿綴移時」的鄭生一轉到凶肆時，「合肆之人」是「共傷嘆而互飼之」的。鄭生得以轉危爲安。作家先寫旅店主人「哀而進膳」，繼寫凶肆徒衆「傷嘆而互飼」，毫無疑問是寓含着對妓院傷天害理的不法行爲的針砭的。對於鄭生，妓院貪其財物而誘棄之，旅店哀其無依而收留之，凶肆憐其病亟而拯濟之，確乎是作家特意安排此種布局，以加強對於妓女制度罪惡的揭露；同時鄭生由被逐而得收留，由收留而忽病亟，由病亟而終平復這樣一個短期變化過程，又使得情節發展越發顯得起伏搖曳，跌宕多姿。

應當指出，情節的起伏跌宕，絶非不間斷地急轉直下，無休止地變異出奇。從事物發展進程看，是奇偶相生，一張一弛；從人們對藝術欣賞的要求看，是不能長久處於緊張急迫或平靜舒緩的精神狀態的。藝術作品反映客觀實際，自然應同時注意漸進與突變，以求如實地再現生活；其滿足主觀欣賞需要，自然應考慮人們的感受心理，講究抑揚虛實，以調劑欣賞者的興味。畫面有疏有密，色彩有濃有淡，節奏有疾有徐，音調有柔有剛，不會是固定的一個圖式、一種聲腔的。敍事文學的情節安排，同樣要遵循這一藝術規律。《李娃傳》寫鄭生從妓院到旅店到兇肆，存亡安危之間騰挪變換，文筆夭矯空靈、曲折陡峭，到下面轉入寫鄭生在兇肆的生活，節奏就逐步平緩，好像陰晴不定、乍暖還寒時候春雲漸展。鄭生病愈了，在兇肆「執繐帷」，「獲其值以自給」，不至於流落凍餒了。讀者可以舒一口氣。盡管鄭生居留兇肆不會是長久之計，因爲李娃那裏還沒有交代，他家庭、父親那裏也還沒有了結，但他在突遭變故之後，到底有了安身所在。故事發展到這裏像是進入一個間歇階段。

那麼，鄭生在兇肆無非替人送葬，聊以糊口，這種平淡無奇的生活，還能寫出些什麼來呢？高明的作家在讓讀者心情由緊迫轉入舒緩時，不會使讀者產生平庸乏味的感覺；在安排情節的起伏轉換時，不會使情節斷了意脈。《李娃傳》的作者正是巧妙而自然地在這裏插入了東西兩肆互爭勝負的大段描寫，情節本身無甚曲折，却使作品反映唐代社會生活觸及另一些方面，爲整篇故事生色不少，在結構上又起着承上啓下的作用。我們由此看到職業的競爭，看到技能的較量，看到競爭的微妙心理和較量的生動場面，看到唐代都市下層局部生活的風情畫，自然也看到作家善於繪聲繪色地刻畫人物和嚴絲合縫地穿插情節的技巧和匠心。作家所描寫的這種互爭勝負，雖然也有暗中策劃，也有財利的角逐，但雙方採用正當手段，信守誓約，與妓院對待鄭生那種純屬陰謀陷害的鬼蜮伎倆不可同日而語。這又未嘗不可以看作作家藝術上對比手法的運用。作家任何時候都是不會允許那種與作品中心內容和題旨相游離的任何描寫存在的。當然，所謂不游離於作品中心內容和題旨之外，這裏首要的還是表現在緊扣刻畫鄭生，和直接引出鞭棄一節文字。

鄭生由應試舉子落得爲人「執繐帷」送葬的下場，心境之愁苦可以想見。他聽到兇肆徒衆所唱的挽歌，就格外覺得凄婉動人，不免觸動情懷，「自嘆不及逝者，輒嗚咽流涕，不能自止」。於是「歸則效之」，并能「曲盡其妙」。這照應了小說開頭關於鄭生「儁朗有詞藻，迥然不羣」的介紹，寫其心性「聰敏」；承接着上文計逐一段，寫其遭際不幸。唯其唱「哀歌」能「曲盡其妙」，所以當兩肆準備較閱時，就被東肆長物色充任挽歌郎。較閱當天，「仕女大和會，聚至數萬」，軍吏百姓「盡趨赴焉」。鄭生從容整衣上榻，歌《薤露》之章，「申喉發調，容若不勝」，「舉聲清越，聲振林木」，一樣發揮出自己的「聰敏」，熔鑄入自己的不幸，以致「曲度未終，聞者歔欷掩泣」。東西肆長是爲了爭勝負，數萬仕女是爲了看熱鬧；鄭生呢，却是借他人酒杯，澆自己胸中塊壘。魯迅所說「纏綿觀」，可自是包括此種描寫在內，而不會僅僅指故事開始時鄭生之戀李娃、故事結束時李娃之救鄭生的。

鄭生由「執繐帷，獲其值以自給」，到被東肆長以二萬錢「索顧」爲挽歌郎，境況較好，足以安身。但這只是他命途風浪的暫時平息。恰好由於作了挽歌郎參與兩肆較閲，使得他的生活際遇中又掀起了大波瀾。鄭生父親滎陽公作爲常州刺史，遵照天子要外牧「歲一至闕下」的新詔令，赴京「入計」。當時東西肆爭勝哄動全城，他也「與同列易章服竊往觀焉」。於是父子有了相遇的可能。作家在寫鄭生與李娃最終相遇之前，先以他與父親的相遇作爲引發的契機，并起着藝術上的鋪墊、陪襯作用。鄭生開始是被跟隨鄭父的老豎認出的。老豎作爲鄭生的奶公，對其「舉措辭氣」自然比鄭父更爲熟稔；也由於自幼撫養照料至弱冠成人，對鄭生感情頗深，於是一入長安就時時處處留心訪察，猝然相遇就不禁「泫然流涕」。而鄭父則不相信，說：「奚至是耶？」作家借鄭父之口，補敍鄭生在鳴珂曲「屏跡戢身，不復與親知相聞」後，人們訛傳其「以多財爲盜所害」。當然，鄭父的不相信，主要在於他認爲出身高門士族的子弟不可能操賤業、與賤民爲伍。他聽了老豎述說之後「亦泣」，是回顧以往，「泣」鄭生「爲盜所害」，而不是留意當前，「泣」鄭生淪作「歌者」。這與老豎的「泫然流涕」不同。老豎只要有些微希望，就抓住線索追尋。兩肆較閲之後，他又「馳往」「訪於同黨」。但「歌者」名姓與鄭生不符。他仍不罷休，徑至鄭生那裏「迫而察之」。待到鄭生「色動」，「回翔將匿於衆中」，他就完全認準了，牽其衣袖，「相持而泣」。作家越是細緻地描寫老豎對鄭生的難以忘懷，就越是顯示出鄭父的不甚介意；而不甚介意的鄭父一旦獲悉「歌者」確是鄭生，也就必然表現爲震驚兼震怒了。他決不能容忍鄭生「志行若此，污辱吾門」。老豎用馬載鄭生回來，使其父子相聚，他却徒步帶鄭生出去，鞭而棄之，斷絕父子情義。作品開頭介紹鄭生，特意點出鄭父年已半百，只有鄭生一子，而鄭生又「深爲時輩推伏」，鄭父更是「愛而器之」。這種情況下，鄭父竟然忍心在鄭生歷經困頓、暫得喘息的時候。「去其衣服，以馬鞭鞭之數百」，使鄭生「不勝其苦而斃」，最後連屍體也不予收殮，那就是閥閱的聲譽、家世的利益高於一切，包括父子情親。階級對立的社會中，本來等級森嚴，在士族勢力竭力維持其政治、經濟上的特殊權益的唐代，階級偏見、門第觀念尤其滲透在社會生活的各個領域。鄭生先前因妓女制度之害，招來計逐，這時又因門閥制度之害，蒙受鞭棄。計逐以後，幸而不死；鞭棄之餘，斯須就斃。作家多方面地寫出病態社會人與人間關係不正常的諸般惡果，即至親如父，也視子如仇，兇狠的戕殘替代了天倫樂趣。鄭父在這裏第二次出場，其對鄭生的態度，較之首次出場，判若兩人，但都表現了他作爲上層豪門貴族代表的統一的思想性格，相當眞實地揭示出他頑固地衛護自己的閥閱聲譽、家世利益的階級屬性。這與老豎、兇肆徒衆形成鮮明的對照。後者出於對受難者、無辜者的同情，而關切、愛護鄭生。鄭生遭到鞭棄，老豎作爲鄭門僕役，有禮法限制，不得護救之於前；兇肆徒衆以集結謀生、互爲依倚，出於義氣，却能援助之於後。只是由於鄭生擡回兇肆救活之後，經時一月，猶然「手足不能自舉」，完全仰仗他人照料，加之「其楚撻之處皆潰爛，穢甚」，這纔引起「同輩患之」。兇肆徒衆亦如旅店主人，處於社會下層，備嘗艱苦，能有同情心、正義感，但思想爲市民地位所限，又身負生活之累，所以遇事或未能全其終始，在鄭生難得應付時，就只好把他「棄於道周」了。

幸賴過路人哀憐，「往往投其餘食」（也只能是「餘食」），鄭生又得以恢復生命，三數月後，「杖策而起」。這時，他無以爲業，只有沿街乞討。妓院計逐之後，他死裏得生，淪爲挽歌郎；父親的鞭棄使他連挽歌郎也做不成，再次死裏得生之後，就淪爲叫化子了。經過一陣急風暴雨，鄭生可以說完全到了山窮水盡的地步，乞食是必然結果。而乞食的鄭生「自秋徂冬」，流浪了較長時間，「巡於閭里」，行經了較廣地段，由此又提供了他與由鳴珂曲移居他處的李娃相遇的機緣。終於風停雨歇，出現萬里晴空，全部故事的情節發展進入第二個大轉折，從鄭生的乞食引出他與李娃的由離而合。李娃最後再度出場了。

## 三

《李娃傳》雖然以大部分情節正面描寫鄭生，但鄭生不是主。鄭生是賓，李娃才是主，寫鄭生爲的是寫李娃。鄭生的否泰沉浮，相當程度上繫於李娃一身。明代擬話本《賣油郎獨佔花魁》以鄭生與賣油郎秦重類比，着眼於鄭生的「知情識趣，善於幫襯」（傳奇小說并沒有突出這一點），致使李娃「心中捨他不得」。這不但沒能準確地認識作品主題，而且把人物的賓主關係給顛倒了。《李娃傳》全篇四個段落中，院遇的主導方面是鄭生，計逐的主導方面是李母，鞭棄的主導方面是鄭父，最後，護讀的主導方面就是李娃。作家有意以李娃壓軸。實際上，前三個段落中，院遇是因李娃的倚門站立，計逐是由李娃的出面誘引，鞭棄是從李娃參與的計逐所間接導致而來。無論李娃出場與否，她都或隱或現地居於作品的中心位置。

如果說作品刻畫鄭生的思想性格，是能把普遍性與特殊性統一起來，那麼，作品在塑造李娃形象上則是更能深刻地揭示人物思想性格的複雜性。元雜劇《曲江池》與明傳奇《繡襦記》只從「妓愛俏，媽愛鈔」的角度着意寫李娃心心念念盼從良，生生死死愛鄭生，計逐完全是鴇兒一手安排，李娃也被蒙在鼓裏，計逐之後李娃又不甘心，派遣侍兒四處尋覓鄭生。這樣突出李娃與李母的對立，強調李娃對鄭生的始終不渝，似乎提高了李娃的情操、品德，實際上是把人物複雜的思想性格簡單化了，把典型寫成類型。須知李娃是李娃，不是杜十娘、玉堂春。

李娃從初次遇見鄭生到鄭生住進鳴珂曲，作家并沒有離開「誘引賓客」的妓女身份去描寫她。她與鄭生之間有男女的「相慕」，卽愛情，但各自所處的地位却是嫖客和妓女，不同於《鶯鶯傳》中的張珙和崔鶯鶯、《離魂記》中的王宙和張倩娘。鄭生叩門求宿那一場面中，李母分明在裝神弄鬼，李娃的表現也未嘗不包含做張做勢的成分，跟先前接待別的貴戚豪族無多差別。因爲其中畢竟存在着「相慕」的因素，所以在鄭生「資財僕馬蕩然」時，一方面「姥意漸怠」，另一方面則「娃情彌篤」。而情的「相慕」又終於屈從利的追求，李娃又不能不參與計逐。李母在幕後操縱，她在前臺表演，不動聲色，不露破綻，一舉甩掉鄭生，然後隨李母銷聲匿跡。這樣對待鄭生，當然不是絕情，而是忍情。她被迫掩滅愛情的火焰，只把餘燼殘留在內心深處。假使鄭生得到親知相助，或回家再備給用，繼續應試求官，從此飛黃騰達，與李娃互不相顧，那麼，這餘燼也就自然而然化作死灰。李娃當初所設想的結局就是如此。她十分清醒地估計到與鄭生不可能永遠「相諧」，鄭生留居鳴珂曲也終非長策，不如趁早決絕，使鄭就此脫離「不測之地」。這是她順應李母唯利是圖的貪欲而參與計逐的苦心孤詣。她沒有杜十娘、玉堂春那樣的近於盲目樂觀的癡心，而是冷靜地面對現實以至於忍情。她心地純潔、善良，渴求愛情，希望得到人們之間正常關係的生活溫暖，但是辦不到，那個病態社會在毀滅着她，又驅使她在毀滅着別人。

移居後的李娃，當然未能忘情於鄭生。她能從門外「饑凍之甚」的疾呼中，一下子聽出鄭生的聲音。對侍兒說了「此必生也，我辨其音矣」之後，立刻「連步而出」，不像在鳴珂曲鄭生叩門時只讓侍兒迎視。先前愛情之火的餘燼，因與鄭生重逢而復熾了。她沒有料到鄭生會流落爲乞丐，「枯瘠疥厲，殆非人狀」。猝然相見，使她深受震動，一句「豈非某郎乎」的發問，包含無限的自愧自恨。鄭生這時百感交集，也只有「憤懣絕倒，口不能言，頷頤而已」。李娃於是顧不得鄭生髒穢狼籍，「前抱其頸，以繡襦擁而歸之於西廂」，「失聲長慟」，「絕而復蘇」。面對鄭生，她深感內疚，對李母的態度因而產生了急劇的變化。李母「大駭，奔至」，見了鄭生，急命「當逐」，她就「斂容却睇」，嚴肅而從容地向李母表示不但不能再逐鄭生，而且自己要贖身與鄭生「別卜所詣」。她委婉陳述了當初對鄭生「捨而逐之」的違背人情、官法、天理的緣由，以折服李母，又提出使李母眼前受到酬報、事後受到奉養的贖身條件，以慰藉李母，迫使李母終於「許之」。這表現了她決心護救鄭生，「志不可奪」，也表現了她臨事的縝密、周到、練達、精明。這一段重逢的描寫，着墨不多而情態如畫，相連刻畫李娃、鄭生此時此刻的處境、內心，十分眞切感人。經過兩大轉折，小說情節發展至此達到高潮，李娃的精神世界也在這裏得到充分的展示。其後，贖了身的李娃相助鄭生讀書應試，已是全部故事的餘波了。李娃在頗爲清苦的生活中，以數年的殷勤看顧，不止使鄭生勵志於學，「一上登甲科」，而且因鄭生曾經「行穢跡鄙」之故，又使他「益自勤苦」，進一步「應直言極諫科，策名第一」。這些情節都是繼續表現李娃臨事的縝密、精明。而當鄭生「將之官」時，她却提出「願以殘年，歸養老姥」，這又繼續表現她心地的純潔、善良。

敍事文學作品的首要任務是塑造典型人物形象。情節安排是爲塑造人物服務的。對情節的理解發生差錯，就不能正確認識人物形象的典型意義。南宋羅燁的《醉翁談錄》中，李娃故事被歸入「不負心類」。這顯然停留在情節描寫的局部和表面，沒有把護讀與計逐統一起來了解，更沒有掌握其寓含的深刻內容。假如把李娃複雜的思想性格簡單歸結爲對愛情的堅貞、忠誠，那就無法解釋李娃當初何以參與計逐，出面與鄭生分離，護讀之後，又何以提出「某從此去矣」，再次與鄭生主動相別。一些文學史、小說史、古代作品選評論《李娃傳》雖注意到計逐一段情節，但只是籠統地說李娃「被迫」，非出自本心，而沒有與前後情節聯貫起來細加考察；對於護讀一段情節，則往往誇揚過甚，說李娃「見義勇爲」，「捨己爲人」，或者貶抑過甚，說李娃是「門閥制度的俘虜」、「俯首帖耳的奴才典型」。由於對情節描寫的理解不同，帶來對人物形象的認識不同，因而對作品思想主題的看法也產生了歧異。竭力肯定就說「《李娃傳》的主題不是屈服的，而是帶有強烈的階級鬥爭意志的」，「反映了被壓迫的庶民對『高門大族』的血統的攻擊和對門閥制度的嘲笑」，「揭露了封建制度尤其是門閥觀念所加在他們（李、鄭）愛情上的壓力」，「具有強烈的反對門閥制度的意義」；竭力否定就說「作者企圖以李娃爲範例宣揚被欺侮的下層人民應該歸依統治階級，充當奴才」，作品「調和、掩蓋的歪曲了現實中的階級對立」，「妄圖達到維護反動腐朽的封建統治的目的」。這些看法都反映着對於《李娃傳》的情節結構安排與人物形象塑造缺乏全面、統一、深入、辯證的分析。《李娃傳》確乎揭露了門閥制度的罪惡。作品描寫李娃參與計逐鄭生，以及護讀之後希望鄭生「結媛鼎族，以奉蒸嘗，中外婚媾，無自黷也」，都一定程度地反映着門閥制度籠罩於二人關係上的陰影，但并不是主要的。作品所寫鞭棄一段才最直接最集中地揭露門閥制度的罪惡。鄭父鞭棄鄭生，不是責怪其與妓女結合，降低身份，而是責怪其爲人送葬唱挽歌，玷辱門風。後來鄭生做了官，恢復舊有地位，鄭父就改變態度：「吾與爾父子如初。」特別是他知道鄭生做官是由於李娃的護命、助讀，就不顧李娃係長安倡女，而通過明媒正娶，讓李娃與鄭生結爲正式夫妻。可見絕非門閥制度造成愛情婚姻悲劇，如《鶯鶯傳》、《霍小玉傳》所描寫的那樣。那麼，又怎樣看待護讀一節呢？如前所述，護讀本是表現李娃以一種償債、悔過、贖罪的心情去幫助鄭生。雖情義兼有，但義是主要的。解鈴還是繫鈴人，李娃只要求把鄭生從沉淪中拔起，并不考慮與鄭生將來的結合，與別的小說戲文以金榜題名作爲洞房花燭的條件者迥然不同。而在當時條件下，她使鄭生超脫沉淪的途徑，則只能是讀書、應試、做官。這是難以苛求於她的。一樣是救助鄭生，旅店主人不得已而徙之於兇肆，兇肆徒衆不得已而棄之於道周，唯獨風塵歌妓李娃茹苦含辛、傾力以赴，這就寫出她作爲病態社會的受害者，曾不由自主地害過他人，但本質上是純潔的，善良的。她在那個人與人間不正常關係中，盼想着正常的關係，按那個時代所許可的範圍，忍辱負重，去爭取這一正常關係的合理存在。作家就這樣通過李娃「這一個」妓女形象，環繞愛情問題、婚姻問題、婦女問題，生動反映了唐代社會現實，深刻暴露出封建制度的不合理性。李娃形象刻畫得眞切，相應地就把唐代社會生活反映得深切，讀者自然會感到親切，而無須予以過甚的誇揚或貶抑。至於作品結尾處寫到鄭父娶李娃爲媳，李娃「婦道甚修，治家嚴整」，後封汧國夫人等等，那既違背了鄭父的性格，又不符合李娃的初衷，不但有損於人物形象的完整性，而且在實際生活當中也是不可能的，就情節結構看更是續貂的狗尾。這反映了作家思想上庸俗落後的一面。後來《聊齋志異》作者蒲松齡在他的優秀作品中，結尾處理大多如此。這類描寫由於缺乏現實生活基礎，形同抽象的說教，藝術上當然只能是敗筆。不過，就全篇作品的情節結構安排與人物形象塑造上所取得的巨大藝術成就來看，那這僅却是白璧微瑕。

（趙齊平）

# 霍小玉傳

蔣　防

大曆中，隴西李生名益，年二十，以進士擢第。其明年，拔萃，俟試於天官。夏六月，至長安，舍於新昌里。生門族清華，少有才思，麗詞嘉句，時謂無雙；先達丈人，翕然推伏。每自矜風調，思得佳偶，博求名妓，久而未諧。長安有媒鮑十一娘者，故薛駙馬家青衣也；折券從良，十餘年矣。性便辟，巧言語，豪家戚里，無不經過，追風挾策，推爲渠帥。當受生誠託厚賂，意頗德之。經數月，李方閒居舍之南亭。申未間，忽聞扣門甚急，云是鮑十一娘至。攝衣從之，迎問曰：「鮑卿今日何故忽然而來？」鮑笑曰：「蘇姑子作好夢也未？有一仙人，謫在下界，不邀財貨，但慕風流。如此色目，共十郎相當矣。」生聞之驚躍，神飛體輕，引鮑手且拜且謝曰：「一生作奴，死亦不憚。」因問其名居。鮑具說曰：「故霍王小女，字小玉，王甚愛之。母曰浄持。——浄持，卽王之寵婢也。王之初薨，諸弟兄以其出自賤庶，不甚收錄。因分與資財，遣居於外，易姓爲鄭氏，人亦不知其王女，資質穠豔，一生未見；高情逸態，事事過人；音樂詩書，無不通解。昨遣某求一好兒郎格調相稱者。某具說十郎。他亦知有李十郎名字，非常歡愜。住在勝業坊古寺曲，甫上車門宅是也。已與他作期約。明日午時，但至曲頭覓桂子，卽得矣。」鮑既去，生便備行計。遂令家僮冬鴻，於從兄京兆參軍尚公處假

蔣防

# 霍小玉傳

青驪駒，黃金勒。其夕，生浣衣沐浴，修飾容儀，喜躍交并，通夕不寐。遲明，巾幘，引鏡自照，惟懼不諧也。徘徊之間，至於亭午。遂命駕疾驅，直抵勝業。至約之所，果見青衣立候，迎問曰：「莫是李十郎否？」即下馬，令牽入屋底，急急鎖門。見鮑果從內出來，遙笑曰：「何等兒郎，造次入此？」生調誚未畢，引入中門。庭間有四櫻桃樹；西北懸一鸚鵡籠，見生入來，即語曰：「有人入來，急下簾者！」生本性雅淡，心猶疑懼，忽見鳥語，愕然不敢進。逡巡，鮑引凈持下階相迎，延入對坐。年可四十餘，綽約多姿，談笑甚媚。因謂生曰：「素聞十郎才調風流，今又見儀容雅秀，名下固無虛士。某有一女子，雖拙教訓，顏色不至醜陋，得配君子，頗爲相宜。頻見鮑十一娘說意旨，今亦便令永奉箕箒。」生謝曰：「鄙拙庸愚，不意顧盼，倘垂採錄，生死爲榮。」遂命酒饌，即令小玉自堂東閤子中而出。生即拜迎。但覺一室之中，若瓊林玉樹，互相照曜，轉盼精彩射人。既而遂坐母側，母謂曰：「汝嘗愛念『開簾風動竹，疑是故人來。』即此十郎詩也。爾終日吟想，何如一見。」玉乃低鬟微笑，細語曰：「見面不如聞名。才子豈能無貌？」生遂連起拜曰：「小娘子愛才，鄙夫重色。兩好相映，才貌相兼。」母女相顧而笑，遂舉酒數巡。生起，請玉唱歌。初不肯，母固強之。發聲清亮，曲度精奇。酒闌，及暝，鮑引生就西院憩息。閒庭邃宇，簾幕甚華。鮑令侍兒桂子、浣沙與生脫靴解帶。須臾，玉至，言敘溫和，辭氣宛媚。解羅衣之際，態有餘妍，低幃暱枕，極其歡愛。生自以爲巫山、洛浦不過也。中宵之夜，玉忽流涕觀生曰：「妾本倡家，自知非匹。今以色愛，託其仁賢。但慮一旦色衰，恩移情替，使女蘿無托，秋扇見捐。極歡之際，不覺悲至。」生聞之，不勝感歎。乃引臂替枕，徐謂玉曰：「平生志願，今日獲從，粉骨碎身，誓不相捨。夫人何發此言！請以素縑，著之盟約。」玉因收淚，命侍兒櫻桃褰幄執燭，授生筆研。玉管絃之暇，雅好詩書，筐箱筆研，皆王家之舊物。遂取繡囊，出越姬烏絲欄素縑三尺以授生。生素多才思，援筆成章，引諭山河，指誠日月，句句懇切，聞之動人。染畢，命藏於寶篋之內。自爾婉孌相得，若翡翠之在雲路也。如此二歲，日夜相從。其後年春，生以書判拔萃登科，授鄭縣主簿。至四月，將之官，便拜慶於東洛。長安親戚，多就筵餞。時春物尚餘，夏景初麗，酒闌賓散，離思縈懷。玉謂生曰：「以君才地名聲，人多景慕，願結婚媾，固亦衆矣。況堂有嚴親，室無冢婦，君之此去，必就佳姻。盟約之言，徒虛語耳。然妾有短願，欲輒指陳。永委君心，復能聽否？」生驚怪曰：「有何罪過，忽發此辭？試說所言，必當敬奉。」玉曰：「妾年始十八，君才二十有二，迨君壯室之秋，猶有八歲。一生歡愛，願畢此期。然後玅選高門，以諧秦晉，亦未爲晚。妾便捨棄人事，剪髮披緇。夙昔之願，於此足矣。」生且愧且感，不覺流涕。因謂玉曰：「皎日之誓，死生以之。與卿偕老，猶恐未愜素志，豈敢輒有二三。固請不疑，但端居相待。至八月，必當却到華州，尋使奉迎，相見非遠。」更數日，生遂訣別東去。到任旬日，求假往東都覲親。未至家日，太夫人已與商量表妹盧氏，言約已定。太夫人素嚴毅，生逡巡不敢辭讓，遂就禮謝，便有近期。盧亦甲族也，嫁女於他門，聘財必以百萬爲約，不滿此數，義在不行。生家素貧，事須求貸，便託假故，遠投親知，涉歷江、淮，自秋及夏。生自以孤負盟約，大愆回期，寂不知聞，欲斷其望，遙託親故，不遺漏言。玉自生逾期，數訪音信。虛詞詭說，日日不同。博求師巫，遍詢卜筮，懷憂抱恨，周歲有餘。羸臥空閨，遂成沈疾。雖生之書題竟絕，而玉之想望不移，賂遺親知，使通消息。尋求既切，資用屢空，往往私令侍婢潛賣篋中服玩之物，多托於西市寄附鋪侯景先家貨賣。曾令侍婢浣沙將紫玉釵一隻，詣景先家貨之。路逢內作老玉工，見浣沙所執，前來認之曰：「此釵，吾所作也。昔歲霍王小女，將欲上鬟，令我作此，酬我萬錢，我嘗不忘。汝是何人，從何而得？」浣沙曰：「我小娘子，卽霍王女也。家事破散，失身於人。夫婿昨向東都，更無消息。悒怏成疾，今欲二年。令我賣此，賂遺於人，使求音信。」玉工凄然下泣曰：「貴人男女，失機落節，一至於此！我殘年向盡，見此盛衰，不勝傷感。」遂引至延光公主宅，具言前事。公主亦爲之悲歎良久，給錢十二萬焉。時生所定盧氏女在長安，生既畢於聘財，還歸鄭縣。其年臘月，又請假入城就親。潛卜靜居，不令人知。有明經崔允明者，生之中表弟也。性甚長厚，昔歲常與生同歡於鄭氏之室，杯盤笑語，曾不相間。每得生信，必誠告於玉。玉常以薪芻衣服，資給於崔。崔頗感之。生既至，崔具以誠告玉。玉恨歎曰：「天下豈有是事乎！」遍請親朋，多方召致。生自以愆期負約，又知玉疾候沈綿，慚恥忍割，終不肯往。晨出暮歸，欲以回避。玉日夜涕泣，都忘寢食，期一相見，竟無因由。冤憤益深，委頓牀枕。自是長安中稍有知者。風流之士，共感玉之多情；豪俠之倫，皆怒生之薄行。時已三月，人多春游。生與同輩五六之詣崇敬寺玩牡丹花，步於西廊，遞吟詩句。有京兆韋夏卿者，生之密友，時亦同行。謂生曰：「風光甚麗，草木榮華。傷哉鄭卿，銜冤空室！足下終能棄置，實是忍人。丈夫之心，不宜如此。足下宜爲思之！」歎讓之際，忽有一豪士，衣輕黃紵衫，挾弓彈，豐神雋美，衣服輕華，唯有一剪頭胡雛從後，潛行而聽之。俄而前揖生曰：「公非李十郎者乎？某族本山東，姻連外戚。雖乏文藻，心嘗樂賢。仰公聲華，常思覯止。今日幸會，得睹清揚。某之敝居，去此不遠，亦有聲樂，足以娛情。妖姬八九人，駿馬十數匹，唯公所欲。但願一過。」生之儕輩，共聆斯語，更相歎美。因與豪士策馬同行，疾轉數坊，遂至勝業。生以近鄭之所止，意不欲過，便託事故，欲回馬首。豪士曰：「敝居咫尺，忍相棄乎？」乃輓挾其馬，牽引而行。遷延之間，已及鄭曲。生神情恍惚，鞭馬欲回。豪士遽命奴僕數人，抱持而進。疾走推入車門，便令鎖却，報云：「李十郎至也！」一家驚喜，聲聞於外。

先此一夕，玉夢黃衫丈夫抱生來，至席，使玉脫鞋。驚寤而告母。因自解曰：「『鞋』者，『諧』也。夫婦再合。『脫』者，『解』也。既合而解，亦當永訣。由此徵之，必遂相見，相見之後，當死矣。」凌晨，請母妝梳。母以其久病，心意惑亂，不甚信之。僶勉之間，強爲妝梳，妝梳才畢，而生果至。玉沈綿日久，轉側須人；忽聞生來，欻然自起，更衣而出，恍若有神。遂與生相見，含怒凝視，不復有言。羸質嬌姿，如不勝致，時復掩袂，返顧李生。感物傷人，坐皆欷歔。頃之，有酒肴數十盤，自外而來。一坐驚視，遽問其故，悉是豪士之所致也。因遂陳設，相就而坐。玉乃側身轉面，斜視生良久，遂舉杯酒酬地曰：「我爲女子，薄命如斯！君是丈夫，負心若此！韶顏稚齒，飲恨而終。慈母在堂，不能供養。綺羅絃管，從此永休。徵痛黃泉，皆君所致。李君李君，今當永訣！我死之後，必爲厲鬼，使君妻妾，終日不安！」乃引左手握生臂，擲杯於地，長慟號哭數聲而絕。母乃舉屍，寘於生懷，令喚之，遂不復蘇矣。生爲之縞素，旦夕哭泣甚哀。將葬之夕，生忽見玉繐帷之中，容貌妍麗，宛若平生。著石榴裙，紫褴襠，紅綠帔子。斜身倚帷，手引繡帶，顧謂生曰：「愧君相送，尚有餘情。幽冥之中，能不感嘆。」言畢，遂不復見。明日，葬於長安御宿原。生至墓所，盡哀而返。後月餘，就禮於盧氏。傷情感物，鬱鬱不樂。夏五月，與盧氏偕行，歸於鄭縣。至縣旬日，生方與盧氏寢，忽帳外叱叱作聲。生驚視之，則見一男子，年可二十餘，姿狀温美，藏身暎幔，連招盧氏。生惶遽走起，繞幔數匝，倏然不見。生自此心懷疑惡，猜忌萬端，夫妻之間，無聊生矣。或有親情，曲相勸喻。生意稍解。後旬日，生復自外歸，盧氏方鼓琴於牀，忽見自門拋一斑犀鈿花合子，方圓一寸餘，中有輕絹，作同心結，墜於盧氏懷中。生開而視之，見相思子二、叩頭蟲一、發殺觜一、驢駒媚少許。生當時憤怒叫吼，聲如豺虎，引琴撞擊其妻，詰令實告。盧氏亦終不自明。爾後往往暴加捶楚，備諸毒虐，竟訟於公庭而遣之。盧氏既出，生或侍婢媵妾之屬，蹔同枕席，便加妒忌。或有因而殺之者。生嘗游廣陵，得名姬曰營十一娘者，容態潤媚，生甚悅之。每相對坐，嘗謂營曰：「我嘗於某處得某姬，犯某事，我以某法殺之。」日日陳說，欲令懼己，以肅清閨門。出則以浴斛覆營於牀，周迴封署，歸必詳視，然後乃開。又畜一短劍，甚利，顧謂侍婢曰：「此信州葛溪鐵，唯斷作罪過頭！」大凡生所見婦人，輒加猜忌，至於三娶，率皆如初焉。

在唐代傳奇小說中，成就最高的是以愛情爲主題的作品；在描寫愛情的唐人小說中，感人至深的無疑是《霍小玉傳》。胡應麟說它是「唐人最精彩動人之傳奇」（《少室山房筆叢》），並非過譽；戲劇大師湯顯祖曾把它改編成《紫簫記》，後來又改編爲《紫釵記》。

《霍小玉傳》寫士族文人李益和長安妓女霍小玉相愛，後來李益做了官，遺棄小玉，另娶名門閨秀。小玉憂思成疾，含恨而沒。死後化爲厲鬼，作祟復仇。

這是一個具有深刻社會意義的悲劇，造成這一悲劇的根源，主要是根深蒂固的門閥制度。對於腐朽的豪門士族來說，婚姻只是他們擴大政治勢力和增加財富的手段，決不會考慮青年男女的幸福。因此，李益一旦授官，他母親就急急忙忙給他和出身「甲族」的盧小姐訂了婚。盧家更精，姑爺的「門族清華」和登科得官，固然是聯姻的前提，但決不能因此而少收半點財禮，「聘財必以百萬爲約，不滿此數，義在不行」。這種制度和社會風氣，決定了霍小玉悲劇的必然性。

在這篇小說中，作家滿懷深情地塑造了霍小玉這一光輝的藝術形象。她「出自賤庶」，母親是被霍王玩弄的婢女，霍王死後，母女倆被趕出家門，淪爲娼妓。她才貌出衆，在風塵淪落之中，憧憬着愛情的幸福。但她的慘痛經歷與卑賤地位，使她對社會和人生有比較清醒的認識。當李益和她熱戀之際，她就說過：「妾本娼家，自知非匹。」她深知李益所愛的，并不是她那顆純潔善良的心，而是她光彩照人的貌。她自知無法擺脫色衰見棄的命運，只想盡最大的努力，推遲這悲劇到來的時間；她不敢奢望和李益白頭偕老，只要求在有限的時間裏，分享一杯愛情的甘露。因此，李益那「句句懇切，聞之動人」的海誓山盟，並沒有使她忘記冷酷的現實，當李益得官赴任時，她直言不諱：「君之此去，必就佳姻；盟約之言，徒虛語耳！」接着，她就提出了自己的心願：請李益三十歲以前不要另娶，讓她分享八年的歡愛。然後，他可以「妙選高門，以諧秦晉」，她自己則遁入空門，了此餘生。這是多麼可憐的「夙願」啊！

然而，世情的冷酷，連最清醒的善良人也難以逆料。小玉那最低的要求，也終於化爲泡影。情人一去，杳如黃鶴。望穿秋水，鴻雁不至。後來得知：李益近在咫尺，正準備與盧小姐結婚。這時，她又驚又恨，半信半疑：「天下豈有是事乎？」至此，她還想作最後的努力，「遍請親朋，多方召致」。但狠心的李益，竟然「終不肯往」。小玉日夜涕泣，終於絕望，怨憤益深，一病不起。直至黃衫豪士挾持李益來到她家，她纔勉力而起，痛責李益：「我爲女子，薄命如斯！君是丈夫，負心若此！韶顏稚齒，飲恨而終；慈母在堂，不能供養；綺羅絃管，從此永休；徵痛黃泉，皆君所致。李君李君，今當永訣！我死之後，必爲厲鬼，使君妻妾，終日不安。」說罷，「長慟號哭數聲而絕」。這字字血、聲聲淚的控訴，交織着對負心男子的譴責和對門閥制度的抗議，蘊涵着無盡的辛酸，也噴射着復仇的火焰。千百年來，震撼過無數讀者的心。

小玉，生前是善良而剛烈的女子，死後是善良而剛烈的鬼魂。當她在九泉之下，得知李益「旦夕哭泣甚哀」，竟深受感動，顯靈於將葬之夕，對李益說：「愧君相送，尚有餘情，幽冥之中，能不感嘆！」只有當李益徹底背叛了昔日的愛情、和盧小姐正式結婚後，她才刻意復仇，使李益終身得不到家庭幸福。正因爲小玉是那樣善良，而她的要求又如此低微，所以，對她含恨而逝之後的復仇，讀者莫不拍手稱快。也正因爲李益所欺騙和害死的，是這樣癡情的女子，所以，當他受到嚴厲的懲罰時，讀者莫不叫好。但盧氏女和營十一娘等却無辜受害，連帶成爲悲劇的犧牲品，不能不說是小說的缺點——自然只是白璧微瑕。

在霍小玉這一形象中，傾注了作者最大的同情，也顯示了作者的苦心孤詣和高超技巧。

首先，全篇結構，都是根據塑造小玉這一形象的需要來安排的。

小說共分六段：第一段是媒婆介紹，道出小玉身世、才貌和人品，造成讀者強烈的懸念；第二段是見面和結合，於歡愛之中，顯露出悲劇的先兆；第三段是離別之際，小玉提出自己的夙願，突出小玉的善良，預示悲劇卽將到來；第四段寫她從等待、尋訪到絕望，以李益的冷酷，和小玉的癡情，形成鮮明的對照；第五段是訣別，在悲劇的高潮中，揭示出小玉性格的另一方面——剛烈倔強，從而完成了這一形象的塑造；第六段是復仇，這是悲劇的尾聲，也是作者和讀者的共同心願的形象體現。綜觀全篇，所有情節，莫不圍繞小玉而展開，服務於這一藝術形象的塑造。

其次，善於運用細節描寫來刻畫人物。

如寫小玉和李益的訣別：「玉沉綿日久，轉側須人。忽聞生來，欻然自起，更衣而出，恍若有神。遂與生相見，含怒凝視，不復有言。羸質嬌姿，如不勝致，時復掩袂，返顧李生。感物傷人，坐皆欷歔。」入席之後，「玉乃側身轉面，斜視生良久，遂舉杯酒」，怒斥李生。這裏，作者通過一系列無言的動作，揭示了小玉複雜的心理活動，表現了她剛強義烈的性格。她在病榻上聽到李益到來的消息，滿腹怨憤，湧上心頭，她要當面痛責這個負心漢，決不願在他面前示弱。正是這種強大的精神力量，使她在長期臥病、極度虛弱的情況下，竟然不需要別人的扶持，「欻然自起，更衣而出」。見到李益後，作者便集中描寫她的眼神：始則「含怒凝視，不復有言」，顯然，訴不完的悲苦，說不盡的憤恨，都凝聚在這無言的怒視之中。接着是「時復掩袂，返顧李生」，寥寥兩筆，活現出小玉內心的矛盾：在理智上，她洞悉悲劇已無可挽回，也看透了李益的五臟六腑，因此，怒視之後，不願再看見李益，便轉過身去；但感情上，她還沒有、也不可能霎時間一刀兩斷。因此，她又情不自禁地時時以袖掩面，回首目注李益。這裏，作家的描繪，可謂細微入神。最後，小玉終於從極度的激動中平靜下來，強烈的自尊心，使她對李益的憤恨，逐漸化爲鄙夷；而剛烈的性格，要求她積蓄最大的力量，對那負心的男子和吃人的世道，作最後的一擊。因此，她又「側身轉面，斜視生良久」，然後慷慨陳詞。這樣，通過怒視、返顧、斜視這三個動作，小玉複雜而急遽變化的內心世界，便躍然紙上。如此精彩的細節描寫，在唐人小說——乃至我國古代短篇小說中，也是不可多得的。

第三，擅長鋪墊和陪襯。

我國古典小說，向來注重主要人物的出場。在《霍小玉傳》中，女主角的出場，是頗具匠心的：先是鮑十一娘的介紹，譽爲謫在下界的「仙人」，稱頌其「姿質穠艷，一生未見：高情逸態，事事過人；音樂詩書，無不通解」。這樣，不僅李益「唯懼不諧」，連讀者也急於一睹芳容。接着寫李益求見：始則青衣候門，繼以鮑氏引入，鸚鵡報客，然後是霍母下階相迎，最後才是小玉款款而出。可見，作者寫這位女主角的登場，眞是用墨如潑，層層鋪墊。顯然，這幷非爲了擡高小玉的身價，而是先聲奪人，激起讀者對女主角越來越強烈的關注。

作品在描寫小玉尋訪和召請李益的過程中，陸續引出了侍婢浣沙、老玉工、延光公主、崔允明、韋夏卿和黃衫豪士等六個人物。這些人身份各異，地位懸殊，但他們都一致同情小玉：或爲之奔走，或爲之悲泣，或慷慨解囊，或通風報信，或斥責李益，或挾持李益入霍家。這些人，代表着公正的社會輿論。特別是那位見義勇爲的黃衫豪士，更是作者所期待的正義力量的化身。而從藝術上來看，這些形象，都只是女主角的陪襯人物；他們的出現，是爲了突出小玉的善良多情，譴責李益的寡情負義。

這篇小說的男主角，與當時著名詩人李益同名，而且中進士、登制科、初仕鄭縣的經歷也大致相符，還引用了李益的名句「開簾風動竹，疑是故人來」；另據《唐國史補》卷中和新舊《唐書·李益傳》載：「李益少有疑病」，「防閑妻妾苛嚴，世謂妒癡爲『李益疾』」。此外，小說中的韋夏卿和延光公主等，也都實有其人。這些，都使人疑心作品寫的是眞人眞事。但《霍小玉傳》是傳奇，而不是史傳；何況，是否眞有霍小玉其人，實無可考。因此，小說中李益和霍小玉的故事是否屬實，亦無可考。我們只能說：小說的內容，包含着某些眞人眞事的因素。或者說：作者攝取了某些眞人眞事爲素材，加以渲染而成。

小說中的李益，是一個薄倖的士族文人的典型。作者對其性格的刻畫，也是頗爲成功的。請看：一聽鮑十一娘提起小玉，他就「神飛體輕，引鮑手且拜且謝曰『一生作奴，死亦不憚！』」輕薄之態，活靈活現。第一次見到小玉，他張口就說：「小娘子愛才，鄙夫重色。」登徒子的面目，暴露無遺。但在和小玉近兩年的共同生活中，在小玉純眞熱烈的愛情感染下，他也一度對小玉產生過愛情。因此，如果說洞房之夜，他的信誓旦旦，純屬逢場作戲；那麼，離別之際，當小玉道出自己的夙願後，他「且愧且感，不覺涕流」，并保證到任之後，即「尋使奉迎」，「與卿偕老」，這裏，就并不完全是虛情假意了。然而，根深蒂固的門第觀念和對功名富貴的追求，使他很快就變了心，遺棄了小玉。但背約之後，他又感到「慚恥」；小玉飲恨而終，他「爲之縞素，旦夕哭泣甚哀」。這哀泣，總有幾分眞情實感吧！否則，它又怎能感動陰間的小玉、并使之顯靈呢？可是，爲了向上爬，小玉墳土未乾，他就和盧小姐成婚，從而徹底暴露了他的薄倖和卑劣。

總之，作者在刻畫這個負心漢時，并非在他鼻梁上抹兩道白粉就完事，而是着力於揭示他的靈魂，并令人信服地展現了他矛盾複雜的性格發展過程。

（彭慶生）



# 柳毅傳

李朝威

儀鳳中，有儒生柳毅者，應舉下第，將還湘濱。念鄉人有客於涇陽者，遂往告別。至六七里，鳥起馬驚，疾逸道左；又六七里，乃止。見有婦人，牧羊於道畔。毅怪視之，乃殊色也。然而蛾臉不舒，巾袖無光，凝聽翔立，若有所伺。毅詰之曰：「子何苦而自辱如是？」婦始楚而謝，終泣而對曰：「賤妾不幸，今日見辱問於長者。然而恨貫肌骨，亦何能媿避，幸一聞焉。妾，洞庭龍君小女也。父母配嫁涇川次子，而夫婿樂逸，爲婢僕所惑，日以厭薄。既而將訴於舅姑，舅姑愛其子，不能御。迨訴頻切，又得罪舅姑。舅姑毁黜以至此。」言訖，歔欷流涕，悲不自勝。又曰：「洞庭於兹，相遠不知其幾多也？長天茫茫，信耗莫通。心目斷盡，無所知哀。聞君將還吳，密通洞庭。或以尺書，寄託侍者，未卜將以爲可乎？」毅曰：「吾義夫也。聞子之說，氣血俱動，恨無毛羽，不能奮飛。是何可否之謂乎！然而洞庭，深水也。吾行塵間，寧可致意邪？唯恐道途顯晦，不相通達，致負誠托，又乖懇願。子有何術，可導我邪？」女悲泣且謝，曰：「負載珍重，不復言矣。脱獲回耗，雖死必謝。君不許，何敢言；既許而問，則洞庭之與京邑，不足爲異也。」毅請聞之。女曰：「洞庭之陰，有大橘樹焉，鄉人謂之『社橘』。君當解去兹帶，束以他物，然後叩樹三發，當有應者。因而隨之，無有礙矣。幸君子書敘之外，悉以心誠之話倚託，千萬無渝！」毅曰：「敬聞命矣。」女遂於襦間解書，再拜以進，東望愁泣，若不自勝。毅深爲之戚。乃置書囊中，因復問曰：「吾不知子之牧羊，何所用哉？神祇豈宰殺乎？」女曰：「非羊也，雨工也。」「何爲雨工？」曰：「雷霆之類也。」毅顧視之，則皆矯顧怒步，飲齕甚異；而大小毛角，則無別羊焉。毅又曰：「吾爲使者，他日歸洞庭，幸勿相避。」女曰：「寧止不避，當如親戚耳。」語竟，引别東去。不數十步，回望女與羊，俱亡所見矣。其夕，至邑而别其友。月餘，到鄉。還家，乃訪於洞庭。洞庭之陰，果有社橘。遂易帶向樹，三擊而止，俄有武夫出於波間，再拜請曰：「貴客將自何所至也？」毅不告其實，曰：「走謁大王耳。」武夫揭水指路，引毅以進。謂毅曰：「當閉目，數息可達矣。」毅如其言，遂至其宮。始見臺閣相向，門戶千萬，奇草珍木，無所不有。夫乃止毅，停於大室之隅，曰：「客當居此以伺焉。」毅曰：「此何所也？」夫曰：「此靈虚殿也。」諦視之，則人間珍寶，畢盡於此：柱以白璧，砌以青玉，牀以珊瑚，簾以水精，雕琉璃於翠楣，飾琥珀於虹棟。奇秀深杳，不可殫言。然而王久不至。毅謂夫曰：「洞庭君安在哉？」曰：「吾君方幸玄珠閣，與太陽道士講《火經》，少選當畢。」毅曰：「何謂《火經》？」夫曰：「吾君，龍也。龍以水爲神，舉一滴可包陵谷。道士，乃人也。人以火爲神聖，發一燈可燎阿房。然而靈用不同，玄化各異。太陽道士精於人理，吾君邀以聽焉。」語畢而宮門闢。景從雲合，而見一人，披紫衣，執青玉。夫躍曰：「此吾君也！」乃至前以告之。君望毅而問曰：「豈非人間之人乎？」毅對曰：「然。」毅遂設拜，君亦拜，命坐於靈虚之下。謂毅曰：「水府幽深，寡人暗昧，夫子不遠千里，將有爲乎？」毅曰：「毅，大王之鄉人也。長於楚，游學於秦。昨下第，閒驅涇水之涘，見大王愛女牧羊於野，風鬟雨鬢，所不忍視。毅因詰之。謂毅曰：『爲夫婿所薄，舅姑不念，以至於此。』悲泗淋漓，誠怛人心。遂托書於毅。毅許之，今以至此。」因取書進之。洞庭君覽畢，以袖掩面而泣曰：「老父之罪，不能鑒聽，坐貽聾瞽，使閨窗孺弱，遠罹構害。公，乃陌上人也，而能急之。幸被齒發，何敢負德！」詞畢，又哀吒良久。左右皆流涕。時有宦人密侍君者，君以書授之，令達宮中。須臾，宮中皆慟哭。君驚，謂左右曰：「疾告宮中，無使有聲，恐錢塘所知。」毅曰：「錢塘，何人也？」曰：「寡人之愛弟。昔爲錢塘長，今則致政矣。」毅曰：「何故不使知？」曰：「以其勇過人耳。昔堯遭洪水九年者，乃此子一怒也。近與天將失意，塞其五山。上帝以寡人有薄德於古今，遂寬其同氣之罪。然猶縻繫於此，故錢塘之人，日日候焉。」語未畢，而大聲忽發，天拆地裂，宮殿擺簸，雲煙沸湧。俄有赤龍長千餘尺，電目血舌，朱鱗火鬣，項掣金鎖，鎖牽玉柱，千雷萬霆，激繞其身，霰雪雨雹，一時皆下。乃擘青天而飛去。毅恐蹶仆地。君親起持之曰：「無懼。固無害。」毅良久稍安，乃獲自定。因告辭曰：「願得生歸，以避復來。」君曰：「必不如此。其去則然，其來則不然。幸爲少盡繾綣。」因命酌互舉，以款人事。俄而祥風慶雲，融融怡怡，幢節玲瓏，簫韶以隨。紅妝千萬，笑語熙熙，中有一人，自然蛾眉，明璫滿身，綃縠參差。迫而視之，乃前寄辭者。然若喜若悲，零淚如絲。須臾，紅煙蔽其左，紫氣舒其右，香氣環旋，入於宮中。君笑謂毅曰：「涇水之囚人至矣。」君乃辭歸宮中。須臾，又聞怨苦，久而不已。有頃，君復出，與毅飲食。又有一人，披紫裳，執青玉，貌聳神溢，立於君左。君謂毅曰：「此錢塘也。」毅起，趨拜之。錢塘亦盡禮相接，謂毅曰：「女姪不幸，爲頑童所辱。賴明君子信義昭彰，致達遠冤；不然者，是爲涇陵之土矣。饗德懷恩，詞不悉心。」毅撝退辭謝，俯仰唯唯。然後回告兄曰：「向者辰發靈虛，巳至涇陽，午戰於彼，未還於此。中間馳至九天，以告上帝。帝知其冤，而宥其失，前所譴責，因而獲免。然而剛腸激發，不遑辭候，驚擾宮中，復忤賓客。愧惕慚懼，不知所失。」因退而再拜。君曰：「所殺幾何？」曰：「六十萬。」「傷稼乎？」曰：「八百里。」「無情郎安在？」曰：「食之矣。」君憮然曰：「頑童之爲是心也，誠不可忍。然汝亦太草草。賴上帝顯聖，諒其至冤。不然者，吾何辭焉。從此已去，勿復如是。」錢塘復再拜。是夕，遂宿毅於凝光殿。明日，又宴毅於凝碧宮。會友戚，張廣樂，具以醪醴，羅以甘潔。初，笳角鼙鼓，旌旗劍戟，舞萬夫於其右。中有一夫前曰：「此《錢塘破陣樂》。」旌鉟傑氣，顧驟悍栗，坐客視之，毛髮皆豎。復有金石絲竹，羅綺珠翠，舞千女於其左。中有一女前進曰：「此《貴主還宮樂》。」清音宛轉，如訴如慕，坐客聽之，不覺淚下。二舞既畢，龍君大悅，錫以紈綺，頒於舞人。然後密席貫坐，縱酒極娛。酒酣，洞庭君乃擊席而歌曰：「大天蒼蒼兮，大地茫茫。人各有志兮，何可思量。狐神鼠聖兮，薄社依牆。雷霆一發兮，其孰敢當！荷貞人兮信義長，令骨肉兮還故鄉。齊言慚愧兮何時忘！」洞庭君歌罷，錢塘君再拜而歌曰：「上天配合兮，生死有途。此不當婦兮，彼不當夫。腹心辛苦兮，涇水之隅。風霜滿鬢兮，雨雪羅襦。賴明公兮引素書，令骨肉兮家如初。永言珍重兮無時無。」錢塘君歌闋，洞庭君俱起，奉觴於毅。毅踧踖而受爵，飲訖，復以二觴奉二君。乃歌曰：「碧雲悠悠兮，涇水東流。傷美人兮，雨泣花愁。尺書遠達兮，以解君憂。哀冤果雪兮，還處其休。荷和雅兮感甘羞。山家寂寞兮難久留。欲將辭去兮悲綢繆。」歌罷，皆呼萬歲。洞庭君因出碧玉箱，貯以開水犀；錢塘君復出紅珀盤，貯以照夜璣：皆起進毅。毅辭謝而受。然後宮中之人，咸以綃綵珠璧，投於毅側，重疊煥赫，須臾埋沒前後。毅笑語四顧，媿揖不暇。洎酒闌歡極，毅辭起，復宿於凝光殿。翌日，又宴毅於清光閣。錢塘因酒，作色，踞謂毅曰：「不聞猛石可裂不可捲，義士可殺不可羞邪？愚有衷曲，欲一陳於公。如可，則俱在雲霄；如不可，則皆夷糞壤。足下以爲何如哉？」毅曰：「請聞之。」錢塘曰：「涇陽之妻，則洞庭君之愛女也。淑性茂質，爲九姻所重。不幸見辱於匪人。今則絕矣。將欲求託高義，世爲親戚。使受恩者知其所歸，懷愛者知其所付，豈不爲君子始終之道者？」毅肅然而作，欻然而笑曰：「誠不知錢塘君孱困如是！毅始聞跨九州，懷五嶽，泄其憤怒；復見斷金鎖，掣玉柱，赴其急難：毅以爲剛決明直，無如君者。蓋犯之者不避其死，感之者不愛其生，此真丈夫之志。奈何簫管方洽，親賓正和，不顧其道，以威加人？豈僕之素望哉！若遇公於洪波之中，玄山之間，鼓以鱗鬚，被以雲雨，將迫毅以死，毅則以禽獸視之，亦何恨哉！今體被衣冠，坐談禮義，盡五常之志性，負百行之微旨，雖人世賢傑，有不如者，況江河靈類乎？而欲以蠢然之軀，悍然之性，乘酒假氣，將迫於人，豈近直哉！且毅之質，不足以藏王一甲之間，然而敢以不伏之心，勝王不道之氣。惟王籌之！」錢塘乃逡巡致謝曰：「寡人生長宮房，不聞正論。向者詞述疏狂，妄突高明。退自循顧，戾不容責。幸君子不爲此乖間可也。」其夕，復歡宴，其樂如舊。毅與錢塘，遂爲知心友。明日，毅辭歸。洞庭君夫人别宴毅於潛景殿。男女僕妾等，悉出預會。夫人泣謂毅曰：「骨肉受君子深恩，恨不得展媿戴，遂至睽别。」使前涇陽女當席拜毅以致謝。夫人又曰：「此别豈有復相遇之日乎？」毅其始雖不諾錢塘之請，然當此席，殊有歎恨之色。宴罷，辭别，滿宫淒然。贈遺珍寶，怪不可述。毅於是復循途出江岸，見從者十餘人，擔囊以隨，至其家而辭去。毅因適廣陵寶肆，鬻其所得；百未發一，財已盈兆。故淮右富族，咸以爲莫如。遂娶於張氏，亡。又娶韓氏，數月，韓氏又亡。徙家金陵。常以鰥曠多感，或謀新匹。有媒氏告之曰：「有盧氏女，范陽人也。父名曰浩，嘗爲清流宰。晚歲好道，獨游雲泉，今則不知所在矣。母曰鄭氏。前年適清河張氏，不幸而張夫早亡。母憐其少，惜其慧美，欲擇德以配焉。不識何如？」毅乃卜日就禮。既而男女二姓，俱爲豪族，法用禮物，盡其豐盛。金陵之士，莫不健仰。居月餘，毅因晚入户，視其妻，深覺類於龍女，而逸豔豐厚，則又過之。因與話昔事。妻謂毅曰：「人世豈有如是之理乎？」經歲餘，有一子。毅益重之。既産，逾月，乃穠飾換服，召毅於簾室之間，笑謂毅曰：「君不憶余之於昔也？」毅曰：「夙非姻好，何以爲憶？」妻曰：「余即洞庭君之女也。涇川之冤，君使得白，銜君之恩，誓心求報。洎錢塘季父論親不從，遂至睽違，天各一方，不能相問。父母欲配嫁於濯錦小兒某。遂閉户剪髮，以明無意。雖爲君子棄絶，分無見期；而當初之心，死不自替。他日父母憐其志，復欲馳白於君子。值君子累娶，當娶於張，已而又娶於韓。迨張、韓繼卒，君卜居於兹，故余之父母乃喜余得遂報君之意。今日獲奉君子，咸善終世，死無恨矣！」因嗚咽，泣涕交下。對毅曰：「始不言者，知君無重色之心；今乃言者，知君有愛子之意。婦人匪薄，不足以確厚永心，故因君愛子，以託相生。未知君意如何？愁懼兼心，不能自解。君附書之日，笑謂妾曰：『他日歸洞庭，慎無相避。』誠不知當此之際，君豈有意於今日之事乎？其後季父請於君，君固不許。君乃誠將不可邪，抑忿然邪？君其話之！」毅曰：「似有命者。僕始見君於長涇之隅，枉抑憔悴，誠有不平之志。然自約其心者，達君之寃，餘無及也。以言慎勿相避者，偶然耳，豈有意哉。洎錢塘逼迫之際，唯理有不可直，乃激人之怒耳。夫始以義行爲之志，寧有殺其婿而納其妻者邪？一不可也。某素以操貞爲志尚，寧有屈於己而伏於心者乎？二不可也。且以率肆胸臆，酧酢紛綸，唯直是圖，不遑避害。然而將別之日，見君有依然之容，心甚恨之。終以人事扼束，無由報謝。吁！今日，君，盧氏也，又家於人間，則吾始心未爲惑矣。從此以往，永奉歡好，心無纖慮也。」妻因深感嬌泣，良久不已。有頃，謂毅曰：「勿以他類，遂爲無心，固當知報耳。夫龍壽萬歲，今與君同之。水陸無往不適。君不以爲妄也？」毅嘉之曰：「吾不知國客乃復爲神仙之餌。」乃相與覲洞庭。既至，而賓主盛禮，不可具紀。後居南海，僅四十年，其邸第、輿馬、珍鮮、服翫，雖侯伯之室，無以加也。毅之族咸遂濡澤。以其春秋積序，容狀不衰，南海之人，靡不驚異。洎開元中，上方屬意於神仙之事，精索道術。毅不得安，遂相與歸洞庭。凡十餘歲，莫知其跡。至開元末，毅之表弟薛嘏爲京畿令，謫官東南。經洞庭，晴晝長望，俄見碧山出於遠波。舟人皆側立，曰：「此本無山，恐水怪耳。」指顧之際，山與舟相逼，乃有彩船自山馳來，迎問於嘏。其中有一人呼之曰：「柳公來候耳。」嘏省然記之，乃促至山下，攝衣疾上。山有宮闕如人世，見毅立於宮室之中，前列絲竹，後羅珠翠，物翫之盛，殊倍人間。毅詞理益玄，容顏益少。初迎嘏於砌，持嘏手曰：「別來瞬息，而髮毛已黄。」嘏笑曰：「兄爲神仙，第爲枯骨，命也。」毅因出藥五十丸遺嘏，曰：「此藥一丸，可增一歲耳。歲滿復來，無久居人世以自苦也。」歡宴畢，嘏乃辭行。自是已後，遂絕影響。嘏常以是事告於人世。殆四紀，嘏亦不知所在。隴西李朝威敘而嘆曰：五蟲之長，必以靈者，別斯見矣。人，裸也，移信鱗蟲。洞庭含納大直，錢塘迅疾磊落，宜有承焉。嘏詠而不載，獨可鄰其境。愚義之，爲斯文。

一

唐代的文學作品，可與詩歌並舉，在文壇上露出異彩的，是被魯迅稱爲「特絶之作」[一]的傳奇小說。這種作品主要是在唐代商業經濟和都市生活發達的基礎上產生、發展的。當時的市民文藝，特別是「變文」、「俗講」和「說話」，直接影響到傳奇的內容和形式，助之成長；古文運動對它也起了推進作用；又有古代的小說和史傳作爲它的借鑒，流行的民間故事豐富了它的題材。於是傳奇小說纔開放了燦爛的花朵。

本來魏晉的「志怪」和「逸事」筆記還只是粗陳梗概的叢殘小語，沒有眞正具備小說的條件。唐傳奇則繼六朝以來的小說傳統而發展，從志怪趨於寫實，由短幅變爲長篇，顯示出鮮明的演進的痕跡。主題和題材的範圍擴大了，現實性增加了，而且有了生動的人物，複雜的情節，完整的結構。從唐代開始，一般文人纔有意識地創作小說；中國的短篇小說也由此始有相當成熟而完整的形式，走上獨立發展的路途。魯迅說：「傳奇者流，源蓋出於誌怪，然施之藻繪，擴其波瀾，故所成就乃特異，其間雖亦或託諷喻以紓牢愁，談禍福以寓懲勸，而大歸則究在文彩與意想，與昔之傳鬼神明因果而外無他意者，甚異其趣矣。」[二]這話指出了傳奇的淵源及成就，並說明了唐代人寫小說的意圖、態度和從前也有了不同。傳奇不能不算是一個長足的進展。

唐代有許多優秀的傳奇，根據美麗的傳說，展開豐富的想像，反映出深刻的社會內容。這是中國古代小說傳統中現實主義與浪漫主義相結合的典範，對後來的小說和戲曲的演進有重大的影響和推動作用。《柳毅傳》就是這些優秀作品中一直爲人民大衆所熟知所喜愛的故事。

二

《柳毅傳》見於宋李昉所編的《太平廣記》，原題《柳毅》，無「傳」字。作者是隴西李朝威，生平不

柳毅傳

詳。這篇作品大概是他根據當時流傳的神話故事演飾而成的。內容是：洞庭君的小女嫁給涇川龍王的次子，因被丈夫厭棄，公婆虐待，而在道旁牧羊。書生柳毅在應舉落第後，路過涇陽時遇見她。她就托柳毅帶信給她父親訴苦。龍女叔父錢塘君，性情剛暴，勇猛過人，聽說這事，立卽飛往涇陽，吃掉涇川的次子，救回龍女。錢塘君很感激柳毅，又喜歡他的行爲高尚，因而強迫他和龍女結婚。柳毅很反對這種以勢壓人的強迫方式，嚴詞拒絕。但臨別之際，他看見龍女有依戀不捨的意思，也很覺難過。柳毅回家之後，兩次喪妻。第三次娶來一個姓盧的姑娘，長得跟那個龍女一樣，原來那就是洞庭君的女兒，彼此說明衷曲，更加相愛。後來移居洞庭，在仙宮中過着幸福生活，長生不老，世人就見不到他們的蹤跡了。

這個故事通過對柳毅的俠義行爲的描寫，暴露封建婚姻制度給婦女造成的痛苦，反映人民的反封建和對於婚姻自由的願望。作者成功地塑造出三個人物的形象：柳毅是一個仁愛、剛直、見義勇爲的俠士；錢塘君是一個直率、勇猛、摧毀暴力的英雄；龍女則是一個善良、多情、渴望自由的女子。作品所寫龍女的痛苦，正是古代一般婦女常有的痛苦；讚美柳毅的信義，也是從同情龍女的角度出發；而靠柳毅傳書，錢塘君動武來解除不合理的婚姻關係，就更加有力地表現出封建道德對人民束縛的嚴重和人民反抗情緒的強烈。錢塘君在宴請柳毅時所唱歌中的「此不當婦兮，彼不當夫」這兩句，已指出了夫婦失和是因爲婚姻不出於自由的選擇，而柳毅不肯在錢塘君的威逼下娶龍女，龍女不願違背「心誓」改嫁給「濯錦小兒某」也都表明結合應該自願的意思。另外，洞庭君在看罷來書，知道女兒受苦的事情後，就「以袖掩面而泣」非常悲痛，一方面責備自己，覺得對不起女兒；一方面對柳毅的熱情援助，表示感德；說完話，「又哀咤良久」。這已顯示出他是一位慈祥溫和的老人。後來龍女不願改嫁「濯錦小兒某」，他也並不勉強，讓龍女能夠找機會和柳毅結合，滿足心願；又說明了這個威靈顯赫的龍君，也和人間的一般父母一樣，是很疼愛女兒的。而尊貴的龍女不僅和平常婦女一樣受翁姑丈夫的虐待，甚至在和柳毅結婚之後還說出「婦人匪薄，不足以確厚永心」的話，希望借孩子來鞏固丈夫的

[二三] 魯迅：《中國小說史略》第八篇。

愛情。這又反映出當時婦女地位的卑微到了什麼地步。龍女的遭遇，正表現了封建社會一般婦女受虐待、被迫害的普遍命運。全文的描寫，使人親切地感覺龍君、龍女正是現實社會中眞人的化身，從美麗的故事內體會到深刻的社會意義。而浪漫色彩與現實性密切結合，也正是唐人傳奇的特點。

作品寫柳毅與龍女的遇合，非常曲折，寓有戲劇性，能給人新奇、緊張的感覺。柳毅路過涇陽，由於「鳥起馬驚，疾逸道左」的偶然緣故，遇到牧羊的龍女，龍女托他帶信，這是故事的開頭。臨別時，他和龍女的「他日幸勿相避」和「當如親戚」的問答，給後來兩人的結合伏下了線索。柳毅進入洞庭，錢塘君救回龍女，是故事的發展。這時龍女的痛苦已經解除，柳毅傳書的責任也已經盡到，情節緊跟着就有了轉折。作者以生動的筆觸把讀者帶入龍宮盛宴的場面中去，由錢塘君威逼，柳毅拒婚，造成故事的波瀾。柳毅臨歸的時候，不僅自己「殊有嘆恨之色」，而且「滿宮淒然」。這樣，他和龍女的結合，似乎已經無望了。但他回家之後，第三次續娶的妻子竟就是那個龍女。這個喜劇的結尾，不僅特別富於浪漫的色彩，使讀者感到欣悅，而且敍述得還很曲折有致。柳毅在婚後，覺得妻子好像那個龍女，就和她談起傳書的往事。妻子卻說人間不會有這種事，直到生子逾月之後，纔說明自己就是那個洞庭君的女兒。又由兩人的對話中，生動地補敍出他們結合前的心情與想法，這就更豐富了故事的情節，委曲盡情，饒有感人的力量。末尾薛嘏在洞庭湖遇見柳毅那一段，則從薛嘏眼裏寫出柳毅所處的仙境，顯示他因正義行爲而獲得的幸福生活。這雖是文章的餘波，却也表現了這篇傳奇頌揚柳毅這個人物的主題。

這篇傳奇不只描繪細緻，結構謹嚴，頗見組織剪裁之妙，對人物性格的刻畫也非常生動。如寫柳毅在聽了素不相識的龍女訴苦之後，立卽允爲寄書，並且表示「恨無毛羽，不能奮飛」，不顧水府幽深，去洞庭君那裏送信，還當面傳達了龍女所說的話，說明自己對龍女的「風鬟雨鬢」的不忍。這充分表現出他的見義勇爲，急人之難的可貴的品質。龍女回宮，洞庭君、錢塘君向柳毅致謝奉觴，他是「撝退辭謝，俯仰唯唯」，「踧踖而受爵」；大家送他珍寶，他是「笑語四顧，愧揖不暇」；可見他很謙遜，覺得傳書之舉是分所應爲，並不自以爲功。錢塘君的勇悍粗暴，是他親眼得見，曾經「恐蹶仆地」的；可是他在錢塘君威逼他和龍女結婚的時候，既不肯違背仗義救人的心願，「殺其婿而納其妻」，更不肯違背平日堅持眞理的原則，「屈於己而伏於心」，而義正詞嚴地予以斥責，根本不考慮自己的安危，這又是何等的剛強、正直！但當龍女以人間女子的身份嫁他之後，他就打消了一切顧慮，和龍女非常親愛，流露出他的誠篤、多情。這個人物性格的各個方面，是從情節的發展中逐步深入地描繪出來的。

作品寫龍女，雖然着墨無多，也刻畫得神采奕然，活躍紙上。她因爲受着舅姑夫婿的嚴重虐待，遇到柳毅能夠銳身急難，爲她解除痛苦，於是非常感激，對柳毅就產生了愛情。儘管回到龍宮，柳毅拒絕了錢塘君的議婚之舉，和她分離，後來洞庭君還曾叫她改嫁別人，但她一直堅持自己的心志，幾經波折，終於達到了嫁給柳毅的目的。關於龍女對美滿幸福的婚姻的積極爭取與婚後的複雜的心理活動，作品集中地從她生子彌月後和柳毅那一段對話中交代和描寫出來，她愛柳毅，婚後還擔心柳毅知道她是龍女而不愛她；所以直到有了「愛子」這個保障，纔向柳毅說明自己的身份與追求愛情的過程，表示「獲奉君子」，雖死無恨；可見她是何等地情深義重。而她說這話時，一方面感到吐露衷曲的欣悅，一方面仍然存在着怕柳毅變心的憂慮；不免於喜懼交並，以致嗚咽流涕。可是，同時她也忍不住想問問柳毅當初「附書之日」的想法如何，拒婚之時的心情怎樣；想借此窺探一下丈夫現在的態度。等柳毅回答「從此以往，永奉歡好」，勸她不必顧慮之後，她又「深感嬌泣，良久不已」，這又看出了她的心情是多麼激動。

這裏寫龍女的談話，既是女子口吻，也符合這個人物的身份與當時的心理，眞彷彿聽到她娓娓而談，十分眞摯感人；情狀的描摹，也極爲細膩。作品中還有三處寫龍女的神態，很好地反映出她的環境和心情的變化。牧羊時是「蛾臉不舒，巾袖無光」，表現忍受沉重痛苦的憔悴可憐形象；回宮時是「若喜若悲，零淚如絲」，顯示出複雜矛盾的心理狀態；與柳毅結婚後，則「逸艷豐厚」，過於從前，說明了她的愉快和幸福。這就是一個善良多情的普通少女的形象，而又「偶見鶻突，知復非人」〔二〕。另如說龍女所放的羊是「雷霆之類」，「矯顧怒步，飲齕甚異」；柳毅和龍女分別後，「回望女與羊，俱亡所見矣」，都生動

〔二〕魯迅論《聊齋誌異》的描寫，見《中國小說史略》第二十二篇。

地繪出了她的神異。

至於錢塘君，則作者先從洞庭君制止宮中人慟哭，說「恐錢塘所知」，並告訴柳毅「其勇過人」這幾句話中，爲他的出場創造了緊張的氣氛，後面又用柳毅的「恐蹶仆地」來作側面的襯托。特別是隨着「語未畢」三個字，飛出錢塘君，就突出地表現了他的來勢迅疾。而那一段正面文字更是有聲有色，非常驚人：

> 語未畢，而大聲忽發，天坼地裂，宮殿擺簸，雲煙沸湧。俄有赤龍長千餘尺，電目血舌，朱鱗火鬣，項掣金鎖，鎖牽玉柱，千雷萬霆激繞其身，霰雪雨雹一時皆下，乃擘青天而飛去。

這把錢塘君的猛烈眞是表現無遺了。但他所以這樣暴怒，乃是由於「剛腸激發」，救人心切。而在見柳毅時却是「盡禮相接」，後來受到柳毅的指責，還能「逡巡致謝」，承認錯誤；又可見他的坦白直爽。作者很成功地刻畫出了這個人物性格的兩個方面。還有錢塘君和洞庭君談話的一段，也寫得很好。摘引如下：

> 君曰：「所殺幾何？」曰：「六十萬。」「傷稼乎？」曰：「八百里。」「無情郎安在？」曰：「食之矣。」

這裏的話都很簡短，使讀者可以想見兩個人問答時的急促的語氣和緊張的神情，也表現了錢塘君的英勇而鹵莽的性格。此外，洞庭君在凝碧宮宴請柳毅那一段，從奏樂、設酒、賓主酬酢以至宴會終了大家向柳毅投贈珍寶，很細緻地寫出盛大宴會的過程與熱鬧的場面。「錢塘破陣」的樂舞，能使坐客心驚；「貴主還宮」的樂舞，又讓坐客淚下。這不只是寫坐客對樂舞的反應，也側面表現出錢塘的勇猛與龍女的悲怨。而洞庭、錢塘、柳毅所唱的歌又各顯示他們的性格和當時心境的不同。這些都是寫得相當成功的。

這篇傳奇基本上是用流利曉暢的散文寫成的，但多少還帶一些駢文氣息。如「雕琉璃於翠楣，飾琥珀於虹棟」，就是很整齊的對偶句。有的地方又雜有韻語，如「俄而祥風慶雲，融融怡怡，幢節玲瓏，簫韶以隨。紅妝千萬，笑語熙熙。後有一人，自然蛾眉，明璫滿身，綃縠參差」，就是四言韻語。唐人本來善於靈活地運用四言句，而韻散合糅，原是中國早有的文學形式。這些句子又寫得很自然、成熟，因此並不影響全篇的散文風格，而且增強了抒情的成分，確實是很好的。至於結尾的「隴西李朝威敍而嘆曰」那幾句類似讚論的評語，則是倣司馬遷的「太史公曰」，沒有多大意思，只是表明唐人寫傳奇也曾以古代傳記文學爲借鑒而已。

《柳毅傳》無論內容和形式都顯示出唐人的「有意爲小說」[一]，而寫作技巧也有較高的成就。它的故事則成爲後世很流行的戲曲題材。演爲劇本的有元尚仲賢的《柳毅傳書》，李好古的翻案之作《張生煮海》，明黃說仲的《龍簫記》以及近人所編京劇《龍女牧羊》、評劇《張羽煮海》，都從這裏取材。小說方面，如明馮夢龍編撰的《醒世恆言》第七卷「錢秀才錯佔鳳凰儔」裏，大尹判詞中就有「兩番渡湖，不讓傳書柳毅」的話，用柳毅的故事作爲典故。清蒲松齡的《聊齋志異》中的《西湖主》，敍述陳明允救了湖君的妃子，後來覆舟洞庭，得配湖君之女，故事情節也正是從《柳毅傳》演化而來。而末尾寫陳明允的故交梁子俊經過洞庭，遇見明允乘畫舫閒坐，登舟共飲，臨別時明允贈以明珠等等，更明顯地露出摹擬的痕跡。

## 三

在封建社會中，「男女七歲不同席」，受着嚴格的封建禮教的限制，是沒有戀愛和婚姻的自由，不能正常的交往的。因此，在古典小說戲曲裏所寫的青年男女：往往是「一見鍾情」，進而「幽期密約」；或是「私訂終身」，然後「攜手同逃」；這也是一定的眞實情況的反映。《柳毅傳》的情節，雖和一般的戀愛故事有着不同；但寫龍女之於柳毅，也沒有擺脫「一見鍾情」的公式，而且相當嚴重地強調了「報恩」的觀點。龍女婚後對柳毅說她要嫁柳毅是出於「銜君之恩，誓心求報」，錢塘君在向柳毅逼婚時，亦曾提出「使受恩者知其所

[一] 魯迅：《中国小说史略》第八篇。

歸」的話；洞庭君夫婦也因爲龍女得嫁柳毅，遂了「報恩」的心願而感到高興；這都説明了這一點，使人覺得她和柳毅結合的愛情基礎未免薄弱。當然，我們不能否認，當初龍女受着翁姑丈夫虐待的沉重苦痛，是靠着柳毅傳書而解除的；她之感激柳毅，正是情理之常。可是一個女人，受了男人的好處，並不一定非得「以身許之」不可。作者這樣處理題材，正反映出他的重男輕女的封建思想和對愛情的狹隘片面的看法。儘管這是作者所受時代階級出身的限制所造成，我們不應拿今天的標準去要求古代的作家；在閱讀時却不能忽略這一點。

另一方面，自魏晉以來，士大夫結婚是特別講門閥、重財勢，不以眞摯的愛情爲基礎的。《柳毅傳》也表現了這種思想。其中所寫柳毅不過是個普通的落第士人，龍女則是個異類；他們這樣結合，是不符合作者所認爲美滿婚姻的標準的。於是作者安排了這樣的情節：柳毅從龍宮得來無數珍寶，到廣陵寶肆賣了一點，就變成了億兆富翁；龍女則化爲范陽盧氏之女，假托豪門貴族，提高了社會地位；這就彌補了缺陷。作者爲這兩個人的結合所創造的條件，也是他的封建的庸俗的婚姻觀點的表現。

（劉葉秋）

# 田家詞

元稹

牛吒吒，田確確，旱塊敲牛蹄趵趵，種得官倉珠顆穀。六十年來兵簇簇，月月食粮車轆轆。一日官軍收海服，驅牛駕車食牛肉。歸來收得牛兩角，重鑄耬犂作斤劚。姑舂婦擔去輸官，輸官不足歸賣屋，願官早勝仇早覆。農死有兒牛有犢，誓不遣官軍粮不足。

元稹這首《田家詞》，是他三十九歲時去興元府醫治瘧疾時寫的。當時有位梁州進士劉猛作古樂府詩投贈，他選而和之，共得十九首，統稱之爲「樂府古題」，其第九首便是《田家詞》。

元稹寫這一組古樂府時，整個國家還處在持續不斷的內憂外患、動亂不安之中。由於戰禍頻繁，朝廷橫徵暴斂，農人年年都要上輸軍糧。面對這樣的社會現實，元稹有意識地倣傚杜甫的《兵車行》、《麗人行》等樂府體詩，「卽事名篇，無復依傍」，寫下了這首民歌味十足的《田家詞》（一作《田家行》），形象地描繪了一幅幅農人送繳軍糧的連環圖畫。

對於這首詩的旨意和寫法，元稹在《樂府古題序》中說得很明白：「止述軍輸」，「頗同古義，全創新詞。」詩的一開始，就先從農人的勤苦耕作寫起：「吒吒」，是形容牛因勞累而喘息的聲音；「確確」，是形容土地的堅硬；「趵趵」，是形容牛蹄與地面的碰撞聲。這三個疊詞用得很好，樸素自然，繪聲繪色，既保留了樂府民歌的本色，又給人一種身臨其境之感。土地乾旱，牛套着犁鏵被驅趕着翻地，它呼哧呼哧地拉犁，蹄子自然是趔趔趄趄地朝前走，間或踩在翻起的土坷垃上，發出趵趵的響聲。這是一幅艱難的耕作圖。誰有過農村勞動的經驗，誰就不難想像：這扶犁的農人和拉犁的耕牛，要把久旱的堅硬的土地翻鬆，該是一件多麼困難，又要付出多少血汗纔能成功的事！可是這用血汗換來的勞動果實，這黃燦燦的珍珠般的稻穀，却要送繳到官倉裏去。爲什麼呢？詩中緊接着回答：「六十年來兵簇簇，月月食糧車轆轆。」「兵」指武器，「簇簇」，是形容聚在一起，「兵簇簇」的引申意義就是指戰事一個接一個。「轆轆」，是形容送軍糧的車聲不斷。這裏又是兩個疊詞。更加重了民歌味，增強了形象性，說明往官倉送糧已不是一天兩天的事了。自從天寶十四載（七五五）發生的安史之亂起，直到元和十二年（八一七）元稹寫這首詩的時候止，已有六十個年頭，戰亂一個接着一個，纔使農人送繳軍糧的車聲月月不斷。「海服」，猶言四海之內的土地。古時在方千里的京畿之外，每五百里的地方稱爲一「服」，這裏就是指土地。一旦官軍打下勝仗，收復了土地，他們便自以爲有功於民，索性把送糧的人、牛、車一起徵用，甚至吃掉牛肉，讓送糧的農人只能把吃剩的兩雙牛角帶回家去。農人失去了牛，還空留耬犂做什麽呢？只好「重鑄耬犂作斤劚」，把它改做成斧子鋤頭一類的小農具，用來挖土。這還不夠，農家的女人們也要爲送軍糧勞碌，舂米的舂米，挑擔的挑擔，不停地幹活，到頭來還是湊不足繳軍糧的數量，只好回家把房屋賣掉。上面十二句，鋪敍了農人從翻地耕種，到收穫後運送軍糧，最後不得不傾家蕩産來繳糧的全過程。這裏，作者在情節次序上作了精心的安排，鋪陳直敍，一幅幅活動着的畫面歷歷在目。農人把房屋都賣盡了，面臨着流離失所的慘境，爲的什麽？詩中回答是：「願官早勝仇早覆。」他們只巴望着官軍早一天平定戰亂，早一天過上安穩日子，寧願餐風宿露來换取。詩的最後兩句委婉曲折，看似農人的誓言，實是他們的憤語：「農死有兒牛有犢，誓不遣官軍糧不足。」農人死了有兒子，牛死了有小犢，一代一代地繼續下去，絶不會讓官軍沒有充足的軍糧。讀到這裏，不禁想起白居易《賣炭翁》中的名句：「可憐身上衣正單，心憂炭賤願天寒。」在揭示他們這種複雜心理狀態的手法上，元稹和他的好友眞有異曲同工之妙。

再從形式上說，全詩共有十五句，敍述送軍糧一件事，語言平樸淺近，明白曉暢；結構非常緊湊，絲絲入扣；雖依舊題，能發新意，並且三言、七言、八言相間雜，又使用了五個疊詞，讀來抑揚頓挫，琅琅上口，極富音樂感。可以說，這首《田家詞》是一首內容充實、形式完美的樂府體詩。

有唐一代，壓在農民頭上的各種苛捐雜税，名目繁多，加上戰亂帶給他們的苦難，罄竹難書，因此反映田家生活的詩也爲數不少，如戴叔倫的《女耕田行》，寫了兩位無依無靠的少女，「無人無牛不及犂，持刀斫地翻作泥」的艱苦境遇；柳宗元的《田家》，寫了「蠶絲盡輸税，機杼空倚壁」的悽慘情景；王建的《田家行》，寫了農人將收穫所得上繳官府的狀况：「麥收上場絹在軸，的知輸得官家足」；白居易的《觀刈麥》，寫到農人將自己的全部麥收繳納租税以後，不得不靠拾麥穗過活的慘境：「田家輸税盡，拾此充饑腸。」元稹以後的詩人，諸如張碧的《農父》：「到頭禾黍屬他人，不知何處抛妻子。」描寫了農人勞動果實爲人所奪，夫妻卽將離散的慘境……但這些詩似乎都不及元稹的《田家詞》那樣立意深刻，用詞簡練，形象鮮明，思致委婉，在描寫農家生活的衆多詩篇中，它可謂略高一籌。

（冀　勤）

# 連昌宮詞

元稹

連昌宮中滿宮竹，歲久無人森似束。又有牆頭千葉桃，風動落花紅簌簌。宮邊老翁爲余泣：「小年進食曾因入。上皇正在望仙樓，太真同憑闌干立。樓上樓前盡珠翠，炫轉熒煌照天地。歸來如夢復如癡，何暇備言宮裏事！初屆寒食一百六，店舍無煙宮樹綠。夜半月高絃索鳴，賀老琵琶定場屋。力士傳呼覓念奴[一]，念奴潛伴諸郎宿。須臾覓得又連催，特敕街中許燃燭。春嬌滿眼睡紅綃，掠削雲鬟旋裝束。飛上九天歌一聲，二十五郎吹管笛。逡巡大遍涼州徹，色色龜茲轟錄續。李謨壓笛傍宮牆[二]，偷得新翻數般曲。平明大駕發行宮，萬人歌舞途路中。百官隊仗避岐薛，楊氏諸姨車斗風。明年十月東都破，御路猶存祿山過。驅令供頓不敢藏，萬姓無聲淚潛墮。兩京定後六七年，却尋家舍行宮前。莊園燒盡有枯井，行宮門閉樹宛然。爾後相傳六皇帝，不到離宮門久

[一] 作者自註：「念奴，天寶中名倡，善歌。每歲樓下酺宴，累日之後，萬衆喧隘。嚴安之、韋黃裳輩辟易不能禁，衆樂爲之罷奏。明皇遣高力士大呼於樓上曰：『欲遣念奴唱歌，邠二十五郎吹小管逐，看人能聽否？』未嘗不悄然奉詔。其爲當時所重也如此。然而明皇不欲奪俠游之盛，未嘗置在宮禁；或歲幸湯泉，時巡東洛，有司潛遣從行而已。」

[二] 自註：「明皇嘗於上陽宮夜後按新翻一曲，屬明夕正月十五日，潛游燈下，忽聞酒樓上有笛奏前夕新曲，大駭之。明日，密遣捕捉笛者詰驗之。自云：『其夕竊於天津橋翫月，聞宮中度曲，遂於橋柱上插譜記之。臣卽長安少年善笛者李謨也。』明皇異而遣之。」

## 連昌宮詞

閉。往來年少說長安，玄武樓成花萼廢。去年敕使因斫竹，偶值門開暫相逐。荊榛櫛比塞池塘，狐兔驕癡緣樹木。舞榭攲傾基尚在，文窗窈窕紗猶綠。塵埋粉壁舊花鈿，烏啄風箏碎珠玉。上皇偏愛臨砌花，依然御榻臨階斜。蛇出燕巢盤斗拱，菌生香案正當衙。寢殿相連端正樓，太真梳洗樓上頭。晨光未出簾影動，至今反掛珊瑚鈎。指似旁人因慟哭，却出宮門淚相續。自從此後還閉門，夜夜狐狸上門屋。」我聞此語心骨悲，「太平誰致亂者誰？」翁言：「野父何分別，耳聞眼見爲君說。姚崇宋璟作相公，勸諫上皇言語切。燮理陰陽禾黍豐，調和中外無兵戎。長官清平太守好，揀選皆言由至公。開元之末姚宋死，朝廷漸漸由妃子。祿山宮裏養作兒，虢國門前鬧如市。弄權宰相不記名，依稀憶得楊與李。廟謨顛倒四海搖，五十年來作瘡痍。今皇神聖丞相明，詔書才下吳蜀平。官軍又取淮西賊，此賊亦除天下寧。年年耕種宮前道，今年不遣子孫耕。」老翁此意深望幸，努力廟謨休用兵。

連昌宮，唐代皇帝行宮之一，高宗顯慶三年（六五八）建，故址在河南府壽安縣（今河南宜陽）西十九里。元和十三年（八一八），元稹在通州（州治在今四川達縣）任司馬，寫下這首著名的長篇敘事詩，通過連昌宮的興廢變遷，探索安史之亂前後唐代朝政治亂的因由。

全詩基本上可分爲兩大段。

第一段從「連昌宮中滿宮竹」至「夜夜狐狸上門屋」，寫宮邊老人訴說連昌宮今昔變遷。

前四句是一段引子，先從連昌宮眼前亂竹叢生，落花滿地，一派幽深衰敗的景象下筆，引出宮邊老人。老人對作者的泣訴可分兩層意思。

第一層從「小年進食曾因入」至「楊氏諸姨車斗風」，寫連昌宮昔日的繁華盛況。

寒食節，百姓禁煙，宮裏却燈火輝煌。唐玄宗和楊貴妃在望仙樓上通宵行樂。琵琶專家賀懷智作壓場演奏，宦官高力士奉旨尋找著名歌女念奴進宮唱歌。邠王李承寧（二十五郎）吹管笛，笙歌響徹九霄。李謨傍靠宮牆按着笛子，偷學宮裏新製的樂曲。詩人在描繪了一幅宮中行樂圖後，又寫玄宗回駕時萬人夾道歌舞的盛況。

第二層從「明年十月東都破」至「夜夜狐狸上門屋」，寫安祿山叛軍攻破東都洛陽，連昌宮從此荒廢。安史之亂平後，連昌宮也長期關閉，玄宗以後的五位皇帝都不曾來過。直到元和十二年，使者奉皇帝命來連昌宮砍竹子，在宮門開時老人跟着進去看了一會，衹見荆榛灌木叢生，狐狸野兔恣縱奔馳，舞榭樓閣傾倒歪斜，一片衰敗荒涼。安史之亂後，玄宗依然下榻連昌宮，晚景淒涼。宮殿成爲蛇燕巢穴，香案腐朽，長出菌蕈來。當年楊貴妃住的端正樓，如今物是人非，再不見倩影了。

第二大段從「我聞此語心骨悲」至「努力廟謨休用兵」。通過作者與老人的一問一答，探討「太平誰致亂者誰」及朝政治亂的因由。

詩中稱讚姚崇、宋璟作宰相秉公選賢任能，地方長官清平廉潔，因而出現了開元盛世。姚、宋死後，朝廷漸漸由楊貴妃操縱。安祿山在宮裏被貴妃養作義子，虢國夫人門庭若市。奸相楊國忠和李林甫專權誤國，終於給國家帶來了動亂和災難。接着詩筆轉而稱讚當今憲宗皇帝大力削平藩鎮叛亂，和平有望。結句，作者意味深長地點明主旨：祝願朝廷努力策劃好國家大計，安定社稷，結束內戰，不再用兵。

這首詩針砭唐代時政，反對藩鎮割據，批判奸相弄權誤國，提出所謂「聖君賢卿」的政治理想。它含蓄地揭露了玄宗及皇親驕奢淫逸的生活和外戚的飛揚跋扈，具有一定的歷史上的認識意義。前代詩評家多推崇這首詩「有監戒規諷之意」，「有風骨」，把它和白居易《長恨歌》並稱，同爲膾炙人口的長篇敍事詩。

這首《連昌宮詞》在藝術構思和創作方法上，顯然受到當時傳奇小說的影響。詩人既植根於現實生活和歷史，又不囿於具體的歷史事實，虛構一些情節並加以藝術的誇張，把歷史人物和社會生活事件集中在一個典型環境中來描繪，寫得異常鮮明生動，從而使主題具有典型意義。例如，有關唐玄宗和楊貴妃在連昌宮中的一段生活，元稹就不是以歷史家嚴格實錄的「史筆」，而是用小說家創造性的「詩筆」來描摹的。據陳寅恪的考證，唐玄宗和楊貴妃兩人沒有一起去過連昌宮。詩中所寫，不少地方是根據傳聞加以想像而虛擬。如連昌宮中的所謂望仙樓和端正樓，實際上是驪山上華清宮的樓名。李謨偷曲事發生在元宵節前夕東都洛陽的天津橋上，並不是在寒食節夜裏連昌宮牆旁。其他如念奴唱歌，二十五郎吹笛，百官隊仗避岐薛，楊氏諸姨車斗風等，都不出現在壽安縣的連昌宮內或宮前。元稹充分發揮藝術的想像力，把發生在不同時間、不同地點上的事件集中在連昌宮內來鋪敍，並且還虛構一些情節，用以渲染安史之亂前所謂太平繁華的景象，突出主題思想。從詩的自註中可以清楚地看出，作者對念奴唱歌、李謨偷曲等事所產生的歷史背景，並不是不知道的，他如此處理，實在是有意識地學習唐人傳奇所常用的典型化方法來創作。這樣一來，整首《連昌宮詞》在某些細節上雖不符合具體的歷史事實，但却形象地反映了歷史和社會生活發展的某些本質方面，具有藝術的眞實性。至於詩中說到平吳蜀、定淮西等歷史事件，則又具有歷史的眞實性和濃烈的現實感。

這首詩的情節，寫得眞眞假假，假中有眞，眞假相襯，互相對照。正如陳寅恪所指出的那樣：「連昌宮詞實深受白樂天、陳鴻長恨歌及傳之影響，合並融化唐代小說之史才詩筆議論爲一體而成。」（《元白詩箋證稿》第三章）在我國敍事詩的發展史上，《連昌宮詞》有獨特的風格特色。

（何國治）

# 聞樂天授江州司馬

元稹

殘燈無焰影幢幢，此夕聞君謫九江。垂死病中驚坐起，暗風吹雨入寒窗。

聞樂天授江州司馬

此詩是元和十年（八一五）寫的。這年三月，元稹貶通州（今四川省達縣）司馬，八月，白居易又貶江州（今江西省九江市）司馬。兩人同受權貴打擊，被迫離開長安，左遷外郡，心境都很悲涼。元稹在通州染上瘧疾，生了很久的病，在病中他聽到好友也和自己一樣，遭到不幸，就寫下了這首詩。白居易看到以後，給元稹寫信說：「此句他人尚不可聞，況僕心哉！」足見其深受感動。

首句描繪當時景色，就已經形成了一種悲劇氣氛。燈已殘了，可見夜深。深夜孤燈，客居不寐，已是淒涼黯淡，何況此燈又因久燃油盡，已無焰光，只剩下一片昏沉沉的影子呢？（幢幢，昏暗貌。）次句敍所聞。首以「此夕」點明時間，聯繫上句所寫景色。下句所寫心情鄭重出之。「君」，點明人，「謫九江」，點明事。第三句寫在如此淒涼黯淡的景物中，忽然聽到如此驚心動魄的消息，已經使人難以忍受了，何況自己這時又正生着病，而且病得要死呢？「驚坐起」三字，安放在「垂死病中」四字之下，極有分量。垂死之病，當然難以坐起，而居然坐起，則此消息之驚人，聞者之震動，都被強烈地表達了出來，而作者所受刺激之深重及心情之悲痛也自然同樣強烈地被表達出來了。末句以景結情，回應首句。此時此地，此種心情，而目之所見，耳之所聞，惟有風雨撲窗而已。風而曰「暗」，應「殘燈」，窗而曰「寒」，應「長夜」，都與詩人當時的心情一致，非常協調。

此詩用悲劇氣氛來襯托人物的環境和心情，極其出色。它使我們今天讀後，也似乎置身其中，感受到詩人當時所感受的一切。這不只是由於作者高超的技巧，更主要的是由於他真摯深厚的感情。（沈祖棻）

# 詩一首

元稹

爲樂天自勘詩集，因思頃年城南醉歸，馬上遞唱艷曲，十餘里不絕；長慶初俱以制誥侍宿南郊齋宮，夜後偶吟數十篇，兩掖諸公洎翰林學士三十餘人驚起就聽，逮至卒吏莫不衆觀，羣公直至侍從行禮之時，不復聚寐，予與樂天吟哦竟亦不絕。因書樂天卷後。越中冬夜風雨，不覺將曉，諸門互啟關鎖，即事成篇。

春野醉吟十里程，齋宮潛詠萬人驚。今宵不寐到明讀，風雨曉聞開鎖聲。

長慶四年（八二四）冬，元稹爲摯友白居易編《白氏長慶集》五十卷，撫今追往，不勝感慨，因而即事成篇。詩僅二十八字，題卻長達百二十二字。題不啻爲詩之註解，不可或缺，其本身亦情濃意深，頗耐咀嚼。題比詩長，在古人作品中屢見不鮮，題與詩渾融一體如此作者，卻是並不多的。

題中「爲樂天自勘詩集」，自，當作另自、別自解，按白氏前此已有詩集，此次元氏爲之重編，故云。頃年，即近年，按即指下文所說長慶初。元白交往，終生不渝，多半是兩地相思，匆匆聚散，而以詩文唱和。兩度相處，一是元稹所說「同登科第心相合，初得官時髭未生」（《寄樂天》）的青壯年時代，時間最長，前後共約八年。此後，二人先後以事得罪被貶，經過多年宦海浮沉，復於元和末召還長安，同朝做官，此爲第二度相處，去當初長安訂交已將近二十年了。翌年長慶初，元稹以祠部郎中知制誥，白居易亦以主客郎中知制誥，卽都是在皇帝（穆宗）身邊擔任撰寫制誥的職務，題中城南醉歸及侍宿南郊齋宮云云，便都是這期間的事。齋宮，皇帝齋祀之所。按唐制，每年正月上辛日祀天帝於南郊以祈谷，屬大祀之禮，五品以上侍臣皆須從祀，元、白俱在從祀之列。兩掖，唐時門下、中書兩省在宮中左右掖，故合稱兩掖，兩掖諸公洎翰林學士三十餘人，皆從祀之臣，來到南郊齋宮，大概是同住一間大屋，因爲傾聽元白吟唱竟忘了睡覺，直到天明行禮之時。屋外侍衛值勤的吏卒也都趕來圍觀。盛況如此，元白自亦吟哦不絕，通宵達旦了。吟的什麼詩篇，沒有講，總不外上文所說豔曲之屬。豔曲不必盡是有關男女，亦包括流連人情物態及杯酒光景，要之均無關事功而爲抒發個人情感之作。元白這類作品數量甚夥，影響極大，世所謂元和體是也。「春野醉吟十里程，齋宮潛詠萬人驚。」一吟一詠，痛快淋漓，而妙在下句一個潛字。身在齋宮，自不敢高吟，只能是潛詠，惟其如此，萬人驚才顯得更有聲色。不如是，便一氣直下，略無筆勢了。但更大的層折還在後兩句。

「今宵不寐到明讀，風雨曉聞開鎖聲。」意思上緊承前二句，感情上則有了極大的變化。往夕不寐，今宵亦不寐，並且是爲了同樣的詩篇，然而縱情吟詠已變成無聲的讀。讀詩時心中但有往昔之不寐，却無今宵之不寐，衙門開鎖聲使詩人從夢一般的回憶中驚醒，這才覺察風雨、破曉和今宵之不寐來，萬千感慨亦自在其中了。知人論世，詩人此刻的心情，必須結合他當時的處境才能了解。須知元稹一生熱中仕途，而他的仕途又始終充滿艱險。元和五年（八一〇）以彈劾權貴及宰相被貶，長達十年。元和末召還，長慶元年（八二一）在翰林院以力陳科試弊端與朋黨之徒結怨，翌年二月同平章事，六月卽因黨人構陷罷相。貶爲同州（今陝西大荔）刺使。同年七月白居易自請外任，出守杭州。長慶三年（八二三）九月，元稹自同州刺使遷浙東觀察使、越州（今浙江紹興）刺使，得與白氏相鄰，二人遂以竹筒傳詩，唱和不絕。翌年白氏召還東都（洛陽），而元稹却仍舊被貶在外。此刻爲好友編集，回首往事，非但淒苦，該有多少幽憤啊！所謂「羸骨欲銷猶被刻，瘡痕未沒又遭彈」（《寄樂天二首》其二），而此詩則貴在全不明說。

前半熱豔。春野醉吟，齋宮潛詠，均極言形骸放浪，朝廷命官浪跡如此，正暗含功名荒唐之意，此不可不知。後半冷清。只直述其事，毫不渲染，孤寂悲涼自見，而結束尤其妙不可言！開鎖聲，純屬偶然情節，與詩意全不相干，詩人却很重視，見於題又見於詩，爲什麼？竊疑詩人正是由此產生的靈感。開鎖聲使他如夢驚醒，回到風雨淒切的現實，撫今追昔，黯然神傷，這才卽事成篇。現在讀此詩，不也是開鎖聲使我們產生如臨其境的眞實感，並從而引起許多遐想嗎？似是無干語，實爲無盡語。藝術中偶然性的東西往往更富魅力。

（裴　斐）

# 鶯鶯傳

元　稹

貞元中，有張生者，性溫茂，美風容，內秉堅孤，非禮不可入。或朋從遊宴，擾雜其間，他人皆洶洶拳拳，若將不及，張生容順而已，終不能亂。以是年二十三，未嘗近女色。知者詰之。謝而言曰：「登徒子非好色者，是有兇行；余真好色者，而適不我值。何以言之？大凡物之尤者，未嘗不留連於心，是知其非忘情者也。」詰者識之。無幾何，張生遊於蒲。蒲之東十餘里，有僧舍曰普救寺，張生寓焉。適有崔氏孀婦，將歸長安，路出於蒲，亦止茲寺。崔氏婦，鄭女也。張出於鄭，緒其親，乃異派之從母。是歲，渾瑊薨於蒲。有中人丁文雅，不善於軍，軍人因喪而擾，大掠蒲人。崔氏之家，財產甚厚，多奴僕。旅寓惶駭，不知所託。先是，張與蒲將之黨有善，請吏護之，遂不

## 鶯鶯傳

及於難。十餘日，廉使杜確將天子命以總戎節，令於軍，軍由是戢。鄭厚張之德甚，因飾饌以命張，中堂宴之。復謂張曰：「姨之孤嫠未亡，提攜幼稚。不幸屬師徒大潰，實不保其身。弱子幼女，猶君之生，豈可比常恩哉！今俾以仁兄禮奉見，冀所以報恩也。」命其子，曰歡郎，可十餘歲，容甚溫美。次命女：「出拜爾兄，爾兄活爾。」久之，辭疾。鄭怒曰：「張兄保爾之命，不然，爾且擄矣。能復遠嫌乎？」久之，乃至。常服睟容，不加新飾，垂鬟接黛，雙臉銷紅而已。顏色豔異，光輝動人。張驚，爲之禮。因坐鄭旁。以鄭之抑而見也，凝睇怨絕，若不勝其體者。問其年紀。鄭曰：「今天子甲子歲之七月，終於貞元庚辰，生年十七矣。」張生稍以詞導之，不對。終席而罷。張自是惑之，願致其情，無由得也。崔之婢曰紅娘。生私爲之禮者數四，乘間遂道其衷。婢果驚沮，腆然而奔。張生悔之。翼日，婢復至。張生乃羞而謝之，不復云所求矣。婢因謂張曰：「郎之言，所不敢言，亦不敢泄。然而崔之姻族，君所詳也。何不因其德而求娶焉？」張曰：「余始自孩提，性不苟合。或時紈綺閒居，曾莫流盼。不爲當年，終有所蔽。昨日一席間，幾不自持。數日來，行忘止，食忘飽，恐不能逾旦暮，若因媒氏而娶，納采問名，則三數月間，索我於枯魚之肆矣。爾其謂我何？」婢曰：「崔之貞慎自保，雖所尊不可以非語犯之。下人之謀，固難入矣。然而善屬文，往往沉吟章句，怨慕者久之。君試爲喻情詩以亂之，不然，則無由也。」張大喜，立綴《春詞》二首以授之。是夕，紅娘復至，持彩箋以授張，曰：「崔所命也。」題其篇曰《明月三五夜》。其詞曰：「待月西廂下，迎風戶半開。拂牆花影動，疑是玉人來。」張亦微喻其旨。是夕，歲二月旬有四日矣。崔之東有杏花一株，攀援可逾。既望之夕，張因梯其樹而逾焉。達於西廂，則戶半開矣。紅娘寢於牀上，因驚之。紅娘駭曰：「郎何以至？」張因紿之曰：「崔氏之箋召我也。爾爲我告之。」無幾，紅娘復來，連曰：「至矣！至矣！」張生且喜且駭，必謂獲濟。及崔至，則端服嚴容，大數張曰：「兄之恩，活我之家，厚矣。是以慈母以弱子幼女見託。奈何因不令之婢，致淫逸之詞？始以護人之亂爲義，而終掠亂以求之，是以亂易亂，其去幾何？誠欲寢其詞，則保人之姦，不義；明之於母，則背人之惠，不祥；將寄於婢僕，又懼不得發其真誠：是用託短章，願自陳啟。猶懼兄之見難，是用鄙靡之詞，以求其必至。非禮之動，能不愧心？特願以禮自持，毋及於亂！」言畢，翻然而逝。張自失者久之。復逾而出，於是絕望。數夕，張生臨軒獨寢，忽有人覺之。驚駭而起，則紅娘斂衾攜枕而至，撫張曰：「至矣！至矣！睡何爲哉！」并枕重衾而去。張生拭目危坐久之，猶疑夢寐；然而修謹以俟。俄而紅娘捧崔氏而至。至，則嬌羞融冶，力不能運支體，曩時端莊，不復同矣。是夕，旬有八日也。斜月晶瑩，幽輝半牀。張生飄飄然，且疑神仙之徒，不謂從人間至矣。有頃，寺鐘鳴，天將曉。紅娘促去。崔氏嬌啼宛轉，紅娘又捧之而去，終夕無一言。張生辨色而興，自疑曰：「豈其夢邪？」及明，睹妝在臂，香在衣，淚光熒熒然，猶瑩於茵席而已。是後又十餘日，杳不復知。張生賦《會真》詩三十韻，未畢，而紅娘適至，因授之，以貽崔氏。自是復容之。朝隱而出，暮隱而入，同安於曩所謂西廂者，幾一月矣。張生常詰鄭氏之情。則曰：「我不可奈何矣。」因欲就成之。無何，張生將之長安，先以情諭之。崔氏宛無難詞，然而愁怨之容動人矣。將行之再夕，不復可見，而張生遂西下。數月，復遊於蒲，會於崔氏者又累月。崔氏甚工刀札，善屬文。求索再三，終不可見。往往張生自以文挑，亦不甚睹覽。大略崔之出人者，藝必窮極，而貌若不知；言則敏辯，而寡於酬對。待張之意甚厚，然未嘗以詞繼之。時愁豔幽邃，恒若不識，喜慍之容，亦罕形見。異時獨夜操琴，愁弄淒惻。張竊聽之。求之，則終不復鼓矣。以是愈惑之。張生俄以文調及期，又當西去。當去之夕，不復自言其情，愁歎於崔氏之側。崔已陰知將訣矣，恭貌怡聲，徐謂張曰：「始亂之，終棄之，固其宜矣。愚不敢恨。必也君亂之，君終之，君之惠也。則沒身之誓，其有終矣，又何必深感於此行？然而君既不懌，無以奉寧。君常謂我善鼓琴，向時羞顏，所不能及。今且往矣，既君此誠。」因命拂琴，鼓《霓裳羽衣》序，不數聲，哀音怨亂，不復知其是曲也。左右皆歔欷。崔亦遽止之，投琴，泣下流連，趨歸鄭所，遂不復至。明旦而張行。明年，文戰不勝，張遂止於京。因贈書於崔，以廣其意。崔氏緘報之詞，粗載於此，曰：「捧覽來問，撫愛過深。兒女之情，悲喜交集。兼惠花勝一合、口脂五寸，致耀首膏唇之飾。雖荷殊恩，誰復爲容？睹物增懷，但積悲歎耳。伏承使於京中就業，進修之道，固在便安。但恨僻陋之人，永以遐棄。命也如此，知復何言！自去秋已來，常忽忽如有所失。於喧嘩之下，或勉爲語笑，閑宵自處，無不淚零。乃至夢寐之間，亦多感咽離憂之思。綢繆繾綣，暫若尋常，幽會未終，驚魂已斷。雖半衾如暖，而思之甚遙。一昨拜辭，倏逾舊歲。長安行樂之地，觸緒牽情。何幸不忘幽微，眷念無斁。鄙薄之志，無以奉酬。至於終始之盟，則固不忒。鄙昔中表相因，或同宴處。婢僕見誘，遂致私誠。兒女之心，不能自固。君子有援琴之挑，鄙人無投梭之拒。及薦寢席，義盛意深。愚陋之情，永謂終託。豈期既見君子，而不能定情，致有自獻之羞，不復明侍巾幘。沒身永恨，含歎何言！倘仁人用心，俯遂幽眇，雖死之日，猶生之年。如或達士略情，舍小從大，以先配爲醜行，以要盟爲可欺，則當骨化形銷，丹誠不泯，因風委露，猶託清塵。存沒之誠，言盡於此。臨紙嗚咽，情不能申。千萬珍重，珍重千萬！玉環一枚，是兒嬰年所弄，寄充君子下體所佩。玉取其堅潤不渝，環取其終始不絕。兼亂絲一絇、文竹茶碾子一枚。此數物不足見珍，意者欲君子如玉之真，弊志如環不解。淚痕在竹，愁緒縈絲，因物達情，永以爲好耳。心邇身遐，拜會無期。幽憤所鍾，千里神合。千萬珍重！春風多厲，強飯爲嘉。慎言自保，無以鄙爲深念。」張生發其書於所知，由是時人多聞之。所善楊巨源好屬詞，因爲賦《崔娘》詩一絕云：「清潤潘郎玉不如，中庭蕙草雪銷初。風流才子多春思，腸斷蕭娘一紙書。」河南元稹亦續生《會真》詩三十韻，詩曰：「微月透簾櫳，螢光度碧空。遙天初縹緲，低樹漸葱蘢。龍吹過庭竹，鸞歌拂井桐。羅綃垂薄霧，環珮響輕風。絳節隨金母，雲心捧玉童。更深人悄悄，晨會雨濛濛。珠瑩光文履，花明隱繡龍。瑤釵行彩鳳，羅帔掩丹虹。言自瑤花蒲，將朝碧玉宮。因游洛城北，偶向宋家東。戲調初微拒，柔情已暗通。低鬟蟬影動，回步玉塵蒙。轉面流花雪，登牀抱綺叢。鴛鴦交頸舞，翡翠合歡籠。眉黛羞偏聚，唇朱暖更融。氣清蘭蕊馥，膚潤玉肌豐。無力慵移腕，多嬌愛斂躬。汗流珠點點，髮亂綠葱葱。方喜千年會，俄聞五夜窮。留連時有恨，繾綣意難終。慢臉含愁態，芳詞誓素衷。贈環明運合，留結表心同。啼粉流宵鏡，殘燈遠暗蟲。華光猶苒苒，旭日漸曈曈。乘鶩還歸洛，吹簫亦上嵩。衣香猶染麝，枕膩尚殘紅。冪冪臨塘草，飄飄思渚蓬。素琴鳴怨鶴，清漢望歸鴻。海闊誠難渡，天高不易衝。行雲無所處，蕭史在樓中。」張之友聞之者，莫不聳異之，然而張志亦絕矣。稹特與張厚，因徵其詞。張曰：「大凡天之所命尤物也，不妖其身，必妖於人。使崔氏子遇合富貴，乘寵嬌，不爲雲，爲雨，則爲蛟，爲螭，吾不知其變化矣。昔殷之辛，周之幽，據百萬之國，其勢甚厚。然而一女子敗之，潰其衆，屠其身，至今爲天下僇笑。予之德不足以勝妖孽，是用忍情。」於時坐者皆爲深歎。後歲餘，崔已委身於人，張亦有所娶。適經所居，乃因其夫言於崔，求以外兄見。夫語之，而崔終不爲出。張怨念之誠，動於顔色。崔知之，潛賦一章，詞曰：「自從銷瘦減容光，萬轉千回懶下牀。不爲旁人羞不起，爲郎憔悴却羞郎。」竟不之見。後數日，張生將行，又賦一章以謝絕云：「棄置今何道，當時且自親。還將舊時意，憐取眼前人。」自是，絕不復知矣。時人多許張爲善補過者。予嘗於朋會之中，往往及此意者，夫使知者不爲，爲之者不惑。貞元歲九月，執事李公垂宿於予靖安里第，語及於是。公垂卓然稱異，遂爲《鶯鶯歌》以傳之。崔氏小名鶯鶯，公垂以命篇。

一

崔鶯鶯與張生的愛情故事，自董解元的金院本、王實甫的元雜劇《西廂記》出現之後，長期活躍在舞臺上，經久不衰，幾至家喻戶曉，溯其源頭，其本事當出自唐代元稹的傳奇——《鶯鶯傳》。

元稹是中唐時期著名的詩人、政治家，同時也是一個傳奇作家。他的傳奇小說，今只存此一篇。魯迅說他「所作不多而影響甚大，名亦甚盛」（《中國小說史略》）。傳奇小說中唐始趨繁榮，然並不被世人所重。題材上既不離搜奇記逸、傳寫奇事，故也就沒有什麼嚴格的要求與約束。凡正規詩、文、史所不能容納的內容，如日常生活瑣屑的小故事，朝野人士的笑談和傳聞，悖於禮教的愛情等，都能成爲傳奇的題材；特別是普通的市井之輩，如娼妓、僕婢、姬妾、商賈等，成了傳奇的主人公。如霍小玉（《霍小玉傳》）、李娃（《李娃傳》）、任氏（《任氏傳》）、昆侖奴（《昆侖奴》）、紅線（《紅線》）、飛煙（《飛煙傳》）等，組成了傳奇優秀人物形象的畫廊，體現了傳奇小說在六朝誌怪的基礎上，面向現實生活的巨大轉變，具有強烈的現實主義精神和認識價值。

《鶯鶯傳》就是屬於這個轉變期的重要作品。從題材上看，它是愛情故事，但其特殊之處，就是鶯鶯並非一般的下層婦女，而是一個出身名門的大家閨秀；她對愛情的迫切追求，有她自己獨特的想法和做法，有她自己獨特的經歷和道路，充滿了鮮明的個性特徵。《鶯鶯傳》的價值就在於：它塑造了鶯鶯這樣一個名門貴族的少女，反對封建禮教、追求自由愛情的傑出形象。它寫出了愛情與禮教的衝突以及戰勝禮教的過程，樸實可信、眞摯動人。而鶯鶯的悲劇命運，乃是反映了中唐社會門閥世族制度與自由婚姻的矛盾和衝突。同時又證明了唐代社會婦女，其中包括已經衰敗的名門貴族婦女的卑下地位。

《鶯鶯傳》反映了唐代一個普通名門之女的生活，她們的愛情歡樂和悲劇命運，在唐代傳奇中是絕無僅有的，從題材上說有其重要的認識價值。

## 二

小說淒婉動人地敘述了鶯鶯與張生相見、相悅、相歡、相離以至相棄的愛情悲劇的全過程，展現了鶯鶯的心理、思想和性格的發展和變化，從而塑造了一個衝破封建禮教的樊籬、爭取愛情自由的叛逆女性。

鶯鶯是個名門少女。她與張生的第一次見面，是在張生救護了困守在普救寺的「異派之從母」崔氏母女後的家宴上。初次見張，鶯鶯「垂鬟接黛，雙臉銷紅」，說明她久困閨閣，未見生男，故而顯得局促不安；「凝睇怨絕，若不勝其體」，說明她性情孤傲，雖遵母命赴宴，却十分勉強，甚至不滿。然而就是這次初見，在鶯鶯心中埋下了愛情的種子。宴後，當張生以喻情詩《春詞》二首達情，鶯鶯竟答之以《明月三五夜》，相約再見於西廂下。這理應當是一次柔情蜜意的相逢，是一次傾訴衷情的相聚。然而重見之時鶯鶯却出人意料地嚴肅整飭，莊重自持，譴責張生以「淫逸之詞」，妄圖「驚亂以求之」，曉張生以大義。鶯鶯的兩重性態度，並非是她的權術和手段，而是她思想上束縛與自由、禮教與叛逆的衝突的表現。這場衝突的初步結果，是後者勝利了。於是就產生了鶯鶯在拒絕張生之後數夕，忽「斂衾攜枕」至張所，主動投入張生的懷抱。這第三次相見，鶯鶯已非昔日之嬌柔羞怯、「力不能運支體」之態，而是衝破封建禮教束縛的大膽之舉，也是鶯鶯與張生由相見到相悅的必然結果。生活在一個禁閉環境裏的鶯鶯，被儒家思想熏陶、毒害了十七年。她聰明、美麗，多才多藝；她的才能使她對愛情充滿了好奇和幻想，嚮往和追求。當她一旦接觸到「性溫茂，美風容」的翩翩少年張生，便自然而然地生出一種新奇之感。第一次相見時，張生「以詞導之」，她雖然「不對」，但內心深處，却由此而產生了相悅之意。這種感情的激流，由於張生對紅娘「私爲之禮者數四，乘間遂道其衷」，得到了進一步的了解，故鶯鶯通過紅娘之口，表示了「何不因其德而求娶焉」的希望。當張生以《春詞》二首通意相挑，以詩達情時，恰似春風吹皺一池春水，激起層層波瀾，使「貞慎自保」的鶯鶯，心情難以平靜。她在明月之下斥責逾牆來會的張生「願以禮自持，毋及於亂」的敏辯，與其說是勸阻張生，不如說她自己對愛情的誘惑做最後的掙扎與反抗。數夕的思想衝突，終於使她衝破了禮教的防線，邁出了極其重要的一步，導致了他們私自的結合。然而「自薦」時的瑩瑩的淚光、以及「終夕無一言」，「是後十餘日，杳不復知」，不再相會等情景，正反映了她內心的迷惑不安與矛盾的心情。只有再見到張生的《會眞詩》三十韻後，「自此復容之」，「朝隱而出」，「暮隱而入」，盡享愛情之歡。此時的鶯鶯不再是禮教的殉葬者，而是愛情的勝利者。鶯鶯所追求的不僅僅是一種有形的愛，還有一種至高無上的情。這種情在「沉吟章句」中萌芽，在操琴賦詩中成長，也是她「善屬文」的結果。

從相離發展到相棄，終於釀成了鶯鶯的愛情悲劇。這個劇變的過程，也是鶯鶯性格形成的過程。她從一個溫柔、多情、善良的少女，變得成熟和堅強起來了。由於她的出身和教養，使她具有一定的敏感和較強的判斷力。比如當崔母發現女兒的私情，只能「因欲就成之」時，張生突然無緣無故地西遊長安數月。這第一次相離，不僅未能使他們成就夫妻，也使鶯鶯敏感地意識到這是相棄的開始。她對這次分別雖無「難詞」，然而「愁怨之容動人矣」。就是在這種認識下，第二次分別前，張生「自以文挑」，鶯鶯「亦不甚睹覽」，且「未嘗以詞繼之」。她以喜怒不形於色的沉穩，顯示了她的成熟。只在獨夜操琴之時，纔「愁弄凄惻」，以示內心的惆悵和痛苦。表面的平靜掩飾着感情的激盪，纏綿的期待掩飾着理性的思索。正可謂「幽會未終，驚魂已斷」。愛與怨貫串在整個相離與相棄的時期。

當張生「以文調及期」爲由，再次西去，鶯鶯已深知此次離別就是他們的永訣，於是她對張生「恭貌怡聲」，說到相離卽爲相棄之理，認爲「始亂之，終棄之，固其宜矣」。不可遏止的悲傷之情，使她「趨歸鄭所，遂不復至」。那鍾情、柔弱的外表，包藏着一個多麼堅強的靈魂！這種生離如同死別的悲劇，其不同尋常之處，就是一個名門少女的忠貞愛情，竟然如此被翫弄、被侮辱、被踐踏；一個名門少女做人的地位和尊嚴，竟然如此得不到尊重和保障。

鶯鶯給羈留長安的張生的回信，可視作她的一篇愛情宣言，同時也是她性格完成的標誌。她明知自己所託非人，但對待出自內心的眞摯的愛情却十分珍惜，拳拳於心，絲毫不悔，正是「骨化形銷，丹誠不滅」。對被棄的結局，解脫爲「命也如此，知復何言！」她冷靜地分析了她與張生相愛、相離、相棄的過程，明知「心還身遐，拜會無期」，却贈他玉環一枚，「玉取其堅潤不渝，環取其終始不絕」，「因物達情，永以爲好耳！」這與其說是對張生的企望與規勸，毋寧說是對自己愛情的肯定與讚揚。對自己的悲劇命運的坦然相承，義無反顧。因此她纔能够做到數年之後，拒絕再見外兄張生，並提出「棄置復何道，當時且自親。還將舊時意，憐取眼前人」的忠告，體現了她性格中冷絕、堅強和理智的一面。既是對愛情的忠貞，也是對負心者的針砭。

在鶯鶯性格的發展和形成的過程中，存在兩難：一是難於衝破封建禮教的禁錮和束縛，但她終於衝破了；二是難於與張生決裂，但她終於決裂了。鶯鶯是一個具有反抗性格的叛逆而堅強的女性。正是「詩人老去鶯鶯在」，鶯鶯追求愛情和叛逆禮教的精神是永存的。

## 三

鶯鶯對愛情的忠貞態度，首先就表現在她並不以出身。門第取人。小說並未言明張生的家庭，但完全可以推測出他是一個「寒門」書生，是一個力求在仕途上發達的利祿之徒。他既然以溫茂的性格、高雅的風貌，打動了情竇初開的少女的胸懷，鶯鶯就不計門第，寧肯選擇這樣一個出身低微的少年做自己的夫婿。這是十分難能可貴的，鶯鶯不輕易披露自己的感情，但一旦爆發出來，就非常大膽、專一和執著。這一點，她與霍小玉、李娃、步飛煙完全一樣，是不分什麼尊卑高下的。但是，她們的地位和命運却也意外地相似，無論是大家閨秀還是妓女、僕婢、侍妾，同樣都沒有認識到自己的地位和價值，實質上都是男人的附屬品。[一]鶯鶯的遭遇，正是反映了唐代婦女受歧視的可悲的命運。

張生「內秉堅孤，非禮不可入」，說明他表面遵禮守法，內心却富於心計。在同儕輩中，他表現出衆。

[一]《李娃傳》是個例外。但李娃的經歷與結局，并非現實主義的。此處不贅述。

「朋從遊宴」，別人吵吵嚷嚷，唯恐不能顯示自己；而張生却只隨聲附和，並不認眞。他盡量避免其他人的非議和不必要的人格上的損失。他爲什麼要這樣呢？因爲他胸有城府，比別人更愛惜名聲，也就是說，他比任何人更看重仕途。他是一個有政治頭腦的人物。另一方面，他又是個市儈。他公開宣稱：「余眞好色者，而適不我值。」說明他又具有紈絝公子習氣。他所以「年二十三未嘗近女色」，並不是因爲他不喜歡女色，而是未逢到動心者而已。鶯鶯使他着迷，他不過是把鶯鶯看作「女色」，這個「女色」是鶯鶯還是其他人，那是沒有什麼區別的，因此可以說，張生從一開始，對鶯鶯的感情就談不上嚴肅和認眞。

他因見鶯鶯「顏色豔異，光輝動人」，纔大吃一驚。他問年齡，找話說，是一副輕薄子弟之態。他的精明之處，是正確地選擇了侍婢紅娘這個途徑向鶯鶯「道其衷」；但他既而「悔之」，再見紅娘，「不復云所求」。由此可見，他對鶯鶯的追求並非理直氣壯、眞心實意。他既存非分之想，又愛惜自己的「羽毛」，惟恐損失自己的名聲和未來的仕途。但他同時又用「行忘止，食忘飽，恐不逾旦暮」的聳聽危言，以求速達其苟且私情的目的。他要求的並非是愛情，而是情慾。《春詞》二首未達目的時，他曾「絕望」；《會眞詩》三十韻又終於使他得到了滿足。然而，二人交歡僅僅月餘，他即感到了厭倦。張生的第一次西行，實際上是在逃脫與鶯鶯的這場婚姻。就是在他們第二次重逢，所謂感情最濃烈之際，他仍然不能忘却「文調及期」。張生是把仕途當作立身之本、第一生命的。他對鶯鶯之情，是可以視自己的需要而隨意拋棄的。當其「文戰不勝」，仕途不利之時，使他更加清醒地認識到自己的處境，重新估價自己與鶯鶯的關係。張生之情是以個人的利益爲轉移的。更爲惡劣的是，他甚至以儒家的禮教爲招牌，來污蔑鶯鶯爲「尤物」，爲自己的「忍情」辯護，以求達到自己拋棄鶯鶯的目的。他的手段和做法，終於挽回了聲譽，贏得了當時士人的肯定和讚揚。因此說，張生對鶯鶯之情，猶如一張薄紙；鶯鶯在他心目中的地位，不過是一個翫物。在這一點上，他甚至不如《霍小玉傳》中的李益。

張生爲什麼拋棄出身名門的鶯鶯呢？究其根源，乃是由門閥世族制度和當時的社會現實決定的。也就是在這種認識下，他有着極大的自信，也給了他極大的自由，他明顯感到，鶯鶯雖出身名門，却無權勢；雖然富有，却不能自保。顯而易見，鶯鶯雖屬名門，却已衰敗，現實中的家庭地位，對張生的仕途毫無幫助，又怎能成爲他的政治後臺和支持者呢？這說明中唐以後，閥閱大族固然對一個人的政治前途不無稗益，但隨着庶族地主階級勢力的上升，現實中的權勢又是何等的重要。鶯鶯的悲劇，也說明了唐代婦女在社會生活中不過是政治的附屬品。

崔、張這一場本來就沒有什麼深入的了解、思想上的共鳴以及風波考驗的愛情，終於在世俗觀念和社會勢力聯合攻擊之下，遭到了扼殺。張生正是這兩種勢力的代表者和體現者。

## 四

魯迅評價《鶯鶯傳》說：「文章雖非上乘，而時有情緻。」又說「篇末文過飾非，遂墮惡趣。」（引文均見《中國小說史略》第九篇）這兩段話涉及本篇兩個基本問題：即小說的思想性和藝術性的問題。

小說中的鶯鶯有愛、有憂、有怨、有恨。她的出身和地位造成了她性格上的猶疑、善良和柔弱；但對愛情的追求和嚮往，却使她的性格變得深沉、果敢和堅強。在唐傳奇的婦女形象中，鶯鶯是具有獨立的地位和個性特徵的形象。十七年的閨門之訓、禮教的熏陶，使她既不像霍小玉那樣的外露，也不具備李娃那樣的精明。鶯鶯就是鶯鶯。她並非「尤物」，而是一個活生生的人。這是小說最成功的地方。

《鶯鶯傳》的不足，主要表現在典型化方面的差距。這種差距，一是指作品本身所體現的社會意義；一是指人物形象的塑造。首先，《鶯鶯傳》缺乏廣闊的社會背景，沒能揭示出愛情悲劇的社會原因。小說所敘述的似乎只是一個才子與佳人的「始亂終棄」的平凡故事，而故事本身又只局限在崔、張二人之間，體現不出這種愛情的社會基礎和環境條件，因此作家就不能揭示愛情悲劇的必然結果，和體現出造成愛情悲劇的社會意義。

其次，關於《鶯鶯傳》的人物。小說的主要人物有鶯鶯、張生、紅娘和崔母。但作家沒有利用這一題材所提供給人物的矛盾衝突，來加以描寫，所以有的人物沒有給我們留下什麼印象。如崔母這個人物，似乎與周圍的人不發生任何關係，不產生任何矛盾。她在小說的開頭引出了鶯鶯，表明對張生，她知恩；對鶯鶯，她是嚴慈的母親。她不了解也不干涉崔、張的愛情。故當她在作品中消失的時候，讀者也並不感到有什麼損失。另一個人物紅娘，在小說裏她雖活動於崔、張之間，起着穿針引線的作用，却沒有表現出她獨特的個性和內心活動，形象模糊，又無活力，而作者在主要人物鶯鶯。張生身上，又反映了作者思想的混亂和矛盾。在感情上，他眞實地寫出了鶯鶯的可愛、可親、可敬之處，但又在理性上毀之爲「尤物」；同樣，他眞實地寫出了張生的輕率、自私、負義，但又在理性上譽之爲「善補過者」。內容和思想前後不够一致。《鶯鶯傳》典型塑造上的不成功，除了作家思想、觀點上的原因之外，也有藝術上的原因。魯迅曾指出「元稹以張生自寓，述其親歷之境」（《中國小說史略》）。囿於此，對自己風流韻事的「實錄」，缺少大膽的虛構，而只有細節上的差異，使小說整個的情節與結構不够舒展，描寫亦欠細膩。

《鶯鶯傳》是中唐時的早期作品，從寫作技巧來說，是成熟期的試驗品。比較典型地體現議論、敍事、詩詞三體備具的特點。[一]但一篇好小說，却應該有所突破，方能成爲佳作。元稹續張生的《會眞詩》就有賣弄辭藻之嫌，顯得冗長而無意義；尤其是篇末的議論，與小說中的人物性格脫節，成爲這篇傳奇的敗筆。

（侯忠義）

[一] 宋趙彥衛《雲麓漫鈔》卷八：「蓋此等文備衆體，可以見史才、詩筆、議論。」

# 訪隱者不遇

賈島

松下問童子，言師採藥去。只在此山中，雲深不知處。

賈島是以「鳥宿池邊樹，僧敲月下門」（《題李凝幽居》）二句詩中的「推敲」兩字出名的苦吟詩人。一般認爲他只是在字眼方面下功；其實他的推敲，不僅着眼於錘字煉句，在謀篇方面的構思也是同樣煞費苦心的。這首詩就是一個例證。

以發問爲詩的，最早的是屈原的《天問》。這是一首以一百幾十個對「天」提「問」的問題組成的一首長詩，從頭問到底，無一答辭。後來中唐大曆十才子中的皇甫冉，有一首《問李二司直所居雲山》的詩：「門外水流何處？天邊樹繞誰家？山色東西多少？朝朝幾度雲遮？」也是全部問句。再後，柳宗元寫了一篇《天對》，全是針對「天問」的答案。而賈島這一首極短的詩，寓問於答，在謀篇上開出了另一種新創的局面。

「松下問童子」，必有所問，而這裏把問話省略了，只從童子所答「師採藥去」，而想見當時松下之問是「師往何處去」。接着賈島又把「採藥在何處」這一問句省掉，而以「只在此山中」的童子答辭，把問句隱括在內。最後一句「雲深不知處」又是童子答覆對方「採藥究竟在山前山後、山左山右、山頂山脚、抑或山腰」的問題。明明三番問答，至少須六句方能表達的，賈島採取了以答句包賅問句的手法，精簡爲二十字。這種「推敲」就不僅在一字一句間了。

莎士比亞把精練稱做「智慧的靈魂」，中國的古詩也一向以洗煉著稱。然而這首詩的成功，不僅在於簡練；單言繁簡還不足以說明它的妙處。詩貴善於抒情。這首詩的抒情特色是在平淡中見深沉。一般訪友，問知他出，也就自然掃興而返了。但這首詩中，一問之後並不罷休，又繼之以二問三問，其言甚繁而其筆則簡。以簡筆寫繁情，益見其情急與情深。而且這三番答問，逐層深入，表達感情，有起有伏：「松下問童子」時，心情輕快，滿腔希望；「言師採藥去」，答非所想，一墜而爲失望；「只在此山中」，在失望中又萌生了一線希望；及至最後一答「雲深不知處」，就惘然若失，無可奈何，只有廢然而返了。

詩是抒情的，又是「造型」的。詩的抒情要憑藉藝術形象，講求色調和諧。這首詩似乎白描無華，不着一色，是淡妝而非濃抹。其實它的色彩鮮明，造型自然，濃淡得宜，鬱鬱青松，悠悠白雲，這松與雲，這青與白，它的形象和色調恰和雲山深處的隱者身分相稱。而且未見隱者先見蒼松，青翠挺立中隱含無限生機，亦即無窮希望，而後却見茫茫白雲，深邃杳靄，捉摸無從，令人起秋水伊人無處可尋的浮想，從造型的遞變、色調的先後中也映襯出作者感情的與物轉移。

唐代的隱者大體可分爲兩種流別：一種是朝官們，在仕途失意後，借退隱爲名，以圖東山再起。如王維晚年隱居輞川，李泌中途隱居衡嶽，都是這一類。另外一種，爲數最多，在唐代幾乎成了風氣。他們有意識地不走「明經」、「進士」的求官「正途」，而伏處山林，結交官宦，借「隱」沽名，以待徵辟。如《大唐新語》所載，唐睿宗時，盧藏用指着終南山說：「此中大有佳雲。」道士司馬承禎接着說：「以僕所觀，乃仕宦捷徑耳。」便是指這一類人而言的。這兩類人名爲隱者，實質上都是大小不等的土地占有者。他們未必「五穀不分」，但畢竟「四體不勤」。而賈島所訪的隱者，却在這兩種類型之外。這一個隱者採藥以濟世活人，同時又藉以維持師徒二人的生計，是一個眞隱者；所以賈島對他有「高山仰止」的欽慕之情。詩中白雲顯其高潔，蒼松讚其風骨，寫景中也含有比興之義。唯其如此欽慕而不遇，就更突出其悵惘之情了。

詩又是音樂的語言。《訪隱者不遇》，寫一種悵惘若失之情，決無聲調鏗鏘動人之理。此詩所採用的韻脚：「子」、「去」、「處」三字全是短促下降的、閉口的去聲四寘韻，彷彿聲音是強咽下去的。作者很注意音響效果。所以通篇二十字大都是這一類的聲音，如「只」、「此」、「師」、「知」等。聲和情是十分諧和的。至於這二十字中把隱者的築室松下、僅有師徒二人、以採藥爲生以及採藥人所必具的健康體格，也一一包含在內，那就更是餘技了。作者在這種種方面的推敲，以及謀篇佈局、斟字酌句，是遠勝於「鳥宿池邊樹，僧敲月下門」的。

和這首詩的抒軸恰恰相反的，晚唐杜牧有一首題爲《歸家》的五言絕句：

稚子牽衣問：歸家何太遲？共誰爭歲月，贏得鬢如絲？

首句以問字帶起，正和賈島這首詩一樣。而以下則和賈島不同了，連續發問，無一答句。後來北宋王安石也有一首題爲《勘會賀蘭溪主》的問詢移居的詩：

賀蘭山下幾株松？南北東西有幾峯？買得住來今幾日？尋常誰與話從容？

四句如皇甫冉一致，全是問話，但並不四句平列，而是前二句問空間，第三句問時間，末句纔以最關切的心情，把自己暗擺進去，既念其誰與往來，又隱微地表達了自己無法與他「話從容」的思念之忱。這三首貌異而心似，正如陸機《文賦》所云：「雖抒軸之予懷，怵他人之我先」。它們都能不落前人窠臼，推陳出新。

由於詩的對象不同，時間不同，客觀環境不同，以及各個作者的思想、教養、藝術風格的差異，因此同一題材可以有種種迥然不同的寫法。如這一訪人不遇的題材，唐人寫者甚多：丘爲寫來，可以用渾樸之筆，演爲長詩[一]；李白寫來，則以穠至之筆，發抒悵惘[二]；王維寫來，就瀟灑典雅[三]；僧皎然寫來，就流暢自然[四]；而李商隱寫來，清虛的如「落葉人何在？寒雲路幾層？」[五]纖穠的如「閒倚繡簾吹柳絮，日高深院斷無人」[六]……。於此可見，同一題材，不同感受，就有各種不同的詩情、詩境與風格。「體有萬殊，物無一量」，「殊聞而合響，異翮而同飛」，詩境無窮無盡，欣賞時必須進入詩中，與原作者同其甘苦，又必須跳出詩外，與其他作者相比較，這纔能欣賞得又深又廣，得其全矣。

（沈熙乾）

---

[一] 丘爲《尋西山隱者不遇》：絕頂一茅茨，直上三十里，叩關無僮僕，窺室惟案几。若非巾柴車，應是釣秋水。差池不相見，黽勉空仰止。草色新雨中，松聲晚窗裏。及茲契幽絕，自足蕩心耳，雖無賓主意，頗得清淨理。興盡方下山，何必待之子。

[二] 李白《訪天臺戴道士不遇》：犬吠水聲中，桃花帶雨濃。樹深時見鹿，溪午不聞鐘。野竹分青靄，飛泉掛碧峯。無人知所往，閒倚兩三松。

[三] 王維《春日與裴迪訪呂逸人不遇》：桃源四面絕風塵，柳市前頭訪隱淪。到門不敢題凡鳥，看竹何須問主人？城外青山如屋裏，東家流水入西鄰。閉戶著書多歲月，種松皆作老龍鱗。

[四] 僧皎然《尋陸鴻漸不遇》：移家雖帶郭，野徑入桑麻。近種籬邊菊，秋來未著花。叩門無犬吠，欲去問西家。報道山中去，歸來每日斜。

[五] 李商隱《北青蘿》：殘陽西入崦，茅屋訪孤僧。落葉人何在？寒雲路幾層？獨敲初夜磬，閒倚一枝藤。世界微塵裏，吾寧愛與憎。

[六] 李商隱《訪人不遇留別館》：卿卿不惜瑣窗春，去作長楸走馬身。閒倚繡簾吹柳絮，日高深院斷無人。

# 題金陵渡

張祜

金陵津渡小山樓，一宿行人自可愁。潮落夜江斜月裏，兩三星火是瓜洲。

一位旅人，晚上住宿在長江渡口的一座小樓上，心裏縈繞着作客他鄉的愁緒。夜深人靜，月斜潮落，越過寬闊的江面，影影綽綽看見對岸的幾點星火，猜想那大概就是瓜洲吧。

這就是《題金陵渡》所描繪的意境。景色原極平常，住在金陵渡口的人們對此大概早就司空見慣。一經詩人點染，却顯得景色如畫，詩味盎然。今天讀來，還宛見當年金陵津渡夜景，鮮明地感觸到旅人的情思。

題中的「金陵渡」，卽指金陵（今南京市）渡口，隔江和瓜洲渡相對。瓜洲，又名瓜埠，在現在江蘇省六合縣南面。本來是長江中的砂磧，後來成爲聚居的村鎭和渡口，唐代稱瓜洲鎭。今鎭江對岸、揚州市南也有瓜洲，與本篇所說的瓜洲同名而異地。

前兩句寫夜宿金陵渡。小山樓是詩人住宿的地方。因爲住在樓上，隔江的景物便容易看得比較清楚。第二句點出夜宿時的愁緒，但這愁緒究竟因什麼而引起，它的具體內容、強烈程度、表現形態，等等，詩人都不加任何描寫。可能他認爲在這裏無須這樣做，讀者根據自己的羈旅行役生活體驗，自可體會。「自可愁」三字下得也很特別，彷彿是說，一個旅人到這金陵渡口的小山樓住上一宿，便自然而然地會觸動羈愁鄉思。但他却不說出何以「自可愁」，這就引得讀者對金陵渡口的特殊情景懷着濃厚的興趣，不知不覺當中以旅人的心情和目光注視着金陵渡景物的出現。這兩句寫得比較虛，但它對三四兩句的精彩描寫，却有着不可忽視的引渡、襯托作用。這實際上是一種聰明的寫法。

第二句講到「一宿行人自可愁」，可以想見詩人這一夜幾乎一直沉浸在羈愁中。在小山樓上，漫無目的地眺望着江景，心裏則時時翻動着異鄉羈旅的愁思。從潮起到潮落，從月上到月斜，經歷了很長的一段時間。這中間的情景都沒有加以抒寫，却特意選擇「潮落」、「月斜」時的景色來描繪，這是因爲此時的景色不但有一種特殊的美感，而且觸動了羈旅者的另一種感情。在月上、潮漲時，旅人剛到一個陌生的地方住宿下來，面對異鄉風物，江潮夜月，心情往往很不平靜，鄉愁也最強烈（所謂「大江流日夜，客心悲未央」，「共看明月應垂淚，一夜鄉心五處同」）。在這種情況下，外界景物是供愁獻恨的憑藉，而不是欣賞的對象，江對岸的兩三星火是不易被發現與注意的，只有當夜深人靜，潮水已經落下去，江面恢復平靜，斜月半照着江面時，視線才會變得特別清晰，注意力也就自然集中到原來模糊一片的對岸，看到那裏有幾點星火在閃爍。於是，詩人猜想：那星火閃爍處，大概就是長江北岸著名的瓜洲渡吧！這裏所描寫的，是羈旅者在經歷了長時間的羈愁之後，心境逐漸趨於平靜之時偶而發現的一種美的境界。它雖然是羈旅者眼中所見，但其中所藴含的，已經主要是一位旅人對自己在不經意中發現的美的境界的喜悦；是對旅途景物的新鮮感和富於詩意的遐想。江對岸兩三星火閃爍處，就是明天要經過的瓜洲渡，這裏究竟是怎樣的一幅景象呢？在朦朧月色與閃爍星火中，瓜洲似乎顯得特別神祕、新奇，對剛剛恢復了心境平靜的羈旅者具有吸引力。而這種羈旅者對旅宿風物的新鮮感與喜悦感，並不直接説出，只寓含在所描繪的景色中，因此讀來倍覺耐人尋味。

生活中常有這樣的情形：某些原極平常的、人們習而不察的事物，一經詩人涉筆，往往詩味盎然，極富情韻與意境。人們在領略詩人所創造的優美的藝術意境的同時，還往往從中得到如何發現平凡事物中所藴含的詩意美的啓示，《題金陵渡》之所以爲人欣賞。後者大概是一個重要的原因。

（劉學鍇）

# 閨意獻張水部

朱慶餘

洞房昨夜停紅燭，待曉堂前拜舅姑。妝罷低聲問夫婿，畫眉深淺入時無？

我們暫且撇開題目，首先直接進入詩人所描繪的藝術境界。

像是一個戲劇小品。帷幕拉開，呈現在面前的是色彩繽紛、充滿喜慶氣氛的新婚洞房。天已破曉，案前的紅燭還在燃燒，給本就華豔的洞房增添了融怡的春意。案旁，新娘正對鏡梳妝。新郎則在一旁端詳着新婚的愛侶，間或給新娘遞一樣首飾，畫一下眉毛。梳妝完畢之後，就要雙雙到堂前去拜見公婆。新娘的臉上，既洋溢着新婚的幸福、歡樂，又微露忐忑不安：即將拜見的公婆，究竟是什麼脾性，還不大摸得清呢。新嫁娘於是帶着嬌羞的神情低聲向身旁的新郎問道：我這眉毛的濃淡畫得是否合乎時宜，能討公婆的喜歡嗎？

三、四兩句確是傳神寫照之筆。不用作任何瑣細的分析，誰都能直感到畫面的鮮明，人物內心活動、聲容笑貌的生動畢肖，特別是能強烈地感受到充溢在詩句中的極爲濃郁的生活氣息。完全是白描，而且只寫了新嫁娘「問夫婿」的一句話，但新嫁娘此時沉醉於新婚幸福之中的心理狀態，顧影自憐的神情，乃至「低聲問夫婿」時的親昵嬌羞的口吻，都躍然紙上，使人感到一股新婚閨房的氣息正迎面撲來。絕句不是小說。它不可能也沒有必要像小說那樣去細緻地描寫人物的形貌言行、心理性格，但不排斥它可以有極精彩的簡潔而傳神的人物描寫。三四兩句，作爲人物描寫的一個精彩片斷，足以與小說中的類似描寫比美。它的藝術上的成功，可以

閨意獻張水部

歸結爲一句話：完全符合「規定情景」，卽符合「洞房昨夜停紅燭，待曉堂前拜舅姑」這樣一個特定的環境。

如果只看這四句詩，肯定會認爲這是一首閨房卽事或新婚雜詠，然而不能忘記《閨意獻張水部》這個詩題。這說明詩雖明寫閨房情事，暗中却另有寄寓（題又作《近試上張籍水部》），把它要寄寓的內容點得更加明顯）。原來，唐代參加科舉考試的士人，爲了造成聲譽，往往在考試前將自己平日所作詩文（包括傳奇作品）呈獻給當時有文名的著名人物，叫作「行卷」；如果得到對方的賞識、揄揚，在上層社會中有了聲名，就有可能登第。這首詩就是作者在臨近考試的日期，將詩文呈獻給當時著名詩人張籍（時任水部員外郎），請他加以評論的一篇以詩代書之作。詩中的新嫁娘是詩人自喻，「夫婿」喻張籍，「舅姑」則喻主司（考官）。着意寄託的其實只在末句，卽以畫眉深淺是否入時比喻自己的詩文是否合乎時尚，是否能中主考官的意。這層意思，無論是當事人張籍還是讀者，通過詩題的暗示，聯繫詩中所描繪的形象，自能意會。

謎底一經揭穿，今天的讀者也許感到索然寡味，因爲詩人所寄託的內容在今天已經沒有什麼積極意義。但作爲一篇成功的比興寓言體作品，這首詩却仍然能給我們有益的啓示。以男女之情托寓政治人事、身世遭際，源遠流長，其中有不少優秀之作。但魏晉以來，許多比興寓言體作品往往離開生活來運用比興。把「託美人以喻君子」變成襲用前人作品的形象、語言、表達方式來圖解某種一成不變的概念，陳陳相因，流於公式化、概念化，缺乏生動的形象、濃鬱的生活氣息和感人的藝術力量。朱慶餘的這首詩，它的別開生面之處，就是比興從生活中來。詩中的比興形象，具有生活本身那樣的生動性、具體性。卽使撇開它所寄託的內容，仍然是一首極爲生動的描繪閨房兒女情事的好詩，保有它獨立的藝術價值。爲了說明這一點，不妨舉歐陽修的《南歌子》詞爲證：

鳳髻金泥帶，龍紋玉掌梳。走來窗下笑相扶。愛道畫眉深淺入時無。　弄筆偎人久，描花試手初。等閒妨了繡工夫。笑問雙鴛鴦字怎生書？

閨意獻張水部

很明顯，歐詞不但用了朱詩成句，而且在人物形象的描繪上也從朱詩偷得了一點靈感。歐詞別無寄託，但它對女性形象的生動描繪却至今仍爲人所稱道。這說明，從生活中來的比興形象本身，對它所要寄寓的內容來說，有相對的獨立性。生活之樹常青，這對比興體作品來說，也是一條規律。

（劉學鍇）

# 秋日赴闕題潼關驛樓

許　渾

紅葉晚蕭蕭，長亭酒一瓢。殘雲歸太華，疏雨過中條。樹色隨關迥，河聲入海遙。帝鄉明日到，猶自夢漁樵。

這首詩，清代吳汝綸說它「高華雄渾」，是許渾集子裏的「壓卷之作」。這話是很有見地的。

我們從詩題和詩意中可以察知：這首詩應作於許渾初赴長安路經潼關之時。「紅葉晚蕭蕭」，詩人在一個秋天的雨後黄昏，登上驛樓高處，首先注視到四周與夕陽相輝映的漫山紅葉，聽到它被秋風吹動的瑟瑟聲響，意識到秋意已深，夜幕將臨，心頭難免掠過一縷悲涼的意緒。他初次離開故鄉江南，踏上迢迢幾千里的征途，奔赴長安應試：在那樣一個昏暗的社會裏，他能有多大把握獲得成功呢？這開頭一句，通過景物的描繪，既點明了季節和時間，又渲染出一種悲涼的氣氛，起到了以景託情和景中見情的作用。

此詩題目，另本作《行次潼關，逢魏扶東歸》。從次句「長亭酒一瓢」中的「長亭」一詞，仍能覺出它含有送別的情味。魏扶東歸，自己仍須西去，難免更添離鄉之愁；因此詩人只好借一瓢酒消愁了。

但詩人畢竟沒有長時間沉浸在離愁別苦之中。他馳目四望，眼前展現了一個廣袤的空間：「殘雲歸太華，疏雨過中條。」殘雲歸岫，意味着天將放晴；疏雨乍過，使人稍稍生清新之感。詩人胸襟因之開闊，懷抱爲之潔淨。「樹色隨關迥」，他的視線不斷延長；「河聲入海遙」，他的聽覺不斷推遠。如果說隨關遠去的蒼蒼樹色是實寫所見，那麼迢遙入海的洶洶河聲則是虛擬所聞。以實帶虛，虛中見實。這都由於作者站得高（不是指身在高處，而是指思想角度高），因此才望得遠，想得深沉。像這樣「高華雄渾」的意境，在晚唐詩中是不多見的。

末尾兩句，以言情作結。「帝鄉明日到，猶自夢漁樵」，表明詩人赴闕並非完全出於自願。面對着祖國雄偉壯麗的河山，詩人益發感到內心苦悶。詩人動搖於出仕與退隱兩者之間。這種苦悶和動搖，正是那個時代的產物。試想：當時知識分子處在那樣頹敗的社會中，除或仕或隱之外，又能從何處尋出路呢？像陶潛那樣歌唱「帝鄉不可期」而歸隱漁樵，以示不與封建統治者同流合污，豈不是比那些一味鑽營利祿的無恥之徒要高出一頭嗎？

殘雲尚且懂得歸太華山，詩人自然而然就想歸隱漁樵。從這方面說，許渾的「殘雲歸太華，疏雨過中條」兩句，又跟陶潛的「衆鳥欣有托，吾亦愛吾盧」兩句同一機杼了。

許渾集子裏寫潼關的詩共有四首。其他三首雖也不弱，但都不如這首好。在《秋霽潼關驛亭》一詩的頷聯中，又重見「殘雲歸太華，疏雨過中條」兩句。後人多批評許渾「句聯每每復出」，其實不足爲怪。同一警句在不同篇章中重見復出的詩人，在文學史上又何止許渾一個？晏殊的「無可奈何花落去，似曾相識燕歸來」，不是一用於詩，再用於詞麼？這說明好句實在難得。因此詩人對自己的好句有所偏愛，是完全可以理解的。

（蔡厚示）

# 咸陽城西樓晚眺

許渾

一上高城萬里愁，蒹葭楊柳似汀洲。溪雲初起日沉閣。山雨欲來風滿樓。鳥下綠蕪秦苑夕，蟬鳴黃葉漢宮秋。行人莫問當年事，故國東來渭水流。

這首詩題目有兩種不同文字，今採此題，而棄「咸陽城東樓」的題法。何也？一是醒豁，二是合理。比如李德裕有《登崖州城作》，羅隱有《登夏州城樓》有了一個「登」字，就一切明白了，再不致爲後人誤會是以「城樓」爲題的「詠物詩」。然而，李義山也分明大書《安定城樓》一題，既不言登，也不說眺（此種例子不少，今特專舉晚唐詩人也），作者、覽者都認爲題意自明，原不須像後來「試帖」詩家那等地拘墟小樣。我因何又取這個囉嗦題呢？就只爲那個「西」字更近乎情理——而且「晚眺」也是全詩一大關目。

提起義山的《安定城樓》，倒也有趣，那首詩，與許丁卯這篇，不但題似，而且體同（七律），韻同（尤部）這還不算，你再看義山詩那頭兩句怎麼寫的——

迢遞高城百尺樓，綠楊枝外盡汀洲。

這實在是巧極了，就如同倆人有個約會似的。最奇不過的是都用「高城」，都用楊柳，都用「汀洲」。

然而，一比之下，他們的筆調，他們的情懷，就不一樣了。義山一個「迢遞」，一個「百尺」，全在神超；而丁卯一個「一上」，一個「萬里」，端推意遠。神超多見風流，意遠兼懷氣勢。

「一上」的一，和「萬里」的萬，本是兩回事，並非「數字」的關係，但是我們漢字文學——特別是詩，離開漢字的特點特色，是根本無法理解——當然也無法講解的。正如李義山的「相見時難別亦難」，兩個難字，意思、用法本不相同，却被詩人的巧思妙用聯在一句之中，平添了無限的韻味。「一」上高城，就有「萬」里之愁懷，也正是巧用了兩個不同意義的「數字」而取得了藝術效果——這種妙趣，不要說譯成外國文字，就是改成「白話」，那也「全完了」！

記得顧隨先生在《蘇辛詞說》裏講一首登臨眺望之作，說道：千古高人志士，定是登高望遠不得；一登了望了，便引起無限感懷，滿腔愁緒。（大意如此。隨手行文，未能檢引原書——那是用參採語錄式的文體而講說的。）此話當眞不假。要在古代詩詞中尋找例證，縱不汗牛充棟，怕也車載斗量。即如稼軒，不是就說「我來弔古，上危樓贏得閒愁千斛」嗎？雖說是「閒愁」（這聽起來不太冠冕堂皇），却有千斛之多哪！詞人豈好爲誇大之語哉。

此理既明，則丁卯這詩的起句，就「有情可原」了。

辛稼軒千斛之愁，緣何而起？他自己上來就「交代」，很「坦白」：「我這是來弔古」的。可以說，那是「時間」上的事情無疑了。丁卯此篇，弔古與否，須待「後文再表」，上來却是萬里之愁，這應是「空間」上的事情才對。雖說是萬里之遙，畢竟他也有個實指。其意中這是哪個範圍？詩是活龍，你硬要打成死蛇看，未免太嫌呆相；然而詩人筆下分明逗露，並非講者有意穿鑿。你看李義山，他次句接寫的是「綠楊枝外盡汀洲」，一個「盡」字，斑斑實景——據說安定涇州東邊果有一處名叫美女洲。既是實景，便爲正筆，遂爾無多可說。若論許丁卯這句，他所緊接的却是「蒹葭楊柳似汀洲」，一個「似」字，早已分明道破，此處並無有什麼眞個的汀洲，不過是想像之間，似焉而已。既然似而非是，爲何又非要擬之爲汀洲不可？須知詩人家在潤州丹陽，他此刻登上咸陽城樓，舉目一望，見秦中河湄風物，居然略類江南。於是筆鋒一點，微微唱嘆。萬里之愁，正以鄉思爲始。蓋蒹葭秋水，楊柳河橋，本皆與懷人傷別有連。愁懷無際，有由來矣。

以上單說句意。若從詩的韻調豐彩而言，如彼一個起句之下，著此「蒹葭楊柳似汀洲」七個字，正是「無意氣時添意氣，不風流處也風流」。學詩之人，且宜體會。提筆作詩，處處是「意」，而不知有文采風流、高情遠韻之事，那就只能始終是「意」而總非是詩了。再從筆法看，他起句將筆一縱，出口萬里，隨後立卽將筆一收，回到目前。萬里之遙，從何寫起？一筆挽回，且寫眼中所見，瀟瀟灑灑，全不滯呆，而筆中又自有萬里在。倣批點家一句：此開合擒縱之法也。

話說詩人正在憑欄送目，遠想慨然——也不知過了多久，忽見一片雲生，暮色頓至；那一輪平西的紅日，已然漸薄溪山——不一時，已經隱隱挨近西邊的寺閣了——據詩人自己在句下註明：「南近磻溪，西對慈福寺閣。」形勢了然。却說雲生日落，片刻之間，「天地異色」，那境界已然變了，誰知緊接一陣涼風，吹來城上，頓時吹得那城樓越發空空落落，蕭然凛然。詩人憑着「生活經驗」，知道這風是雨的先導，風已颯然，雨勢迫在眉睫了。

景色遷動，心情變改，捕捉在那一聯兩句中。使後來的讀者，都如身在樓城之上，風雨之間，遂爲不朽之名作。何必崇高巨麗，要在寫境傳神。令人心折的是，他把「雲」、「日」、「雨」、「風」四個同性同類的「俗」字，連用在一處，而四者的關係是如此地清晰，如此地自然，如此地流動，却又頗錯綜輝映之妙，令人並無一絲毫的「合掌」之感——也並無組織經營、舉鼎絕臏之態。名下無虛，豈僥倖邀譽哉。我說四個字的「關係」如彼之清晰、自然而又流動，當然是指他寫雲起日沉、雨來風滿，在「事實經過」上是一層推進一層，井然不紊。然而「藝術感覺」上，則又分明像是錯錯落落，「參差」有致——這不知是何緣故？豈卽我個人的一種「錯」覺乎？「沉」字，「滿」字，着實斤兩沉重，更加「日沉」舌，「風滿」脣，音色各得其美。「起」之與「沉」，當句自爲對比，而「滿」之一字本身亦兼虛實之趣——曰「風滿」，而實空無一物也；曰空空落落，而益顯其愁之「滿樓」也。

「日」、「風」兩處，音調小拗，取其峭拔，此爲常見之理趣，原不待多說；但今日年輕的學子，或有

咸陽城西樓晚眺

未明，還該略加申解：此一聯，到第五個字上，上句當用平聲字，它却是仄；下句當仄，它却是平。恰好掉反了。此蓋律詩於精嚴不紊的音節規律中，偶於整齊中小加變化，且「風」既作平，適以兼救「來」字孤平，變而非亂，規律益明，此之謂藝術，而藝術豈有「亂來」就行的事情？

那麼，風雨將至，「形勢逼人」的情況下，詩人是「此境凛乎不可久留」，趕緊下樓匆匆回府了呢？還是怎麼？看來，他未被天時之變「嚇跑」，依然登臨縱目，獨倚危欄。

何以知之？你衹看它兩點自明：前一聯，雖然寫得聲色如新，氣勢兼備，却要體味那個箭已在弦，「引而不發，躍如也」的意趣。而下一聯，鳥下平蕪，蟬吟高樹，其神情意態，何等自在悠閒，哪裏是什麼「暴風雨」的問題？

我意吾人讀詩學句，不可一見「山雨」之二字，加上「來」之一字，卽便「死於句下」。須看那詩人衹說「欲」來，筆下精神，全在虛處，本來不是死語。假使山雨眞個大降，而且還必定是「暴」，那下聯當「正面」寫雨，或「詠暴風雨」，我們大約應當看到天昏地暗呀，傾盆翻滾呀……等等纔是。如何還會衹有什麼鳥下綠蕪，蟬鳴黃葉呢？

夫斜日雲遮，危樓風急，以常理而推，地接溪山，可能雨卽隨之——此卽不虛。然而，雨大雨小，雨久雨暫，誰又知之？甚至風勢雖緊，雲意未濃，數點霑灑之後，「人間重晚晴」，正恐不在情理之外。不然者，何以詩人置已「來」之「暴風雨」於鳥下蟬鳴之間乎？

以上純爲一己讀時之感覺，未必卽當。比如，雲已乍起，雨卽欲來，雖詩人不爲境牽，依然屹立城樓，而蟲鳥亦知天色之變，形勢之迫，故一則不敢高翔，降於平地，一則風送聲急，嘈嘈盈耳。凡此皆加一倍寫風雨之勢，非「悠閒」也。信如此解，則此全篇乃觀察天時物象之作也，何以第七句能遽接「行人莫問」？夫秦苑之夕，漢宮之秋，此任何常時所能感者也，又何必定待疾風暴雨而後知乎？故我意此詩雖後來享名以頸聯一句，當日詩人本旨實以腹聯爲重心。溪雲山雨，閣日樓風，不過一時之暫，適逢其會，借爲題目增一層色彩耳。

講到此處，不禁想起，那不知名氏的一首千古絕唱《秦樓月》：

……樂遊原上清秋節，咸陽古道音塵絕。音塵絕，西風殘照，漢家陵闕。

持此合看，雖然異曲難同，而其情景之間，豈無一點相通之處？詩人許渾，也正是在西風殘照裏，因見漢闕秦陵之類而引起了感懷。

咸陽本是秦漢兩代的故都，舊時禁苑，當日深宮，而今衹一片綠蕪遍地，黃葉滿林，唯有蟲鳥，不識興亡，翻如憑弔。「萬里」之愁乎？「萬古」之愁乎？

行人者誰？過客也。可泛指古往今來是處征人游子，當然也可包括自家在內，但畢竟並非一己之情，個別之感。其曰莫問，也請勿參死句——他正是欲問，要問，而且「問」了多時了，正是說他所感者深矣！

「故國東來渭水流」，結束全篇——並不十分警策動人，却也神完氣足。吹毛求疵，腹聯已嫌「合掌」（對仗太「工」太板，而筆無跌宕之致）；此結句第四字「來」，與「山雨欲來」句之第四字犯復——復猶可也，不合都用在同一個「第四字」位置上，此眞大病。

「故國」者何也？古都也，「東來」者何也？說者謂，咸陽地枕渭水，渭水之流，自西而東也。是否？是否？

假如除此一解，實無別義可言，則其遣辭鑄句，不已拙乎？所以我也曾疑此「東來」字恐有千百年來傳寫之誤，未必卽是詩人遂而失檢一至於此耳。但另一合理之解應是：我聞咸陽古地名城者久矣，今日東來，至此快覽——而所見無幾，唯「西風吹渭水」，繫人感慨矣。覺如此讀去，文從字順，於理最通。但問題是：許渾此次登上咸陽城，是否自咸陽以西之某地而到此者？這就牽涉到歷史考證的事，非我輩空疏口議所能解紛了。

至於「山雨欲來風滿樓」，爲人傳誦（甚至濫用得十分庸俗化了），固當擊賞，却也不可忘掉它的上句

「溪雲初起日沉閣」；下句之好，全在上句輔成之，輝映之，而不是孤零零地「好」起來的。「蒹葭楊柳似汀洲」，也隱隱爲下文的平蕪高樹牽引脈絡。凡此細處，幸留意焉。

又不禁想起，詞人柳三變，那一首千古絕唱《八聲甘州》：

對瀟瀟暮雨灑江天，一番洗清秋。漸霜風凄緊，關河冷落，殘照當樓。是處紅衰綠減，冉冉物華休。唯有長江水，無語東流……

你看他寫得何等地蒼涼激越，何等地警策動人！比較之下，筆力遠勝許君。柳郎當日，也正是在暮雨瀟瀟、旋即復晴的情景下，「不忍登高臨遠，望故鄉渺邈，歸思（去）難收」。但柳郎雖也觸及了「時間」之感，其下半終歸是停留在「空間問題」——「佳人凝望」上，却不像許君思緒由「萬里」而轉到「千年」。那麼，這篇名作的價值，還在於它顯示了一位詩人的感情在「時」、「空」兩「間」的「交叉點」上的一種複雜的變化活動。

或者以爲，此篇當有深意，蓋許渾生當晚唐，預感唐朝局勢也。詩無達詁，仁智之分所在恆有。陳子昂，一登上幽州臺薊北樓，就寫下了前不見古人，後不見來者，以致天地悠悠之感，爲之愴然涕下。那自然又是一番情景。然而陳乃初唐詩人，「文章高蹈」，他那又是「預感」的什麼呢？

我在上文說，此詩結句，雖不見十分精彩却也神完氣足，如今還要略作補說：氣足，不是氣盡，當然也不是語盡意盡。此一句，正使全篇有「狀難寫之景，如在目前；含不盡之意，見於言外」的好處，確實它有悠悠不盡之味。「渭水」之「流」，自西而東也，空間也，其間則有城、樓、草、木、汀洲；其所流者，自古及今也，時間也，其間則有起、沉、下、鳴、夕、秋……三字實結萬里之愁，千載之思，而使後人讀之不禁同起無窮之感。如此想來，那麼詩人所說的「行人」，也正是空間的過客和時間的過客的統一體了。

（周汝昌）

# 李憑箜篌引

李賀

吴絲蜀桐張高秋，空山凝雲頽不流。江娥啼竹素女愁，李憑中國彈箜篌。崑山玉碎鳳凰叫，芙蓉泣露香蘭笑。十二門前融冷光，二十三絃動紫皇。女媧煉石補天處，石破天驚逗秋雨。夢入神山教神嫗，老魚跳波瘦蛟舞。吴質不眠倚桂樹，露脚斜飛濕寒兔。

全詩十四句，五次換韻。前四句彷彿是李賀的「報幕詞」——「引」前之「引」。

我有這樣一個幻覺場面：

那個龐眉、瘦身子的青年詩人李賀，站在幕前，他說：「現在是『時維九月，序屬三秋（高秋）……煙光凝而暮山紫』。用我的語言說，就是『空山凝雲頽不流』。請你們聽李憑的箜篌獨奏：絃聲漸已彈奏起來，這音樂不僅可以遏行雲，而且使最知音的素女、湘君、湘夫人也感動了……」於是幕啓，李賀不見了，李憑正抱着箜篌在場。我這個外行「聽衆」從玉碎鳳鳴中醒了過來。

一無所有啊，祇面對着蟲蝕了的舊刻《昌谷集》開卷第一篇這首詩。

我爲什麼一開頭就扯到王勃《滕王閣序》？因爲一接觸李賀這詩先就是「高秋」、「空山凝雲」，設想到作者很可能把他本朝前輩同命運的詩人這篇名文讀得爛熟。而這兩位詩人，恰巧都是祇短促地活在人間二十七年。

我們且來賞析文字：

因爲他在第四句纔點出何人在何地奏何樂，第一句避開先說破箜篌，而以「吳絲蜀桐」代之。借此先介紹樂器選材之精，製造之美。「張」字是詩人選擇的最好一個動詞，嵌在吳絲蜀桐與高秋之間，不僅是指張設樂器，也使人感到秋氣高張。這裏張字似應讀本音陰平（第一聲）。構成此句衹有一個仄聲「蜀」，他六字皆用平聲，四陰（絲、張、高、秋）兩陽（吳、桐），這也似有意偏用清揚的韻字，爲秋夜聽音樂的場面予人以強烈的印象。

我說是秋夜，下面「十二門前融冷光」及「吳質不眠倚桂樹，露脚斜飛濕寒兔」可證。「空山凝雲頽不流」，暗示寒色。我不迷信宋本，「空山」它作「空白」，「空白」則是白日的天空，不僅和整幅詩的氣象有違，也和本句「凝雲頽不流」接逗得太勉強。此詩實是夜聽彈箜篌也。

李憑是宮廷樂師，在唐代所謂「梨園弟子」。楊巨源亦有《聽李憑彈箜篌》詩云：「聽奏繁絃玉殿清，風傳曲度禁林明。君王聽樂梨園暖，翻到雲門第幾聲。」「花咽嬌鶯玉漱泉，名高半在御筵前。漢王欲助人間樂，從遣新聲墜九天。」（「從遣」似應作「重遣」，因李憑所彈或係玄宗時曲。言「新聲」者，示前代未有耳。

第五、六句，換用去聲韻，玉碎聲，鳳凰叫聲，既「清」且「和」。芙蓉含露似泣，蘭開如笑。二句形聲繪影，一句是耳聞，一句是襯景。而這景又是動的，芙蓉（秋荷）、香蘭（秋蕙）的一泣一笑（一殘一開）都是由箜篌聲所感受得到的。

第七、八句又換平韻：言長安十二門的月光（冷光）也融合了，箜篌的絃聲聳動了天帝——借指唐皇。觀前面所引楊巨源詩「君王聽樂梨園暖」可知。李憑此曲也由內廷彈到外邊，「漢王欲助民間樂，從遣新聲墜九天」是也。否則，一個沒落貴族、在京當小官職奉禮郎的李賀，是不能聽到的。

第九、十、十一、十二句，換上聲韻，突然高、尖、險，石破天驚！詩人既想到天上，就會想到女媧補天，就會想到那補天的石頭。又在那補處破了！天驚了，天也漏了，秋雨瀉落。這音響，這形象，不僅比白居易《琵琶行》「銀瓶乍破水漿迸」百倍巨大，千倍強烈，且爲從來詩句未有！

「教神嫗」的「教」字，是被動詞，不是主動詞。這一點不可不知，否則就搞顛倒了，就會誤解。是李憑夢入神山受教於神嫗成夫人——傳說是晉代兗州彈箜篌的好手。李憑得有神技，彈起來，能使魚躍蛟舞。詩人對音樂當然是內行，他懂得彈箜篌的「指法」，指法有「鯉魚三跌子」，據說是舞曲。他用上了。

最後二句又換用去聲。看來已是曲終人去，寒月在天，却留給聽箜篌者一個不眠之夜。這樣收篇，比「餘音繞樑」一類話還說得好。

開始我說過我的幻覺，這裏我推想李賀未嘗不有他的幻覺。

這幻覺，他在聽終，或在聽中就構成了。他想到了曹植，就聯想到曹植的密友吳質。曹植寫過《箜篌引》：「置酒高堂上，親交從我遊。秦箏何慷慨，齊瑟和且柔……」又劉義慶《箜篌賦》：「名啓端於雅引，器荷重於吳君。」他幻覺是曹植置酒宴親交，吳質在座聽箜篌，興奮忘倦，失眠不寐，倚着桂樹。這時夜深露重，寒月帶濕，天上人間，化爲一體，吳質吳剛，幻爲一人。這個「質」字決非「剛」字之誤，這個吳質就是李賀！

我說是吳質，不是吳剛，最早是得到丘季貞的啓發。這裏用得着一句舊話：「以意逆志」，便覺明人黃淳耀「吳質疑作吳剛」、董懋策「吳質當作吳剛」之非，破清人王琦「豈郎用吳質事，而載籍失傳，今無可考證歟？」之疑了。既是幻覺，就不能乞靈於考證。李賀的詩，本來就不可以常「理」解的。杜牧敘李賀詩，說「蓋騷之苗裔，理雖不及，辭或過之。」又說「少加以理，奴僕命騷可也。」杜牧所說的「理」就是「常理」，以此對李賀詩而論，未爲知言。

王琦有一段話說得好：「琦翫詩意，當是初彈之時，凝雲滿空；繼之而秋雨驟作；洎乎曲終聲歇，則露氣已下，朗月在天。皆一時實景也。而自詩人言之，則以爲凝雲滿空者，乃箜篌之聲遏之而不流；秋雨驟至者，乃箜篌之聲感之而旋應。似景似情，似虛似實。讀者徒賞其琢句之奇，解者又昧其用意之巧，顯然明白之辭，而反以爲在可解、不可解之間，誤矣！」

所謂「似景似情、似虛似實」，詩中的江娥、素女、紫皇、神嫗，芙蓉、香蘭、桂樹，老魚、瘦蛟、寒兔……似亦不分人、神、植物、動物，都應作如是觀。

李賀的詩，如七寶琉璃建築物，受到日光或星月照耀，外觀已使你眼花繚亂，從各個不同的角度、時間感到不同的熾熱和幽冷。進入內部，更知不是一把鑰匙可以開每一個門。其結構之奇，陳設之異，路徑之險，方位之迷，光線之陰暗，上下之恍惚，皆似夢中曾到而實際上沒有來過。這是我少年時初次接觸李賀詩歌的印象，這印象，到現在老了還或多或少保留着……

李賀詩不論選字、造句、瀝韻、刷色、謀篇，都接近韓愈又不同於韓愈，其峭拔、新奇處或有過之。此詩與韓詩《聽穎師彈琴》相較，清人方世舉云：「韓足以驚天，李足以泣鬼。」我以爲韓詩驚天也「移人」（方還說「白足以移人」，指白居易的《琵琶行》）。李賀此詩，則泣了鬼，又驚了天。（陳邇冬）

# 雁門太守行

李　賀

黑雲壓城城欲摧，甲光向日金鱗開。角聲滿天秋色裏，塞上燕脂凝夜紫。半捲紅旗臨易水，霜重鼓寒聲不起。報君黃金臺上意，提攜玉龍爲君死。

古來詩壇多有軼聞趣事，關於這首詩也有一段傳說。據楊愼《升庵詩話》引《唐摭言》云：有一次年輕的詩人李賀，捧着自己的詩卷去謁見名滿天下的大文豪韓愈，正值韓愈暑臥方倦，欲讓門人將李賀辭退。但當他漫不經心地翻開詩卷，見到卷首的《雁門太守行》時，便睡意頓消，立即整衣，鄭重地出來與李賀相見。

傳說固不必當眞，可這首詩確有其動人的藝術魅力。

開頭兩句「黑雲壓城城欲摧，甲光向日金鱗開」，徑直點出兩軍對壘，一觸即發的緊張氣氛和驚險場面。你看，天上的烏雲滾滾，沉重地壓向孤城，城幾乎要被摧垮；壓境敵兵的鐵甲，在日照下像魚鱗一樣閃閃發光。這，無疑是大戰前夕的寂靜，孤城將破未破的時刻。這裏要順便提一句，對這兩句詩，古人曾有不同的理解，北宋大詩人王安石就譏諷其細節的失眞：「方黑雲之盛如此，安得向日之甲光？」清代學者王琦則又用生活經驗反駁道：「秋天風景倏陰倏晴，瞬息而變，方見愁雲凝密有似霖雨欲來，俄爾裂開數尺，日光透漏矣。此象何歲無之？何處無之？」（見王琦等《李賀詩歌集註》）這種爭辯，似能說明古人讀詩之細，但也啓迪我們，欣賞詩歌時不能把生活眞實與藝術眞實畫一等號。接下來，「角聲滿天秋色裏，塞上燕脂凝夜紫」。出人意料，詩人筆鋒一轉，情勢急變，爲我們展現出塞上戰場的秋暮情景：嗚嘟嘟的號角聲，低沉地迴盪在肅殺冷落的秋色裏，傍晚的緋紅雲霞像胭脂一樣，不久又變成濃重的夜氣漫裏塞上。「角」，古代軍中吹器，用於發號施令。「胭脂」，用來形容晚霞。「秋色」，即秋天的景色。秋天在古人的眼裏，是悲傷的季節。「蓋秋之爲狀也：其色慘淡，煙霏雲斂；其容清明，天高日晶；其氣慄冽，砭人肌骨；其意蕭條，山川寂寥。故其爲聲也，淒淒切切，呼號奮發。」（歐陽修《秋聲賦》）「凝夜紫」，可以理解爲暮色漸深。試想，在這樣令人感傷的季節，又是日暮思歸的時候，再加上即將爆發的生死攸關的戰爭，就不能不讓人頓生軍旅生涯的蒼涼淒楚之感。再下來兩句，「半捲紅旗臨易水，霜重鼓寒聲不起。」詩人告訴我們的，是有一支奇兵，寒夜出襲，以解圍困。他們人疾走，馬銜枚，紅旗半捲，臨水偷渡，夜深霜濃，鼓聲不揚。「易水」，水名。詩中未必實指。地理上一般指「北易水」，源出今河北省易縣北。詩中也許憑藉「易水」，來暗示那場千古流傳的「壯別」：那是說戰國時燕國的太子丹，爲救亡圖存，派勇士荊軻前去行刺秦王嬴政，易水送別，人皆縞素，荊軻慷慨悲歌：「風蕭蕭兮易水寒，壯士一去兮不復還！」歌罷，「士皆瞋目，髮盡上指冠。」這等「天地慘愁」，「壯士赴死如歸」的悲壯場面，似與軍士寒夜出征遙相呼應，決死赴國難的精神千古相通！以上全是寫景敍事，詩人充滿感情地烘托和渲染氣氛。而結尾兩句：「報君黃金臺上意，提攜玉龍爲君死。」則是直抒胸臆，那是戰士同仇敵愾的心聲，也是詩人激昂奮起的吶喊，洋溢着拚死殺敵，爲國捐軀的豪情壯志。「黃金臺」，指戰國時燕昭王爲求天下英才，築起高臺，置千金於其上招聘人才。「黃金臺上意」，卽是君主求賢若渴之意；「玉龍」代指寶劍。傳說晉人雷煥於豐城縣得玉匣，內藏二劍，後入水變爲龍。那麼這兩句的字面意思是說，爲報答君王的知遇之恩，我將提着寶劍，拚死殺敵。

回過頭來，我們再體味全詩，會發現詩人給我們勾畫的，是一幅蒼涼悲壯的邊城苦戰圖：塞上的孤城，壓境的強兵，秋色日暮，深夜出襲，艱苦卓絕的環境中，崛起戰士義無返顧的犧牲精神和英雄氣概，千年之後，我們重新讀來仍爲之心神激蕩，血熱中腸！

詩的題目叫《雁門太守行》，雁門，古地名，指雁門郡。卽今山西省北部，古來屬交兵之地。太守，官名，是一郡之長。行，是歌行之意。題目是漢代樂府《相和歌・瑟調曲》的舊題，六朝和唐人多有擬作，大都是詠嘆征戍之苦的。李賀擅長樂府寫作，舊曲中翻出新意，在詩人寄託的情懷裏，還有其安身立命的意義，不能當寫實的邊塞詩來讀。我們知道，李賀（七九〇——八一六）字長吉，河南昌谷（今宜陽）人。他是李唐皇室的後裔，但却是衰微的一支。由於父親名「晉肅」，與進士的「進」字犯諱，受到傾軋，不能應舉，終身只做過一個職掌祭祀的九品小官奉禮郎。他一生窮愁潦倒，鬱鬱不得志，死時纔二十七歲。但是他才高志大，雄心勃勃，老是想有一番作爲，可是高遠的理想又常常在腐朽的現實面前碰壁，一生都處在壓抑憤懣之中。他那懷才不遇，報國無門的悲憤和牢騷之情，強烈地在詩歌中得到發抒：「男兒何不帶吳鉤，收取關山五十州。請君暫上凌煙閣，若個書生萬戶侯。」（《南園》）就有欲求奮進中的自嘲；「買絲繡作平原君，有酒惟澆趙州土」（《浩歌》），則充滿對於握有權柄又能知人善任者的期待；「少年心事當拏雲，誰念幽寒坐嗚呃！」（《致酒行》）就在失意中寄託着自勉。他就是這樣表達理想和現實撞擊時的情感波動和內心態度。古人說他這是「哀憤孤激之思」，更多的是憂己身不遇的思想感情。那麼，我們就不難明白，這個從未上過戰場的書生寒儒，在詩中發抒的是大丈夫爲國立功的壯志，呼喚的是識得人才的明君。而詩中效命疆場、九死不悔的戰士形象，明顯地有詩人自己期望的影子。如果我們把這首詩和盛唐的邊塞詩相比，詩人沒有盛唐邊塞詩人那種豪邁爽朗、樂觀自信的進取精神，而多了一層淒婉哀傷的中晚唐之音！

李賀的詩，個性鮮明，在中唐別開蹊徑，獨樹一幟。他那讓人怵目驚心、回味無窮的詩句，奇崛憤激、幽深淒涼的詩風，爲世人所公認。《雁門太守行》可見其詩歌藝術特色之一斑。古人說，詩歌「起乎貴突兀」（沈德潛《說詩晬語》卷上），強調詩歌開句的藝術力量。「黑雲壓城城欲摧」，那種陰慘猛烈的景象，粉碎擊破的力量，就帶着不可遏止的氣勢劈空而來，令人驚絕。這當然比開門見山的直截了當更深了一層，原因就在於它練就出人意外的詩歌意境，並產生動人心魄的藝術效果。清人黎二樵評價李賀的詩「每首工於發端，百煉千磨，開門卽見」，「骨力勁險」。他的詩中，這樣的開篇句不少：「吳絲蜀桐張高秋」（《李憑箜篌引》），「南風吹山作平地」（《浩歌》），「洞庭明月一千里」（《帝子歌》）等等，都以強烈的情緒，突兀的意境，給讀者以怵目驚心的第一印象，令人欲罷不能。李賀在修辭上也很有個性，他常常「變輕清者爲凝重，使流易者具鋒芒」（錢鍾書《談藝錄》），詩句顯得詭奇瘦硬。「黑雲壓城城欲摧」、「塞上燕脂凝夜紫」、「霜重鼓寒聲不起」——飄忽無定變幻無常的雲彩，獲得了質感和重量，具有了神奇的力量；晚霞、暮色若流質可以在凝聚中變幻自己的形體，可感可觸；輕霜爲重，鼓感爲寒，鼓聲不揚，感覺和聽覺中的輕清形象一律成了沉重的形象。這似乎全都違背生活常理，違背人的正常感覺，但也正是在這種「超常」和「違背」之中，纔產生出突兀奇崛的審美效果。同時，我們還會發現，李賀在用詞造境上，呈現出一種暗淡冰冷的色調，這常常加重詩的悲涼淒清的氣氛。「黑雲」陰暗而濕重，「甲光」閃爍而冰涼，「角聲」鈍響低迴，「秋色」肅殺冷落，「易水」的清冷寒澈，「夜紫」的朦朧暗淡……這些意境的跳躍組合，繪織成一幅冷冰冰的重水墨畫一樣的背景，給人深重的悲壯蒼涼感。這一切當然可以在李賀那種憤懣壓抑、悲淒荒涼的心境中找到對應，自然也是他嘔心瀝血地造境煉意的結晶。

（田長山）

# 夢天

李賀

老兔寒蟾泣天色，雲樓半開壁斜白。玉輪軋露濕團光，鸞珮相逢桂香陌。黃塵清水三山下，更變千年如走馬。遙望齊州九點煙，一泓海水杯中瀉。

李賀詩古稱難讀。即以《夢天》而論，僅詩題便費解。通常註本多解爲作者本人做夢登天，並認爲這與晉人郭璞《遊仙詩》相類似。但詩的前四句古今人又多謂是摹寫月宮的景語。然則《夢天》乃縮小爲夢遊月宮之詩，恐失作者原意。不揣譾陋，姑陳己見。

我以爲「夢天」者，猶言夜天。一日分晝夜，人是晝醒而夜夢的，天既有光明與黑暗之分，則白晝光明之際當爲醒，而夜晚黑暗之時當爲夢。但詩人如徑言「夜天」，易生歧義，故以「夢天」名之。

夜間的天空最光亮者莫如月。月中傳說有兔和蟾，故首句言天色乍晦，蟾兔皆泣。我疑心這是形容黃昏時的一陣微雨。第二句「雲樓半開壁斜白」，乃寫雨停雲開，月光斜照。第三句寫一輪明月在放晴後完全顯現出來，如車輪輾着清露而緩緩行進，光團圞而微濕，正是刻畫雨霽後的月色。第四句寫月中陰影，詩人想像這大約是仙人在栽滿桂樹的路邊相遇吧。前於李賀者有杜甫《月夜》，所謂「香霧雲鬟濕」；後於李賀者有宋代周邦彥的《解語花》，所謂「桂華流瓦」——都是借美好的嗅覺來形容美好的視覺。而李賀所詠，乃是設想立足於碧空、縱身於霄漢，去月不過咫尺之遙，所以耳聽得見鸞珮之聲，鼻察得出桂花香氣。以上四句泛寫天上夜景，有超塵絕俗之意。以下四句乃轉爲自天上俯視塵寰。

「黃塵清水」兩句當然是活用《神仙傳》「滄海桑田」的典故。「三山」即三神山，謂蓬萊、方丈、瀛洲。「黃塵」泛指陸地，「清水」泛指海洋，蓋從高空俯視，雖廣袤的大陸只如一片黃塵，汪洋的大海不過是幾滴清水。但這裏主要還不是形容大陸與海洋之渺小，而是強調滄桑的變化，即側重寫漫無涯際、古往今來的時間觀念，所以緊接着說「更變千年如走馬」，「更變」猶「變更」，「走馬」，王琦註引《莊子》，謂即「白駒過隙」之意，是不錯的。七、八兩句，才是寫空間。古稱世上有九州，九州之外，裨海環之（見《史記·孟子荀卿列傳》）。這裏寫九州如九點微煙，大海如杯中之水，極寫塵世之渺小可憐。但所以用「煙」來形容九州，蓋作者仍未忘記這是寫夜景。意謂自碧落下瞰九州，其光尚不及微茫燈火，只如點點輕煙而已。夫「千年」不可謂不久，「九州」不可謂不大，而從「天」的角度視之，不過短促如走馬之一瞥即逝，渺小如點煙杯水。其嘆羨天地之永恆而悲人生之短暫，正是自初盛唐以來詩人一貫詠嘆的主題。特其寫法過於奇警險幻耳。

這裏還要講講「齊州」的「齊」字。齊者，平也，指物之頂端都整齊地在一條水平線上。齊民猶言平民。民雖有等級貴賤之分，但在最高統治者（皇帝）眼中，不過都是平頭百姓，分不出孰爲高下。今從高天下視九州，根本看不出什麼山川陵谷，只是一塊塊高矮差不多的水中平地而已，故以「齊州」稱之。「州」、「洲」古今字，皆指水中陸地也。

（吳小如）

# 金銅仙人辭漢歌

李　賀

魏明帝青龍元年八月，詔宮官牽車，西取漢孝武捧露盤仙人，欲立置前殿。宮官既拆盤，仙人臨載乃潸然淚下。唐諸王孫李長吉，遂作《金銅仙人辭漢歌》。

茂陵劉郎秋風客，夜聞馬嘶曉無跡。畫欄桂樹懸秋香，三十六宮土花碧。魏官牽車指千里，東關酸風射眸子。空將漢月出宮門，憶君清淚如鉛水。衰蘭送客咸陽道，天若有情天亦老。攜盤獨出月荒涼，渭城已遠波聲小。

根據詩前小序的交待，《金銅仙人辭漢歌》是作者有感於曹魏滅漢的一個歷史傳說而寫的。作品產生的時候距離唐的滅亡還有九十年左右，李賀爲什麼會產生興亡之感呢？只有聯繫當時的現實纔能作解釋。李賀出生之前三十年爆發了安史之亂，從那時起，直到作者去世之日，多數皇帝昏庸無能，宦官專權，吐蕃、回紇貴族侵凌不止，藩鎮稱王稱帝，萬方多難，民不聊生，李唐王朝危若壘卵，朝不慮夕。作者面對現實，預感到日益腐朽的唐王朝前途令人擔憂。這首詩便是在這樣的社會條件和思想基礎上產生的。

弄清寫作背景以後，下面先來講解這首詩的序：

「魏明帝青龍元年八月」，這一句中的「魏明帝」，即曹叡，是曹操的孫兒。魏文帝曹丕死後，他做了皇帝。「青龍」，是他的一個年號。「青龍元年」，按歷史記載應爲景初元年；宋代《緗素雜記》作者所見古本作「青龍九年」，也不對。因爲從青龍五年三月起，曹睿又把年號改爲景初了。

「詔宮官牽車，西取漢孝武捧露盤仙人，欲立置前殿。」這一句是說曹睿下令叫魏國皇宮的官員用車子去搬取金銅仙人。爲什麼說「西取漢孝武捧露盤仙人」呢？這是因爲長安在魏都洛陽之西。「漢孝武」是「漢孝武帝」的省稱，也就是我們常說的漢武帝——劉徹。他晚年迷信神仙，在建章宮祭仙人的神明臺豎立了高三十丈、大七圍的「仙人掌」。它整個兒都是用銅鑄成的。下面部分是銅柱，銅柱上站着一個伸開手掌捧承露盤的銅仙人。劉徹想用金銅仙人盤上的玉杯來接雲端的甘露以調玉屑爲食，企求長生。而曹睿要把金銅仙人搬來豎在自己的前殿。

「宮官既拆盤，仙人臨載乃潸然淚下。」這一句是說魏官命人將捧盤仙人從銅柱上卸了下來，金銅仙人被裝上車要載走的時候，流出了眼淚。「潸然」，形容流淚的樣子。《詩經・大雅・大東》詩說：「潸然出涕。」

「唐諸王孫李長吉，遂作《金銅仙人辭漢歌》」。這一句裏的「王孫」，是古代對貴族子弟的通稱。「唐諸王孫」等於說唐皇室的公子。因爲李賀是唐初所封鄭王李元懿的後代，所以他這樣自稱。「金銅仙人」，即金色的銅仙人，不是說仙人像是用金、銅合金鑄成的。作者有感於歷史傳說，於是就寫了《金銅仙人辭漢歌》。

理解詩序有助於我們了解詩的本文。下面逐句分析這首詩。

「茂陵劉郎秋風客，夜聞馬嘶曉無跡。」「茂陵劉郎」，就是漢武帝劉徹。「茂陵」是他的陵墓的名字。這座皇帝陵在當時左扶風茂陵縣的茂鄉，今屬陝西省興平縣。劉徹做了五十四年皇帝，死於公元前八七年的春季。儘管他活了七十一歲，但在悠久的歷史中，却像秋風中匆匆的過客一樣。產生這樣的聯想，可能是由於劉徹寫過一首《秋風辭》的緣故。劉徹在詩中感嘆人生短促。他說：「歡樂極兮哀情多，少壯幾時兮奈老何！」人死後是不存在魂魄的，但古代迷信的人却相信它的存在。古小說《漢武故事》就記載着劉徹死後還帶着儀仗在漢宮出現；又說他派人騎白馬給漢代官員送信。「夜聞馬嘶曉無跡」是想像劉徹的魂魄在夜遊故宮，有時人們可以聽見馬的嘶鳴，而白晝却無跡可尋。劉徹是金銅仙人的主人，所以詩人先從劉徹已死寫起。

「畫欄桂樹懸秋香，三十六宮土花碧。」「畫欄」，指經過彩繪的欄干。這裏借指漢代宮殿。漢代修了很多宮室，而且修得十分華麗。詩中說「三十六宮」，是借用班固《西都賦》「離宮別館，三十六所」的說法（一般註本作張衡《西京賦》語，誤）。「土花」，就是青苔。漢宮處處鋪着青苔，說明人跡罕至。金銅仙人辭漢的故事發生在八月，所以作者特意拈出桂花來描寫。據《三輔黃圖》記載，劉徹修上林苑時，「羣臣遠方各獻名果、異卉三千餘種植其中」。譬如原爲南方特有的桂花、龍眼、荔枝、檳榔、橄欖、甘橘、千歲子和指甲花等都在百株以上。「秋香」，指秋季開花的桂花。「懸」是形容繁花聚於枝頭的樣子。這兩句詩的意思是說，名花雖然還在枝頭開放，但亡國之後的漢宮，已經一片荒涼。

「魏官牽車指千里，東關酸風射眸子。」據《三國志·魏書·明帝紀》景初元年的註說，魏官奉命前往長安，拆卸銅人承露盤時，「聲聞數十里」，因爲它太重，就被棄置在霸城了。作者對歷史傳說加以剪裁，去掉了這些與表現主題無關的東西，只寫魏官驅車從洛陽出發，指向千里之外的目的地。因爲是寫從洛陽到長安，所以進長安城的東門。時值秋季，詩人想像自西而來的秋風刺人眼目。「眸子」，本指眼珠子中的瞳仁，這裏指眼睛。魏官進長安以後的作爲，序中已經交待，作者便沒有再重複。

「空將漢月出宮門，憶君清淚如鉛水。」「漢月」，舊註以爲指圓形的承露盤，認爲魏官帶着它出宮門。這種理解不對。因爲從這兩句開始，都是寫金銅仙人辭漢的情景，不是寫魏官的活動。「空將」，只有的意思。金銅仙人出漢宮時，只有天上的月亮相隨，而這個月亮曾經照臨過鼎盛時代的漢宮，所以稱它做「漢月」。由漢月而勾起對於往事的回憶，作者想像金銅仙人自然會思念它的主人劉徹，使它傷心流淚。「君」，指漢武帝劉徹。既是銅人之淚，就與普通人的不同，作者想像這淒清的淚水像沉重的鉛水一般。

「衰蘭送客咸陽道，天若有情天亦老。」「衰蘭」，枯萎的蘭花。在浪漫主義詩人筆下，香草常常象徵着理想中的人物，是有感情的。比如，屈原在《離騷》中，就把蘭草、蕙草和杜衡等香草比喻爲羣賢，并曾用

「羣芳」的「萎絕」來形容賢才之被摧殘。李賀繼承了這一手法。金銅仙人都會流淚，那麼在這種境界中，枯蘭相送於道，也就不奇怪了。它送的「客」是誰呢?自然是金銅仙人。金銅仙人在辭別漢宮以後，卽將成爲異地之物，所以對仍在西漢舊都的香草來說，就是客了。「咸陽」，本是秦朝的都城，遺址在今咸陽市東二十里。漢時它和漢都長安新城隔渭水相望。唐人常用咸陽代指長安。因此，「咸陽道」卽長安道的意思。金銅仙人離鄉去國，香草依依不舍。銅人、香草都是無情之物，尚且悲不自勝，那麼天若有知覺、有感情，面對這樣巨大的興亡變化，也會因之悲戚愁苦而衰老吧！

「攜盤獨出月荒涼，渭城已遠波聲小。」「渭城」，也就是咸陽，漢代改名爲渭城縣。因爲境內有漢代皇帝的苑囿和離宮，所以這裏用以借指長安。「波聲」，指流經長安城北的渭水的流動聲。這兩句詩是寫金銅仙人捧盤離開漢宮，愈走愈遠的情景：凄涼的月下，車載着銅人遠去，長安城已經模糊不清，除了微弱的渭水水聲尚縈迴在耳外，一切都靜悄悄的。李賀寫金銅仙人辭漢的悲劇到此戛然而止，言有盡而意不盡，給讀者留下了想像的餘地，使人可以反覆回味。

《金銅仙人辭漢歌》在藝術上很成熟，詩意濃郁。中晚唐有頭腦的詩人因唐王朝的腐朽衰敗而感嘆興亡，曾寫出過不少名篇。像劉禹錫的《石頭城》和《西塞山懷古》、杜牧的《泊秦淮》、李商隱的《隋宮》等等，都不是用直陳其事、以議論爲詩的方式來寫作，而是通過豐富的想像、生動的刻畫，拈出具有典型意義的歷史事件、歷史人物或歷史勝蹟的今昔變化來抒發感慨，所以能在短短的篇幅內表現出深邃的思想和複雜的感情。李賀這首七言古體詩和上述作品有異曲同工之妙。它僅用了十二句、八十四個字就完成了他所要表達的重大主題。

按照晉代習鑿齒的《漢晉春秋》的記載，原來的歷史傳說是極其簡單的，甚至會使粗心的讀者不去注意它。他說：「帝徙盤，盤拆，聲聞數十里。金狄或泣，因留於灞城。」文中所說的「金狄」，卽金銅仙人。習鑿齒寫它哭泣，一字帶過，很難說有什麼深意。這一題材到了李賀手裏，由於植根於現實生活，經過作者的藝術再創造，頓然異采煥然。讀完《金銅仙人辭漢歌》，呈現在讀者眼前的是洋溢着浪漫主義情調的生活畫面。

具有雄才大略的漢武帝在歷史上消失了。漢代皇宮，除了從彩繪的建築物和來自遠方的觀賞植物可以想見它昔日的繁華外，已經滿目荒涼。這樣寫漢王朝已經滅亡，給人的印象就很具體，不一般化。接着作者寫魏官千里驅車，金銅仙人離開漢宮，衰蘭在長安道上送行，以及天上的秋月，地上的流水，無不寫得有聲有色，歷歷如畫。其中作者用擬人化的手法重點刻畫的金銅仙人，更是情態宛然。從整個作品剪裁得當的寫景和敍事抒情交融的地方，可以看出楚辭和漢魏樂府詩對它的明顯影響。

《金銅仙人辭漢歌》在藝術上的獨創性也具有借鑒意義。唐代有出息的詩人都反對模倣，他們都不是「千首如一首，卷首如卷終」的詩人。李賀寫詩也是不屑模倣古人，所以《舊唐書》本傳說他「文思體勢，如崇巖峭壁，萬仞崛起」。《金銅仙人辭漢歌》從語言、形象到意境都有特點，能給人以新鮮之感。比如作者稱漢武帝爲「劉郎」，把他比之爲「秋風客」，這不僅表現了詩人思想的不受拘束，而且也是在特定的語言環境裏所允許的創新。又如「憶君清淚如鉛水」，構思很新奇。「天若有情天亦老」，設想奇特，藝術誇張，前無古人。

（吳庚舜）

# 老夫採玉歌

李賀

採玉採玉須水碧，琢作步搖徒好色。老夫饑寒龍爲愁，藍溪水氣無清白。夜雨岡頭食蓁子，杜鵑口血老夫淚。藍溪之水厭生人，身死千年恨溪水。斜山柏風雨如嘯，泉脚

老夫採玉歌

掛繩青裊裊。村寒白屋念嬌嬰，古臺石磴懸腸草。

這首詩是寫採玉民工的艱苦勞動和痛苦心情。唐代長安附近的藍田縣以產玉著名，縣西三十里有藍田山，又名玉山，它的溪水中出產一種名貴的碧玉，叫藍田碧。但由於山勢險峻，開採這種玉石十分困難，民工常常遇到生命危險。《老夫採玉歌》便是以此爲背景而寫的。

首句重疊「採玉」二字，表示採了又採，沒完沒了地採。「水碧」就是碧玉。頭兩句是說民工不絕地採玉，不過是雕琢成貴婦的首飾，徒然爲她們增添一點美色而已。「徒」字表明了詩人對於這件事的態度，既嘆惜人力的徒勞，又批評統治階級的驕奢，一語雙關，很有分量。

從第三句開始專寫一個採玉的老漢。他忍受着饑寒之苦，下溪水採玉，日復一日，就連藍溪裏的龍也被騷擾得不堪其苦，藍溪的水氣也渾濁不清了。「龍爲愁」和「水氣無清白」都是襯托「老夫饑寒」的，龍猶如此，水猶如此，人何以堪！

下面兩句就「饑寒」二字作進一步的描寫：夜雨之中留宿山頭，其寒冷可想而知；以榛子充饑，其饑餓可想而知。「夜雨岡頭食榛子」這一句把老夫的悲慘境遇像圖畫似地展現在讀者面前，具有高度的藝術表現力。「杜鵑口血老夫淚」，是用杜鵑啼血來襯托和比喻老夫淚，充分表現了老夫内心的淒苦。

七、八句寫採玉的民夫經常死在溪水裏，好像溪水厭惡生人，必定要置之死地。而那些慘死的民夫，千年後也消不掉對溪水的怨恨。「恨溪水」三字意味深長，正如王琦所說：「夫不恨官吏，而恨溪水，微詞也。」（《李長吉歌詩彙解》）這種寫法很委婉，對官府的恨含蓄在字裏行間。

接下來作者描繪了令人驚心動魄的一幕：山崖間，柏林裏，風雨如嘯；泉水從山崖上流下來形成一條小瀑布，採玉人身繫長繩，從斷崖絕壁上懸身入水，只見那繩子在狂風暴雨中搖曳着、擺動着。那是多麽危險的情景啊！就在這生命攸關的一刹那，採玉老漢看到古臺石級上的懸腸草，這草又叫思子蔓，不禁使他想起寒村茅屋中嬌弱的兒女，自己一旦喪命，他們將怎樣爲生呢？

早於李賀的另一位唐代詩人韋應物寫過一首《採玉行》，也是取材於藍溪採玉的民工生活，詩是這樣的：「官府徵白丁，言採藍溪玉。絕嶺夜無家，深榛雨中宿。獨婦餉糧還，哀哀舍南哭。」對比之下，李賀此篇立意更深，用筆也更鋒利，特別是對老夫的心理有很細緻的刻畫。

《老夫採玉歌》是李賀少數以現實社會生活爲題材的作品之一。它既以現實生活爲素材，又富有浪漫主義的奇想。如「龍爲愁」、「杜鵑口血」，是奇特的藝術聯想。「藍溪之水厭生人，身死千年恨溪水」二句，更是超越常情的想像。這些詩句渲染了濃郁的感情色彩，增添了詩的浪漫情趣，體現了李賀特有的瑰奇豔麗的風格。

從結構上說，詩一開頭就揭露統治階級強徵民工採玉，是爲了「琢作步搖徒好色」，語含譏刺。接着寫老夫採玉的艱辛。最後寫暴風雨中生命危殆的瞬間，他思念兒女的愁苦心情，把感情推向高潮。這種寫法有震撼人心的力量，給讀者以深刻難忘的印象，頗見李賀不凡的藝術匠心。

（袁行霈）

# 長歌續短歌

李　賀

長歌破衣襟，短歌斷白髮。秦王不可見，旦夕成内熱。渴飲壺中酒，饑拔隴頭粟。淒涼四月闌，千里一時綠。夜峯何離離，明月落石底。徘徊沿石尋，照出高峯外。不得與之游，歌成鬢先改。

長歌續短歌

《長歌續短歌》出於樂府舊題《長歌行》、《短歌行》。關於「長歌」、「短歌」有兩種說法：一是「言人壽命長短」，二是「歌聲有長短」。傳下來的歌辭，多半是感人生易逝，嘆功名難就。這首詩的主旨是感士不遇，雖然沒有企求長生和及時行樂的內容，亦大抵未出傳統的範圍。

首兩句緊扣詩題。長歌竟至於歌破衣襟，短歌竟至於唱斷白髮，其中緣由不可深究，亦不必強解。「長歌破衣襟」與「短歌斷白髮」互文見義，極言歌者之愁絕與歌聲之動人。與《列子》所載，秦青悲歌，聲振林木，響遏行雲，是同樣奇特的藝術想像。三、四句「秦王不可見，旦夕成內熱」，是補充前面兩句的原因。把最強烈、最動人的感受醒目地放在最前面，然後再補敍事理、緣由。

關於句中的「秦王」，傳統的說法認爲是指當時的憲宗。王琦說：「時天子居秦地，故以秦王爲喻。」（《李長吉歌詩匯解》）未免迂曲。這裏的「秦王」當指秦王李世民，李世民即位前曾封爲秦王。在唐代人的心目中，他是一代明主的象徵。馬周「直犯龍顏請恩澤」得到破格提拔的故事，李賀很感動。所以，「秦王不可見」的意思是說，像李世民那樣的一代明主自己是遇不到了，而像馬周這樣的幸遇，再也不會有了。這不僅是李賀個人的悲憤，也是中唐人的一種普遍情緒。於是，旦夕之間，這種情緒就在李賀那裏積爲「內熱」，心中的焦灼簡直難以忍耐了。

五、六句是承三、四句而來的。因爲內熱，所以要飲酒以平息之。「渴飲壺中酒」是寫實，而由渴飲引出的第六句「饑拔隴頭粟」，已經是一種象喻了。這種近似顛狂的舉動，強烈地表現了李賀的追求與期望。

從五、六句到七、八句「淒涼四月闌，千里一時綠」有一個很大的跳躍。從字面上看，既然是「饑拔隴頭粟」，則已來到田野上。這時，初夏已盡，盛夏來臨，萬物葱翠，生趣盎然。這使李賀愈發感覺到自己的淒涼。孟郊詩：「萬物皆及時。一人不覺春。」（《長安羈旅行》）也正是這個意思。在另一個意義上，這兩句又是說草木有枯有榮，而明主一去不返，斯人亦獨憔悴。中唐感傷的琴弦又一次被撥響了。這與前面的三、四句，結成了內在的聯繫，給前面因跳躍而留下的空白提供了暗示。

在淒涼的心理背景下，詩的最後六句寫詩人的追求。李賀的追求同大多數中唐人一樣是幻滅中的追求，也是在追求中的幻滅。夜晚羣峯羅列，月光落下來照得山石發亮，彷彿在那閃光中有什麽可以把握的實體。誘惑的光浸透了孤獨的詩人，他來回地追隨着月光，尋找心中渴望的月亮。最後他終於看見，明月高懸在羣峯以外的天上。天人之間、明主與詩人之間隔着無法逾越的時間和空間。而石上的月光不過是水中之月，是「不得與之遊」的。最後，「歌成鬢先改」照應了首兩句的「長歌」、「短歌」和「斷白髮」，使這首跳躍很大的詩成爲一個完整的藝術品。

李賀這首《長歌續短歌》在藝術方面有其獨到之處。它不拘常法，意象之間跳躍很大，往往超越時間和空間。吳正子評《昌谷詩》說：「蓋其觸景遇物，隨所得句，比次成章，妍媸雜陳，斕斑滿目。所謂天吳紫鳳顛倒在短褐者也。」這首詩的結構就是依據詩人主觀情緒的脈絡來安排的。跌宕跳躍的詩句恰好表現了詩人那不能平靜的心境。

另外，這首詩在虛實關係的處理上也值得注意。首兩句是以虛寫實，五、六句是一實一虛，虛實相生。從五、六句開始，詩句的意義開始分化。一方面是現實的饑渴、尋月，另一方面是在此之上寄寓着的象徵性的高層結構。李賀沒有使用傳統文學中的象徵符號（比如菊之與隱士），而是把對饑渴、尋月的現實描述作爲詩歌的底層結構，讓詩的高層結構所象徵的主觀情緒一直籠罩全詩，時隱時顯。這樣，讀者欣賞到的就是詩人的立體的聲音了。

（宋曉霞）

# 感諷（其一）

李賀

合浦無明珠，龍洲無木奴。足知造化力，不給使君須。越婦未織作，吳蠶始蠕蠕。縣官騎馬來，獰色虬紫鬚。懷中一方板，板上數行書。不因使君怒，焉得詣爾廬。越婦拜縣官，桑牙今尚小。會待春日晏，絲車方擲掉。越婦通言語，小姑具黃粱。縣官踏飧去。簿吏復登堂。

《感諷五首》非作者一時一地所作，題材也各不相同。這第一首乃是通過對縣官和簿吏向織婦催逼賦稅情景的生動描述，形象而又深刻地反映了中唐時期人民遭受的沉重剝削和無理敲榨，尖銳地諷刺和鞭撻了那些吸血鬼般的貪官污吏，對貧苦百姓寄予了深厚的同情。是作者諷喻詩中的代表作。

詩一起便抒發感慨：「合浦無明珠，龍洲無木奴。足知造化力，不給使君須。」意思是說：合浦的珍珠、龍洲的木奴儘管很多，卻全被搜光刮淨了，可見窮盡自然造化的力量，仍不能滿足太守無厭的需求。開頭兩句分別使用了兩個典故。「合浦」，今廣西合浦縣。《後漢書·孟嘗傳》載：東漢時合浦縣海濱盛產珍珠，後因郡守貪婪，採求沒有止境，珍珠蚌逐漸轉移到交趾（今越南北部）去了。這裏借以諷刺「使君」的貪婪。「龍洲」，龍陽洲的簡稱，在今湖南省常德市附近。「木奴」，指柑橘，《襄陽記》載：三國時，吳丹陽太守李衡在洲上種植了一千株柑橘，留給後代，稱之爲養家的千頭「木奴」。這一典故被作者賦予了新的含意，巧妙地用來揭露因官吏貪婪所造成的民生凋敝的後果，可謂言簡意賅，深刻含蓄。以上四句開門見山揭示了全詩的主題，這不僅使得讀者容易爲作者諷刺的語調、憤激的情緒所感染，與之發生共鳴，而且使得下文描寫的個別的、具體的事件被賦予了普遍的、典型的意義。

接下去，作者便以白描的手法展示出一幅官吏催租的鮮明可觸的圖畫。「越婦未織作，吳蠶始蠕蠕。」「越」、「吳」，卽浙江、江蘇，那裏盛產蠶絲和絲織物。「越婦」、「吳蠶」，互文見義，這兩句是說：吳、越一帶，春天剛到，幼蠶纔開始蠕動，離紡織的時候還早着呢！兩句詩雖是敍述，但「未」、「始」二字已微露諷意，值得翫味。不料，在這個時候，縣官老爺就迫不及待地上門收蠶絲稅了。「縣官騎馬來」以下展開了對縣官的具體描寫。「獰色虯紫鬚」，是他的肖像，像龍一樣蜷曲的紫黑色胡鬚、惡狠狠的神情，活畫出他的兇惡蠻橫；「懷中一方板，板上數行書」，寫他的行動——出示官府徵稅的文告，一副公事公辦、不由分說的架勢；「不因使君怒，焉得詣爾廬」，是他的語言，意思是說：「如果不是因爲太守大發雷霆，我怎麼會親自到你們家裏來？」言下之意似乎爲太守所迫不得已而來，這又表現出他的虛僞。寥寥幾筆，縣官——一個猙獰而又僞善的人物形象，已活靈活現，躍然紙上。與對縣官的細緻刻畫相比，作者對越婦着墨不多，只寫了她「拜縣官」時所說的幾句話：「桑牙今尚小，會待春日晏，絲車方擲掉。」「春日晏」，指春末。「擲掉」，形容絲車轉動。面對官府如此荒唐無理的欺詐行徑，越婦的話裏却沒有流露出任何驚訝、不滿，也沒有哀求或控訴，有的只是平心靜氣、入情入理的申訴，這說明官府的強盜邏輯，對「越婦」們來說早已司空見慣，殘酷的現實也已使她們懂得眼淚、哀告都無濟於事：決打動不了這些披着人皮的豺狼，最有效的應付他們的辦法便是：一邊「越婦通言語」，一邊「小姑具黃粱」。這段描寫只是直賦其事，沒有白居易《杜陵叟》中「剝我身上帛，奪我口中粟，虐人害物卽豺狼，何必鉤爪鋸牙食人肉」那樣飽含着血淚的呼喊，但讀後却令人深思，同樣使人產生沉重的壓抑之感。結末「縣官踏飧去，簿吏復登堂」兩句是說：縣官狼吞虎咽大吃了一頓剛走，這邊掌管錢谷簿書的「簿吏」又接踵而來了。詩到此戛然而止，故事彷彿沒有說完，實則是很精彩的一筆。首先它使全詩又生波瀾，却又不作具體描寫。至於「簿吏」登堂以後又將如何，徵斂既如此之頻繁，官吏們又如是之貪婪，從初春到暮春這漫長的日月「越婦」又如何捱得過去，都讓讀者自己去思索，去想像，這樣不僅節省了許多筆墨，而且留下了無窮的意味。其次，它使讀者看到以上所寫縣官登門催稅飽餐一頓方去的情景決非偶然現象，這就在更大的範圍和更深的程度上揭示了剝削的殘酷和百姓的痛苦，從而進一步深化了主題，使詩的意蘊更加豐富。

晚唐詩人唐彥謙有一首《採桑女》說：「春風吹蠶細如蟻，桑芽才努青鴉嘴。侵晨採桑誰家女，手挽長條淚如雨。去歲初眠當此時，今歲春寒夜放遲。愁聽門外催里胥，官家二月收新絲。」與此詩題材、主題完全相同，可以參讀。不過唐彥謙更多地着筆於採桑女悲切愁苦的內心世界的刻畫，讀之令人同情；而李賀却更多地着眼於官吏形象的勾勒，讀之令人憤慨罷了。角度儘管不同，對於揭露社會現實的黑暗，却有異曲同工之妙。

這首詩與作者那些奇崛冷豔、富於浪漫主義色彩的詩歌也有所不同，格調、意趣更接近於杜甫、白居易等現實主義詩人的一些反映民生疾苦的敍事詩。儘管由於作者年紀較輕、閱歷不深，使此類詩無論在數量或者在內容的深度廣度上都無法與杜、白等人相比，但他在詩中所表現的愛憎分明的傾向，對統治階級的厭惡譏刺和對人民的同情，是顯而易見的，也是難能可貴的。

（張明非）

楊生青花紫石硯歌

# 楊生青花紫石硯歌

李賀

端州石工巧如神，踏天摩刀割紫雲。傭刓抱水含滿脣，暗灑萇弘冷血痕。紗帷晝暖墨花春，輕漚漂沫松麝薰。乾膩薄重立脚匀，數寸光秋無日昏。圓毫促點聲靜新：孔硯寬碩何足云！[一]

讀者欲賞此詩，先得識題。欲識此題，先要知硯。

因爲全詩雖僅十句，却已將千載之前，產石之處，取石之法，製硯之精，得硯之難，以至於磨墨、試筆，都說到了。倘不一一搞清楚，或囫圇吞棗，不求甚解；或人云亦云，爲某些註家所誤……親愛的讀者，您將不容許我「蒙混過關」！

李賀的詩，時屬中唐。在他同時代的大書法家柳公權曾有《論硯》的話：「蓄硯以青州爲第一，絳州次之。後始重端、歙、臨洮，及好事者用未央宫、銅雀臺瓦。然皆不及端，而歙次之。」（王世貞《委宛餘談》）這裏所謂「青州硯」，是指山東「魯硯」；「絳州硯」，指山西新絳縣的「澄泥硯」；「歙硯」，指江西婺源龍尾山所產的硯，唐時婺源屬歙州，故稱「歙硯」；「臨洮硯」，指今甘南自治洲臨潭縣、古稱洮州的「洮硯」；「端硯」，就是今廣東肇慶市、古稱端州的「端硯」，即李賀所歌的「青花紫石硯」。

[一] 原文據清初刊姚佺《昌谷集句解定本》。詩中「摩刀」，他本均作「磨刀」，既已踏天，何處「磨刀」？應以「摩刀」爲是。

楊生青花紫石硯歌

端硯遠在初唐已經出現。據今人劉演良的《端溪名硯》引《石隱硯談》：「端溪石始於唐武德之世。」那時是唐高祖李淵朝——七世紀十年代、二十年代。盛唐時，大書法家李邕（北海）已有《端州石室記》的碑刻，留傳至今。與李賀同時的詩人劉禹錫，寫過《唐秀才贈端州紫石硯，以詩答之》。晚唐詩人陸龜蒙，有《襲美以紫石硯見贈，詩以迎之》，皮日休有《以紫石硯寄魯望兼酬見贈》……足見「巧如神」的端州石工所製硯，在唐代已享有盛名，紫色者尤爲世所重。李肇《國史補》：「端州紫石硯，天下通用。」

端硯的「硯坑」很多。但在唐代，只有西江羚羊峽南岸的爛柯山（一稱斧柯山）的下巖（一名水巖，後稱老坑）、中巖、上巖和山背的龍巖是當時開採地。其他山地坑，則自北宋以後纔次第開採。龍巖最先，系在初唐，但硯質較差。下巖開坑稍後，所產石硯，自中唐以來名滿天下。龍巖石沒有「青花」，也只下巖纔有「青花」。（宋代開的「坑仔巖」和清代開的「麻子坑」及其他小數巖坑也有「青花」，此與李賀所歌无涉，不具論。）自下巖發現後，早已不復採龍巖石。楊生此硯，應是下巖所產的「青花紫石」，卽李賀說的一片「紫雲」。

宋無名氏《端溪硯譜》：「下巖之中，有泉出焉，雖大旱未嘗涸。」又云：「下巖北壁石，蓋泉生石中，非石生泉中。」採石過程是艱苦的：「水巖洞口轉右，名摩胸石，堅不可鑿，容一人裸體匍伏而進。自洞口至洞底，高下相懸，約二十八、九丈，一路高止三尺，寬只三、四尺，不能起立。匠作帶領小工，各攜小磁罐，一竹箕，一罐可容水五升，箕可貯石十餘斤，每隔三尺，排坐一人，燃燈一盞，晝夜將水傳遞運出，於洞口外開一小溝，設車一架，用篾筐戽水還車脚，然後放車入洞。進洞漸遠，人數愈增……隔三五日，又須引去客水一次，然後看明石壁脈絡，下鑿採石。」許渾詩云：「峒丁多斲石，蠻女半淘金。」可見操作全是在山巖之下，浸淋之中。後來蘇軾云：「千夫挽綆，百夫運斤，篝火下縋，以出斯珍。」以上我不厭其煩地寫了已過千言，大概勉可以算得坦白交代吧。

「端州石工巧如神」之「巧」計「神」功（下面還要說到巧「技」神「工」），這字眼雖經千萬人用過，但在這裏，却不是隨便下的。開門見山，它已力透紙背。

「踏天摩刀割紫雲」，自然也迎刃而解了。「踏天」，不是登高山，偏是下洞底，踏的是水中天。您看：燈光閃爍於水面，巖石的倒影反映於水面，是不是水面如天面，倒影如凝雲？何況紫石古人早已美其名曰紫玉，又將它比作紫雲。開石用錘鑿，李賀既以石爲「雲」，當然用「刀割」了。這是李賀的積極修辭法。

「踏天摩刀割紫雲」，倘是寫作「涉水揮錘鑿紫石」，那還有什麼「巧如神」可言？「天」而可「踏」，「雲」而可「割」，這纔把端州石工的勞動寫「神」了。這除上面所說的修辭法以外，您還可以看出這位沒落王孫對勞動人民的感情。有感情，乃有歌頌。

「傭刓抱水含滿脣」，是寫製硯。「傭」是說把石塊磨治得整齊，「刓」是說在石面上雕刻成型。「脣」是硯唇，盛水凹處。此句極言工技之精。

「暗灑萇弘冷血痕」，寫硯之色。紫石上有青花。青花在唐人吳淑《硯賦》裏說：「有青點如筋頭大，其點如碧玉晶瑩。」這就是世人所重硯上的眼——「鴝鵒眼」，本是石上的一處青筋，可以說是石病，但偏偏爲人寶視。其實唐人所重，不在有眼，而在於紫石中含有聚散的青花，青花要在水中纔顯出它的美，要是有一片的，則如「微塵」，如蟻脚，蕩漾其間，故前句云「抱水」。此用「暗灑」二字。言「萇弘冷血痕」，既寫紫石，也寫了青花。

「紗帷晝暖墨花春，輕漚漂沫松麝薰。」寫置硯於書齋之中，試墨於日暖之時，既試墨，得用水，寫用水不多，磨幾下，已墨香滿室。此寫墨之佳——是最好的「松煙」加「麝香」製的；亦寫硯之佳，容易「發墨」。

「乾膩薄重立脚匀」，仍是寫硯。這塊硯，雖乾而膩，雖薄却重。「立脚匀」者，言硯足之不側不倚，平穩在案也。這裏讓我們知道了硯形。按此硯似爲「風字硯」式，據一九六五年廣州出土的一塊唐硯，俯視硯面爲「□」形，有如「風」字，背面硯下端有兩足，側視爲「-(」形，整個硯如同一隻圓頭淺幫的半高跟鞋。註者多以爲此句接連上句寫墨。實是誤會，遂作強解。哪有墨磨其上又乾，又膩，又薄，又重，如此矛盾多端，還能說是「墨脚匀」嗎？

「數寸光秋無日昏」，既是寫硯體不大，又是寫墨色光彩。李之彥《硯譜》云：「惟斧柯山出者，大不過三四指，一兩呵津汗滴瀝，眞難得之物。」故末句的「寬硯」，實與此數寸相對而言。

「圓毫促點聲靜新」，是說筆舔墨飽滿，硯不傷毫，「促點」，即驅使點畫，點畫紙上，微有聲，聲靜新，非言硯有聲也。（硯以「扣之無聲」、「磨墨無聲」爲佳。）此句由墨寫到筆，但還是歸結到硯之美。蘇軾《東坡雜說》：「端非下巖，宜筆褪墨。」又說：「褪墨硯數字一磨，如騎鈍馬，數步一鞭。」此硯既發墨，又宜筆（不傷毫），揮毫「促點」疾書，可知爲下巖佳石，不負李賀此歌。

以上對青花紫石硯歌詞已足，而意有未盡，乃忽天外來一句——「孔硯寬碩何足云」。「寬碩」各本多作「寬頑」，似不如「寬碩」與上文「數寸」相對爲勝。「孔硯」既非孔子的硯，（孔子那時有無石硯？春秋時代出土文物至今尚未得到證實。）更不能附會說是孔方平的硯。孔子魯人，如果孔硯不是指魯硯，那或是指孔子出生地的「尼山硯」。孔子名丘字仲尼，後人稱其地爲尼山，好事者取尼山石爲硯，借以「尊聖」。尼山硯實不堪用，徒鶩其名，故李賀結語謂「何足云」，與起句「端州石工巧如神」暗對。一起一結，似無意，實有意。詩人心中的天平，稱人稱硯，都是有所輕重的。難怪詩人的媽媽說：「是兒要當嘔出心乃已爾！」（李商隱《李長吉小傳》）

這詩是嘔出心血寫的。

通篇寫硯，硯質，硯色，硯型，硯體，硯德。而硯之爲用，又離不開墨、筆、紙，尤其是墨，故亦涉及，它們雖作陪客，却借這幾位佳賓來襯出了主人之美。全詩一句接一句，一路不停，絡繹而下，如垂纓絡，字句精煉，語言跳躍，無一澀筆，無一費辭。如果您并不覺得李賀詩難解，那您已具有對它的鑒賞三昧了。

（陳邇冬）

# 早雁

杜牧

金河秋半虜弦開，雲外驚飛四散哀。仙掌月明孤影過，長門燈暗數聲來。須知胡騎紛紛在，豈逐春風一一回？莫厭瀟湘少人處，水多菰米岸莓苔。

杜牧是我國晚唐時期的傑出詩人。劉熙載稱讚他的詩「雄姿英發」（《藝概・詩概》）。胡震亨在其《唐音癸籤》卷八引《吟譜》說：「杜牧詩主才，氣俊思活。」又引徐獻忠說：「牧之詩含思悲淒，流情感慨，抑揚頓挫之節，尤其所長。以時風委靡，獨持拗峭。」的確，杜牧詩拗峭勁健而又風華流美，氣勢豪宕而又情韻纏綿，不因襲古人，不囿於時尚，有其獨特風格。他與晚唐另一位傑出詩人李商隱齊名，他們異曲同工，被人們譽爲晚唐詩人中的「雙璧」。

杜牧生活在唐帝國走下坡路的內憂外患之秋，具有憂國憂民的熱情和經邦濟世的抱負。他認眞研究了「治亂興亡之跡，財富甲兵之事，地形之險夷遠近，古人之長短得失」（《上李中丞書》）。他喜論政談兵，主張削藩禦敵，革除弊政，對朝廷腐敗深爲不滿，寫了爲數不少的政治詩。《早雁》就是其中一首託物寄情，愛國憂民的傑作。

唐武宗會昌二年（八四二）八月，回紇首領烏介可汗乘唐王朝衰微之機，率兵南侵，進入大同川（今內蒙古自治區境內）一帶，直逼雲州（今山西大同市）城門。「胡騎」蹂躪國土，邊民驚惶南逃，而唐王朝對禦侮安民，却無所作爲。杜牧因此借詠《早雁》以寄慨。

雁是冬候鳥，一般是秋末南飛，相傳飛到湖南的衡陽回雁峯卽止，春天再北返。現在因爲「虜弦開」，被迫提早在「秋半」南飛，故曰「早雁」。詩人因以「早雁」隱喻在回紇侵犯下南逃的邊地難民。「金河」，在今內蒙古自治區呼和浩特市南。「虜弦開」，指回紇發動了侵略戰爭。「仙掌」，指漢武帝在長安建章宮前立銅仙人伸掌托承露盤。「長門」，原爲漢武帝之陳皇后失寵幽居之地，後來泛指宮中失寵女人的住所——冷宮。「仙掌」、「長門」，這裏均代指唐宮殿。「胡騎」，指回紇侵略者。「瀟湘」，湖南省的瀟水和湘水，這裏泛指湖南一帶。「菰米」，淺水中生長的多年生草本植物的果實。「莓苔」，屬薔薇科植物，果實很小。菰米和莓苔都是雁的食物。

這首七律，結構緊湊，形象完整，寓意微遠，寄情眞摯，隱中見顯，小中見大，是思想性與藝術性都相當好的詩篇。

首聯起，上句交代了早雁南逃的地點、時間和原因，下句則接着描寫早雁驚弓起飛四散逃竄情狀。頷聯承，描述早雁逃經帝都夜空時的凄楚悲苦景況。頸聯轉，上句宕開，告知早雁北方仍在「胡騎」踐踏之下，下句回接，指出卽使在春風和煦時也不能飛回。尾聯合，勸留早雁在瀟湘一帶生活下來。由此可見，每聯上下句轉接，堪稱「機彀」；而上下聯也做到了「寫此」「註彼」，不能增減。因此，詩的章法很嚴謹，結構很緊湊。

這首詩形象生動而完整；寓意含蓄而深刻，託物諷諫，宛轉曲折地表達了詩人愛國憂民的思想感情。首句除告知事件發生的地點、時間外，尤以突出原因——「虜弦開」起興，比喻形象，含義深刻，儼然使人看到了侵略者已劍拔弩張，殺氣騰騰，像餓狼般地向早雁撲來。由於「虜炫開」，箭飛鳴，有些早雁已應弦喪生。霎時間情勢萬分危急。這就使人急切地要知道後事如何？這樣後面的寫景抒情也就順理成章了。嚴羽說：「對句好可得，結句好難得，起句好尤難得。」（《滄浪詩話・詩法》）此詩起句敍事，統領全篇，是全詩的主句，扣人心弦，發人深思，的確難得。本來雁飛有序，行列整齊，「雁行」、「雁序」，常被用來美喻兄

## 早雁

弟。可是此刻的早雁，則是飛得很高，高出雲表，因爲低飛則會被虜箭射殺。它們來不及也不可能飛行有序了，而是「驚飛四散」，發出惶恐而淒楚的哀鳴。由於「驚」，纔高飛雲表，纔四散飛奔，纔惶恐哀鳴。這一「驚」字，可算詩眼，下得何等好啊！嚴羽又說：「下字貴響，造語貴圓。」（出處同上）這一「驚」字可稱「響」，「雲外驚飛四散哀」，這一句可謂「圓」。它使人彷彿看到了在虜箭射殺之下，惶恐哀鳴的《早雁驚竄圖》。使人彷彿看到了在回紇貴族燒殺掠搶，鐵蹄蹂躪之下的北方人民驚懼哀憤南逃情景，這又是一幅「傷心慘目」的《北方邊民流亡圖》。

眞實生動的形象，不只說明客觀事物的情狀和性質，而且也蘊藏着作者的深厚感情。這首詩所寄眞摯而強烈的感情，體現爲驚、怨、恨、憐互有聯繫的四種。而此四種感情，又可分屬於首、頷、頸、尾四聯之中。

頷聯「仙掌月明孤影過，長門燈暗數聲來」，描寫了早雁逃經帝都長安的情景。皓月當空，早雁清楚地見到了皇帝特鑄的金銅仙人及其手擎的承露盤。說是露水和玉屑服下便可長生不老。可是驚竄的早雁從銅仙人旁邊經過，在月光照映下只剩孤影。這同那花費了無數人力物力而鑄成的高大銅仙人適成鮮明的對比：一個是民脂民膏的產物——「仙掌」，是爲了帝王「長生不死」，一個是死裏逃生的早雁孤影，無家可歸。「仙掌」含意遠不止此。「仙掌」的轉移，象徵着政權的轉移。詩人點出「仙掌」，也是意味深長地向唐王朝敲了一下警鐘。我們知道，金銅仙人及其承露盤，本來早在魏明帝景初元年（二三七），已從長安拆遷至洛陽（一說因銅人過重，留於灞壘）。杜牧寫此詩是在唐武宗會昌二年（八四二），長安沒有「仙掌」，已逾六百年。這一歷史事實，杜牧當很清楚；而且在他之前的李賀曾爲此寫了一首著名的抒發興亡之感的《金銅仙人辭漢歌》。杜牧既然清楚「仙掌」已不在長安，爲什麼還要在詩裏着重點出已不存在的長安「仙掌」呢？這便是上面所分析的詩人要表達的隱中見顯的諷諫之意。

「長門燈暗數聲來」。幽居在「長門」被皇帝遺棄的宮中婦女，在夜闌人靜殘燈暗淡的時刻更是孤淒幽獨。此地此時偏偏聽到幾聲碎人心弦、催人淚下的驚鴻的哀鳴，這不禁使人發生許多聯想：被遺棄的長門宮女和四散驚逃的難民，都是皇帝沉緬聲色、朝綱不整的產物，那仙掌月明雁影孤，長門燈暗雁聲哀的淒涼情景，一明一暗，一影一聲，繪影繪聲地互相對照，互相襯托，渲染了悲傷愁苦的氣氛，加深了哀怨的情調。把難民的極度痛苦，詩人的深切同情，都推向了高潮。詩人對唐王朝昏憒無能的憤懣怨悱，隱含言外，令人思而得之。這一聯寓意微遠，委婉而深刻的責難、諷諫，有力地將了皇帝一軍，突出了一個「怨」字。而煉句之精當，造語之圓熟，對偶之工整，詩味之濃郁，更是令人讚賞不已。

頸聯「須知胡騎紛紛在，豈逐春風一一回」，這是詩人對當時唐王朝和入侵者回紇雙方的形勢和條件，進行比較分析後，看到唐王朝在侵略者面前表現軟弱，未能收復失地，於是對早雁提出的忠告和勸留。使人彷佛聽到詩人向邊民關切地說：你們逃亡南方，歷盡苦難，希望早日回到北方重建家園。但是，你們要曉得侵略者目前衆多而且猖獗，仍然盤踞在你們的家鄉，即使到了明年春回大地日暖風和的季節，也不可能一個個地都回去啊！不能返回故鄉，既蘊含着對殘暴的侵略者的恨；也隱喻着對唐朝皇帝懦弱偷安的怨，又是對唐朝統治集團防胡不力，平戎無策含蓄而尖銳的諷刺。杜牧愛國憂民的思想，是一貫的，我們再看看和《早雁》是姐妹篇的《雪中書懷》：「憤悱欲誰語，憂慍不能持……北虜壞亭障，聞屯千里師。牽連久不解，他盜恐旁窺。臣實有長策，彼可徐鞭笞。如蒙一召議，食肉寢其皮。」這就可見他對國事的憂慮憤慨，時刻在胸際激蕩着，他是一個希冀建功立業的有志之士，又具有政治軍事經濟之才，當此外族入侵、國土淪喪、人民痛苦之際，他多麼想運籌帷幄，馳騁疆場，驅逐強胡，收復失地，安定邊民，一酬壯志啊！可是，「毛遂自薦」和「平戎策」，卻得不到唐王朝的重視。這種空懷報國之激情，徒具禦敵之「長策」，「黃鐘」見棄的社會現實，怎能不令詩人憤悱憂慍呢？所以這一聯的「外恨」「內怨」之情也是很強烈的。在藝術構思上也是頗爲縝密的，因爲「胡騎紛紛在」，所以不能隨着「春風一一回」。上下句是因果句、流水對，因而轉接是很「機彀」的。不能「一一回」又照應了第二句之「驚飛四散」。

尾聯「莫厭瀟湘少人處，水多菰米岸莓苔。」這是詩人根據當時社會現實的具體情況，對早雁不能返回家園，表示的哀憐與關心，是上承頸聯繼續對早雁的安慰與勸留。本來瀟湘一帶窮鄉僻壤，人煙稀少，人民生活艱難困苦，因而多不願在這裏居住。可是詩人在這裏只好向早雁說：如果你們不厭棄瀟湘一帶地僻人少的話，這裏水中有菰米，岸上有莓苔，還是可以充饑度日的，這總比在虜箭射殺之下，「胡騎」踐踏之下要好一點。這是無可奈何的事喲！現在也不得不這樣啊！這以勸留安排作結，既表達了詩人對早雁關切之深，又體現了對唐王朝責難的諷喻之意；既前後照應，起收跌宕，又婉曲含蓄，餘思無窮。因此，這首詩合乎謝榛《四溟詩話》所說的「起句當如爆竹，驟響易徹；結句當如撞鐘，清音有餘。」

唐代有不少詩人詠雁，除杜牧外，還有杜甫和崔塗的詠雁詩也爲人所稱道。如杜甫《孤雁》：「孤雁不飲啄，飛鳴聲念羣。誰憐一片影，相失萬重雲？望盡似欲見，哀多如更聞。野鴉無意緒，鳴噪易紛紛。」崔塗《孤雁》第二首：「幾行歸去盡，片影獨何之。暮雨相呼失，寒塘獨下遲，渚雲低暗度，關月冷遙隨。未必逢矰繳，孤飛自可疑。」他們詩題相同，也都是五律，杜甫詩用擬人化手法突出了孤雁「飛鳴聲念羣」，寄託了自己和類似自己的其他人的漂泊痛苦心情。崔塗則用烘託的手法着重刻畫了孤雁的孤淒悲哀的形象，并表示了對它的同情。兩人的詩在藝術上都很工巧，但思想性則崔不及杜。文學藝術作品，經過比較，會更好地理解它們的內容、特色和風格。杜甫和崔塗的《孤雁》，當有助於我們對杜牧《早雁》的理解。

《早雁》通篇運用比興手法，把在回紇奴隸主貴族侵犯下逃亡的人民，比作驚弓的哀鴻，這既貼切形象，又符合歷來把哀鴻比作流離失所的人民的舊喻，容易收到隱中見顯，小中見大的藝術效果。詩人着意描繪的早雁，從受驚虜弦，逃竄哀鳴，到不能北返，勸留南方，藝術形象是很完整的，結構也是很緊凑的。筆筆寫雁，却通篇無一雁字，使人於描繪的藝術形象之中來加深認識所詠之物及其所託。全詩句句詠雁，却使人感到句句寫人。

作品通篇未直抒胸臆，未發表議論，但對唐王朝的批評、諷刺和怨悱，則是寓於所刻畫的藝術形象驚鴻之中，因而怨而不露、怨而不怒。詩人模擬早雁的驚惶，以及對入侵者的仇恨，乃至詩人對早雁的憐憫與慰留，這些深厚的強烈的愛憎感情，均巧妙而自然地貫注於敍事寫景之中。

這首詩以託物寄情，婉轉諷喻見長，流露了「哀怨清激之聲，慷慨悲歌之意」，言近旨遠，詞外情深，表達了愛國憂民的幽憤，具有相當強烈的藝術感染力量。

（鄭崇德）

# 寄揚州韓綽判官

杜　牧

青山隱隱水迢迢，秋盡江南草未凋。二十四橋明月夜，玉人何處教吹簫？

杜牧爲詩，擅長絕句，常能用這類小詩寫景抒情，構成一幅完整畫面，表達真摯的情思和深邃的意境。這首七言絕句，正是詩人用他那爽朗、峭拔、俊麗的語言，抒發對舊日揚州和故友的思念之情。詩寫來情眞韻美，是千百年來膾炙人口的名篇。

「青山隱隱水迢迢，秋盡江南草未凋」二句，寫的是自然之景，抒的是內心之情。詩人對友人的懷念，不是直敍敷陳，而是通過眼前山水的描寫，把不受任何外物約束的情思悄悄帶出，讓情思伴隨着逶迤青山，悠悠流水，又一次神游了曾經是爲宦多年的揚州。詩中出現了青山、流水、秋草三種形象，組合接聯起來，便是一幅迷人的江南秋色圖景。這些景物，是詩人的視覺形象，也是詩人的多種感覺形象。

青山、綠水、秋草，是古典詩詞中經常出現的物象，詩人們以此作爲興寄而創造某種氣氛。當春去夏往，秋日又盡之時，遙見羣山綿延不絕，流水如帶似練，怎不勾起詩人的無限縈懷之意，不盡思念之情？此情此意，如山巒流水，縱橫交錯，纏繞於詩人心間。它不但沒有被別後的歲月帶走，而是當這情思受到外界景物牽動時，自然而然地浮現起了對「無賴揚州」的眷戀，對故友的深情懷念。山水草木，原屬自然界實物，本身

寄揚州韓綽判官

幷不存有感情，但經過詩人的藝術創造，就使得這些景物帶上了濃郁的感情色彩，成了詩人興寄、聯想的畫中景，景中情。這就把詩人對自然景物的美感同內心淡淡的愁思交織在一起，讓讀者可以憑藉各人的審美經驗去想像、去翫味。

句中出現青山、流水、秋草的畫面，這些也許是當時詩人親目所睹和聯想到的景象，但詩人創造的意境，却絕非這些自然景物的重現，而是在這些景物無休止的延伸中蘊含着詩人的無限情思。這種情思，有意無意地隨着青山流水一直綿延淌流到了江南勝地揚州，於是引出了二十四橋、明月和吹簫來。

「二十四橋明月夜，玉人何處敎吹簫」二句，緊承上聯，因勢而下，展現了二十四橋拱月，玉人浴輝吹簫的明麗畫面。這是詩人意想中秋後月夜的揚州，也是詩人早年生活在揚州時景象的又一次重現，同時又寄託着對別後的揚州和友人的殷切思念。其中內蘊，耐人尋味。詩中「二十四橋」的芳名，由此也傳遍遐邇。

古揚州是江南商業集散地，南北交通要塞。那裏河流衆多，亘貫城裏城外，水上橫架的橋樑，不但數量多，而且以建築美聞名，橋幾乎成了揚州的「城市之光」。與杜牧同時的詩人李紳，在《宿揚州》詩中寫道：「夜橋燈火連星漢，水郭帆檣近斗牛。」可見當年的揚州，入夜之後，橋上、江上的繁華景象。以二十四橋入詩，在唐詩中唯有杜牧一人，只此一詩，可謂獨創。大概由於此聯可以獨立構成迷人畫景的緣故，竟成了唐以後聚訟紛紜的一宗疑案。北宋沈括說：「揚州舊城南北十五里一百五十步，東西七里三十步，可紀者有二十四橋。」（《夢溪筆談·補筆談》卷三）但沈括能列出橋址位置的僅得二十一座。清人吳綺說：「出西郭二里許有小橋，朱欄碧甃，題曰『煙花夜月』，相傳爲二十四橋舊址，蓋本一橋，會集二十四美人於此，故名。」（《揚州鼓吹詞集》）也有人斷言「二十四橋卽吳家磚橋，一名紅藥橋，在熙春臺後」（李斗《揚州畫舫錄·岡西錄第十五》），等等。說法衆多，不勝盡記，但似沈括所記較爲相合，雖然沈括在計算中橋數有所短缺，這可能是由唐入宋，從杜至沈，相距二百餘年，或因某些橋日久已毀也未可知。再說藝術創作不同於自然科學，不一定要拘泥實數，更何況杜牧喜以數字入詩，幷且大多用的是約數。如：「十年一覺揚州夢，贏得靑樓薄倖名。」（《遺懷》）杜牧在江南供職，前後八年，詩言十年，用的是約數。又如：「四百年炎漢，三十代宗周，二三里遺堵，八九所高邱。」（《洛中送冀處士東遊》）這些數字分明也是約數。「二十四橋明月夜」句，詩人意在點明時地，對如帶如虹諸橋的描繪，目的是在於同青山隱隱，流水迢迢相應互映，寫出揚州的山美、水美和夜色美，也是對「玉人」的出現起了映襯作用，因此大可不必作實數看。「玉人」，可指美女，也可指才男，從寄贈詩的作法和詩題來看，這裏應指韓綽。韓綽何許人不詳，《樊川文集》卷三另有《哭韓綽》詩一首，看來作者和他曾在淮南節度使牛僧孺屬下任職，而且感情很好。詩中問他秋月之夜在何處教歌妓吹簫，語帶調侃，可見他們之間關係的親昵，并且通過一「教」字，從中也隱約透露出了韓綽和杜牧同樣是屬於風流倜儻的人物，而詩中那如怨如訴，不絕如縷的洞簫聲，却彷彿依然在空中蕩漾，縈繞耳邊，使詩平添了不少風韻，給讀者以無窮回味。

（劉伯皋）

# 過華清宮（其一）

杜牧

長安回望繡成堆，山頂千門次第開。一騎紅塵妃子笑，無人知是荔枝來。

杜牧的這首七言絕句，如果不細細翫索，只是粗粗過目，似乎感到語多直達，略無餘蘊。難怪連明代詩評家謝榛也對它頗有微辭，認爲它既「露」且「淺」：

## 過華清宮（其一）

鮑防《雜感》詩曰：「五月荔枝初破顏，朝離象郡夕函關。」此作託諷不露。杜牧之《過華清宮》詩曰：「一騎紅塵妃子笑，無人知是荔枝來。」二絕皆指一事，淺深自見。（《四溟詩話》）

謝榛這話說得很不公允，有必要爲杜牧一辨。

杜牧生當內憂外患交互深重的晚唐時期，他將經邦濟世的理想抱負與憂國憂民的思想感情，化爲筆下的風雷，寫了不少政治性相當強、寓意深刻、富有藝術感染力的詩歌。在諸多題材中，他似乎對華清宮題材特別感興趣，曾寫有五言排律《華清宮三十韻》一首、七言絕句《過華清宮絕句》三首、《華清宮》一首。本文所舉的就是其中最膾炙人口的一篇。

華清宮故址在今陝西臨潼縣驪山華清池溫泉區，風景幽美，是唐代著名的行宮。唐玄宗常攜楊貴妃和朝廷百官到這裏遊樂。楊貴妃生長於四川，愛吃新鮮荔枝，唐玄宗便命人遠從四川、廣東乘驛馬飛馳運送，荔枝到長安色味不變。爲此，運送者一路上踏壞了無數農田與莊稼，往往跑得「人馬僵斃，相望於道」。

這首詩寫的正是送荔枝這件事。

詩篇一開頭，運用概括與想像之筆，從總體上勾勒出華清宮所在地驪山的形象特徵。「回望」點明了題目《過華清宮》的「過」字。詩人已過華清宮，現在是從長安回頭眺望驪山，從這「過」而「回望」的動作與眼神中，透出了內心無限感觸。長安與驪山華清宮相距有二十五公里之遙，實際上彼此是望不見的。但詩人却以「回望」二字把驪山華清宮統統攝於眼底，讓以下三句的場景、人物、活動都在詩人的虛構想像之中有層次地一一展現。「繡成堆」三字似平而奇。據《雍大記》載：「東繡嶺在驪山右，西繡嶺在驪山左。唐玄宗時植木花卉如錦繡，故名。」這既巧妙地點出驪山繡嶺之名，又貼切地描摹出驪山突兀而奇秀的景色。附帶提一下，有的同志把「繡成堆」解釋爲「指長安城內的繁華景象宛如一堆綿繡」，這一說法既不合乎詩的本意（全篇皆由「回望」驪山華清宮而發），也不符合長安、驪山的地理環境實際情況。顯然這一說法難以成立。

「驪山秀色古今同，盡入詩人感慨中。」（宋朱光庭《華清》）杜牧回望驪山，當然不單是留連風物之美，而是對這一古今相同的「驪山秀色」懷有深沉的「感慨」。

次句山頂千門，寫出驪山之上一派輝煌景象：亭臺殿閣，環列山谷；重闕幽闥，門千戶萬。據記載，貞觀十八年（六四四），由著名建築設計家閻立德主持在這裏修築了湯泉宮，高宗咸亨二年（六七一）改名溫泉宮。唐玄宗時期，又大加擴建，修築了新的池臺樓閣，并修築了外郭城、百官衙署和公卿府第，「大抵宮殿包括一山，而繚墻周遍其外」（《雍錄》），改名爲華清宮。可見，驪山上的殿臺門戶多得不可勝數。荒淫又荒唐的唐玄宗、楊貴妃，單是爲了吃荔枝，竟輕率地下令將一向戒備森嚴的山頂宮殿大門一扇扇挨排兒打開，彷佛煞有介事……

有了前兩句的背景鋪墊，第三句亮出了詩篇的主要場面與主角：一是揚鞭催馬，在塵土紛揚中流血流汗飛馳而來的使者；一是深居宮闈，悠悠然望見使者到來而笑逐顔開的楊貴妃。在這幅畫面上，一賤一貴，一苦一樂，兩相對照，包含着無言的譴責，具有一種含蓄辛辣的諷刺力量。「一騎」是何許人？「妃子」緣何發「笑」？詩人故意在此倒敍一句，置一懸念，以引起讀者的關注與深思。

結句用一個否定句巧妙地作了回答。既點出「一騎」的身分，又道出「妃子笑」的緣由。進貢的使者到了，愛吃的鮮荔枝卽將到口了。「無人知」，說明這幫帝妃們的侈靡生活是見不得人的，當然要竭力障人耳目。同時，一般人對他們窮奢極欲的生活也確實想像不出，眞相難以得知。其實，最終「無人知」是無人不知。送荔枝一事不是成爲唐玄宗與楊貴妃的千古罪狀了麽！可是在當時，人們看到一騎飛馳，千門洞開這番不尋常情景，誰不認爲這是在傳送國家的緊急情報呢！誰能知道，在這堂而皇之的神聖殿堂後面，竟在偷偷串演這樣一齣醜劇！通過這一正一反、一明一暗的對比描寫，就把最高統治階級的罪惡行徑暴露無遺。

杜牧曾說「欲識爲詩苦，秋霜若在心」（《深雪偶談》）。這是詩人的甘苦之言。像他這首貌似「露」「淺」的詩篇，實際上字字句句都是由苦思而得的露而隱、淺而深的力作。詩人從唐玄宗與楊貴妃的大量歷史故事中，別具慧眼地選取了送荔枝這一具有典型意義的題材，進行高度的藝術概括，不加任何抽象的議論，以

## 過華清宮（其一）

白描手法敘事，將自己對這一歷史教訓的看法融入生動鮮明的藝術形象之中，讓讀者自己去思而得之。詩人的藝術匠心是精湛的。

最後，補充說一下對「一騎紅塵妃子笑」的理解。詩人在這裏既是寫實，又是詠史。《史記・周本紀第四》載：「褒姒不好笑，幽王欲其笑萬方，故不笑，幽王爲烽燧大鼓，有寇至則舉烽火。諸侯悉至，至而無寇，褒姒乃大笑。」我們試把烽火臺的故事和送荔枝的故事略加比較，可以發現，褒姒的笑聲與楊妃的笑聲何其相似乃爾！「褒姒一笑失天下」，那麼楊妃一笑呢？細繹此詩，我們不難從「妃子笑」的詩句中窺見杜牧心中的「秋霜」。這位一直關心「治亂興亡之跡，財賦兵甲之事，地形之險易遠近，古人之長短得失」（《上李中丞書》），以寫詠史詩著稱於世的詩人，在回望驪山之頂，浮想聯翩之時，自然憶起了歷史上的周幽王與褒姒和現實生活中的唐玄宗與楊貴妃這兩對先後在驪山頂上演出醜劇的荒淫帝妃，以及晚唐現實中統治階級的種種醜行，幷把他們匯合爲一，化爲他筆下鞭撻的對象。爲了博取妃子一笑，昏聵的唐玄宗拋擲了多少人民的生命與血汗！爲一小小荔枝尚且如此，由小見大，封建統治階級的殘酷本質可想而知，杜牧在「妃子」的笑聲中熔鑄了歷史的教訓、現實的警鐘、自己內心的隱憂。這個「笑」字的份量是很重的。蘇軾算是理解了「妃子笑」的含意，他的《荔枝嘆》寫得好：「宮中美人一破顏，驚塵濺血流千載。」

《過華清宮》一詩短短四句二十八字，包含了如此豐富的內容，足見詩人具有何等高強的藝術腕力。詩人善於剪裁，巧於構思，詩篇組合有序，層次歷歷，結構有如電影鏡頭，由遠推近，由全鏡頭轉到特寫鏡頭：先是驪山如繡，再是千門洞開，然後是楊妃笑聲可聞，最後是顆顆荔枝可見。詩中人與物，動景與靜景，實與虛，大與小交融爲一體，形成一種風神俊爽、意境深邃的藝術美。詩的語言直中含曲，淺中見深，詩的寓意含蓄深遠，託諷不露。這確是一首尋繹不盡，具有強烈藝術魅力的好詩。

（吳翠芬）

# 江南春絕句

杜牧

千里鶯啼綠映紅，水村山郭酒旗風。南朝四百八十寺，多少樓臺煙雨中？

關於這首詩，前人曾有過不同的看法。明朝人楊愼主張把「千里鶯啼綠映紅」一句裏的「千」字改爲「十」字。他在《升庵詩話》裏說：「千里鶯啼，誰人聽得？千里綠映紅，誰人見得？若作十里，則鶯啼紅之景，村郭、樓鶯、僧寺、酒旗，皆在其中矣。」清朝人何文煥在《歷代詩話考索》中，對楊愼的意見作了反駁：「卽做十里，亦未必盡看得着聽得見。題云《江南春》，江南方廣千里，千里之中鶯啼而綠映焉。水村山郭無處無酒旗，四百八十寺樓臺多在煙雨中也。此詩之意，意卽廣不得專指一處，故總而曰《江南春》。」何文煥的話說得是有道理的。詩人描寫景物，不必拘泥於見聞，可以寫眼前的實景，可以寫意中的虛景，也可以把眼前的實景和意中的虛景結合起來寫。杜牧就是把自己的實感和想像糅合在一起，給我們繪出了一幅地域廣袤、氣象萬千的江南春景圖。

「千里鶯啼綠映紅，水村山郭酒旗風。」這裏的「綠映紅」，就是綠葉映襯紅花。用事物的顏色、形狀等特徵來代指事物的本體，是寫詩常用的修辭手法。這兩句詩，從字面上看，很好懂，如果用散文把它的意思說出來，那就是：千里江南，到處是黃鶯的歌聲，到處是相映成彩的紅花綠葉，到處是依山的城郭和傍水的村莊，到處是在春風中招展的酒旗，眞是滿眼春光，明媚可愛。

這兩句詩，寫了黃鶯、紅花、綠葉、水村、山郭、酒旗、春風七樣事物。這些分散的事物，爲什麼能够給人造成很強的美感呢？這是因爲詩句體現了多樣統一的藝術規律。先説多樣性：鶯啼是從聽覺上感受的。春風是從觸覺上感受的，紅花、綠葉、水村、山郭、酒旗，是從視覺上感受的。從不同的角度來刻畫景物，逼眞，有立體感，容易把讀者帶到作品的藝術境界之中。在視覺所感受的景物中，由於有春風的吹拂，紅花、綠葉和酒旗必然是擺動的，而水村、山郭則是相對靜止的，兩者構成對比，畫面更其生動。花是紅的，葉是綠的，紅綠映襯，色彩十分鮮豔。「水村」和「山郭」，雖然是兩個偏正結構的名詞，但實際包含着山、水、村、郭四樣事物。再從統一性上説：詩中各種事物的顏色、性狀等等儘管不同，但有一點是一致的，都是江南的景物，都和「江南春」這個規定情境相適應。詩裏各具特色的事物，在這點上統一起來，構成意趣盎然的江南春圖景。

「南朝四百八十寺，多少樓臺煙雨中？」要弄清楚這兩句詩的含義，必須先搞明白「四百八十寺」和「樓臺」的關係。那被如煙似霧的細雨所籠罩的「樓臺」，不是一般的樓臺殿閣，而是南朝寺廟的樓臺。這裏，出句明明説「南朝四百八十寺，對句爲什麼還要問「多少樓臺」呢？這不是明知故問嗎？其實，「四百八十寺」是南朝時候的數字。從南朝到詩人所生活的年代，其間二三百年。二三百年前的「四百八十寺」，由於年久失修，多數都陸續倒塌，所剩不多了。詩人的本意是：南朝時代所修建的四百八十座寺院，到現在能够保存下來而被煙雨所籠罩的，還能有多少呢？

從意境上看，這兩句詩中所寫到的事物，繼續和前兩句詩中的景物相融合。這裏的寺院樓臺，穿插在水村山郭和紅花綠葉之中。同樣，這裏的「煙雨」，不僅籠罩「樓臺」，也籠罩水村山郭和紅花綠葉，這又使整個畫面多了一層朦朧的美感。

這四句詩，不是寫了四個畫面，而是由淺入深、由簡到繁地描抹了一個極其廣大、極其錯綜復雜的畫面。這好比是套色印刷，先印上一層淺色，然後逐次印上較深的顏色，經過幾次印刷，最後才印出一張色彩協調的好畫。

江南春絕句

爲了講清作者的眞正用意，我們還得從南朝的寺院說起。南朝是公元四二〇到五八九年在我國南半部先後存在過的四個王朝——宋、齊、梁、陳。那時候，皇帝、官僚、貴族都着迷似地信奉佛教，他們大興土木，到處修建佛寺，其數量之多，規模之大，超過以往的任何時代。據《南史·郭祖深傳》記載：「都下佛寺，五百餘所。」杜牧詩裏說的「四百八十寺」，只是個大概的數字。南朝統治者這樣起勁地拜佛修廟，無非是祈求神佛保佑他們的政權長久地延續下去，保佑他們自己長生不老，永遠享受榮華富貴。杜牧的詩，正是站在歷史的高處，對那些愚人的妄想作了無情的諷刺：妄想長治久安的宋、齊、梁、陳四朝，一個跟着一個覆滅了，妄想長生不老的官僚、貴族，也早已不復存在。他們修建的「四百八十寺」，不但沒能改變他們必然滅亡的歷史命運，就是那些寺廟本身，也多數倒塌，現在存留下來的還能有多少呢？

南朝的事情已經過去二三百年了，杜牧爲什麼還要提起呢？這是有其現實原因的。唐朝的皇帝和封建貴族，有的尊崇道教，有的篤信佛法。他們迎佛骨，煉丹砂，造浮圖，修道觀，耗費了大量人力物力。在唐武宗之前，全國單是佛寺就有四萬餘所，有和尚四十餘萬人。佛道害國，已經成了晚唐的一個嚴重的社會問題。杜牧對南朝統治者的嘲諷，分明也是對唐朝統治者的警告：再這樣搞下去，只能重蹈南朝的覆轍，加速自己的滅亡。

講到這裏，人們會提出一個問題：這首詩的主旨既然是借古諷今，詩人爲什麼要着力描寫祖國的山水之美呢？寫美是爲了反襯醜。統治階級的醜行和祖國山河的美好，兩相對照，加強了諷刺的力量，這使人們認識到：歷史上那些企望長生的小醜都成了匆匆的過客，任何宗教都挽救不了他們的滅亡。只有祖國的山河大地和人類的歷史是長存的，永遠生氣勃勃，永遠充滿青春的活力。

（趙景波）

# 泊秦淮

杜牧

煙籠寒水月籠沙，夜泊秦淮近酒家。商女不知亡國恨，隔江猶唱後庭花。

杜牧是晚唐前期的著名詩人，與李商隱齊名，時人稱爲「小李杜」。他的七言絕句含蓄深婉，流情感慨，別具一格。而這篇曾被清代沈德潛譽爲「絕唱」的《泊秦淮》，更是他七絕中的傑作。詩是在秦淮河岸的船上寫的。夜幕降臨了，深秋清冷的河面上漫着一層薄薄的水霧，月的清暉映照在沙岸上是一片模糊的顏色，使人不禁聯想起「空裏流霜不覺飛，汀上白沙看不見」（唐張若虛《春江花月夜》）的情韻。這當兒，水面上忽然傳來了歌聲，是岸上的酒家或遠處商船上的歌女唱的。這哀豔動人的《玉樹後庭花》的曲調，若遠若近、若斷若續地傳過來，很有些迷人的魅力。它似乎要使人沉醉在昔日的六朝綺羅舊夢裏。然而這時詩人也許記起了「玉樹後庭花，花開不復久」的歌讖[一]，他如夢方醒，只覺得那歌聲飄蕩在秦淮河的上空，融和到水霧天光裏，好像要把整個時代都籠罩了。一種淒迷、朦朧的感傷，輕輕地襲上他心頭。他不由得嘆息着，彷彿在埋怨那歌女、又像是在問自己：她爲什麼要在這時候、這地方又唱起《玉樹後庭花》這陳代的亡國曲調？

秦淮河，是穿過南京市區，經過南京西北流入長江的一條河。南京古稱建業、建康、金陵，人們熟悉的

[一] 宋郭茂倩《樂府詩集》卷四十七引《隋書·五行志》曰：「禎明（陳後主年號）初，後主作新歌，辭甚哀怨，令後宮美人習而歌之。其辭曰：玉樹後庭花，花開不復久。時人以歌讖，此其不久兆也。」

歷史上的吳、東晉、宋、齊、梁六個朝代都建都於此。南朝人謝朓就寫過「江南佳麗地，金陵帝王州」（《入朝曲》）這樣的詩句。它確曾盛極一時，繁花似錦。但由於帝王荒淫，政治腐敗，這些朝代又都在不長的時間裏像夢幻一般地相繼覆滅。因此，金陵已成爲帝王荒淫導致亡國的歷史見證。難怪敏感的詩人們每到此地都會聯想到六朝興亡的歷史，發出「六朝如夢鳥空啼」（唐韋莊《臺城》）一類的感嘆。

過去以金陵爲題材的詩很多，但寫法上却不盡相同，從而呈現出豐富多彩的詩歌風貌。李白寫過《月夜金陵懷古》：「蒼蒼金陵月，空懸帝王州。天文列宿在，霸業大江流。綠水絶馳道，青松摧古丘；臺傾鳷鵲觀，宮沒凰鳳樓。別殿悲清暑，芳園罷樂游。一聞歌玉樹，蕭瑟後庭秋。」劉禹錫也寫過《金陵懷古》：「潮浦臺城渚，日斜征虜亭，芳洲新草綠，幕府舊煙青。興廢由人事，山川空地形。後庭花一曲，幽怨不堪聽。」這兩首詩都是名篇，李詩古樸渾厚，氣勢奔放；劉詩感情深沉，筆調明快；但在寫法上都只是就六朝的興廢立意，以懷古爲主。雖然詩裏都提到《玉樹後庭花》，然而也是從金陵形勝、六朝興衰的歷史引發出來的。而杜牧這首《泊秦淮》，寫法就很不相同。首先，他非常生動地渲染了月夜泊船秦淮河岸的環境、氣氛，那令人迷離的夜色，那公子王孫的醉生夢死，歌女們的淺斟低唱，都可以從詩的開頭兩句體味出來。雖然着墨不多，却是既典型地使人感受到晚唐的時代氣氛，又似乎隱約閃動着六朝綺靡生活的影子。其次，詩的後兩句是敍述語，却包含着無限感慨。商女所唱的《玉樹後庭花》曲，既引起人們對陳代亡國悲劇的追憶，又爲晚唐時代染上朦朧凄涼的色調，它似乎成爲一種媒介，讓人從陳代的荒淫亡國聯想到江河日下的晚唐的命運。朦朧的夜色，凄迷的歌聲，猶如暮色迷茫的晚唐舞臺上演出的醉生夢死的戲劇，給人帶來一種不祥的預感，而無法擺脫。詩人由此而產生的空虛、悵惘和悲哀又通過對商女的埋怨而表現出來。這樣，詩人就把對歷史的詠嘆與對現實的思考緊緊地結合在一起了。這首詩只四句，就表現了如此豐富、深刻的思想感情，我們不能不深佩服詩人精湛的藝術構思和出色的寫作技巧。

在談到寫作技巧的時候，我們絶不能忽略這詩用字的精當妥貼。比如「煙籠寒水月籠沙」的兩個「籠」字，是非常傳神的，使人對秦淮河上的月色煙光有一種朦朧、迷茫的感覺。這種朦朧的色調，表面看似乎與酒家歌舞喧鬧的氣氛很不協調，但它却最本質地烘託了這喧嘩熱鬧背後的空幻、悲涼和冷漠，而「夜泊秦淮近酒家」的「近」字也是很關鍵的詞語。因爲「近酒家」，所以有商女賣唱侑觴，這才聽到《玉樹後庭花》的曲調，才引起詩人痛苦的感嘆。這裏特别要指出的是「商女不知亡國恨，隔江猶唱後庭花」兩句中的「不知」和「猶」這兩個詞語，含意是非常深刻、含蓄的。商女，據近人陳寅恪説，應該指的是江北揚州一帶的歌女。中唐以後，都市商業發展，揚州一帶歌女很多。現在詩人泊舟秦淮聽到的歌聲，就是隨商船來江南的揚州歌妓所唱。所謂「隔江」，就指揚州和金陵横隔着一條長江。所謂「不知亡國恨」，所謂「隔江猶唱」，它包含着幾層意思：第一，《玉樹後庭花》是亡國的曲調，歌女只知賣唱，不知道它曲子的性質和它特定的含義；第二，金陵是陳朝的國都，是《玉樹後庭花》一曲的誕生地，陳朝皇帝就因爲生活腐化，沉醉於靡靡之音而亡國。而如今江北的歌女却來到這亡國的舊都，在秦淮河上唱這支亡國的曲子，這難道不引人深思麽？「地下若逢陳後主，豈宜重問後庭花」（唐李商隱《隋宫》），這一點大概歌女們并没有想到，或者根本無法想到，但是詩人却因此聯想到陳代亡國的痛苦。第三，歌女們大概不知道亡國是什麽滋味，所以不但在這亡國的舊都，而且在這逐漸衰落的晚唐時代，還偏偏要唱這亡國的音調，她們不知道自己也正是在爲大唐帝國唱挽歌呵！第四，歌女們固然不知道陳代亡國的歷史，不知道《玉樹後庭花》曲的背景和意義，但是，除她們之外，有誰還記得陳代亡國的教訓？又有誰肯關心大唐帝國的命運？時代確是太昏暗了，這正像詩人李商隱説的「從臣皆半醉，天子正無愁」（《陳後宫》）。唐代已衰落到如此地步，人們竟毫無知覺，還是縱情聲色。看來唐代重演陳亡的悲劇是不可避免了。這一點，正是詩人最痛心的。所以，這「不知」二字和「猶唱」的「猶」字都表達了極沉痛的感情，也藴含着對世道人心的憤慨，是經過精心的選擇推敲才下的筆。

《泊秦淮》這首詩，感情深沉含蓄，却不艱深晦澀，語言精當凝煉，没有一點雕琢的痕跡，顯得那樣深婉熨貼。沈德潛稱它爲「絶唱」，不是没有道理的。

（李　華）

泊秦淮

# 山行

杜牧

遠上寒山石徑斜，白雲生處有人家。停車坐愛楓林晚，霜葉紅於二月花。

此詩描繪作者行經山麓時所見之秋山景色，故以「山行」爲題。而「山」係何山，「行」於何時，則未可確考。

前二句寫山景，既勾勒其形體，更點染其色彩。

首句「遠上寒山石徑斜」，圍繞登山之石頭小路進行描寫，勾畫出矗立眼前之山嶺。「遠」謂山深，「上」謂山高；前一字顯示水平方向，後一字顯示垂直方向；二字連文，乃將山嶺所占據之空間位置籠括而出，給讀者以高大深遠之感覺。「斜」字，既寫山勢之陡峭，亦寫石徑之盤曲，依山而闢路，由路以見山，此字之用，亦可謂精粹煉要。秋山景物，其色斑斕，此詩於色彩之點染，最具匠心。首句之「寒山」二字，一者點明季節時令，與下文之「霜」字遙相呼應；再者，即暗示秋山之顔色。秋山林木，非只黃葉如金，楓林似火，更有經霜不凋之蒼松翠柏，紛然雜錯，相互映襯，而此景此色，非秋不現，故在人類之生活經驗中，乃將秋季之寒意與秋山之景色融爲一體，詩詞之中，遂有「寒林」、「寒山」一類字面。此處之「寒山」二字，係總寫秋山之色調，其中亦包括有火紅耀眼之楓葉在內，故而亦是爲下文之「紅」字暗作鋪墊。

沿着「遠上寒山」之石徑望去，乃見「白雲生處有人家」。第一句與第二句之連接，緊密而自然，順理

山行

而成文。「白雲生處」，卽石徑之盡頭，已是高山之巔，以其高，故時見裊裊白雲飄蕩其間。陶淵明有「雲無心以出岫」之句，古人往往以爲白雲系從山巒中生出，故此處云然。一個「生」字，旣有飄浮繚繞之動態，又有滋長不息之生機，爲山嶺增色不少——一作「深」，不逮此「生」字遠甚。此句尚言「有人家」，人家所在正是石徑所通之處。料想深山人家，不過茅屋數椽，炊煙縷縷而已，然而將「人家」二字點染入詩却極有情致。同時，亦說明所行經之山嶺，並非人跡不到之荒山野嶺。描繪山景而不離人間煙火，能給予讀者以實在親切之感。

前二句，其實只是陪襯與烘托；後二句之楓林紅葉，方爲此詩描寫重點之所在。

「停車坐愛楓林晚」。坐，係說明原因之詞。作者行經山麓爲何將車子停了下來？蓋因秋山景色好，而楓林紅葉尤其惹人喜愛，作者要仔細領略觀賞，故須把車停下。此句中之「晚」字，含意頗爲豐富。說明作者由於留戀秋山紅葉，觀看景色直到天光已晚，仍然遲遲不肯離去；再者，此處着一「晚」字，則又彷彿令人看到秋山晚景：黃昏時分，夕照之下，晚霞與楓林相映，暮靄與寒山共色，絢然爛然，別開境界，對此晚景，停車遊賞之人，自當更加不肯離去了。由詩人杜牧之的停車看楓，又令人聯想起書家歐陽詢的「駐馬觀碑」。傳說歐陽詢行經一處，路旁有晉人索靖所書石碑一通，駐馬觀之，不能滿足，竟宿於碑下，賞鑒摩挲三日夜，方去。停車賞楓一如駐馬觀碑，寫出人們沉浸入神，流連忘返之情態，人們面對賞心喜樂之事物，每每如是。

秋山楓林，究竟給予作者怎樣的感受？它何以引起作者如此強烈的喜愛？凡此，皆於最後一句作了解答：「霜葉紅於二月花。」二月春花，其色嬌豔，此係人所共知，以之作比，最爲醒豁。作者看來，楓林紅葉之鮮豔明麗，較之二月之花朵，尤爲過之。此言雖係誇張之詞，且不免有所偏愛，但此處係突出描寫紅葉，故未可以此非之，必得如此描寫，方可取得鮮明強烈之藝術效果。描寫秋山楓葉，自當以「紅」字爲着眼之焦點，而全詩之中，又只能出現一個「紅」字，此一字之安置是否妥善，關係全篇之成敗，故作者於此亦最爲着意。從另一角度言之，寫作此篇，如何排兵布陣，將四句二十八字調遣得宜，其關鍵亦在一個「紅」字。作者於此一字之着落，匠心獨運，最見手段。前二句，以整座山嶺作背景，什麼背景？乃是紅葉之背景；「寒山」

與「白雲」，則或隱或顯地點出蒼翠與潔白兩種顏色以作陪襯，陪襯何物？乃是作紅葉之陪襯。後二句，寫到「楓林」，「紅」字已是呼之欲出了，但仍然不肯讓它輕易露面，直至末句，「霜葉」二字下面，才最後寫上了這一個「紅」字。白居易作《琵琶行》，有「千呼萬喚始出來」之句，「紅」字之出來，亦經千呼萬喚。此猶畫龍，鱗爪已具，方可點睛，一經點睛，則可騰雲。此詩一出現「紅」字，亦頓覺神采飛動。

「霜葉紅於二月花」，系小杜名句。此句之所以爲人傳誦，非只因其精巧明麗，更因其富有哲理意味，能够以之說明具有普遍意義之事理。近人有句云：「紅葉遍西山，紅於二月花。」直是縮寫小杜此句。以紅葉比喻強者，說他們經得起困難與挫折之磨煉與考驗，事後變得更加堅強，正如「經霜色愈濃」之紅葉，其崇高品德更爲光彩照人。由此可見其哲理之意味與象徵之作用。

（王雙啓）

# 阿房宮賦

杜　牧

六王畢，四海一。蜀山兀，阿房出。覆壓三百餘里，隔離天日。驪山北構而西折，直走咸陽。二川溶溶，流入宮牆。五步一樓，十步一閣；廊腰縵迴，簷牙高啄；各抱地勢，鈎心鬥角。盤盤焉，囷囷焉，蜂房水渦，矗不知其幾千萬落。長橋臥波，未雲何龍？複道行空，不霽何虹？高低冥迷，不知西東。歌臺暖響，春光融融；舞殿冷袖，風雨淒淒。一日之內，一宮之間，而氣候不齊。

妃嬪媵嬙，王子皇孫，辭樓下殿，輦來於秦。朝歌夜絃，爲秦宮人。明星熒熒，開妝鏡也；綠雲擾擾，梳曉鬟也；渭流漲膩，棄脂水也；煙斜霧橫，焚椒蘭也；雷霆乍驚，宮車過也，轆轆遠聽，杳不知其所之也。一肌一容，盡態極妍，縵立遠視，而望幸焉。有不得見者三十六年。燕趙之收藏，韓魏之經營，齊楚之精英，幾世幾年，摽掠其人，倚疊如山；一旦不能有，輸來其間，鼎鐺玉石，金塊珠礫，棄擲邐迤，秦人視之，亦不甚惜。

嗟乎！一人之心，千萬人之心也。秦愛紛奢，人亦念其家。奈何取之盡錙銖，用之如泥沙？使負棟之柱，多於南畝之農夫；架梁之椽，多於機上之工女，釘頭磷磷，多於在庾之粟粒；瓦縫參差，多於周身之帛縷；直欄橫檻，多於九土之城郭；管絃嘔啞，多於市人之言語。使天下之人，不敢言而敢怒。獨夫之心，日益驕固。戍卒叫，函谷舉，楚人一炬，可憐焦土！

嗚呼！滅六國者六國也，非秦也。族秦者秦也，非天下也。嗟夫！使六國各愛其人，則足以拒秦。秦復愛六國之人，則遞三世可至萬世而爲君，誰得而族滅也？秦人不暇自哀，而後人哀之；後人哀之而不鑒之，亦使後人而復哀後人也。

阿房宮，是我國古代一個著名的宮殿，它是公元前二一二年秦始皇時代開始建築的，位置在當時秦朝的國都咸陽，到公元前二〇六年工程還沒有全部完成，楚霸王項羽兵入咸陽，一把大火就把它燒毀了。這篇作品用辭賦體鋪敍了阿房宮的華麗以及其中的人物和珍寶，最後借秦始皇的失敗來警戒後世驕奢暴虐的統治者。

《阿房宮賦》可以說是詩人之賦。漢朝的揚雄曾經說過：「詩人之賦麗以則，辭人之賦麗以淫。」這句話的意思是說，詩人寫的賦不但文詞優美，而且意義嚴正；而辭人寫的賦呢，不過徒有外表的華麗而已。拿揚雄的話作個標尺來衡量，杜牧的這篇《阿房宮賦》稱爲「詩人之賦」，是當之而無愧的。

「賦」是由詩衍變而成的一種文學體製，所以漢朝的班固說賦是「古詩之流也」。關於賦的作用，班固說，「或以抒下情而通諷諭，或以宣上德而盡忠孝」。這兩句話的意思是說，有的辭賦用來表達人民的願望，起着諷諭作用；有的辭賦用來宣揚皇帝的恩德而勸人忠孝。可是，漢朝有不少的賦，鋪張蔓延，佶屈聱牙，極力描寫宮殿的堂皇富麗，園林的優美絕倫，羅列山水的動人秀色和形狀不一的異獸珍禽。這樣的一些賦，好像類書一樣，讀過以後，令人感覺呆板苦澀，不能打動我們的感情。雖然作者的意思是想「諷」，但是「勸百而諷一」，正不壓反，它所起的作用跟作者的意圖是相去甚遠的。

從六朝到唐宋，產生了一些短賦，或者用它惜別抒恨，或者用它狀物寫景，寫得纏綿悱惻，風光佳勝，但是在意義方面，却顯得有些不足。

《阿房宮賦》的優勝之處，就在於它既有情，又有義，文詞華麗，想像豐富。讀這篇賦，像讀作者那些膾炙人口的短詩一樣，令人感動又令人深思。

《阿房宮賦》全文共分四大段：第一大段描寫阿房宮壯麗雄偉的氣勢和規模；第二大段又可分爲兩個小段，第一小段描寫宮室美女之盛，第二小段描寫珍珠寶玉之多；第三大段抒發作者悲憤之情，揭露統治者的驕奢淫樂和自取滅亡，這是作者寫這篇賦的本意所在；第四大段是議論，分析秦和六國滅亡的原因。

現在我們先看頭一段。在這一段裏，「六王畢」的「六王」是說齊、楚、燕、韓、趙、魏六國的國王，實際上就是指的六國；「蜀山兀」的「蜀山」就是四川的山，「兀」，就是山頂高而平，這裏是說四川山上的樹木已被砍伐淨盡；驪山是山名，阿房宮從它的北面開始修建：「二川」指的是渭川和樊川兩條河，這兩條河都從阿房宮裏流過；「盤盤焉，囷囷焉」都是形容建築物的曲折；「不霽何虹」的「霽」，就是雨過天晴。

這一整段的意思，要是用現代語言來說，就是：天下統一了，四川山上的樹木都被砍伐光了，一座雄偉的阿房宮出現了。它壓在地面上有三百多里路長，高高地和天日相接近。從驪山北邊開始建築，曲折向西，一直達到咸陽。渭川、樊川溶溶然流入宮牆之內。五步一座樓，十步一個閣，走廊曲折得像絲綢的回環，房檐尖聳，像禽獸在高空伸嘴啄物。這些建築物，各自憑藉着地勢而環抱其間，參差錯落，結構複雜。宮裏的樓閣，回環曲折，遠望天井，密如蜂房，天井當中，各有瓦溝，水從高高的屋檐上千滴萬滴地滴落下來。長長的大橋臥在水波上，天上沒有雲，哪裏來的龍？複道伸展在半天空，不是新雨初晴，哪裏來的彩虹？這些複雜的長橋複道，叫人迷惑而不能辨別它的高低和西東。歌唱的臺子上，聲響溫暖得像春光的融和，跳舞的大殿裏，舞袖飄飄，好像刮風下雨一樣的淒冷。在一天的時間內，一個宫殿裏，而氣候冷暖竟然不同。

這篇作品一開頭就很不平凡，請看：「六王畢，四海一。蜀山兀，阿房出。」眞是突兀有力，如泰山壓頂。讀了這四句，使人想起李白的《蜀道難》的開端。想一想看，如果這篇賦取消了這四個句子，直接以描繪開始，那不但使人覺得平板無力，對於這篇賦的意義也會有所減損。作者不知道花了多少心血，費過何等的匠心，才錘煉出這十二個字來。

這四句話，頭兩句寫出了秦帝國統一天下的氣概，接下兩句寫的是阿房宫的宏偉規模和建造它的辛苦，上下意義銜接，但是兩句又各自獨立。氣魄多麼雄偉，意義多麼重大！時代的形勢，帝王的奢侈和野心，一齊躍然而出。這裏邊隱含着作者對勞動人民的同情和對統治者的諷刺。

這四句是帽子，扣得緊緊的。然後卷軸展開了宏偉壯體的圖畫。規模這麼大的一座宫殿，怎樣去描寫它，這確實是一個難題。如果衹是表面上用一些類似「宏偉」、「壯麗」、「巍峨」、「高聳」等等字眼去形容，就容易空洞，不能給人一個比較具體的印象。相反地，如果仔細描繪，又難免繁瑣，失之於羅列現象。《阿房宫賦》作者的藝術概括力就從這裏表現出來。他既不作自然主義的鋪陳，又不流於空疏，筆墨不多，却把阿房宫的形勢、規模、氣魄通過具體描寫表現了出來，給讀者一個鮮明突出的印象。請看他的描寫是如何的壯麗：「覆壓三百餘里，隔離天日。驪山北構而西折，直走咸陽。二川溶溶，流入宫牆。」這是概括全貌的寫法，讀者會從這六個句子當中，想像到這座大宫殿的高度和它的幅員之廣大。先給人一個雄偉的感覺，然後作者就展開具體描寫，參差錯落，用十個句子寫出了阿房宫裏樓閣之勝：「五步一樓，十步一閣；廊腰縵迴，簷牙高啄；各抱地勢，鈎心鬥角。盤盤焉，囷囷焉，蜂房水渦，矗不知其幾千萬落。」接下去，作者憑他如椽的大筆，豐富的想像，優美的文字，極盡描繪之能事。他用短小的四字句，兩句一氣，一連寫了六句，這就是：

「長橋臥波，未雲何龍？複道行空，不霽何虹？高低冥迷，不知西東。」這六句排列巧妙，比喻新穎，音調鏗鏘，就像流着的泉水一樣淙淙作響。在這裏，作者分別用兩句話狀寫一個景物，而寫法又都是第一句寫實景，但是其中也有比喻，第二句就光用比喻來寫，以加強第一句的印象。最後兩句還以感嘆抒情的意味對前四句作了一個小結。再往下當我們讀到「歌臺暖響，春光融融；舞殿冷袖，風雨淒淒。一日之內，一宮之間，而氣候不齊」這樣一些句子的時候，詩情畫意，音樂的美，一齊湧來，令人心胸開闊，精神爽快，忍不住要爲它拍手叫好。

上面寫的都是宮室之美，接着就是描寫宮殿裏面的人物。第二段原文裏的「妃嬪媵嬙，王子皇孫」，指的是六國王侯的后妃、女官、女兒和孫女；「辭樓下殿，輦來於秦」，「輦」就是皇家坐的車子。這兩句是說她們辭別六國的樓閣宮殿，乘車來到了秦國。「明星熒熒」的「熒熒」，就是明亮的樣子；「而望幸焉」的「幸」，就是皇帝來到的意思。整個這一段原文的意思是：六國的王家眷屬，一旦國家滅亡，辭別了故居，來到秦國，早晨唱歌，晚上奏樂，成了秦始皇的宮人。當這些宮人們梳妝鏡一打開，爛若星光萬點；當她們早晨梳頭的時候，頭髮好像綠色的雲朵；她們潑下的洗臉水，油膩膩的使渭河爲之水漲；她們焚燒椒蘭的時候，煙霧紛紛，一團團香氣；宮車過時，聲如雷霆，車聲越響越遠，杳杳然不知道到哪兒去了。每一個宮人，用各種方法盡量把自己打扮得美麗動人，佇立在那裏，老遠老遠地注視着，希望得到皇帝的寵幸。但是因爲宮人太多，在秦始皇在位的三十六年當中，沒有幸運見到他一面的也大有人在哩。

在這一段裏，作者先告訴我們阿房宮裏這許多宮人是從什麼地方來的，然後從「明星熒熒」一直到「杳不知其所之也」，一口氣用了六個「也」字，來狀寫她們修飾的講究和車馬的聲勢，比喻美麗，誇張浪漫，讀了以後，大有人間天上之感。緊接着，筆鋒一轉，從景象的描寫，轉向人物特寫：「一肌一容，盡態極妍，縵立遠視，而望幸焉。有不得見者三十六年。」這幾句不僅寫了宮人之多，也寫出了這些宮人的悲慘命運。

從宮室寫到宮室裏的人，從宮室裏的人又寫到珍珠寶玉，作者一步一步地寫出了秦國統治者的淫逸和奢侈。「燕趙之收藏，韓魏之經營，齊楚之精英，幾世幾年，摽掠其人，倚疊如山；一旦不能有，輸來其間，鼎錙玉石，金塊珠礫，棄擲邐迤，秦人視之，亦不甚惜。」這段話的意思是：燕國、趙國所收藏的奇珍，韓國、魏國所經營的寶物，齊國、楚國所保有的精華物品，都是這些國家的統治者多少世代、多少年來從人民手中掠奪來的，堆積得像山一樣。一旦國破家亡，都被運到這裏來，寶鼎像飯鍋一樣多，美玉像石頭成堆成垛；黃金像土塊一般不值什麼，珍珠像砂粒一顆又一顆。這些貴重的東西沿路抛棄，秦國統治者看着，也不甚愛惜。

這幾句話裏包括了多少內容，寄託了作者多麼深沉的感慨啊！不論宮殿也好，美人也好，財寶也好，全成了秦國統治者享樂的工具。這篇作品題名爲《阿房宮賦》，實際上寫的何止是一座宮殿啊！

對於秦國統治者這種驕奢淫逸，作者滿懷悲憤之情。於是用「嗟乎」兩個字一轉，從描寫轉到議論，總結了前邊的抒寫，揭出了詩人寫這篇賦的本意。

現在把最後一段的最後幾句解釋一下：「獨夫之心，日益驕固」的「獨夫」指的是秦始皇；「戍卒叫」指的是陳涉、吳廣起義；「函谷舉」是函谷關被攻佔的意思；「楚人一炬，可憐焦土」，是說楚人點起一把火，可憐華麗的阿房宮化爲一片焦土，楚人指的是項羽。

這一段話的意思是：眞令人爲之嗟嘆呵！人同此心，一個人的心，也就是千千萬萬人的心呀。秦國統治者喜歡豪華奢侈，廣大的人民羣衆，也各自惦念着自己的家。爲什麼在掠取這些珍貴的寶物的時候，一點點也不遺漏，在使用它的時候，却像泥沙一樣不值錢呢？浪費人力財物建造這樣大的一座阿房宮，叫負荷大梁的柱子，比在南邊地裏勞動的農夫還要多；架梁的椽子，比在機上織布的女工還要多；釘頭高出，比倉裏的糧食粒兒還要多；參差不齊的瓦縫，比人們周身的絲縷還要多；直的欄杆橫的檻，比九州的城郭還要多；竹管絲絃嘔嘔啞啞的聲音，比集市上人們的言語聲還要喧鬧。由於高壓的統治，使得天下的人，口裏不說心裏怒火燃燒！秦始皇這個獨夫，却一天比一天驕奢頑固。陳涉、吳廣揭竿而起，天下響應；劉邦率兵進入了函谷關；項羽放起一把火，可憐費盡千萬勞動人民心血建造的這座阿房宮化成了一片焦土！

讀到這裏，我們才明白，上面的那些動人的描寫，原來是爲了後面這些議論作張本。而兩者又是互相聯繫的，可以稱得起是文情並茂。我們讀着這一段裏的一個又一個句子，就像聽着詩人一聲又一聲的控訴，熱情澎湃，理直氣壯。寥寥十幾句，抵得上一篇《過秦論》。這一大段議論裏，使用了許多美麗的比喻，像「使負棟之柱，多於南畝之農夫；架梁之椽，多於機上之工女」，一連六個巧比，文采富麗，十分動人。

最後詩人又用「嗚呼」開始，作了深沉的慨嘆，來結束全文。原文是這樣的：

> 嗚呼！滅六國者六國也，非秦也。族秦者秦也，非天下也。嗟夫！使六國各愛其人，則足以拒秦。秦復愛六國之人，則遞三世可至萬世而爲君，誰得而族滅也？秦人不暇自哀，而後人哀之；後人哀之而不鑒之，亦使後人而復哀後人也。

這段話的意思是：滅六國的，就是六國本身，並不是秦始皇；滅亡秦帝國的就是它自己，並非天下人民。唉！眞令人嘆息不已。假若六國的統治者都能愛惜它的人民，那麼，它就可以阻擋住秦人，而保有其國；假若秦國統一了天下之後，能够愛護體恤六國的人民，就可以繼續三世，以至萬世而爲天下的君主，誰能夠滅亡它呢？對於驕奢淫逸，不恤人民的這種悲慘後果，秦國統治者顧不上自己哀嘆，後來的統治者却能夠哀嘆它；但是，如果衹是哀嘆它，而不拿它當鏡子，引以爲戒，那麼，又使更後來的統治者爲後來的統治者哀嘆不已。

在最後這一段裏，作者指出秦帝國和六國之所以滅亡，都是由於驕奢淫逸，民不堪命，才起而「族」之。末尾又推開一層，作爲對後世帝王的鑒戒，情意深長，文盡而味無窮。這一段因爲直抒臆憤，情緒緊張，詞句也變得跌宕不平，使人讀了爲之迴腸盪氣。

這篇賦的描寫和議論是統一的。前面瑰麗的景色，配合着後面的正義宏論，誇張而不淫靡，議論而不乾枯。這跟那些所謂「勸百而諷一」的漢賦不同，也和純粹抒情狀物的短賦不同。寫得有情有理，剛柔相濟，它所以能够打動人的原因就在這裏。

（臧克家）

# 柳氏傳

許堯佐

天寶中，昌黎韓翃有詩名，性頗落拓，羈滯貧甚。有李生者，與翃友善，家累千金，負氣愛才。其幸姬曰柳氏，豔絶一時，喜談謔，善謳詠。李生居之別第，與翃爲宴歌之地。而館翃於其側。翃素知名，其所候問，皆當時之彥。柳氏自門窺之，謂其侍者曰：「韓夫子豈長貧賤者乎！」遂屬意焉。李生素重翃，無所悋惜。後知其意，乃具饍請翃飲，酒酣，李生曰：「柳夫人容色非常，韓秀才文章特異。欲以柳薦枕於韓君，可乎？」翃驚慄，避席曰：「蒙君之恩，解衣輟食久之。豈宜奪所愛乎？」李堅請之。柳氏知其意誠，乃再拜，引衣接席。李坐翃於客位，引滿極歡。李生又以資三十萬，佐翃之費。翃仰柳氏之色，柳氏慕翃之才，兩情皆獲，喜可知也。明年，禮部侍郎楊度擢翃上第，屏居間歲。柳氏謂翃曰：「榮名及親，昔人所尚。豈宜以濯浣之賤，稽採蘭之美乎？且用器資物，足以待君之來也。」翃於是省家於清池。歲餘，乏食，鬻粧具以自給。天寶末，盜覆二京，士女奔駭。柳氏以豔獨異，且懼不免，乃剪髮毀形，寄跡法靈寺。是時侯希逸自平盧節度淄青，素藉翃名，請爲書記。洎宣皇帝以神武返正，翃乃遣使間行求柳氏，以練囊盛麩金，題之曰：「章臺柳，章臺柳！昔日青青今在否？縱使長條似舊垂，亦應攀折他人手。」柳氏捧金嗚咽，左右悽憫，答之曰：「楊柳枝，芳菲節，所恨年年贈離別。一葉隨風忽報秋，縱使君來豈堪折！」無何，有蕃將沙吒利者，初立功，竊知柳氏之色，劫以歸第，寵之專房。及希逸除左僕射，入覲，翃得從行。至京師，已失柳氏所止，歎想不已。偶於龍首岡見蒼頭以駮牛駕輜輧，從兩女奴。翃偶隨之。自車中問曰：「得非韓員外乎？某乃柳氏也。」使女奴竊言失身沙吒利，阻同車者，請詰旦幸相待於道政里門。及期而往，以輕素結玉合，實以香膏，自車中授之，曰：「當遂永訣，願寘誠念。」乃回車，以手揮之，輕袖搖搖，香車轔轔，目斷意迷，失於驚塵。翃大不勝情。會淄青諸將合樂酒樓，使人請翃。翃強應之，然意色皆喪，音韻悽咽。有虞侯許俊者，以材力自負，撫劍言曰：「必有故。願一効用。」翃不得已，具以告之。俊曰：「請足下數字，當立致之。」乃衣縵胡，佩雙鞬，從一騎，徑造沙吒利之第。候其出行里餘，乃被衽執轡，犯開排闥，急趨而呼曰：「將軍中惡，使召夫人。」僕侍辟易，無敢仰視。遂升堂，出翃札示柳氏，挾之跨鞍馬，逸塵斷鞅，倏忽乃至。引裾而前曰：「幸不辱命。」四座驚歎。柳氏與翃執手涕泣，相與罷酒。是時沙吒利恩寵殊等，翃、俊懼禍，乃詣希逸。希逸大驚曰：「吾平生所爲事，俊乃能爾乎？」遂獻狀曰：「檢校尚書、金部員外郎兼御史韓翃，久列參佐，累彰勳效，頃從鄉賦。有妾柳氏，阻絕凶寇，依止名尼。今文明撫運，遐邇率化。將軍沙吒利兇恣撓法，憑恃微功，驅有志之妾，干無爲之政。臣部將兼御史中丞許俊，族本幽、薊，雄心勇決，却奪柳氏，歸於韓翃。義切中抱，雖昭感激之誠；事不先聞，固乏訓齊之令。」尋有詔，柳氏宜還韓翃，沙吒利賜錢二百萬。柳氏歸翃；翃後累遷至中書舍人。然卽柳氏，志防閑而不克者；許俊慕感激而不達者也。向使柳氏以色選，則當熊、辭輦之誠可繼；許俊以才舉，則曹柯、澠池之功可建。夫事由跡彰，功待事立。惜鬱堙不偶，義勇徒激，皆不入於正。斯豈變之正乎？蓋所遇然也。

許堯佐

柳氏傳

《柳氏傳》是唐代傳奇中年代較早的作品。作者許堯佐，生卒年不可考，衹知道他貞元十年（七九四）賢良方正能直言極諫科及第（見《唐會要》卷七十六），官至諫議大夫，元和十四年（八一九）還撰寫過《陽翟縣廳壁記》（見《寶刻類編》卷五），大約活動於貞元、元和年間。在他之前，已經有陳玄祐的《離魂記》和沈既濟的《枕中記》、《任氏傳》等著名的傳奇小說出現，但在題材上還沒有突破搜神志怪的範圍。《柳氏傳》開始寫現實生活裏的愛情故事，在當時是有開創意義的。

《柳氏傳》記述韓翃和愛妾柳氏破鏡重圓的故事。韓翃是中唐很有名的詩人（《太平廣記》卷四八五「翃」作「翊」，現據《新唐書·文藝傳》、《唐詩紀事》等統一作「翃」），這個故事的素材可能是有一些事實作爲依據的。大致的內容是：韓翃的朋友李生家境豪富，他的家妓柳氏對「羈滯貧甚」的韓翃產生了好感。李生十分看重韓翃，就把柳氏贈給了他。兩人結合之後，相親相愛。韓翃中進士後回鄉探親，柳氏獨居京城。不料發生了安史之亂，柳氏避難於尼寺。這時韓翃當了平盧、淄青節度使侯希逸的書記，派人來打聽消息，互相寄詩表達相思之情。京城平定後，韓翃還沒回來，柳氏却被蕃將沙吒利搶走了。侯希逸的部下有個虞侯許俊知道以後，見義勇爲，冒險闖入沙吒利的家裏，用計奪回柳氏。侯希逸替他們報告了皇帝，才奉命把柳氏歸還韓翃。

傳奇小說一般以情節見長。《柳氏傳》寫才子佳人的悲歡離合，是古代小說裏的一種類型。不少小說戲曲都採用這類題材，而《柳氏傳》則是帶有開創性的。開頭寫韓翃與柳氏相愛，作者說是「翃仰柳氏之色，柳氏慕翃之才，兩情皆獲，喜可知也」，着眼於才子和佳人的結合。接着韓翃中了進士，正走向幸福的前途。突然安史之亂驚破了他們的美夢，柳氏寄居尼寺，韓翃從軍在外，兩人音書斷絶。到京城亂平之後，兩人寄詩訴情，寫出了託喻比興的《章臺柳》。韓翃寫道：「章臺柳，章臺柳，昔日青青今在否？縱使長條似舊垂，亦應攀折他人手。」怕的是她琵琶别抱，落入他人之手。柳氏寫道：「楊柳枝，芳菲節，所恨年年贈離别。一葉隨風忽報秋，縱使君來豈堪折！」她憂的是春光易逝，會因年老色衰而見棄。兩人都不忘舊情，劫後餘生，應該可以重溫舊夢了。不料又發生了意外的波折，柳氏沒有被叛亂的兵將奪走，卻被爲朝廷立了戰功的蕃將所劫去。韓翃回來，找不到柳氏的踪跡，在失望中偶然在龍首岡巧遇，柳氏約他相會，當面訣別，贈物表示紀念。這時眞是「侯門一入深如海，從此蕭郎是路人」了，忽然又出現了一個奇蹟，許俊路見不平，拔刀相助，搞了一次突然襲擊，假冒沙吒利的命令把柳氏騙出來，送還韓翃。他們兩次分散，兩次重逢，前後的境況不同，心情也不同。第一次分手後遇上戰亂，彼此都怕不能重會，然而居然平安無事。兩人相愛不渝，滿心盼望着團聚，可是又發生意外，出現了新的磨難。兩人都已認爲沒有希望了，卻又出現新的轉機。最後還得靠皇帝出面，賞給沙吒利二百萬錢，替韓翃贖買柳氏。這個故事兩起兩伏，前一次是虛驚和擔憂，喜報平安而未能重聚，後一次是絕處逢生，先悲而後樂。這個故事波瀾疊起，引人入勝。如果分手後就寫柳氏被劫，就太簡單了。作者在柳氏被劫之前，先寫安史之亂，柳氏避難移居，造成懸念。在高潮之前有一個過渡，穿插兩人寄詩的情節，搖曳生姿，就不平板直截。他們的悲歡離合，既有合乎情理的細節描寫，又有出乎意料的情節轉換，給人以「山重水複疑無路，柳暗花明又一村」的感覺。這個故事富有戲劇性，因此後世據以編寫的戲曲很多。

《柳氏傳》用的是傳記體，以柳氏爲傳主，理應着重寫柳氏這個中心人物。雖然筆墨不多，卻寫出了柳氏的性格。她主動愛上了韓翃，能賞識才子於未成名之前。韓翃回家後，她貧困乏食，甚至「鬻妝具以自給」，也沒有變心。遇上戰亂，她懼怕遭到強暴，不惜「剪髮毁形」，以貞潔自守，可惜最後還是不免被沙吒利所奪。作者讚揚她始終忠於韓翃的愛情，然而並沒有苛責她捨生全節，祇說她是「志防閑而不克者」。這樣的描寫是可信的，並沒有把她理想化，可以說是比較符合生活眞實的。《柳氏傳》不僅寫出了柳氏的形象，還寫出了李生的豪爽慷慨，「負氣愛才」，也寫出了韓翃的忠厚誠摯而軟弱無能，尤其是寫出了仗義行俠、有勇有謀的許俊。作者特別指出他「雄心勇決」，才力過人，把他和柳氏並列爲兩個主要人物，而韓翃卻退居次要地位了。篇末評論説：「向使柳氏以色選，則當熊、辭輦之誠可繼；許俊以才舉，則曹柯、澠池之功可建。」可見作者的用意所在。

《柳氏傳》寫得簡潔明快，沒有很多場景描寫和心理刻畫，但也有一些場面寫得很生動。如柳氏與韓翃偷偷約會於道政里門時，「及期而往，以輕素結玉合，實以香膏，自車中授之，曰：『當遂永訣，願置誠念。』乃回車，以手揮之，輕袖搖搖，香車轔轔，目斷意迷，失於驚塵。翃大不勝情。」這一幕生離死別的悲劇場面，纏綿悱惻，哀婉動人，令人聯想起焦仲卿和劉蘭芝分別的情景，「府吏馬在前，新婦車在後。隱隱何甸甸，俱會大道口。下馬入車中，低頭共耳語……舉手長勞勞，二情同依依。」雖然小說和詩不同，却有異曲同工之妙。韓翃和柳氏互相贈答的《章臺柳》詩，也是詩人故事中應有的插曲。兩首詩借物寓情，辭意委婉，因而膾炙人口，傳誦後世。後人把它作爲一個詞調，照式填詞，可以說明其影響之深遠。宋人趙彥衛在《雲麓漫鈔》（卷八）中說：「唐之舉人，先借當世顯人以姓名達之主司，然後以所業投獻。逾數日又投，謂之溫卷。如《幽怪錄》、《傳奇》等皆是也。蓋此等文備衆體，可以見史才、詩筆、議論。」這篇《柳氏傳》的確兼備了史才、詩筆、議論，可以說是一篇標準的傳奇文，但未必就是爲行卷而作的。

唐代小說是中國小說發展的一個重要階段。《柳氏傳》在唐代小說中篇幅不算很長，藝術技巧不算很高，寫作年代也不算很早，但有它獨特的成就。它是唐代小說中最早以現實生活中的男女愛情爲題材的作品，注重描寫女性形象，特別是妓女的形象。在《柳氏傳》之後，才出現了《李娃傳》、《霍小玉傳》等幾篇著名的寫愛情、婚姻題材的作品，打破了搜神誌怪的傳統，成爲唐代小說中的傑作。這一部分完全摒棄了神怪成分而面向現實生活的作品，繼承並發揚了史傳文學的優良傳統，又吸收了魏晉以來誌人小說的某些長處，形成一種新型的傳記體小說。《柳氏傳》就是創始之作。

（程毅中）

# 江樓感舊

趙嘏

獨上江樓思渺然，月光如水水如天。同來望月人何處？風景依稀似去年。

這是晚唐詩人趙嘏的一首有名的七絕。格律嚴謹而寫來天然渾成，樸素淡遠，令人讀過難忘。

第一、二句要連在一起讀。中間的停頓是短暫的。兩句回答了六個W中的五個W。請原諒我借用外國字母。所謂六個W，就是指英文中的Who(什麼人)，When（什麼時候），Where（什麼地方），What(做什麼)，How（怎樣做的），Why（爲什麼要做）。這是敍事文（詩）的六個要素。這首詩不是敍事詩而是抒情詩，但抒情詩也離不開人和事。這首詩開頭兩句就回答了五個W，什麼人？詩人自己；什麼時候？月夜；什麼地方？江邊，樓頭；幹什麼？登樓，觀景；怎樣做的？獨自一人去的。衹剩下一個W即爲什麼要做，留待下面回答。用兩句十四個字回答了五個W的問題，可謂簡潔，凝煉。

這兩句僅僅回答了五個W的問題嗎？不僅僅是。

這裏有人，有物。人：詩人。物：樓，月，水，天。人是有感情的，何況感情豐富的詩人。在詩人的妙筆下，人和物交融，情和景結合的現象發生了。樓，自古以來往往是牽動人情思的地方。王粲寫《登樓賦》，寄寓他不滿現實，思鄉懷歸的情思。杜甫寫《登樓》，表述他憂國憂民的忠憤心懷。柳宗元寫《登柳州城樓寄漳汀連封四州刺史》，寄託他憂時憤世、無比激動的心情。李商隱寫《安定城樓》，抒發他政治上的抱負和

趙嘏

## 江樓感舊

胸襟。諸家各有千秋。趙嘏的這首詩也是寫登樓，却不同於以上諸家，而有他自己獨有的情懷。他獨自一人，登上江樓，情「思渺然」。「渺然」，應該是浩茫無際的意思。爲什麼其思「渺然」呢？詩人沒有立即正面作答，而是先把登樓後見到的景色呈現在讀者面前：「月光如水水如天」。王勃《滕王閣序》中有「秋水共長天一色」的名句。雖然趙嘏寫的是月夜之景，王勃寫的是白日所見，但都爲日月照射下的天光水色，其理路本自相通。天色清朗，透明如水。水平如鏡，反映天光。而在夜晚，天上有月，水中亦有月。「月涌大江流」（杜甫句），強調的是動態；「水如天」，則偏重於靜觀；但都是從明月與江水的結合處着筆的。有的版本作「水連天」，似較平。它衹說明了水天相接的形狀，而缺少情致。「月光如水水如天」，則充分描寫了詩人從樓上見到的景色和氣氛：金波瀉地，江心抱月，天光、月影、水色三者渾然一體，眞不知是江流天上，還是天在江中！這正是夜景的特點。又一句七字之內，竟連用兩個「如」字，兩個「水」字，頗不多見。寫詩一般要避免同一個字或詞的重複出現。然而，正如《文心雕龍·煉字》所說的：「詩騷適會，而近世忌同；若兩字俱要，則寧在相犯。」有的重複出現，出於作者的匠心，往往能產生特殊的藝術效果。這裏的兩個「如」字，配合兩個「水」字，在描寫景物的相互聯繫與烘託氣氛的彌合無間上，起了不容忽視的媒介與紐帶作用。這種用法，可以說是平中見奇。或者說，既然月光如水，水又如天，豈不是月光也如天嗎？文學非數學，此「如」非彼「如」。一經穿鑿，便成滑稽了。

詩人的情思，渺然無際。水天一色，月光的金波充塞天地間，江邊月夜的景色，浩瀚無際。主觀的無際和客觀的無際，合而爲一。無限之情與無限之景合而爲一。

詩的三、四兩句，承一、二句而來。三句波瀾頓起，四句轉入平緩，而餘音不絕。「同來望月人何處？」是設問。「風景依稀似去年。」似回答。由當前的月，想起去年的月；由今日詩人望月，接上去年詩人與「望月人」同來望月；今日之月與去年之月，因兩次「望」而聯繫起來；今日之風景與去年之風景，也因兩次「望」而聯繫起來。但儘管兩者相似，而人事已非。今日是一人獨望，去年是二人同望。第一句的「獨上」與第三句的「同來」相呼應，相對照；去年的幸會襯託出今日的淒清。詩人緬懷故舊，情思渺然。這樣，把讀者帶到了一個景切情摯，思深意遠的境界。那麼，三、四兩句就不僅僅是對那剩下的一個W卽Why（爲什麼要做）作答的問題了。

望月思人，從來有之：「此時相望不相聞，願逐月華流照君」（張若虛《春江花月夜》）。因水懷人，從來有之：「所謂伊人，在水一方」（《詩經・蒹葭》）。俯仰天地而及人，從來有之：「海內存知己，天涯若比鄰」（王勃《送杜少府之任蜀川》）。趙嘏登江樓而望月，因月而水，因水而天，並將三者熔於一爐，都與思念故舊聯繫起來，又顯出另一種特色，而不拘於上述諸家的手法。

回顧首句「思渺然」，還有空茫落寞，沒有着落的意思。這又與第三句不知去年同來望月的友人今在何處相呼應。哦，如果這友人今天仍能同詩人一起來賞月，那該有多好啊！讀到這裏，不禁使人想起蘇軾的名句：「人有悲歡離合，月有陰晴圓缺，此事古難全。但願人長久，千里共嬋娟！」但趙詩與蘇詞韻味又各不同。蘇詞清而麗，趙詩淡而遠。趙詩更使人想起這樣一句名言：「君子之交淡如水。」

第三句形式是問句，揭示前二句所蘊含的意旨。此句是全詩的核心，是點《江樓感舊》之題，點明主題之句。第四句似答非答，答非所問，然而却是回答得更深更遠，是深化主題之句。

「風景依稀似去年」，這裏的「風景」是實——眼前之景；但又實中有虛：這眼前之景同回憶中的去年之景相似。這裏的「去年」，去年之景，是虛——憶中之景；但又以虛擬實：這憶中之景與眼前之景相似。眼前之景中有我無友，去年之景中有我有友。這裏，景之虛實之間，人之有無之間，用「依稀」二字聯繫起來，彷彿產生了電影中「淡入」「淡出」或疊印手法所產生的效果：眼前之景，是眞？是幻？去年之景，在眼前？在憶中？「依稀」二字，把讀者也帶到詩人的主觀感受中去了。「殘宵猶得夢依稀」（李商隱《春雨》），是明說寫夢。「風景依稀似去年」則是說實景，却又彷彿寫了夢境一般的幻覺，而這幻覺緊扣着「感舊」。這一句詩，就用了這種虛實相生、有無相間的特殊手法，深化了主題。

至於這位老朋友是誰，去年因何二人同來望月，後來因何分手，詩人再登江樓，是專爲懷友而來，還是偶然又到，觸景生情，賦此「感舊」……這些問題，詩中未曾回答，也不必回答。這一切，都讓讀者從詩中所寫感舊懷友的浩茫無際之情思去想像吧。一首七絕，四句二十八個字就這樣結束了。然而它在讀者心中引起的感受和聯想，却似餘音繞梁，綿邈不絕。言有盡而意無窮，說的不就是這首詩或這一類詩文嗎？

讀趙嘏的這首《江樓感舊》，總使我聯想起另一首唐詩，崔護的《題都城南莊》：「去年今日此門中，人面桃花相映紅。人面不知何處去，桃花依舊笑春風。」我覺得這兩首詩有驚人的相似處，却又各有其獨創性。兩詩都是七絕；都是由今日回溯到去年，都是睹物思人，物是人非。而所睹之物，一是月亮，一是桃花。所臨之地，一在樓上，一在門中。所思之人，都不在眼前，都在回憶之中：一在月光之下，一在桃花之旁。連章法都有相似之處：都在第三句設問（「人面不知何處去」可作爲陳述句，亦可作爲疑問句），也都在第三句波瀾突起，點明主題；又都以第四句之答非所問，似答非答以深化主題。甚至有些詞都是相同的，如「何處」二字均出現在第三句；而崔詩之首，趙詩之尾都用了「去年」二字。有些詞是相應的，如「望月人」與「人面」，「風景」與「春風」，「依稀似」與「依舊笑」等。但兩詩又是何等的不同！一是寫友誼，一是寫愛情。這是主要之點，是主題的不同。月光水色，何等清邈；人面桃花，何等豔麗！「渺然」，「依稀」，幽靜淡遠；「相映紅」，「笑春風」，熾熱濃烈。而前者的淡彩，是爲了寫今日懷友之情的深摯；後者的重彩，反襯出今日不見所戀少女因而失望之極的衷情。遣詞造句，以至章法，都是爲不同的主題服務的。然而從這裏又可看出：兩詩主題之不同中又有相同處：都是寫情思，而且寫出了情思的無限深摯。在風格上，一則以淡遠見長，一則以濃烈取勝，但都達到了高超的美的境界。蘇軾詩云：「欲把西湖比西子，淡妝濃抹總相宜。」庶幾近之。

再饒舌幾句：崔護的《題都城南莊》確是一首傑作，却又與他的戀愛故事（唐代孟棨的《本事詩》中有記載）不可分割。終成眷屬的團圓結局，是人民的願望，無可厚非。但因此，這首詩所體現的言有盡而意無窮的境界，也許會打一點折扣。這可能是謬說，願就正於方家。

（屠　岸）

# 題君山

雍陶

煙波不動影沉沉，碧色全無翠色深。疑是水仙梳洗處，一螺青黛鏡中心。

「北通巫峽，南極瀟湘」的洞庭湖舉世聞名。秀麗的湖光山色，壯觀的亭臺樓閣不知撥動了多少詩人的心弦。歷代文人墨客或登臨把酒、長歌短嘆；或月下泛舟，淺吟低唱。於是，洞庭湖成了詩的故鄉。孟浩然讚美她：「氣蒸雲夢澤，波撼岳陽城。」（《臨洞庭》）杜甫驚嘆她：「吳楚東南坼，乾坤日夜浮。」（《登岳陽樓》）劉長卿描繪她：「疊浪浮元氣，中流沒太陽。」（《岳陽館中望洞庭湖》）這些都是寫洞庭湖水勢的闊大浩瀚，雄偉渾涵。但是，洞庭湖還有其「澄泓湛凝綠，物影巧相映」（韓愈《岳陽樓別竇司直》）和「湖光山色兩相和」（劉禹錫《望洞庭》）的一面。她有時洶湧咆哮，像一位發怒的巨人，勢不可擋；有時又像一位披着輕紗的溫柔的女性，極爲輕靈縹緲，寧靜和諧，讓人對她產生許多要渺深微的遐想。雍陶的這首《題君山》就是以纖巧輕柔的筆觸，描繪了洞庭湖秀麗娟靜的美。

風平浪靜，薄霧微籠的洞庭湖上一碧萬頃，顯得倒映在水中的山影格外凝重。以致於「碧色全無翠色深」。「碧」是湖色；「翠」是山色。翠色的倒影與碧色的湖水相疊映，將君山倒影襯得更加鮮明突出，當然是祇見山的翠影而不見湖的碧色了。詩人不正面寫君山，而着意寫君山之影，爲讀者展示了一幅湖山倒影圖，先讓你陶醉在這淺碧的湖光、深翠的山影、淡淡的薄霧相融合的靜謐的意境裏。

題君山

這極富神秘色彩的境地，自然地喚起了詩人的遐想：「疑是水仙梳洗處，一螺青黛鏡中心。」「水仙」卽湘妃，據《博物志》、《荊州圖》記載：君山又名湘山、洞庭山，因傳說中的舜妃湘君姊妹曾在這裏居住和游翫，故名君山。「一螺青黛」爲「一青螺黛」的倒文。「青螺黛」，因螺黛呈深青色，故名。據舊題顏師古《隋遺錄》，螺黛，卽螺子黛，又稱蛾綠螺子黛，爲婦女畫眉所用，產波斯國。但這裏的「青螺黛」是指婦女的髮髻。詩人聯繫神話傳說，將君山的形象比喻爲美麗的仙女的髮髻，使全詩一下子變得活脫輕盈起來。這個比喻用得非常好。它使景物由靜態變成了動態，成了有生命的東西，還使景物充滿了奇異的色彩。因爲出現了美麗的水仙的形象，讀者自可作各種各樣的美麗的想像：她，或正在披髮梳妝，或是妝罷玉立……全詩因而取得了意想不到的藝術效果。

雍陶一生中曾游歷過大半個中國，寫下了許多讚美祖國山河的詩篇。他對洞庭湖懷有特殊的感情，朝思夜想，念念不忘：「雨夜思巫峽，秋朝想洞庭。千年孤鏡碧，一片遠天青……」（《和河南白尹西池北新葺水齋招賞十二韻》）洞庭湖對於詩人來說是太熟悉了。「馬歸雲夢晚，猿叫洞庭秋。」（《送徐使君赴岳州》）連千里送行客的目睹及耳聞也是洞庭的一切，難怪他面對岳陽景色產生「終隨鷗鳥去，祇在海潮生」（《岳陽晚景》）的遐思了。卽使到了晚年，詩人觸景生情，仍然不忘洞庭湖的美麗風光：「往歲曾隨江客船，秋風明月洞庭邊。爲看今夜天如水，憶得當時水似天。」（《望月懷江上舊游》）展現了詩人在秋風明月中對水天一色的洞庭湖的回憶與聯想，流露了對洞庭湖的依依戀念之情。《題君山》則是他對洞庭湖感情的全部傾注。

洞庭湖君山的秀美，曾引起過許多詩人的詠嘆。「遙望洞庭山水翠，白銀盤裏一青螺。」（《望洞庭》）這是中唐詩人劉禹錫別具匠心的讚譽。「元是崑崙山頂石，海風吹落洞庭湖。」（《題君山》）這是晚唐詩人方干的奇美想像。同是詠君山，同是運用浪漫主義手法，同是最奇思壯美的想像，但巧比妙喻，極妍盡態，却各自有各自的角度。方干的《題君山》從題外着筆，去發掘君山的來歷，重在表現君山的仙氣縹緲，鍾靈毓秀。劉禹錫的《望洞庭》、雍陶的《題君山》同樣是以青螺來形容君山，但劉禹錫是對白浪環繞的君山的遙望，而雍陶則是對水中倒影的君山的近觀。相比之下，雍陶的《題君山》則高出一籌。全詩以倒影爲中心，先以凝斂的筆勢重彩描繪出君山涵映水中的深翠的倒影，這是實寫。繼之將倒影和神話傳說聯繫起來，生發出水仙梳洗處的聯想，這是虛寫。虛實相映，形神兼備，極富情致。

雍陶的詩大多具有清新之美，據說他常常自比「謝宣城（謝朓）、柳吳興（柳惲）」（《全唐詩話》卷四）。同時代的詩人殷堯藩也稱讚他說：「興來聊賦詠，清婉逼陰（鏗）、何（遜）。」（《酬雍秀才二首》）這是很有道理的。他的《題君山》卽是風格「清婉」的明證。（初　旭）

# 隴西行（其二）

陳　陶

誓掃匈奴不顧身，五千貂錦喪胡塵。可憐無定河邊骨，猶是春閨夢裏人。

中國文學史上常有這樣的現象：有的詩人，不算是大家，往往因其一兩首佳作而名垂後世。晚唐詩人陳陶，雖然留下來的作品不少，《全唐詩》收他的詩作兩卷，一百七十多首。但是，今人知道陳陶，恐怕首先是因爲他的這首《隴西行》。

嚴羽《滄浪詩話·詩評》說：「陳陶之詩，在晚唐人中最無可觀。」當然，嚴氏這樣持論，自有他的着眼點和評價標準。可是，一概而論，總不免絕對化和偏頗。所以明代「後七子」之一謝榛在他的《四溟詩話》中舉出這首《隴西行》的後面兩句，謂其「淒惋味長」，以對嚴羽表示異議。相比之下，謝氏有所分析，持論比較允當。

無論如何，陳陶的這首《隴西行》，確是一首難得的佳作。

從詩的題材內容來看，《隴西行》寫的是征夫思婦的生活悲劇，可以歸入邊塞詩的範圍。寫征夫思婦生活，是唐代邊塞詩的一個重要方面。不過，這首詩產生於晚唐，既有唐代邊塞詩的一般特點、也有濃烈的晚唐時代色彩。

唐代以征夫思婦生活爲題材的邊塞詩並非自陳陶始。盛唐乃至中唐的邊塞詩人，都有作品接觸這個題材。然而，這類邊塞詩，在唐代的不同時期，呈現出不同的氣概情調。盛唐的這類邊塞詩，色調是明朗的，情緒是高昂的，這與整個盛唐詩風相一致。如王昌齡的《閨怨》，那位閨中少婦，不知憂不知愁，在風日晴和的春天，作了一番精心打扮，登樓賞翫美景。可以說是一派天眞爛漫。就在這宜人的春色中，她驀地感到形單影隻，辜負了美好春光，這才後悔讓夫婿遠去建功立業。王昌齡是大手筆，在色調明朗、情緒歡快的描寫中透露出悲愁。到了晚唐，即陳陶活動時代，環境和情緒都已異於盛唐，不可能寫出這樣的詩篇了。

陳陶的這首《隴西行》，雖然也有「誓掃匈奴不顧身」這樣的勇氣和決心，但其結果，是「五千貂錦喪胡塵」。這裏的「五千」，正如「磧裏征人三十萬」（李益《從軍北征》），「十萬漢軍零落盡」（張喬《河湟舊卒》）和陳陶本人的「三千犀甲擁朱輪」等句中的數字一樣，不必是具體指數，僅概指其多而已。「貂錦」也是如此。儘管貂是古代侍從武官帽子的飾物，錦也是貴官的衣着，但恐怕也很難坐實就是專指軍官。唐代詩人寫本朝事，也常以漢代爲喻，這裏的匈奴，也是喻指當時的北方胡族。總之，這裏說的是，抵抗胡兵，大批戰士捐軀於疆場。盛唐的那種色調和氣概，在這裏已蕩然無存了。

精彩的是後兩句：「可憐無定河邊骨，猶是春閨夢裏人。」這兩句詩，描繪了兩個不同的畫面，一是塞外無定河邊的舊戰場；一是閨中思婦的夢境。畫面上的細部，一首短短的絕句，不可能也無須作具體的描寫，但高明的作者爲讀者留下廣闊的想像和補充的餘地。因此，我們可以設想爲，在那荒涼的塞外，風卷衰草，滾滾塵沙，一堆堆枯骨無人收埋，委棄於半涸的無定河邊。而閨中的思婦，却依然在等待着他歸來。畫面上出

## 隴西行（其二）

現這樣的夢境：簾外，繁花柔柳，乳燕雙飛。一位風塵僕僕的戰士，出現在她面前。她無時無刻在期待着這一天，可是又感到那樣意外，那樣突然！

這兩個畫面，雖然字面上以「猶是」爲過渡，說明二者的關係。但是眞正使畫面之間形成意境上的聯接，是詩中相呼應的藝術手法。這種呼應手法，正如電影藝術中的蒙太奇一樣，畫面通過連接產生了超越畫面本身的新含意。這首詩的絕妙之處還不止此，甚至前面兩句的含意，也由此而進一步深化。也就是說，這種相互呼應的畫面聯繫，在全詩中也起了特殊的作用，使全詩取得更爲深刻的悲劇性效果，產生更強的藝術感染力。

呼應手法，在唐代乃至中國詩歌發展史上，是一種並不罕見的藝術手法。比如高適《燕歌行》的一段：

鐵衣遠戍辛勤久，玉箸應啼別離後。少婦城南欲斷腸，征人薊北空回首。

這裏，寫遠戍的征人與啼別少婦之間，在相互思念，用的也是呼應的藝術手法。《隴西行》略有不同：閨中少婦在懷念着塞外征人，而征人，則已成了無定河邊的一堆枯骨，不能與思婦同時回首思念了。如果我們把高適所用的藝術手法姑稱爲正呼正應，那末陳陶《隴西行》的手法，則是正呼逆應了。

高作寫的是生離，陳作寫的却是死別。生離還可有重逢的希冀，死別則此生永無相見的可能了。從抒情的深度來說，二者本身並無高下之別。高手寫生離遠比庸手寫死別更爲動人的，也是屢見不鮮的事。可是這裏陳陶寫死別，又另有一種曲折。那位閨中少婦，深信她那遠戍的丈夫還活在人間，醒裏夢中都在等待着他還家重聚的一天。誰知這位征人，竟已委骨戰場，永遠回不來了。這樣，全詩悲劇的色彩更濃，情緒也更爲淒婉悲愴。

明人楊愼，在《升庵詩話》中兩處提到《隴西行》與《漢書》、李華《弔古戰場文》在內容上的聯繫，說陳陶「奪胎換骨」「一變而妙」。所謂變，也包括詩中的那種特殊的藝術處理。

（林冠夫）

# 塞寒行

溫庭筠

燕弓弦勁霜封瓦，樸簌寒雕睇平野。一點黃塵起雁喧，白龍堆下千蹄馬。河源怒觸風如刀，翦斷朔雲天更高。晚出榆關逐征北，驚沙飛迸衝貂袍。心許凌煙名不滅，年年錦字傷離別。彩毫一畫竟何榮，空使青樓泣成血。

邊塞詩是唐代邊塞生活的反映。由於邊塞戰爭的頻繁，就成了許多詩人所經常歌詠的題材。溫庭筠的這首《塞寒行》，帶有晚唐的流豔之風，寫得詞彩煥發，句溢柔情，比起他的關於遊宴享樂的閒詩來，還算能够展示一定的社會政治內容。這是值得肯定的。開頭四句，描繪了一幅塞北苦寒，大漠空曠的圖畫，在這個背景下出現了駐扎於這裏的千軍萬馬。「燕弓弦勁霜封瓦」，是言其「寒」，「樸簌寒雕睇平野」，是點其「塞」，一起篇就緊扣住「塞寒」的題意。由素有盛名的「燕弓」，把讀者的視線引到北方，衹見出征的將士在霜重寒凝的邊陲彎弓待戰，又見那冰天中的大雕，唰的一聲，展翅高飛，俯視着茫茫無邊的荒野。「一點黃塵起雁喧」，渲染了戰前緊張的氣氛，「白龍堆下千蹄馬」，推出了聲勢浩大的陣容，把人們帶進了干戈時起的塞外境界。是哪兒來的馬蹄，踏得黃土濺起了塵煙，驚得鴻雁喧啼不已？哦，原來白龍堆下有一支人數衆多的騎兵隊伍！詩人將邊塞風光糅合在鞍馬征塵的軍旅生活中來寫，這就開拓了詩的意境，增加了畫面的立體感。詩中於邊疆嚴寒環境的惡劣上濡墨，烘托了將士們爲抗擊外侮，慷慨赴敵的精神與氣概，似乎能叫人聽到兵刃的鏘鳴。接下去四句，頌揚英勇的健兒，不畏狂飈卷沙，無懼寒風如刀，奉命驅馬馳騁去追擊來犯者的豪邁氣勢。「河源怒觸風如刀，翦斷朔雲天更高」，這裏以黄河之水的翻騰怒吼，形象地表現出沙場征戰的情狀，而烈風像刀一般的尖利，吹散了低垂密布的暮雲，拉開了遮蓋住萬里長空的幔幕，顯出天的分外高遠。「翦」同「剪」，活寫了風猛的動態，又與「刀」的比喻緊相銜連。「朔」，指北方，説明其景象是這一帶地域的特徵。詩人筆下的這個世界，固然顯示了場面的壯偉，而更重要的是突出了戰士一往無前的鋭悍。「晚出榆關逐征北，驚沙飛迸衝貂袍」，你看，軍隊的聲威士氣壓倒了自然，也壓倒了敵人！戰士們一個個似離弦之箭，在狂風呼嘯，飛沙走石，寒氣逼人的夜晚，縱騎疾走，放繮直奔敵營，哪顧得團團散揚的塵沙，迎面撲迸身着的貂皮戰袍。「榆關」，卽山海關。出關外北征，又在寒夜急行軍，這鐵衣遠戍的鏡頭，能給人以鼓舞的力量。最後四句，刻畫了將士懷鄉思歸的深摯感情。「心許凌煙名不滅，年年錦字傷離別」，流露了一種厭戰的情緒，有着「戍客望邊色，思歸多苦顔」（李白《關山月》）的凄涼！「凌煙」，指凌煙閣。唐太宗貞觀十七年（六四三），將開國功臣長孫無忌、魏徵等二十四人，畫於凌煙閣。戍客在戰場上拚命殺敵，也不是沒有求取個人功名的思想，他們嚮往立功留名，能光耀凌煙，以實現一生所求，這就是「心許」的內涵。但長年征戰，烽火不斷，歸期遥遥，又使他們感到天地悠悠，牢落無偶，自然地就想起了獨守空閨的妻子。「錦字」，卽錦書，舊時用以指妻寄夫的家信。他們一年又一年，讀着妻子的來信，沉入到離別日久的悲傷之中，因此詩人寫他們「傷離」的感情火焰，燃燒得更旺，發出了「彩毫一一畫竟何榮，空使青樓泣成血」的嘆息，並以這兩句詩煞住通篇，餘音裊裊，韻波粼粼。卽使立下了赫赫戰功，自己被彩筆繪進了長安凌煙閣的功臣畫廊，到底有什麼必要去爲此顯榮呢！地角天涯把夫妻兩人隔開，離愁無限，要是掩骨莽莽平沙，豈非終生飲恨，所以他們想到這些，就産生了淡薄功名的觀念。看得出，他們的所思渺遠，對孤坐高樓的妻子夢牽魂縈，想像到妻子在那裏空無所依，憑窗落淚，恨不得立卽歸鄉，還圖什麼以功承恩！把久戍不歸和思念親人結合起來寫出他們變化着的內心活動，不僅開掘了詩意的深度，而且有巨大的藝術感染力，同時從鄙棄功名的角度來

商山理品早行

揭示出主題的深刻性，就使這首詩在揭露戰禍的災難上提高到一個新的水平。

溫庭筠這樣的詩作雖不多，但他一改浮華的詞風，能寫出如此動人的《塞寒行》，應目爲難得的篇章。

（周溶泉　徐應佩）

# 商山早行

溫庭筠

晨起動征鐸，客行悲故鄉。鷄聲茅店月，人跡板橋霜。槲葉落山路，枳花明驛牆。
因思杜陵夢，鳧雁滿回塘。

晚唐著名詩人溫庭筠本是太原祁（今山西省祁縣）人，但由於在長安南郊安了個家，所以在他的一些詩歌裏，是把長安南郊說成他的故鄉的。唐宣宗大中末年，他離開長安，出外宦遊。當他在商洛一帶的山區裏跋涉的時候，還念念不忘頗有江南風光的「故鄉」；晚上住在「茅店」裏，也在做着「杜陵夢」。讓我們欣賞一下他的著名篇章《商山早行》。

這首詩之所以爲人們所傳誦，是因爲它通過鮮明的藝術形象，眞切地反映了封建社會裏一般旅人的某些共同感受。

首句「晨起動征鐸」表現「早行」的典型情景，概括性很強。清晨起牀，旅店外面已經叮叮當當，響起

商山早行

了車馬的鈴鐸聲。旅店裏面旅客們套馬、駕車之類的許多活動雖然都沒有明寫，却已暗含其中。

第二句固然是作者講自己，但也適用於一般旅客。在封建社會裏，一般人由於有固定家產以及交通困難、人情澆薄等許多原因，往往安土重遷，怯於遠行。「在家千日好，出門一時難」，「好出門不如歹在家」之類的諺語，就是這樣產生的。因此，「客行悲故鄉」這句詩，也就能够引起讀者感情上的共鳴。

在趕路的時候還在「悲故鄉」——爲離開故鄉而難過，那麼夜間住在「茅店」裏，不用說也是想家的。這一點，在尾聯作了照應和補充。把首尾聯繫起來看，就不會像有些選註家那樣亂加解釋了。

三、四兩句，歷來膾炙人口。梅堯臣曾經對歐陽修説：最好的詩，應該是「狀難寫之景如在目前，含不盡之意見於言外」。當歐陽修請他舉例説明時，他舉出了這兩句和賈島的「怪禽啼曠野，落日恐行人」，反問道：「道路辛苦，羈愁旅思，豈不見於言外乎？」（歐陽修《六一詩話》）李東陽更分析了這兩個佳句在藝術構思方面的特點。他説：

「鷄聲茅店月，人跡板橋霜。」人但知其能道羈愁野況於言意之表，不知二句中不用一二閒字，止提掇出緊關物色字樣，而音韻鏗鏘，意象具足，始爲難得。若強排硬疊，不論其字面之清濁，音韻之諧舛，而云我能寫景用事，豈可哉！（《麓堂詩話》）

所謂「音韻鏗鏘」，指的是音樂美；所謂「意象具足」，指的是形象鮮明、內涵豐滿。這兩點，是一切好詩的必備條件，不足以説明這兩句詩的藝術特色。李東陽是把這兩點作爲「不用一二閒字，止提掇出緊關物色字樣」的從屬條件提出來的。這樣，就很可以説明這兩句詩的藝術特色了。他所謂「閒字」，指的是名詞以外的各種詞，特別是動詞（這從薛雪等人的解釋中可以看得出來）。他所謂「提掇出緊關物色字樣」，指的是代表典型景物的名詞的選擇與組合。這兩句詩如果分解爲最小的構成單位，那就是代表十種景物的十個名詞：鷄、聲、茅、店、月，人、跡、板、橋、霜。當然，在根據這十種景物的有機聯繫組成的詩句裏，「鷄聲」、

「茅店」、「人跡」、「板橋」都結合爲「定語加中心詞」的「偏正詞組」；但由於作定語的都是名詞，仍然保留了名詞的具體感。例如在「鷄聲」中，作了「聲」的定語的「鷄」，不是可以喚起引頸長鳴的視覺形象嗎？「茅店」、「人跡」和「板橋」，也與此相類似。

舊社會的旅客爲了安全，一般都是「未晚先投宿」。「宿」得早，耽誤的時間就得用「早行」來補償，所以一般都是「鷄鳴早看天」。看見天明，就決然早行了。詩人既然寫的是「早行」，那麼「鷄聲」和「月」，就是有特徵的景物。詩人寫的又是山區的「早行」，「茅店」也就是有特徵性的景物。把代表這些有特徵性的景物的名詞組成「鷄聲茅店月」，就把旅人住在「茅店」裏，聽見「鷄聲」就爬起來看天色，看見天上有「月」，就收拾行裝，起身趕路等許多內容，都有聲有色地表現出來了。

在旅途上，特別是在山區的旅途上，「板橋」是有特徵性的景物；對於「早行」者來說，「霜」和霜上的「人跡」也是有特徵性的景物。作者於雄鷄報曉、殘月未落之時上路，也算得上「早行」了；然而已經是「人跡板橋霜」，這眞是「莫道君行早，更有早行人」啊！

這兩句詩，寫「早行」情景宛然在目，稱得上「意象具足」。「音韻」呢，也的確很「鏗鏘」。李東陽的評論是相當中肯的。

純用名詞組成詩句，可以最大限度地收到「意象具足」的效果；但難度也很大，不必「強排硬疊」。有人舉出歐陽修《秋懷》中的「西風酒旗市，細雨菊花天」和《過張至秘校莊》中的「鳥聲梅店雨，野色板橋春」，認爲可與「鷄聲茅店月，人跡板橋霜」媲美；但認眞說來，其中的「西」和「細」都是形容詞。倒是陸游《書憤》中的「樓船夜雪瓜洲渡，鐵馬秋風大散關」一聯，更有代表性。

不少人着眼於「板橋霜」和「槲葉落」，認爲「這詩寫的是秋景」；並說秋天「不當有『枳花』」，想是誤用」。這其實是誤解。不光是秋天才有「霜」，也不是任何樹都在秋天「落葉」。商縣、洛南一帶，枳樹、槲樹很多。槲樹的葉片很大，冬天雖乾枯，卻仍留枝上；直到第二年早春樹枝將發嫩芽的時候，才紛紛脫落。而這時候，枳樹的白花已在開放。溫庭筠對此很熟悉。他在《送洛南李主簿》裏，也是用「槲葉曉迷路，枳花春滿庭」的詩句描寫商洛地區的早春景色的。

「槲葉落山路，枳花明驛墻」兩句，寫的是剛上路的景色。這時候，因爲天還沒有大亮，驛墻旁邊的白色「枳花」，就比較顯眼，所以用了個「明」字。可以看出，詩人始終沒有忘記「早行」的主題。

旅途「早行」的景色，使詩人想起了昨夜在夢中出現的杜陵景色：「鳧雁滿回塘。」春天來了，故鄉杜陵，回塘水暖，鳧雁自得其樂；而自己，却離家日遠，在「茅店」裏歇脚，在山路上奔波呢！「杜陵夢」，補出了夜間在「茅店」裏思家的心情，與「客行悲故鄉」首尾照應，互相補充；而夢中的故鄉景色與旅途上的景色又形成鮮明的對照。眼裏看的是「槲葉落山路」，心裏想的是「鳧雁滿回塘」。「早行」之景與「早行」之情，都得到了完美的表現。有人在解釋末兩句時說什麼：「回想長安情境恍然如夢，而眼前則是『鳧雁滿塘』，一片蕭瑟景象。」顯然沒有搔着癢處。

（霍松林）

# 夢江南二首

溫庭筠

一

千萬恨，恨極在天涯。山月不知心裏事，水風空落眼前花。搖曳碧雲斜。

二

## 夢江南二首

梳洗罷，獨倚望江樓。過盡千帆皆不是，斜暉脈脈水悠悠。腸斷白蘋洲。

舊稱溫詞香軟，以綺靡勝。《花間集》中所載，亦確多穠麗之作。惟獨這兩首《夢江南》在風格上却迥然不同。非但開門見山，直抒胸臆，而且不假堆砌，純用白描，全無「裁花剪葉，鏤玉雕瓊」的藻繪習氣。在溫詞中雖爲別調，却屬精品。故不憚煩瑣而釋之。先談第一首：

千萬恨，恨極在天涯。山月不知心裏事，水風空落眼前花。搖曳碧雲斜。

一開口便作恨極之語，全沒些子溫柔敦厚。比起其他溫詞特別是那若干首《菩薩蠻》來，這簡直不像是同一家的筆墨。夫「恨」而有「千萬」，足見恨之多與無窮，而且顯得反覆零亂，大有不勝枚舉之慨。但第二句却緊接着說：「恨極在天涯。」則是恨雖千頭萬緒而所恨之事僅有一椿，卽遠在天涯的人久不歸來是也。就詞的主旨說，這已經一語喝破，再無剩義，彷彿下文沒有什麼可說的了。

然而從全詞的比重看，後面三句才是主要部分。特別是中間七言句一聯，更須出色點染，全力以赴。否則縱使開頭兩句筆重千鈞，終爲抽象概念，不能予人以渾厚完整之感。這就要看作者的匠心和功力了。

「山月不知心裏事，水風空落眼前花」二句，初讀感受亦自泛泛；幾經推敲翫味，才覺得文章本天成，而妙手得之却并非偶然。上文正面意思既已說盡，故這兩句只能側寫。詞中抒情主人公既有「千萬恨」，說她「心裏」有「事」當然不成問題；但更使她難過的，却在於「有恨無人省」。她一天到晚，煢煢孑立，形影相弔，并無任何人能理解她的心事，只有山月不時臨照閨中而已。不說「人不知」，而說「山月不知」，則孤寂無聊之情可以想見。這是一層。夫山月既頻來相照，似乎有情矣；其實却是根本無情的。心裏有恨事，當然想對人傾訴一下才好，但平時可以傾訴的對象亦無之。好容易盼到月亮來了，似乎可以向它傾訴一下，而向月亮傾訴實等於不傾訴，甚至比根本不傾訴時心情還更壞些！於是「山月不知心裏事」也成爲這個主人公「恨」

的內容之一了。這是又一層。至於說「不知心裏事」的是「山月」而不是其他，我想，也是經過作者精心選擇的。李白《靜夜思》：「舉頭望山月，低頭思故鄉。」（今本通作「望明月」，二者孰佳，姑不討論。）望山月能使客子思鄉，當然也能使閨人懷遠。況且山高則月小，如果是滿月，當月踰山尖而照入人家時必在夜深；如果是缺月，則「四更山吐月」，人看到月亮時天已快亮了。這就點明詞中女主人公經常是徹夜無眠的。這是第三層。《詩・邶風・柏舟》：「日居月諸，胡疊而微。」以日月喻丈夫，原是傳統比興手法。然則這一句蓋謂水闊山長，遠在天涯的丈夫幷不能體諒自己這做妻子的一片苦心也。這是第四層。

「水風」句與上聯角度雖異，意匠實同。夜裏看月有恨，晝間看花也還是有恨。看花原爲了遣悶，及至看了，反倒給自己添了煩惱。況上句以月喻夫，則此句顯然以花自喻。惜花落，正是惜自己年華之易謝。花開花落正如人之有青年老年，本是自然現象；但眼前的花却是被風吹落的。「空落」者，白白地吹落，無緣無故地吹落之謂；這正是《詩・小雅・小弁》中所謂的「維憂用老」一語（《古詩十九首》則云「思君令人老」）的形象化，而不僅是「恐年歲之不吾與」這一層意思了。

至於所謂「水風」，指水上之風。這也不僅爲了求與「山月」工整相對而已。水面風來，風吹花落，落到哪裏？自然落在水中。這不正是稍後於溫庭筠的李煜的名句「流水落花春去也」的另一種寫法麼？溫的這句寫得比較蘊藉，但幷不顯得吞吐扭揑，依然是清新駿快的風格。可是造意却深曲多了。

夜對山月，晝惜落花，在晝夜交替的黃昏又是怎樣呢？作者寫道：「搖曳碧雲斜。」江淹《雜體擬休上人怨別》詩云：「日暮碧雲合，佳人殊未來。」這裏反用其意。「搖曳」，猶言動蕩。但動的程度却不怎麼明顯，只是似動非動地在緩緩移斜了角度。看似單純景語，却寫出凝望碧雲的人百無聊賴，說明一天的光陰又在不知不覺中消逝了，不着「恨」字而「恨極」之意已和盤托出。因此後三句與前二句正是互爲補充呼應的。沒有前兩句，不見感情之激切；沒有後三句，不見詞旨之遙深。此之謂膽大而心細。

《夢江南》的第二首是：

## 夢江南二首

梳洗罷，獨倚望江樓。過盡千帆皆不是，斜暉脈脈水悠悠。腸斷白蘋洲。

這一首比較有名，前人對它的評價也較高。如清人譚獻云：「猶是盛唐絕句」。（見周濟《詞辨》卷一）這大約指的是它不假雕飾的明快爽朗的風格。但是我以爲，它比較更帶有婉約派的特點，不像前一首徑用「棒喝」式的起句來一語道破的。

即如「梳洗罷」一句，便有好幾層意思。首先點明了時間，「梳洗」纔「罷」，正是清早的情景，與下文「斜暉」句相呼應。其次，寫出了這位抒情主人公是「好修以爲常」的女性，所以早晨一起牀便梳妝打扮一番。但我覺得，作者可能還有更含蓄的用意。《詩·衛風·伯兮》：「自伯之東，首如飛蓬，豈無膏沐，誰適爲容！」意思說，丈夫出門了，自己無心打扮，頭髮亂得像蓬草；這倒不是由於沒有化妝品，而是想打扮好了又給誰看呢？這裏溫庭筠却反用其意，進一步替這位抒情主人公設想：說不定自己的丈夫今天就會回來呢，那麼還是打扮好了等着他吧。

於是乎打扮好了「獨倚望江樓」。只用了一個「獨」字，這個女子苦悶的心情和孤寂的處境便已瞭如指掌了。「倚」、「望」是連動詞，「江樓」，臨江之樓也。這以下暗用《西洲曲》中「望郎上青樓，樓高望不見，盡日闌干頭」語意。「倚」而「望」之，正表示她耐心地在殷切企盼。

「望」的結果，却是「過盡千帆皆不是」，可見情懷之百無聊賴。「過盡」者，目前一無所有之謂。這時江面上雖已復歸寧靜，但時光之消逝，心潮之起伏，都從這一句寫出。着一「皆」字，深有怨情，意思說一天的希望又都落空了。

江上「千帆」已過，剩下來的有什麼呢？曰「斜暉脈脈水悠悠」，蓋望中所見，只有「斜暉」照「水」而已。南宋人戴復古《登快閣和山谷韻》有云：「過盡千帆江自橫。」即從溫詞脱胎，而造語較爲直率，恐其意本亦不求含蓄。而這裏却用「脈脈」、「悠悠」兩個狀詞來體現婉約的詞境，讀此可悟詩詞之分野。「脈脈」者，溫存含情之態。這個倚樓而望的女子對落日并不見得有好感，因爲它標誌着一天的時間又過去了；

可是，斜暉偏脈脈含情地依戀着她。相反，她對江水倒是寄以感情的，希望它能把自己的丈夫從遠方帶回身邊；然而水偏偏沒有反應，依然無情地向前流逝，絲毫不關心她的命運。「悠悠」一詞，正寫出了江水的長逝無情。

末句的「白蘋洲」，蓋爲當初二人分手之處，亦卽江樓所見。夫所欲見者，遠人也，然而見不到；所不欲見者，分手之地也，然而白蘋之洲就在眼前。於是惟有「腸斷」矣。考王安石《唐百家詩選》卷六錄中唐人趙微明（《全唐詩》作趙徵明）《思歸》詩云：

爲别未幾日，去日如三秋，猶疑望可見，日日上高樓。惟見分手處，白蘋滿芳洲。寸心寧死别，不忍生離憂。（按，此詩始見元結《篋中集》，趙與元蓋爲同時人。）

疑溫卽據是詩加以渲染提煉而成此詞。有的註本引梁人柳惲《江南曲》：「汀洲採白蘋，日落（一作『暖』）江南春」。雖不誤但并不貼切[二]。又有註本引寇準《江南春》詩者，則以宋註唐，殊乖事理，溫在晚唐豈能看到北宋人寫的詩乎？或又據《太平寰宇記》，謂湖州霅溪東南有白蘋洲者，卽其地，則嫌過於指實矣。

（吳小如）

[二] 柳詩雖與溫詞不切，但也不能說毫無關係。劉長卿《送李侍御貶郴州》云：「憶想汀洲畔，傷心向白蘋。」又《餞別王十一南游》：「長江一帆遠，落日五湖春。誰見汀洲上，相思愁白蘋。」皆自柳詩化出，却與溫詞之意相近。惟欲箋註溫詞，則與其引柳詩，還不如引劉句。蓋徵引典故或出處，仍須以貼切爲準，不一定愈古就愈好也。

菩薩蠻

# 菩薩蠻

溫庭筠

小山重疊金明滅，鬢雲欲度香腮雪。懶起畫蛾眉，弄妝梳洗遲。照花前後鏡，花面交相映。新貼繡羅襦，雙雙金鷓鴣。

「小山」可以有三個解釋。一謂屏山，其另一首「枕上屏山掩」可證，「金明滅」指屏上彩畫。二謂枕，其另一首「山枕隱穠妝，綠檀金鳳凰」可證，「金明滅」指枕上金漆。三謂眉額，飛卿《遐方怨》云：「宿妝眉淺粉山橫」，又本詞另一首「蕊黃無限當山額」，「金明滅」指額上所敷之蕊黃，飛卿《偶游》詩：「額黃無限夕陽山」是也。三說皆可通，此是飛卿用語晦澀處。

俞平伯《讀詞偶得》主屏山之說，他說：「『小山』，屏山也。此處律用仄平，故變文耳。『金明滅』狀初日生輝，與畫屏相映。日華與美人連文，古代早有描寫，見詩《東方之日》，楚辭《神女賦》，以後不勝枚舉。此句從寫景起筆，明麗之色，現於毫端。」俞先生從金明滅三字中想像出初日的光輝與畫屏交映的美景，是善讀詞者，令人想及古樂府「日出東南隅，照我秦氏樓」的氣象。律用仄平之說，大體不誤，飛卿《菩薩蠻》確實如此，惟「南園滿地」首爲例外，至韋莊《菩薩蠻》則常用平平仄仄起，韋氏律寬而溫氏嚴也。

度，過也，是一輕軟的字面。非必鬢髮鬅鬆，斜掩至頰，其借力處在雲、雪兩字。鬢既稱雲，又比腮於雪，於是兩者之間若有關涉，而此雲乃有出岫之動態，故曰欲度。朱孟實先生在《詩論》裏說：繪畫是空間的藝術，故主描繪而難於敍述，其敍述也，化動爲靜，在變動不居的自然中抓住某一頃刻。詩是時間的藝術，故長於敍述而短於描繪，其描寫物體亦必採取敍述動作的方式，卽化靜爲動。如「巧笑倩兮，美目盼兮」，「池塘生春草」，「塔勢如湧出，孤高聳天宮」，「鬟雲欲度香腮雪」，「千樹壓，西湖寒碧」，皆是其例。此說本德人萊森之「詩畫異質說」而推闡之者。

古之帷屏與牀榻相連，首兩句寫美人未起。三、四始述動態，於不矜持處見自然的美。五、六美豔，彷彿見《牡丹亭・驚夢》折杜麗娘唱「裊晴絲吹來閒庭院」一曲之身段。「照花」及「花面」又可有兩種解釋。一謂美女簪花，對鏡理妝；另一解則以花擬人。古人往往以美女比花，雖未免輕薄，於伎家用之，亦不足深責，如韋莊「此度見花枝，白頭誓不歸」之類，不一而足。故此處言照花者猶言照人，言花面者猶言人面耳。言人則平實乏味，用花字以見其妍麗之姿，而詞中主人之身分亦可斷定矣。前後鏡中人面交相映的美態，在飛卿以前尙無人說過。

襦，上衣，猶今之襖，男女通服。《晉書》：「韓伯年數歲，至大寒，母方爲作襦，令伯捉熨斗，而謂之曰：『且著襦，尋當作複袴。』伯曰：『不復須。』母問其故，對曰：『火在斗中而柄尙熱，今旣著襦，下亦當暖。』母甚異之。」《語林》：「謝鎭西着紫羅襦，乃據胡牀，彈琵琶，作大道曲。」（幷見《北堂書鈔》卷一二九引）。

鷓鴣，似野鷄而小，近竹鷄之類。按許渾詩：「南國多情多豔詞，《鷓鴣》清怨繞梁飛。」又鄭谷詩：「離夜聞橫笛，可堪吹《鷓鴣》。」是唐時有《鷓鴣曲》也。崔氏《教坊記》有《山鷓鴣曲》，其後詞調中有《鷓鴣天》，《宋史》《樂志》有《瑞鷓鴣》。又按：鷓鴣是舞曲，其伴曲而舞，謂之鷓鴣舞，伎人衣上畫鷓鴣。韋莊《鷓鴣詩》：「秦人只解歌爲曲，越女空能畫作衣。」元人白仁甫作《駐馬聽》四首分詠吹、彈、歌、舞，其第四首咏舞云：「謾催鼉鼓品《梁州》，鷓鴣飛起春羅袖。」亦謂伎人舞衫上往往繡貼鷓鴣圖案也。故知飛卿所寫正是伎樓女子。張惠言謂有《離騷》初服之意，不免令人失笑。近有詞學老輩講此兩句，謂飛卿落第失意，此刺新進士之被服華鮮也，更堪絕倒。

此章寫美人晨起梳妝，一意貫穿，脈絡分明。論其筆法，則是客觀的描寫，非主觀的抒情，其中只有描寫體態語，無抒情語。易言之，此首通體非美人自道心事，而是旁邊的人見美人如此如此。如照這樣說，則翻譯成外國詩，「懶起畫蛾眉，弄妝梳洗遲」上應補足一主詞「她」。但中國詩詞向來沒有主詞，此處竟可兩用。「懶起」上也不一定是「她」，也許就是「我」。因爲這些曲子是預備給歌伎傳唱的，其中的內容卽是倡樓生活，所以是「她」是「我」，不容分辨。在聽者可以想像出一個「她」，在歌者也許感覺着是「我」。詞人作詞，只是「體貼」兩字，不分主觀與客觀，如溫飛卿十四首《菩薩蠻》以閨情爲題，其中有描繪美人體態語，亦有代美人抒情語，只注意在體會人情，竟不知是誰人的說話，亦不知主詞是「她」是「我」也。（浦江清）

# 菩薩蠻

溫庭筠

水精簾裏頗黎枕，暖香惹夢鴛鴦錦。江上柳如煙，雁飛殘月天。　藕絲秋色淺，人勝參差剪。雙鬢隔香紅，玉釵頭上風。

俞平伯云：「以想像中最明淨的境界起筆，李義山詩：『水精簟上琥珀枕』，與此略同。」水精頗黎，亦詞人誇飾之語，想像之詞，初非寫實。頗黎卽玻璃，亦卽琉璃，爲大秦國之藝術品，漢時已入中國。一本作珊瑚枕，意亦相似。鴛鴦錦謂錦被上之繡鴛鴦者。「暖香惹夢」四字所以寫此鴛鴦錦者，亦以點逗春日曉寒，美人尚貪戀暖衾而未起。此兩句寫閨樓鋪設之富麗精雅，說了枕衾兩事，以文法言，只有名詞而無述語。述語可以省略，聽者可以直接想像有此閨房，閨房內有此枕衾也。中文往往有此類句法，將「有」字省略，但搬出些名詞，豈但詩詞如此，辭賦駢文皆然，如庾信《小園賦》：「一寸二寸之魚，三竿兩竿之竹，離披落格之藤，爛熳無叢之菊，落葉半牀，狂花滿屋。」魚也，竹也，藤也，菊也，皆不必再加述語。因中文可省略述語，故描寫靜物靜景較易，萊森之《詩畫異質說》及朱孟實先生之《詩論》，謂詩人描寫景物，必須採取動作的方式，化靜爲動者，按之中國詩詞又不盡然了。

「江上」兩句，忽然開宕，言樓外之景，點春曉。張惠言謂是夢境，大誤。上半闋雖未說出人，但於惹夢兩字內已隱含此主人，亦說美人曉起，惟不正寫曉起之情事，寫簾內及樓外之景物耳。此章之時令爲正月七日，薛道衡《人日詩》：「人歸落雁後，思發在花前」，「雁飛殘月天」之雁，亦不無來歷。

下半闋正寫人，而以初春之服飾爲言。《後漢書·輿服志》：「皇太后入廟，耳璫垂珠，簪以瑇瑁爲擿，長一尺，端爲華勝，上爲鳳凰爵，以翡翠爲毛羽，下有白珠垂，黃金鑷。」賈充《典戒》云：「人日造華勝相遺，像瑞圖金勝之形，又像西王母戴勝也。」《荊楚歲時記》：「正月七日爲人日，剪彩爲人，或鏤金箔爲人，以貼屏風，亦戴之頭鬢，又造華勝以相遺。」陸龜蒙詩：「人日兼春日，長懷復短懷，遙知雙彩勝，幷作一金釵。」《文昌雜錄》：「唐制，立春賜三省官彩勝各有差。」據此，知勝有華勝、人勝之別，又有金勝、彩勝之分，金勝者鏤金爲之，彩勝則剪彩爲之，人勝像人形，華勝則爲別種之圖案。立春日或人日以爲飾，婦女戴之頭鬢，綴於釵上，亦名幡勝，一稱春幡。此章之時令，在「人勝參差剪」一句中，蓋初春情事也。

俞平伯云：「『藕絲』句其衣裳也，『人勝』句其首飾也。」可以如此說。但若說「藕絲」句爲剪彩爲勝之彩緞之色則意亦連貫。這些地方是各人各看，無一定的講法。「雙鬢隔香紅」亦然，俞說香紅卽花，「着一隔字而兩鬢簪花如畫」。謂簪花固妙，惟「香紅」兩字，詞人只給人以色味之感覺，到底未說明白，不知謂兩鬢簪花歟，抑但說脂粉，抑即指彩勝而言，是假花而非真花，凡此均耐人尋味。且吾人對於唐代婦女之服飾妝戴究屬隔膜，故於飛卿原意亦不能盡知。「玉釵頭上風」，俞平伯云：「着一風字，神情全出，不但兩鬢之花氣往來不定，釵頭幡勝亦顫搖於和風駘蕩中。」飛卿另有詠春幡詩云：「玉釵風不定，香徑獨徘徊。」可謂此句之註脚。

此章亦但寫美人之妝飾體態，兼以初春之時令景物為言。

（浦江清）

# 菩薩蠻

溫庭筠

玉樓明月長相憶，柳絲裊娜春無力。門外草萋萋，送君聞馬嘶。　畫羅金翡翠，
香燭銷成淚。花落子規啼，綠窗殘夢迷。

詞的抒情主人公是一個年輕的女子。在暮春的黎明時分，她送走情人，懶懶地踱回玉樓，陷入沉思之中。昨夜的相會，今晨的送別，柳絲，草萋，馬嘶，鳥啼，種種印象紛至沓來，一片迷惘。詞人截取她意識活動中的幾個片斷，寫成這首精豔絕人的作品。

中國古典詩詞多是篇幅短小的抒情詩，所以特別注重語言的含蓄蘊藉，一句詩往往可以讓人體會出多方面的涵義。有的詩雖不免費一點思索，但是却有啓發人想像的好處。這首詞開頭一句「玉樓明月長相憶」，就

是這樣的。你可以說是女子送走情人之後，自己在玉樓曉月之中久久地思念着他；你也可以說是女子在叮嚀她的情人，請他永遠記住這玉樓明月的相會，記住這樓中的居者。或許兩方面的意思都有，她想着他，他想着她，而這玉樓明月就是喚起他們記憶的標誌和象徵。

「柳絲裊娜春無力」，這一句也可以喚起讀者多種多樣的聯想。首先，柳絲是春的象徵。在各種樹木中，柳樹大概是對春的來臨最敏感了，要不然民間怎麼會有「五九、六九，隔河看柳」的諺語呢？而柳絲到了裊娜無力地下垂着、搖擺着的時候，已經是暮春時節了。其次，柳絲又是離別的象徵。折柳送別，本是古代的習俗。隋無名氏詩：「楊柳青青著地垂，楊花漫漫攪天飛。柳條折盡花飛盡，借問行人歸不歸？」傳爲李白的《憶秦娥》說：「年年柳色，灞陵傷別。」都是借柳來渲染離情，而給人留下深刻印象的好詩。溫庭筠在這首詞裏寫柳絲也有暗示離別的意思。復次，那裊娜無力的，你說是柳絲嗎？確是柳絲。但那剛剛送走了情人的、沒情沒緒的女子，又何嘗不是這樣呢？詩人將一個「春」字放在「無力」的前面，是有意把「無力」的主語弄得模糊一點，讓讀者從更廣泛的事物上產生聯想。在暖烘烘的春天裏，那女子自己是無力的，所以覺得一切也都是無力的。浦江清先生講得好：「『春』字見字法，若云『風無力』則質直無味。柳絲的裊娜，東風的柔軟，人的懶洋洋地失情失緒，諸般無力的情景，都是春的表現。」（《國文月刊》第三十六期《溫庭筠菩薩蠻箋釋》）

「門外草萋萋，送君聞馬嘶。」這兩句有聲有色。眼中所見，耳中所聞，無不加重了離別的愁緒。在古詩裏，春草萋萋的意象本來就和離別結了緣，《楚辭·招隱士》：「王孫遊兮不歸，春草生兮萋萋。」白居易《賦得古原草送別》：「又送王孫去，萋萋滿別情。」而馬嘶更能震動離人的心弦，提醒人離別的難免。《西廂記》長亭送別一折：「柳絲長、玉驄難系。」用柳絲、玉驄點染離情，與溫詞有異曲同工之妙。

下片寫那女子回到樓中之所見所思。昨宵的歡聚頓成過去，再看那些引起歡樂回憶的東西，反而感到淒涼。「畫羅金翡翠，香燭銷成淚。」畫羅，大概指繡簾。溫庭筠喜歡將簾與燭并提，《更漏子》：「紅燭背，繡簾垂，夢長君不知」可證。這女子送走情人之後，回轉來首先映入眼中的便是那繡着金翡翠的門簾。可以想見，那翡翠鳥一定是成雙成對的，這熱鬧的圖畫反襯出她的孤單。等她進到屋裏，在晨曦微明之中，最引她注目的自然要數那點燃將盡的香燭了。「香燭銷成淚」，是因爲她的心緒不好，所以燭油在她看來竟似淚水一般。這是所謂移情作用。杜牧的《贈別》中有兩句說：「蠟燭有心還惜別，替人垂淚到天明。」也是這樣的寫法。這裏雖然沒有寫那女子流淚，但她的流淚已是不言而喻了。

「花落子規啼」這一句轉而寫窗外。似乎那女子回到樓中便守着窗兒遠眺，想再目送情人一程。此時，窗外是花落鳥啼，一片暮春景象。她觸景傷情，也許想到自己的青春難駐，而越發悲傷了。子規鳥又叫思歸、催歸，啼聲凄厲，如言「不如歸去！」子規的聲聲啼喚，彷佛是這女子的代言，喚出了她的心思，也加重了她的哀傷。詞的最後以「綠窗殘夢迷」作結，綠窗給人以安謐寧靜的感覺。劉方平《夜月》：「今夜偏知春氣暖，蟲聲新透綠窗紗。」韋莊《菩薩蠻》：「勸我早歸家，綠窗人似花。」都以綠窗渲染家庭氣氛。此處舉綠窗以見窗下的女子。關於「殘夢迷」，如浦江清先生所說：「往日情事至人去而斷，僅有片斷的回憶，故曰殘夢。迷字寫癡迷的神情，人既遠去，思隨之遠，夢繞天涯，迷不知蹤跡矣。」

溫詞穠豔纖細，能把握感情的每一絲細微的波瀾，以豔詞秀句出之，兼有幽深、精豔兩者之美。溫詞之抒情，往往只是截取感情的幾個片斷，意象之間若斷若續，幾乎看不見縫綴的針線，中間的環節全靠讀者發揮自己的想像加以補充，因此特別耐人尋味。人的情緒作爲一種心理活動，本來就不很容易把握，它往往是模糊的，浮動的，若隱若現的，喜怒哀樂之間的界限有時也不一定那麼分明。情緒的轉換往往在瞬息之間，它們隨着外界景物的變換，不斷地跳躍着。像溫庭筠筆下常常出現的那類多愁善感的女子，她們的感情尤其是如此。溫庭筠善於掌握她們的心理特點，細緻、準確而又不着痕跡地把她們的情緒表現出來，眞是恰到好處。周濟說：「鍼縷之密，南宋人始露痕跡，《花間》極有渾厚氣象。如飛卿則神理超越，不復可以跡象求矣。然細繹之，正字字有脈絡。」（《介存齋論詞雜著》）眞可謂溫庭筠的知音了。

（袁行霈）

# 更漏子

溫庭筠

柳絲長，春雨細，花外漏聲迢遞。驚塞雁，起城烏，畫屏金鷓鴣。　香霧薄，透簾幕，惆悵謝家池閣。紅燭背，繡簾垂，夢長君不知。

這是一曲思婦的怨歌。晚唐五代，社會動蕩，戰亂頻仍，征夫棄婦的傷感哀怨遂成爲當時詩詞的一大主題。飛卿詞多以女子爲主人公；這首小令，就塑造了一位隻身孤棲、深閨寂寞的女子形象，并通過這一形象，曲折地反映了當時動蕩不安的社會現實，以及戰爭給人民帶來的苦難。

詞分上下兩闋，委婉曲折，又一氣相連。

首三句「柳絲長，春雨細，花外漏聲迢遞」點明時間及環境。這是一個春天的雨夜。「柳絲長」三字已暗點春天。一「長」字，不僅寫出了柳絲的形象，還渲染了環境氛圍，隱喻女主人公的怨思。李煜「問君能有幾多愁，恰似一江春水向東流」，以東流水擬愁之長。賀鑄「試問閒愁都幾許，一川煙草，滿城風絮，梅子黄時雨」，則直以柳花喻閒愁。「春雨細」則明點春，直寫雨。「細」，是春雨的眞實。杜甫《春夜喜雨》詩云春雨「潤物細無聲」。「細」字同樣烘染了人物的怨思。這思念與哀怨一如細細的春雨，似煙似霧，若有若無，却又綿綿不斷。柳絲春雨，觀所見也，繼寫漏聲，則聽聞所得。「漏聲」而在「花外」，則非眞實之漏聲，而是人物感覺中之漏聲。細雨積於花葉花瓣，墮之於地，這一滴滴，一聲聲，直似漏聲。積雨滴地之聲只

更漏子

有在靜夜中才能聞之，由積雨滴地之聲而聯想起漏聲，也只有在靜夜中才會有之，所以「漏聲」兩字雖寫人物之感覺，但仍點出了時間——春夜。「迢遞」，遠貌。於靜夜之中，聽積雨點滴，確給人以邈遠的感覺。在靜極幽極的春夜之中，這聲聲點點的雨滴之聲，自會引起聽雨人的曠寂空漠之感，這又爲人物心理之刻畫添了一筆。這點點滴滴幽靜邈遠的積雨之聲又會引逗人的遐想。所以此句又爲「驚塞雁，起城烏」兩句作了鋪墊。「驚塞雁，起城烏」，是主人公思念所出，想像中之景象。從內容來説，是一個轉折；然而由逗人遐思的漏聲而想到遠在邊塞的征人，則又十分自然。一「驚」字，一「起」字，寫出了塞雁城烏的動態，而與下句「畫屏金鷓鴣」的靜態相對照，更加深了主人公對處於這種窮荒境地的征人的思念。所以這首詞，可説字字扣住一個「思」字。「鷓鴣」用「金」描成，寫出了富麗；這富麗，又透露了昔日的歡愉。溫詞《菩薩蠻》有「雙雙金鷓鴣」句，一般畫屏鷓鴣以成雙者爲多，我們可以想像「畫屏金鷓鴣」之鷓鴣也應是成雙作對的。這就不能不引起女主人對溫馨的舊夢的重溫。眼前雨夜春寒的淒涼，遠方征人命運的難卜，以及對往昔溫馨的追念，交織在女主人的心頭。前片終了，寫怨思，已到達了頂點。

「香霧薄，透簾幕，惆悵謝家池閣。」往昔的歡愉只可念而不可追，作者又讓女主人公從甜蜜的回憶中跌到了令人惆悵的現實世界。（「謝家」，當泛指女子居處，不一定指秦樓楚館，作「王謝大族之家」解似更牽強。）淡淡的花香，透過簾幕，沁人心脾。「霧」着「香」，又點「春」字；着「薄」，寫出了淡雅清幽。這是女子居處的典型環境。「透」字則與「薄」呼應，且更進一層，更生動逼眞地寫出了淡然清雅的花香。從感覺上説，人物對昔日回憶的甜蜜終不能消。從現實，到遐想，到回憶，再回到現實，走筆委婉曲折，却又步步銜接，句句緊扣。過往的歡愉已不可追，浸透簾幕的香霧也徒添清幽，人已去矣，如今只有一片惆悵。至「惆悵」兩字出，方完成上闋至下闋的轉折。這是緩轉，顯得極爲自然。「香霧薄，透簾幕」，看來與下句「惆悵」不甚和諧；其實，這是反襯，相反相成。畫屏鷓鴣雖在，然人去樓空，縱有香霧透簾，也只能徒增惆悵而已。女主人公在這一片寂寞惆悵之中，背對紅燭，低垂繡簾，欲於夢中求得解脱。「夢」着一「長」字，極盡幽深委曲；思念之苦，不難想見。然而，夢雖長而君不知，寫思念之苦，又進一層。全詞以「君不知」三字作結，無限低徊，却又怨而不怒。至此，經過峯迴路轉，層層鋪墊，終於形象愈出而主題現。

客觀描寫是溫詞的一大特點。全詞無一「思」字，無一「怨」字；然而，作者通過對柳絲春雨，塞雁城烏、畫屏香霧、紅燭繡簾等一連串景物的狀寫，使女主人公的怨思躍然紙上，從而也把一位思婦的形象推到了讀者的面前。景物之於人物形象，不啻在於烘托。它本身就蒙上了人物的感情色彩。卽景與情的相通。作者每設一景一物，或渲染氣氛，或觸發人物思緒，或烘托人物情愫；全詞處處寫景，又景景有情，寫來自然天成，不着痕跡。在這首詞中還值得一提的是，作者用了反襯的手法，收到了相反相成的效果。前面說過，這是一曲思婦的怨歌。作者幷沒有設造過份淒楚悲涼的境界，却寫了「春花香霧，紅燭繡簾、畫屏金鷓鴣」的「謝家池閣」這樣一個頗爲富麗的典型環境。然而，春花香霧幷沒有給人帶來溫馨，紅燭繡簾也徒增人物的寂寞惆悵，至於「畫屏金鷓鴣」，它帶給人的也只是雖然甜蜜但畢竟不可追回的傷心的回憶。富麗的環境，更加深了女主人公對失去了的過去的痛惜，加深了對征人的緬懷；因而也更強化了人物的怨思苦念，深化了人物的形象。

詞風綺麗，是晚唐五代詞的一大特點，也是溫庭筠詞的一大特點。縱觀這一首不到五十字的小詞，柳絲春雨，春花香霧，畫屏鷓鴣，紅燭繡簾，幾乎無一處不是麗語。前人評飛卿詞，有「浪費麗字，轉成贅疣，爲溫詞之通病」之譏。綺麗詞風之優劣，姑且不論。但就詞說詞，平心而論，這首《更漏子》麗則麗矣，却沒有給人無病呻吟之感。相反，此詞中由一連串「麗語」所造成的境界，不僅烘染了人物的情緒，還給讀者以美感的享受。這裏面有沉靜之美：「柳絲長，春雨細」；有悲壯之美：「驚塞雁，起城烏」；有色澤之美：「紅燭」、「繡簾」、「畫屏金鷓鴣」；有音響之美：「漏聲迢遞」。還有花霧的芬芳。詞，是音樂性很強的一種文學樣式。這首詞的音節也極抑揚頓挫之美。句式上的三句一反覆，加強了對無窮怨思的渲染。第一節以去聲八霽起韻，給人以邈遠幽深之感，與雨夜空閣、寂寞思婦的形象也十分契合。第二節寫怨思達高潮，則換用平聲虞韻，給人亢奮的感覺。第三節轉入聲藥韻，寫人物由對舊夢的重溫回到令人惆悵的現實，給人一種無可奈何的墜落之感。全詞以平聲支韻作結，讀來幽思不斷，韻味無窮。總的說來，全詞無論色澤、音響，遣詞造句，均極精美，而且形式與內容，也達到了較完美的統一。

（萬雲駿）

更漏子

# 更漏子

溫庭筠

玉爐香，紅蠟淚，偏照畫堂秋思。眉翠薄，鬢雲殘，夜長衾枕寒。　梧桐樹，三更雨，不道離情正苦，一葉葉，一聲聲，空階滴到明。

這首詞是晚唐著名詞家溫庭筠的名作。溫庭筠（八一二？——八七〇？）字飛卿，太原祁縣人。他以天縱不羈之才，得罪了宰相，累舉不第。促使他在長於詩賦的基礎上，開擴了詞的道路，成爲詞家擴大基業之祖。所著《握蘭》、《金荃》二集，爲詞集之始，惜均散亡。《花間集》收溫詞六十六首。其中以《菩薩蠻》十四首，《更漏子》六首尤有特色。茲就上述「玉爐香」一首，看它的奇情異彩，動人心魄。

此詞互見於馮延巳《陽春集》。馮詞中只有「香」字作「煙」，「照」字作「對」，「正」字作「最」，與此本不同。這都需要首先考定。鍾彥按唐人詩詞重出互見者多，本不足怪。但只要力所能及，必須據理分清。《花間集》爲後蜀主孟昶時趙崇祚所選編，趙氏與南唐中主時的馮延巳大致同時。值得注意的是，溫詞問世早，名聲高，傳播遠，這是明情至理。在當時交通梗阻的情況下，由長安傳溫詞於成都之後蜀較易，由杭州的南唐傳馮詞於成都實難，此其一。《花間集》收詞人十八家，無一南唐詞人，如或有之，不能不及中主與後主，何能獨取馮氏一詞而又削其名？此其二。當時作家的詩文詞集率由師友子孫於身後收集。《陽春集》自非馮氏自己定稿。定稿人誤收溫詞是很可能的，此其三。此詞與前五首的思想情韻密切相連，渾然成爲一體，且有總結意味，此其四。故決定此詞爲溫作。至於三字之差，經過考量，亦以此本爲優。

茲就藝術結構分析，上半闋應分兩段，下半闋自應爲一段。

在第一段中，我們首先看到，這首詞中女主人公在一個秋天的夜裏，身居精美的畫堂，面對着玉爐焚香，紅燭下淚。她雖處身於華貴而又暇豫的生活中，但可惜的是，她秋閨獨處，秋思滿懷；她所懷念的「意中人」，久久不歸，只有形影相弔。這樣，她的生活越華貴，越暇豫，她的精神就越孤獨，越淒涼。玉爐香不知爲誰？紅燭下淚似乎爲我，我不禁要低聲切問：「紅燭啊，你所具何心，偏照我美滿生離之苦呢！」在這裏應該説明，唐人焚香用以燻帷帳衣飾。溫詞《南歌子》「羅帳罷爐燻」，薛逢《宮詞》「羅衣欲換更添香」皆其例。「紅蠟淚」，語意雙關，明的不需説，暗的指紅粉之淚，溫詞《更漏子》「香作穗、爉（蠟）成淚，還是兩人心意」。李商隱《無題》「蠟炬成灰淚始乾」，皆其例。

第二段，由於「意中人」久久不歸，相思無已，雖有膏沐，無心整容。於是娥眉不施翠黛，自然疏薄；雲鬢不加梳勒，自然半偏了。這裏的「殘」字，就是缺乏整飭。所謂不整飭，并不是像《詩經·伯兮》所説「自伯之東，首如飛蓬」那樣寫實，而應像白居易所寫蓬萊仙子那樣「雲髻半偏新睡覺，花冠不整下堂來」，雖不整妝，仍然俏麗。這便是發展中的藝術眞實。秋夜漸漸加長了，而懷人的秋夜就更覺加長；秋氣漸漸寒冷了，而懷人的秋夜就更覺寒冷。寒冷本來是皮膚的感覺，詞中却不言皮膚寒，而言衾枕寒，既足以深刻地表現皮膚，又可以含蓄地表現自己與「意中人」的關係。當然可以設想：其人如在身邊，秋夜雖寒，而衾枕也不會寒了。

第三段包括過片以下的全部，不可分割。按照一般文藝作品的描寫，貴在集中與加深，才能深刻動人。所謂「衣單又上西風路，屋破偏逢連雨天」。這首詞的上片已經寫了思重蛾眉淺，夜長衾枕寒，對於幽閨獨處的人來説，已經够苦了，可是，對於一個作家來説，要求更加深刻感人，不辭研精覃思、窮形盡相，於是進一步加上一個淒淒切切連綿不斷的悲音——「夜雨打梧桐」，作爲收場，那就苦上加苦了。詞人安排場景，往往源於生活，至少不能脫離生活的眞實性。這樣的苦上加苦，使女主人公如何忍受！她可能會問：「這裏的：『梧桐樹』和『三更雨』爲什麼都不解人意？不通人情呢？難道他們都不知道我這被離棄的人正在苦中煎熬着嗎？爲什麼要火上澆油呢？」這時女主人公的心，已經沉浸在秋思的海洋裏，涼冰冰的衾枕怎麼能引人入睡！聽吧，那「一葉葉，一聲聲」，雨打梧桐的音響，嘀嗒，嘀嗒，滴在空虛無物的臺階上，清清楚楚，動人心魄，要想不聽，它偏偏入耳，要想入睡，又怎麼可能！那就衹好聽下去，一直聽到天明、苦到天明。此情此景，在宋人萬俟雅言的《長相思》中描寫更加細緻：「一聲聲，一更更，窗外芭蕉窗裏燈，此時無限情。　夢難成，恨難平，不道愁人不喜聽，空階滴到明。」雖云異曲同工，而溫詞開創的意境，簡括的詞筆，自應高照千古。

這首詞彷彿是一幅秋思仕女圖，可以想見，圖中主要點綴了文窗、錦帳、紅燭、熏爐和窗外的「梧桐更兼細雨」，把這些景物加以概括，便是「寒衾紅淚，永夜秋聲」。這就深深刻畫了「才美幷臻，離情獨苦」的主題。

若單就此詞而論，其中女主人公的身世，作爲閨中少婦來理解是完全可以的。但若與前五首合幷觀察，全詞的藝術形象渾然合成一體，其中女主人公的身世，自應前後統一。那麼，她的身世似乎有些特殊，她旣非東家處子，又非閨中少婦。她的身世却與元稹《鶯鶯傳》（卽《會眞記》）中女主人公相當，她們的華貴生活與離別情愫，都很相似，甚至浮家泛宅的遭遇與幽情苦恨的難言之隱，也很相同。大約從元稹以《鶯鶯傳》與會眞詩公於世後，文人才士頓起同情崔娘的詩潮。聯篇歌詠，乃至詞山曲海，千秋不絕。實由於鶯鶯之才之美，遭逢輕棄，懷才不遇之士，無不欲借題發揮，流風至於晚唐，才情如溫庭筠者，遭逢困頓，奮筆而寫此詞，自在情理之中。請看前五首中，許多詞語可以發人深省：

如第一首：「惆悵謝家池閣。」第二首：「春欲暮，思無窮，舊歡如夢中。」第三首：全詞。尤其是上片：「金雀釵，紅粉面，花裏暫時相見。知我意，感君憐，此情須問天。」第四首：「相見稀，相憶久，眉淺淡煙如柳。」第五首：「西陵路，歸帆渡，正是芳菲欲度。」這些詞語都不像出於少婦，却像出於棄女。因此，以鶯鶯爲棄女的典型，對照本詞末首「夜長衾枕寒」，當亦天衣無縫。而「梧桐樹」以下六句，促使正苦的離情，深化一層，作爲全詞總結，也頗相宜。

清人陳廷焯評云：「飛卿詞全祖《離騷》，可以獨絕千古，《菩薩蠻》《更漏子》諸闋，已臻絕詣，後來無能爲繼。」此語人或疑之，我則以爲可信。在封建社會中，臣之不得於其君者，常以美人香草自喻，并以狂夫棄婦相比。「衆女嫉余之蛾眉」（《離騷》），「恩不甚兮輕絕」（《湘君》），比興之用，存乎其人。飛卿以不世之才，遭逢迍邅之世，命與仇謀、走投無路，乃逐絃吹之音，爲側豔之詞，以自放其情志，實亦《離騷》、《九歌》之餘緒，古今文體雖異，憤慨之情則同。《易》曰：「井渫不食，爲吾心惻。」（見《井》卦九三爻辭。是說：我像淘治好的井水，而不被人食用，使我心中難過。）此之謂乎？（華鍾彥）

# 初食筍呈座中

李商隱

嫩籜香苞初出林，於陵論價重如金；皇都陸海應無數，忍剪凌雲一寸心！

寫作這首小詩的時候，李商隱還是一個胸懷大志的熱血青年，不過，在科舉求仕的道路上已經遭了幾次挫折，使他隱隱感到社會上似有一股莫名的力量在威脅着自己，并很可能使自己的理想終於落空。於是他憂慮，他不安，他想呼喊，想吁請對他未來的命運握有生殺大權的袞袞諸公「高擡貴手」，不要隨便摧抑人才……

初食筍呈座中

從題目可以看出，這首詩是作者某次參加宴會，即席吟詠獻給在座諸公的。席上的美味珍饈應該不少，可是作者一概略而不提，衹在標題上醒目地點出「食筍」二字。原來，這是深有寓意的：鮮嫩的竹筍本來可望長成參天的巨材，可是就在它破土而出將更加充滿生機地成長之時，却被人挖斷砍下，製成了盤中的菜肴。這多麼像那些抱負宏偉的青年在人生道路上突然受到摧殘而被毀掉前途的情形啊。詩的表面是在詠「食筍」，其實是在抒寫懷抱、寄託憂思。這是中國詩歌傳統中典型的比興手法。竹筍當然是作者自況，但也不妨看作是比喻一切有爲的青年文士。興是一種更爲寬泛而含蓄的比喻。劉勰說：「觀夫興之託喻，婉而成章。稱名也小，取類也大……明而未融，故發註而後見也。」（《文心雕龍·比興篇》）《初食筍呈座中》正是如此，以「食筍」託喻隨意摧抑人才，豈不是「稱名也小，取類也大」嗎？只是這層意思幷不隱晦，讀者容易領會，無需作更多的「發註」而已。

那末，李商隱究竟是如何在七言絶句限定的字數內完成其主題的呢？讓我們具體地看一下。

首句「嫩籜香苞」，描寫竹筍外形，籜是緊裹竹筍的外殼。請注意：它還十分鮮嫩。苞，指被筍殼包着的筍心。它不但鮮嫩，而且清香。當它們在一場春雨過後紛紛冒出地面，也就是「初出林」的時候，那是一種多麼蓬勃生動、富於活力的情景。但是在詩中這是一種追敍，是作者由眼前景象所引起的自然聯想。順着這個思路想下去，作者提到了竹筍的價格：在初春時節它剛剛上市的時候，一定貴得像金子似的！「於陵」是漢代地名，在唐朝屬淄州長山縣（今山東鄒平縣東南）。何以要說「於陵論價」，歷來註家有些不同說法。有人認爲這與作詩地點有關。當時李商隱在兗海觀察使崔戎幕中供職。於陵地近兗州，故有此說（馮浩《玉谿生詩集詳註》等）。也有人認爲，提到「於陵」不過是想起了春秋時隱居於此地的高士陳仲子（又叫於陵子仲）。陳仲子不願出仕，寧可爲人灌園而食蔬。筍在蔬菜中價最貴，故有此說（葉葱奇《李商隱詩集疏註》）。兩種見解盡可以繼續商榷，好在這幷不影響我們對詩的理解。因爲這句詩的要點幷不在於說明由誰在何地「論價」，而是在於強調宴席所用竹筍價值之高。

春天的竹筍那麼美好，人們爲了購買它甚至不惜重金。但這對於竹筍來說，究竟是幸運呢，抑或是不幸？如果不是具備李商隱那樣的遭際和思想感情，也許在「食筍」時不一定會想到這個問題。可是李商隱却不能不想。可以說，他創作本詩的衝動和靈感，正是由這個問題引起的。

於是他便接下去寫道：我們的首都長安富饒得如同物產取用不盡的大海，應該有無數山珍海味可供享用，又何必非要花大錢買竹筍，以至大批懷有凌雲之志、極有成材之望的嫩筍被活生生地斷送掉有為生命！「皇都」，指京城長安。「陸海」，是漢代以來形容物產豐饒之地的一個專用詞組。《漢書·地理志》有「秦地有戶、杜竹林、南山檀柘，號稱『陸海』，爲九州膏腴」的記載。「忍剪凌雲一寸心」，是這首短詩的結句，也是它的「脊梁」。「凌雲一寸心」語意雙關，既指竹，更指人，活脫脫把一個志節高尚、抱負宏遠的青年文士形象同一片身姿挺拔、綠葉葳蕤的竹林疊現在我們眼前，使我們不由得對他（它）們產生憐愛同情之心，從而憎恨那些摧殘他（它）們的社會勢力。然而詩人身處當時境地，却說得很委婉。「忍剪」——你們怎麼忍心，怎麼下得了手呵！是輕輕責問，是低低的哀求，非常符合「怨而不怒、哀而不傷」之類的儒家詩教。作者的這種態度，透露了他的苦心，益發使我們感到更深一層的悲哀。但是「忍剪凌雲一寸心」還是全詩最重要、最有力的一句。沒有它，前三句便顯得平淡無奇，散漫無主，而有了它，前面的刻畫、烘托便都貫穿到同一根思想線索上，成爲全詩結構中必不可少的部分，共同圓滿地完成了詩的主題。

（董乃斌）

# 重有感

李商隱

玉帳牙旗得上游，安危須共主君憂。竇融表已來關右，陶侃軍宜次石頭。豈有蛟龍愁失水？更無鷹隼與高秋！晝號夜哭兼幽顯，早晚星關雪涕收？

唐朝發展到了李商隱所生活的時代，其「九天閶闔，萬國衣冠」的宏偉堂皇的氣象早已蕩然無存了，國勢差可與「西風殘照，漢家陵闕」同其衰颯。嚴肅的社會現實，使年輕的詩人對統治階級內部矛盾觀察理解的深度與廣度都大大提高，政治思想逐漸成熟，詩歌創作也走上了一個新的階段。七律《重有感》則是一個重要的標誌。

唐文宗大和九年（八三五），官僚集團中的李訓、鄭注等人，在唐文宗的授意下，準備裏應外合誅滅宦官。他們乘宦官不備，詐使人言左金吾廳後石榴樹上夜降甘露，是天下升平的瑞兆，請帝觀之，待將宦官仇士良等騙出後全部殺死。結果事敗，李、鄭先後爲宦官所殺，連未曾預謀的宰相王涯、賈餗、舒元輿等人也遭族滅，死難者一千多人。使京城「互相攻劫，塵埃蔽天」（《資治通鑒》卷二四五），「斬四方館，血流成渠」（《新唐書·李訓傳》）。朝野上下籠罩在一片極端恐怖的氣氛之中，這是晚唐社會一次規模相當大的政治事變和社會騷亂，史稱「甘露之變」。事變後，宦官氣焰更爲囂張，他們脅迫天子，無視宰相，獨攬朝政，飛揚跋扈。大和九年在血雨腥風和飛雪嚴寒中暗淡地過去了，第二年，唐文宗便將年號改爲「開成」。「甘露之變」發生後，昭義（治所在今山西省長治市）節度使劉從諫三次上表質問王涯等人到底犯了什麼罪，并且特地派人奉表進京，指陳仇士良等人的罪惡，并聲稱：「謹修封疆，繕甲兵，爲陛下腹心。如奸臣難制，誓以死清君側。」至此，「士良沮恐」（《新唐書·仇士良傳》）。劉從諫是軍事地位優越、實力强大的地方主將。對於他，宦官們自然要收斂些。「甘露之變」這場關係到國家命運的風暴强烈地震撼着李商隱這位年輕詩人的心，他當時就以飽滿的政治熱情和激憤的心情寫下了五言排律《有感二首》，并嚴密地注視着事態的發展。當他聞知劉從諫的舉動，有感於朝廷依然存在的嚴重局勢，又寫了這首《重有感》。

劉從諫的行動使詩人想到了當時分布於全國各地的握有兵權的其他節度使們，朝廷曾給予他們很大的權力，他們重兵在握，各有實力，同擅權亂政的宦官們比，這些割據一方，擁有「玉帳牙旗」的主帥們，居於有利的「上游」地位。詩人所希望和針對的并不僅僅是劉從諫一個人。這首七律詩一開篇就起筆不凡，着力渲染了劉從諫等人的優越地位和强大實力。「玉帳」，爲主帥們出征時所居住的營帳。「牙旗」，是將軍營前的旗旗。張衡《東京賦》中說：「戈矛若林，牙旗繽紛。」薛綜註：「牙旗者，將軍之旌……竿上以象牙飾之。」例如當時劉從諫的昭義節度使管轄澤、潞等州（今山西南部一帶），鄰近京城長安，軍事上具有相當便利的形勢。如此上游的地位和雄厚的實力，完全具備了平定宦官之亂的主客觀條件。而當今國家處於危急存亡之秋，作爲有條件的一方主帥就理應與皇帝共憂患，這是義不容辭的責任。「安危」在這裏是偏義復詞，偏重於「危」，是危難的意思。

應該怎樣與皇帝共憂患，完成自己的職責呢？詩人引用了歷史上的兩個典故來示意這些各據一方的將帥們：竇融請求出兵的表疏已從關右上奏，陶侃的軍隊應該進逼石頭城了，希望節度使們應該效法陶侃，進軍長安城，用武力平定朝廷內亂，實現「以死清君側」的誓言。據《後漢書》所載：竇融爲東漢初扶風人，歸光武帝劉秀後任涼州牧，得知劉秀要討伐西北軍閥隗囂，即整兵秣馬上疏請示出師伐囂的日期。「關右」，函谷關以西的地區。詩中用此典來指劉從諫上表聲討宦官。《晉書》所載：陶侃爲東晉廬江人，任荆州刺史時，蘇峻與祖約起兵叛晉，京都建康危急。陶侃與溫嶠、庾亮等會師石頭城下，并被推爲討叛盟主，誅殺蘇峻。這裏是希望各路節度使們應像陶侃等人一樣，進京平亂。詩人運用這兩個典故，從歷史的角度來評價和期待劉從諫等人的行動，從而進一步加深了詩所蘊含的現實意義，在風雲急遽變幻，歷史縱横演進中越發顯出了詩人的膽識。

強烈的正義感不僅使詩人對動蕩的局勢産生憂慮，對有實力平亂的節度使持有希望，而且還對擅權亂政的宦官們表現了無比的憤慨。哪會有蛟龍爲失水而憂愁的道理？難道就沒有剛健的鷹隼高翥秋空嗎？「蛟龍愁失水」，比喻文宗受宦官所制，失去權力和自由。據《新唐書·仇士良傳》載：「帝曰：『赧、獻（周赧王、漢獻帝）受制強臣，今朕受制家奴，自以不及遠矣。』因泣下。」堂堂一朝君主，確也着實可憐，於國於君，也該有人出來像鷹擊長空那樣狠狠打擊一下「家奴」們的邪惡勢力。「鷹隼與高秋」，是比喻忠於朝廷的猛將奮起搏擊宦官。「與」同「舉」，卽飛升的意思。鷹和隼都是雄猛的禽鳥，爪嘴鋒利強健，善於搏擊長空，捕食鳥獸，古人常以喻武將。《詩·大雅·大明》：「雄師尚文，時維鷹揚。」《左傳·文公十八年》：「見無禮於其君者，誅之，如鷹鸇之逐鳥雀也。」詩人認爲：皇帝失權，是根本不應出現的，現在却既成事實，但這種不正常的現象終究長久不了。其中既有強烈的難以容忍的義憤，也有對皇帝重新取得權力的堅強信念，這是「豈有」的基本含義。「更無」句則以反激之意，對理應出現却竟未出現的局面，能爲「鷹隼」而竟未爲「鷹隼」者表達了深切的憂憤和分外的失望，對那些困難當頭而祇顧自己，坐觀成敗的各方軍事集團表示了強烈的不滿。清代紀昀曾說這兩句詩是：「豈有、更無開合相應。上句言無受制之理，下句解受制之故。」（《李義山詩集輯評》引）還是很中肯的。

尾聯承第六句描寫了京城大亂後的悲慘恐怖氣氛，表達深切的憂國憂民之情。由於宦官的亂政和屠殺，使得長安城中人間鬼域、白天黑夜充滿一片哭號之聲。正如詩人在事變之後寫的《曲江》中所描寫的那樣：「望斷平時翠輦過，空聞子夜鬼悲歌。」一片荒涼滿目之景。「幽顯」，指陰間和陽世。什麼時候才能消除宦官專權的現象，收復被他們盤踞的宮闕，大家拭淚歡笑，化悲爲喜呢？「早晚」即「多早晚」，什麼時候。「星關」，天門，即皇宮。「雪涕」，揩乾眼淚。

《重有感》這首七律，在有限的篇幅裏，蘊含了極其深廣的社會意義，表現了對現實的極其強烈的憂憤。全詩貫穿着迫切盼望平亂的主觀願望和客觀現實的矛盾，既表現了對宦官勢力猖獗於朝廷、亂殺無辜的憎恨，也流露了對坐視朝廷危機不加救援的方鎮的強烈不滿，還蘊含着對國家安危的深切關注。它所透露出的悲憤塡膺的激越之聲，勇敢地表達了人們痛恨宦官專權，希望唐朝廷振作起來的普遍情緒。而絕不是單單爲劉從諫上疏之事而發。

李商隱是唐代繼杜甫之後密切關注國家命運并以律詩反映時事、抒寫政治感慨最突出的一個作家。誠如清人吳喬所說：「義山初時亦學少陵，如《有感》五言二長韻可見矣。到後來力能自立，乃別走《楚辭》一路，如《有感》七律，亦爲甘露之變而作，而體格迥殊也。」（《答萬季野詩問》）他曾這樣表示過自己對於國家的關切：「自嘆離通籍，未嘗忘叫閽。」（《哭遂州蕭侍郎二十四韻》）「甘露之變」後，朝廷上下懾於宦官的淫威，很少有人敢於申張正義，詩壇對此事也比較寂寞，就連比較正直的素有名望的白居易，這時也收斂起鋒利的詩筆遠居洛陽，衹有暗中悲嘆老友「白首同歸」，而慶幸於自己的「青山獨往」（白居易《九年十一月二十一日感事而作》）。在這種十分險惡的環境裏，極端恐怖的氣氛中，年僅二十四歲，并且尚未及第、功名未就的李商隱，竟能寫出《重有感》這樣敢於觸犯文網、干預時政的詩篇，足見詩人的錚錚風骨。因此，後世論及「甘露之變」便不能不想起這首詩。

《重有感》在藝術風格上沉鬱頓挫，用典嚴密精切。尤其是在錘煉虛詞方面，可謂達到了爐火純青的程度。如第二句的「須」字，既婉轉中允，又強調了這是義不容辭的責任，極見用意。頷聯的「已」和「宜」兩個虛字前後銜連呼應，十分切合劉從諫上表後各方鎮并未付諸行動的情況，隱含着對那些地方主帥們的積極鼓勵、敦促和輕微的責備之意。頸聯中的「豈有」和「更無」形成了一個因果關係句，原因在後，結果在前，感嘆朝無「鷹隼」致使皇帝受制家奴，無疑增強了詩中義憤和失望的感情。運用這些靈活多變的虛詞開合相應，造成各種關係複句，就使詩頓挫流轉，耐人尋味。前人盛稱李商隱近體律詩「包蘊密致，演繹平暢。」（葛立方《韻語陽秋》）於此可見一斑。 （初　旭）

# 安定城樓

李商隱

迢遞高城百尺樓，綠楊枝外盡汀洲。賈生年少虛垂涕，王粲春來更遠遊。永憶江湖歸白髮，欲回天地入扁舟。不知腐鼠成滋味，猜意鵷雛竟未休！

唐文宗開成三年（八三八），晚唐的著名詩人李商隱考中了進士以後，便到涇原節度使王茂元幕下當了一名幕僚，并且娶了王茂元的女兒。安定城，故址在現今甘肅省涇川縣以北，是唐代涇原節度使的治所。在持續於中晚唐歷史上達數十年之久的「牛李黨爭」中，李商隱曾經得到作爲牛黨重要人物的令狐楚父子的幫助，而王茂元却偏被人們看成是李黨人物。因此，這一年李商隱繼進士及第後參加吏部考試時，便受到朋黨勢力的排斥，不幸落選，失意地再回到涇原。正是春風吹綠、楊柳婆娑的時節，詩人登上涇原古城頭——安定城樓，縱目遠眺，想到朝政的混亂，腐朽勢力的橫行，有理想和才幹的人無從施展抱負，心中不禁生起了哀國憂時和自傷身世的無窮感觸，於是，詩人寫下了這首題爲《安定城樓》的七律。

登高遠眺的題材，在古代詩篇中是常見的。登高遠眺，可以讓人游目騁懷，也會引起蒼茫百感。描寫這

安定城樓

類題材的詩作，由於詩人視野遼闊，氣勢蒼莽，往往形成一種雄渾的境界；但細細分析，却又具有各自不同的風格特點。杜甫的《登樓》寫「花近高樓傷客心，萬方多難此登臨」，表現出詩人爲唐王朝內亂外患層出不窮而憂心忡忡，感情深沉是它的特點。柳宗元再次被貶調任柳州刺史的時候想念起由於提出政治改革主張遭到失敗而一再受到打擊，被貶到偏僻荒涼地方的朋友們，寫下了《登柳州城樓》一詩。「城上高樓接大荒，海天愁思正茫茫」，全篇就是突出了一個「愁」字，包含着無窮憤懣的情緒。比柳宗元晚出的許渾，却又不同。有一次他登咸陽樓，寫了一首《咸陽城西樓晚眺》，借景抒情，表現了對當時越來越腐敗的唐王朝大亂不遠的預感。其中，「山雨欲來風滿樓」成爲古今傳誦的名句，形象地寫出了暴風雨來臨前的徵兆。這首詩在沉鬱的意境中，表達了詩人的不安和隱憂。雖說許渾的感受也是以「愁」字爲主，然而他和柳宗元的「愁」又有所區別。柳宗元的「愁」包含着對自己和朋友們一再受到打擊的憤懣之情；而許渾的「愁」，却包含着對唐王朝日薄西山的深切焦慮。

李商隱的這首《安定城樓》却又是別具一格的登臨遠眺的佳作。一上高樓，百感叢生。憂愁以外，還有憤慨；同情古人以外，還有對理想的嚮往。這首詩的感情和它的表達方式，比起一般以登臨爲題材的詩來，似乎更爲多樣。既有上面說的杜甫的深沉，又有柳宗元的憤懣和許渾的憂鬱。從風格來說，既清新流暢，又沉鬱含蓄；既顯示了他善於運用典故和比、興的特長，也表現了他青年時代的才高氣盛，耿介性格和坦蕩胸襟，從而塑造了驚世絕俗、胸懷大志的詩人自我形象。這首詩可以說是詩人早期的代表作之一，同他的另一些以「無題」爲題、情韻優美的愛情詩的風格比較，是別有特色的。李商隱曾主張詩人不應「偏巧」，而應該是「兼材」，具備多種藝術特長。這首詩的風格特點說明，詩人對這一主張是有所實踐的。

《安定城樓》這首詩，第一聯「迢遞高城百尺樓，綠楊枝外盡汀洲」，就從登上城樓寫起，突兀雄偉地展開詩人凌空遠眺所得的景象：城堞、楊柳、汀洲。「迢遞」，表現安定城的綿長；「百尺」，極言安定城的高峻。詩人站在城樓俯眺，視野開闊。近處是綠楊披拂，而楊柳盡頭，則是水中的沙洲。柳樹蔭濃，煙波浩渺，迷濛一片，就更把詩人視線引向遠天，使讀者想像到這位落第不久的詩人，登臨縱目時的憂憤情懷和巍然、

安定城樓

獨立的形象。這位巍然獨立的詩人究竟是怎樣一種憂憤情懷呢？對此，第二聯作了具體描寫：「賈生年少虛垂涕，王粲春來更遠遊。」原來作者不用開門見山的直說方式，而是通過歷史上兩個不得志的文人的不幸遭遇來借喻自己。賈生指前漢的賈誼。他年青時曾給漢文帝上過《陳政事疏》，指出當時朝政的失策「可爲痛哭者一，可爲流涕者二，可爲長太息者六」，并提出了鞏固中央政權的建議。但終因朝臣反對，不被采納，落得個「虛垂涕」，也就是空垂淚的結果。王粲是有名的「建安七子」之一，《登樓賦》的作者。青年時代就因避亂而奔走四方，并曾依附過劉表，也是個懷才未展的人物。李商隱自己在落第遠遊之際，同這兩個歷史人物產生共鳴，是很自然的。當詩人的憂憤情懷通過卽景抒情和借歷史人物以托喻自己的抒寫以後，第三聯的章法突然改變了。詩人用了直截、明朗的詩句抒發懷抱，從而深化了那種憂憤之情。「永憶江湖歸白髮，欲回天地入扁舟」。「永憶」，是說常常想念，一貫嚮往。「江湖」，是指離開朝廷歸隱的地方。「扁舟」，就是小舟。這裏暗用了春秋時代越國大夫范蠡功成後「乘扁舟游五湖」的典故。這一聯說明，功成身退不僅是李商隱當時的思想，而且是他生平一貫的願望。不過李商隱所嚮往的隱退，必須是在等到自己旋轉了乾坤，澄清了當前國家的混亂局面以後，也就是等到唐王朝中興之時，這才是白髮蒼蒼的詩人功成身退之日。獨善其身與兼濟天下，在封建社會詩人作品中是常見的，反映了「隱居」和「用世」的矛盾，也反映了儒家思想和佛、道思想的矛盾。然而在那些作品中，像李商隱這樣既富有高度概括力，又善於鑄造出具體可感的形象的詩句却不多。這一聯的特點是：不空談偉大的政治抱負，而是渲染出旋轉乾坤的雄偉氣魄；不泛寫功成身退，而是展現出一幅栩栩如生的畫面：江上一葉扁舟，舟中坐着一位白髮蒼蒼的詩人。尤其難得的是，詩人在這兩句詩中眞正把理想與詩意融會成一體了。「永憶」和「欲回」，一前一後，表現了上下銜接、互爲對仗和前後轉折的關係。作者先點明的固然是歸隱江湖，但緊接着却附加了一個必要的條件，那就是歸隱之時，必須是在回轉天地之後。這樣就恰如其分地表明了詩人這樣的一種崇高理想：既要扭轉乾坤，但并不貪戀祿位。據說王安石素來喜愛李商隱的詩，「永憶江湖歸白髮，欲回天地入扁舟」這一警句，正是他最喜歡吟誦的佳句之一。因爲這兩句詩通過錯綜巧妙的句式，有力地把回轉天地的慷慨豪邁的氣概，和歸隱江湖的瀟灑飄逸的風度這樣截然不同的風格統一了起來，把遼闊無比的「天地」和小如一葉的「扁舟」加以對比，組織成爲一聯。這樣，就不僅使王安石愛讀，而今天的我們，也會被這種藝術魅力所吸引。

結尾一聯「不知腐鼠成滋味，猜意鵷雛竟未休！」詩人把朝廷的祿位比作腐臭的老鼠，用鵷雛，也就是以鳳凰自比。這是詩人立身處世的極其鮮明、有力的表白，也是對當時排斥他的一些鬼蜮小人的當頭棒喝。這一聯既是他登臨時的自負和抑鬱的情懷的深化，也是他的通過登臨縱目而抒寫的崇高理想的小結。不過，這一聯所包含的感情又和前面三聯不同。不像第一聯的壯闊、第二聯的感傷和第三聯的堅定，前三聯都從自己的感慨和抱負方面作正面抒寫，而這一聯却陡然轉爲對反面現象的尖銳諷刺，在諷刺中又隱藏着嘻笑怒罵的情調。這裏詩人用了《莊子・秋水》篇的一個典故。故事是這樣的：惠施在楚國做宰相。當莊子去看他時，他聽信謠傳，說莊子要搶奪他的相位；三天三夜，在國中大肆搜索。結果倒是莊子自動走上門來了。對他講了一個富有諷刺意味的寓言，表明他決不留戀這區區宰相的祿位，而有他自己的憂時愛國的高情遠志。寓言說，有一隻鵷雛，也就是鳳凰，萬里翺翔，一路歇宿，非得挑選清高的梧桐樹不可，品格崇高。當它飛過貓頭鷹所在的上空時，貓頭鷹正好弄到一隻腐臭的老鼠，懷疑鵷雛要來搶食，就衝着它發出「嚇」的怒叫聲。這裏，莊子顯然是在說：貓頭鷹先生們！我不屑於個人利祿的襟懷，難道你們竟一點也不知道嗎？却硬把腐鼠當成好滋味，幷且還一直以爲我同你們一樣對它貪戀，想要同你們分享呢。這眞是多麼可笑啊！李商隱的詩以這個寓言故事結尾，眞是太妙了。這是全篇憤慨的徹底爆發。詩人用自己的崇高懷抱和貪戀「腐鼠」的小人們卑鄙心理所作的涇渭分明的對比，狠狠地鞭撻了排斥自己的朋黨勢力，又使自己的理想得到升華，手法可謂高妙！

李商隱詩的著名研究者清人朱鶴齡引用前人的話，概括出李詩的特點爲「沉博絕麗」。「絕麗」，在這首詩中表現得幷不突出，但「沉博」却很顯著。「沉」，是深沉的沉，說明用意的深微細緻；「博」，是「博大」的博，說明文辭的豐富多采。總的說來，這首詩的確具備「沉博」的特色。表面看來，詩風平易流暢，但寄託却很幽深，情感波瀾顯得層層迴旋，而又層層深入。圍着意境的「高遠」這一個中心，抒寫了高樓遠眺。先寫歷史上理想高遠的悲劇性人物，再寫平生理想是怎樣一個高遠的具體內容，最後又用高遠理想的光芒，探照出那些庸碌無恥之輩的醜惡。這裏，有青年詩人的胸襟的自白，也有對那些猜忌自己的朋黨勢力的鞭撻；有用世的決心，也有對隱居的嚮往；有登樓極目的憂思和壯懷的抒情，也有表現爲斥責和嘲笑相結合的諷刺。總的說來，在這首詩中，詩人通過抒發這些思想感情和運用巧妙的藝術手法，將歷史人物和詩人當前處境聯繫起來了，把自己的用世決心和隱居歸宿結合起來了，同時又把自己視祿位如「腐鼠」與朋黨們視祿位如珍寶的兩種截然不同的人格加以對比。吟誦這首詩，我們好像看到了詩人一上高樓、百感叢生的自我形象。涇原永定郡的百尺城樓、柳外汀洲的莽蒼春景，它們構成了一幅動人的圖畫，顯得高而且遠，既深沉，又飄逸。

（吳調公）

# 錦瑟

李商隱

錦瑟無端五十絃，一絃一柱思華年。莊生曉夢迷蝴蝶，望帝春心托杜鵑。滄海月明珠有淚，藍田日暖玉生煙。此情可待成追憶？只是當時已惘然。

這可能是中國古代詩歌史上解說最爲紛紜的一首名作——它以含意的隱晦、意境的朦朧著稱，也以特有的朦朧美和豐富的暗示性，吸引着歷代的詩評家、註家和詩人一次又一次地試圖撩開它神秘的面紗。從北宋的劉攽、蘇軾到現在，解者不下百人，重要的異說也近十來種。面對珠圓玉潤而又撲朔迷離的詩歌境界和一大堆紛紜的異說，開始時不免眼花繚亂，但細加尋繹，却可發現在迷離中自有線索可循，在紛紜中也不無相通之處。不少異說，實際上是詩歌本身的豐富蘊含和暗示在不同讀者中引起的不同感受與聯想。它們往往各得其一體而未窺全貌，但不必互相排斥。如果我們根據詩人自己提供的線索按跡尋蹤，找到它的主意和基調，融匯各種原可相通、相容或相幷行的異說（包括最佔優勢的自傷身世說和悼亡說，以及古老的「適怨清和」說和後起而別開生面的自述詩歌創作說，等等），也許可以做到比較接近這首詩的本來面目而不致閹割其豐富的內涵，對它的藝術特點也會有比較切實的體察認識。

律詩的首、尾二聯，在一般情況下較多敍事和直接抒情成分，全篇的主意也往往寓含在這兩聯裏，有時甚至明白點出。而頷、腹兩聯則往往敷演主意，意象密度較大。李商隱的這首《錦瑟》，首聯以「五十絃」的形制和「一絃一柱」（即絃絃柱柱）所發的悲聲引出「思華年」，尾聯以「成追憶」回應「思」字，以「惘然」點醒華年之思的感受，已經明白告訴我們：這首詩是詩人追憶華年往事、不勝惘然之作。這種惘然的華年身世之感，內涵非常寬泛，既可以兼包詩人的悼亡之痛乃至悼亡之外的愛情生活悲劇，也和抒寫詩人不幸身世、充滿感傷情調的詩歌創作密切相關。傷身世、詠悼亡、述創作，對於李商隱這樣一位身世淒涼、處境孤羈、「刻意傷春復傷別」的詩人來說，原不妨是三位一體的。錦瑟，既可以是詩人淒涼身世的一種象徵，也不妨看作感傷身世的詩歌創作的一種形象化比喻，正像他在《崇讓宅東亭醉後沔然有作》詩中所說的：「聲名佳句在，身世玉琴張」（張是張設的意思。身世玉琴張，就是說自己的身世正如絲絃已張的玉琴，這和本篇首聯是一個意思。而用玉琴或錦瑟象徵身世，本身就暗喻自己是一位詩人）。當然，根據作者「新知他日好，錦瑟傍朱櫳」（《寓目》）、「歸來已不見，錦瑟長於人」（《房中曲》）、「鳳女彈瑤瑟」（《西溪》）等詩句，認爲錦瑟和懷念王氏妻有關，也自可與上述理解幷存，因爲在錦瑟的絃絃柱柱所奏出的悲音中原就包括了悼亡之音。

「錦瑟無端五十絃，一絃一柱思華年。」錦瑟而言「五十絃」，本屬作者詩中通例（如《七月二十八日夜與王鄭二秀才聽雨後夢作》有「雨打湘靈五十絃」），但這裏將「五十絃」與回顧年華往事聯繫在一起，可

## 錦瑟

能和詩人當時大致年歲不無關係（張采田《玉谿生年譜會箋》認爲這首詩作於詩人病廢居鄭州時，這一年他四十七歲）。「無端」，是沒來由、平白無故的意思，這裏含有睹物心驚、怨悵和無可奈何等多種感情。詩人觸物興感，本來是由於內心感情的鬱積，反而覺得是物之有意逗恨，所以不禁怨之而曰「無端」。或說「無端」即「無心」，雖也可通，情味不免大減。「一絃一柱思華年」，與白居易《琵琶行》「絃絃掩抑聲聲思，似訴平生不得志」之句意蘊相近，意思是說，聽到這錦瑟絃絃柱柱上所彈奏出的悲聲，不禁觸動自己的身世之感而沉浸在對華年逝歲的回憶中。這對頷、腹兩聯的內容和表現手法是一種概括的提示，說明它們所描繪的既是錦瑟的絃絃柱柱所奏出的音樂境界，又是詩人華年所歷的人生境界；既是瑟聲，又是詩人思華年時流露的心聲。蘇軾認爲頷、腹二聯分詠瑟聲的適、怨、清、和（見《苕溪漁隱叢話》前集卷二十二引《緗素雜記》），雖不盡切合各句所寫情景，但他看出中間四句直接描繪音樂意境，還是很有鑒賞力的。

頷聯出句用《莊子·齊物論》：「昔者莊周夢爲蝴蝶，栩栩然蝴蝶也，自喻適志與？不知周也。俄而覺，則蘧蘧然周也。不知周之夢爲蝴蝶與？蝴蝶之夢爲周與？」莊周夢蝶故事本身就充滿變幻迷離色彩，詩人在運用這一故事時，又突出一個「迷」字。「莊生曉夢迷蝴蝶」，即莊生迷蝴蝶之曉夢，「迷」字既形況夢境的迷離恍忽、夢中的如癡如迷，也寫出夢醒後的空虛幻滅、惘然若迷。這迷離之境、迷惘之情，從描繪音樂境界來說，是形容瑟聲的如夢似幻，令人迷惘；從表現詩人的華年所歷與身世之感來說，則正是夢幻般的身世和追求、幻滅、迷惘歷程的一種象徵。作者在其他詩篇中多次用夢幻來形容身世的變幻、理想的幻滅，有的還直接用夢蝶的典故，如「神女生涯原是夢」（《無題二首》）、「顧我有懷如大夢」（《十字水期韋潘侍御同年不至》）、「憐我秋齋夢蝴蝶」（《偶成轉韻七十二句贈四同舍》）、「枕寒莊蝶去」（《秋日晚思》）等句，都可和「莊生」句互參。說「曉夢」，正是極言其幻滅之迅速。主張悼亡說的註家因爲莊周夢蝶的典故中提到「物化」，便牽扯莊子鼓盆的故事，以證明這句寓喪妻之痛，未免膠柱鼓瑟。其實，短促而美好的幻夢的破滅本就可以引起興亡之痛，因爲後者正是詩人夢幻般的悲劇身世的組成部分。

頷聯對句用望帝魂化杜鵑的典故。《文選·蜀都賦》「鳥生杜宇之魄」註引《蜀記》說：「杜宇王蜀，號曰望帝。宇死，蜀人傳云：宇化爲子規。蜀人聞子規鳴，皆曰望帝也。」《華陽國志》等書還有望帝讓國委位的傳說。杜鵑鳴聲悲淒，俗有杜鵑啼血之說。春心，一般指對愛情的嚮往追求，也可借喻對美好事物的追求。但這裏的「春心」既和杜鵑的悲啼聯結在一起，則實際上已包含了傷春、春恨的意蘊。而傷春，在李商隱的詩歌中，多指憂國傷時、感傷身世，所謂「天荒地變心雖折，若比傷春意未多」（《曲江》）、「刻意傷春復傷別」（《杜司勳》）、「年華無一事，祇是自傷春」（《清河》），都可作爲明證。「望帝春心托杜鵑」，這裏所展示的正是一幅籠罩着哀怨淒迷氣氛的圖畫：象徵着望帝冤魂的杜鵑，在泣血般的悲鳴中寄託着不泯的春心春恨。這幅圖畫，一方面是表現瑟聲的哀怨淒迷，如杜鵑啼血；另一方面又是象喻自己的春心春恨（美好的願望和傷時憂國、感傷身世之情）都託之於如杜鵑啼血般的哀怨淒斷的詩歌。用禽鳥的鳴囀來比喻自己的詩歌，作者詩中多有其例，像「巧囀豈能無本意，良辰未必有佳期」（《流鶯》）的流鶯傷春之啼，和「五更疎欲斷，一樹碧無情」（《蟬》）的寒蟬淒斷之鳴，都是顯例。句中的「托」字，卽「寄託」之意，乃是全句的句眼，它暗示用來寄託「春心」者的性質。傾訴春心春恨的杜鵑，正不妨視爲作者的詩魂。杜牧《寄浙東韓乂評事》說：「夢寐幾回迷蛺蝶，文章應廣畔牢愁。」上句與「莊生曉夢迷蝴蝶」意略同；下句則正可作爲「望帝春心托杜鵑」的註脚，祇不過小杜詩用直抒寫法，小李詩用象徵而已。

腹聯上句「滄海月明珠有淚」包含一系列與珠有關的典故。古代認爲海中蚌珠的圓缺和月亮的盈虧相應，月滿則珠圓，月虧則珠缺，所以這裏把圓潤的明珠置於「滄海月明」的背景之下。古代又有南海鮫人哭泣時眼淚化爲珍珠的傳說（見《博物志》、左思《吳都賦》註），所以這裏又把「珠」和「淚」聯在一起。而全句則又暗用「滄海遺珠」的典故。《新唐書·狄仁傑傳》：「舉明經，調汴州參軍。爲吏誣訴。黜陟使閻立本召訊，異其才，謝曰：『仲尼稱觀過知仁，君可謂滄海遺珠矣。』」滄海中的明珠，本是稀世之珍，爲人所重，現在却被採集者所遺，獨處明月映照的蒼茫大海中，成爲盈盈的「淚」珠。這幅滄海月明、遺珠如淚的圖畫，在遼闊清朗的背景下，透露出一種無言的寂寞和傷感。它既是對錦瑟清寥悲苦音樂意境的描摹，又是對詩人沉淪廢棄、才能不爲世用的寂寞身世的一種象徵。「珠有淚」，彷彿無理，却正可見這人格化的滄海遺珠內心的悲苦寂寞，這句與「望帝」句雖同屬哀怨悲苦之境，但「望帝」句因杜鵑啼血而近乎淒厲，「滄海」句則因滄海月明而透出寂寞，意境仍自有別，寓意更不相重。蘇軾分別用「怨」和「清」來概括四、五兩句所描繪的音樂意境，大體上符合實際。

腹聯下句「藍田日暖玉生煙」，描繪的是這樣一幅圖景：藍田山中沉埋的美玉，在暖日晴輝的照映下，升起絲絲縷縷的輕煙。藍田山在陝西藍田縣，是著名的產玉地。晚唐司空圖《與極浦書》說：「戴容州（按：卽中唐詩人戴叔倫）云：『詩家之景，如藍田日暖，良玉生煙，可望而不可置於眉睫之前也。』」從司空圖所引戴氏和李商隱詩語完全一致可以推知：「藍田日暖，良玉生煙」是當時流行的一種比興象徵說法，它的象徵性涵義就是「可望而不可置於眉睫之前」。衹不過戴叔倫是借它來形容「詩家之景」，而李商隱則是借以形容錦瑟所奏出的音樂意境縹緲朦朧，像暖日映照下藍田玉山上升起的絲絲輕煙，遠望若有，近之則杳；也是用來象徵自己平生所嚮往、追求的境界，正像「藍田日暖玉生煙」一樣，可望而不可卽，屬於縹緲虛無之域。類似的境界與感受，在李商隱的其他詩作中，是經常出現的。像「浦外傳光遠，煙中結響微」（《如有》）、「如何雪月交光夜，更在瑤臺十二層」（《無題》）、「恍惚無倪明又暗，低迷不已斷還連」（《七月二十八日夜與王鄭二秀才聽雨後夢作》）等句，都與「藍田」句聲息暗通。或以爲這句是說美玉沉埋土中，不爲人所知，但光彩終不能掩，以比喻自己雖沉淪不遇，但詞華文彩却顯露於世。雖然與詩人身世文章也相吻合，但既和頷、腹二聯借樂境寓身世的通例不符，又和「可望而不可置於眉睫之前」的象徵涵義脫節，疑非詩人本意。

末聯是對「一絃一柱思華年」的總括。「此情」統指頷、腹二聯所概括抒寫的情事，即自己的悲劇身世的各種境界。「可待」，卽何待、豈待。兩句意謂：華年所歷的這種情境何待今日聞樂追思時才不勝悵惘呢，就是在當時卽已使人惘然若失、惘悵不已了。「惘然」二字，概括「思華年」的全部感受，舉凡迷惘、哀傷、寂寞、虛幻之情，統於這二字中包括。而何待追憶，當時已然的感喟則不但強調了華年往事的可悲，而且以昔襯今，加倍渲染了今日追憶時難以禁受的悵惘悲涼。如果說，頷、腹二聯是聽到錦瑟彈奏時湧現於腦海的對華年情境的聯翩浮想和發自心底的與瑟聲相應的悲涼心聲，那麼，末聯就是彈奏結束後如夢初醒的悵惘和沉思。

錦瑟的悲聲終止了，在靜默中却依然籠罩着一片無邊的惆悵，迴盪着悠長的淒清餘韻——「繁絲何似絕言語，惆悵人間萬古情！」

這是一位富於抱負和才華的詩人在追憶悲劇性的華年逝歲時所奏出的一曲人生的哀歌。全篇籠罩着一層濃重的哀傷低徊、淒迷朦朧的情調氛圍，反映出一個衰頹的時代中正直而不免軟弱的知識分子典型的悲劇心理：既不滿於環境的壓抑，又無力反抗環境；既有所追求、嚮往，又時感空虛幻滅；既爲自己的悲劇命運而深沉哀傷，又對造成悲劇的原因感到惘然。透過這種悲劇心理，可以看出那個趨於沒落的時代對才人志士的壓抑摧殘，也可以看出像李商隱這類封建知識分子的時代階級局限和思想性格的弱點。詩中的哀傷迷惘情緒令人同情，但畢竟是屬於已經過去的時代的了。

從總體看，這首詩和詩人許多託物自寓的篇章性質是相近的。但由於他在回顧年華逝歲時并沒有採用通常的歷史重現的方式，而是將自己的悲劇身世境遇和悲劇心理幻化爲一幅幅各自獨立的象徵性圖景。這些圖景既具有形象性、複雜性、豐富性，又具有內涵的虛泛、抽象和朦朧的特點。這就使得它們雖缺乏通常抒情方式的明確性，但較之通常的抒情方式又具有更爲豐富的暗示性，能引起讀者多方面的聯想。但這些含意朦朧虛泛的象徵性圖景，又是被約束在「思華年」和「惘然」這個總範圍裏，因此讀者在感受和理解上的某些具體差異并不影響從總體上去把握詩人的悲劇身世境遇和悲劇心理。這種總體含意的明確和局部含意的朦朧，象徵性圖景的鮮明和象徵含義的朦朧，構成了這首古代朦朧詩意境創造上一個突出的特點，而它的優點和缺點也同時寓於其中。

詩的頷、腹二聯所展示的象徵性圖景在形象的構成和意蘊的暗示方面，具有詩、畫、樂三位一體的特點。它們都是借助詩歌的語言和意象，將錦瑟的各種藝術意境（迷幻、哀怨、清寥、縹緲）化爲一幅幅形象鮮明的畫面（莊生之夢迷蝴蝶、望帝之魂化杜鵑、滄海月明而遺珠如淚、藍田日暖而良玉生煙），以概括抒寫其華年所歷的種種人生境界和人生感受，傳達他在思華年時迷惘、哀傷、寂寞、惆悵的心聲。因此它們同時兼有音樂意境、畫面形象和詩歌意象的三重暗示性。這多重暗示的融匯統一，一方面使得它們的意蘊顯得特別豐富複雜，另一方面又使它們兼有畫面形象美、音樂意境美和詩歌意象美。實際上，這種詩、畫、樂三位一體的象徵暗示，正是《錦瑟》詩整體構思的一個根本特點。由於未能把握這一特點，單純從詩歌語言方面去探尋頷、腹兩聯的涵義，往往造成某些誤解。

頷、腹二聯所展示的象徵性圖景在時間、空間、情感方面儘管沒有固定的次序和邏輯聯繫，但它們都帶有悲愴、迷惘的情調，再加上工整的對仗、淒清的聲韻和相關的意象等多種因素的映帶聯繫，全詩仍具明顯的整體感。而悲愴的情思和聲韻，與珠圓玉潤、精麗典雅的詩歌語言的和諧結合，更使這首詩成功地表現出一種哀惋美好事物幻滅的悲劇意境。這種片斷的獨立性與整體的統一性的結合，也是這首詩的一個特點。

金代詩人元好問《論詩絕句》說：「望帝春心托杜鵑，佳人錦瑟怨華年。詩家總愛西昆好，獨恨無人作鄭箋。」解《錦瑟》者往往以爲前兩句祇是複述《錦瑟》詩語，後兩句則慨嘆無人作解。實際上，元好問已經用貌似複述的方式鈎玄提要，爲《錦瑟》作了「鄭箋」——李商隱這位才人（卽所謂「佳人」）正是要借詠錦瑟來寄託華年身世之悲，他的一腔春心春恨都寄寓在這杜鵑啼血般的詩歌中了。可惜他言之未詳，以致這位李商隱的眞知音、解開《錦瑟》詩秘密的第一人的發現被歷史塵封了七百多年。

（劉學鍇）

## 碧城（其一）

李商隱

碧城十二曲闌干，犀辟塵埃玉辟寒。閬苑有書多附鶴，女牀無樹不棲鸞。星沉海底當窗見，雨過河源隔座看。若是曉珠明又定，一生長對水精盤。

《碧城三首》是李商隱愛情詩中的名篇。這首寫他和他所喜愛的貴家女子可望而不可及的情景和感嘆，反映了封建時代青年男女對愛情的追求和苦悶，有一定意義和較高的藝術性。王士禎《戲倣元遺山論詩絕句》說：「獺祭曾驚博奧殫，一篇《錦瑟》解人難。」解《錦瑟》固難，解這詩也不易，尤其是後四句。

《上清經》：「玄始居紫雲之闕，碧霞之城。」首句以「碧城」仙境喻貴家。犀角辟塵，玉德溫潤，次句謂女子居處潔淨而溫暖。《山海經》：「女牀之山有鳥焉，其狀如翟，而五彩文，名曰鸞鳥。」姚培謙解釋三、四句說：「鸞鶴皆仙家傳信之使，言非無媒妁之可通也。」（《李義山詩集箋註》）以上幾句的註解均舊註，都很正確。但姚培謙接着解釋五、六兩句，說：「星沉、雨過，皆捉摸不定事，猶且瞭如指掌。」以為「星沉」是說星星隕落，以為所見者是星星是雨，這就不對了。

我認為「星沉海底」不過是指清晨，有他的《嫦娥》：「長河漸落曉星沉」句可證。曹操的《觀滄海》說：「星漢燦爛，若出其（指海）裏。」夜間星漢顯現，既然像是從海裏面出來的，那末，它們清晨隱沒，就像又重新沉入海底了。「星沉海底」（卽謂星沒）之後，豈不就是清晨？可見這句是說他和他所喜愛的女子居處相鄰（《碧城》其二：「對影聞聲已可憐」句可證），每日清晨臨窗可見。

六句「雨過河源隔座看」，是說雨過之後，中不「隔雨」（他的《春雨》說：「紅樓隔雨相望冷。」），又能清楚地隔座相望。「河源」一辭，雖有借張騫尋河源、見一丈夫牽牛飲河、織女取支機石與騫事（見《荊楚歲時記》）以暗示私遇的意思（他的《海客》：「海客乘槎上紫氛，星娥罷織一相聞。祇應不憚牽牛妒，聊用支機石贈君。」亦此意），而主要是用其字面，喻近處有水，有其二：「玉池荷葉正田田」句可證。

朱鶴齡引《飛燕外傳》：「眞臘夷獻萬年蛤、不夜珠，光彩皆若月，照人無妍醜，皆美豔。帝以蛤賜后，以珠賜婕妤。」以為七句中的「曉珠」卽指不夜珠（《李義山詩集箋註》）。姚培謙說：「（曉珠），日也。」《唐詩鼓吹》註同。馮浩更引《淮南子》「若木末有十日」和高誘註「若木端有十日，狀如連珠」，

《參同契》「汞日爲流珠」及其註「日爲陽，陽精爲流珠」以證實之，而說朱註不對（《玉谿生詩詳註》）。其實，這兩種解釋都不貼切。

我認爲「曉珠」不過是說「清曉的露珠」，猶如「秋夕的銀河」簡作「秋河」（如謝珠的《暫使下都夜發新林至京邑贈西府同僚》「秋河曙耿耿」、李商隱的《水天閒話舊事》「秋河不動夜厭厭」）一樣。露珠易乾，雖明而不（固）定，所以希望它既明又定。何焯認爲八句中的「水精盤」係用《三輔黃圖》中所載董偃以水晶盤貯冰於膝前事（馮註引）。馮浩說：「不必拘典故。」很對。姚培謙說指月，亦非。這詩前二句說女家富麗、潔淨，有如仙境。中二聯說他雖能和她暗通音問，但平日祇能當窗隔座相望，而不能接近。末二句寫他的癡心妄想和感嘆，說清曉的露珠明潔玲瓏，美是很美了，可惜容易乾。若是它既明潔又固定，那末，就可將它貯在水精盤中，供奉案頭，一生相對。意思是說好事難常，深惜無法和意中人固定關係，終身相伴。他的《天平公座中呈令狐令公》中「慢妝嬌樹水晶盤」句，構思和這兩句相近。（陳貽焮）

# 無題二首（其一）

李商隱

昨夜星辰昨夜風，畫樓西畔桂堂東。身無彩鳳雙飛翼，心有靈犀一點通。隔座送鉤春酒暖，分曹射覆蠟燈紅。嗟余聽鼓應官去，走馬蘭臺類轉蓬。

無題二首（其一）

這是一首有作者自己直接出場的無題詩，抒寫對昨夜一度相值、旋成間隔的意中人深切的懷想。原題二首，另一首是七絕，其中有「豈知一夜秦樓客，偷看吳王苑內花」的詩句，看來詩人所懷想的對象可能是一位貴家女子。

首聯由今宵情景引發對昨夜的回憶。這是一個美好的春夜：星光閃爍，和風習習，空氣中充溢着令人沉醉的溫馨氣息。這一切都似乎和昨夜相彷彿。但昨夜在「畫樓西畔桂堂東」和所愛者相見的那一幕，却已成爲親切而難以重尋的記憶。詩人沒有具體敍寫昨夜的情事，衹是借助於星辰好風的點染，畫樓桂堂的映襯，烘托出一種溫馨旖旎、富於暗示性的環境氣氛，讀者自可意會。「昨夜」復疊，句中自對，以及上下兩句一氣蟬聯的句式，構成了一種圓轉流美、富於唱嘆之致的格調，使得對昨夜的追憶抒情氣氛更加濃鬱了。

頷聯由追憶昨夜回到現境，抒寫今夕的相隔和由此引起的複雜微妙心理。兩句說，自己身上儘管沒有彩鳳那樣的雙翅，得以飛越阻隔，與對方相會，但彼此的心，却像靈異的犀角一樣，自有一線相通。彩鳳比翼雙飛，當用作美滿愛情的象徵，這裏用「身無彩鳳雙飛翼」來暗喻愛情的阻隔，可以說是常語翻新。而用「心有靈犀一點通」來比喻相愛的雙方心靈的契合與感應，則完全是詩人的獨創和巧思。犀牛角在古代被視爲靈異之物，特別是它中央有一道貫通上下的白綫（實爲角質），更增添了神異色彩。詩人正是從這一點展開想象，賦予它以相愛的心靈奇異感應的性質，從而創造出這樣一個略貌取神、極新奇而貼切的比喻。這種聯想，帶有更多的象徵色彩。兩句中「身無」與「心有」相互映照、生發，組成一個包蘊豐富的矛盾統一體。相愛的雙方不能相會，本是深刻的痛苦；但身不能接而心則相通，却是莫大的慰藉。詩人所要表現的，并不是單純的愛情間隔的苦悶或心靈契合的欣喜，而是間隔中的契合，苦悶中的欣喜，寂寞中的慰安。儘管這類契合的欣慰中不免帶有苦澀的意味，但它却因身受阻隔而顯得彌足珍貴。將矛盾着的感情的相互滲透和奇妙交融表現得這樣深刻細緻而又主次分明，這樣富於典型性，確實可見詩人抒寫複雜心靈感受的才力。

腹聯乍讀似乎是描繪詩人所經歷的實境，實際上是因身受阻隔而更加渴想的心靈對意中人今宵處境的想象。送鈎、射覆，都是酒宴上的遊戲（前者是傳鈎於某人手中藏着讓對方猜，後者是藏物於巾盂之下讓人猜，不中者罰酒）；分曹，是分組的意思。在詩人的想象中，對方此刻想必就在畫樓桂堂間參與熱鬧的宴會。宴席之上，燈紅酒暖，觥籌交錯，笑語喧嘩，隔座送鈎，分曹射覆，氣氛該是何等熱烈！越是阻隔，渴望會合的感情便越熱切，對相隔的意中人處境的想象便越鮮明。「春酒暖」、「蠟燈紅」，不祇是傳神地表現了宴會上融怡醉人的氣氛，而且傾注了詩人強烈的嚮往傾慕之情，從而更加強了「身無彩鳳雙飛翼」的感喟。詩人此刻處境的淒清寂寞自見於言外。這就自然引出末聯的嗟嘆來。

正如清朝詩人黃仲則詩句所云：「如此星辰非昨夜，爲誰風露立中宵？」在終宵的追懷思念中，不知不覺，晨鼓已經敲響，上班應差的時間要到了。可嘆的是自己正像飄轉不定的蓬草，又不得不走馬蘭臺（秘書省的別稱。當時詩人正在秘書省任職），開始寂寞無聊的校書生涯。這個結尾，將愛情間隔的悵惘與身世飄蓬的慨嘆融合起來，不但擴大了詩的內涵，而且深化了詩的意蘊，使得這首採用「賦」法的無題詩，也像他的一些帶有比興寓托意味的無題一樣，含有某種自傷身世的成分。

李商隱的無題詩往往着重抒寫主人公的心理活動。事件與場景的描述常常打破一定的時空次序，隨着心理活動的流程交錯展現。這首詩在這方面表現得相當典型。首聯明寫昨夜，實際上暗含由今宵到昨夜的相似情景的聯想與對比；頷聯似應續寫昨夜，却突然折回今夕相隔的現境；頸聯又轉爲對意中人今宵情景的想象；尾聯則再回到自身，而嗟嘆之中映現的却是明日的蘭臺秘閣之境了。這樣大幅度的跳躍，加上實境虛寫（如次句）、虛境實寫（如頸聯）等手法的變化，使得這首採用「賦」法的無題詩也顯得斷續無端，變幻迷離，使讀者感到困惑了。其實，把它看成古代詩歌中的「意識流」作品，許多困惑和歧解原是不難解決與統一的。

（劉學鍇）

# 無題四首（其一）

李商隱

來是空言去絕蹤，月斜樓上五更鐘。夢爲遠別啼難喚，書被催成墨未濃。蠟照半籠金翡翠，麝熏微度繡芙蓉。劉郎已恨蓬山遠，更隔蓬山一萬重！

《無題四首》，包括七律兩首，五律、七古各一首。體裁既雜，各篇之間在內容上也看不出有明顯的聯繫，似乎不一定是同時所作的有統一主題的組詩。

這首無題寫主人公對遠隔天涯的所愛女子的思念。「夢爲遠別」四字是一篇眼目，整首詩就是圍繞着「夢」來抒寫「遠別」之恨的。不過，它沒有按照遠別——思念——入夢——夢醒的時間順序來寫，而是逆挽而入，先從夢醒時的情景寫起，然後再將夢中與夢後、實境與幻境結合在一起抒寫，最後才點明蓬山重隔，歸結到遠別之恨。這樣的構思和章法，不衹是爲了避免藝術上的平直，而且是爲了更有力地突出愛情阻隔的主題。

首句說當初遠別時對方曾有重來的期約，結果却徒爲「空言」——一去之後便杳無蹤影。這句凌空而起，似感突兀，下句宕開寫景，更顯得若即若離。這要和「夢」聯繫起來，才能領略它的韻味。經年遠別，會合無緣，夜來入夢，忽得相見；一覺醒來，蹤迹杳然，但見朦朧的斜月空照樓閣，遠處傳來悠長而淒清的曉鐘聲。夢醒後的空寂更證實了夢境的虛幻，也更加強了「來是空言去絕蹤」的感受。如果說第二句是夢醒後籠罩着一片空虛、孤寂、悵惘的氛圍，那麼第一句便是處在這種氛圍中的抒情主人公一聲長長的嘆息。由於逆挽而起，這聲沉重的嘆息便分外引人注意，和五更鐘聲一起，迴響在讀者耳邊。

頷聯出句追溯夢中情景。夢境往往是人們美好願望的反映。遠別的雙方「枕上片時春夢中，行盡江南數千里」，得以越過萬重蓬山的阻隔而相會；但夢境又畢竟離不開眞實的現實，緊接着夢中短暫歡聚而來的還是難堪的遠別和不能自止的悲啼。這樣的夢，正反映了遠別所造成的深刻的心靈傷痛，也更強化了刻骨的相思。因此，夢醒之後不假思索而至的第一個衝動，就是給對方寫信。強烈的思念驅使着主人公奮筆疾書，傾訴積愫，好像連自己也不知其所以然，處於一種不由自主的狀態，這正是所謂「書被催成」。心情激切，墨未磨濃就寫起信來，這在日常生活中幷不罕見，如果衹一般地說墨未濃而草成書信，也未見精彩。但「書被催成墨未濃」却是極眞切傳神的描寫。在急切心情支配下寫信的人當時是不會注意到「墨未濃」的，衹是在「書被催成」之際，才會意外地發現這個事實。這樣的細節描寫，完全符合主人公當時的心境，很富生活實感。

夢醒書成之際，殘燭的黯淡餘光半照着用金線繡成翡翠鳥圖案的帷帳，芙蓉褥上似乎還依稀浮動着麝熏的幽香。頸聯對室內環境氣氛的描繪渲染，是實境與幻覺的交融，很富象徵暗示色彩。「金翡翠」、「繡芙蓉」，本來就是往昔美好愛情生活的象徵，在朦朧的燭光照映下，更籠罩上了一層如夢似幻的色彩。剛剛消逝的夢境和眼前所見的室內景物融成一片，恍惚中幾疑夢境是眞實的存在，甚至還彷彿可以聞到飄散在被褥上的餘香——日夜思念的人此刻也許就近在咫尺吧？這自然衹是一刹那間產生的幻覺。幻覺一經消失，隨之而來的就是室空人杳的寂寥和悵惘。往事不可復尋的感慨，華美鮮豔的「金翡翠」、「繡芙蓉」也就成了離恨的觸媒，索寞處境的反襯。

幻夢的徹底消失，使主人公更清醒地意識到會合無緣的現實。末聯於是借劉晨重入天臺尋覓仙侶不遇的神話傳說，點醒愛情間阻的主題：相思的劉郎本已嘆恨蓬山路遙，仙凡相隔，更何況雙方之間相隔萬重蓬山呢。所謂「蓬山一萬重」，看來不衹是指空間的遠隔，更象徵着人爲的重重間阻。因此，不僅會合的希望十分渺茫，就連修書寄遠，也是難以到達的了。這兩句本來應該是全篇抒情的出發點，現在却成了它的歸宿。這是因爲，衹有通過前六句對遠别之恨與相思之苦的反覆描繪渲染，後兩句集中抒寫的蓬山重隔之恨才具有迴腸盪氣的藝術力量。

末聯所包含的情事，是可以成爲敍事詩的題材的；卽使寫成抒情詩，在别的詩人筆下，也可能含有較多敍事成分。但在這裏，生活原料已經被提煉、升華到衹剩下一杯濃郁的感情瓊漿，一切具體的情事都消溶得幾乎不留痕跡。拿李商隱這類純粹抒情的愛情詩和元、白的敍事成分很濃的愛情的詩略作比較，就不難發現它們的顯著區别。前者由於過分忽略必要的敍事，可能比較費解，但就其「精純」程度而言，却遠遠超過了元、白那些繪形繪色却不免流於豔褻的愛情詩。

無題詩有無寄託，是聚訟紛紜的老問題。像這首無題，幾乎看不出有什麼寄託痕跡，當然完全可以把它作爲單純的愛情詩來欣賞。但似乎也不必排斥它有可能融入具有悲劇身世和悲劇心態的詩人某些更廣泛的人生體驗，正如著名詞論家況周頤所說：「身世之感，通於性靈。卽性靈，卽寄託，非二物相比附也。」（《蕙風詞話》）用這種通達的觀點來理解寄託，那麼李商隱這種無題詩是否有寄託的問題，也許幷不難理解。

（劉學鍇）

# 無題

李商隱

相見時難别亦難，東風無力百花殘。春蠶到死絲方盡，蠟炬成灰淚始乾。曉鏡但愁雲鬢改，夜吟應覺月光寒。蓬山此去無多路，青鳥殷勤爲探看！

對於這首《無題》，清代有幾位詩評家的看法都各不相同。主編《四庫全書》的大學者紀昀就說它是「感遇之作」，以爲詩裏寫的是感嘆人生遇合的艱難的。另一位學者何焯又以爲是「寓意於光陰難駐，我生行休也」，是嘆老嗟卑、怨恨生命有限的作品。還有兩個人，一個是乾隆年間的馮浩，一個是晚清民國初年的張采田，都以爲這首詩是寫作者向在朝廷裏執政的朋友令狐綯表達自己的情意，懇求他不忘舊好，大力提拔自己的。

這三種說法各有他表性，又都有個共同點，就是都不承認它是一首愛情詩。他們雖也并不諱言愛情，可是由於受到儒家傳統詩教的影響，總以爲在詩裏公開談情說愛，那情操并不高尚，總趕不上寄詠君臣之間的遇合、抒發人生的感慨，或者向貴官們陳情請托那麼「高尚」。他們總想把本來是描寫男女情愛的作品加以曲解，不惜穿鑿附會，設法拔高，以爲這樣才算對得起作者。

從歷史上看，這也不是他們的發明。早在西漢時代，註解《詩經》的儒生就把許多優秀的民間情歌曲解爲政治詩，或硬說是宣揚封建道德的作品，總不肯承認人們有談情說愛的權利。這些漢代儒生就是曲解別人作品的老祖宗。

李商隱這首《無題》，不單從字面意思看，描寫的是愛情；便是仔細研究它的內容，也還是描寫愛情的。它寫出了愛情的艱難，兩地相思的苦痛，以及對愛情堅貞的意志，寫得十分動人。人們只有這樣去理解它，詩裏的「春蠶到死絲方盡，蠟炬成灰淚始乾」，才能够成爲千古傳誦的名句。假如把它說成是向某個貴人乞憐求告，或者悲嘆自己官場失意，呼號着至死也不放棄追求，這樣的「春蠶之絲」和「蠟燭之淚」，還值得後世的讀者去尋找它的情味麼！

當然，世上也有一種人，滿腦子當官發財的思想，總想在官場上大撈一把，於是拚命向上吹牛拍馬，一面又把自己比成可憐的情場失意者，向貴人們表示自己「堅貞的忠誠」，乞求「千萬不要拋棄」他。這種人不是沒有的。可是，要說李商隱便是這一種人，須得拿出有力的證據來，否則就成爲對無辜者的誣蔑了。對此，我們不能不十分愼重。

基於上面的見解，我覺得把這首《無題》定爲愛情詩，不僅是爲了維護作者，而且也是爲了實事求是。至於李商隱其他的無題詩是否都應這樣看，那是另外一個問題。

關於李商隱的戀愛事跡，由於年代久遠，如今已經無從知道它的詳細情況；但他有過戀愛的生涯，那是無疑的。唐代是個比較開放的社會，男女之間的戀愛，還不像封建社會末期的時候看得那樣神秘，或者干犯禮教大忌。像元稹寫《會眞記》，就說男主角張生同崔鶯鶯戀愛，後來張生把事情向朋友公開，連情書和情詩也一起攤出來。朋友們幷沒有覺得詫異；又像女道士魚玄機，在詩裏公然說：「易求無價寶，難得有情郎。」別人也不以爲是什麼「離經叛道」。在李商隱的詩集裏，還保留了像《月夜重寄宋華陽姊妹》這類的詩題，可見他也幷非完全避而不提自己的戀愛對象。不過，有些事情却是不便公開的，所以他又只好用無題來掩飾。如今介紹的這一首《無題》就是屬於這一種。

在橫風狂雨的突然襲擊之下，一朵美麗的愛情之花飄零凋謝了！這正是人生中十分痛苦的事。假如是一場死別，那還罷了，偏偏又是生離，而且偏偏還存在一線微茫的希望，對這微茫的希望，自己却又無法掌握得了。於是，絕望與希望交戰於胸中，愛戀的纏綿絞榨着心靈，詩人終於唱出了既是表達矢志不渝的愛情，又是希望衝出網羅的感人至深的哀歌。

詩人一開頭就用「相見時難別亦難」七個字來概括兩人的這段不尋常的遭遇：想當初，要見一面曾經歷盡艱難，到別離時就越覺得難割難捨。可見這場戀愛原是衝破重重障礙之後才得到的；不料過了不久，突然又碰上意外的阻攔，使他們不能不分開手，分手竟是如此突然，幷且後會難期，這就不能不使人柔腸寸斷，凄苦難言了。句中前一個「難」字指出了當初兩人成就的不易，後一個「難」字却是揭示兩人情感上的痛苦。寥寥七個字，詩人已作了強烈的暗示，透露出這段愛情的酸辛了。這七個字確是經過詩人千迴百轉的柔腸鍛煉出來的，眞是一字一把淚，一字一腔血，入手便使人心情震動。

無題

「東風無力百花殘」，詩人補足一筆，點出分手時的季節，同時又是以景出情。

這一句意思很豐富。春殘時候，東風懶洋洋地，很不起勁，而百花也陸續凋殘了。這只是第一層。詩人的意思似乎還在說，過去曾經有過這樣一個機緣，讓這朵愛情之花燦然綻開，彷彿是一股有力的東風把它吹開似的，但如今東風却已自感無力，已開的愛情之花又很快凋謝了。這是第二層。此外，還含有一層意思：回想當時，經過不尋常的一番曲折，兩人得以相會，那時東風正吹得起勁，彷彿是爲這雙戀人的幸福而歡欣鼓舞，滿園的花草也紛紛向他倆表示祝賀；如今，東風無力，百花凋零，那景象又似乎是爲兩人的分手而低徊哀傷了。

這樣，「東風無力百花殘」這一句便有三層意思。

三四兩句寫的是兩人分手以後，詩人捧出一腔鮮血寫下了自己堅貞的盟誓。

第三句是「春蠶到死絲方盡」。我們先談談那個「絲」字。蠶絲的「絲」和相思的「思」是同音字。古人寫詩，往往借用同音字來表示另一種意思。南朝民歌裏使用得尤其多。像拿蓮子的「蓮」代替憐愛的「憐」，拿蓮藕的「藕」代替佳偶的「偶」，就都是的。用蠶絲的「絲」代替相思或思念就更加常見。有一首《七日夜女歌》的南朝民歌說：「桑蠶不作繭，晝夜長懸絲。」便是借蠶兒掛下來的絲比作情人心裏牽掛的情思之思。

李商隱也許是受到民歌的啓發吧，也運用了春蠶吐絲的形象，來比擬自己纏綿無盡的思戀之情。可是他把句子組織得更圓滿了，意思也更深刻了。他不肯停留在「蠶絲」和「相思」的簡單類比上，而是把自己化作春蠶，說那些無窮無盡的蠶絲，就是自己心裏無窮無盡的相思之情，蠶絲無盡，這相思也就無盡。除非春蠶僵死了，或者化成了蛹，這相思之情才算是完結。

這是刻骨銘心的柔情，也是堅貞不變的信念，加之這種刻骨銘心的柔情和堅貞不變的信念，又是借着春蠶的形象來表達的，讓人領略得更加親切，因而那感人的力量也就更深厚了。

第四句是「蠟炬成灰淚始乾」。拿蠟燭的自我煎熬來比喻心情的焦灼苦悶，也不是李商隱首先發明。南朝有幾位詩人都寫過類似的句子。但是李商隱比他們寫得更加形象化，意思表達得更加徹底，而且句子的組織也更爲精緻。讀着這句詩，我們彷彿看見詩人通宵達旦都在愁緒的煎熬中，眼看着桌上的蠟燭一點一點地減少，一寸一寸地消失，乃至化成了灰燼。他注視着那些殘脂一滴一線地向下滴，「那多麼像離人的眼淚啊！」他想到這一回同她分手，以後的生活該是怎麼難過，自己的眼淚便也像蠟燭的殘脂那樣，不自禁地流下來了。於是他想得更深沉了：自己的身世難道不就像這一支殘燭，只有到它化成灰燼之後，才可以宣稱眼淚已經流乾了麼！

這又是使人爲之驚魂動魄的一筆。

難怪後來在曹雪芹和高鶚筆下的林黛玉，眼淚未乾就還不到她死亡的時候；待到眼淚都沒有了，也就是她的生命完結的時候了——李商隱這句詩，看來似乎啓發了曹雪芹和高鶚應該怎樣塑造林黛玉這個動人的形象。

上面兩句寫的是詩人自己，下面兩句就轉到那姑娘身上，想象着她別後的可憐的生活。

「曉鏡但愁雲鬢改」，是說由於那姑娘也是那樣地癡情一片，如今又硬給分隔開來，她自然也是無休止地思念着自己的，這一來她會很快地顯得衰老了吧？當她早晨起牀，拿起鏡子的時候，也許會忽然覺得鏡中人的秀髮已經變得不同往常了。句中的「愁」，既是想象那姑娘突然的幻覺，又是詩人對她的擔心。用一個字輕輕把兩方面都牽到一起來，這種手法，叫作「一意兩化」。

「夜吟應覺月光寒」，是說分別以後，那姑娘獨自一人，每當夜深難眠的時候，在月色之下，她吟詩懷人，定會感到那天上灑下來的月光，是多麼地淒清和寒冷。這裏，詩人想象姑娘感到月光的淒清和寒冷，正是推測她分別之後心境的孤寂和悲涼。

這兩句和大詩人杜甫的名句「香霧雲鬟濕，清輝玉臂寒」相似，都是放開自己、去替對方設想。我們由此也可以知道，說寫這首詩是爲了向那位大官求告乞哀，多麼缺乏根據。因爲那位大官是絕對沒有「雲鬢改」的「愁」，他也不會產生「月光寒」的感覺的。

無題

被別人硬是分隔開來的一雙戀人，可能從此永遠隔絕，相見無期了。難道就一點辦法都沒有麼？不！詩人不甘心接受命運的擺布，他還要盡最後的努力。於是詩人在最後寫下這兩句話：「蓬山此去無多路，青鳥殷勤爲探看！」

儘管那是一座蓬萊仙山，下界凡人是進不去的；可是，它畢竟離這兒不太遙遠，我難道不可以請求王母駕下的「青鳥使者」替我打探她的下落，同她通通消息麼？萬一知道她的蹤跡，我也許能够衝破重重障礙，同她相見。

這位「青鳥使者」是什麼人，我們自然不清楚，也許只是詩人在這種迫切心情中產生的一個幻象。然而，從這最後兩句裏，我們却可以猜想到：他的戀人其實離開他幷不十分遙遠，只是有一股強大的封建勢力攔阻在他們中間罷了。至於這一場悲劇的結局到底如何，我們如今更是無法知道。

我們尋味着整首詩，自然會發覺詩人描寫愛情的波折，雙方情感的堅貞，以及不甘心屈服在惡勢力底下的堅強意志，是多麼深沉有力，動人肺腑。可見，只有把這首詩理解爲一首愛情的哀歌，才能顯示它那思想上和藝術上的巨大價值；假如硬說詩人是在向那個庸碌無能的執政人物令狐綯求哀乞憐，不惜把自己比作「春蠶」、「蠟燭」，對他至死不休地效忠，那我敢說，這首詩在廣大的讀者心目中，無非是一篇令人作嘔的阿諛之詞罷了。

我們應該愛護這位正直善良而又豐富有才華的詩人。

（劉逸生）

# 樂遊原

李商隱

向晚意不適，驅車登古原。夕陽無限好，衹是近黃昏。

這首小詩，寫得渾融概括，歷來爲人傳誦，也長期遭到誤解——人們往往覺得三四兩句埋藏着言外之意，因而賦予它種種本未必有、却又很像會有的含義。這給按照本來面目解詩帶來困難。某些有影響的似是而非的解釋對讀者的束縛力是不容低估的。

樂游原在長安東南隅，地勢較高，四望寬敞，附近有曲江、芙蓉園等名勝，是有名的游覽區。據史載，漢宣帝神爵三年，曾在其地起樂遊苑，所以詩中稱「古原」。

前兩句點明登樂遊原的時間和原因。「愁因薄暮起」，傍晚時分昏黃朦朧的天色，往往容易引起悵惘，觸動愁緒。古代詩歌中有大量描寫薄暮生愁的例子，如「日暮客愁新」、「日暮鄉關何處是？煙波江上使人愁」，等等，都爲人們熟知。「意不適」即因「向晚」而生，而「驅車登古原」則是「意不適」的結果。愛尋根究底的讀者可能覺得「意不適」太籠統，想弄清楚「意不適」的具體內容和根本原因。這很困難，似乎也不必要。因爲作者本來就只想告訴我們因「意不適」而「登古原」，很可能這「不適」就是一種連他自己也說不清楚的莫名的悵惘。這兩句平平敍起，從容承接。但下兩句所描繪的情景，却都與此密切相關。紀昀說：「末二句向來所賞，妙在第一句倒裝而入，此二句乃字字有根。」這是很對的。

樂遊原

天色向晚，當詩人驅車登上樂遊原的時候，熱鬧了一天的古原已經沉寂下來。登高四顧，境界特別遼闊空曠。這時，最引人注目的景物就是西邊天際的一輪夕陽。「夕陽無限好」，這是充滿了讚嘆之情的詩句。但正如首句不明言「意不適」的具體內容一樣，這裏也沒有描繪夕陽的具體形象。在通常情況下，藝術作品在描繪事物時，總是力求形象的具體、鮮明，因爲這樣才能使讀者有如親臨其境之感，喚起感情上的共鳴。但在某種特殊情況下，又允許虛泛、籠統、模糊，這裏的「無限好」就是一例。在這首詩裏，詩人的主要目的并不是要向讀者展示他所見的夕陽是如何如何的美，而是表達對夕陽的讚美、流連、惋惜的情緒，或者說目的主要不在寫景，而在抒情。詩人之所以對夕陽極表讚美，乃是基於登眺夕陽時所形成的一種總的印象和感受，而這種總的印象和感受，是很難借助於對夕陽之美的某一具體的描繪來表達的。在這種情況下，「無限好」這種籠統的形容恰恰成了表達這種總的印象與感受的最有效的方式。「無限好」的夕陽究竟是怎樣的，詩中雖無具體描寫，但「無限好」的強烈讚嘆，却促使讀者根據自己的生活經驗去想象。每一個讀者心目中「無限好」的夕陽形象可能不盡相同，而且可能不很鮮明、確定，但這無關宏旨，只要能喚起讀者感情上的共鳴——對「無限好」的夕陽讚美、流連、惋惜的情緒，這就够了。「無限好」與「祇是」，一正一反，一縱一收，把詩人此時此際那種既激賞、讚美晚景，又徘徊流連、深深惋惜其行將沉入暮靄的心情表現得非常充分，從而給讀者極深刻的印象、極豐富的藝術聯想。

回到一開頭提出的問題：三四兩句是否寓有言外之意？過去不少註家都認爲，這首詩是有寄託的：「遲暮之感，沉淪之痛，觸緒紛來，悲涼無限。」「百感茫茫，一時交集，謂之悲身世可，謂之憂時事亦可。」「嘆時無宣帝可致中興，唐祚將淪也。」總之，認爲寄託着身世沉淪之感、國運衰颯之痛。但這很值得懷疑。他們似乎都祇注意到了「祇是近黄昏」的慨嘆，而沒有注意到「夕陽無限好」的讚嘆。詩人恐怕不會用「無限好」來比喻自己那充滿了坎坷的不幸身世，也不會用它來形容千瘡百孔、搖搖欲墜的唐王朝。註家們大概因爲李商隱寫過一些情調比較低沉的描繪殘陽斜照的詩句（如「回頭問殘照，殘照更空虛」、「日向花間留晚照，雲從城上結層陰」、「春日在天涯，天涯日又斜」等等），從而連類而及，認定這首詩中的「夕陽」也必然是

樂遊原

帶着沒落、衰颯情調的。其實，細味「無限好」與「衹是」，就不難想象詩人望中所見的夕陽不可能是「正在煙柳斷腸處」的淒淒慘慘的殘照，否則，那種無限讚嘆流連之情就很難理解。

如果從作品本身出發，那麽它所抒寫的不過是這樣一種感情：對某種無限美好而又匆匆即逝的事物的流連與惋惜。無論在自然界或社會生活中，都存在這種曇花一現式的現象。人們在接觸這類事物時，既爲它所特具的美所傾倒，又不免爲它的行將消逝而惋惜，甚至感到惆悵。這本是人類正常的感情，沒有必要責備，正如我們并不因某人惋惜曇花之一現而加以責備一樣。在自然界裏，朝陽、麗日是美的，夕陽、落日也有它特具的美。對夕陽的稱賞、流連，和對朝陽、麗日的讚美一樣，不應强分軒輊。這首詩之所以爲人傳誦，除了藝術上的成就外，主要原因恐怕就在於它概括了人們在面對某種即將消逝的事物時所産生的共同心理。它寫的雖是夕陽，但人們引起的聯想却可以非常廣泛。

這當然不是説，詩中沒有流露任何不健康的情緒。不過，它的消極面，不表現在對晚景的激賞、流連與惋惜上，而是表現在惋惜其匆匆即逝時所流露出來的一種無可奈何的情緒上，這在「衹是」一語中可以明顯覺察到。李商隱在另一首詩中曾説：「天意憐幽草，人間重晚晴。」同樣是寫晚景，但這裏所藴含的却是「晚景固然短暫，却更須珍視」的感情，相比之下，「衹是近黄昏」的慨嘆便顯得有些消極了。

（劉學鍇）

# 瑤池

李商隱

瑤池阿母綺窗開，黃竹歌聲動地哀。八駿日行三萬里，穆王何事不重來？

晚唐的幾個皇帝都妄想自己能够長生不老，他們既找不到一個像神話中的魯陽似的武士，可以把戈一揮，叫太陽倒退回來，自然就只好向煉「金丹」的道士求救了。別的不說，就在李商隱生存的那四十多年裏，穆宗李恆就因爲吃金丹送了命。文宗李昂時，民間傳說皇帝叫鄭注煉金丹，要拿小兒的心肝合藥，鬧得長安滿城風雨，人心惶惶。武宗李炎本來不信佛教，曾命令破毀天下佛寺，勒令僧尼還俗。但却相信了道士的鬼話，也是吃「金丹」而「飛升」的。後繼者宣宗李忱仍然執迷不悟，要拜道士劉元靜爲師，接受他的「三洞法籙」。及至李商隱死前一年，宣宗還恭請廣東羅浮山道士軒轅集入京，向他請教「長生妙術」。不久，也同樣吃了大量醫官、道士們弄來的「仙藥」，到地下「長生」去了。眞是前仆後繼，堅決得很。

李商隱對於這批昏庸的封建統治者如醉如狂的自殺行爲，是諷刺得異常尖銳的。他的詩集中的《華嶽下題西王母廟》詩，就冷冷地說：「莫恨名姬中夜沒，君王猶自不長生。」《漢宮》詩說：「王母西歸方朔去，更須重見李夫人？」在武宗的挽詞中也說：「莫驗昭華琯，虛傳甲帳神。海迷求藥使，雲隔獻桃人。」還有另外一些詩也隱約地發出類似的諷刺。這些都說明李商隱對他們吃丹煉藥、妄求長生的害民與無聊，表示了不滿

瑤池

與指責。這首《瑤池》，同樣也是如此。

我國古代有一段神話，載在《穆天子傳》、《拾遺記》等書，據說周穆王（約於公元前九四七—前九二八年在位）曾經率領一隊人馬，從鎬京出發，向西遊歷，到了崑崙山上仙人西王母之邦，西王母宴穆王於瑤池，並且給他唱了一支歌：「道里悠遠，山川間之；將子無死，尚能復來。」穆王答她：「比及三年，將復（返）而野（你的國土）。」又說，穆王的部隊在路上碰上大風雪，有人凍死，穆王就寫了三首詩，其中有「我徂黃竹」的話，被稱爲「黃竹之歌」。又說，穆王有八匹駿馬，名絕地、翻羽、奔宵、起影等等。李商隱這首詩根據的就是這些典故。

表面看，詩是詠周穆王的事。通首是就西王母方面落筆。第一句意思說，自從周穆王回國以後，很久不見再來，西王母（漢代有人稱爲玄都阿母）心裏惦念，她在瑤池掀起絲織的窗簾，向東遠望，希望穆王再一次到來。第二句是說，穆王盼不到，却聽見穆王留傳下來的「黃竹之歌」，悲哀地振動着大地。三、四兩句，詩人假設了疑問之詞：穆王的「八駿」本來跑得很快，一天可以走三萬里，爲什麼還不見他再來呢？在這裏，詩人巧妙地運用了神話傳說，從王母身上虛構出一段情節，表面看去，是寫周穆王和西王母，但其實是進行了諷刺。

自漢以來，西王母就被方士們吹嘘爲羣仙之首，吃她的一枚桃子，也可以享壽三千歲。周穆王能够到崑崙山會見她，當然是求仙者認爲最可欣羡的。正因如此，詩人把她端出來就含有深意。他虛構了西王母憶念穆王的情節，那潛臺詞好像在說，連西王母所憶念的穆王，也無法起死回生，重遊瑤池，徒留「黃竹」哀歌，供後人憑弔，何況你還及不上這個格，西王母根本就不曾憶念你呢！這幾句沒有說出口的話，冷峻得十分，也尖利得十分。

李賀的《官街鼓》詩云：「幾回天上葬神仙，漏聲相將無斷絕。」[二]同樣是諷刺追求長生的妄人，寫得語

[二] 句中的「天上神仙」，指服食丹藥來求長生的皇帝。用一「葬」字加以冷諷。「漏聲相將無斷絕」意爲人不能長生，只有時間才是永恆的。

氣顯露，而李商隱這一首却比較隱蔽。雖然如此，它仍然反映了一個頭腦比較清醒的士大夫知識分子對帝王昏庸、道士虛妄的不滿，在當時有着一定的現實意義。（劉逸生）

# 夜雨寄北

李商隱

君問歸期未有期，巴山夜雨漲秋池。何當共剪西窗燭，却話巴山夜雨時。

此刻整個淹沒在淅瀝雨聲之中的巴山秋夜，這特定的場景，這特有的情趣，原也易於誘發與牽動旅人的鄉思與離情。許多詩人都寫過這樣的詩篇，也許不是這座山，這個鄉間的夜晚，但他們都能够把秋天與懷念結合得精美熨貼而喚起普遍的共鳴。

李商隱的《夜雨寄北》無疑是一首獨特的詩，儘管它的內涵在此類詩中並無異趣，但它的確以其藝術的獨創性避免了重複。藝術創造的規律在於每個創造者當他面對被重複了千百次的同一物象同一題材時，他想到的却是開天闢地般的第一次創造。藝術的克服困難的普遍性，在於克服蹈襲前人窠臼的避免重複。在詩歌創造中，彼此重複自我重複往往危及詩的生命。而歷代的詩人幾乎都在前仆後繼地與自覺的或不自覺的藝術惰性進行殊死的戰鬥。能够在這場戰鬥中成爲勝利者的，往往便是傑出藝術品的創造者。

一個秋夜，一個有雨的秋夜，在這個夜裏想起久離的親人和朋友。許多人被這種情景所迷醉，他們爲之

夜雨寄北

動情。他們以爲自己將有傑作產生，他們却不知正在此際，他們已墮入「蛛網」，而這正是千百年來詩人和藝術家共有的「厄運」。我們現在看到李商隱在這個「蛛網」中的「掙扎」。他作爲藝術上充分獨立的詩人，他有充分的才情可以不爲那無情的蛛絲纏死而創造一個嶄新的藝術世界。

需要強調的是，無數有才能的詩人和藝術家都在用自己的畢生心力證明一個眞理，那怕衹有寥寥數十個字的作品，它總是不重複的、獨創和自立的藝術世界。不如此，它將被浩如煙海的藝術次品所淹沒而無法留傳。如今，輪到我們來辨析這首四行二十八個字的精品價值了——

君問歸期未有期，巴山夜雨漲秋池。何當共剪西窗燭，却話巴山夜雨時。

在這裏，討論這首詩是一般的「寄北」還是特定意義的「寄內」，意義並不重大。儘管《萬首唐人絕句》用了《夜雨寄內》的題目，但有人考證此詩爲作者充任梓州刺史、東川節度使柳仲郢幕府時作，時妻王氏已卒，故「寄內」未能成立。但是，這首詩中深重的別愁以及不能如期歸聚的遺憾，却因其傳達出永恆的思念超出了具體的範圍而具有普遍性的價值：不僅於當時、而且時距千年之遙而仍在生發着藝術感染力。

《夜雨寄北》起於親友的思念。這種思念發而爲對於歸期的盼詢。詩人對此種眞摯的問詢一方面作了不肯定的回答（「未有期」），一方面又作了未來的肯定的許諾（「共剪」和「卻話」）——他把親友冀盼的相聚留給了未來，他以濃重的人情溫暖使友人在整個不確定的氣氛中尋求心靈的慰藉。正是這不能如願中包孕的思念，和對於這種遺憾的心靈補償，賦予期待以普遍的永恆魅力。

「君問歸期未有期」，一個突兀而起的問與答。回答以它的不能確定而給人以失望。這種惆悵因後一句「巴山夜雨漲秋池」而具象化：這一個秋天的夜晚，整個巴山都在下雨，雨水的綿密以至於使池塘水滿。沒完沒了的雨聲打着山間的草木和水裏的浮萍，也敲動了離人的心弦，秋雨所帶來的寒漠與淒清，更爲濃重地渲染了愁思與離情，何況還有不能確定的歸期！

這首七絕的前半首，第一句以抽象的方式點出對親人的詢問的回答：歸期的未卜。它自然地蘊含了無盡的惆悵。但形象地發出這惆悵的，却是第二句——巴山、秋夜、秋雨、池塘水滿……這兩句詩以此時、此地、此景、此情點出了現在時間和空間裏的物象人情。李商隱沒有重複許多優秀詩作寫離情別緒往往停留在單一時空內的做法，他不光寫歸期之不可斷定而愁緒之無法補償，而且也寫要尋求某種補償。他的辦法是超越現在的時空，使之向着未來拓展。

李商隱在別的詩人易於滿足之處體現着他不滿足的追求。他借「何當共剪西窗燭」把現在的時間推移到未來，把眼前的實景推移到想象境界：何時能與你共剪燭花於西窗之下，共話如今這種巴山夜雨之中兩地的深深思念？那時，把如今這萬般愁苦都化爲了回首往事的歡樂。

要是囿於即景生情的傳統寫法，他也許至多衹能宣洩眼前的思念。現在，他把現在時空和未來時空作了溝通，他的藝術天地無形中得到拓展。他把未可預期的將來加以假想的實現。從此時此地此景此情出發，使之與彼時彼地彼景彼情完成了一個跨時空的渾整的意境創造，以絕句的有限框架寄寓了無限的內涵。

「何當……卻話」的寄想看似平易，實則奇崛。它把「巴山夜雨」的場景一下子搬向想象中的未來時間。那裏出現的是北方某地窗前的親友秉燭夜話，在燈花的跳動中，出現了那時已成爲過去的、如今夜雨之中孤單身影愁苦思念的影像，如同電影的「切入」——在未來的畫面中切入了如今的現實、即對於未來而言此日已爲過去的物境人情。佛家的三世相：過去、現在、未來在這裏奇妙地實現了融合！

不僅是現在而且還有將來，不僅僅是眼前已實現情景還有未來尚待驗證的情景的契合；從今天想象明天，又從明天想象今天——各個不同的時空得到自由往返的交通。已有的無法會聚的悵惘，與假定性的異日異地的回味今日今地，以至於把傷懷與苦況當作付之一笑的歡樂。其間所體現出來的通脫的人生哲理，的確倚仗於詩人對於時空觀念的創造性把握。不能如期與未可預期的會聚，及其想象中的補償，使時間得到了廣延，空間得到了拓展，人的情感的存在也得到了擴大和充實。因此，這首詩中充塡的不僅僅是別離的傷懷以及相聚的未可預期，而是增添了期待、憧憬甚至是想象未來回味此時苦況所產生的樂趣。

一首通共祇有二十八字的詩中，用字都是經過周密「計劃」予以妥切安排的，通常每一字都盡量避免重見。但在這首詩中，「巴山夜雨」四字却原封不動地赫然出現了兩次：「巴山夜雨漲秋池」、「卻話巴山夜雨時」。此種「揮霍」無疑有深意在。它首先是在強調同是巴山夜雨背後兩個完全相異的時空：一個是現在的夜雨，一個是將來回味如今的夜雨；一個是此時眞實的巴山，一個是想象中的將來幻象中的此時的巴山。這兩個完全不同的時空，其內涵又是完全相通的：一個是他日的回溯，一個是今日的廣延，推衍與迴環之間傳達出人生飄忽無定的況味。不僅今日與他日通，而且苦與甘也通，今日的苦可以化爲他日之甘，他日充滿深情的回思却是今日的輾轉反側的痛苦所釀造。

「巴山夜雨」四字的重現，體現着一首詩中兩個構成部分的維繫。不僅說明二者的異（此時、彼時、此時的秋夜雨，彼時的西窗燭），儘管均有「巴山夜雨」，但一個實有的，一個却是想象的；而且強調了異中之同——在不同的時間和空間，在想象中的未來，巴山夜雨的情景當然是消失了，但它卻成爲一種存在喚起人們舊日的情懷。祇是舊日的思念之苦情淡化了，變成了純粹的回憶。

（謝　冕）

# 橡媪嘆

皮日休

秋深橡子熟，散落榛蕪岡。傴僂黃髮媪，拾之踐晨霜。移時始盈掬，盡日方滿筐。

橡媼嘆

幾曝復幾蒸，用作三冬粮。山前有熟稻，紫穗襲人香。細獲又精舂，粒粒如玉璫。持之納於官，私室無倉箱。如何一石餘，只作五斗量。狡吏不畏刑，貪官不避贓。農時作私債，農畢歸官倉。自冬及於春，橡實誑飢腸。吾聞田成子，詐仁猶自王。吁嗟逢橡媼，不覺淚沾裳。

在晚唐的詩人中，皮日休可稱是一位著名的現實主義作家。他繼承樂府古詩的現實主義傳統，寫了不少揭露時政黑暗、同情人民疾苦的詩章。這類詩，質樸真切，不尙雕飾，一反當時浮豔頹靡詩風，在晚唐詩壇上散放出異彩。皮日休流傳下來的詩有三百餘首，其中的《正樂府》十首，是倣照白居易《新樂府》寫的諷喻詩。第二首《橡媼嘆》則是這些反映現實詩篇中的代表作。

皮日休爲什麼要寫《正樂府》？這從詩前的序文中可知。「樂府蓋古聖王採天下之詩，欲以知國之利弊，民之休戚者也。」「聞之足以觀乎功」，「聞之足以戒乎政」。「故嘗有可悲可懼者，時宣於詠歌。」《橡媼嘆》就是在這種指導思想下寫成的。

詩的第一段，先寫老婦踏着嚴霜在山岡上拾橡子的情景。季節已到了深秋，成熟了的橡子，散落在草木叢生的山岡上。一位駝背黃髮的老婦，清晨踏着嚴霜，緩慢地爬上山岡。找了又找，尋了又尋，很長時間才揀了一捧，直到日落才拾了滿筐。回到家裏幾曬又幾蒸，準備用來做冬季的口糧。作者先點明橡子成熟的季節和散落的地方。「榛蕪」是形容草木叢生，橡子散在荒草雜樹下邊，是很難尋找的，說明拾橡子的不容易。接着刻畫老婦的形象。「傴僂」和「黃髮」是老年人常有的特徵，說明老婦年事已高。這樣年老的婦人，起大早踏嚴霜去拾橡子，眞可以說太艱苦了。「盈掬」、「滿筐」是寫拾橡子的經過，進一步描寫橡子得來的不易。橡子拾到家裏生澀不能吃，經幾曬幾蒸，方可當做糧食。這說明橡子變成糧食，是要經過一個複雜過程的。「三冬」指冬季的三個月，形容時間長，三冬吃的都是橡子做的食物，老婦一家生活可以說是太苦了。作者在這裏，沒加任何雕飾和感情色彩，而是採用了客觀的白描手法，細緻、形象地勾畫出一幅山村老婦拾橡子的畫面。作者衹呈現給讀者這幅畫面，並沒有說明老婦生活爲什麼這樣艱苦，然後把筆宕開，又描繪出另一幅圖景。

山前的稻穀已經成熟了，飽滿的稻穗發出誘人的馨香。細收又精舂，粒粒晶瑩得像玉石一樣明亮。擔送給官府，自家却落得箱空倉光。送糧時一石還有餘，爲什麼交官時却做五斗量！這裏寫的是農民收稻、舂米、納糧的情景。作者採用了本段和前段兩相對照的寫法。如「稻熟」對「橡子熟」。「細獲又精舂」對「幾曝復幾蒸」。「私室無倉箱」對「用作三冬糧」。這樣鮮明的對照，既加深了對橡媼生活艱苦的描寫，又暗示出農民以橡實充饑的原因。家中倉空箱淨，無以爲生，衹好拾橡子做爲「三冬糧」。這和「家田輸稅盡，拾此充饑腸」（白居易《觀刈麥》）何其相似。

詩人在描述老婦拾橡子交租糧的實情實景之後，發出了指責和感嘆。在收繳農民糧食時，那些狡吏不怕刑法，那些貪官更公開貪贓。他們春耕時用官糧向農民放私債，秋收後把糧食全部收入官倉。從冬到春怎麼渡過艱難的歲月？衹好用橡實填充那鳴叫的饑腸。詩人在這裏不僅對貪官污吏放債收糧從中牟利、公開貪贓枉法的罪行做了揭露；而且又形象地描述了農民以橡實誆饑腸的悲慘情景。這裏既有對貪官污吏的斥責，又有對農民深切的同情。白居易在《杜陵叟》中曾對貪官污吏表現過極大憤怒：「剝我身上帛，奪我口中粟，虐人害物卽豺狼，何必鈎爪鋸牙食人肉？」皮日休的詩句雖沒有白居易詩句那樣尖刻和激烈，但兩人所表現出的義憤則是一樣的。

詩人面對着眼前的悲慘現實，最後發出無限感嘆！「吾聞田成子，詐仁猶自王。吁嗟逢橡媼，不覺淚沾裳！」田成子又名田常，春秋時齊國的大夫。他是新興地主階級的代表人物，爲了反對齊國的腐朽勢力，曾以大斗出，小斗進的辦法爭取羣衆，由於他施用這種假仁假義的辦法，使齊國人得到一些好處。數代以後，他的子孫終於奪取了政權，自立爲王。作者舉出這個典故，意在借古喻今。他希望唐末的統治者也能像田成子那樣給人民帶來一些好處，解救陷在水深火熱中的人民的饑苦。但是由於時代和階級的局限，他既不可能正確評價田成子奪取政權的手段，更不可能認清封建統治者的階級本性。眼前的現實告訴他，統治者連田成子那樣假仁假義都沒有，衹有赤裸裸地盤剝百姓。他雖然也有聶夷中那樣的善良願望：「我願君王心，化作光明燭。不照綺羅筵，衹照逃亡屋。」但當他看到並聽到橡媼的悲慘生活陳述時，他的理想和願望破滅了，最後衹有「吁嗟逢橡媼，不覺淚沾裳」的哀嘆了。

《橡媼嘆》是一首敍事詩。詩中通過一個拾橡子的老婦悲慘生活的描述，揭露了封建統治者對廣大農民的殘酷剝削和掠奪，既表現出對被壓迫者的深切同情，又表現出對統治者的強烈憤恨。但最後又寄希望於統治者，希望他們能給廣大人民帶來一些好處，改變人民苦難的處境，以求得唐王朝的長治久安。這是作者寫此詩的諷喻目的。願望雖好，但在封建社會尤其是在唐末的黑暗時代，卽使有多少好的願望，也必終成泡影，這是由頹敗的時代和腐朽的統治階級所決定的，身在其中的作者又能如之奈何呢？

皮日休的十首《正樂府》是倣照白居易《新樂府》而寫的，因此《橡媼嘆》頗具樂府詩的特點，如眞實地描寫、反映現實，眞摯淳樸的感情，樸實無華的語言等。他如鮮明的對照，形象的刻畫、大膽的揭露等都給這首詩增加了強烈的感染力。魯迅在評論晚唐小品文的地位時說：「正是一塌糊塗的泥塘裏的光彩和鋒芒。」我們說皮日休的《橡媼嘆》又何嘗不是晚唐詩壇上放射出的光彩啊！

（孟慶文）

# 臺城

韋莊

江雨霏霏江草齊，六朝如夢鳥空啼。無情最是臺城柳，依舊煙籠十里堤。

## 臺城

這是一首憑弔六朝古跡的詩。臺城，是六朝的禁城（晉、宋間稱朝廷禁省爲臺，所以稱禁城爲臺城），舊址在今南京市玄武湖旁，和鷄鳴山相接。六朝時期，這裏是政治中樞，也是帝王荒淫享樂的場所。中唐著名詩人劉禹錫《金陵五題·臺城》說：「臺城六代競豪華，結綺臨春事最奢。萬戶千門成野草，祇緣一曲《後庭花》。」到唐代末年，臺城雖尚存，但已荒廢不堪了。

憑弔古跡之作，總免不了要抒寫盛衰興亡之感，弔古傷今之慨。這首詩也不例外。不過，一般的弔古詩爲了發抒今昔之慨，都要在不同程度上觸及史事（像劉禹錫《臺城》詩中的「結綺臨春」、「《後庭花》」）。這首詩却完全撇開史事，從頭到尾採取側面烘托的手法，着意造成一種夢幻式的情調氣氛，讓讀者透過這層隱約的感情帷幕去體味作者的感慨。這是一個值得注意的特點。

「江雨霏霏江草齊」。起句不正面描繪臺城，而是着意渲染氛圍。金陵濱江，玄武湖又本來連接長江，故說「江雨」、「江草」。江南的春雨，密而且細。在霏霏雨絲中，四望迷濛，如煙籠霧罩，給人以如夢似幻之感。暮春三月，江南草長，碧綠如茵，又顯出自然界的蓬勃生機。這景色既迷人，又容易勾起人們的迷茫惆悵之情，這就爲下句抒情作了準備。

「六朝如夢鳥空啼」。從首句描繪江南煙雨到次句的六朝如夢，跳躍很大，乍讀似不相屬，其實在霏霏江雨、如茵碧草之間就隱藏着一座已經荒涼破敗的臺城。鳥啼草綠，春色常在，而曾經在臺城追歡逐樂的六朝統治者却早已成爲歷史上來去匆匆的過客，豪華壯麗的臺城也成了供人憑弔的歷史遺跡。從東吳到陳，三百多年間六個短促的王朝一個接一個地衰敗覆亡，變幻之速，本就給人以「如夢」之感；再以自然與人事對照，更加深了「六朝如夢」的感慨。「臺城六代競豪華」，但眼前這一切均已蕩然無存，祇有不解人世滄桑的鳥兒在發出歡快的啼鳴。「鳥空啼」的「空」字，寓慨很深。

「無情最是臺城柳，依舊煙籠十里堤。」楊柳是春天的標誌。在春風中搖蕩的楊柳，總是給人以生機勃勃之感，讓人想起繁榮興茂的局面。當年這十里堤上的柳色，曾經是臺城繁華風光的點綴。如今，臺城已經是

「萬戶千門生野草」。而臺城柳，却「依舊煙籠十里堤」。這繁榮興茂的自然景色和荒涼破敗的歷史遺跡的鮮明對比，對於一個懷着亡國之憂的詩人來說，該是多麼觸目驚心！臺城柳並不管人間興亡，它照樣生長、繁茂，「煙籠十里堤」，故說它「無情」。說柳「無情」，正透露出詩人在目覩臺城柳色時所引起的無限興亡之感。

儘管詩人把自己的感觸寫得很虛、很含蓄，但聯繫他所處的那個時代，其實際內涵並不難體味。在農民起義打擊下，這時的唐王朝已經日薄西山，奄奄一息（據夏承燾《韋端己年譜》，本篇當作於僖宗光啓三年秋，但詩中寫景頗不似秋令，疑是中和三年春游江南時作）。詩人憑弔臺城古跡，回顧六朝舊事，免不了有今之視昔，亦猶後之視今之感。亡國的不祥預感，在寫這首詩時是纏繞在詩人心頭的。它沒有像一般的憑弔古跡的詩那樣，在弔古傷今中寓歷史教訓，而是流露出較濃重的傷感情緒，這固然和詩人的階級局限有關，也因爲當時唐王朝覆亡之勢已成，重演六朝悲劇已經不可避免。在注意分析詩中所流露的消極情緒的同時，對這首詩的從虛處傳神的藝術表現手法，仍然不妨予以借鑒。

（劉學鍇）

# 浣溪沙

韋　莊

夜夜相思更漏殘，傷心明月憑欄干。想君思我錦衾寒。　咫尺畫堂深似海，憶來唯把舊書看。幾時攜手入長安？

浣溪沙

這是一首懷人詞。

韋詞不同於溫（庭筠）詞，在於他化鏤金錯彩爲清雅疏淡，而在思清緒密的藝術構思上，則有其共同性。

本是我之懷人，詞的上片却不直寫，反從對面寫出，似直實曲，似淡實濃，起筆不凡。

由白晝之相思，進而黑夜之相思；不衹一夜相思，而說「夜夜相思」，無日無夜之相思；不衹一時之思，而是徹夜之思。由日到夜，由夜到明，極寫相思無盡，思情濃重。「夜夜」，言其思之長久；「更漏殘」，言其徹夜不寐。眼前孤燈，耳聽漏滴，心中更鼓，極寫人之煎熬。

樓內孤燈，天上明月，對月傷心，憑欄望遠，二句寫其盼歸之情。

徹夜相思，衹有天上明月可爲我作伴；衹有把一腔怨情訴之於明月，衹有夜夜的明月曉得我的孤苦，了解我的思情，爲我落下傷心熱淚。這是用移情法，化無情爲有情，明月與我爲一。高樓獨倚，憑欄遠眺，人在何處！

一句作靜態心理刻畫，一句作動態的外在描寫，從靜到動，從內心到外形，極寫其刻骨相思之情。

「想君思我錦衾寒」一句從思對方轉入設想對方思我，這是幻中又幻的筆勢。

詞本是我之懷人，却不寫我之懷念對方，反從對方懷念自己寫起，這是一幻筆，本應實而用虛筆；這句却在虛筆上又作虛幻的設想，不說自己深夜寒冷，反說想象對方會惦念我之寒冷，是用了三層轉進手法：不說我之思人，反說人之思己，是一轉進；不說對方思己，反說對方想象自己想對方，是二轉進；不說對方因我深夜憑欄而寒冷，反說想來對方會惦念我之寒冷，是三轉進。詞正是在這多層轉進的描寫中，抒發深沉的相思之情。這是由我之徹夜相思，而設想對方之徹夜思我；由我之對月傷心，而想及對方之望月傷情；並由我之關切對方之冷暖，而想及對方關心我之冷暖，進而想及對方想象我之關心對方之冷暖，柔情蜜意，無限深情，均在這多層轉進的藝術描寫之中了。這是一個藝術創造。唐人多用轉進手法，但多是單層轉進。如著名之杜甫《月夜》、李商隱《夜雨寄北》等詩，全從對面構思；這本是古典詩歌藝術構思上一大特徵。而這首詞的多層轉進的藝術構思，應是韋莊在前人基礎上的又一藝術創造。

下片轉入我之懷人，是正筆。

「咫尺畫堂深似海」一句寫人去樓空之感。「咫尺」本言極近，但咫尺天涯，咫尺路斷，天涯人遠；「畫堂深似海」可有二意：一說人去樓空，畫堂本咫尺（狹小），而今卻有深似海的空曠之感；一說我所思之人被封鎖在深似海的深宅大院之中，雖近在咫尺，卻不得見面。我認爲第一說近是。

人去樓空，衹有「舊書」陪伴自己。「舊書」，舊日的書信、唱和的詩詞。相別之後，一想到你，就拿起咱們二人往日的書信，讀了又讀。讀舊日書信，回憶舊日的戀情，沉醉在往日美好生活的回憶之中，這是目前唯一的慰藉了。說「唯有」，衹有此物，別無他物，書在如人在，衹有此物尚可作伴，他物則皆不放在心上了。覩物思人，正寫其癡心癡情。這些「舊書」，往日戀情的記錄，這往日戀情種種，都將不斷地在重看之時浮現在自己的眼前。但是，越是翻讀這些舊書，越會增加思情，越會沉湎在往日的戀情之中，這是憶中之憶。往日不再，失去的不再復返，人已離去，這些舊書衹會增加痛苦，加重心靈的負擔，增加思情的分量。

「幾時攜手入長安」一句收結，這是一句反詰，一句反問，一句理想。「幾時」，何時也。何時方得雙雙攜手，重回長安，過上幸福而安寧的生活，永不分離，永遠結束這令人斷腸的相思之情！「攜手」，是雙雙攜手，是團圓，是重逢。「長安」，家鄉所在地，這是詞人所衷心盼望達到的，但是「未老莫還鄉，還鄉須斷腸」。眼前是有人不得團圓，有家不得歸去；那麼幾時方得人兒團圓，有家可歸呢？問得急切，問得激越。詞在反詰中收結，正表現了詞人的生活理想，又表現了這種理想不得實現的憤激之情。從眼前的離別相思宕開，寄希望於將來，而將來也是不可知的、未可預料的。詞在這希望而又失望的複雜心理描寫中收得餘意不盡。

有人不得團圓是個人之悲；有家不得歸，又深化爲家國之悲了。這首詞從個人的生活不幸，進而透出家國之悲愁，使詞獲得了感情的深度，表現出較鮮明的個性特徵。

到了韋莊手中，詞這一新興的文學樣式顯示出表現極細微的心情意緒和多方面生活感受的藝術功能。

（張碧波）

# 菩薩蠻

韋　莊

紅樓別夜堪惆悵，香燈半掩流蘇帳。殘月出門時，美人和淚辭。　琵琶金翠羽，絃上黃鶯語。勸我早歸家，綠窗人似花。

韋莊的《菩薩蠻》詞，《花間集》共載五首，它們之間的內容有一定的關聯，都是圍繞是否歸家還鄉這個中心來寫的，反映了詞人飄泊江南時矛盾複雜的心情。這裏選錄的是其中的第一首。

起句「紅樓別夜堪惆悵」，「紅樓」是歌妓住的地方，不是指詞人的家。《花間集》中，「紅樓」一詞曾出現過四次，這首除外，韋莊又有《河傳》云：「玉鞭魂斷煙霞路，鶯鶯語，一望巫山雨。香塵隱映，遙見翠檻紅樓，黛眉愁！」毛文錫《甘州遍》云：「花蔽膝，玉銜頭，尋芳逐勝歡宴，絲竹不曾休。美人唱，揭調是甘州，醉紅樓。」又《戀情深》云：「滴滴銅壺寒漏咽，醉紅樓月。宴餘香殿會鴛衾，蕩春心。」這幾首詞所提到的「紅樓」，顯然都是指歌妓的住所。紅樓的遇合，轉眼已到別離之夜，而這別夜的惆悵是難以忍受的。下句「香燈半掩流蘇帳」，便寫的是這「別夜」的情形。「香燈」，是用香料製油點的燈，庾信《燈賦》

就有「香添燃蜜，氣雜燒蘭」的說法。「流蘇」，是以五彩絲線緝成的穗子，用來裝飾羅帳。王維《扶南曲》有「翠羽流蘇帳」之語。由「香燈」、「流蘇帳」可見閨閣的華麗、溫馨。然此句的意境還在「半掩」二字。「掩」，一作「卷」，兩者角度不同。「卷」是着眼於打開的一半，「掩」則着眼於遮蓋着的一半，用在這裏當然是「掩」字更好些。「半掩」置於「香燈」和「流蘇帳」之間，既可指燈光掩映，又可指流蘇帳半掩半卷；而燈光的半掩與流蘇帳的半掩又相互關聯，形成一種朦朧的氣氛，這正是一個互相傾訴衷曲的氣氛，足以引起離別的惆悵。

接下二句「殘月出門時，美人和淚辭」，是說黎明之時，詞人即將離開紅樓而去，美人流着眼淚和他話別。這裏的「美人」，指的是紅樓之人，而不是詞人的妻子。溫庭筠、歐陽炯、毛文錫等花間詞人亦多用「美人」，他們或是用來指歌妓，或是用來泛指美人，都沒有用來指自己妻子的。在唐詩中也是這樣。如高適《燕歌行》：「戰士軍前半死生，美人帳下猶歌舞」，這個「美人」顯然也是指隨軍的歌妓。

換頭句，「金翠羽」，是琵琶的飾物，在捍撥上，多用金翠色的鳳鳥圖案。李賀有詩云：「蟾蜍碾玉掛明弓，捍撥裝金打仙鳳」（《春懷引》）；牛嶠有詞云：「捍撥雙盤金鳳」（《西溪子》），可見在唐代，捍撥上用鳥作裝飾案是很常見的。「琵琶金翠羽」不僅形容琵琶的美形，也讓人聯想到琵琶的美聲。但這裏衹是一種暗示，下句「絃上黃鶯語」才是明喻。它是用黃鶯的鳴聲比喻琵琶的聲音。白居易《琵琶行》有「間關鶯語花底滑」句，韋詞正從此脫化出來。二句是說，美人撥弄琵琶，哀婉之音，猶如黃鶯語於絃上。

末二句「勸我早歸家，綠窗人似花」，是美人別時言語。「早歸家」，不是要詞人回到紅樓，而是要他回到自己的家。綠窗下似花的人，也不是指自己，而是指詞人的妻子。「勸我早歸家，綠窗人似花」，言外之意，綠窗下的人比我更美，你還是把我忘掉吧。美人果眞是這樣想的嗎？顯然不是，不然爲什麼要「和淚辭」呢？這話是反說。這樣說，表現了美人自悲、自謙、自怨、自艾的心理，更加顯出美人離別的悲痛。

前人在評價韋莊詞時，常把他同溫庭筠作比較。如周濟《介存齋論詞雜著》說：「詞有高下之別：有輕重之別。飛卿下語鎮紙，端己揭響入雲，可謂極兩者之能事。」王國維《人間詞話》說：「『畫屏金鷓鴣』，飛卿語也，其詞品似之；『絃上黃鶯語』，端己語也，其詞品亦似之。」這些評價大體說出溫、韋詞的不同風格。溫庭筠的《菩薩蠻》（玉樓明月長相憶）與韋莊此詞內容相近，風格各異，兩相比較，是很有意思的。

（袁行霈）

## 菩薩蠻

韋莊

人人盡說江南好，游人衹合江南老。春水碧於天，畫船聽雨眠。　壚邊人似月，皓腕凝霜雪。未老莫還鄉，還鄉須斷腸。

詩人《菩薩蠻》詞共五首，極負盛名。張竇《詞選》云：「此五章一氣流轉，語意連貫，選家每任意割裂，殊有不妥。」此說不無道理，但限於篇幅和本書體例，我們衹能「嘗鼎一臠」。這一首，是原第二首。詞中描寫了江南水鄉的風光美和人物美，表現了詩人對江南水鄉的依戀之情，也抒發了詩人飄泊難歸的愁苦之感。

開首兩句抒情：「人人盡說江南好，遊人衹合江南老。」起句開門見山，醒明題旨，並直貫全篇，妙在「江南好」先從他人之口——「人人盡說」道出。這一方面有坐實「江南好」的作用——大家都說「江南好」嘛，令人不能置疑。另一方面，還有大家勸留「遊人」即本詞的抒情主人公的意味，並隱然說明詩人意在回歸，不想久客江南。如果不是這樣，人們幹嘛總向他這個江南客子說「江南好」呢？第二句緊承起句而來。既然「江南好」，而且還是「人人盡說江南好」，那「遊人」即詩人自己，就「祇合」老於是鄉了。但是，且慢，這「祇合」二字，又分明透露出詩人飄泊難歸的苦衷。「祇合」是推想之詞，而不是必定如此之謂。可知詩人還是希望回到自己的故鄉的。不是嗎？「胡馬依北風，越鳥巢南枝。」鳥獸尙且知道戀鄉，何況是人呢！然而，從下文來看，回是回不去的，也就「祇合江南老」了。你看，起首兩句就萬轉千回，難怪陳廷焯說「韋端己詞，似直而紆，似達而鬱」（《白雨齋詞話》）了。

三、四兩句寫景，具體地展示出「江南好」的第一個方面的內容：風光美。第三句——「春水碧於天」，從總體方面落筆，不僅寫出了「春水」的特點，也寫出了詩人的獨特感受：到處是澄澈明淨的春水，碧藍碧藍的，簡直勝過那長空一碧的天色。這裏，由於引進了比體「天」，境界就顯得格外開闊起來，給人以天水一色、上下通明的感覺。第四句——「畫船聽雨眠」，從局部着墨，是一個近鏡頭，既寫出了江南水鄉的春雨聲韻，也反映出詩人的生活情趣。這兩句，一句一圖，景象宛然，眞切如見，字裏行間流露出詩人對江南水鄉的無限依戀之情。

下片前兩句仍承起句而來，寫人，具體地展示出「江南好」的另一方面的內容：人物美。上句「壚邊人似月」，寫酒家女子的容貌美，用明喻；下句「皓腕凝霜雪」，寫酒家女子的肌膚美，用暗喻。清代沈謙沈東江說：「白描不可近俗，修飾不得太文。」（《塡詞雜說》）這話自是個中人語。因爲，白描近俗則無味，修飾太文則失眞。詩人在這裏用的明喻也罷，暗喻也罷，都是通過人們常見而又可感的客觀事物的自然美來表現人物美。這種描寫，不僅把人物美具體化、形象化，從而也可感化了；同時，還能引起讀者的許多聯想，使讀者能够按照自己的生活經驗和審美觀點，去進一步加深對它的理解，甚至還會豐富它的內容。「此時模樣，算來是秋天月。」（《敦煌曲子詞·別仙子》）「鬢雲欲度香腮雪。」（溫庭筠《菩薩蠻·小山重疊金明滅》）月和雪到底怎麼美，讀者盡可以去馳騁自己的想象。另外，「皓腕凝霜雪」的「凝」字，用得非常貼切，有傳神入化之妙。設若換以他字，如「如」字，雖然仍能表現人的肌膚美，但却失去了詩的天然風韻。所以，這個

「凝」字，看似信手拈來，其實頗見功夫。

文學作品，總是通過個別反映一般。「壚邊」兩句寫的，雖然是酒家女子的美，但實際上，詩人所要揭示的却是整個江鄉的人物美，至少也是整個江鄉的女子美。

結拍兩句——「未老莫還鄉，還鄉須斷腸」，用聯珠辭格，以承作轉，又入抒情。這兩句表面上的意思是說：江南水鄉的風光和人物太美了！這麼美的風光和人物，一旦離而去之，怎麼不叫客居過江南的人，格外傷心呢！但是，骨子裏却還有另一層更深的意思。你看，詩人既已道出「還鄉」二字，足見他的故土之思未嘗或止；又說「未老莫還鄉」，則詩人決計老而還鄉，也就可想而知了，狐死首丘嘛。可是，爲什麼現在不能還鄉呢？因爲，「還鄉須斷腸」！這個「須」字說得如此斬釘截鐵，和上文的「衹合」二字恰成鮮明的對照。這裏還有一個問題，就是，「還鄉」爲什麼必定會「斷腸」呢？清代張惠言代爲回答了這個問題：「中原沸亂」（《詞選》卷一）。張氏評詞，雖不無穿鑿附會之處，但這裏却一語揭出結末兩句的潛臺詞。不是麼，詩人十數年飄泊江南，不能回歸，說到底，不正是因爲中原地區，江山多變，干戈不息嗎？所以，這最後兩句，骨子裏的意思還是飄泊難歸之痛。

這首詞寫得情眞意切，具有較強的藝術感染力。在謀篇布局上，這首詞上片開首兩句和下片結拍兩句抒情，中間四句寫景、寫人，這跟通常上片泛寫、下片專敘或上片側重寫景、下片側重抒情的結構法，自不相同，但同樣做到了內容和形式的統一。另外，中間四句寫景、寫人，純用白描手法，清新明麗，眞切可感；起結四句雖直抒胸臆，但也饒有蘊藉，不是一瀉無餘。

（張燕瑾　楊鍾賢）

# 女冠子二首

韋　莊

一

四月十七，正是去年今日。別君時。忍淚佯低面，含羞半斂眉。　不知魂已斷，空有夢相隨。除却天邊月，沒人知。

二

昨夜夜半，枕上分明夢見。語多時。依舊桃花面，頻低柳葉眉。　半羞還半喜，欲去又依依。覺來知是夢，不勝悲。

這兩首曲子歌辭是聯章體。聯章體，是以對答的形式，用兩首以上、同一曲調的歌辭演一個故事或說同一事件，有如相應對歌。「聯章」這個名目，唐人所無，但它所特有的形式確實存在，而且在敦煌歌辭中簡直比比皆是，約佔半數以上。如《鳳歸雲》（「幸因今日」、「兒家本是」）、《天仙子》（「燕語鶯啼」、「叵耐不知」）、《定風波》（「攻書學劍」、「征戰僂儸」）、《南歌子》（「斜倚朱簾立」、「自從君去後」）等等，都是寫得相當精彩的篇章。這種體裁淵源有自。楊憲益《零墨新箋》說過：「古代人每好以問答的方式傳下他們關於宇宙和人生的知識，因爲這樣較便於記憶；爲了更便於記憶，他們又採取歌謠的形式。在文化比較落後的地域，因了民衆知識的簡單，這種文學形式被保留下來，於是我們今日還有一問一答的苗瑤歌曲和《小放牛》一類的民歌，而《周書·太子晉》篇、《楚辭·天問》則是這種文學形式的最初記載。」宋代的鼓子詞如歐陽修詠潁州西湖景物的《採桑子》、趙令畤詠崔鶯鶯故事的《商調蝶戀花》之類以及元曲《小桃紅·百詠小春秋》等等，都是它的苗裔。其影響之深遠也就不待多說了。

《女冠子》二首，是韋莊詞中傳誦最廣的篇章。

據說，韋莊以才名寓蜀，爲蜀主王建所倚重。韋莊有寵姬，資質豔麗，兼擅詞翰。後爲王建以教內人（教坊妓女）爲詞，強奪而去。韋莊因此追念悒怏，作詞寄意（見楊湜《古今詞話》）。有人認爲，這兩首詞也爲追念寵姬而作（劉永濟《唐五代兩宋詞簡析》）。但據《新五代史·前蜀世家》的記載，「（王）建強起盜賊，而爲人多智詐，善待士」，似不致有此。楊湜所說，未必可靠。

這兩首詞應是追念舊歡之作，衹是本事已不能考實。

前一首，通過少女的夢境，追憶情侶分別的情景。上片狀情人相別，下片寫別後相思。

生離死別，是古代詩文中常見的主題之一。江淹《別賦》開宗明義，籠罩全篇的頭一句話就是「黯然銷魂者，唯別而已矣！」古往今來，多少詩人從不同的角度敍寫了生離死別在人們心靈上留下的難以愈合的創傷。情侶相別，尤爲難堪。唯其如此，印象特別深刻：「四月十七，正是去年今日。別君時。」離別已整整一年了，但仍記得那麼分明、準確、毫不含混。豈但日期，甚至連當時難舍難分、無語凝咽的場景，都還歷歷在目：「忍淚佯低面，含羞半斂眉。」這個特寫鏡頭，成功地再現了少女惆悵難言的別意。「忍淚」、「含羞」則是她含情脈脈而又強抑感情的逼眞寫照。單看上片，彷彿是一般回憶，哪知却是夢景。何以見得？且看過片，「不知魂已斷，空有夢相隨」，這裏「不知」、「空有」起到點醒上文的作用。情牽夢縈，一往情深，寫得眞切動人却又似乎毫不着力。結穴「除却天邊月，沒人知」，寫到夢醒後的怊悵自失，傾吐出久埋心底、無可告訴的情思，淒惋至極。整首詞寫夢中的幻影，從實處落筆而歸於空靈。

後一首不然。它與前一首女憶男恰恰相反，變換角度，寫男憶女。上片說由相思入夢，下片寫夢醒後的傷悲，一氣直下，明白曉暢。發端開門見山，正面提破，昭示讀者詞裏所寫是情侶相遇的夢境。「昨夜夜半，枕上分明夢見。語多時」，時間、地點十分具體，又在「夢見」前面綴以「分明」二字，緊挨着再是個「語多時」，眞切可見。然後，着意刻畫情侶夢中相聚的情態：「依舊桃花面，頻低柳葉眉。半羞還半喜，欲去又依依。」少女的體態風韻，躍然紙上；羞喜交並，「欲去又依依」，寥寥數語，却把綿綿情意勾畫得既貼切自然而又細膩傳神。把自己夢寐以求的美好生活通過夢境顯現出來，然後將夢境點破，兜底一翻，從而使理想和現實形成鮮明對照，利用反差以加深讀者的印象：這是詞家常用的手法。韋莊這首詞以「覺來知是夢，不勝悲」作結，正是爲了達到這樣的藝術效果。有人指責它過於直露，失之「意盡」。其實，暢發盡致乃是韋詞的特色。

韋莊五十九歲才中進士，生逢變故疊起的戰亂年代。由於長期過着「數米而炊，稱薪而爨」（《朝野僉載》，見《太平廣記》引）、窮困漂泊的生活，使他有機會接受民間文學的哺育，在詞的創作上取得了獨特的成就。他的詞以直抒胸臆、清俊疏朗見長，與溫庭筠詞之托物寄情、深美穠麗爭勝，迥乎異趣而又互不相掩。讀過這兩首詞，我們不難感受到他們之間的明顯差距。它們不失爲韋莊詞的代表作。

（黃進德）

# 詠田家

聶夷中

二月賣新絲，五月糶新穀。醫得眼前瘡，剜却心頭肉。我願君王心，化作光明燭；

不照綺羅筵，只照逃亡屋。

聶夷中，字坦之，河東（今山西省永濟縣）人，生於唐文宗開成二年（八三七），卒年不可考。唐懿宗咸通十二年（八七一）中進士後，滯留長安很久，才作華陰縣尉。

聶夷中「奮身草澤，備嘗辛楚」（《唐才子傳》），比較接近勞動人民，所以他對民間疾苦有一定的體會與同情；對豪門貴族驕橫淫逸則有所不滿。基於這一思想認識，他的詩歌往往較爲眞實地反映現實內容，揭露封建統治階級對農民的壓迫與剝削；而且形象豐滿，語言樸素生動，音調比較和諧自然。他的詩雖然留下不多，衹有三十七首，但都是內容相當充實，技巧比較成熟的作品。

唐末懿宗、僖宗年間，唐帝國已經處在苟延殘喘的狀態中。各種社會矛盾極其尖銳。政治的腐敗，土地的兼併，賦役的繁重，統治階級內部的分裂和鬥爭，使廣大人民陷入水深火熱之中。當時社會上最鮮明的對比是剝削階級田連阡陌，糧肉滿倉，鄉間小地主亦「積粟萬庾，馬牛無算」（于濆《富農詩序》），過着「所飽必稻粱，所衣必錦繡；居則邃宇，出則肥馬」（《唐書·孫樵傳》）的奢侈荒淫生活。而廣大勞動人民則貧困破產，無衣無食，到處流亡。階級矛盾發展到了極其尖銳、激化的程度，引起了多次農民起義。在這樣的時代裏，一些出身比較貧寒，或是出身於中小地主家庭，但在科舉上遭到挫折，在政治上始終不得志的知識分子，他們就往往比較清醒地正視現實，能或多或少地看到人民的疾苦，不滿豪貴們的驕奢淫逸，從而反映在他們的詩歌裏。皮日休、聶夷中、杜荀鶴等就是這類人物。而聶夷中的《詠田家》也就是反映了這樣的社會現實。

《詠田家》相當眞實地反映了唐末農民破產及其遭受慘重的剝削以至無法生存的普遍情況。

詩的開頭是：「二月賣新絲，五月糶新穀」。二月還沒有開始養蠶，五月稻子還沒揚花，可是貧苦的農民却不得不貶價預賣「絲」「穀」了。這說明了農民已窮到無法度日，死亡威脅着他們，使得他們不得不這樣做。這種不合理的社會現象，是封建社會裏所常有的，非獨唐末爲然。從前在農村裏的所謂「放禾花」、「青苗穀」，也就是如此。在青黃不接的時候，一些富豪就趁這機會，向貧苦農民「放禾花」，即壓低穀價，預先給你錢，等到你收割時就如數還穀給他。或采取「青苗穀」，即預先借你一籮穀，等到你收割時就還他兩籮。這樣，結果使得農民「收起鐮刀籮又空」。這兩句寫的是人們所常見的現象，但在它裏面卻飽含着農民的辛酸眼淚和無比痛苦。

其實，預賣「新絲」、「新穀」，雖能濟燃眉之急，但到頭來還是得飢餓的，正是：「醫得眼前瘡，剜却心頭肉。」爲了救得眼前的困難生活，農民不得不拿出一年的全部勞動果實。這一後果，農民是明明知道的，但他們還是要這樣做，正是由於他們當時生活已面臨絕境，在這死亡線上掙扎，才不得不出此一舉。這兩句可以說是在長期封建社會中農民極端貧困，生活毫無保障，死亡時在威脅的最形象、最深刻的概括。封建社會裏的階級剝削是那麼的殘酷，豪門貴族除了地租剝削外，還有這種種超經濟剝削，農民之所以窮困，確實是由於豪貴地主階級吸吮了他們的血液所致，是農民的血液養肥了地主階級，事情是多麼的明顯。

聶夷中能揭示這一社會現實，反映農民痛苦生活，表明了他世界觀中含有進步因素。但是如何解决這一矛盾呢？聶夷中把希望寄託在最高封建統治者的身上，他說：「我願君王心，化作光明燭；不照綺羅筵，祇照逃亡屋！」意思是說，我希望君王的心，能化成光明的蠟燭，不要照亮富貴人家，祇照亮逃亡的貧苦農家。「綺羅筵」，卽華美豐盛的筵席，這裏泛指富貴人家。事實上，聶夷中的這種幻想是不能實現的。封建君王在某些時候，也可以對貧苦農民施些小恩小惠，但他們畢竟是地主貴族階級利益的代表者，怎能「祇照逃亡屋」而「不照綺羅筵」呢？但正是從這裏可以明顯地看出作者對這現實的極端不滿——他對「逃亡屋」給以深厚的同情而對「綺羅筵」却是十分憎惡的。不然，就不會發出這種吶喊！作爲一個封建階級知識分子，敢於揭露封建剝削階級對人民的層層壓榨剝削，要統治者「不照綺羅筵，祇照逃亡屋」，是難能可貴的。詩中確實寫出了廣大農民的切身痛苦，說出了他們的心底話，所以向爲人們所傳誦，不是沒有原因的。

就藝術手法來說，這首詩和白居易的《新樂府》相類似。白居易在《新樂府》中喜愛直接表示自己意見，發揮議論。這首詩前四句是現實社會的描寫與揭露，後四句却轉入一番議論。作者之所以要這樣寫，有點近似胸中壘塊，不吐不快之勢。這在揭露封建統治階級方面，表現出單刀直入、毫不忌諱的勇敢精神。正因爲這樣，主題思想極其明確，容易爲讀者理解。

（鄭孟彤）

# 江陵愁望有寄

魚玄機

楓葉千枝復萬枝，江橋掩映暮帆遲。憶君心似西江水，日夜東流無歇時。

魚玄機是唐代著名的女詩人，字幼微，一字蕙蘭，長安（今陝西西安）人，約生於公元八四四年，卒於公元八七一年，雖衹活了二十多歲，但在人生短短的二十幾個春秋中，已經歷了過多的磨難，她做過士大夫李億的小妾，因不堪李億的冷酷無情而出家，在長安咸宜觀成爲道士，後竟獲罪於京兆尹溫璋並爲其所殺，才高壽短，紅顏薄命，她的身世，足以引起人們無限的憐憫。

「楓葉千枝復萬枝」，詩人寫人先寫帆，寫帆先寫水，寫水先寫水邊景物，於是，「楓葉」便是最好的陪襯和點綴。楓，常常長在曲岸水邊，古人詠江詠水，常常詠及楓樹，唐人張繼的「江楓漁火對愁眠」（《楓橋夜泊》），李白的「明朝掛帆去，楓葉落紛紛」（《夜泊牛渚懷古》）都是著名的例子。寫楓葉，「千枝」、「萬枝」兩個約數之間，加上一個「復」，看上去衹是數量詞簡單的重複，然而，如同素描，淡淡一筆，重重疊疊樹，千千萬萬枝，一望無際的江楓已被詩人勾勒出來。

排排楓樹，隔在人與大江之間，詩人從江邊楓樹落筆，不僅概括出江陵秋色，更從「千枝」、「萬枝」

江陵愁望有寄

的重疊中，透露出詩人等人時那種單調、無聊而又焦急的心理狀態。辛棄疾《定風波》中「萬萬千千恨，前前後後山、傍人道我轎兒寬，不道被他遮得望伊難」所表達的，正是這種單調無聊的心情。

第二句，「江橋掩映暮帆遲」，詩人的筆開始從楓葉向其他景物轉移過渡，「江橋掩映」，其實是「楓葉與江橋互相掩映」的意思，但由於第一句已經寫足了楓樹，故第二句便省略不提，衹用「掩映」二字帶過，但江橋邊楓樹枝幹交柯的姿影，仍閉目可以想見。畫面上已有楓、有橋、有水，於是詩人著筆於「帆」了。「暮帆遲」三字，可以說是整首詩的中心所在。歸帆既「暮」且「遲」，這正是詩題「江陵愁望」的原因；從結構上看，它既下啓後面流水兩句，把詩人的感情推向高潮；本身又是前兩句景物、氣氛的渲染和歸結。引起人們聯想，增添畫面詩意。由楓樹、小橋、暮帆三者構成的這幅江鄉圖，不是最簡括也是最豐富，最具代表性，也最富於詩意的嗎？《全唐詩》中，詩人傳世的詩作並不多，其中《過鄂州》詩云：「柳拂蘭橈花滿枝，石城城下暮帆遲」，又是用「暮帆遲」一例，「遲」與「暮」連在一起，濃濃的遲暮之感，固然是詩人的自傷自憐，而却也引起讀者一種淡淡的惆悵和對女主人公命運的深切同情。

暮帆遲遲，鳥飛不到，衹有楓林江橋在夕陽餘輝的照射下顯出一片靜穆，閃着波光的江水正粼粼地一刻也不停地向東流去，詩人感到，自己的脈脈情懷不正像眼前日夜東流、永不停歇的西江水嗎？於是，詩的後兩句順勢流出：「憶君心似西江水，日夜東流無歇時。」

古代交通，水陸兩路，尤以水路交通爲發達，因此，别離、相逢常在江岸水邊。「送君南浦，傷如之何！」（江淹《别賦》）「天際識歸舟，雲中辨江樹。」（謝朓《之宣城出新林浦向板橋》）因此，古代詩人常常喜歡把相思閒愁與流水聯繫起來。流水是眼前之景，愁思是心中之情；流水是具體事物，愁思是抽象感情。取眼前之景喻心中之情，以具體説明抽象，以流水寄託相思便自然妥貼，鮮明生動，容易爲人們所接受。

羅大經《鶴林玉露》云：「有以水喻愁者，李頎（應爲李羣玉）云『請量東海水，看取淺深愁』；李後主云『問君能有幾多愁？恰似一江春水向東流』。」其實，以流水喻愁思可以有許多不同的比喻法。流水給人往往有流量、深度、長度、無窮無盡、不捨晝夜等不同側面。李羣玉從水的深度着眼，以深不可測的「東海水」喻愁思之深；李後主從水的流量出發，以「一江春水」喻愁思之多；李白的「請君試問東流水，別意與之誰短長」從水的長度落筆，以東流水綿延不絕喻愁思別意之長；劉禹錫的「花紅易衰似郎意，水流無限似儂愁」從水的無窮無盡着想，以「蜀江水」之無限喻「儂愁」之無限。而魚玄機這首詩既沒有從水的深度、長度上設喻，也沒有從水的限度和流量上着筆，而是抓住流水不捨晝夜，日夜東流的時間特徵，以水流永不停歇比喻愁思永不休止，以永恆比永恆，給人相思綿綿無絕期的藝術效果。加上水的流動兼暗示心緒不寧，水流遠方給人以所思伊人「在水一方」的杳杳之思，內蘊就更大，藝術上也就更深摯感人。

魚玄機是封建士大夫的小妾，又是一個女詩人。作爲小妾，她處在一種低賤的被侮辱被蹂躪的地位，弱小、任人欺凌，過着「枕上潛垂淚，花間暗斷腸」（魚玄機《寄李億員外》）的痛苦生活，對以男性爲中心的社會和婦女受欺壓的地位有較清醒的認識；作爲詩人，花一般的青春和勃發的才情使她不甘寂寞，於是她渴望愛人更渴望被人愛，對自由平等的愛情有着朦朦朧朧的憧憬和嚮往。求而未得，一腔哀怨詩中傾；寂寞難遣，寸心衹有素箋知。寫下了「易求無價寶，難得有情郎」（《寄李億員外》）的著名詩句，喊出了處於翫物地位的封建社會婦女嚮往愛情的迫切而正義的呼聲。然而，在封建社會特定的歷史條件下，她的追求破滅，抗爭失敗了。在《江陵愁望有寄》詩中，女詩人的形象，正如江橋楓葉掩映下的一片遲遲的暮帆，載着這個逝去了的悲劇。

我們初讀這首詩，往往一下子被彌漫在詩中堅貞執著的懷遠氛圍所感染，繼而也許會注意到詩中表達感情時細膩委婉、一往情深的特點。但是，如果我們清楚地了解了女詩人的身世遭遇，我們就會加深對這首詩的理解，深切體會到這首詩的內在感情，決非一般採風詩人矯揉造作的篇什可以比擬。

（曹　旭）

# 新沙

陸龜蒙

渤澥聲中漲小堤，官家知後海鷗知。蓬萊有路教人到，亦應年年稅紫芝。

唐代末期，政治腐敗，賦斂苛重，階級矛盾尖銳，封建統治危機嚴重。一些不滿現實政治、同情人民疾苦的封建文人，寫了不少犀利潑辣的政治諷刺小品和諷刺詩。陸龜蒙和羅隱，便是兼擅諷刺小品與諷刺詩的能手。

這首《新沙》所反映的是當時尖銳的社會政治問題——統治集團對農民敲骨吸髓的賦稅剝削（唐末農民大起義的直接導火線之一就是苛稅），但取材和表現手法都不落窠臼。詩人不去寫官府對通都大邑、良田膏沃之地的重賦苛斂，也不去寫官府對普通貧苦農民的殘酷壓榨，而是選取了渤海邊上新淤積起來的一片沙荒地作爲描寫對象（渤澥，即渤海）。詩的開頭一句，描繪的是這樣一幅圖景：海潮不斷衝向海岸，又不斷退回大海。在循環往復、經年累月的漲潮落潮聲中，渤海岸邊逐漸淤壘起了一線沙堤，堤內形成了一片沙荒地。這短短七個字，反映的是一個長期、緩慢而不易察覺到的大自然的變化過程。這裏的慢，與下句的快，這裏的難以察覺與下句的明察秋毫，形成了鮮明的對照，使詩的諷刺意味特別強烈。

海鷗一直在大海上飛翔盤旋，對海邊的情況是最熟悉的。這塊新沙地的最早發現者照理說必然是海鷗。然而海鷗的眼睛却敵不過貪婪地注視着一切新的剝削機會的「官家」，他們竟搶在海鷗前面發現了這片新沙。

新沙

這當然是極度的誇張。在實際生活中，不要説「官家知後海鷗知」的情況不會有，就是「海鷗知後官家知」的情況也不大可能出現。那麼，這誇張是否有些失實呢？不。諷刺的生命是眞實。衡量藝術作品中的誇張是否成功，關鍵在於它是否反映了對象的本質。在深刻揭露官家敲骨吸髓、無孔不入、隨時隨地都在盤算着增加剝削收入的貪婪本性這一點上，這種誇張正是高度的藝術眞實。「海客無心隨白鷗」，海鷗雖然一直在海上盤旋，但它看慣了潮起潮落，對新沙之類的自然物是無心的；而「官家」呢，却做夢時也睜着貪婪的眼睛，是有意的。正因爲這樣，貪婪的本性所產生的對剝削機會的敏感，自然使海鷗望塵莫及了。這誇張既匪夷所思，又那樣合乎情理。它的幽默之處還在於：當官府第一個發現新沙，並打算宣布對它的所有權，以便榨取賦税時，這塊新沙還是人迹未到的不毛的斥鹵之地呢。連剝削對象都還不存在，就響起榨取賦税的如意算盤，這彷佛很可笑。但對官家本質的揭露，却又何等深刻！

一個歌唱家一開始就「高唱入雲」，是很危險的。因爲再扶搖直上，就會撕裂聲帶。這首詩的第二句，誇張已到極度，如下面仍用此法揭露官家剝削本性，是很不容易的。詩人沒有迴避藝術上的困難，但也不採取撕裂聲帶的笨法，而是把誇張與假設推想之辭結合起來，翻空出奇，更上一層。

「蓬萊有路教人到，亦應年年税紫芝。」蓬萊仙境，傳説有紫色的靈芝，服之可以長生。在常人眼裏，蓬萊是神仙樂園，不受塵世一切約束，包括賦税的苛擾。那裏的紫芝，自然也可任憑仙家受用，無須納賦和進貢。但在詩人看來，這些都不過是天眞的幻想，蓬萊仙境之所以還沒有税吏的足跡，僅僅是由於煙濤微茫，仙凡路隔，如果有路讓人能到，那麼官家想必年年要收那裏的紫芝税呢。

這種假設推想，顯然都是不可能有的事。別説什麼「税紫芝」、「蓬萊有路」，連蓬萊本身就屬子虛烏有。但這設想却反映了本質的眞實：官家搜刮的觸鬚無處不到。這彷佛是對善良人們「樂土」幻想的一種善意嘲諷。《詩・魏風・碩鼠》的作者嚮往過沒有「碩鼠」的「樂土」，陶淵明也虛構了「秋熟靡王税」的人間仙境——桃花源。詩人毫不留情地撕破了這種幻想。「普天之下，莫非王土；率土之濱，莫非王臣」，蓬萊仙境，也不是化外之境，衹要有路可到，就要年年徵税。衹要辦得到，他們會把天上、地下、六合之內的一切地方都列入賦斂範圍。杜荀鶴《山中寡婦》說：「任是深山更深處，也應無計避徵徭！」所表達的實際內容和「蓬萊」二句完全相同，但就藝術效果而論，陸詩顯然更爲強烈。原因之一，就在於杜荀鶴的那兩句詩僅止於事實的敍述和一般的議論，而陸詩則以高度的誇張更深刻地揭示了官府的本質。

這裏還有一個諷刺藝術問題。高度的誇張、尖刻的諷刺，在這裏是用近乎開翫笑的幽默口吻表達出來的，話說得輕鬆、平淡，彷佛事情本就如此，毫不足怪。這一點不減弱它的藝術力量，相反地，人們倒是從這裏感受到了一種看透了諷刺對象的醜惡本質而無限鄙視的精神力量。把「紫芝」和「稅」聯繫起來，是滑稽可笑的。但人們在笑的同時却意識到了一個嚴酷的事實：人間天上，都沒有任何樂土。在階級鬥爭白熱化的時代，對現實持清醒態度的人，才能說出這種打通後壁的話。不管作者主觀意圖如何，它是有利於被剝削者丟掉幻想的。

（劉學鍇）

# 野廟碑

陸龜蒙

碑者，悲也。古者懸而窆，用木。後人書之，以表其功德，因留之不忍去，碑之名由是而得。自秦漢以降，生而有功德政事者，亦碑之，而又易之以石，失其稱矣。余之碑野廟也，非有政事功德可紀，直悲夫甿竭其力，以奉無名之土木而已矣。

甌、越間好事鬼，山椒水濱多淫祀。其廟貌有雄而毅、黝而碩者，則曰將軍；有溫而願、皙而少者，則曰某郎；有媼而尊嚴者，則曰姥；有婦而容豔者，則曰姑。其居處，則敞之以庭堂，峻之以陛級，左右老木，攢植森拱，蘿蔦翳於上，鴟鴞室其間，車馬徒隸，叢雜怪狀。甿作之，甿怖之。大者椎牛，次者擊豕，小者不下犬鷄；魚菽之薦，牲酒之奠，缺於家可也，缺於神不可也。一日懈怠，禍亦隨作，耋孺畜牧慄慄然。疾病死喪，甿不曰適丁其時耶！而自惑其生，悉歸之於神。

雖然，若以古言之則戾，以今言之，則庶乎神之不足過也。何者？豈不以生能禦大災，捍大患，其死也則血食於生人。無名之土木，不當與禦災捍患者爲比，是戾於古也明矣。今之雄毅而碩者有之，溫願而少者有之，升階級、坐堂筵、耳絃匏、口粱肉，載車馬、擁徒隸者皆是也。解民之懸，清民之暍，未嘗貯於胸中。民之當奉者，一日懈怠，則發悍吏，肆淫刑，毆之以就事，較神之禍福，孰爲輕重哉？平居無事，指爲賢良，一旦有大夫之憂，當報國之日，則佪撓脆怯，顛躓竄踣，乞爲囚虜之不暇。此乃纓弁言語之土木耳，又何責其真土木耶！故曰：以今言之，則庶乎神之不足過也。

既而爲詩，以亂其末：土木其形，竊吾民之酒牲，固無以名；土木其智，竊吾君之祿位，如何可儀！祿位頎頎，酒牲甚微，神之饗也，孰云其非！視吾之碑，知斯文之孔悲！

任何一個封建王朝，在它行將崩潰滅亡時，其吏治都腐敗到極點。晚唐亦不例外。當時的貪官污吏爲了媚侍上級，爲了自身享受與升官發財，常常不惜以一切手段對老百姓進行壓榨與剝削。杜荀鶴《山中寡婦》有句云「任是深山最深處，也應無計避徵徭」，人民想逃也無法逃避。而贓官暴吏的職責，便在「督賦」、「督役」、「擒盜」、「饋給往來權勢」（孫樵《書何易于》），此外則是「當愁醉醲，當饑飽鮮，囊帛櫝金，笑與秩終」（孫樵《書褒城驛壁》）。經過「考校」之後，便會加上以「生靈血染成」的朱紱。要是看看他們的

野廟碑

儀表，則是「秀其外，類有文也；嘿其中，類有德也；不朋而遊，類潔也；無嗜而食，類廉也」（陸龜蒙《蠹化》）。好像風度翩翩，道貌岸然，其實是「纓弁外飾，悔吝中積，簡棄信行，附比兇德，仁澤乾枯，義路塡塞」（陸龜蒙《登高文》）的腐敗昏暴、寡廉鮮恥的官僚。也許陸龜蒙正是在晚唐現實生活中，見慣了這樣的官吏，才使他有所據而不實指地構思了《野廟碑》這篇小品文。

《野廟碑》選自《笠澤叢書・雜著》。它並非爲野廟寫碑文敍其建廟緣由，也不是述其福佑生靈的功德，而是借題發揮，假批判迷信舊習，巧妙地嘲罵當時腐朽昏暴的官吏，揭露大大小小貪贓枉法官僚的醜惡嘴臉和骯髒靈魂，而且認爲「纓弁言語之土木」比供奉在野廟中的「無名土木」更爲殘暴。

全文共分四個部分：第一部分敍述碑的來歷，以及爲野廟寫碑文的用意。追述碑的來歷，不過是借此言彼，引出下文。作者借「碑」言「悲」，不僅僅「直悲夫甿竭其力，以奉無名之土木」，還有其「孔悲」之深意。他巧妙地用「悲」字諧音釋義，用它開頭，用它結尾，更以這種情感籠罩全文，表達了作者對人民的同情。

第二部分承上文「甿竭其力以奉無名之土木」，描寫甌越一帶農民迷信鬼神的情況。作者用「淫祀」二字來表達批判意思。在補敍衆多「廟貌」之後，將這些泥木偶像置於恐怖陰森的環境氣氛之中，使「甿作之，甿怖之」，揭示了農民的愚昧思想，微帶諷刺。接着由一「怖」字生發開去，寫農民盡家之所有，以供奉土木酒牲，並且寧可不祭祀祖先，也不能缺少於神。一旦疏忽，彷佛災禍也隨之而來，老少畏懼，鷄犬不寧。生動地寫出了農民迫於神威，受神權迷信的毒害。最後用「不曰適丁其時」的思想批判了農民的迷信舊俗。在這裏作者筆鋒不很尖銳，而是懷着同情心去批判「甌越間好事鬼」的。從內容上說，農民之所以迷信，純粹是深受蒙蔽和愚弄，他們「淫祀」，祇不過是求個豐收安寧的日子，故作者必須掌握諷刺的分寸。從文章結構來說，這一部分不是主體，而是陪襯，之所以鋪敍「廟貌」、環境氣氛、「酒牲之奠」等等，都不過是爲了對下一部分作映襯、對比。

第三部分是全文的主體。上面那種「淫祀」之風，自然是荒謬的事。但由於時間不同，有更不合理之事出現，相形之下，它就算不得違悖事理了。作者依循這一道理用古與今對比，推衍出今之「纓弁言語之土木」的醜惡形象和靈魂。在這裏還得分清「生能禦大災，捍大患，其死也則血食於生人」，對人民有功，受人民紀念的人，和「無名土木」是完全不同的，不能相提並論。如果混淆了二者的界限，那是明顯地不合古之道理。從今的情況來說，對無名土木也許不值得責怪，而對「纓弁言語之土木」就另當別論了。因此這一部分重點描繪了現實中的土木偶像，並且是與第二部分對比着描寫的。也寫它們有各種「廟貌」，也寫它們「升階級、坐堂筵」，也寫它們「載車馬、擁徒隸」，也寫它們對百姓「一日懈怠」了供奉，便大逞淫威。但畢竟一切「纓弁言語之土木」要狠毒得多。它們對民之倒懸，漠不關心；對民之「懈怠」，却「發悍吏，肆淫刑，毆之以就事」，這就不是禍及於身，而是禍及於家，甚而禍及於國。平時「指爲賢良」，「秀其外」，「黑其中」類有文有德，其實是「纓弁外飾，悔咎中積」。一旦國家有事，其醜惡原形便暴露無遺了。它們遇事慌亂退縮、怯懦屈服；遇敵狼狽奔逃、跌跌撞撞，乞求做俘虜還恐來不及。眞是描寫得淋漓盡致。就禍福於民權衡輕重，無名土木遠不如「纓弁言語之土木」之爲害。

第四部分總結全文。既，盡也。文章寫完了又寫了一首詩，用作文章最後的結束。「亂」是樂章末後收尾部分，這裏作爲動詞，意思是用「亂詞」來作結尾。詩的內容概括並點明全文主旨，作者仍然是用對比手法來總結的。「土木其形，竊吾民之酒牲」，與「土木其智，竊吾君之祿位」對比。同爲盜竊，一個「甚微」，一個「頎頎」，孰輕孰重，自然十分明白。作者「孔悲」的是什麼，也就不用說了。「視吾之碑，知斯文之孔悲！」正與「碑者，悲也」的開頭相照應。

這篇小品文面對晚唐腐敗黑暗的現實，極盡嬉笑怒罵之能事，把當時大大小小腐朽昏暴的貪官污吏概括爲「纓弁言語之土木」，既形象、傳神，又辛辣犀利，眞不愧爲「一塌糊塗的泥塘裏的光彩和鋒芒。」（魯迅：《小品文的危機》）

（蔡秀華　廖士傑）

# 山中寡婦

杜荀鶴

夫因兵死守蓬茅，麻苧衣衫鬢髮焦。桑柘廢來猶納税，田園荒盡尚徵苗。时挑野菜和根煮，旋斫生柴帶葉燒。任是深山更深處，也應無計避徵徭。

中國古代反映社會面貌的詩篇，從寫法上看一般可分成兩類。一類是從大處落筆，較全面地揭示社會矛盾。如杜甫的《赴奉先詠懷五百字》、《北征》，將「安史之亂」時期動蕩的社會面貌、凋敝不堪的民生，一一呈現在人們面前，眞不愧爲一代「詩史」。另一類則從小處着墨，通過具體的事例，以小見大。這方面的例子就更多了，杜荀鶴的《山中寡婦》便是其中的一篇名作。

《山中寡婦》描寫的是逃亡山中的一個寡婦的苦難生活。如果把唐末社會比作一個大舞臺，它所寫的祇是這舞臺上極不顯眼的一角。當時，黃巢農民起義已被殘酷鎮壓下去，封建階級彈冠相慶未久，內部各集團爲了爭奪權益，又開始了豺狼般的厮殺。「九土如今盡用兵」、「四海十年人殺盡」，這個「山中寡婦」的丈夫也是慘死於這場禍亂的千千萬萬無辜者中的一個。「夫因兵死守蓬茅」，詩落筆卽扣緊題中「寡婦」兩字，在交代她守寡原因的同時，概括而又頗形象地表現了她凄苦的心情和孤獨無倚的生活。起句寫得雖很平實，但却能給讀者對當時的社會面貌和「寡婦」的不幸遭遇留下豐富的思索餘地。

次句轉入正面描寫「寡婦」的形象。一個人的外形，最引人注目的自然是衣衫和頭髮。故而儘管着墨無多，衹寫到低劣的麻布衣服、頭髮已變得焦黃。但已足以由此而使人明白她一定長久忍受着生活的煎熬，聯想到她操持農活、日曬雨淋，爲生存而掙扎着的苦難生活。

三、四兩句點明寡婦爲什麽忍心離開了自己的家園。由於軍閥戰亂，可愛的家鄉變成了一片荒蕪不毛之地。「桑柘廢來」、「田園荒盡」，正是軍閥混戰造成的惡果。柘，亦名黄桑，其葉像桑樹一樣可供蠶食用，因而「桑柘」一詞古來常用來指代養蠶業。這裏上句的稅指絲稅，下句的苗指田賦。農村早已如此凋敝，可是封建階級却還在不遺餘力地搜刮，詩人用了一個「猶」字、一個「尚」字，突出了封建階級完全不顧勞動人民死活，盤剥聚斂、敲髓吮血的豺狼本性；也告訴了讀者，這個「寡婦」之所以忍痛背井離鄉、孤零零地避入人煙稀少的荒山叢嶺，乃是爲了躲避兇猛更甚於猛虎的苛政啊！

那末，這位「寡婦」眼下又是如何在這窮山老嶺中維持生計的呢？接着兩句就是具體地描述她目前的生活狀況。她靠挖掘野菜充饑度日，而且將菜根也混在一起煮食，捨不得丢棄；她燒火所用都是臨時砍下來的「生柴」，忙碌得連上面的枝葉也未曾去掉就匆匆入爐灶。古代農村，食物、柴火是最起碼的生活必需品。這裏，詩人不僅從食、柴兩方面來寫出她生活的艱辛困苦，更通過「和根煮」、「帶葉燒」的細節，進一步强調了她艱辛困苦的程度。至此，這位「寡婦」在極端貧困中掙扎以求生存的慘況，已得到了充分的表現。可以看出，詩人對這位貧困婦女寄予了深深的同情；雖然他並没有把這種同情直接明説，而是讓它滲透在對寡婦不幸遭際和苦難生活敍述的字裏行間，但因此却也産生了更加感人的藝術感染力。

但是，如果詩篇僅僅是寫對一個山區婦女的同情，它的意義還是有限的，事實上詩人也没有這樣做。詩人慧眼之所以刻畫這一典型，更有他的深意；這深意便隱藏在詩最後兩句詩人發出的深深感喟之中：「任是深山更深處，也應無計避徵徭」。前面已提到，「寡婦」逃避入山，正是爲了躲避壓得人無法喘息的賦稅，然而，即使迫不得已逃到了「深山更深處」，封建階級的魔影依然如影隨形，追蹤而至。試問，在這種情況下民衆還有什麽出路呢？這裏，「任是……也應……」的句式用得恰到好處，既寫出了處於封建壓榨下勞動人民不可避免的悲慘命運，更是對封建階級的嚴正譴責，從而達到了「以小見大」，通過描寫「山中寡婦」的生活，把人們的視線引向更廣闊的苦難社會的創作目的。正是由於這最後兩句，詩的主題從同情民衆升華爲對封建剝削階級的揭露和批判。

這首詩是一首七言律詩。古代詩人以下層民衆生活爲題材的作品，經常使用樂府古體，但杜荀鶴却别出機杼，擅長用七律來反映。像此詩不用典故，不加雕琢，純用白描，加上一些虛詞如「猶」、「尚」、「任是」、「也應」等等運用得當，讀來眞如口語一般。詩的結構也很嚴密。前六句主要就題中「寡婦」兩字落墨，後兩句則更照應了「山中」兩字。王安石評唐張籍、王建樂府詩云：「看似尋常最奇崛，成如容易却艱辛。」於此詩也可作如是觀。

（王國安）

# 再經胡城縣

杜荀鶴

去歲曾經此縣城，縣民無口不寃聲。今來縣宰加朱紱，便是生靈血染成。

「詩旨未能忘救物。」（杜荀鶴《自敍》）這種把詩歌創作與拯救社會蒼生結合起來的現實主義的文學主張，使得唐末著名詩人杜荀鶴能够寫出《再經胡城縣》這樣的傑出作品。

杜荀鶴（八四六—九〇七），字彦之，號九華山人，池州石埭（今安徽省石埭縣）人。他出身在貧寒的家庭裏，經歷過困苦的生活。他曾經稱自己是「天地最窮人」。儘管如此，他却有自己的遠大抱負。他說道：「男兒出門志，不獨爲身謀。」（《秋宿山館》）還說：「共有人間事，須懷濟物情。」（《與友對酒飲》）爲了實現自己的理想，他和當時的許多讀書人一樣，日夜苦讀，屢試文場，遍訪公卿，到處奔走。然而，在他所生活的年代裏，科舉考試的風氣已經敗壞，倘若沒有在朝爲官的人做後臺，要想及第是很不容易的。杜荀鶴「空有篇章傳海內，更無親族在朝中」，因此屢試不第，等到他考取進士時，他已是四十六歲的人了。

杜荀鶴生活在動亂的年代裏，農民起義被殘酷鎮壓，藩鎮割據，內戰疊起，州縣自相侵奪，往往用屠殺人民來冒領軍功，人民生活在水深火熱之中。由於出身寒微，再加上長期爲追逐功名而到處奔波，經常出沒於兵荒馬亂之中，詩人有機會看到廣大人民的痛苦和封建官吏的兇殘，在現實主義詩歌傳統影響下，詩人在自己的詩作中，廣泛記錄了唐末社會的黑暗現實，詩中體現了詩人對受苦受難的人民大衆的極大同情以及對濫殺無辜的封建官吏的切齒痛恨。《再經胡城縣》就是這些作品中最優秀的一篇。

《再經胡城縣》通過詩人兩次路過胡城縣時的所見所聞，控訴了胡城縣官大量屠殺人民反而受獎升官的罪惡，揭露了唐朝末期封建統治階級的腐朽本質。在這首詩中，作者採用了虛實結合的寫法。「去歲曾經此縣城，縣民無口不冤聲。」詩人去年曾經路過這座縣城，一路上所接觸到的百姓，沒有不口吐冤聲的。在這裏，詩人實寫百姓而虛寫縣官，儘管詩中沒有直接寫出那些狠毒的官吏對老百姓的盤剝壓榨、濫捕濫殺，但百姓衆口一詞的喊冤之聲，已經是對縣官以及大大小小的官吏們的有力控訴。「今來縣宰加朱紱，便是生靈血染成。」「縣宰」，即縣官。「朱紱」，古代封建官僚所穿的紅色公服。「生靈」，一作「蒼生」，都是指百姓。如今詩人第二次路過胡城縣，想起去年路過此地時所聽到的遍地哀聲，滿心希望能有清官上任以拯救蒼生。哪知道事實恰恰相反，那位濫殺無辜的縣官却因鎮壓有功而加官晉爵，穿上了四、五品官才有資格穿的紅色公服，那公服上的鮮紅的顏色，正是成千上萬無辜百姓的鮮血染成的啊！在這裏，詩人實寫縣官而虛寫百姓，除了前後銜接、避免重複以外，還有更深的一層含義，那就是：如果說去年詩人至此，尚能聽到遍地哀聲的話，這次詩人再來，却祇能看到縣官的飛黃騰達，已聽不到百姓的喊冤之聲了。昔日喊冤之人，很多已做了刀下之鬼，那些還活着的，也衹能閉口緘言，寃往肚中咽。後兩句，詩人有意將縣官朱紱的紅色和百姓鮮血的紅色加以對照，啓發讀者的聯想，取得強烈的藝術效果。而詩人的憤怒譴責，也在這種對比中流露了出來。

通過對比揭露統治者的罪惡，前人已多有佳句。盛唐詩人高適，曾以「戰士軍前半死生，美人帳下猶歌舞」的對比描寫，反映了邊塞軍中將士生活的苦樂不平，揭露了將帥生活的腐朽；而唐代最偉大的詩人杜甫更以他那「朱門酒肉臭，路有凍死骨」的名句，反映出了封建社會貧富懸殊的矛盾。如果說，前人對這種不平現象僅僅限於暴露，那麼，杜荀鶴的《再經胡城縣》詩則更進了一步。在這首詩中，詩人通過對比，揭露了反動統治階級的本質：在腐朽的封建王朝末期，有志之士的滿腹才華難以施展，而那些善於盤剝壓榨百姓、奉迎討好上司的貪官污吏却能得以提升。那些貪官污吏兩手沾滿人民大衆的鮮血，他們升官晉爵之日，正是百姓家破人亡之時。

杜荀鶴的這首詩描寫眞實，情感沉痛，傾向性鮮明，深刻反映了唐末黑暗的社會現實，繼承了杜甫、白居易的現實主義精神和新樂府的傳統。這首詩在語言上通俗流暢，不用典故，不堆砌詞藻，一看卽懂。杜荀鶴的《再經胡城縣》一詩，在唐末詩歌中是較有光彩的。

（劉德聯）

# 貧　女

秦韜玉

蓬門未識綺羅香，擬託良媒亦自傷。誰愛風流高格調，共憐時世儉梳妝。敢將十指

# 貧女

誇鍼巧，不把雙眉鬥畫長。苦恨年年壓金綫，爲他人作嫁衣裳。

秦韜玉是晚唐著名詩人。他「少有詞藻，工歌吟」，其詩「恬和瀏亮」（《唐才子傳》卷九）。這首七律是他的代表作。它質樸無華，委婉蘊藉，歷來爲人們所傳誦。

首聯中「蓬門」，即茅屋門，這裏是借代蓬門中的人。它既應「貧」字，又與「綺羅」成鮮明的對照，爲下面貧女的不平申訴作了鋪墊。「未識綺羅香」，是說她不曾穿過帶有香澤的綺羅衣裳。「擬托良媒亦自傷」，承上而來，是貧女內心的感傷。她爲什麼「自傷」呢？蓬門之女難嫁名門之家，或許使她傷感，但這似乎不是主要的；而她的高尚情操落落寡合，才是感傷的眞正原因。所以，一「傷」字開啓了全篇。

頷聯，因情感發展的需要，詩人採用了一意貫穿的「流水對」：誰能賞識我不同流俗的高尚品格，共同體念時世艱難而儉樸梳妝呢？如果說，首聯僅僅是「自傷」的話，那麼此聯除了「自傷」而外，顯然還包含着「他求」之意，即尋求志同道合的人。但一個設問，却道出了貧女的失望。這兩句雖語意平平，却翻騰着詩人的心底波瀾！

「敢將十指誇鍼巧，不把雙眉鬥畫長」，是全篇之警策。它不僅對仗工嚴，而且含意深致。這兩句的意思是，貧女靠自己的勞動本領爲生，而不以姿色取悅於人。於委婉中見剛氣，貧女的自豪之情，大有逼人之勢！在那世風綺靡的社會，她這種高尚品德，對那些「以色事他人」的人，不啻是一種辛辣的嘲諷！詩人在這裏的影射之意自不待言。如果從審美的角度說，鍼巧，固然能創造出色彩斑爛的形式美，但主要體現了一個人的內在美；而眉長，也許是一種外形美，但一味追求眉長，則反映了一個人內心的卑微格調。貧女不隨時俗，堅定地崇尚前者而鄙棄後者，這是很可貴的。這一聯將貧女的操守與詩人的品格巧妙地糅合在一起，唱出了全詩的最強音。

最後一聯，詩人的憤懣之情溢於言表。「苦恨」，是首聯中「自傷」的引申；「壓金線」，即用金線繡花，是上聯「鍼巧」的照應。在那人剝削人的社會，十指「鍼巧」，到頭來却落得個「爲他人作嫁衣裳」，這是何等的不平啊！特別引人深思的是，「年年壓金線」的人却「未識綺羅香」。這鮮明的對照，恰恰揭露了社會制度的不合理。它雖不如宋代張俞的名句「遍身羅綺者，不是養蠶人」那樣「直取心肝」，痛快淋漓，但此詩含而不露，耐人尋味，却另具一種風格。

這首詩同朱慶餘的《近試上張水部》一樣，並非專寫「貧女」和「新嫁娘」，而是詩人借他人之口詠自己之志。從這個意義上說，它又算作詠物詩。好的詠物詩要求「極摹形繪狀之工，托興寄情之致」（《四庫全書簡明目錄》卷十九）。而「摹形繪狀」與「託興寄情」的關係，是「物」（包括人物）與「我」的矛盾統一關係。「物」與「我」各具特點，是所異；詩人之所以有感於「物」，是有所同，卽物的某些特點與「我」的氣質有相似之處，於是才借以詠懷。因此，借物是手段，抒情是目的。並且，二者彼此滲透，互爲依存。這首《貧女》詩雖然沒有做到處處「摹形繪狀」，但也以極經濟的筆墨，寫出了貧女所特有的環境、勞苦和情貌，道出了貧女的哀怨與不平。而詩人的懷才不遇之情也從字裏行間自然地流露出來。秦韜玉對二者的分寸掌握得恰到好處。全詩既符合貧女的身分、口氣、感情，又充分抒發了自己的情懷。詩人之所以處理得這樣好，除了藝術技巧之外，還有一個重要因素，那就是他對貧女是寄予同情的。儘管他的懷才不遇與貧女的不幸遭際不盡相同，但也有某種相通之處，正如白居易與琵琶女一樣。這正是此詩具有感人力量的原因。因此，這首詩卽使祇算一般直接反映現實的詩篇，也是古代詩歌中難得的佳作。

說來湊巧，與秦韜玉大致同時的詩人李山甫，也寫過一首《貧女》。其詩是：「平生不識繡衣裳，閒把荆釵亦自傷。鏡裏祇應諳素貌，人間多自重紅妝。當年未嫁還憂老，終日求媒卽道狂。兩意定知無說處，暗垂珠淚濕蠶筐。」

在唐代以貧女爲題的詩並不止這兩首，但值得注意的是此二詩有許多相似之處。

其一，兩詩不僅用韻相同，而且四個韻脚字，竟有兩個一樣，卽均爲「傷」、「妝」，並且李詩首聯的出句末字「裳」（用韻），又是秦詩末句的韻脚字；還有，二詩其餘的字，還有幾個完全相同的。

其二，從選材看，二位詩人都是以婚姻問題作爲重點描寫的。在封建社會，中國勞動婦女被壓在生活的

貧　女

最底層。她們經濟上不獨立，政治上的權利更無從談起。她們的命運總是和婚姻問題緊緊聯繫在一起的。婚姻問題往往是窺視其心靈的一扇窗扉。因此，這兩位詩人都是通過貧女對婚姻問題的態度來揭示其內心世界的。

其三，兩位詩人都是借詠貧女而詠懷的。據《唐詩紀事》載，李山甫仕途坎坷，「咸通中，數舉進士，被黜」。《唐才子傳》又說他「爲詩托諷」。因此，可以說他這首《貧女》詩同秦韜玉那首一樣，也是意在抒發自己不遇時的感慨。

其四，從藝術方法看，二詩都是運用白描手法，以極通俗而簡潔的文字，粗線條地勾勒出貧女的素描像。在秦韜玉筆下的貧女，內心抑鬱而操守堅定，性格比較內向；李山甫詩中的貧女淡妝素貌，而求嫁心切，性格外向。但憂心忡忡，則是她倆所共有的特點。

那麼這兩首詩哪首在先，哪首在後，換言之，誰受誰的影響呢？

李山甫長於秦韜玉。一般認爲秦詩當作於他隨僖宗避蜀之後。所以可以推斷，秦詩脫胎於李詩。但是，千百年來，秦詩傳於世，却很少有人知道李詩，其原因何在呢？

首先，從反映生活眞實的程度和反映現實的深度看，李詩遜色於秦詩。李山甫筆下的「貧女」，「終日求媒卽道狂」的心理與行爲，似與其身分不合；而秦詩的「擬托良媒亦自傷」倒分寸適度。並且，特別可貴的是，秦詩通過貧女的形象自覺不自覺地揭示了封建社會剝削制度的罪惡。而李詩雖然寫出了貧女的窮困與哀愁，但內容却顯得很單薄。

其次，從結構上看，秦詩上下聯接榫無隙，十分謹嚴；而李詩，前兩聯尚好，但從第三聯的出句起與下聯的承接關係便欠佳，特別是尾聯與頸聯究竟有什麼必然聯繫，我們很難看出來。總的看，前半部與後半部有割裂之感。

復次，秦詩爲人們所傳誦的另一個重要原因是詩中有畫龍點睛之筆。如「敢將十指誇鍼巧，不把雙眉鬥畫長」，「苦恨年年壓金線，爲他人作嫁衣裳」等，尤其是後一句，已成爲成語。而李詩除了「鏡裏祇應諳素貌，人間多自重紅妝」一聯尙好外，餘則平淡寡味。僅以警句「鏡裏祇應諳素貌，人間多自重紅妝」與「敢將十指誇鍼

巧，不把雙眉鬥畫長」相比，前者消沉，格調不高；而後者感情激越，信念執著，給人以信心和力量。（劉繼才）

# 題龍陽縣青草湖

唐溫如

西風吹老洞庭波，一夜湘君白髮多。醉後不知天在水，滿船清夢壓星河。

文學史上有一些有趣的，同時也是發人深省的現象。其中之一就是：某些作家僅以一篇作品或一二佳句，就能名垂後世，而且這些作家的生平，也往往和他的其他作品一樣，並不多爲後人所知。在這種情況之下，要了解和評價他們，主要或者全部依靠那些幸而流傳下來的少數的作品，就是很自然的事了。張若虛的《春江花月夜》就是這種現象的著名例子之一。但這篇「孤篇橫絕，竟爲大家」[一]的傑作，取得人們的公認和理解，也有一個相當長的過程，這裏且不詳說。想指出的是，直到現在爲止，還有一些古代傑作沒有被發現、被肯定。將這些長久掩埋在沙礫中的明珠揀選出來，使它重放光華，乃是我們今天的責任。

唐溫如這篇詩是我在讀唐詩時偶然注意到的。[二]他是屬於所謂「無考」之列的作家。但這篇小詩本身却證明：這位今天我們對其生平一無所知的詩人具有很獨特的藝術構思。

[一]王闓運語，見陳兆奎輯《王志》卷二，《論唐詩諸家源流，答陳完夫問》。

[二]見《全唐詩》卷七百七十二。一般選本，包括專選唐人絕句的選本如王士禛的《唐人萬首絕句選》、邵裴子的《唐絕句選》，都沒有選它。惟一選了它的，是管世銘《讀雪山房唐詩鈔》，見該書卷三十四。

龍陽即今湖南省漢壽縣。青草在南，洞庭在北，二湖相連相通，自來並稱。[一]所以陰鏗《渡青草湖》云：「洞庭春溜滿，平湖錦帆張。」杜甫《宿青草湖》云：「洞庭猶在目，青草續爲名。」但無論是杜甫，還是杜甫所尊敬的陰鏗所作的那兩篇詩，却都被這篇一向不甚爲讀者所知的《題龍陽縣青草湖》比下去了。[二]

洞庭屬楚，而楚乃是古代詞人悲秋的發源之地。在《九歌》裏，屈原寫道：「帝子降兮北渚，目眇眇兮愁予。嫋嫋兮秋風，洞庭波兮木葉下。」這，實質上是悲秋。到了他弟子宋玉的《九辯》裏，就第一次公開地提出悲秋這一命題了。

「悲哉！秋之爲氣也。蕭瑟兮！草木搖落而變衰。」草木變衰是夏去秋來最顯著的標誌，屈、宋都抓住了這一標誌，來寫秋天。所以杜甫在《詠懷古跡》中讚揚宋玉，也首先提到「搖落深知宋玉悲」。可是，唐溫如在描寫洞庭之秋時，雖然也顯然從《九歌》中得到了啓發，但他却把作爲秋天最顯著的標誌放在一邊，而從與季節變換聯繫較少的湖水着想。這就已經突破屈、宋以下描繪秋天物色的傳統了。

「西風吹老洞庭波」，祇此一句，體現三奇。秋天的到來，不從草木變衰而從湖水興波見出，一奇也。湖波能老，二奇也。湖波之老，是由於西風之吹，三奇也。李賀也頗能用「老」字，如「客枕幽單看春老」（《仁和里雜敍皇甫湜》）及「天若有情天亦老」（《金銅仙人辭漢歌》）之類，皆擬物如人。此詩「吹老」，用意亦同，而青出於藍，更爲生動。

「氣之動物，物之感人」[三]，所以詞客悲秋，形成傳統。然而作者對此，又有進一步的想法。他認爲，既

---

[一] 錢謙益註《杜工部集》卷十八，《宿青草湖》註引《荆州記》云：「巴陵南有青草湖，周回百里，日月出沒其中。湖南有青草山，故因以爲名。青草湖，一名洞庭湖。」又引《南遷錄》云：「洞庭西岸有沙洲，堆阜隆起，即青草廟下。一湖之中有此洲，南名青草，北名洞庭，所謂重湖也。」

[二] 爲了便於比觀，現將陰、杜二家詩附錄於下。陰鏗《渡青草湖》：「洞庭春溜滿，平湖錦帆張。沅水桃花色，湘流杜若香。穴去茅山近，江連巫峽長。滯天澄迴碧，映日動浮光。行舟逗遠樹，度鳥息危檣。滔滔不可測，一葦詎能航？」杜甫《宿青草湖》：「洞庭猶在目，青草續爲名。宿槳依農事，郵籤報水程。寒冰爭倚薄，雲月遞微明。湖雁雙雙起，人來故北征。」陰詩既顯示了春日晴和，湖波浩蕩的寬大圖景，也通過精雕細刻，突出了這幅圖景的某些細部，尚不失爲佳作。杜詩率爾遣興，與他自己的其他作品相較，只能算是下乘。其成就都不能和唐溫如這篇詩相比。

[三] 鍾嶸《詩品》序語。

然人都覺得秋之可悲，神又何能例外？在青草湖邊的詩人，就很自然地馳騁他的想象，念及古代帝舜及其妃子的悲劇了。由於失權，帝舜不得不在年邁的時候勉強南巡，終於死在蒼梧之野，而他的兩位妃子則因爲從征，溺死湘江，因此一直「神游洞庭之淵，瀟湘之浦」；或者追隨不及，啼竹成斑。[一]這些激動人心的傳說，也許從屈原起，就加以賦詠了。在《九歌》的啓發之下，這位默默無聞的傑出詩人就想到，湘君雖然長生，並非不老；雖然成神，並未忘情，對此可悲之秋色，又豈能無動於衷呢？她難道不會在一夜之間，增加了許多白髮嗎？於是我們就看到詩篇的次句。

神是人按照自己的形象塑造的。所以在神的身上，常常被賦予人的性格、感情和生活情態。善於描寫神的詩人，因而就不應當忘記將眞與幻交織進來，以體現神的人性和人態。「曹植《洛神賦》寫洛神渡水云：『體迅飛鳧，飄忽若神，凌波微步，羅襪生塵。』在水波上走路，是幻；走路而起灰塵，則是眞。而說凌波可以微步，微步可使羅襪生塵，又使眞與幻統一了起來，顯示出她同時具有人和神的特點。」[二]李賀對此也很了解，所以他在《浩歌》中寫道：「王母桃花千遍紅，彭祖巫咸幾回死。」在《官街鼓》中，又寫道：「幾回天上葬神仙，漏聲相將無斷絕。」李賀寫神仙及道術之士既然會死，又能死而復生，也是眞幻交織。懂得了曹植和李賀，也就懂得了「一夜湘君白髮多」這句詩之合情合理之妙。

如果說，這篇詩的前半是《九歌》、《九辯》的舊曲翻新，它祇不過是豐富了、發展了前代詩人所已創造出的境界，那麽，讀了後半，我們就會對這位「人代冥滅，而清音獨遠」[三]的詩人更加欽佩。

這是因爲，在詩的後半，作者創造了一個前所未有的神奇境界，而且其中所展示的情調又和前半迥然不同。前半寫景，形容秋氣之衰颯；後半寫人，描繪自己之豪邁。衰颯之景與豪邁之情，不僅對照強烈，而且轉接無痕。劉禹錫《秋詞》云：「自古逢秋悲寂寥，我言秋日勝春朝。晴空一鶴排雲上，便引詩情到碧霄。」這

[一] 參看王琦註《李太白全集》卷三，《遠別離》註引《泥冢竹書》、《水經註》及《述異記》。
[二] 沈祖棻《宋詞賞析》，張先《醉垂鞭》淺釋。
[三] 借用詩品卷上評《古詩十九首》語。

篇詩歌頌明麗的秋天，反映了詩人的樂觀情緒，客觀和主觀是一致的，因而情景交融。唐溫如則寫了衰颯的景色與豪邁情懷的對立，而前者終於被後者籠罩了，卽情與景矛盾，而又在對立中統一起來。故劉易而唐難，劉平常而唐超逸。

詩人的豪邁情懷是通過醉與夢來體現的。在秋色已老的洞庭湖畔，他却並沒有受到季節所形成的悲觀氣氛侵蝕，在夜間，始而開懷暢飲，終於頹然盡醉了。飲而醉，醉而夢，夢而醒，醒而吟詩，是他在這一段短短的時間內連續動作，而銀漢橫空，星河倒影，則在其入夢之前，已收入眼簾，映入腦海。這一印象的保存，就使得詩人在夢中覺得，自己所乘的船，並不是在青草湖上，而是在星河之上了。杜甫《渼陂行》云：「船舷暝戛雲際寺，水面月出藍田關。」胡翔冬先生《宿杜二小樓》云：「小池水不波，樹頭魚可數。」都是寫水中倒影，與此詩所寫星河映水可以比觀。大醉一場，乾坤顛倒，與陸游《贈劉改之秀才》所云「醉膽天宇小」略同，此之謂豪邁。

然而，唐溫如在這方面，也有突破。他不但通過描繪水中倒影，顛倒了空間，而且進一步，利用夢境，創造了幻中有幻的境界。由於天在水中卽星河倒影而夢見船不在水面而在星河之上，是幻，又從而聯想到不僅是人睡在船上，而且自己所做的夢，也像人身一樣，船隻一樣，是有體積的，有重量的，它也直接壓在船上，因而間接壓在星河之上，這就形成了幻中之幻。

還不止於此。詩人在夢境的描寫上也下了功夫。說「滿」船，則夢之廣闊可見。說「壓」星河，則夢之沉重可知。夢境在此，可見可觸。這是化虛爲實。可是這滿船的壓星河之夢，却又是「清」夢。清之與虛，清之與輕，義皆相近，所以清虛、清輕，可以構成複詞。點明清夢，則此夢虛而不盈，輕而不重，又於實中見虛了。這樣寫夢，就顯得它的境界縹緲而分明。亦眞亦幻，亦實亦虛。

這種奇妙的藝術構思來自詩人對生活深入而細緻的探索，以及對於生活的大膽而獨特的處理方式。寥寥二十八字，其中就有這麼多值得翫味的東西，此之謂「深文隱蔚，餘味曲包」。這篇詩應當得到應有的珍重。

（程千帆）

# 採蓮子

皇甫松

船動湖光灔灔秋，貪看年少信船流。無端隔水拋蓮子，遙被人知半日羞。

詞牌——《採蓮子》。可作者並未詳細描寫採蓮子的過程，更沒有描寫採蓮女的容貌服飾，而是精選恰切的字詞傳寫採蓮女的眼神、動作和一系列內心獨白，表現了她追求愛情的勇氣和初戀少女特有的怕羞心理，歌頌了江南水鄉青年男女純眞而健康的愛情生活。

首句「船動湖光灔灔秋」。「灔灔」，是水光動蕩的樣子。「灔灔秋」，指湖光蕩漾中映出的一派秋色；水波映出秋色。可知是一湖秋水。這裏，作者雖未費筆墨直接寫湖水的顏色，而滿湖清澈透明的秋水之色已可想見。蓮，又名荷。夏初開花，入秋結子。故句末著一「秋」字，不僅寫清且漣的湖水之色，起押韻作用，更點明採蓮季節，落實全詩；不是秋天，哪有蓮子可採呢？

「湖光」映秋，何來「灔灔」之波？作者明確告訴我們：不是因爲香銷翠葉殘，西風乍起綠波之間；更不是幾隻驚起的河禽水鳥掠岸飛過，打破湖面的平靜，而是「船動」。由於採蓮船划動，於是蓮葉披分，莖桿碰撞，湖面便灔灔地生出一片波紋來。詩至此，也許立刻有推想，「船動」是因爲採蓮的緣故，以爲作者正是用「船動」二字，將採蓮活動在充滿動態的畫面裏暗示出來。當然有此。但船動可能還有別的原因。

「貪看年少信船流」，在這第二句裏，作者才通過「貪看年少」點明詩中主人公是個採蓮女子，同時交代了船動的原因，因爲採蓮女貪看岸上少年，船失去控制，才隨水飄流而動。

多大膽的姑娘！貪看意中人，不僅忘了採蓮，連船隨水漂流都不知道，或者說知道了也不在乎；作者正是通過採蓮女這種大膽執著的目光和「信船流」的癡情神態，表現她情之所鍾，忘乎所以的甜蜜心理。因此，如果我們把這張水鄉採蓮圖的畫面放大，用攝影師的特寫鏡頭對準姑娘的眼睛，我們就會發現，她多情的眼睛裏不僅有岸上那位英俊少年，更有她對未來幸福生活的渴求之光，而整個江南的青山綠水，都隨她明亮的眸子而閃動。

湖水起波，姑娘的心湖更灔灔難平。是戲謔？還是出於表白自己愛慕的急切之情？姑娘靈機一動，便果斷地抓起一把蓮子向小伙子拋去。一個「拋」字，引出無限情思：拋擲蓮子，是挑逗感情的大膽舉動。在那個時代，那種情況下，對小伙子喊話，開個翫笑顯然是不合適的。從敢向小伙子拋擲蓮子的舉動裏，可以推知採蓮女本與那位小伙子相識。他們或許同住在一莊，籬笆毗連，柴門相對；或雖屬鄰村，却門前桃花屋後柳，隔水可望；更可能他們青梅竹馬，從小在一起，插過秧，種過田，划過船，採過蓮，彼此有着深厚的思想感情基礎。否則，怎麼無緣無故地向陌生人拋擲蓮子呢？

「蓮子」諧音「憐子」。古代「憐」解釋爲「愛」，「子」就是「你」；依少女口吻，即指隔水少年。我國自南朝以來，江南地區流行的情歌，常常不直接說出「愛戀」、「相思」之類的字眼，而用同音詞構成雙關隱語來表示。以「蓮」諧「憐」；以「絲」諧「思」；以「碑」諧「悲」。如《讀曲歌》中「霧露隱芙蓉，見蓮詎分明」；「石闕生口中，銜碑不得語」等，以取得含思婉轉、意味不盡的藝術效果。這裏，作者即採用了這一雙關隱語和諧音的藝術手法，使人們對這一句作多種理解，即既可理解爲拋擲剛採下的蓮子，與小伙子逗情；而「蓮子」的諧音，本身已暗示採連女對小伙子表露愛情，「憐子」的深情，經這麼一「拋」，意味當然更爲雋永。從這裏，我們還可以略微窺破詩題《採蓮子》以後作爲流傳的詞牌名稱的一點奧秘。

蓮子既已拋出，那麼，拋中沒有？小伙子得知後是惱是喜？採取何等相應行動？這些枝節，詩人避開了。如果照那樣寫去，一對一答，平均使用力量，作品容易流於一般，缺少更深的底蘊和更內在的藝術力量。

詞人的藝術匠心是：第一句描畫蓮塘秋色，爲人物活動提供場景；第二句寫人物神態；第三句寫人物動作兼轉啓下句；第四句向人物內心特徵開掘，細緻入微地刻畫了人物心理，展現人物的內心世界。詞人如何開掘、展現？方法簡單而巧妙：「無端隔水拋蓮子，遙被人知半日羞。」將採蓮女拋蓮子的秘密，一下子暴露在第三者面前。逗情的舉動，恰恰被旁人看見。詞人這一手果眞厲害。姑娘不得不低下頭，紅起臉，羞愧了大半天，產生後悔自責的心理。太冒失了，多丢人！爲什麼不看清楚沒人時再拋呢？這層意思，從「無端」兩字中透出消息。而從「半日羞」中我們則可以知道：作品女主人公雖是個敢向自己心愛的小伙子挑逗的大膽的姑娘，更是個情竇初開因而特別怕羞的少女。

從整體上看，這首詞清新爽朗，音調和諧。它既有文人詩歌含蓄委婉、細膩華美的特點，又有民歌裏那種大膽直率表達內心感情的樸實作風。短短四句，不僅勾勒出十里荷花香浸波的湖上景色，更通過採蓮女的形象以及她表達愛情的特有方式，歌頌了江南水鄉青年男女的愛情生活，爲我們保留了一幅中晚唐社會生活的風俗畫。可以觀，可以興，既有鑒賞價值，又具認識作用。

全詞精確選詞，巧加編織。自然天成，情趣盎然，足成字字珠璣，亦見詞人純熟圓渾的藝術技巧。讀此詞，決不能以全篇都是常見常用的字詞，輕輕放過，而要字字扣緊，聯繫全詞，反覆體味。（曹　旭）

# 生查子

牛希濟

春山煙欲收，天淡稀星小。殘月臉邊明，別淚臨清曉。　語已多，情未了。回首猶重道：「記得綠羅裙，處處憐芳草。」

大凡離別之際，無論是送行的一方還是即將踏上征途的一方，內心深處洶湧着的感情波瀾往往是微妙複雜以至難以名狀的。「別雖一緒，事乃萬族。」對詞客詩家來說，要把此時此刻不同人物在不同景況下滋生的心緒感受恰如其分地傳達出來，確乎是個不易解決好的難題。因此，無怪乎江淹在其名作《別賦》裏要慨乎言之：「雖淵、雲之墨妙，嚴、樂之筆精，金閨之諸彥，蘭臺之羣英，賦有淩雲之稱，辯有雕龍之聲，誰能摹暫離之狀，寫永訣之情者乎？」而這首詞寫的正是離情別緒。

它的作者牛希濟，是花間派詞人。花間派是以《花間集》而得名的。《花間集》是我國最早的文人詞的總集。集裏的曲子歌辭大都爲應歌而作，確切地說，是供上流社會公子哥兒們在花間樽前供歌妓們按拍清唱用的。用歐陽炯《花間集序》裏的話說：「綺筵公子，繡幌佳人，遞葉葉之花箋，文抽麗錦。舉纖纖之玉指，拍按香檀。不無清絕之辭，用助嬌嬈之態。」牛希濟，隴西狄道（今甘肅臨洮）人，唐宰相牛僧孺的曾孫，遭逢喪亂，流寓巴蜀，寄食於他的叔父牛嶠家。史書上說他「文學超於時輩」。不過，平心而論，他在花間詞人中間還算不上佼佼者。當然，比之牛嶠確乎稍勝一籌。他的《生查子》二首却是別開生面、傳誦一時的名作。這

# 牛希濟

## 生查子

裏選的，是錄入《花間集》的一首（另一首見於明《詞林萬選》）。

這首詞用白描手法展示了一對情侶道別的場面，着意勾畫他們之間依依不捨的情意：在一個春天的破曉時分，彌漫在山間的薄霧開始慢慢收斂，灰藍的天空留下幾點微弱的星光，殘月款款西沉。在餘暉映照下，情侶臉上閃爍着晶瑩的淚花。「鷄聲茅店月，人跡板橋霜。」舊時代游子出門，曉行夜宿。眼見得分手的時刻來臨了。「語已多，情未了。」絮絮叨叨，情語沒完沒了。千叮嚀，萬囑咐，剛剛邁開脚步，驀然回首，還要重說一遍：「記得綠羅裙，處處憐芳草。」意思是說：你愛穿綠色的羅裙，在我未來的征途上將芳草如茵，觸處可見。看到芳草，我就會想到綠羅裙——你的化身。請放心吧，我會珍惜對你的愛情，永遠不會變心。在封建社會裏，婦女往往被視爲男子的翫物。人一走，茶就涼。丈夫在外，見異思遷，喜新厭舊，給婦女帶來無可告訴的痛苦。因此，癡情女子負心漢成了我國古典藝術畫廊中司空見慣的藝術形象。敦煌曲子歌辭無名氏所作《望江南》：「天上月，遙望似一團銀。夜久更闌風漸緊。爲奴吹散月邊雲，照見負心人。」思婦憤激的呼喊正是對那種不合理現象的有力控訴。如前所說，曲子歌辭在五代上流社會裏是被用來娛賓遣興、侑觴佐歡的。歌唱者是以賣笑爲生的妓女。爲了便於她們進入角色，唱得有聲有色，《花間集》裏採集的那些歌辭大多抒寫女人相思。詞裏反覆詠嘆的，乃是少婦深閨獨處的憂傷和悵惘，而敍寫情侶之間情致纏綿又不流於淒苦消沉、也不庸俗無聊的却十分罕見。這首詞却能給人以耳目一新的感覺，因此，彌足珍視。

詞的上片寫景，下片抒情，保持着詞的傳統格局。過片「語已多，情未了」，緊密銜接上片，一氣貫注。但隨後却打破「造分手而銜涕，感寂寞而傷神」（《別賦》語）的模式，翻出新意，出人意表。煞尾「回首猶重道：『記得綠羅裙，處處憐芳草』」，不是出諸少婦的口吻：「思君如流水，無有窮已時」（徐幹《室思》），而是由離人勸慰戀人，表白自己對愛情的忠誠。沈義父提出：「結句須要放開，含有餘不盡之意。以景結情最好……或以情結尾亦好。」芳草本無情，但由於被愛戀的一方喜歡穿綠羅裙，而客子就由綠色的芳草想到戀人所穿的裙子，又由裙子而聯想到戀人。觸物起情，移情及物，由感官的直覺誘發起心靈深處對戀人的惦念。很明顯，末二句化用了江總妻《賦庭草》中「雨過草芊芊，連雲鎖南陌。門前君試看，是妾羅裙色」的詩意。「詩人感物，聯類不窮。」詞人在這裏以景結情、以情結尾，爲讀者提供了馳騁想象的空間。「設想似癡，而情則極摯。」（唐圭璋先生語，見《唐宋詞簡釋》）從整首詞的藝術構思看，匠心別具，富於韻味。

（黃進德）

# 訴衷情

顧敻

永夜拋人何處去？絕來音。香閣掩，眉斂，月將沉。爭忍不相尋？怨孤衾。換我心，爲你心，始知相憶深。

顧敻，前蜀時給事內庭，擢茂州刺史。入後蜀，累遷至太尉。爲花間派詞人。

這是一首思婦詞。

開篇以問句開端：整整的一個夜晚把人拋擲在一邊，你跑到哪裏去了？連一點消息也沒有，到底是怎麼回事！夜而說永，正寫時間難熬、長夜漫漫的心理感受，並以一個七字長句，一個三字短句構成句意，形成頓挫。這是等待、忍耐之後的責問，對對方無情無義的指責，而在強烈的指責中，一句直發，一句婉轉，形成心情意緒上的回旋跌宕。接下以五句鋪敍一夜等待的情景，並用以說明自己情緒激動的原因：黃昏日暮，就關好房門，在屋中盼你歸家，可是等了又等，弄得人心焦意亂，眉頭緊鎖，一直等到月兒西沉，天已放亮，白白地煎熬一宿，怎能叫人不到處尋找你？竟然令我孤身獨宿！而「怨孤衾」一句又從怨對方轉爲怨衾被，不是對方使自己孤宿，而是孤衾使自己孤棲，不怨人而怨物，這是轉進一層，化無知爲有知，如你衾被有知，也應變孤爲雙，爲收結作勢。這五句全用短句，是敍述，是解釋，是說明，也是望對方理解——用以表明心跡，表達熱烈的思情，表達激動不已的情緒。

這五句既表現了時間過程，又表現了思婦的心情意緒的發展過程：娓娓敍來，純是思婦聲口，純是思婦的心理和形態。怨他又盼他，恨他又體諒他，指責他又望他理解，激烈中帶委婉，指責中帶體貼，怨訴中帶關切；又純眞，又潑辣，又單純，又複雜，寫來煞是精彩。

收結三句，從己出發，體諒對方，並望對方體貼自己，理解自己，故有換心之願：我的心換成你的心，你換成我，你也就知道我對你的思情的深度了，你也就了解我的眞心實意了。這是用轉進一層的手法——是雙層轉進：我的心換成你的心是一層，你也就知道我的心了，你也就知道你我相愛之深了，又是一層，從對面入手，兩心相換，卽可心心相印。王士禎在《花草蒙拾》中評此三句爲「自是透骨情語……然已爲柳七一派濫觴」。

詞以思婦的直接抒發構成節奏，表達深婉而激動的思情，寫得情摯意切。

此詞在意象的構成以及語言的使用上，尚保留有民間詞的風味，具有詞體文學初期的特點。（張碧波）

# 臨江仙

鹿虔扆

金鎖重門荒苑靜，綺窗愁對秋空。翠華一去寂無蹤。玉樓歌吹，聲斷已隨風。
煙月不知人事改，夜闌還照深宮。藕花相向野塘中。暗傷亡國，清露泣香紅。

鹿虔扆是五代時後蜀人，事蜀主孟昶，官檢校太尉，加太保，以擅寫小詞爲孟昶所寵幸。這首詞收入後蜀趙崇祚編選的《花間集》。據歐陽炯《花間集序》，題爲蜀廣政三年（九四〇）所作；則此集之成，大約也在這一年前後。是時距後蜀之亡尚有二十五年（九六五，卽宋太祖乾德三年），而鹿詞已在集中。故鹿作此詞當是爲了憑弔前蜀王衍亡國而作。王衍亡於後唐，時在公元九二五年，下距九三四年後蜀孟知祥稱帝，中間達十年之久，宮苑荒涼，自在意中。後世或以鹿此詞「多感慨之音」，便說他「國亡不仕」（見《歷代詩餘詞話》引《樂府紀聞》），其實是錯誤的。因爲鹿虔扆是後蜀時的進士，在前蜀滅亡時，他還沒有做官呢。（參閱王國維《鹿太保詞跋記》，見王氏所輯《唐五代二十一家詞》）

從詞的本身來說，前人如元人倪瓚評之爲「曲折盡變，有無限感慨淋漓處」（《歷代詩餘》卷一一三引），清人譚獻說它「哀悼感憤」（周濟《詞辨》卷二譚氏評語），都比較確切。尤其在那專門選錄「鏤玉雕瓊」、「裁花剪葉」的豔冶之作的《花間集》中，這首詞顯得格調迥殊，宛如鶴立鷄羣，更加引人注目。當然，詞中感傷情調過於濃厚，也是一個缺點。

古人寫詩詞，有一種回環往復的表現手法。作者說的衹是一件事或一個內容，却從不同角度加以描繪渲染，如《古詩十九首》第一首《行行重行行》就是如此。這裏姑舉開頭六句爲例：

行行重行行，與君生别離，相去萬餘里，各在天一涯。道路阻且長，會面安可知？

這首詩寫閨中思婦對離家日久的遊子的懷念，通首衹是一個意思。第一句說遊子遠行在外，越走越遠；第二句說兩人活生生地離別了；第三句說兩人中間相隔的距離有萬里之遥；第四句則說彼此各在天之一端；第五句與第三句意思大體相同，衹是增加了「阻且長」（阻礙和遙遠）這一狀語；第六句又是第二句的反面說法。說法不同而說的衹是一事，這就叫「回環往復」。這樣的寫法在抒情詩中還是必要的，而且比《詩經》中疊句重出的連章結構已有了很大進步。（《詩經》中如「坎坎伐檀」、「伐輻」、「伐輪」，衹是一個意思重疊三次，比漢代五言詩要單調多了。鹿虔扆這首詞也正是用了這種「回環往復」的手法來反覆吟詠同一內容。整首詞上下兩片無非寫池苑荒涼，殿宇空寂。可是由於作者從不同角度描寫了不同事物，這就顯得作者的「哀悼感憤」一層深似一層，從而也形成了倪瓚說的「曲折盡變」。這種把一層意思分做幾層來說的藝術手法，是詩人把他所要表達的思想感情增加深度的一種手段（所謂「愈鈎勒愈渾厚」），當然也就增強了對讀者的感染力。

此詞上下片各分兩層，前兩句爲一層，後三句爲一層，共四層，其實衹是一意。上片頭兩句，「金鎖」一作「金瑣」，王逸《楚辭章句》：「瑣，門鏤也，文如連瑣。」也就是雕鏤在宮門上的金色連瑣花紋。「綺窗」見於《古詩十九首》之五：「交疏結綺窗」。《文選》李善註引薛綜說：「疏，刻穿之也。」善註又云：「《說文》：綺，文繒也。此刻鏤以象之。」而《後漢書·梁冀傳》云：「窗牖皆有綺疏青瑣。」李賢註：「綺疏，謂鏤爲綺文。」則「綺窗」是指帶有鏤刻着花格子圖案的窗。無論是「金鎖重門」或「綺窗」，都是宮苑殿宇的代稱，但這兩句所寫的角度不同。前一句是由外向內寫：宮苑深閉重門，而苑內荒涼僻靜；後一句則由內向外寫：綺窗外一無所有，衹對着一望無際的秋日晴空。上句着一「靜」字，顯得冷冷清清，荒涼得可怕；而下句在「對」字上用了個「愁」字，彷彿窗上那些鏤空的花紋圖案帶有愁眉苦臉的神氣，這就頓時把無情之物寫得彷彿有情了。爲什麼「愁」呢？於是引出了第二層，即上片的後三句。第一句，「翠華」本是旗上的羽飾，司馬相如《上林賦》：「建翠華之旗。」後乃引申爲皇帝儀仗或車駕的代稱。白居易《長恨歌》：「翠華搖搖行復止，西出都門百餘里。」那是寫唐玄宗避安祿山之亂倉皇逃出長安的情景。這裏的「翠華一去寂無蹤」，則指的是前蜀皇帝王衍被後唐莊宗李存勖的兵將征服，俯首出降，打從這重門深苑中一去之後再也沒有蹤影了。開頭一句的「靜」和這一句的「寂」，看似一樣，却略有區別。「靜」是當前實景；而「寂」却是在繁華盡散之後留下的一片沉寂。這就使讀者隱約感到：當「翠華」在蜀時，宮中充斥歌管喧鬧之聲，也就是下文所說的「玉樓歌吹」（讀去聲），這在小朝廷偏安一隅時，原是經常聽得到的。而自從「翠華」去後，那聒耳的「歌吹」聲便也隨風飄逝，一歸寂靜。「斷」者，絕也，「聲斷已隨風」是倒裝句法，即「歌吹」已隨風斷絕，無論是響遏行雲的清歌，還是急管繁絃的樂曲，都無聲無息了。這兩句正是爲上句的「寂」字所做出的精心刻畫。

上片由撫今而追昔，雖屬客觀描寫，却還包含着作者自己的主觀感受。蓋荒苑無人，綺窗愁怨；去者無蹤，留者星散；這一切都體現出作者的心潮起伏，故「多感慨之音」。而下片則以移情手法專從客觀景物做旁敲側擊式的描繪。「翠華」已去，「歌吹」無聲，這是「人事改」；而「煙月」却一無所知，依舊如往日一樣「夜闌還照深宮」。這種手法在唐人詩中已經屢見，實在不足爲奇。如李白《蘇臺覽古》：「舊苑荒臺楊柳新，菱歌清唱不勝春。祇今惟有西江月，曾照吳王宮裏人。」是說今時明月曾照見昔日繁華，反襯此際「舊苑荒臺」的淒涼寂寞。又如劉禹錫《金陵五題·石頭城》：「山圍故國周遭在，潮打空城寂寞回。淮水東邊舊時月，夜深還過女牆來。」則與此詞「煙月」二句同一機杼。惟李詩還寫到「楊柳新」和「菱歌清唱」，雖有滄桑之感却透出盎然春意，並不使人感到情緒頹唐；劉詩則索性對「故國」、「舊時」不加顧盼，祇寫此日之冷落寂寥，正流露了詩人對南朝舊事的不滿情懷。此詞上片已經做了今昔對比，這兩句祇起到反襯下文的作用，並無餘味可翫，故祇是平平帶過，不能算警策之筆。而全詞最精彩處却在第四層，即收尾的「藕花」三句。不獨寫殘荷有情，與「煙月」的茫無知覺形成鮮明對比；而且把擬人化的表現手法運用得達到空靈欲活的程度。所謂「相向」並非花與人「相向」無言，而是幾朵殘花敗蕊彼此楚楚可憐地愴然相對，大有涸轍之魚，相濡以沫的味道。而花上清露斑斑，香紅如淚，大約它們正在因「暗傷亡國」而啜泣吧。在結尾處寫出了這一極其生動的形象和場面，頓覺全篇振起，通體不懈。這也就是前人所說的「曲折盡變」，自然如橄欖回甘，情韻不匱了。

最後，再簡單總結幾句。上片兩層，每層各相對稱。但第一、二句雖如前文所析，各具一解；却又互文見義，兩相補充。「門」、「窗」本屬一類，「荒苑」、「秋空」，固有地面與天空之分，却亦並具「靜」和「愁」的特點。第二層的三句皆寫「人事」，却以去和留做對比，而又俱歸於一個「寂」字。下片兩層，以「煙月」之無情與「藕花」之「有情」相對照，看似彼此映襯，波瀾疊起；其實藕花又何嘗有情，不過是作者精心刻畫，故意把一層意思分做反正兩層來說罷了。這正是古典詩詞所以不廢回環往復的表現手法的緣故。否則單線平塗，固嫌一覽無餘，索然寡味；即使銳意求新，力圖多變，而無此山重水複之境，亦不免貽人以忸怩矯飾、裝腔作勢之譏。鹿虔扆今祇存詞六首（俱載《花間集》），這一首却獨爲清代張惠言《詞選》所取，大約就是由於它還能略存渾厚，未墮入尖新側媚之流的緣故吧。

（吳小如）

## 鵲踏枝

馮延巳

誰道閒情拋棄久？每到春來，惆悵還依舊。日日花前常病酒，不辭鏡裏朱顏瘦。

## 鵲踏枝

河畔青蕪堤上柳，爲問新愁，何事年年有？獨立小橋風滿袖，平林新月人歸後。

首句「誰道閒情拋棄久」，雖然僅衹七個字，却寫得千迴百轉，表現出對感情方面掙扎所作的努力。正中之沉鬱頓挫，與端己之以勁直眞切取勝者可以說是迥然相異。先說「閒情」，僅此二字便已不同於端己之「去年今日」的「別君」與「那年花下」的「初識」。端己的悲哀是有事跡可以確指的，而正中的「閒情」則是無端湧起的一種情思，是不可確指的。可確指的情事是有限度的，不可確指的情意是無限度的，昔魏文帝《善哉行》有句云：「高山有崖，林木有枝，憂來無方，人莫之知。」這種莫知其所自來的「閒情」才是最苦的，而這種無端的「閒情」對於某些多情善感的詩人而言，却正是如同山之有崖、木之有枝一樣的與生俱來而無法擺脫的。可是，正中却於「閒情」二字之後，偏偏用了「拋棄」兩個字，「拋棄」正是對「閒情」有意尋求擺脫所作的掙扎，而且正中還在後面又用了一個「久」字，足見其致力於尋求擺脫的掙扎之久，而正中却又在「閒情拋棄久」五個字的前面，先加上了「誰道」兩個字，「誰道」者，原以爲可以做到，而誰知竟未能做到，故以「誰道」二字反問之語氣出之，有此二字，於是下面「閒情拋棄久」五字所表現的掙扎努力就全屬於徒然落空了。於是下面乃繼之以「每到春來，惆悵還依舊」，上面着一「每」字，下面着一「還」字，再加上後面的「依舊」兩字，已足見此惆悵之永在長存，而必曰「每到春來」者，春季乃萬物萌生之候，正是生命與感情醒覺的季節，而正中於春心覺醒之時，所寫的却並非如一般人之屬於現實的相思離別之苦，而衹是含蓄地用了「惆悵」二字，「惆悵」者，內心中恍如有所失落又恍如有所追尋的一種迷惘的情意，不像相思離別之拘於某人某事，而却是較之相思離別更爲寂寞、更爲無奈的一種情緒。既然有此無奈的惆悵，而且經過拋棄的掙扎努力之後而依然永在長存，於是三、四兩句乃徑以殉身無悔的口氣，說出了「日日花前常病酒，不辭鏡裏朱顏瘦」兩句決心一意負荷的話來。「花前」之所以「常病酒」者，杜甫《曲江》詩說得好，「且看欲盡花經眼，莫厭傷多酒入脣」，對此易落的春花，何能忍而不更飲傷多之酒，此「花前」之所以「常病酒」也。上面更着以「日日」兩字，可見春來以後此一份惆悵之情之對花難遣，故唯有「日日」飲酒而已。曰「日日」、彌見其除飲酒之外無以度日也。至於下句之「鏡裏朱顏瘦」，則正是「日日病酒」之生活的必然的結果。曰「鏡裏」，自有一份反省驚心之意，而上面却依然用了「不辭」二字，昔《離騷》有句云「雖九死其猶未悔」，「不辭」二字所表現的，就正是一種雖殉身而無悔的情意。正中詞往往表現的乃是一種感情之境界，這首詞上半闋所寫的這種曾經過「拋棄」的掙扎、曾有過「鏡裏」的反省，而依然殉身無悔的情意，便正是正中詞中所經常表現的意境之一，而此種頓挫沉鬱的筆法、惝恍幽咽的情致，也正是正中所常用的筆法、所常有的情致。下半闋「河畔青蕪堤上柳」，這首詞中實在衹有這七個字是完全寫景的句子，而這七個字實在又並不是眞正衹寫景物的句子，不過衹是以景物爲感情的襯托而已，所以雖寫春來之景，而更不寫繁枝嫩蕊的萬紫千紅，而衹說「青蕪」，衹說「柳」。「蕪」者，叢茂之草也，「蕪」的青青草色既然遍接天涯，「柳」的縷縷柔條，更是萬絲飄拂，這種綠遍天涯的無窮的草色、這種隨風飄拂的無盡的柔條，它們所喚起的，或者所象喻的，該是一種何等綿遠纖柔的情意。而這種草色、柔條又不自今日方始，年年河畔草青，年年堤邊柳綠，則此一份綿遠纖柔的情意豈不也就年年與之無盡無窮？所以下面接下去就說了「爲問新愁，何事年年有」二句，正式從年年的蕪青、柳綠寫到「年年有」的「新愁」。但既然是「年年有」的「愁」，何以又說是「新」？一則此詞開端時正中已曾說過「閒情拋棄久」的話，經過一段「拋棄」的日子，重新又復蘇起來的「愁」，所以說「新」，此其一；再則，此愁雖舊，而其令人惆悵的感受，則敏銳深切，歲歲常新，故曰「新」，此其二。至於上面用了「爲問」二字，下面又用了「何事」二字，造成了一種強烈的疑問語氣，如與此詞第一句問話「誰道閒情拋棄久」七字合看，從欲拋棄「閒情」而問其何以未能，到現在再問其新愁之何以年年常有，有反省的自問而依然不能自解，這正是正中一貫用情的態度與寫情的筆法。而於此強烈的問句之後，正中却忽然蕩開筆墨更不作任何回答，而衹寫下了「獨立小橋風滿袖，平林新月人歸後」的身外的景物情事，然而仔細翫味，則這十四個字，實在乃是寫惆悵之情寫得極深的兩句詞。試觀其「獨立」二字，已是寂寞可想，再觀其「風滿袖」三字，更是淒寒可知，又用了「小橋」二字，則其立身之地的孤零無所蔭蔽亦復如在目前，而且「風滿袖」一句之「滿」字，寫風寒襲人，也寫得極飽滿有力。在如此寂寞孤伶無所蔭蔽的淒寒之侵襲下，其心情之寂寞淒苦已可想見，何況又加上了下面的「平林新月人歸後」七個字，曰「平林新月」，則林梢月上，夜色漸起，又曰「人歸後」，則路斷行人，已是寂寞人定之後了。從前面所寫的「河畔青蕪」之顏色鮮明來看，應該乃是白日之景象，而此一句則直寫到月升人定，則詩人承受着滿袖風寒在小橋上獨立的時間之長久也可以想見了。清朝的詩人黃仲則曾有詩句云：「如此星辰非昨夜，爲誰風露立中宵？」又曰：「獨立市橋人不識，一星如月看多時。」如果不是內心中有一份難以安排解脫的情緒，有誰會在寒風冷露中於小橋上直立到中宵呢？正中此詞所表現的一種孤寂惆悵之感，既絕不同於飛卿之冷靜客觀，也絕不同於端己之屬於現實的離別相思，正中所寫的乃是內心中一種長存永在的惆悵哀愁，而且充滿獨自擔荷着的孤寂之感，卽此一詞已可看出正中詞意境之迥異於溫、韋了。

（葉嘉瑩）

# 鵲踏枝

馮延巳

幾日行雲何處去？忘卻歸來，不道春將暮！百草千花寒食路，香車繫在誰家樹？

淚眼倚樓頻獨語，雙燕飛來，陌上相逢否？撩亂春愁如柳絮，悠悠夢裏無尋處。

這是一首閨情詞，寫一個女子對丈夫在外尋歡作樂、冶遊不歸的不滿和由此而產生的愁苦之感。

上片側重寫怨恨之情。

開首一句「幾日行雲何處去」，即以強烈的詰問語氣提出：他——即抒情主人公的丈夫，這些日子到底哪兒去了？這裏，以「行雲」爲喻，言其丈夫恣意在外尋歡作樂，對家裏的妻子竟毫不牽掛，一無顧戀；前邊的「幾日」，言其丈夫在外遊蕩有日，非止一天兩天；後邊的「何處去」，言其丈夫蹤跡不定，無處可尋。一個做妻子的，遇到這樣一個薄情寡義的丈夫，能不恨從中來嗎？可是接下去，抒情主人公却沒有直接數責丈夫怎樣薄情寡義，而是用極其溫婉的口氣說：「忘却歸來，不道春將暮。」如果單從字面去理解，這兩句無非是說：你衹顧在外貪歡，竟忘了回家，更想不到春光將盡。但仔細翫味，「春將暮」三字，不光指時令，還有與春俱老的意味。這樣理解，才會發現這兩句更深一層的含意：你即使不顧戀我，把昔日的夫妻恩愛忘得一乾二淨；可你總不能不愛惜自己啊！你怎麼就不思思想想，韶華難留，青春就如同這大好的春光一樣，眼看就過去了？這兩句本從哀怨中來，却由愛惜中出，婉轉情深，苦衷可掬。

四、五兩句「百草千花寒食路，香車繫在誰家樹」，又轉入對丈夫情事的揣想：在那百草千花，使人看了都眼花繚亂的寒食路上，那麼多歌樓舞榭、花街柳巷，他的車兒究竟停在誰家門前，他的馬兒到底拴在哪戶樹上？這裏「百草千花」，明係景語，實際暗指那些花枝招展、強顏賣笑的歌娃妓女。白居易《贈長安妓人阿軟》詩：「綠水紅蓮一朵開，千花百草無顏色。」又清代譚獻《蝶戀花》詞：「連理枝頭儂與汝，千花百草從渠許。」都以花草爲喻。所不同者，此句暗中設喻，不露痕跡，和全詞的意境完全貼合。歇拍一句的「誰家樹」，與起句的「何處去」遙相呼應，把始終縈繞在抒情主人公心頭的問題，直接展示出來。

上片寫得曲曲折折，把抒情主人公的怨恨心理揭示得非常深刻。下片側重寫抒情主人公的愁苦之感。

換頭一句，承上啓下，通過抒情主人公「淚眼倚樓頻獨語」的外在表現，展示她內心的痛苦。「淚眼」，言其傷心已甚。「倚樓」，言其雖然傷心已甚，却仍在巴望丈夫的歸來。「頻獨語」，言其一腔心事，無處訴說，衹有哀哀自語。這三字很有分量。「獨語」，往往是在孤寂難耐或者痛苦已極而又莫可告語、無以抑制的情況下，才有的一種言語現象。這裏又在它的前邊着一表示動作行爲屢屢不斷的「頻」字，則抒情主人公愁苦到何等程度，不就可想而知了嗎？另外，從結構上看，「頻獨語」應上聯下，使上、下兩片聯繫得更爲緊密。其實，上片所寫，正是「頻獨語」的內容之一。

「雙燕飛來，陌上相逢否？」這兩句仍與上片的兩問一怨相呼應。兩問：一問丈夫遊蕩「何處」，二問丈夫到底尋歡「誰家」；一怨：怨丈夫「忘却歸來，不道春將暮」。就在她放心不下，喃喃自語的當兒，忽然看見一雙燕子翩翩飛來，她情不自禁，便急切地詢問燕兒在歸巢的路上可曾遇見她那無情無義的丈夫。這兩句不衹表現了女主人公對丈夫的一片癡情，也進一步揭示了她的痛苦和怨恨。試想，燕子何物，尙且知道結伴而歸，怎麼她的丈夫就硬是「忘却歸來」呢？這裏，「雙燕飛來」，雖是眼前所見之景，但托物寓情，這就大大豐富了詞境。另外，「雙燕」的「雙」字和「頻獨語」的「獨」字相對照，「陌上」和「寒食路」相呼應，於自然中見章法。

最後兩句——「撩亂春愁如柳絮，悠悠夢裏無尋處。」以夢裏尋夫而不可得作結，遂把抒情主人公由於丈夫冶遊不歸而產生的愁苦之感，具體而形象地展示出來。在封建時代，許多上層婦女由於受所處的地位和環境等因素的影響，她們的精神生活往往十分空虛，特別是「每到春來」，就更容易牽動她們的閒愁淡恨，何況詞中抒情主人公現在又有丈夫「忘却歸來」的切身之痛呢！因此，她的「春愁」不但有可以指說的具體內容，而且還很深重，還無法排遣。這裏，以「撩亂」來形容、以「柳絮」來比喻她的糾纏無已的愁怨之情，就十分貼切。另外，以「悠悠夢裏無尋處」作結，正與起句的「幾日行雲何處去」遙相呼應，不僅突出了她日夜不斷的思念和沉重的精神負荷，而且，從形式上看，也使全詞顯得更加嚴密完整。

這首詞，描寫的雖然衹是一個女子的愁苦，但它反映了封建時代許多上層婦女的共同遭遇。在那種時代，上層社會的男子，在外尋花問柳，追歡買笑，甚至停妻再娶，是一種司空見慣的社會現象。而做妻子的，便有萬般恨愁也無處訴說。這種醜惡的社會現象和婦女的不幸，從根本上說，正是不合理的社會制度造成的。由於時代、階級和世界觀的局限，詩人當然不可能這樣提出和認識這個問題。但是，從另一方面說，由於詩人能從實際生活和自己的眞實感受出發，他的彩筆不僅接觸到了這個社會問題，而且，還深入到了不幸的女性的內心世界，對她們表示同情，在這種意義上說，這首詞還是有它的積極意義的。

從寫法上看，這首詞以「幾日行雲何處去」呼起全篇，首先展示抒情主人公的心事，然後描寫她的愁苦情狀，最後集中揭示她的痛苦心境。這樣構思和布局，既突出了人物的心理活動，又使作品的層次顯得曲折有致。在塑造人物形象上，詞中對人物的容貌服飾不着一字，而是以細膩的筆觸集中揭示人物的內心活動，使全詞顯得感情眞摯，意蘊深婉。另外，詞中又多用問句，這對展示人物的心理狀態，引起讀者的聯想，深化全詞的意境，都具有很好的表達作用。至於語言的清麗流轉，毫無矯揉妝束之態，也是這首詞的一個鮮明特點。

（張燕瑾　楊鍾賢）

# 謁金門

馮延巳

風乍起，吹皺一池春水。閒引鴛鴦香徑裏，手挼紅杏蕊。　鬥鴨欄干獨倚，碧玉搔頭斜墜。終日望君君不至，舉頭聞鵲喜。

詞人馮延巳（九〇三——九六〇），字正中，廣陵（今江蘇揚州）人。五代南唐中主李璟稱帝時做過宰相。他工詩，尤喜塡詞，有《陽春集》。現存詞近百首，內容多寫男女間的離情別恨，表現士大夫的生活情趣，但較少脂粉氣。他長於以白描手法刻畫人物的內心活動，又善於借景抒情，寓情於景。詞意委婉深情，語

言清新流暢。北宋晏殊、歐陽修等都深受他詞風的影響，王國維認爲他的詞「開有宋一代風氣」。（《人間詞話》）

這首《謁金門》（風乍起），內容寫閨情相思，描繪出一位貴族少婦感春懷人、春情波動的過程。

上片寫她感春和「閒引鴛鴦」情態。

開頭兩句「風乍起，吹皺一池春水」從景寫起，隱隱透露出貴族少婦的春情波動。在春光豔麗的季節，春風輕輕拂過水面，滿池漾起漣漪。句中「皺」字，形象地寫出了春風徐拂而池水瀲灧的美妙境界，與王安石《泊船瓜洲》中「春風又綠江南岸」詩句的「綠」字，有同工之妙。這眼前景象，既描繪了自然景色，點明時令，交代了主人公的生活環境，又把主人公在豔日春風中心頭泛起的感情漣漪巧妙地寫了出來。這兩句寫得自然、含蓄，有景有情，情景交融，置於詞首有統攝全詞的作用。

歇拍兩句「閒引鴛鴦香徑裏，手挼紅杏蕊」，緊承「吹皺一池春水」的意境展開，寫主人公的情事活動。在滿園春色裏，有春風拂面，有百花飄香，有鴛鴦戲水，有紅杏綻蕾……面對這良辰美景，心上人不在身邊，主人公怎不倍感孤苦！一個「閒」字，把主人公因夫君不在萬事皆不如意、左不好右不好的煩躁情態，生動地勾畫了出來。「香徑」寫出了繁花似錦、溢香流彩的優美環境。「挼」字，生動地表現出主人公深含妒意揉碎紅杏蕊的煩惱心情。「鴛鴦」本是惹人心愛的禽類，天生雌雄不離，成雙成對，同行同息，在這裏，它成了誘發情思、增加愁苦的媒介。按常理說，景美則人心快，而詞中的主人公在這明媚的春光裏，不僅心情不愉快，反而更加愁苦。溯其原因，是心上人不在身邊所致。作者就是抓住主人公的心情與外界美景相矛盾這一點，破堂入室地寫出了她內心的孤苦。

下片寫她觀「鬥鴨」和「聞鵲喜」的情態。

換頭兩句「鬥鴨欄干獨倚，碧玉搔頭斜墜」，緊承歇拍兩句，進一步寫主人公的思夫之情。她引鴛鴦後，愁苦倍增，更加無情無緒，便悶悶地靠在欄干邊，看鴨子鬥着翫。「獨」字寫出了主人公的孤單寂寞。然而，一切景物都不能吸引她。因此，雖目在「鬥鴨」，而心神却早馳向夫君身旁。由於低頭沉思的時間久，斜插在頭上的碧玉簪像是要墜落下來。「斜墜」一詞，把主人公垂頭思夫的癡呆神情，入木三分地表現出來。這裏，作者以誇張手法深刻地寫出了主人公的思夫之情，把她的思想感情推向了高峯。

結尾兩句「終日望君君不至，舉頭聞鵲喜」，點明題旨，留下希望。主人公整天盼望夫君回來，但是沒有盼回來。句中「望」字，既寫出了主人公盼望夫君回來的急切心情，又寫出了她不時望夫歸路的神態。正在她焦急不安、難耐和失望的時候，忽然傳來了喜鵲的叫聲，於是她抬起低垂的頭，臉上露出了笑容。主人公何以「聞鵲喜」呢？俗云：「喜鵲叫，行人到。」這怎能不給她以精神上的希望呢！其實，喜鵲不可能知道人間情事，所謂報喜，自然毫無憑據，並且帶有迷信色彩；然而「舉頭聞鵲喜」却使主人公有了幸福的希望。句中「喜」字，耐人翫味，給人以聯想的餘地。

這首詞以景起，景中有情；以情結，情中有景；中間四句寫主人公的情事活動，情眞意切，自然含蓄。在人物塑造上，作者以白描手法，細膩、婉曲的筆觸，自然、清新的語言，通過渲染景物，點綴禽類，描繪人物的行動和情態，集中揭示了人物孤寂、空虛的情感。詞意含蓄不露，從微風細波，到閑引鴛鴦、手挼杏蕊，再到欄干獨倚、斜墜玉簪，這一系列動作無不令人猜想。卽使是最後的高潮語「舉頭聞鵲喜」，寫她內心的興奮和激動，也是半露不露。因而詞中的主人公，就其舉止和情態看，都顯現一種貴婦人的風度。人們必須經過深思，才能看到這位貌似閒暇的貴婦人，實則內心哀愁無限，是位急切盼夫歸家的思婦。

詞的內容，可能不單是寫閨情。馮煕在《陽春集》序文中謂馮延巳：「俯仰身世，所懷萬端，繆悠其詞，若顯若晦。」這就是說，延巳的詞「旨隱詞微」，外表看來是寫男女情愛，其實却另有寓意。本詞是馮延巳的名作，當然也不例外，尤其是詞中的名句「風乍起，吹皺一池春水」，運用比興，辭約義豐，富有象徵意味。陸游《南唐書》載：「元宗（卽中主李璟）嘗因曲宴內殿，從容謂曰：『吹皺一池春水，何干卿事？』延巳對曰：『安得如陛下小樓吹徹玉笙寒之句！』」這雖是他們君臣以詞相戲，但是，李璟之問却透露出他對馮詞首句含義的猜疑。從這裏不難看出，此詞除寫閨情相思外，可能寓有作者更深刻的思想感情在內。（盧　榮）

謁金門

# 山花子二首

李　璟

一

手捲真珠上玉鈎，依前春恨鎖重樓。風裏落花誰是主，思悠悠。　青鳥不傳雲外信，丁香空結雨中愁。回首碧波三峽暮，接天流。

二

菡萏香銷翠葉殘，西風愁起綠波間。還與韶光共憔悴，不堪看。　細雨夢回鷄塞遠，小樓吹徹玉笙寒。多少淚珠何限恨，倚闌干。

詞從隋唐就產生了。它產生的過程是先有樂譜後有歌詞。最早的詞也叫曲子詞，產生於民間；流傳於商業比較發達的城市，是作爲民歌出現的。因此它的題材主要是描寫愛情，但也有社會題材和宗教題材。保留到現在的敦煌曲子詞還可以看得出這一類民間小曲內容上的特點。中唐以後，士大夫階層也逐漸寫詞了，到晚唐五代，文人寫詞的風氣更加興盛。儘管唐代的詞思想上有好有壞，藝術上有精有粗，却有一個共同特點，就是有點像現在的流行歌曲。在資本主義社會，流行歌曲大都由歌女在酒吧間裏唱；而在封建社會的唐、宋兩代，詞主要是在官僚士紳的宴會上由歌妓來唱。這就決定了詞的命運，它從一開始就顯得格調不高，內容貧乏，有

## 李璟

### 山花子二首

的還帶點色情氣息。現在保存在《尊前集》和《花間集》裏的作品，就是當時的流行歌曲選。從質量上說，這兩本選集還算是比較高的，有的藝術性比較強，有些詞思想上也不錯。但它們畢竟是流行歌曲，格調不是很高。可是在五代後期，詞到了南唐君臣手裏，有點跟從前不一樣了。雖然他們寫詞還沒有完全擺脫流行歌曲的傳統，可是格調提高了，寫作態度比較嚴肅了，藝術水平的提高就更爲顯著。像南唐中主李璟寫的詞，流傳至今的雖然衹有三四首，却都是精心之作，是文學史上的第一流作品。因此近代學者王國維在《人間詞話》裏對李璟的詞給予了較高的評價。在這種背景下再來讀李璟詞，我們就會有更深一層的體會，我們應該用歷史唯物主義的態度來對待它們，給它們以恰如其分的評價。

下面先說一說《山花子》這個詞調的特點。我們經常見到一種極普通的詞調（也叫詞牌），叫《浣溪沙》。《浣溪沙》每句七個字，分上下兩片，每片各三句，很像七言詩。不同的是七言絕句一首四句，這種詞牌上下片各三句。《浣溪沙》在下片的頭兩句一般都寫成一副對仗工穩的對聯，這又有點像七言律詩。但七律的中間四句是兩聯，《浣溪沙》衹有一聯，那當然比兩聯容易突出。所以有的詞就因爲這一聯寫得精彩，整首詞也就顯得有聲有色。比如北宋晏殊的一首《浣溪沙》，就由於其中有「無可奈何花落去，似曾相識燕歸來」一聯而被後世傳誦。《山花子》是《浣溪沙》的另一體，也叫《攤破浣溪沙》，特點是上下兩片結尾的地方各多出三個字來，三句七言的變成了七、七、七、三的四句。這樣，《山花子》寫得好壞與否，重點全在末尾這三個字上。這好比一首七言絕句，前三句都是七言，衹有第四句却要用三個字把前三句托住、鎮住，換句話說，這三個字要有七個字的分量才行。而且下片的頭兩句最好仍舊是一副對聯，最末一句仍得用三個字收住全篇。所以寫一首《山花子》要比寫兩首七絕或一首七律難，難就難在上下片結尾的這三個字上。

現在我們具體談談李璟的這兩首《山花子》，第一首寫暮春景色，第二首寫秋日風光。內容並不新鮮，都是寫相思離別之情的。可是它有情態，有韻味，有意境，有情趣，甚至說它們有寄託也未嘗不可。這就不是一般流行歌曲的作法了。下面先看第一首。

第一句就遇到一個問題。「眞珠」是什麼？看上下文，知道是用「眞珠」編織成的簾子。古詩詞中有這

山花子二首

樣的寫法，這就是把實物省去，衹保留前面的用名詞做的狀語。溫庭筠《菩薩蠻》：「畫羅金翡翠，香燭銷成淚。」頭一句是說畫着金翡翠的羅帳或羅衾，却把「帳」或「衾」這個代表實物的詞給省去了。京戲《甘露寺》裏有句臺詞「青龍偃月鬼神愁」實際上指的是關羽用的青龍偃月刀，可「刀」字省去了，同這裏的手法是一樣的。如果說「手捲珠簾」，反而顯得笨拙，因爲上文有「手捲」字樣，下面又有「玉鈎」這個具體物件，當然這裏指的是「眞珠簾」。這是我國傳統作品中修辭的特點。「捲簾」的是什麼人？應該是閨中女子。李白《怨情》：「美人捲珠簾，深坐顰蛾眉。但見淚痕濕，不知心恨誰？」可以參考。爲什麼她要捲簾？爲的是望遠，好消遣一下心裏的憂鬱。因爲一個人太孤寂、太苦悶了。可是捲簾以後，從樓上看到了春天景色，心情並未感到舒暢開朗：「依前春恨鎖重樓。」有人把這句講成「依然跟從前一樣，春恨被鎖在樓中」，意思說自己在樓中充滿了春恨。我以爲這句應該講成春恨滿眼都是，樓外的一切都是恨，把重樓給封鎖包圍了，自己想迴避也避不開，可見心裏的憂愁本無可排遣，而看到春天的景色心裏越覺得難過。那麼在許多景色之中，體現春恨最鮮明、使人感觸最深的是什麼呢？是「風裏落花」。春花如少女，本極美麗而珍貴，最使人留戀。但好景不長，風一吹，花就謝了，落了。更重要的是「誰是主」三個字。花爲誰而開，又爲誰而落？誰是花的主宰？爲什麼就這樣輕易地讓美好的春光一瞥卽逝？這是以落花自比，說明自己的命運正如被春風吹落的花朵。但還有另一層意思。自己所愛的人正在自己所不知道的遙遠地方漂泊，總也不見他回來，不也身不由己地像「風裏落花」一樣嗎？這也正是自己痛苦而孤寂的原因。由這兩層意思自然逼出了「思（讀去聲）悠悠」三個字。「悠悠」卽形容思緒萬千，無窮無盡，也形容寥闊遙遠，無際無邊。這三個字像馬繮繩一樣把前三句很自然地給勒住了，既帶總結性，又回味無窮。這三個字看起來「虛」到極點，却容納了讀者千百種想象，人們可以根據自己的經驗感受給作者添進任何內容。這就是虛實相生，似虛而實，前三句也是這樣。頭一句實，第二句虛，第三句由實而虛，然後用「思悠悠」從容收住。彷彿電影裏特寫鏡頭，一會兒推近，一會兒拉遠。

上片說得很透，再要深入曲折地表達主人公的感情，就要通過典故。據《漢武故事》所載，「青鳥」是西王母的信使，曾到東方向漢武帝傳遞消息。李商隱《漢宮詞》：「青雀西飛竟未回。」意思是說使者一去杳

## 山花子二首

無音信。這裏作者的意思是說，自己所思念的人在雲天以外的遠方，長久沒有信息，借用典表達思念遠人，把焦距又拉開；下面「丁香」一句又把鏡頭推近到眼前，就所見之物來寫內心的鬱結不舒。丁香到春暮才開花，此時羣花紛謝，而丁香正是盛時。這裏又用李商隱《代贈》中的詩句：「芭蕉不展丁香結。」古人以丁香未開比喻愁恨鬱結於心。現在丁香將開未開，如遇晴天，則此花大放，愁可稍稍寬解；而眼下偏偏有雨，不等花開便被摧殘得要謝了，這就象徵着愁思無法排解。這兩句都是借典故和比喻來刻畫人的心情，於是產生了所謂意境。但想念遠人的心是始終存在的，所以繼續向樓外遠眺。「回首」兩字是實寫，「碧波三峽」、「接天流」是虛寫。南唐位於長江下游，而三峽則在其西南，目力是望不到的。但從方向上說卻與「青鳥」句相呼應，「青雀西飛竟未回」嘛！而從用典上說，這裏還有一層涵義。「三峽」一句暗藏着巫山神女的典故，從《九歌·山鬼》到宋玉的《高唐賦》、《神女賦》，都是寫神女同戀人幽期密約的。可是這地方偏偏離自己很遙遠，衹存在於主人公的想象之中。雲外無信音，江天又遙遠，在一片暮色蒼茫中彷彿看到了三峽的江水。全詞竟然以如此宏偉遼闊的場面作結，實非讀者始料所及。景象越渺茫，意味着所思念的人越遙遠；憂愁越含蓄，感情也更激切。悠悠之恨長存於心目之中，既有氣象，又有深度，這個結尾把詞的境界又往深遠處推進了一步。我們不禁爲李璟的寫作才能而感到心悅誠服了。

下面再談第二首。這一首比第一首更有名，李璟自己對這首詞很得意，王國維對它的評價也很高。比如一開頭的兩句，王國維就說：「大有衆芳蕪穢、美人遲暮之感。」但他却認爲頭兩句比「細雨」兩句好，並說「故知解人正不易得」。而馮延巳却公然承認自己的名句「風乍起，吹皺一池春水」不及李璟的「小樓吹徹玉笙寒」。我以爲這裏馮延巳並不是對皇帝阿諛奉承，而是說眞心話。我始終認爲，一首詩或詞寫得究竟是否成功，要看全篇，而不宜拆開來看。南宋末年的張炎批評吳文英的詞，說好比「七寶樓臺」，拆下來就「不成片段」。這話本身就不合邏輯。任何好東西如果被拆得七零八落，都將「不成片段」，又何止是文學作品呢！

首先我們談談對王國維評語的體會。荷花一名芙蕖，花朵叫菡萏，果實叫蓮子，根叫藕。頭兩句寫的是秋風起後，荷花殘敗，一片凄涼景象。但王國維的感受，我以爲是從荷花的出淤泥而不染的好品質聯想而來

## 山花子二首

的。《離騷》說：「惟草木之零落兮，恐美人之遲暮。」又說：「雖萎絕其亦何傷兮，哀衆芳之蕪穢。」香草美人，所以比喻君子。秋風蕭颯，草木凋零，已足使多愁善感的人傷心，何況連最純潔美好的荷花也都敗殘憔悴，可見人之觸景生情，憂傷哀怨已達極點。作者之所以選取殘荷來抒情，正是從《離騷》一脈相承而來的。

前兩句明明是眼前實景，爲什麼却用反語作結，說「不堪看」呢？因爲由景及情、由外在的芳草聯繫到美人自身，這就是「還與韶光共憔悴」。「韶」一本作「容」，兩者是有差別的。「韶光」指時光，說人與韶光共同憔悴，主語是「人」；「容光」是人的容貌光彩，說與人的容光共憔悴，主語就是「景」了。但從第三句起已由景及情，由物及人，所以還是「韶光」更好一些。因爲「韶光」可以兼指大好光陰和人的芳年妙齡。人老猶如荷枯，但荷花雖香銷葉萎，還能引起人的同情和眷戀；而人老則時不再來，別人更不加珍惜了。想到這裏，便情不自禁地迸出「不堪看」三字作絕望之語了。

下片「細雨」一聯，十分曲折，並不好懂。「鷄塞」也叫「鷄鹿塞」，有人說在西北，有人說在東北，總之是極邊遠荒涼之地。客子征夫，遠遊塞北，久不歸來，深閨少婦衹能同他在夢中相見。但「細雨」並不能驚醒人的酣夢，衹是人在迷濛細雨中從夢境醒來，「夢回」後發現樓外細雨之聲，更增添了幾分愁悶，這一句是由外而及內，從外面下小雨寫到樓中人夢醒。「鷄塞」本來就很遠，但夢中由於能同征人在一處，並不覺得遠。及至夢回驚覺，才發現與所思念之人天各一方，這才眞正體會到鷄塞確乎十分遙遠。這正是從惝恍夢境中乍回到現實環境時的具體感受，作者用筆是十分細膩曲折的。下句却是由內及外，人在小樓中吹笙，聲音傳到樓外，人但從聽覺感到吹笙人的滿腔幽怨。「徹」是大曲的最末一遍，相當曲子的「尾聲」。這是說笙吹得很久，直吹到最後一曲，才感到笙簧寒咽，曲不成聲了。笙是靠笙管中的簧片發聲的，而「簧」是要「炙」了使它暖，聲音才嘹亮清越。庾信《春賦》：「更炙笙簧。」周邦彥《慶春宮》：「夜深簧暖笙清。」都是這個意思。如果吹久了，簧片沾了人的口液和潮氣，便因濕而寒，聲音失眞。這是從字面上來理解。實際上還有一層涵義。唐人陸龜蒙《贈遠》詩：「從君出門後，不奏雲和管；妾思（去聲）冷如簧，時時望君暖。心期夢中見，路永夢魂短。怨坐泣西風，秋窗月華滿。」李璟的詞除把月夜的背景改成雨天之外，基本上脫胎於陸詩，這裏正是暗指閨中的女子思念征夫，殷切地盼他歸來之意。古人以爲此詞十分含蓄，大約就是由於它語含雙關的緣故。「多少淚珠何限恨」，又是大實話，已實到無可再實；而結尾却用一句虛到無可再虛的虛筆作結束。人醒很難重新入夢，笙寒也無法繼續再吹，天涯人遠，幽恨難平；曲不成聲，淚如泉湧：「倚闌干」三字寫出樓中之人百無聊賴的情懷和手足無措的舉止，確是維妙維肖，餘味無窮。清人黃蓼園評此詞末三字說：「結『倚闌干』三字，亦有說不盡之意。」眞可謂打中要害，搔着癢處了。

最後附帶說一下，這首詞末一句一本作「寄闌干」，「寄」是寄託的意思。如果用「寄」，就是說自己有着流不盡的淚和無休無止的恨，可是現在流淚也無用，有恨也難消，衹有把一切吞到肚裏，把一腔幽怨寄託在闌干上了。這樣寫法是很深刻的，但是不大像詞，有點像錘煉字句的杜詩。而詞的語言是以淺顯醒豁爲主的，刻意求深，反倒不像詞了。所以俞平伯先生在四十年前寫《讀詞偶得》時主張用「寄」；晚年編註《唐宋詞選釋》却改成用「倚」。由於目前有的選本或兩字並存，或仍用「寄」字，因此這裏順便談一下自己的意見。

（吳小如）

# 擣練子令

李　煜

深院靜，小庭空，斷續寒砧斷續風。無奈夜長人不寐，數聲和月到簾櫳。

擣練子令

這是一首本義詞。白練是古代一種絲織品，製作過程中要經過在砧石上用木棒捶擣這道工序，一般都是由婦女操作的。這首詞的詞牌即因其內容以擣練爲題材而得名。作者通過對一個失眠者夜聽砧上擣練之聲的描繪，寫出了抒情主人公內心的焦躁煩惱。但作者却爲這種忐忑不寧的心情安排了一個十分幽靜寂寞、空虛冷漠的環境。頭兩句乍一看彷彿是重複的，後來湯顯祖在《牡丹亭》裏就寫出「人立小庭深院」的句子，把「深院」和「小庭」基本上看成同義詞。其實這兩句似重複而並不重複。第一句是訴諸聽覺，第二句是訴諸視覺。然而儘管耳在聽目在看，却什麼也沒有聽到和看到。這樣，「靜」和「空」這兩個字，不僅在感受上給人以差別，而且也看出作者在斟酌用詞時是頗費了一番心思的。至於「深院」，是寫居住的人遠離塵囂；「小庭」則寫所居之地並非雕樑畫棟，衹是一個空蕩蕩的小小天井，不僅幽靜，而且空虛。頭兩句看似寫景，實際是襯托出主人公內心的寂寞無聊。衹有在這絕對安靜的環境裏，遠處被斷續風聲吹來的砧上擣練之聲才有可能被這小庭深院的主人聽到。

第三句是這首詞的核心。自古以來，砧上擣衣或擣練的聲音一直成爲夫婦或情人彼此相思回憶的詩料，久而久之，也就成爲詩詞裏的典故。比如李白在《子夜吳歌》的第三首裏寫道：

長安一片月，萬戶擣衣聲。秋風吹不盡，總是玉關情。何日平胡虜，良人罷遠征？

杜甫的一首題爲《擣衣》的五律也說：

亦知戍不返，秋至拭清砧。已近苦寒月，況經長別心。寧辭擣衣倦，一寄塞垣深。用盡閨中力，君聽空（去聲）外音。

李杜兩家所寫，是從擣衣人的角度出發的。而李煜這首詞却是從聽砧聲的人的角度來寫的。這個聽砧的

擣練子令

人不管是男是女，總之是會因聽到這種聲音而引起相思離別之情的。不過要提請注意的是：第三句雖連用兩次「斷續」字樣，涵義却不盡相同。一般地說，在砧上擣衣或擣練，總是有節奏的，因此一聲與一聲之間總有短暫的間歇，而這種斷續的有節奏的擣練聲並沒有從頭至尾一聲不漏地送入小庭深院中來。這是因爲風力時強時弱，時有時無，這就使身居小庭深院中的聽砧者有時聽得到，有時聽不到。正因爲「風」有斷續，才使得砧聲時有時無，若斷若續。這就把一種訴諸聽覺的板滯沉悶的靜態給寫活了。

下面兩句，明明是人因擣練的砧聲攪亂了自己的萬千思緒，因而心潮起伏，無法安眠；作者却偏偏翻轉過來倒果爲因，說人由於夜長無奈而睡不着覺，這才使砧聲時斷時續地達於耳畔。而且夜深了，砧聲還在斷斷續續地響，是伴隨着月光傳入簾櫳的。這就又把聽覺和視覺相互結合起來，做到了聲色交融——秋月的清光和擣練的音響合在一起，共同觸動着這位「不寐」者的心弦。然而作者並沒有繪聲繪色，大事渲染，衹是用單調的砧聲和素樸的月光喚起了讀者對一個孤獨無眠者的惆悵和同情。這正是李煜寫詞眞正見功力的地方。

前人評論李煜詞的特點，都說他不假雕飾，純用白描。其實李煜寫詞何嘗不在雕飾，衹是洗盡鉛華，擺脫了塵俗的濃妝豔抹，使人不覺其雕飾的痕跡而已。這首小詞無論結構、布局、遣辭、造句，作者都經過了嚴密的構思和細緻的安排，而讀者在讀時却彷彿作者衹是在自然流露。一個作家能於樸實無華之中體現匠心，才是眞正的白描高手。

（吳小如）

# 相見歡

李　煜

林花謝了春紅，太匆匆！無奈朝來寒雨晚來風。　胭脂淚，相留醉，幾時重？自是人生長恨水長東！

這首《相見歡》（又名《烏夜啼》），從內容上看，可以認爲是南唐覆滅、李煜被俘後的作品。它和《破陣子》、《虞美人》等一樣，抒發了離愁別恨，但藝術手法不盡相同。《相見歡》的布局很新穎，既不是直敘某一事件，也不是通篇發議論，而是夾敘夾議，有影射而不晦澀，多轉折而不脫節，很像一篇抒情小品。它分上、下兩闋，寥寥三十六字，初讀似乎平常，細品則「別是一般滋味」。

古人寫詩作詞排遣心中的鬱悶是很常見的，大部分作品用借景抒情的手法，描寫某一景物，抒發自己的懷抱。有的作品不用比喻，乾脆直說。以李煜詞爲例，可略見一斑：

深院靜，小庭空，斷續寒砧斷續風。無奈夜長人不寐，數聲和月到簾櫳。

——《擣練子》

人生愁恨何能免，銷魂獨我情何限！故國夢重歸，覺來雙淚垂。

——《菩薩蠻》

這兩首詞，前者通篇沒有出現「愁」字，而是通過對所處環境的描寫，讓讀者自己來揣摩作者淒涼、愁悶的心情。另一首滿紙全是「愁」、「恨」、「淚」，籠罩着極度的悲哀，沒有景物烘托，由作者把它直截了當地說了出來。這兩種手法是常用的，藝術特點有共同之處，即前後句都緊緊扣住，待一闋終了，才把意思表達清楚。《相見歡》的布局有些特別，描寫的事物不太連貫：上闋寫林花、寒雨、風，下闋寫胭脂淚、人生、水。此喻夾雜着議論，看上去覺得互不相干，讀完了又覺得血肉相連，有景有情，如泣如訴，把一個喪失自由而又無可奈何的亡國之君形象鮮明地展現在讀者面前。我們不妨先欣賞這首詞的上闋：第一句寫景，第二句「太匆匆」三字則是議論。科學地說，季節總是按照自然規律進行變化，不會一會兒快，一會兒慢，但人的心境不同，對客觀事物就會有不同的感覺。李煜曾有「春花秋月何時了」句，嫌時光過得太慢。現在當他留戀故國家園時，就又責怪春紅離去太匆忙，夾敍夾議，景中有情，以情布景，使無情之景變成了有情之物。第三句也不是純粹寫景，寫景之餘，加上了作者的主觀評論——「無奈」，這樣上闋雖未提及人的活動，但處處感覺到作者的身影就在眼前，情景交融，渾然一體。

李煜的《相見歡》還成功地運用了比興手法，有正比，也有反比，每一個比喻都十分準確、生動，使作品中的形象顯得更突出，更完美。例如「無奈朝來寒雨晚來風」一句，「朝」、「晚」二字相對，形容風雨來得頻繁，摧得春花凋零。「林花」、「春紅」是暗指被俘以前的宮廷享樂生活，這種歡樂對李煜來說很短暫，好景不長，所以「太匆匆」。恰恰相反，人生的恨却同江河東去一般，長得沒有盡頭，眞是「天長地久有時盡，此恨綿綿無絕期」。一短一長，首尾相照，深沉悲切，催人淚下。通過這些明指暗喻，我們還能體會到作者頗具匠心的一番苦意——用自然現象暗指歷史悲劇的發生是必然的，不可挽回的，以開脫自己的怯弱無能。「林花謝了春紅」是比喻南唐的滅亡，「水長東」象徵着人生長恨，春去花謝和大江東去都是人們熟悉的自然規律，誰也不能阻擋，選擇這樣的事物來抒發消極的心緒，不僅妥切，而且很有生活氣息，給人美的感受。這種把生活和藝術緊密結合起來，用精練、樸素的語言來再現生活的創作方法，幾乎是優秀作家們的共同創作方法。運用這種方法，可以「把親身感受過的一些情感移交給旁人，使旁人受到這些情感的感染，也感到那些情感」（托爾斯泰《論藝術》）。儘管讀者對作品的體會有深有淺，但既可以單純地欣賞詞中描寫的景色，也可以通過自己的聯想而產生共鳴，收到作者意想不到的藝術效果。

自溫庭筠起至五代，花間派詞人們填詞以穠豔香軟爲基本特色，內容大都寫女人、相思之類。李煜的生活面很狹窄，作品中也以「春風」、「秋月」、「流水」、「落花」爲多，但他能用這些平常的詞組成素雅的語言，詠嘆自己的哀愁，刻畫委婉纏綿的情緻，開拓了新的境界，創造出花間派詞人們不能與之比擬的藝術珍品。《相見歡》所以寫得成功，這是一個重要的原因。李煜駕馭語言的本領能使人聯想到一位烹飪技術高明的廚師，用極其簡單的原料和調味品做出了色香味俱全的精美食品。雖然他沒有完全擺脫花間派的習氣，但同樣的詞彙在他筆下則顯得清麗疏淡，不落雕琢之痕，卽便有些字在他的作品中反覆出現，也仍舊很新鮮，絕不會使人感到乏膩。他常將自己的離愁別恨比作流水東去，寫得深入淺出，功力不凡，「人生長恨水長東」，「問君能有幾多愁，恰似一江春水向東流」，都成了千古傳唱的名句，有人曾經把它們和歐陽修的「離愁漸遠漸無窮，迢迢不斷如春水」作比較，認爲歐詞雖自然生動，但比之李煜，不免相形見絀。其他人也寫不過李煜，如秦觀的「便作春江都是淚，流不盡，許多愁」（《江城子》），李清照的「祇恐雙溪舴艋舟，載不動，許多愁」（《武陵春》），兩者都以流水來襯愁，不失爲上乘之作，但不免流露出纖巧的雕琢，不及李煜自然流暢，難怪後人說：「後主之詞，足當太白詩篇，高奇無匹。」（譚獻《譚評詞辯》）《相見歡》沒有突破李煜用字的習慣，用字極爲平常，但讀者却不能不爲其藝術魅力所折服。清人王國維反對將他列在溫庭筠、韋莊之下，對他的作品評價極高：「詞至李後主而眼界始大，感慨遂深，遂變伶工之詞而爲士大夫之詞。周介存置諸溫、韋之下，可謂顛倒黑白矣。『自是人生長恨水長東』、『流水落花春去也，天上人間』，《金荃》、《浣花》能有此氣象耶？」（《人間詞話》）這種看法的確有些道理，李煜後期的詞，調子大都傷感、低沉、消極，可謂「亡國之音哀以思」。但對他詞中所取得的藝術成就是無可非議的，正是由於這種感人的藝術力量，才使它們流傳至今，仍充滿了生命的活力。

（朱金城　朱易安）

# 相見歡

李　煜

無言獨上西樓，月如鈎。寂寞梧桐深院鎖清秋。　剪不斷，理還亂，是離愁。別是一般滋味在心頭。

李煜的這首《相見歡》是一首寫離愁的詞。它一開頭就讓讀者看到了詞中人的孤獨身影；接下去，二、三兩句摹畫其人所見之景，下半闋四句則表述其人所懷之情。

詞的起句「無言獨上西樓」，看似平鋪直敍，却在六個字中包含了三層意思：（一）這位詞中的主角是默默無言、無人共語的；（二）他是獨自一人、無人相伴的；（三）他登上了西樓，其對景傷懷的場所是在樓上。從這一人物上場的描寫，已可想見其處境之孤寂、心境之蕭索。這就爲整首詞所寫之景、所抒之情塗染上了一層凄涼黯淡的底色。

上半闋的後兩句緊承這一起句，寫「獨上西樓」後望見的樓外景物。「月如鈎」一句，點明時間是夜晚。這是仰望景、天空景，與謝逸《千秋歲》詞「人散後，一鈎淡月天如水」兩句所寫的意境相同，給人以凄涼之感，是使愁人添愁的景色。「寂寞梧桐深院鎖清秋」一句，點明季節是涼秋。這是俯視景、地面景。「寂寞」二字遙與首句的「無言」和「獨上」相綰合，如王國維在《人間詞話》中所說，是詞中人「以我觀物，故物皆着我之色彩」。這裏，不管是說梧桐寂寞，還是說庭院寂寞，衹不過是人的情感的移注。梧桐也好，庭院也好，無非作爲人的情感的化身而呈現。至於大地上的秋色，本無所不在，是鎖不住、關不牢的，而句中却用了一個「鎖」字，這也是詞中人「以我觀物」所產生的主觀印象。一則他的視線所及，局限在院內，因而感覺秋色也衹在院內；二則他自身被鎖在重門之內，因而感到秋色也被鎖在重門之內。其實，鎖閉的當然不是「清秋」，而是西樓上的人，是他的視界，是他的愁心。二、三兩句合起來看，這整幅畫面上所呈現的一鈎新月是這般慘淡，幾樹梧桐是這般寂寥，滿院秋色是這般淒清；而且，這一切似乎都在重門深鎖之內。這既是大自然的外在景象，也是詞中人的內心境界，物與我是相會相合、融爲一體的。到此，詞句中雖然還沒有出現愁字，但不言愁而愁自見，下面所要表達的離愁已經呼之欲出了。

詞的下半闋就進而點破題旨，直抒離愁。而這首詞之所以成爲千古傳誦的名篇，也正在於它對離愁所作的深入淺出的描述。上半闋所寫人物的形象以及秋夜的月色。深院的景物，都有形跡可求，有色相可見，還是易於攝取入詞的。說到離愁，則是無蹤無影、不可捕捉、難以言狀的。因此，一般詩詞往往借助比喻，以有形之物來喻無形之愁。羅大經指出：「詩家有以山喻愁者，杜少陵云『憂端如山來，澒洞不可掇』，趙嘏云『夕陽樓上山重疊，未抵春愁一倍多』是也。有以水喻愁者，李頎云『請量東海水，看取淺深愁』，李後主云『問君能有幾多愁，恰似一江春水向東流』，秦少游云『落紅萬點愁如海』是也。賀方回云『試問閒愁知幾許，一川煙草，滿城風絮，梅子黄時雨』，蓋以三者比愁之多也。」（《鶴林玉露》乙編卷一「詩家喻愁」條）這首詞下半闋的前三句「剪不斷，理還亂，是離愁」，用的也是比喻方法，但沒有點出作爲喻體的絲，是暗喻。因絲與思諧音，以絲喻相思、愁思，在詩歌中本是常見的，如無名氏《作蠶絲》曲「春蠶不應老，晝夜常懷絲」，李商隱《無題》詩「春蠶到死絲方盡」等句都是。從這三句詞的用語看，則出自《北史·齊文宣帝本紀》：「（神武）嘗令諸子，各使理亂絲。帝獨抽刀斷之曰：『亂者須斬。』」詞句就是借用此典，暗以絲作喻體，而深入一層，翻出新意。「剪不斷」句是說：離愁之縈繞心頭，有如絲之千頭萬緒，但絲還可以用快刀斬斷，離愁却是無法剪斷的。李白詩「抽刀斷水水更流，舉杯消愁愁更愁」（《宣州謝朓樓餞別校書叔雲》），范仲淹詞「都來此事，眉間心上，無計相迴避」（《御街行》），李清照詞「此情無計可消除，才下眉頭，却上心頭」（《一剪梅》），也都是寫愁思之難以割斷，無從解脫。「理還亂」句也是就「絲」立意。通常說心亂如麻，或說心中似一團亂絲，固然不失爲很好的比喻，這句則更進一步說：亂絲還可以理順，而離愁却愈理愈亂。這衹有在生活中對離愁眞有體驗、深有感受的人，才能說得這麼眞切、這麼深刻。

以上三句，雖然已經以淺顯的語言、簡短的字句，對抽象的離愁作了既眞切又深刻的描述。而就整首詞來看，寫得更眞切、更深刻的是它的最後添加的一句：「別是一般滋味在心頭。」這是一句不借助比喻的白描，似乎也並沒有說清楚離愁到底是什麼滋味，却如實道出了詞中人的極其複雜、極其微妙的內心感覺。對於所有嘗過離愁滋味的人來說，這是一種講不出、說不清的生活實感。要說它是苦澀的，固然可以；要說它是辛酸的，也未嘗不可。但它又化合了苦澀辛酸種種滋味，是苦澀辛酸種種滋味之外的另一種滋味。而由於有聚首時的歡樂，才有別離後的痛苦；那麼，這一滋味中也含有甜蜜的回味。這裏，衹能說「別是一般滋味」。這句話，其實本在人人心中，衹是從來無人道破，一經詞人拈出，就自會引起人人共鳴，成爲最確切的、更沒有別的話能代替的表述離愁的名句。王國維在《清眞先生遺事·尙論》中說：「若夫悲歡離合、羈旅行役之感，常人皆能感之，而惟詩人能寫之。故其入於人者至深，而行於世也尤廣。」又說：「一切境界……皆須臾之物。惟詩人能以此須臾之物鐫諸不朽之文字，使讀者自得之。遂覺詩人之言，字字爲我心中所欲言，而又非我之所能自言。此大詩人之秘妙也。」這首詞下半闋對離愁的描寫，特別是它的結拍一句之所以深入人心、千古不朽，其秘妙正在於此。

也有人聯繫李煜身經亡國之痛的遭遇來評析這首詞。如黃昇在《唐宋諸賢絕妙詞選》中說：「此詞最淒惋，所謂『亡國之音哀以思』。」劉永濟在《唐五代兩宋詞簡析》中定其爲「李煜降宋後作」，並說：「下半闋滿腹離愁，無語可以形容，故樸直說出。『別是』句尤爲沉痛。蓋亡國君之滋味，實盡人世悲苦之滋味無可與比者，故曰『別是一般』。」又指出其表面似「秋閨怨之詞（《白香詞譜》題此詞爲《秋閨》），因不敢明抒己情，而託之閨人離思也」。唐圭璋在《唐宋詞簡釋》中也說：「後主以南朝天子，而爲北地幽囚；其所受之痛苦、所嘗之滋味，自與常人不同。心頭所交集者，不知是悔是恨，欲說則無從說起，且亦無人可說，故但云『別是一般滋味』。」從這些評析，可以進一步尋釋、領會這首詞的內涵。

（陳邦炎）

# 虞美人

李　煜

春花秋月何時了？往事知多少！小樓昨夜又東風，故國不堪回首月明中。　雕欄玉砌應猶在，只是朱顏改。問君能有幾多愁？恰似一江春水向東流。

這首詞是詩人後期代表作之一。

據宋代王銍《默記》、清代沈辰垣《歷代詩餘·詞話》和張宗橚《詞林紀事》所引《樂府紀聞》，詩人之被宋太宗趙光義賜牽機藥毒死，卽與作此詞有關。《樂府紀聞》說，詩人歸宋後，「每懷故國，詞調愈工，其賦《浪淘沙》、《虞美人》云云，舊臣聞之，有泣下者。七夕在賜第作樂，太宗聞之，怒，更得其詞，故有賜牽機藥之事。」

因填詞而被賜死，正是因爲詞中眞實而深刻地抒寫了詩人失去故國的深哀巨痛。這種思想感情，和《浪淘沙》裏所描寫的，是相同的，但在表現手法上，却又有別。

在《浪淘沙》裏，詩人對他所追求、所懷念的內容，隱而不發，不作正面描寫，對現實的處境，也沒有

## 虞美人

直接點明。這首詞，不僅具體地指出了他所依戀的往昔的生活內容——「雕欄玉砌」的宮廷帝王生活，而且也明確地展示出他現在的思想感情——「愁」。詞中主要是通過對比手法，造成一種物是人非的境界，並通過這種境界來表達詩人的思想感情。全詞上下兩片，分爲三層。

上片是第一層，是從時間着眼，通過今昔對比、大自然的永恆不變與人事變化無常的對比，來抒發物是人非的感慨。

這首詞發端突兀，劈首拈出「春花秋月何時了」一句。「春花」和「秋月」，不都是美好的事物嗎？怎麼詩人却嘆問其「何時了」呢？在詩人看來，「春花」雖好，有開有謝；「秋月」雖明，有圓有缺，這不正如人事的變化無常嗎！更不用說別人，就說詩人自己吧，本來是有「四十年來」歷史和「三千里地山河」的江南富國——南唐——的一國之主，怎麼竟「一旦歸爲臣虜」，過起了「此中日夕，衹以眼淚洗面」的囚徒生活呢！而那「佳人舞點金釵溜，酒惡時拈花蕊嗅」（《浣溪沙》）、「笙簫吹斷水雲間，重按《霓裳》歌遍徹」（《玉樓春》）的豪華生活，却再也無緣享受了。正因爲這樣，就不能不使詩人見「春花」而傷情，望「秋月」而生悲。如果衹是「春花」一度，「秋月」偶現，或許還好些；可是，不，而是歲歲回春花相似，年年秋來月相同啊！隨着每一次的花開花落，月圓月缺，帶給詩人的又是什麼呢？衹能是綿綿無盡的長恨而已。這就是詩人對「春花秋月」這種在常人看來原是極其美好的事物，却發出「何時了」的強烈喟嘆的原因吧？

「往事知多少」，緊承起句，頓入「往事」的回憶。詩人雖「歸爲」趙宋的「臣虜」，但他畢竟不是做了階下囚還說「此間樂，不思蜀」的劉禪，他一方面承受着國破家亡的深哀巨痛，另一方面，他又不能忘情於過去的帝王生活。所以，儘管他已深深感悟到人事無常，唯恨長存，他還是陷入了對「往事」的沉痛回憶。但詩人並沒有具體地指述「往事」的內容。那原是不必要的，「知多少」三字卽已概括罄盡。試想，如果沒有像電影鏡頭那樣一幕幕閃現昔日生活的思想活動過程，這帶有強烈感嘆色彩的「知多少」三個字，是說不出來的。可以說，這三個字凝聚着詩人作爲一個亡國之君的全部身世之感。它看似很抽象，其實，它在表達詩人的感情活動方面，是具體的，形象的。

以上開首兩句，都是沉思中境界。起句是借物抒感，第二句是直接賦情，但感情活動的中介，還是起句的「春花秋月」。另外，第二句的「知多少」和起句的「何時了」相承應，不僅造成形式上的對應美，而且，更重要的是，它使上、下兩句形成一個完整而協調的感情境界，把詩人對於人生的獨特感受和他失去故國的深哀巨痛，緊密地聯繫起來。

歇拍兩句「小樓昨夜又東風，故國不堪回首月明中」，感嘆現實，轉入了身邊情事的描寫：昨天夜裏，小樓上又吹來一陣春風；在那皎潔的月光照耀下，回想起自己早已破滅的國家，精神上的巨大痛苦，實在是禁受不住啊！這裏，「小樓」句乃一景語，如果單從字面看，它不過依次點明了詩人的所在——「小樓」，時間——「昨夜」，節候——「又東風」，卽春天。但是，從全句所創造的感情境界看，却包含着更爲豐富的感情內容。先說「小樓」。過去，詩人作爲一國之主，住着聳接「霄漢」的「鳳閣龍樓」，如今降而爲囚，雖蒙宋主「賜第」，但也不過「小樓」一座，實爲囚室牢房而已。撫今追昔，兩相對比，自然會引起詩人對「故國」的懷念。所以「小樓」二字分明寄寓着詩人的無限感慨。其次，再說「東風」。東風吹來，大地回春，這種節候不是很好嗎？可詩人的感受却並非如此。詩人在開寶九年（九七六）正月被押解到宋都汴京，奉宋太祖詔，「白衣紗帽」至明德門樓下待罪，從此，開始了他的階下囚生活。因此，遇到這樣的節候，詩人自然會感喟萬端、痛苦難耐的。復次，再說「昨夜」。居於那樣的處所，又值那樣的節候，白天尙自難挨，何況是夜間呢——良宵恨短，苦夜愁長嘛。詩人在輾轉難寐的當兒，能不思前想後，愁腸百轉嗎？最後，再看那個「又」字。它在這裏，起着「化景物爲情思」（范晞文《對牀夜語》卷二）的重要作用，全句所包含的豐富內容和那種無比哀怨愁苦的感情境界，在一定意義上說，正是靠它才得以透露出來。特別是它和「東風」相搭配，除了直接揭示詩人對春天再次到來的嫌惡感情，還和起句相呼應，正見「何時了」的永無盡期。所以，這一「又」字，實在是關乎全句的一個關鍵性的字眼。總起來看，這一句曰「小樓」，曰「昨夜」，曰「又」，曰「東風」，都有詩人的感情背景，決非尋常景語所能比，它不衹寫出了詩人的現實處境，也寫出了詩人無比慘痛的愁苦心境。

「故國」句，直抒胸臆，眞切地展示出詩人懷念「故國」的悲痛感情。說「不堪回首」，其實，正見其已經「回首」，「不堪」是因爲「回首」的結果反彌增其痛，以致達到禁受不起的程度。另外，既是追懷「故國」，何以必曰「月明中」？因爲明月最容易牽動人們的故土之思和懷舊之情。「月是故鄉明」，囚居「小樓」的詩人見皓月當空，自然會引起他對昔日月下種種情事的更加深切的懷念和眷戀。然而，「月明」無殊，江山易主，一切都今非昔比了，一切都已成爲無可追挽的「往事」了。所以着「月明中」一語，就大大增強了「不堪回首」的感情分量。

以上是歇拍兩句，「小樓」句景中關情，感慨極深，慘痛之情溢於言表。「故國」句是觸景生感，感情的波濤決堤裂岸，奔湧而出，具有「搖動人心」的巨大藝術感染力。唐圭璋先生在《唐宋詞簡釋》中說「小樓」句「縮筆呑咽」，「故國」句「放筆呼號」，說得非常恰當，也極其精彩。

下片換頭兩句是第二層，是通過人事的變化與宮廷樓臺殿閣的不變的對比，抒發物是人非的感慨。

先看「雕欄玉砌應猶在」句。這一句承上片歇拍處的「故國」句而來。「雕欄玉砌」，從字面看，是指南唐宮殿，但實際上，它概括了南唐宮廷中整個豪華繁縟的生活環境。詩人原是醉心於這種生活環境的，所以在他回首「故國」情事時，自然要首先想到它是否存在。在詩人看來，它還應當存在着，不致遭到破壞。「應猶在」的「應」字，雖是揣想口吻，但它却眞切地表達出詩人對往昔那種豪華奢侈的生活環境的無比留戀。另外，它還透露着詩人無緣再看到那種生活環境的感慨。不是嗎？儘管它還存在着，但詩人現在却衹能去想象、去推測它的情形，親歷眼見，是再也沒有可能了。再看「衹是朱顏改」句。這一句寫人事的變化。「朱顏改」，包括兩層相互關聯的意思，一是自傷成了趙宋的階下囚，再也看不到他日夜眷戀着的「應猶在」的南唐故宮了；二是說生活在其中的已不再是當年「晚妝初了明肌雪，春殿嬪娥魚貫列」（《玉樓春》）的嬪娥宮女了，即使她們還有幸活在人間，肯定也會因爲人世間的滄桑巨變而「朱顏」頓改了。前邊的判斷語「衹是」，斬釘截鐵，和上句「應猶在」的「應」字恰成鮮明而強烈的對比，不衹見詩人的眞率，亦且見詩人的清醒。而唯其清醒，才越發感到失去故國的悲痛和愁苦，這就很自然地引出結末兩句。

「問君能有幾多愁，恰似一江春水向東流。」這最後兩句是全詞的第三層。這兩句自爲呼應，「沛然從肺腑中流出」，直接抒寫了詩人永無窮盡的哀愁。這是卓絕千古的喻愁名句，具有強烈的藝術感染力。它的成功，至少有這樣幾個方面：一是用高度的誇張和貼切的比喻，把抽象的愁情具體化，形象化；二是用「問君」句呼起，以「恰似」句應答，構成以句爲喻體的修辭格式，從而極大地豐富了詞句的內涵，不僅見愁之多，愁之深，更見愁之沛然莫御和永無窮期；三是喻中有景，以景烘情，創造出一種畫筆難到的闊大深遠的藝術境界；另外，它還照應了上片的「小樓昨夜又東風」一句，使上下片的聯繫更爲緊密。以上幾個方面，是從不同的角度來分析的，其實說到底，這兩句的成功，就在於它眞正藝術地展示出作爲一個不忘「故國」的亡國之君的眞實的、特殊的生活感受。

這首詞所表現的是一個亡國之君的思想感情。但是，由於詩人所感慨的是「故國不堪回首」，亦卽失國之後的痛定思痛，所以在客觀上，它又不單單是詩人個人的感情，它同時反映了某些處在逆境中特別是國破家亡的悲慘境遇中的人們所常有的感情特徵。另外，又由於這種感情是沉痛而眞摯的，是詩人和着血淚書寫出來的，所以它在歷史上，確曾引起過許多人——特別是那些失去故國或美好生活的人——的共鳴。儘管如此，它並不能激發人們爲擺脫逆境、重新贏得失去的美好事物而奮鬥，相反，由於它的情調過於哀怨低沉，還往往使人變得更加消沉起來。

在今天，這首詞眞正值得借鑒的，還是它的藝術技巧。詞中雖然通篇寫愁，但並不是平鋪直敍，並不給讀者一覽無餘的感覺，恰恰相反，它的每一個字都能抓住讀者。能取得這樣的藝術效果，首先是詩人能把「故國」「往事」和現實景況緊密地結合在一起，把感情的抒發和環境的描寫有機地交織在一起，不虛飾，不做作，把自己的眞實感受自然而然地展示出來，因此具有強烈的藝術感染力。其次，通過各種藝術手段，如工細的白描、鮮明的對比、有力的設問、貼切的比喻、高度的誇張等等，把抽象的生活感受具體化、形象化、質感化、具有使讀者感同身受的藝術魅力。第三，在語言上，從經過錘煉的口語入詞，清新樸素，概括力很強，卽使那些虛字，也都用得恰到好處，帶上了詩人強烈的感情色彩。至於謀篇布局，詩人並不刻意安排，而是自然

中見章法，流動中顯層次，賦起賦結，筆勢流暢。（張燕瑾　楊鍾賢）

# 浪淘沙

李　煜

簾外雨潺潺，春意闌珊。羅衾不耐五更寒。夢裏不知身是客，一晌貪歡。　獨自莫憑欄，無限江山。別時容易見時難。流水落花春去也，天上人間。

歷數古來偏安江南，以金陵爲都，國亡被擄的君主，共得四人。最早的是三國吳主孫皓，是個暴君；最後一個是南明福王朱由崧，是個昏君。兩人都和文學沒有什麼交涉。某餘兩個却是多才藝、擅詩文的降王，一爲南陳後主陳叔寶，一爲南唐後主李煜。陳後主不過是個荒嬉的庸主，僅將詩文作爲遊冶之具，《玉樹後庭花》之類無非是征歌逐酒的消遣之作，不是眞正寄情於吟詠；而且，「陳叔寶全無心肝」，作了降臣後也渾渾噩噩，不很感到亡國的慘痛，而失去了小朝廷的侈靡生活的資本後，連靡靡之音也寫不出來了。李後主却具有眞正的藝術家的氣質，不僅在江南繁華生活中所作的清詞麗句，不失爲五代詞人中的翹楚，國破後幽居汴京時所作的更是情深意迫，詞苦言婉，悔恨怨慕，悲切動人，篇篇如從肺腑中流出，堪稱一代絕作。

王國維在《人間詞話》中說：「詞至李後主而眼界始大，感慨遂深，遂變伶工之詞而爲士大夫之詞。」並盛讚「自是人生長恨水長東」，「流水落花春去也，天上人間」等句的「氣象」。王氏所謂「伶工之詞」，

浪淘沙

事實上是指「匠氣」，即以描畫見勝而不以意境見勝者；能以意境勝，才能含蘊甚深的感慨。他心目中的士大夫詞則反是。所謂「眼界」大，實即「氣象」大的另一種說法，前者爲主體，後者爲對象，兩者表現爲一種因果關係，氣象由眼界而來。但這些鑒評，還不夠具體，王氏最能抓住李後主詞精神的要害的，是說他「儼然有釋迦、基督擔荷人類罪惡之意」一語，即指李後主詞的感情容量之巨大。如果沒有這一巨大的感情容量，那末，李後主詞就衹須「亡國之音哀以思」一語足以了之。然而這話形容李後主詞顯然嫌不夠，人們覺得彷彿古今上下、全人類的痛苦都一股腦兒壓在他一個人身上，他所傾吐的是人人有份的悲辛。當他問：「問君能有幾多愁？」並答道：「恰似一江春水向東流」（《虞美人》）時，他絕不僅僅是自問自答，而是代表着天下有情人在問答。當他說：「別是一般滋味在心頭」（《相見歡》）時，他沒有也不能說出是什麼滋味，你，我，大家也說不出是什麼滋味，但因人而異，人人都能感受到某種難言的滋味。語言是貧乏的，他的詞裏載負着遠超過語言的東西。

就以這首《浪淘沙》的歇拍「流水落花春去也，天上人間」兩句言之，人人能知其意，但倘要確切、完滿、不顧此失彼而又不枯窘地解釋出來，却又很難，至少很費詞。這裏既非「凝煉」一詞所能形容，也非「感情的濃縮」一語所能道出眞相。人們衹能「以不解解之」了事。但詞境又是那樣明白，人們彷彿看到這可憐的詞人，五更夢回，寒雨潺潺，身世的哀愁，眼前的難堪，剎時都襲上心頭。夢裏一晌——可憐衹有一晌，而且衹有在夢裏——的貪歡洩漏了對失去的繁華的無限追懷，今昔之痛令人五內俱裂，比暮春的寒雨更侵人心骨，靈魂不禁爲之顫抖，遠遠超過可以託怨於羅衾者。一切苦難的根源就在於此身是喪失了故國的囚客。於是，千言萬語就集中迸發在下闋「無限江山」的「別時容易見時難」的沉痛嘆息上。此時此刻所感受的，確是水盡花杳，天上人間都已春意全無了。一般認爲此詞是李後主的絕筆，從情調看，是合於邏輯的。

換頭「獨自莫憑欄，無限江山」兩句，不僅以氣象勝，更在於以嗟悼的自誡呈迸出記憶中的恢宏氣象。後來如范仲淹的「明月樓高休獨倚」，辛棄疾的「休去倚危欄，斜陽正在煙柳斷腸處」，均脫胎於此，但不僅氣象不逮，內涵也遠遜李煜的深廣。「無限江山」，表明任何具體的景象代替都已顯得瑣碎無力，不復能盡情，而又不足以包括任何眼底心頭可能呈現的一切景象。「無限江山」，是詞人夢裏得以一晌貪歡的依據，也是「別時容易見時難」的對象。於是換頭兩句就天衣無縫地綰連了上下片，不論字面上和意象上都一直貫到末句的「天上人間」。「無限江山」，正是和作爲君王的他的命運相始終的一切，然而如今已經失落，不可復得。這眞是一聲嘔出生命來的深沉嘆息。

因此人們能從「流水落花春去也」的悼惜中，聽出無限的往事，無限的人世變故，無限的悲歡血淚的翻騰，這才終於淡化出這一聲儼然是超脫塵世了的嘆息。吞噬生命的大痛苦竟然以傷春悲秋式的淡淡的惆悵出之，如果用王國維的基督的比喻，則可以形容爲神之子在十字架上的冷靜的微笑。相形之下，晏殊那點「無可奈何花落去」的小兒女式的哀婉，就顯得分量太輕，不值一提了。

（何滿子）

## 浪淘沙

李　煜

往事祇堪哀，對景難排。秋風庭院蘚侵階。一桁珠簾閒不捲，終日誰來！　金鎖已沉埋，壯氣蒿萊。晚涼天靜月華開。想得玉樓瑤殿影，空照秦淮。

這首詞始見於南宋無名氏輯本《南唐二主詞》，從沒有人懷疑過它的著作權。近人往往先給李煜定了調，說他是「婉約」派，然後認爲這首詞的風格既然比較「豪放」，那麼它想必不是李煜的作品。有人還認爲

浪淘沙

這首詞像署名岳飛的《滿江紅》，是「代古人立言」，未必出於李煜本人手筆。我覺得這些意見都缺乏強有力的根據。從創作風格看，它同李煜後期寫的《虞美人》和另一首《浪淘沙》等詞並無很大差異，都是直抒胸臆，一氣呵成之作。唯一可懷疑的就是這首詞有一句「壯氣蒿萊」，而人們又往往把「壯氣」與「壯志」混爲一談，以爲李煜怎會有什麼「雄心壯志」，於是便認定此詞非李煜所作。其實「壯氣」並不等同於「壯志」，更不是說李煜自己。下文自會談到。

這首詞的主旨一上來就開門見山地道破，即「往事堪哀」、「對景難排」這八個字。「景」指眼前景物，正對「往事」而言，而「往事」又與今日之處境兩相映照，昔日貴爲天子，今日賤爲俘虜，這簡直有九天九地之差。但作者心中有一點是十分清楚的：今生今世，再也過不成當年小朝廷安富尊榮的享樂生活了。也就是說，「往事」除了「堪哀」之外，再無捲土重來的機會。所以第一句下了個「衹」字，「衹」者，獨一無二，除此再無別計之謂也。古人說「哀莫大於心死」，偏偏這個已經「歸爲臣虜」的降皇帝心還沒有死透，相反，他對外界事物還很敏感，無論是春天的「小樓昨夜又東風」，還是秋涼時節的「庭院蘚侵階」、「天靜月華開」，他都在思想中有反應。這樣一來，內心的矛盾糾葛當然無法解除，衹能以四字概括之——「對景難排」。作者在詞中所描寫的「景」實際衹有兩句，即上片的「秋風庭院蘚侵階」和下片的「晚涼天靜月華開」；上一句畫景，下一句夜景。「蘚侵階」即《陋室銘》中的「苔痕上階綠」，表示久無人跡來往，連階上都長滿了苔蘚，眞是死一般的岑寂。作者對此既然感到「難排」，便有心加以「抵制」。「抵制」的方式是消極的，檐前那一長列珠簾連捲也不捲，乾脆遮住視線，與外界隔絕。當然，珠簾不捲並非絕對的，否則作者怎麼會看到「秋風庭院」和「晚涼天靜月華開」呢？這一句實在是作者的表態，用這樣的手法逼出了下面四個字：「終日誰來」！既然連個人影都見不到，我還捲簾幹什麼呢？但讀者會問：「蘚侵階」既已寫出久無人跡，又說「終日誰來」，豈不疊牀架屋？我說，也重複也不重複。李煜後期的詞大都直抒襟抱、不避重複，如《子夜歌》(人生愁恨何能免)衹是一層意思反覆地說下去，此詞亦近之。但也不盡重複，而是用這一句配合「一桁」句來刻畫自己內心的複雜矛盾的。因爲死寂的環境和蕭索的景象是客觀存在，絕對不以個人主觀意志爲轉移。作者一方面採取「一桁珠簾閒不捲」的無可奈何的辦法來消極「抵制」，另一方面却仍存希望於「萬一」：或許竟然有個人來這裏以慰自己的岑寂吧。不說「不見人來」而說「終日誰來」，字面上是說終日誰也不來，骨子裏却含有萬一有人來也說不定的希冀心理在內。這就與「蘚侵階」似重複而實不重複了，蓋一寫實際景物，一寫心理活動也。

既然眼前和將來的客觀現實是沒有任何出路可言的了，自己在悲觀絕望之餘，衹有流連當日在金陵小朝廷時的光景，於是下片轉入對「故國」的沉思。這也是李煜這個特定人物在特定環境下的邏輯必然。而沉思的結果，依然是荒涼蕭索，寂寞消沉。但這是想像中的產物，比眼前實際更虛幻，因而感情也就更淒涼哀怨。「金鎖」的「鎖」也通作「瑣」。王逸《楚辭章句》：「瑣，門鏤也，文如連瑣。」「金鎖」即雕鏤在宮門上的金色連鎖花紋。鹿虔扆《臨江仙》：「金鎖重門荒苑靜，綺窗愁對秋空」。「金鎖重門」與「綺窗」對言，互文見義。這裏的「金鎖」即作爲南唐宮闕的代稱。「金鎖沉埋」，指想象中殿宇荒涼，已爲塵封土掩。「壯氣」，猶言「王氣」，本指王者興旺的氣象（或氣數）。《太平御覽》卷一七〇引《金陵圖》云：「昔楚威王見此有王氣，因埋金以鎮之，故曰金陵。秦併天下，望氣者言江東有天子氣。鑿地斷連岡，因改金陵爲秣陵。」這裏的「金鎖」兩句，正如劉禹錫詩所說的「金陵王氣黯然收」。一本作「金劍」亦通。俞平伯先生《唐宋詞選釋》註此二句舉《史記·吳太伯世家》裴駰《集解》引《越絶書》：「闔閭冢在吳縣昌（閶）門外……扁諸之劍三千，方員之口三千，盤郢魚腸之劍在焉。」並云：「這裏借古事說自己亡國的痛苦。」又云：「『壯氣』」與上『金劍』連，暗用豐城劍氣，見《晉書·張華傳》」。可見不論作「鎖」或「劍」，這兩句都是寫亡國之痛，說明當年偏安一隅的那點氣數已盡，舊時宮苑久已蒿萊沒徑，不堪回首了。然而秋夜晴空，月華如洗，當年那種「歸來休放燭花紅，待踏馬蹄清夜月」（李煜《玉樓春》）金粉豪華的生活固然一去不返，而面對着大好秋光，無邊月色，不禁爲映照在秦淮河上的「玉樓瑤殿影」抛一掬酸辛之淚，這裏面有悔恨，有悵惘，百無聊賴而又眷戀無窮。末句着一「空」字，正與開篇第一句的「衹」字遙相呼應，在無比空虛中投下了無比淒惶。這正是作者在《虞美人》中「雕欄玉砌應猶在，衹是朱顏改」的另一寫法。那一首說宮殿猶存，人已非昨；這裏却説連玉樓瑶殿也該感到孤寂荒涼了吧。此詞雖無彼之激越清醇，而沉痛哀傷則過之。正當與彼詞比照而觀，却不宜以彼廢此也。

總之，由於李煜的社會地位驟然改變，他的詞也產生了一個突變，從摹寫香豔柔靡的宮闈瑣事一變而爲抒發家國的興亡之恨。縱使打着亡國帝王的階級烙印，畢竟大大開拓了詞的境界。我們既不能因人廢言，置李煜在詞壇的高度成就於不顧；同時也要指出其哀傷悲痛有餘而剛勁雄渾不足，在詞的發展過程中還有待於兩宋作家的再接再厲。這也是一分爲二吧。

（吴小如）

# 敦煌曲子詞·菩薩蠻

枕前發盡千般願：要休且待青山爛。水面上秤鎚浮，直待黄河徹底枯。　白日參辰現，北斗迴南面。休即未能休，且待三更見日頭。

《菩薩蠻》，崔令欽《教坊記·曲名表》已見著録。崔令欽，與李白友善，足證這個調名早在盛唐時代就已出現，並且還流播到了京師教坊。

這首歌辭被抄録在敦煌寫卷斯四三三二粗黄紙上。它的背面記有：「壬午年三月卅日，龍興寺僧願學於乾元寺……」等字樣。龍興寺，是敦煌大刹之一。根據陳垣《二十史朔閏表》和董作賓《中國年曆總譜》推算起來，這裏的「壬午年」應指唐德宗貞元十八年（八〇二）。有人以爲指天寶元年（七四二），不確，因爲那年三月僅有二十九天。按照敦煌寫卷的通例，卷子背面的文字較卷面晚出。由此看來，這首歌辭的寫作時間雖不一定在開元、天寶年間，但也不會晚於貞元十八年。

在我國璀璨無比的古典文學寶庫裏，以婚姻愛情爲主題的作品佔有十分顯眼的地位。它們從不同的角度展現出人類婚姻愛情生活歷程中的典型感受。我們知道，最初的階級壓迫是同男性對女性的奴役同時發生的。在宗法社會裏，婦女已因男性的支配而淪於任人凌辱的地位。《大戴禮・本命》篇露骨地宣稱：「婦，伏於人也。」《白虎通・嫁娶》也說：「陰卑不得自專，就陽而成之。」「婦者，服也，服於家事，事人者也。」婦女所處地位的卑微由此也就可以概見了。在婚姻問題上，女子更被套上了重重枷鎖，成了痛苦和不幸的直接承擔者。恩格斯在《家庭、私有制和國家的起源》中曾一針見血地指出：「一夫一妻制從一開始就具有了它的特殊的性質，**祇是對婦女**而不是對男子的一夫一妻制。」（着重號是原有的）「凡在婦女方面被認爲是犯罪並且要引起嚴重的法律後果和社會後果的一切，對於男子却被認爲是一種光榮，至多也不過被當做可以欣然接受的道德上的小污點。」正因爲如此，在這類古典名著中，婦女慘遭棄逐的哀歌無論在數量上還是在感人的強度上都遠遠超過了溫情繾綣的戀歌。

這首歌辭乍看起來，彷彿是男女以身相許，「之死靡它」的誓詞。讀到它，人們很容易聯想到漢樂府《上邪》：「上邪！我欲與君相知，長命無絕衰。山無陵，江水爲竭，冬雷震震，夏雨雪，天地合，乃敢與君絕。」「詩要避俗，更要避熟。」（劉熙載《藝概》）如果說，這首歌辭的立意果眞和《上邪》雷同，那麼充其量不過等同於另一首敦煌曲子《山花子》：「西江水竭南山碎，憶你終日心無退。」而無須乎刮目相看。

這首歌辭發調不凡：「枕前發盡千般願」，擒住讀者的注意力。接着，信誓旦旦，一口氣列舉了青山爛、黃河枯、秤錘水上浮、白日參辰現、北斗迴南面、三更見日等等六件斷乎不會出現的反常現象，指天發誓，以超極的物象表達至極的感情，化虛爲實，逗人置信。加之以「要休且待」、「直待」，「休卽未能休，且待」等詞語聯綴其間，強化語氣，起誓人以迅疾的旋律、激切的口吻，贏得了對方的信任。至於如何結局，却未道及，戛然而止，爲讀者留下了馳騁想像的空間。若要探究其意蘊所在，則有待人們款款尋味，吟咀再三。仁者見仁，智者見智，推得的結論也許會截然相反。俞平伯先生説：「這篇疊用許多人世斷不可能的事作爲比喻，和漢樂府《上邪》相似。但那詩山盟海誓是直説；這裏反説，雖發盡千般願，畢竟負了心，却是不曾説破。」（《唐五代詞選釋》）同中有異。俞先生鞭辟入裏，揭示了歌辭的底蘊意向。它與《上邪》的區別正在於：一是反説，一是直説。「信誓旦旦」，徒托空言，乃是「二三其德」的僞君子所慣用的伎倆。早在《詩經》時代就已對這一類型的負心漢作過無情的揭露和有力的鞭撻。本篇則對儇薄寡信者始亂終棄的卑劣行徑提出了指控。作者痛定思痛，隱寓着早知今日、悔不當初之慨。衹是在表現形式上深文隱蔚，餘味曲包。可以説，它深得了「不着一字，盡得風流」的妙諦。

當然，作爲早期的民間歌辭自有其草創時期的胎痕在，顯得比較原始和質樸。多用襯字，就是一個顯證。按照《菩薩蠻》詞譜定格，上片七、七、五、五，下片五、五、五、五。而本篇却是上片七、七、六、七，下片五、五、五、七。原來上片第三句中的「上」、第四句中的「直待」，和下片第四句中「且待」都是襯字。這些襯字是爲表情足意而設，它跟爲調諧音律而增添的「和聲」、「虚聲」、「泛聲」、「散聲」顯然有别。

此外，如「浮」、「枯」二字按方言相叶以及同一字詞之在一首詞中重複出現，也都反映出早期歌辭尚未定型化，在格律化要求方面遠非後來那麼嚴格的情况。

（黄進德）

# 敦煌曲子詞·鵲踏枝

叵耐靈鵲多謾語，送喜何曾有憑據。幾度飛來活捉取，鎖上金籠休共語。　比擬好心來送喜，誰知鎖我在金籠裏，欲他征夫早歸來，騰身却放我向青雲裏。

詞這種文學樣式可以説是擅長於表現男女閨情的，不過，像無名氏的敦煌曲子詞《鵲踏枝》（叵耐靈鵲多謾語）這樣的作品，即使在詞作中也並不多見：它捨棄了通常賦、比、興手法的運用，避開了作者感情的直接抒發，却巧妙地實寫了少婦和靈鵲的兩段心曲。正是這兩段似乎平常的心曲，不僅有機地構成全詞上、下兩片的渾然一體，而且突現了它那剛健清新、妙趣橫生的藝術特色。之所以會這樣，原因是多方面的，但同作者純熟地運用了擬人化手法却不無關係。

將物擬人，這本是文學表現上極常見的藝術手法，遠在《詩經》時代就已經出現了，可在詞學領域，却不能不首推這闋《鵲踏枝》。而且，它在詞作中一經運用，竟然能如此不事雕飾、樸素自然、逼眞入微、情趣橫溢，因而也就顯得尤其難得了。這一場小小的衝突，雖然發生於少婦和靈鵲之間，却完全具有人和人之間的性質、意義。上片顯然出自少婦的口吻：誤以爲靈鵲説謊，便把它捉來鎖進籠中，不再同它講話。這裏通過少婦的想象、行動、賦予了靈鵲以人的思想、行爲、使之人格化了，下片則轉換了一個敍述角度，讓靈鵲講話：我好心準備來報喜，那知却把我鎖在金籠裏，但願她那出征的丈夫早日歸來，那時就會放我到天空飛翔去了。

這就不僅僅是少婦對靈鵲的猜想，而且是通過對靈鵲內心世界的直接披露，完成了它的「人化」。正是這種擬人化的運用，才使得這一闋民間小詞具有特殊的韻味。

有人說，這上、下片之間是少婦和靈鵲的問答或對話，這說法恐怕不確，實際上倒更像二者的心理獨白或旁白，這不僅從語氣和情理上看，它們之間不必也不像對話。而且，早期的詞是入樂的，它通過演唱者的歌聲訴諸人們的聽覺，以口頭藝術特有的聲調語氣，使用獨白或旁白，是易於表現主人公的心理態勢，以至於表達主題思想的。上片在於表明少婦的「鎖」，下片在於表明靈鵲的要求「放」，這一「鎖」一「放」之間，已具備了矛盾的發展、情節的推移、感情的流露、心理的呈現、形象的塑造，這也就完成了藝術創作的使命，使它昇華爲一件藝術品了。

靈鵲報喜是我國固有的民間風俗。《開元天寶遺事》中有「時人之家，聞鵲聲皆以爲喜兆，故謂靈鵲報喜」的記載，《古禽經》中也有「靈鵲兆喜，怪鵬塞耳，鵲噪則喜之」的描述，這都透露了此種民間風俗的消息。不過，將靈鵲的噪叫當作喜事來臨的預報，畢竟衹是一種相沿而成的習俗、觀念，它本身並不見得合理，因而也就往往難以應驗。而作者採用這一習俗入詞，正是覷着了它的「跛腿處」而有意生發，其目的還在於表現少婦思夫不得而對靈鵲的遷怒。於是，不合理的習俗倒構成了合理的故事情節，而且也由此增強了詞作的生活氣息和眞實感。這眞有如點鐵成金的魔棒，有此一項，頓時使全詞發生了奇妙的變化，給了兩段普通的心曲以光彩、活力、生命，詞作活起來了。

文學作品的活與不活，取決於社會基礎的深淺、生活氣息的強弱、藝術表現的高低，那是一個複雜的文學理論問題，我們不能在這裏討論，不過，與此有關而又是本詞特點的兩點，我們却又不能不稍作申論。一是心理描寫上的逼眞入微。上片用少婦對靈鵲的遷怒、懲罰，反映了一個空閨盼夫的少婦的渴念、急切、失望、怨懟，下片用靈鵲的表白，寫出了它的善良、委屈、同情、願望，而且前後呼應，相互補充，把兩副赤裸裸的心腸擺在讀者的面前，讓讀者觸摸到它們激烈的跳動，看到了它們的細微的回環！二是藝術風格上的含蓄蘊藉。這不僅是指在全詞中絲毫不直寫少婦的思念，而且是指它用委婉的方式，若隱若現、欲言又止、發人聯想地去表達所要表達的內容，從而又使人感到全詞都貫穿着少婦的思念。北朝民歌的「老女不嫁，踏地呼天」，以及敦煌曲子詞的「枕前發盡千般願」，它們所表達的那種出自肺腑的決絕的呼喚，自然不見於這闋《鵲踏枝》，但是，誰又能說它所蘊藉着的感情暗流不足以同它們相比呢？而且，從藝術欣賞上講，直接而強烈的呼喚，固然能給人以心靈上的震動，引起人們的強烈共鳴，可委婉而含蓄的暗示，却往往能啓人心扉，發人聯想，給人回味，讓人掩卷之後仍然感到餘音猶在、餘味無窮。它的感人不在於如何強烈，追求的衹是藝術上的雋永。描寫細微方能形象、眞實，風格含蓄才會深沉、感人，《鵲踏枝》那盎然的生氣正是同這種描寫方法和風格特點相關的。

重現於敦煌石窟的這闋詞作，它的作者已經無從查考了，從它所保持的清新、活潑、通俗化、口語化等特點看來，當是一闋民間創作，它同另外的二十九闋詞作，共同構成了一幅民間詞創作的絢麗畫卷，不僅使我們從中得以窺見早期詞作的思想內容和藝術形式及其特點，而且再一次生動地證明「歌、詩、詞、曲，我以爲原是民間物（「魯迅語」）和「在人民的創作中，蘊藏着無限的財富」（高爾基語）等等論斷的正確性。

（魏同賢）

## 菩薩蠻

無名氏

平林漠漠煙如織，寒山一帶傷心碧。暝色入高樓，有人樓上愁。

玉梯空佇立，

菩薩蠻

宿鳥歸飛急。何處是歸程？長亭連短亭。

一

此詞相傳李白作。南宋黃昇《唐宋諸賢絕妙詞選》及時代不明之《尊前集》皆載之，其後各家詞選多錄以冠首，推爲千古絕唱。至近人則頗有疑之者。據唐人蘇鶚《杜陽雜編》等書，《菩薩蠻》詞調實始於唐宣宗時，太白安能前作？惟此說亦有疑點，緣崔令欽之《教坊記》已載有《菩薩蠻》曲名，令欽可信爲唐玄、肅間人也。

考此詞之來歷，北宋釋文瑩之《湘山野錄》云：「『平林漠漠煙如織，寒山一帶傷心碧，暝色入高樓，有人樓上愁。玉梯空佇立，宿鳥歸飛急。何處是歸程，長亭連短亭。』此詞不知何人寫在鼎州滄水驛樓，復不知何人所撰，魏道輔泰見而愛之，後至長沙得古集於子宣內翰家，乃知李白所作。」（以上據《學津討源》本。《詞林紀事》引《湘山野錄》，「古集」作「古風集」。）倘文瑩所記可信，則北宋士大夫於此詞初不熟悉，決非自來傳誦人口者，魏泰見此於鼎州（今湖南常德）滄水驛樓，其事當在熙寧、元豐間（約一〇七〇），後至長沙曾布處得見藏書，遂謂李白所作。所謂《古風集》者，李白詩集在北宋時尚無定本，各家所藏不一，有白古風數十篇冠於首，或卽以此泛指李白詩集而言（如葛立方《韻語陽秋》云「李太白古風兩卷，近七十篇」云云），或者此「古集」或「古風集」乃如《遏雲》、《花間》之類，是一種早期之詞集，或者此「古集」泛指古人選集而言，不定說詩集或詞集，今皆不可知矣。

李白抗志復古，所作多古樂府之體制，律絕近體已少，更非措意當世詞曲者。卽後世所傳《清平調》三章，出於晚唐人之小說，靡弱不類，識者當能辨之。惟其身後詩篇散佚者多，北宋士大夫多方搜集，不遑考信。若通行小曲歸之於李白者亦往往有之。初時疑信參半，尙在集外，其後闌入集中。沈括《夢溪筆談》云：「小曲有『咸陽沽酒寶釵空』之句，云是李白所製，然李白集中有《清平樂詞》四首，獨欠是詩，而《花間集》所載『咸陽沽酒寶釵空』乃云張泌所爲，莫知孰是。」沈括與文瑩、魏泰皆同時，彼所見李白集尙僅有

《清平樂詞》四首。此必因小説載李白曾爲《清平調》三章，好事者遂更以《清平樂詞》四首歸之。其後又有「咸陽沽酒」，「平林漠漠」，「秦娥夢斷」等類，均托名李白矣。至開元、天寶時是否已有《菩薩蠻》調，此事難説。觀崔令欽之《教坊記》所載小曲之名多至三百餘，中晚唐人所作詞調，幾已應有盡有，吾人於此，亦不能無疑。《教坊記》者乃雜記此音樂機關之掌故之書，本非如何一私家專心之撰述，自可隨時增編者。崔令欽之爲唐玄宗、肅宗間人，固屬不誣，惟此書難保無別人增補其材料也。故其所記曲名，甚難遽信爲皆開元、天寶以前所有。

明胡應麟《少室山房筆叢》，疑相傳之《菩薩蠻》、《憶秦娥》兩詞皆晚唐人作嫁名太白者，頗有見地。此詞之爲晚唐抑北宋人作，所不可知，惟詞之近於原始者，內容往往與調名相應。《菩薩蠻》本是舞曲，《宋史·樂志》有菩薩蠻隊舞，衣緋生色窄砌衣，冠卷雲冠，或卽沿唐之舊。《杜陽雜編》謂「危髻金冠，瓔珞被體」，或亦指當時舞者之妝束而言。溫飛卿詞所寫是閨情，而多言妝束，入之舞曲中，尚爲近合。若此詞之闊大高遠，非「南朝之宮體」、「北里之倡風」（此兩句爲《花間集序》中語，實道破詞之來歷，晚唐、五代詞幾全部在此範圍之內），不能代表早期的《菩薩蠻》也。至胡應麟謂詞集有《草堂集》，而太白詩集亦名《草堂集》，因此致誤，此説亦非。詞集有稱爲《草堂詩餘》者乃南宋人所編，而此詞之傳爲李白，則北宋已然。北宋士大夫確曾有意以數首詞曲嫁名於李白，非出於詩詞集名稱之偶同而混亂也。

《湘山野錄》所記，吾人亦僅宜信其一半。載有此詞之《古風集》僅曾子宣有之，沈存中所見李白詩集卽無此首，安知非卽子宣、道輔輩好奇謬説。且魏道輔不曾錄之於《東軒筆錄》中，文瑩又得之於傳聞。惟賴其記有此條，使吾人能明白當時鼎州驛樓上曾有此一首題壁，今此詞既無所歸，余意不若歸之於北宋無名氏，而認爲題壁之人卽爲原作者。《菩薩蠻》之在晚唐、五代，非溫飛卿之「弄妝梳洗」，卽韋端己之「醇酒婦人」，何嘗用此檀板紅牙之調，寄高遠闊大之思，其爲晚出無疑。若置之於歐晏以後，柳蘇之前，則於詞之發展史上更易解釋也。

二

「平林」是遠望之景。用語體譯之，乃是「遠遠的一排整齊的樹林」，此是登樓人所見。我們先借這兩字來說明詩詞裏面的詞藻的作用，作爲最初了解詩詞的基本觀念之一。樂府、詩、詞，其源皆出於民間的歌曲，但文人的製作不完全是白話，反之，乃是文言的詞藻多而白話的成分少，不過在文言裏夾雜些白話的成分，以取得流利生動的口吻而已。詞曲是接近於白話的文學，但衹有最初期的作品如此，後來白話的成分愈來愈少，成爲純粹文言文學。而且民間的白話的歌曲雖然也在發展，因爲不被文人注意採集，所以我們不大能見得到。晚唐、五代詞流傳下來的也都是文人的製作，眞正的民歌看不到多少。「平林」是文言，不是白話，是詩詞裏面常用的「詞藻」。

在白話裏面說「樹林」，文言裏面衹要一個「林」字。何以文言能簡潔而白話不能，因文字接於目，而語言接於耳，接於目的文字可以一字一義，如識此字，卽懂得這一個字所代表的意義。接於耳的語言因爲同音的「單語」太多，要做成雙音節的「詞頭」，方始不致被人誤解。如單說「林」，與「林」同音的單語很多，你說「樹林」，人家就明白了。所以在白話裏面實在以雙音節的詞頭作爲單位的。（關於這一點，我們僅就中古以來的中國語而言，上古的情形暫不討論）現在的問題是：在文言裏面固然可以單用一個「林」字表達「樹林」的意思，但是樂府詩詞是模倣民歌的，在民間的白話裏既然充滿了雙音節的單位，那末在詩詞裏面爲滿足聲調上的需要，也應該充滿雙音節的單位的。文人既不願用白話作詩詞，他們在文言裏面找尋或者創造雙音節的詞頭，於是產生「春林」、「芳林」、「平林」等等的「詞藻」。我們暫時稱這些爲「詞藻」（古人用「詞藻」兩字的意義很多，這裏暫時用作特殊的意義），假如科學地說，應該稱爲「文言的詞頭」。這些「詞藻」和白話裏的「詞頭」相比，音節是相同的，而意義要豐富一點，文人所以樂於用此者亦因此故。所以把「平林」兩字翻譯出來，或者要說「遠遠的一排整齊的樹林」這樣一句囉嗦的話，而且也不一定便確切，因爲當初中國的文人根本卽在文言裏面想，而不在白話裏面想之故。

何以中國的文人習用文言而不用他們自己口說的語言創造文學，這個道理很深，牽涉的範圍太廣，我們

## 無名氏

### 菩薩蠻

在這裏不便深論。要而論之，中國人所創造的文字是意象文字而不用拚音符號（一個民族自己創造的文字，應該是意象文字，借用外族的文字方始不得不改爲拚音的辦法），所以老早有脫離語言的傾向。甲骨卜辭的那樣簡短當然不是商人口語的忠實的記錄。這是最早的語文分離的現象，由意象文字的特性而來，毫不足怪。以後這一套意象文字愈造愈多，論理可以作忠實記載語言之用，但記事一派始終抱着簡潔的主張，願意略去語言的渣滓。衹有記言的書籍如《尙書》、《論語》中間有純粹白話的記錄。而《詩經》是古代的詩歌的總匯，詩歌是精練的語言，雖然和口頭的說話不同，但《詩經》的全部可以說是屬於語言的文學。所以在先秦的典籍裏實在已有三種成分，一是文字的簡潔的記錄，二是幾種佔優勢的語言如周語、魯語的忠實記錄，三是詩歌或韻語的記錄。古代的方言非常複雜，到了秦漢的時代，政治上是統一了，語言不曾統一，當時並沒有個國語運動作爲輔導，衹以先秦的古籍教育優秀子弟，於是卽以先秦典籍的語言作爲文人筆下所通用的語言，雖然再大量吸收同時代的語言的質點以造成更豐富的詞彙（如漢代賦家的多采楚地的方言），但文言文學的局面已經形成，口語文學以及方言文學不再興起。以後駢散文的發展我們且不說，樂府詩詞的發展是一方面在同時代的民歌裏採取聲調和白話的成分，一方面在過去的文言文學裏採取詞藻的。文言的詞彙因爲是各時代各地方的語言的質點所歸納，所以較之任何一個時代、一個地方的語言要豐富。歷代的文人卽用文言來表情達意，同時，眞實的語言或方言，從秦漢到唐代一千多年，始終沒有文人去陶冶琢磨，不曾正式採用作爲文學的工具，所以停留在低劣和粗糙的狀態裏，不足作爲高度的表情達意的工具的。宋元以後方始有小說家和戲曲家取來作一部分的應用。

文言的性質不大好懂。是意象文字的神妙的運用。中國人所單獨發展的文言一體，對於眞實的語言，始終抱着若卽若離的態度。意象文字的排列最早就有脫離語言的傾向，但所謂文學也者要達到高度的表情達意的作用，自然不衹是文字的死板的無情的排列如圖案畫或符號邏輯一樣；其積字成句，積句成文，無論在古文，在詩詞，都有它們的聲調和氣勢，這種聲調和氣勢是從語言裏摹倣得來的，提煉出來的。所以文言也不單接於目，同時也是接於耳的一種語言。不過不是眞正的語言，而是人爲的語言，不是任何一個時代或一個地方的語言，而是超越時空的語言，我們也可以稱爲理想的語言。從前的文人都在這種理想的語言裏思想。至於一般不識字的民衆不懂，那他們是不管的。

詞人的語言卽用詩人的語言。不過詞最初是從宮體詩發展出來，到了兩宋的詞人雖然已把詞的境界擴大，但到底不能比詩的領域，所以詞人也衹用了詩的詞匯的一部分。此外詞人又吸收了唐宋時代的俗語的質點，因爲詞的體製卽是摹倣唐宋時代的民間的歌曲的。

上文說到白話裏面充滿了雙音節的詞頭，所以詩詞裏面也充滿了雙音節的單位。我們不說「山」而說「高山」，不說「水」而說「流水」，不說「月」而說「明月」，那「高」、「流」、「明」等類字眼，在文法上稱爲形容詞，或附屬詞，是加於名詞之上以限制或形容名詞的意義的。但如上面所舉的例，它們限制或形容的意義是那樣地薄弱，衹能說幫助下一個名詞以造成一個雙音節的單位而已。「平」字也是幫助「林」字以造成雙音節的，但意義上不無增加。假如我們要在「林」字上安放一個字而不增加任何意義，衹有「樹」字。如說「青林」就帶來一點綠色，說「芳林」就帶來一點花香。有些帶來的意義我們認爲是需要的，有些我們認爲是不需要的。因此就有字面的選擇。「平」字帶來了「遠遠的」、「整齊的」的印象，此正是登樓人所見之景，亦卽是詞人所要說的話，所以我們說他用字恰當。

我們說他用字恰當，有兩種意義。一是說作者看見遠遠的一排整齊的樹林，很恰當地用「平林」兩字表達出來。二是說他對於文字上有素養，直覺地找到這兩個好的字面，或者他曾用過推敲的工夫，覺得「平林」遠勝於別的什麼「林」。這是兩種不同的文藝創作的過程，前者是先有意境找適當的文字來表達，後者是以適當的文字來創造意境。讀者或者認爲前者是文藝創作的正當過程，後者屬於文字的技巧，其弊必至於堆砌造作：寫景必須卽目所見，方爲不隔的。但也未必盡然。以卽目所見而論，詩人（我們說詩人也包括詞人在內）看見一帶樹林，他可以有好幾個看法，以之寫入詩詞，可以有好幾種說法。譬如着重它的名目，可以說「桃林、楓林」，着重它的姿態和韻味可以說「平林」、「遠林」、「煙林」、「寒林」之類，着重當時的時令可以說「春林」、「秋林」。都是卽目所見，但換一個字面卽換一個意境，在讀者心頭換了一幅心畫。詩人要把刹那的景物織入永久的作品中，他對於景物的各種不同的看法是必須有去取的。而字面的選擇就是看法的去取。再者，詩人也不必完全寫實，我們應該允許他有理想的成分，他可以不注重「卽目所見」，而注重詩裏面的境界，不然賈島看見那個和尙推門就說推，敲門就說敲，何必更要推敲呢？

以推敲字面而論，「平」字的妥當是顯然的。「林」字上可安的字固然很多，例如「桃林」、「杏林」、「楓林」等等是一組，但試問從樓上人望來何必辨別這些樹的名目呢？「春林」、「秋林」點醒時令，作者或者認爲不必需。「煙林」、「寒林」都可以傳神，但與下文關礙。「曉林」、「暮林」、「遠林」等等另是一組，上面一個字面是仄聲，而《菩薩蠻》的首句宜用「仄平平仄」起或「平平仄仄」起（讀者可參看溫庭筠、韋莊諸作），若用仄平仄仄，聲調上不夠好（除非下面不用「漠漠」）。

而且上面那些字都不能比「平林」的渾成。什麼叫做渾成？渾成就是不刻畫的意思。像「芳林」、「煙林」等類，上面一個字的形容詞性太多，是帶一點刻畫性的。有些地方宜於刻畫，有些地方宜於渾成。譬如這一句，下面連用「漠漠煙如織」五個字來刻畫這樹林，那末「林」字上不宜更着一個形容詞意味過多的字面，否則形容詞過多，名詞的力量顯得薄弱，全句就失於纖弱。「平林」所以渾成的原因，是因爲這一個詞頭見於《詩經》，原先是古代的成語，是一片渾成的，不是詩人用一個形容字加上一個名詞所造成的雙音節的單位。照《詩經·小雅》毛氏的訓詁：「平林，林木之在平地者」，我們不知道這一個訓詁正確不正確，也許原是古代的成語，漢人的解釋是勉強的。卽照毛氏的訓詁，「平林」乃別於「山林」而言，也普遍地指一大類的樹林，比「桃林」、「春林」、「暮林」等類要沒有個別性和特殊性，意義含渾得多。就是我們望文生訓地覺得它帶來有遠遠的齊整的意義，那些意義也是內涵的而不是外加的，因爲它原是成語。因爲「平林」是一片渾成的十足的結合名詞，所以卽使下面連用五個形容詞，這一句子也不覺得纖弱，還有渾厚的意味。

此詞意境高遠闊大，開始用「平林」兩字卽使人從高遠闊大處想。「漠漠」不是廣漠的意思，它和「密密」、「濛濛」、「冥冥」、「茫茫」等都是一音之轉，所以意義也相近。翻成白話是「迷茫地」、「濛濛地」或「迷漫地」，說煙氣。如考察它的語源，正確的翻譯應是「紛紛密布」。陸機詩：「廛里一何盛，街巷

菩薩蠻

紛漠漠。」謝朓詩：「遠樹暖阡阡，生煙紛漠漠。」皆以「漠漠」與「紛」連用，「漠漠」即是「紛」字的狀詞。即是詩經裏面的「維葉莫莫」，也是茂密之意。煙的密布可以說「漠漠」，細雨的密布就說「濛濛」，霧的密布說「茫茫」（花的密布有人用「冥冥」，例如杜詩「樹攪離思花冥冥」，蘇詩「芙蓉城中花冥冥」）。但彼此通用亦無不可，所以「花漠漠」、「葉漠漠」、「霧漠漠」、「雨漠漠」乃至於街巷的「漠漠」都可以說。甚至於秦少游的「漠漠輕寒上小樓」說寒意的迷漫。王維的名句是「漠漠水田飛白鷺」，我不知他的意思是說水田上的水氣迷漫呢，還是說分布着的水田，若引證陸機的詩，應從後解。《千忠戮·慘睹》折（俗稱《八陽》）建文帝唱：「歷盡了渺渺程途，漠漠平林，壘壘高山，滾滾長江。」說分布着的平林未免不妥吧？作者就取用這《菩薩蠻》的詞藻，但吃去了一個煙字，所以弄得意義含糊。

這一句七言就是謝朓兩句五言古詩的緊縮。但「如織」兩字是刻畫語，謝朓詩裏沒有。古詩含混，詞則必須施以新巧的言語。雖寫同樣的景物，而意味不同。

第一句說遠處樹林裏的煙霧紛織已足夠引起愁緒，到第二句便逕直提出「傷心」兩字。山無傷心的碧，亦無不傷心的碧，這是以主觀的情感移入客觀的景物，西洋文論家所謂移情作用，中國人的老說法是「融情於景」。這一句原是兩句話拼合在一起說，一句話是那一帶的山是碧色的，另一句話是那一帶的青山看了使人傷心。在語序方面作者願取前面一種說法，因爲這地方仍是在寫景，登樓人看見那一帶的遠山到眼而成碧色，作者要順着上面的一句寫下，但他的主要的意思倒在後面一種說法，要把主觀的感情表達出來。兩句話同時奪口而出，要兩全其美時，就做成這樣一句詩句，把「傷心」作爲狀詞，安在「碧」上，這是詩人的言語精彩而經濟的地方。那一帶寒冷的山是看了使人傷心的青綠色的。

但「寒山」不一定是「寒冷的山」。「寒山」和「平林」一樣是雙音節的單位，可以作結合名詞看。在詩人的詞藻裏除了「泰山、華山、小山、高山」以外，還有「寒山」。什麼叫做「寒山」？「寒」字的形容詞性比「平林」裏面的「平」字要顯著。「寒」字所帶來的意義有兩種：一是荒寒，說那些山是郊外的野山，並無人居，亦無亭臺樓閣之勝。二是寒冷，此詞所寫的景恐是秋景，又當薄暮之際，山意寒冷。到底詩人指哪一種，或者是否兩種意思兼指，他沒有交代清楚。何以沒有交代清楚？他認爲不需要的，而且也想不到要交代清楚。我們在上面說過，那時候的詩人詞人卽在文言裏思想，在他們的語言裏有「寒山」這一個詞頭代表一種山，而在我們的語言裏沒有。所以也不能有正確的翻譯。所以「寒山」衹是「寒山」，我們譯成「寒冷的山」或者「荒寒的山」衹是譯出它的一種意義。詩詞裏面的詞藻往往如此，蘊蓄着的意義不止一層，要讀者自己去體會。好比一個外國字我們也很難用一個中國字把它的意義完全無遺地翻譯出來。沒有兩種語言是完全相同的。從前人說詩詞不能講，衹能體會，這些個地方眞是如此。但從前人說不能講，因爲不肯下分析的工夫，假如我們肯用一點分析的工夫，未始不可以弄明一點；不過說可以把一首詩、一句詩句、一個詞藻的含蘊的意義完全探究明白是不大可能的。

卽如「傷心碧」的「碧」字又是一例。我們譯爲「青綠色」也不一定對。它不一定是青色，綠色，青綠色。若問詞人，「碧是什麼顏色？」他的回答是：「碧是山的顏色。」此登樓人所見的一帶遠山，可以有幾種顏色，例如青色，淺灰色，褐色等等，他其實不在講究那些山的顏色，也並不因爲山的青綠色而使他傷心。他祇用一個碧字來了卻這些山的顏色，因碧是山的正色，假如我們不要特寫山的不同的幾種顏色時，可以一個碧字來包括一切山的顏色，等於我們說「青山綠水」的「青」和「綠」一樣。有一位學生，他認爲這首詞寫的是春景，舉青綠色的山爲證，並且說這傷心包含有傷春之意。這完全是誤解。這「碧」字不但不寫草木葱蘢的景象，而且傾向於黯淡方面，其實也不指明一種顏色。所以「寒山一帶傷心碧」等於說「寒山一帶傷心色」。不過「色」字是一個無色的字，而「碧」字有活躍的色感印到讀者的心上，所以後者遠勝於前者。

我們說「傷心」是移情作用，是「融情於景」，似乎說得太淺。「傷心」是否單屬於人而不屬於山呢？所謂以主觀的情感移入客觀的景物，其中必有可移之道。詩人善於體物，往往以人性來體察物情，他給予外物以生命的感覺。辛稼軒詞「我見青山多嫵媚，料青山見我應如是」，明說青山的嫵媚。陶詩「採菊東籬下，悠然見南山」，不但淵明悠然，他也看出南山的悠然。所以在此秋景蕭瑟之際，這位登樓的詞人看見這一片荒寒的山似乎愁眉不展地有傷心的成分。到底是他的鬱鬱的心境染於山呢？還是這些山的悲愁的氣氛感於人呢？這其間的交涉不很清楚。所以我們與其說「融情於景」，不如說「情景交融」更爲妥當。

「暝色入高樓」這一句更出色。暝色帶來淺灰色的點染，最適合於這首詞的意境。「入」字用得很靈活，是實字虛用法。倘是實質的東西進入樓中，不見入字的神妙，惟其暝色是不可捉摸的東西，無所謂入也無所謂出，但在樓中人的感覺，確實是外面先有暝色，漸漸侵入樓中，所以此「入」字頗能傳神。並且這一個「入」也是「乘虛而入」，借以見樓中之空寂，此人獨與暝色相對。凡詩人所寫的眞是人情上的眞，是感覺上的眞，非科學上的眞也。

「有人樓上愁」，到此方點出詞中的主人，知上面所說的一切，皆此人所見所感。詩詞從人心中流出，往往是些沒頭沒腦的話，但這首詞的理路很清楚，從外面的景物說起，由遠及近地說到樓中的人。這樓中的人便是作者自己。詞有代言體和自己抒情體兩種，如溫飛卿的《菩薩蠻》寫閨情，是代言體，此詞是一旅客所作，說旅愁，是自己抒情體。詞本是通行在宴席上的歌曲，卽是自己抒情體也取人人易見之景，易感之情，使歌者聽者皆能體會和欣賞作者原來的意境和情調。所以詞人取剎那之感織入歌曲，使流傳廣遠和永久，不啻化身千萬，替人抒情。有這一層作用，所以用不到說出是姓張姓李的事，最好是客觀的表達，這「有人」的說法是第一人稱用第三人稱來表達的一種方式。

「玉梯空佇立」，通行本作「玉階」。《湘山野錄》及黃昇的《絕妙詞選》均作「玉梯」，是原本。後人或因爲「梯」字太俗，改爲「玉階」（《尊前集》已如此），頗有語病。第一，玉階是白石的階砌，樓上沒有階砌，除非此人從樓上下來，步至中庭，這是不必需的，我們看下半闋所寫的時間和上半闋是一致的。第二，「玉階」帶來了宮詞的意味。南朝樂府中有「玉階怨」一個名目，內容是宮怨，而這首詞的題旨却不是宮詞或宮怨。詩詞裏面的詞藻都有它們的正確的用法，或貼切於實物，或貼切於聯想。因實物而用「玉階」，普通指白石的階砌，特殊的應用專指帝王宮廷裏面的「玉殿瑤階」。在聯想方面則容易想到女性，這是因爲「玉階怨」那樣的宮體詩把這個詞藻的聯想規定了之故。雖然不一定要用於宮詞，至少也要用於「閨情」那一類的題目上面去的。而這首詞的題旨既非宮怨，亦非閨情，那樓中之人，雖然不一定不是女性，也未見得定是女性，用這樣一個詞藻是不稱的。若指實物，那末步至中庭，又是不必需的動作。《白香詞譜》把這首詞題作「閨情」，即是上了一個錯誤的改本的當！

「梯」字並不俗，唐詩宋詞中屢見之。劉禹錫詩：「江上樓高十二梯，梯梯登遍與雲齊。人從別浦經年去，天向平蕪盡處低。」周邦彥詞：「樓上晴天碧四垂，樓前芳草接天涯，勸君莫上最高梯。」這兩處是以梯代層，十二梯猶言十二層，最高梯猶言最高層也。用「玉梯」者，盧綸詩「高樓倚玉梯，朱檻與雲齊」；李商隱詩「樓上黃昏望欲休，玉梯橫絕月如鈎」；丁謂《鳳棲梧》「十二層樓春色早，三殿笙歌，九陌風光好，堤柳岸花連復道，玉梯相對開蓬島」；姜白石《翠樓吟》「玉梯凝望久，嘆芳草萋萋千里」。「梯」何以稱「玉」？不一定是白石的階梯。這一個詞藻相當玄虛，疑是道家的稱謂。古代帝王喜歡造樓臺（如漢武帝造通天臺之類），原本是聽了道家方士的話，以望氣、降神仙的。而道家好用「玉」字，如「玉殿」、「玉樓」、「玉臺」、「玉霄」、「玉洞」、「玉闕」之類，梯之可稱玉由於同一的理由，帶一點玄虛的仙氣。我們看曹唐詩「羽客爭升碧玉梯」，與丁謂詞「玉樓相對開蓬島」就可以明瞭。現在這首詞的作者登在一座水驛樓上與神仙道家一點沒有關係，不過他拿神仙道家所用的字面來作爲詩詞中的詞藻而已。同時也許他知道盧綸和李商隱的詩，摭拾這兩個字眼。他說「玉梯空佇立」，和後來姜白石的「玉梯凝望久」一樣，是活用，不是眞的佇立在什麼梯子上弄成不上不下的情景。其實這「玉梯」是舉部分以言全體，舉「梯」以言樓，猶之舉「帆、櫓」以言舟，舉「旌旗」以言軍馬。他說「玉梯空佇立」等於說「樓中空佇立」。當然他也可以說「闌干空佇立」，舉「闌干」以言樓亦是一樣，或者他嫌闌干太普通，並且綺麗一點，他要求境界的高遠縹渺，所以用上「玉梯」，後來人因不懂而改做「玉階」，反而弄成閨閣氣，這是他所想不到的！

「玉梯空佇立」的「空」等於「閒」，即是說「樓中閒佇立」，與姜白石「玉梯凝望久」的「凝」字意味相似。當然「空」字有「無可奈何」之意，但這裏的無可奈何是欲歸不得，而不是盼望什麼人不來。自從「玉階空佇立」的改本出來，於是後人斷章取義似的單看這一句，看成「思婦之詞」，加上「閨情」的題目了。其實這首詞裏所說的愁是「旅愁」，也可稱爲「離愁」，是行者的離愁，不是居者的離愁。下面三句寫得非常明白。

「宿鳥」是欲宿的鳥。這一句是比興，鳥的歸飛象徵着人生求歸宿。從宿鳥的歸飛引起鄉思，詩人詞人常常用此。秦少游詞「但倚樓極目，時見棲鴉，無奈歸心，暗隨流水到天涯」，與此一般說法。

「宿鳥歸飛急」這一句是比興，從宿鳥歸飛觸起思鄉的情緒，所以是「興」，以鳥比喻人，所以是「比」，假如我們倣傚朱子的說《詩經》，這一句是「興而比也」。下面兩句「何處是歸程，長亭連短亭」，是直抒胸臆，是「賦也」。詩詞主抒情，但如衹是空洞地說出那情感，作者固有所感，讀者不能領略那一番情緒。作者要把這情緒傳遞給別人時，必須找尋一個表達的藝術。假如他能把觸發這一類情緒的事物說出，把引起這一類的情緒的環境烘托出來，於是讀者便進到一個想象的境界裏，自然能體驗到作者所感到的那種情緒，所以詩詞裏面有「賦」、有「比」、有「興」。這雖是一首短短的詞，裏面具備着賦、比、興三種手法。從「平林漠漠」起到「暝色入高樓」是寫景語，是烘托環境，是「賦」。「有人樓上愁」和「玉梯空佇立」是敍事，也可以說「賦」。「宿鳥歸飛急」雖然也是登樓人所見，也是寫景，也是「賦」，但樓頭所見的事物不一，何以要單提這些飛鳥來說，是它的「比興」的意義更爲重要。「何處是歸程」兩句也是「賦」，不過這是抒情語，和上面的寫景語不同，古人說詩粗疏一點，除了比興語外都算是「賦」，我們可以再辨別出「寫景、敍事、抒情」等等各種不同的句法。

這結尾兩句點醒上半闋「有人樓上愁」的「愁」的原因。這愁便是旅愁，是離愁，是遊子思鄉的愁。「長亭連短亭」把歸程的綿邈具體地說出來，單說家鄉很遠是沒有力量的。「亭」是官道或驛路上公家所築的亭子，一名「官亭」，便於旅客歇息之用，因各亭之間距離不一，是以有「長亭、短亭」之稱。這是俗語，但這俗語已經很古，庾信《哀江南賦》中有「十里五里，長亭短亭」，齊梁時已有此稱謂了。「連」通行本作「更」（一本作「接」）。「連」寫一望不斷之景，「更」有層出不窮之意，前者但從靜觀所得，後者兼寫心理上的感覺，各有好處，無分高下。大概原本是「連」，後人覺得在音調上此句可用「平平仄仄平」，所以改爲「接」或「更」。其實《菩薩蠻》的結句，音調可以有幾種變化，最好是「仄平平仄平」，第三字實宜於用平聲。「平平仄仄平」是變格，因人習於五律內的句法，可以覺得諧和些。至於用「平平平仄平」者，亦不足爲病，如溫飛卿之「雙雙金鷓鴣」，韋端己之「還鄉須斷腸」、「人生能幾何」皆可爲例。所以我們仍從原本，不去改。

此樓縱高，可望者不過十數里以內，今說「長亭連短亭」，是一半是眞實所見，一半是此人默念歸路的悠遠而於想像內見之，因此亦增添讀者的想像，好像展開一幅看不盡的長卷圖畫。這樣一句結句有悠然不盡的意味。

## 三

此詞被推爲千古絕唱，實因假託李白大名之故。但平心而論，它不失爲第一流的作品。第一，這首詞的意境高遠闊大，洗脫《花間集》的溫柔綺靡的作風，但也不像蘇辛詞的一味豪放，恰恰把《菩薩蠻》這個詞調提高到可能的境界。第二，它的章法嚴密。上半闋由遠及近，下半闋由近再及遠，以「有人樓上愁」一句作爲中心。上半闋以寫景爲主，下半闋以寫情爲主，結構完整，但並不呆板，在規矩中見出流動來。由遠及近再從近推到遠是一個看法；另一個看法，這首詞由外物說到內心是一貫的由外及內的，而意隨韻轉，情緒則逐漸在加強的。

以內容而論，登樓望遠惹起鄉思，這是陳舊的題材，從王粲《登樓賦》起到崔顥《黃鶴樓題詩》，中間不知有多少文人用過。但我們在上面已說過，詞也者原取人人易見之景，人人易感之情以入歌曲，內容的陳舊是無法避免的，還是看言語是否新鮮脫俗。並且照現代的文藝批評家的說法，內容和形式是不能分離的，一個舊的題材當其採取了新的表現的方式時，同時也獲得新的內容。所以這一首詞到底既不是《登樓賦》，也不是崔顥詩，而是另有它的新的意境的。

這首詞沒有題目。早期的詞都沒有題目，原是盛行於倡樓歌館、宴會酒席上的歌曲，無非是閨情旅思、四時節令、祝壽對觴之類，當簫管嗷嘈之際，歌妓發吻之時，聽懂也好，聽不懂也好，用不到報告題目的。直到後來文人要借這一種體裁來寫特殊的個人的經驗時，方始不得不安放一個題目。假如我們要替這詞補上一個題目，可以依據《湘山野錄》，題爲《驛樓題壁》。

作者不知何人，也不知是何等樣人物。或是一位普通的文人，經過鼎州，留宿在驛樓上，偶有此題。也許是一位官宦，遷謫到南方，心中不免牢騷，他所說的歸程，不指家鄉而指國都所在。如此則有張舜民的「何人此路得生還，回首夕陽紅盡處，應是長安」的天涯涕淚在其中，亦未可知。（浦江清）

## 憶秦娥

無名氏

簫聲咽，秦娥夢斷秦樓月。秦樓月，年年柳色，霸陵傷別。　樂游原上清秋節，咸陽古道音塵絕。音塵絕，西風殘照，漢家陵闕。

一

此詞相傳李白作。南宋黃昇之《唐宋諸賢絕妙詞選》首載之，與《菩薩蠻》篇同視爲百代詞曲之祖。以後各家詞集依之。《尊前集》錄李白詞，無此首。

明人胡應麟疑此爲晚唐人作，託名太白者，頗有見地。北宋沈括之《夢溪筆談》述及當時李白集中有《清平樂詞》，未言有《憶秦娥》。惟賀方回之《東山樂府》有《憶秦娥》一首，其用韻及句法，似步襲此

憶秦娥

詞，則北宋時當已有此。稍後，邵博《聞見後錄》卷十九全載此詞，邵氏云：「『簫聲咽，秦娥夢斷秦樓月。秦樓月，年年柳色，霸陵傷別。樂遊原上清秋節，咸陽古道音塵絕。音塵絕，西風殘照，漢家陵闕。』李太白詞也。予嘗秋日餞客咸陽寶釵樓上，漢諸陵在晚照中，有歌此詞者，一座淒然而罷。」邵博爲北宋末南宋初年人，由是知該詞此時已甚傳唱，且確定爲太白詞矣。

崔令欽《教坊記》載唐代小曲三百餘，無《憶秦娥》。沈雄《古今詞話》引《樂府紀聞》謂唐文宗時宮妓沈翹翹配金吾秦誠，後誠出使日本，翹翹製《憶秦郎曲》，即《憶秦娥》云云。今沈翹翹詞未見，莫得而明也。《花間集》亦無《憶秦娥》，惟馮延巳之《陽春集》中有一首、則五代時已有此調。此調因何而得名，又最先宜歌詠何種題材，今不可考。此詞有「秦娥」而無「憶」，馮詞有「憶」而無「秦娥」，又句法互異，疑均非祖曲。

近人亦有主張此爲李白之眞作者。謂李白所作原爲樂府詩篇，後人被之管絃，遂流爲通行之小曲，凡三言七言四言之句法錯雜，固古樂府中所有，毫不足怪。此論似爲圓到，但細究之，殊不盡然。一，此詞有上下兩片，除換頭略易外，其餘句法全同，此唐人小曲之體製，非古樂府之體製也。二，若以李白之樂府譜爲小曲，則此詞即爲祖曲，別無可本，何以馮延巳不依調填詞，復加改易乎？且馮詞古簡，此有添聲，馮之五言，此爲七言，馮之二言，此爲三言，馮之七言，此破爲四言兩句。凡音調由簡而繁則順，馮詞固非祖曲，當別有所本，但所本者必非此詞，若謂李白創調，馮氏擬之，此說之難持者矣。

今定此詞爲晚唐、五代無名氏之作，其託名太白，當在北宋。

此調別名《秦樓月》，即因此詞而得名。又有平韻及平仄換韻體，均見萬樹《詞律》。

二

這首詞的作法與上面一首《菩薩蠻》不同。《菩薩蠻》以登樓的人作爲中心，寫此人所見所感，章法嚴密，脈絡清楚。這《憶秦娥》初讀過去，不容易找到它的中心，似乎結構很散漫。其中雖然也有個稱爲「秦娥」的人物，但可不可以作爲詞的中心呢，很令人懷疑。年年柳色，暗示着春景，下半闋却又明點秋令。霸陵在長安東，樂遊原在長安東南，咸陽古道在長安西北。論時間與空間都不一致。然則此詞的中心何在，此詞的統一性何在？

其實這首詞不以一個人物作爲中心，而是以一個地域的景物作爲題材的。無論它說東說西，總之不離乎長安，故長安的景物卽是這首詞的統一的題材。讀者可以把它做一幅長安的風景畫，一幅長安的素描看。繪畫可以移動空間，但不能移動時間，惟詩詞更爲自由，旣可以移動空間，也可以移動時間，所以上半闋說春，下半闋說秋，倒也沒有什麼妨礙。繪畫的表現空間是有連續性的，詩詞較爲自由，盡可以從東邊跳到西邊。此詞作者原不曾寫長安全景，他衹是挑選幾處精彩的部分來說，所以我們比之於一幅長安素描還不很恰當，不如說是幾幅長安素描的一個合訂本。

若說是幾幅素描的合訂本，試問有何貫串的線索，否則豈不是散漫的零頁嗎？單靠這題材同是長安的一點，似乎還不够。這裏，我們討論到詩詞的組織的問題。詩詞的組織與散文的組織，根本上不同。詩詞是有韻的語言，這韻的本身卽有黏合的力量，有聯接的能力。這些散漫的句子，論它們的內容和意義，誠然是各自成立爲單位，中間沒有思想的貫穿，但是有一個一韻到底的韻脚在那裏連絡貫穿，這韻脚便是那合訂本的主要的針線（音律的連鎖和情調的統一作爲輔助）。詩詞的有韻，可以使散漫的句子黏合，正如花之有蒂，正如一盤散珠可以用一條金線來串住。

詩歌和散文是兩種不同性質的語言，我們不能說哪一種比較古，總之，是語言的兩個不同的方向的發展。當人類把最先僅能表示苦樂驚嘆的簡單的聲音和指示事物的短語，連串起來巧妙運用，以編成一個歌謠，或者發展成一段長篇的談話時，人類就向着這個或那個不同的方向發展，形成不同的藝術。這便是詩歌和散文的開始。一首歌謠是原始的詩詞，一篇談話是原始的散文。詩詞和散文的源頭不同，雖然以後的發展，免不了交互的影響，但也有比較純粹的東西。那詩詞裏面接近於原始民歌的格式的東西，其中不含有散文的特點，不含有思想的貫穿和邏輯的部分，衹是語言和聲音的自然連搭，衹是情調的連屬，這樣的東西，我們稱之爲「純詩」。這首《憶秦娥》是純詩的一個好例子。中國人的詞多半可以落在純詩的範圍裏，不過其中也有程度的等差，例如那首《菩薩蠻》有很清楚的思想的線索，這首《憶秦娥》中間就沒有思想的貫穿，憑藉於語言和聲音的連搭更多，所以這《憶秦娥》是更純粹的純詩。

假如我們對於歌謠下一點研究工夫，就會對詩詞的了解大有幫助。譬如韻的黏合的力量在民歌裏面更顯得清楚。「大麥黃，小麥黃，花花轎子娶新娘」，「陽山山上一隻籃，新做媳婦許多難」，這裏面除了叶韻以外沒有任何思想的連屬。苗瑤民族，男女遞唱歌謠以比賽智慧時，也有並無現成的詞句，要你脫口而出連接下去，思想的連貫與否倒在其次，主要的是要傳遞這個韻脚。柏梁臺聯句各說各的，無結構章法之可言，不過是一個韻的傳遞而已。那樣的各人說各人自己的事，給人一種幽默感，實在不是一首高明的詩，然而我們也不能不承認它是詩。原來韻的力量可以使不連者爲連，因爲韻有共鳴作用，叶韻的句子自然親近，好像有血統關係似的。所以有韻的語言和無韻的語言自然有些兩樣，無韻的語言不得不靠着那思想的密接，有韻的語言憑藉了韻的共鳴作用，憑藉了它的黏合力和親近性，兩句之間的思想因素可以有相當的距離而不覺其脫節。

這是當初詩歌的語言與散文的語言向着兩個不同的方向發展的現象。一邊是認爲這一種關聯是巧妙的言語，一邊是認爲另外一種關聯是有意義的言語。假如我們處處用散文的理致去探索詩詞，即不能領略詩詞的好處。因爲思想的連貫是一種連串語言的辦法，却不是唯一的辦法，詩詞的語言另外走了別條路子，詩詞的句子，另外有幾種連接法。

在散文，句和句的遞承靠思想的連屬，靠敍事或描寫裏面事物的應有的次序和安排。在詩歌裏面另外有幾種連接法。散文有散文的邏輯，詩詞有詩詞的邏輯，也可以說沒有邏輯，是拿許多別的東西來代替那邏輯的。如果以散文的理智去探索詩詞，那末詩詞的句法，句和句之間距離比較遠，中間有思想的跳躍。

這「跳躍」是詩詞的語言的一種姿態。但絕不是無緣無故而跳，乃是在詩詞裏面存在着幾種因素可以幫助思想的跳躍。從「關關雎鳩，在河之洲」跳到「窈窕淑女，君子好逑」，其間不是邏輯而是比興。比興也是思想的一個跳躍，是根據類似或聯想以爲飛度的憑藉，這是屬於思想因素本身的，不關於語言的。比興在詩詞的語言裏有代替邏輯的作用，比興是詩詞的思想的一種邏輯。從「潛虬媚幽姿」跳到「飛鴻響遠音」，一句說天空，一句說池水，這是對偶。從「畫省香爐違伏枕」跳到「山樓粉堞隱悲笳」，一句說京華、說過去，一句說夔府、說現今，這也是對偶。對偶也可以說是一種聯想，但這是思想因素與語言文字的因素雙方交融而成。用對偶的句法，兩個思想單位可以距離得很遠，但我們不覺其脫節，因爲有了字面和音律的對仗，給人以密接比拼的感覺。這是一方有了比拼，有了個着實，所以在另一方能够容忍這思想的跳躍的。假如你不跳，反顯得呆滯了。在律詩和詞曲裏，音律的安排成爲一條鏈子，成爲一個圖案，成爲一個模型，思想的因素可以憑藉這條鏈子而飛度，可以施貼到這圖案上去，可以熔鑄在這模型裏，不嫌其脫節，不嫌其散漫，凡此都是憑藉了一種形式上的格律，使散漫的思想能够熔鑄而結晶。所以律詩和詞曲不容易翻譯成另外一種語言，因爲如果你拆去這條鏈子，拆去這個模子，於是乎祇見散漫的思想零亂到不可收拾的地步，也許你能够另外找尋格律，想些另外連串起來的辦法，但是在譯文裏所見的美必不是原文的美了。

《憶秦娥》的總題材是長安景物。作者挑選幾處精彩的景物，憑藉着語言的自然連串，蟬聯過度，這是一個純粹歌曲的作法。主要的線索是一個韻的傳遞，中間又有三字句的重複，以加強音律的連鎖性。「簫聲咽」喚起「秦娥夢斷秦樓月」，中間有聯想。「秦樓月」再重複一句，在意義上並不需要，祇是音調上的需要，對上句盡了和聲的作用，同時却去喚逼出下面一個韻脚來，好像有甲乙兩人遞唱聯吟的意味。這裏面充滿了神韻。上下兩闋一共有四五幅景物畫，我們可以細細討論。但這一類的純詩，不容易有確定的講法，因爲我們講解詩詞不免參入散文的思路，不同的讀者卽可以有不同的看法。所以下面的解釋祇能說是我個人的領會。

起句「簫聲咽」是詞中之境，亦是詞外之境。詞中之境下度「秦樓」，詞外之境是卽物起興。所以兩邊有情，妙在雙關。說是詞中之境者，這嗚咽的簫聲乃「秦娥」夢醒時所聞，境在詞內，這一層不消說得。說是詞外之境者，詞本是唐宋時代侑酒的小曲，往往以簫笛伴着歌唱，故此簫聲卽起於席上。歌者第一句唱「簫聲咽」，是卽物起興。聽歌者可以從此實在的簫聲喚起想像，過渡到秦樓上的「秦娥」，進入詞內的境界。於是詞內詞外融合成一片，妙處卽在這一句的雙關，故曰「兩邊有情。」凡詞曲多以春花秋月卽景開端，亦同此理，因春花秋月是千古不易之景，古人於春日歌春詞，秋令唱秋曲，取其曲中之情與當前之景能融合無間也。今此詞以簫聲起興，爲宴席隨時所有，尤爲高妙。在詞裏面，同於這個起法的，馮延巳的「何處笛，深夜夢魂情脈脈」，庶幾似之。

從「簫聲咽」度到「秦娥夢斷秦樓月」，可分兩層說。第一層是暗用弄玉的典故。《列仙傳》云：「蕭史善吹簫，秦穆公以女弄玉妻之，日敎弄玉吹簫作鳳鳴，夫婦居鳳臺上，一旦皆隨鳳凰飛去。」古人所謂臺卽今之所謂樓。這是簫聲與秦樓的一層關聯。但這詞裏的秦娥，並不實指弄玉，不過暗用此典，以爲比擬，增加關聯性而已。《憶秦娥》這詞牌原來與弄玉有沒有關係，因現存早期的作品太少，無從臆斷。

第二層是實有這簫聲，不祇是用典。這開始兩句說長安城中繁華的一角。「秦娥」泛說一長安女子。「秦樓」祇是長安一座樓，與《陌上桑》的「日出東南隅，照我秦氏樓」的「秦樓」無關，倒是如後世小說裏所謂「秦樓楚館」的「秦樓」。這位長安小姐多半是倡家之女，再不然便是「昔爲倡家女，今爲蕩子婦」的一個身份。凡詞曲的題材被後世題爲「閨情」之類的東西，實在與眞正的閨閣不相干，讀者幸勿誤會。唐代文人所交際的是李娃、霍小玉之輩，所以在文學上所表現的也是這一流人物。至少早期的詞是如此，歐陽炯所謂「自南朝之宮體，扇北里之倡風」，一語破的。這位秦娥也非例外，秦樓所位正是長安的北里，乃冶遊繁華之區。但是她驀地半夜夢醒，見樓頭之明月，聽別院之簫聲，從繁華中感到冷靜。這是幅工筆的仕女畫。作者泛說一秦娥，讀者要當多數看亦無不可，中文裏面多數與單數無別。詩詞本在寫意，並非寫實，所以用中文寫詩確有多少便利，意境的美妙正在這些文法不細爲剖析的地方。此處寫了月夜中的長安北里，作者的起筆已帶來淒涼的意味，與全首詞的情調相調和。

作者說了秦娥，隨卽撇開，下面乃是另外一幅畫。借「秦樓月」三字的重複喚出下面一韻，過渡到長安東郊外的霸陵景色，這裏面路程跳過了數十里。「秦樓月」的重復固然祇是構成音律的連鎖作用，說在意義上有些過渡也未始不可。其意若曰：此照於少女樓頭之明月亦照於長安東郊外的霸陵橋上，當曉月未沉之際，橋上已很有些人來往了，那是離京東去和送別的人。霸陵者，漢文帝的陵墓，在霸水經流的白鹿原上，離長

憶秦娥

安二十里。「霸」一作「灞」。程大昌《雍錄》云：「漢世凡東出函潼，必自灞陵始，故贈行者於此折柳爲別。」這折柳贈別的風俗，一直保存到唐代。唐時跨着霸水的橋有南北兩座，均稱爲霸橋或霸陵橋，而且有「銷魂橋」的渾名。

「年年柳色」是一年一番的柳色，雖不明説春天，含有柳色青青之意。所以在這幅畫裏點染的是春景。這一年一番的柳色青青，不知經多少離人的攀折，故曰：「年年柳色，霸陵傷別。」卽使詞人不比畫家的必須着定顏色，他盡可以泛説年年的景色如此，而不確實點出一個時令，總之也不能説是秋。所以《白香詞譜》把這首詞題爲「秋思」，是祇顧了後面半闋，竟沒有把這裏暗藏的春色看出來，犯了個斷章取義的毛病。

或曰，這兩幅畫合是一幅，樓頭的少女所以半夜夢醒者，莫非要送客遠行吧？或者見着這「楊柳月中疎」之景，因而想到昔年離別的人吧？這「霸陵傷別」是回憶，是虛寫，不是另外一幅實在的景物。這樣講法是以秦娥作爲詞的中心，單在上半闋裏可以講得通，到了下半闋卽難於串講下去，因爲至少像「西風殘照，漢家陵闕」那種悲壯懷古的情緒很難再牽涉到秦娥身上。若説上半闋有一主人，是主觀的寫情，下半闋撇開這主人而是客觀的寫景，那末前後片的作法違異，眞正沒有統一性了。所以我們參照下半闋的作法，知道上半闋裏應該有兩幅畫境，不必強爲拼合。至於這兩幅畫，一幅是月夜懷人，一幅是清晨送別，筆調很調和而一致。假如我們説作者由月色而過渡到楊柳，從楊柳而聯想到霸陵送別，這樣的説法是可以的。但不必把秦娥搬到後面來，因爲這首詞的作法是由語言的連串創造成畫境的推移，同電影裏鏡頭的移動差不多的。

「樂遊原上清秋節」，單立成句，寫景轉入秋令。樂遊原在唐代長安城中的東南角上，有漢宣帝樂遊廟的故址。此處地勢甚高，登之可望全城，其左近卽曲江芙蓉園等遊覽名勝之區，每逢三月三日、九月九日，仕女雜遝，傾城往遊。「清秋節」卽指九月九日而言。這是一幅人物衆多的畫，非常熱鬧，可是翻下一頁，恰恰來了個冷靜的對照。通咸陽的官道在長安西北，這一跳又是幾十里路程。兩句之間並沒有三字句的重複，靠「節」、「絕」兩字的共鳴作用，以及排句的句法，作爲比拼式的列舉。

「音塵絕」三字意義深遠，有多種影子給我們摸索。一是説道路的悠遠，望不見盡頭，有相望隔音塵之意。二是說路上的冷靜，無車馬的音塵。總之，這三個字給我們以悠遠及冷靜的印象。有人說還有一層意思含蘊在裏面，是音信隔絕的意思，因爲西通咸陽之道，即是遠赴玉門關的道路，有征人遠去絕少音信回來之意。有沒有這種暗示，很難確定地說。要是聽歌者之中剛巧有一位閨中之思婦，那末這一層暗示她一定能強烈地感覺着的吧。

借「音塵絕」的重複再喚逼下面一韻，作用在構成音律的連鎖，並不是意義上的需要。但是這三個字音，再重複一遍，打入我們的心坎，另外喚起新的情緒，新的意念。其意若曰：咸陽古道的道路悠遠是空間上的阻隔，人從咸陽古道西去，雖然暫隔音塵，也還有個回來的日子。夫古人已矣，但見陵墓丘墟，更其冷靜得可怕，君不見漢家陵闕，獨在西風殘照之中乎？這是古今之隔，永絕音塵，意義更深刻而悲哀。

原來漢帝諸陵，如高祖的長陵，惠帝的安陵，景帝的陽陵，武帝的茂陵，都在長安與咸陽之間，所以作者一提到咸陽古道，便轉到這些古代帝王的陵墓上來，以弔古的情懷作結。映帶着西風殘照，這幅斑駁蒼老的山水畫便作了這本長安畫集的壓卷。「弔古」者，也不是替古人墮淚，乃是對於宇宙人生整個的反省。王靜安云：「太白純以氣象勝，『西風殘照，漢家陵闕』寥寥八字，關盡千古登臨之口。」對此推崇備至。夫西風乃一年之將盡，殘照是一日之將盡，以流光消逝之感，與帝業空虛、人生事功的渺小，種種反省，交織成悲壯的情緒。胡應麟認爲衰颯，未免門外。無論在情緒或聲調上，這不是衰颯，而是到了崇高的境地。

此詞原無題目。《白香詞譜》題爲「秋思」，斷章取義，未窺全貌。如果要一題目，我們可借用初唐詩人盧照鄰的詩題，題之曰：「長安古意」。細味此詞，簫聲與秦樓暗用弄玉的典故，是秦穆公時事，霸陵爲漢文帝的陵墓，折柳贈別是漢代遺風，樂遊原因漢宣帝的樂遊廟而得名，咸陽是秦始皇的都城，古道是阿房宮的古道，不等到提出漢家陵闕，已無處不見懷古之意。作者挑選幾處長安的景物，特別注重它們歷史的意義。雖是一支小曲，能把長安的精神唱了出來。一般人的見解認爲詞總比詩低一級，但如這首《憶秦娥》却在盧照鄰的長篇七古之上。如以鮑防、謝良輔等人的《憶長安》比之，更不啻有霄壤之別。以《菩薩蠻》作爲比較，則《菩薩蠻》是能品，《憶秦娥》是神品；《菩薩蠻》有刻畫語，《憶秦娥》則音韻天成；《菩薩蠻》是有我之境，《憶秦娥》是無我之境。作者置身極高，縹緲凌空，把長安周遭百里，做了個鳥瞰，而且從簫聲柳色說起，說到西風殘照，不受空間時間的羈勒，這樣的詞眞可說是千中數一，雖非李白所作，亦不愧爲千古絕唱也。

（浦江清）

## 图书在版编目（CIP）数据

历代名篇赏析集成．魏晋南北朝隋唐五代卷．下 / 袁行霈主编．—北京：高等教育出版社，2009.3（2017.2重印）
ISBN 978-7-04-023575-3

Ⅰ．历… Ⅱ．袁… Ⅲ．①古典文学－文学欣赏－中国－魏晋南北朝时代②古典文学－文学欣赏－中国－隋唐时代③古典文学－文学欣赏－中国－五代十国时期 Ⅳ．1206.2

中国版本图书馆 CIP 数据核字（2008）第 040307 号

策划编辑　迟宝东　　责任编辑　李健秋
封面设计　刘晓翔　　版式设计　刘晓翔
责任校对　刘　莉　　责任印制　尤　静

出版发行　高等教育出版社
社　　址　北京市西城区德外大街 4 号
邮政编码　100120
印　　刷　北京佳信达欣艺术印刷有限公司
开　　本　787 × 1092　1/16
印　　张　43.5
字　　数　710 000
购书热线　010-58581118
咨询电话　400-810-0598
网　　址　http://www.hep.edu.cn
　　　　　http://www.hep.com.cn
网上订购　http://www.landraco.com
　　　　　http://www.landraco.com.cn
版　　次　2009 年 3 月第 1 版
印　　次　2017年2月第4次印刷
总 定 价　83.00 元





物 料 号　23575-001